禹貢半月刊

11

第七卷六至十期

顧頡剛等 主編

中華書局

出版者：北平西四牌樓小紅羅廠八號禹貢學會。
編輯者：顧頡剛，馮家昇。
出版日期：每月一日，十六日。
發行所：北平成府蔣家胡同三號禹貢學會發行部。
印刷者：北平成府引得校印所。

禹貢 半月刊

價目：每期零售法幣貳角。豫定半年十二期，法幣壹圓伍角，郵費貳角伍分；全年二十四期，法幣叁圓，郵費伍角。歐美各國全年美金叁圓，郵費在內。
本期零售定價法幣柒角
歐美各國 美金柒角

The Chinese Historical Geography

Semi-monthly Magazine

Vol. VII, No. 6-7, Total No. 79, June, 1st. 1937.

Address: 8 Hsiao'Hung Lo Ch'ang, Si Ssu P'ai Lou, Peiping, China

第七卷 第六七合期（古代地理專號）

民國二十六年六月一日出版

（總數第七十九合期）

內政部登記證警字第叁肆陸叁號 中華郵政特准掛號認爲第一類新聞紙類

本會紀事（一）

本會承西北農林專科學校參加為機關會員，不勝欣幸。敬揭于此，深望愛護本會者之各機關盡量予以合作之便利，則本會幸甚，學術幸甚。

本會紀事（二）

本會蒙侯仁之先生捐助國幣二十元正，除敬致謝忱外，茲按照章程提出一部份為侯先生購書存貯學會，藉留紀念。計開：

尚書禹貢論	二冊	程大昌著	清光緒間翻刻通志堂本
中國府政小史	一冊	潘如澍著	民國二十年版
紐約市制	一冊	胡道維著	民國二十二年北平立達書局版

本刊啓事

本刊封面圖案，原定每卷內上半卷下半卷各更換一次。本卷上半卷（一期——六期）封面為宋府呂大防刻太極宮圖，自七期起擬改用興慶宮圖。惟因六七兩期為本專號合刊，故決定仍用前圖；自七卷八期起再改用興慶宮圖。此啓。

贈書誌謝

本會最近收到各方贈書，茲誌於次，幷鳴謝忱。

贈送者	書名	冊數	著者	版本
吳玉年先生	坤輿方圖（帶木框）	一幅	商務印書館給	民國六年商務印書館第六版
康錫珠先生	武川縣要圖	一幅	未詳	未詳
軍事委員會	黃河年表	一冊	沈怡編	民國二十四年軍事委員會版
資源委員會				
仝上	中國之雨量	一冊	竺可楨編	民國二十五年軍事委員會版
鐵道部	鐵道年鑑	一冊	鐵道部秘書廳編	民國二十五年商務印書館版
朱士嘉先生	臨安三志考	一冊	朱士嘉	民國二十五年燕京學報單印本
仝上	宋臨安三志版本考	一冊	仝上	民國二十六年浙江文瀾學報版
黃典誠先生	臺灣外記與臺灣外誌考	一冊	黃典誠	民國二十五年廈門大學單印
王靜齋先生	歐母代嘔阿業序文	一冊	未詳	民國二十五年天津伊化報社版
仝上	偉嘎業第一集	一冊	王靜齋	民國二十年天津伊化報社版
仝上	偉嘎業第二集	一冊	仝上	民國廿四年天津伊化報社版
劉克讓先生	平山縣志料集	一冊	焦過詳	民國廿一年平山縣志料徵集處版
仝上	河北平山縣地圖	一幅	李圖陸繪	第一工廠版

本刊八九合期「察綏專號」目錄預告

序言

童書業

本刊已經出版到第七卷第六期了，這小小的刊物，居然滿過三週年。在這三年之中，從薄薄的小册子，擴充成每期十萬字左右的刊物，這總算表現了同人相當的努力；至於外界的贊助，我們自然是更應深深感謝的。最可喜的現象，是最近幾卷中連續出了不少的專號，雖然我們不敢說已經得到多少的成績，然而在這『國步艱難』的環境之下，還能繼續努力於學術的研究，畢竟是差可告慰的事情。

本年度之初，我担任了本會編輯員的任務，自認的工作便是編撰春秋地理志和本刊古代地理專號。關於前一項的工作，只因問題太多，慚愧在短期中沒法完成。關於後一項的工作，也因人事的牽纏，直到今天才得使它與讀者們見面。我個人的欠缺努力，確是應當自引為歉憾的。

本期專號的出版，有幾句話不能不在這裏略說一下：自從東北四省失陷以來，我們的國家受外侮的凌逼可算到了極點，所以有血氣的人們大家都暫時放棄了純學術的研究而去從事於實際工作。至於留在學術界的人物，也漸漸轉換了研究的方向，即如本刊的由研究地理沿革而轉趨到邊疆調查，就是這種潮流的明顯的表現。在這學風轉變的時期之中，本刊忽然又出了這册近於考據性的古代地理專號，會不會使大家疑心我們又在那裏開倒車呢？

不過，事情不是這樣簡單的：歷史乃是整個的物事，決沒有放棄一部分而永遠不問的道理。我們要明白現在中國現象的成因，無論如何不能不追溯到古代。舉個人人知道的簡單例子來說：要抵抗人家的侵略，說明滿洲和蒙古很早就已成了中國的領土，我們便不能不研究些戰國秦漢的歷史地理，才好把那時的歷史地理來作證明。這是很顯明的事實，顯明到一般人都看不出來：『研究古代並不就是開倒車』！

我們這册小小的專號，固然談不到解決什麼問題，然而一切事情的進步，都是逐漸堆積成的。現在不下播種的工夫，將來那裏會有收穫的成績？我們現在仍是不敢說求解決大問題，只敢說零零碎碎一點一滴的先造基礎！

這册專號共計收了長長短短二十幾篇的論文，現在我們把它分成六組向讀者大致介紹一下：

第一組，研究古代民族遷徙的論文，有馬培棠先生的遺著三代民族東遷考略，蒙文通先生的中國古代民族遷徙考，楊向奎先生的夏民族起於東方考，顧頡剛先生的九州之戎與戎禹四篇。馬先生本是本刊寫古代地理論文的健將，不幸於去歲春間突然逝世，使我們失掉一位很有實力的同志，眞是非常可惜的事！他的這篇三代民族東遷考略，原是他未正式發表的著作中國古代民族考的一章。他主張三代民族都起於西方，逐漸東移，就造成了華夏的文明。他的見解是一種統觀古史傳說而得來的結論，是一種華夷一源的歷史見解，他的力量足以打破舊日狹隘的種族觀念。蒙先生研究古代民族史，積十餘年的心得寫成這篇論文，他以爲秦漢以前中國國內的種族遷移東西南北無定，這也足以打破舊日硬把夷蠻戎狄分配到東南西北的錯誤觀念。楊先生素常主張夏民族起於東方，他的看法恰巧和我們相反。我們以爲夏民族的根據地現在固然無法確實考定，但就古代『西』『夏』二字同義互訓一點看來，則說夏民族（假定他是存在的話）起於西方似乎比較說他起於東方近理些。不過楊先生的說法也自有其堅強的理由，並不是隨意說出的。他的這篇大作至少已昭示我們夏民族的傳說的一部分與東方民族有深切的關係，這頗足替陳夢家先生夏民族的歷史即商民族的早期歷史的說法做個印証，雖然這種問題畢竟還不是現在所能解決的。顧先生是以研究禹的傳說著名的，他從前主張禹的傳說起於南方民族，最近又提出一個禹的傳說與戎族有關的新假定，雖然禹的來源到現在還不可確知，然而禹與戎族有關這個結論卻是無疑問的事實。顧先生從古九州四岳的疆域推測禹傳說的發展，聯帶把九州四岳的起源問題也相當解決了。這是一篇極重要的論文：據他的研究，九州是戎族的居住地，四岳是戎族的發源地，而禹的傳說也就盛行於這個區域；九州四岳與禹本是夏族的傳說，但同時也是戎族的傳說。所以戎夏本出一源，禹迹的廣被乃是戎夏民族合作的結果。這根本摧毀了舊日狹隘的夷夏觀念而給予人們一個新印象！

第二組，研究古代國族的論文，有楊寬先生的說虞和說夏以及陳夢家先生的商代地理小記。楊陳二先生都是『疑古』最澈底的人物，他們懷疑了虞夏的代號和虞夏的國族。楊先生以爲『夏』就是『下』，『夏后』就是『下后』（社神），『夏國』就是『下國』。『虞』就是『崇』，『崇』是崇高的意思，也就是『上』，『虞帝』就是『上帝』，『虞國』就是『上國』。『虞』是天神的國號，『夏』是地祇的國號，然則哪裏還有虞夏的國族呢。他的結論，我們雖不能完全同意，然而他確定古代華族只有殷周二支，這和傅孟眞先生的說法可相印証。陳先生與楊先生同持夏代虛無說。陳先生專研甲骨文，他以爲夏代的歷史就是商代歷史的上半段，『夏』只是商祖名字的分化。楊先生以爲夏代的歷史是周人觀念所構成，陳先生則以爲夏代的歷史是商人傳說的演化，這兩種說法都大胆到了極點，雖然還未成定論，但兩先生的發明是多有足稱的：『民族史的一部由神話史所演成』。至於陳先生的這篇商代地理小記，考証商代各種夷族的分布，字字都具心得，一切問題經他一揭發，無不昭如啟曠，這篇大作，我想是人人以先睹為快的！

第三組，研究古代國族疆域的論文，有饒宗頤先生的魏策吳起論三苗之居辨誤，陳子怡先生的散氏盤石鼓文地理考証，鍾鳳年先生的戰國疆域沿革考序例，張維華先生的魏長城考四篇。饒先生的治學方法最是謹嚴，他從種種方面考出魏策論三苗之居的文字有誤，他的大作雖然簡短，但是影響到古代地理的研究卻是很大，因為三苗疆域的問題關涉到夏、周、戎三種民族發展的歷史。在此以前，錢穆先生曾作過一篇古三苗疆域考，是一篇研究古代地理的權威文字，影響於學術界極深。饒先生這篇辨誤，便是針對錢先生的著作而發，錢先生已有答辨，並載本刊，兩先生的說法各有理由，其是與非，可請讀者公評。陳先生用石鼓文和散氏盤銘的地名互勘，有許多新發現，陳先生曾親到陝西西部去考察該銘所記的地點，所以這是一篇經過實地考察的考證論文，要請讀者注意！鍾先生是研究戰國地理的專家，以前曾在本刊發表過許多論文，成績之大，已為讀者所公認。這篇序例乃是戰國地理的綜敘，其前一部已在前幾期本刊發表過，但是全部文字仍嫌太長，本期為篇幅所限，不能登完，確是憾事！張先生專攻長城問題已有多年，對於戰國長城已曾發表過好幾篇研究論文，他最着力的是齊魏兩國長城的考證，齊長城考已在本刊三周年紀念專號發表，這篇魏長城考，格外作得精采，最大的貢獻，是訂正魏長城已經築到漢固陽縣的舊說，和確定卷長城為魏人所築，這點與鍾先生的研究互相發明補正。我個人以為張先生的長城考，確是目下古代地理研究的一部極偉大的著作，遠非近人胡鈔古書隨意瞎說的撰述可比。

第四組，研究古代地方制度的論文，有顧頡剛先生的春秋時代的縣和錢穆先生的秦三十六郡考補，史念海先生的秦縣考，這三篇都是極有精采的論文。顧先生考出春秋時代縣郡制的起源，和各國縣制的不同，並把它和當時其他的地方制度相比較；雖所根據的材料除彝器銘文以外，只有左傳，國語，史記，論語，周官，逸周書幾部書，然而已足補訂顧炎武日知錄和姚鼐，趙翼諸人的說法，尤其足以闢祛近人『郡縣制度起於春秋之末』的誤論！錢先生的大文，彙合諸家的說法加以訂正，足為秦郡的定論，文字雖短，貢獻卻大，從此以後，秦郡的問題可以暫告結束了。史先生的大文最為繁博，他從各種古籍裏考出三百多個秦縣，比較近人的隨意派定，雖然縣數較少，然而考訂方法的謹嚴則遠非他人可比。這是本期專號的一篇最着實的文字！

第五組，考証古代地名的論文，有孫海波先生的周金地名小記，劉厚滋先生譯的日本小川琢治所著穆天子傳地名考，和饒宗頤先生的古海陽考，以及拙作春秋王都辨疑，目夷亭辨等篇。孫先生的論文是集合數年來的研究札記而成。這篇文字本來分爲建都，征伐，封建等若干項，現在先把西周的部分『建都』『征伐』兩項輯出，定名爲『周金地名小記』。他的新發現，如成王時已建都成周辨，訂正二千年來的謬說，足爲定論；這篇考辨本是拙作春秋王都辨疑的跋文，是我請他提出放在周金地名小記裏的。此外如他考證周征東夷的地點等也有許多新貢獻，足資研究。穆天子傳地名考已譯載於江俠庵先生所輯的先秦經籍考，劉先生的譯文，較江譯尤爲審愼，讀此文者當以兩種譯文互勘。饒先生確定古海陽應在江蘇，足以糾正舊說之謬。至於拙作兩篇，目的只在提出一種考證古代地理的方法，便是勸人們不要胡亂承用晚出的史料。

第六組，研究古代地理書的論文，有侯仁之先生的海外四經海內四經與大荒四經海內經之比較和顧頡剛先生的讀周官職方，鍾鳳年先生的水經注析歸引言，孟森先生的禹貢山水澤地所在篇中之熊耳山問題四篇。侯先生比較類同記載，確有獨得的見解；雖然他說海內經，大荒經的全部著作時代在漢代，我們還不敢承認，然而以上兩經有後人竄增的部分，則確是事實。顧先生的論文是由他的尚書講義中的案語修改成的，顧先生對於兩漢州制有特殊的研究，所以他的這篇讀書札記，也有許多未經人道的發現。如幽并二州的加入九州是燕趙兩國開疆闢土的結果，這似乎是可以令人首肯的一個結論。鍾先生主張重新分析水經注列表，舉聖水等爲例，條理分明，足爲研究酈書者開一新路。孟先生對於水經注趙戴公案最有精見，常事揭發，此篇論斷精嚴，足爲定論。

此外特殊的論文，還有丁傢民先生的臨淄小記，是一篇志書式而兼考證的文字，如要知道古齊都的詳情，這篇文字是不能不一細讀的。

上面把本期的各篇論文性質介紹完畢，此外我們還有幾句話要向讀者報告：最近十幾年來，考古學歷史學都有相當的發展，有許多學者從這裏而作出驚人的成績，無論古代史，近代史都出了許多專家。不過事情往往正反相對，同時也有許多人出來，他們毫無研究的根據，也沒有正確的理由而往往隨意武斷一件歷史上的大事。我們希望從此以後，大家肯轉換一條路子，先從搜集考訂材料的工作上奠定了史學的基礎，然後再向高處走去。這册古代地理專號的出現，大部分論文都偏於整理考訂史料方面，這也可以說是對於最近的學風的糾正，這點是要請大家注意的！

二十六年，五月，二十日，童書業識于北平禹貢學會。

三代民族東遷考略

——古代中國民族考第四篇——

馬培棠遺著 1

馬培棠先生遺像

馬培棠先生英年長逝，著述凋零，本會同人至深悼惜，甚欲刊出紀念文字，稍盡表章之忱，無如所居僻遠，未易訪尋，而馬先生雖曾在北平受學，其友朋彌少，悵然至今，終未如願。茲值古代地理專號發刊，念馬先生專力於此，不可不留一遺痕，爰檢出馬先生照片一幀，遺作一篇，冠於本刊之首，願後之人毋忘學術界中曾有此極有爲之一人，正當枝葉熱茂之際，乃天奪其年而賫志以終也！

吾華南北二系種族，皆出鬼戎（別有考），又皆遠祖大禹；然則禹者，其亦鬼方之戎乎？史記集解引皇甫謐曰：

> 孟子稱禹生石紐，西夷人也。

「石紐」一詞，不得其意，幸藝文類聚引作「生於石坳」，「坳」當爲「紐」之正字。古人鈔寫，多有省文，「坳」或作「幼」，在所不免。而「幼」與「紐」，形極相似，聲亦相近，倉卒譌寫，「坳」乃作「紐」，大禹所生，自當以「石坳」爲正。坳亦作凹，坑坎之意也。然則禹生於石坳者，自石之坑坎中生乎？淮南脩務曰：「禹生於石」，雖不言「坳」，而坳意自寓其中，則大禹石生，此又其一證也。雖然，生禹之石，何處之石乎？藝文類聚引隨巢子曰：「禹產於崑石」。「崑」或作「崐」，即「昆山」也。淮南詮言注曰：「昆山，昆侖也」。惟孫詒讓輯隨巢佚文作「禹生於磈石」。竊謂「崑」亦簡作「昆」，其所以加石旁者，蓋涉下「石」

字而補。禹與石之傳說，由來已舊，甚謂禹子啟亦生於石。後人稱昆山，爰加「山」於「昆」，而「崑」出；稱昆石，又加「石」於昆，而「硯」作。其理如一，正可通用。則禹生於昆侖之石坳，又明矣。禹貢曰：「崐崙析支搜渠，西戎即敘」。故晉書載記劉元海曰：「大禹出於西戎」。「戎」別爲「羌」，故史六國表曰：「禹興於西羌」。合戎羌爲西夷，故孟子稱禹「西夷之人也」。雖然，由戎以至匈奴，由羌以至百越，南北二系，莫不祖禹，西夷之人，禹實生之，禹爲西夷之人者，蓋追稱耳。世遠年荒，莫究禹父，爰謂生於昆侖之石。

禹長而敷土，隨山浚川，足跡徧天下，由禹貢一篇固可以知之。茲再輯較古之零碎材料，以見各系對禹之留影。當北系遷移於大河之北也，傳謂汾澮之間，實爲禹都，莘隗環之，故左定四年曰：「疆以戎索」。然則大禹曾王莘戎於此矣。由此而東，至於河委，詩韓奕曰：

奕奕梁山，維禹甸之。

詩地理徵曰：「顧氏曰：史記燕世家，易水東分爲梁門。水經注亦云：灤水逕良鄉縣之北界，歷梁山南，高梁水出焉。是所謂奕奕梁山者矣。方輿紀要曰：良鄉故城，在涿州北四十里，房山縣本良鄉縣地。高梁河在昌平州西」。其地韓國，其人追貊，則此地之人，對禹之追念，當甚殷切，故後世匈奴自稱爲「夏后氏之苗裔」，良有以也。又南系遷徙於長江之濱也，傳謂洙水之源，實爲禹鄉。水經注曰：「今夷人共營其地，方百里，不敢居牧」。然則大禹之故里，其在斯乎？由此而東，至於江委，魯語載孔子之言曰：

昔禹致羣神於會稽之山。

史集解曰：「山陰縣會稽山，本名苗山，在縣南，去縣七里。越傳曰：禹到大越，上苗山，大會計，爵有德，封有功，因而更名苗山曰會稽山」。山陰故城，今浙江紹興境。其地越國，其人閩蠻，則此地之人，追念大禹，蓋未嘗忘。故越王自稱「禹之苗裔」，非無故矣。書皐陶謨載：

禹，娶于塗山。

孔傳曰：「塗山，國名」，而未詳其所在。按「塗」，徐聲；「徐」，余聲。若從省字之例，則「塗山」可作「余山」。故說文引書，「塗」乃作「嵞」。「嵞」當即「余山」之合寫，而又多加一「山」字者。後世稱塗山，不曰「嵞」而曰「嵞山」，則更贅一「山」字矣。余山之國蓋在隴西。曲禮下注曰：「予，余，古今字」。漢地志隴西郡有予道，或即余山之故址；惟後漢以下省之，讀史者不復注意，因而塗山遠至江淮。李兆洛地志韻編曰：「予道，今闕，按當在甘肅蘭州府境」。李氏精於地理，必有所據。淸蘭州府舊境，南抵河州狄道州渭源縣；西漢隴西郡舊壤；北抵大夏狄道首陽。漢大夏即淸之河州，今甘肅導河治；漢狄道即淸之狄道州，今甘肅狄道治；漢首陽即淸之渭源縣，今仍甘肅渭源治；則漢予道在蘭州府境者，當近在三縣之間。夫有狄道，夷狄之所居也；有大夏，大禹之故宅也。可證其地蓋爲大禹在西戎時之遺跡。然則予道在此，余山在此，誰曰不宜。且漢地志首陽有鳥鼠同穴山，雖不敢直指此山即余山；但爾雅釋鳥曰：「鳥鼠同穴，其鳥爲鵌，其鼠爲鼵」，是呼山鼠爲「突」，「突」「余」聲相近；呼山鳥爲「余」，「余」「余」且同字矣。既以「鳥鼠」名其山，而「鳥鼠」皆呼如「余」，則鳥鼠同穴之或名「余山」也明矣。然則漢之予道，禹之余山，謂近渭源，亦不爲過。故塗山故址，廣言之，則在導河狄道渭源三縣之間，狹言之，則在鳥鼠同穴之麓。禹生長於昆侖，成婚於鳥鼠；鳥鼠渭之源也，禹因又漸隨渭流而俱東。

渭流經南山，詩信南山曰：「信彼南山，維禹甸之」。南山即終南，漢地志曰：「武功，大壹山，古文以爲終南」。武功故城，今陝西郿縣東，則南山當在中條。山陰偏左，有川曰豐，詩文王有聲曰：「豐水東注，維禹之績」。「豐」或作「酆」，漢地志曰：「酆，北過上林苑入渭」。上林故址，今陝西長安西；是豐水流貫渭水之南。則大禹東來，取道渭水南山之間。渭水盡於大河，南山出爲外方，外方大河，頗稱形勢，於是陽城傳爲禹都。漢書臣瓚注引世本曰：

禹都陽城。

金鶚禹都考曰：「趙岐孟子注，陽城在嵩山下。括地志，嵩山在陽城縣西北二十三里。則陽城在嵩山之南，今河南登封縣是也」。嵩山，即外方，一名大室。左昭四年曰：「陽城大室，九州之險也」。大禹子孫居於陽城者，當甚久。

傳有太康者，東遷斟鄩。史正義引汲郡古文曰：

太康居斟鄩，羿亦居之，桀亦居之。

斟鄩之辨，由來已久。臣瓚曰：「斟鄩在河南」。按「

開封大康縣理城，夏后太康所築」，即路史夏后紀下所謂「癸大城築」者矣。漢爲陽夏，開皇七年改曰太康，今仍河南太康治，與臣瓚之言正合。則史傳大康失國，蓋去陽城而遷斟尋也。夏桀而後，國運乃絕，避殷之侵，因又遠徙。周語曰：「有夏雖衰，杞鄫猶在」。杞後遷今山東樂昌東南，是夏餘東保乎海濱；鄫在今山東嶧縣東，是夏餘東保乎泗沂。要之，夏人者，自昆侖而塗山，而陽城，而斟尋，而杞鄫：順渭河之南，達濟淮之間。

夏人東遷之時，有商人者繼之而起。詩長發曰：

洪水芒芒，禹敷下土方，外大國是疆，幅隕既長，有娀方將，帝立子生商。

禹敷下土，民得再生。有娀之國，方日見強大。淮南墬形曰：「有娀在不周之北」。又曰：「西北方曰不周之山」。又曰：「不周在海隅」。海者，西海，則不周在西海之北隅矣。故離騷曰：「路不周以左轉兮，指西海以爲期」。西方之海，厥爲弱水，則有娀之國，正在弱水之涯涘。蓋娀，戎也，弱水之濱，固戎居也。皇天祚之，生契玄王。契出於有戎，長於不周，遷居於亳。王國維說契至於成湯八遷曰：「契本帝嚳子，實本居亳」。惟此亳者，宜解作史封禪書之「杜亳」，集解引徐廣曰：「京兆杜縣有亳亭」。杜縣故城，今陝西長安南，則亳在渭濱也。水經注又引世本曰：「契居蕃」。闞駰曰：「蕃在鄭西」。鄭故城，今陝西華縣北，則蕃更與渭近。史殷紀又稱「契，封於商」。鄭箋曰：「商國在太華之陽」。太華，亦渭旁山也。契乘至此勢力大盛，故國號獨襲其名。要之，亳也，蕃也，商也，西望不周，已沿渭而東徙。

後至昭明，乃遷砥石，荀子成相曰：

契玄王，生昭明，居於砥石，遷于商。

楊倞曰：「砥石，地名，未詳所在；或曰：即砥柱也」。或者之言，亦近情理。砥柱在今河南陝縣境，則昭明遷砥石由渭及河。時夏方盛，不可逼處，旋返故居，復遷於商。居此十餘世，至成湯，根基益固，國勢益張，乃克夏人，而都於亳。史殷紀曰：

湯始都亳。

亳本契之舊邑，而言「始」都，則非杜亳可知。漢地志曰：「偃師尸鄉，殷湯所都」，則湯亳當在偃師之地。

史正義曰：「按亳，偃師也」，又引括地志曰：「亳邑故城，在洛州偃師縣西十里」。但其所以取名曰亳者，蓋契爲商之始祖，湯爲商之始受命君，欲追祖蔭而夸功德，爰取舊名，故曰「從先王居」也。偃師在河南砥石之東，西望商丘，又沿河而東侵。

後至仲丁，東遷於敖。史正義引括地志曰：「滎陽故城，在鄭州滎澤縣西南十七里，殷時敖地也」。則敖地適在河南古河北折之曲。及河亶甲復遷於相。史正義引括地志曰：「故殷城，在相州内黄縣東南十三里，即河亶甲所築都之」。内黄遠在滎澤之東北，則遷相蓋沿古河之東畔。及祖乙又遷於邢，按邢即邢丘。史正義引括地志曰：「平皋故城，在懷州武德縣東南二十里，本邢丘邑也」。武德故城，今河南武陟東南，則邢丘又遠去相地之西南，蓋嘗渡河焉。比至盤庚，乃遷殷虛。史正義引括地志曰：「相州安陽，本盤庚所都，即北冢殷虛，南去朝歌城百四十六里」。安陽故城，今河南安陽西南，則殷虛又遠去邢丘之東北，而仍在古河之右，故史殷紀曰：

盤庚之時，殷已都河北。

正義又引古本竹書紀年曰：「自盤庚徙殷，至紂之滅，七百七十三年，更不徙都」。是商人居殷最久，故亦稱殷。詩書之文，皆「殷」「商」互言，或兼稱「殷商」，其故以此。紂亡而後，餘民保商丘，是謂宋，今河南東部也。按商人自弱水而渭而河，曰商曰殷曰宋，其遷浸絕矣。

繼商而起者曰周，周興於后稷。詩閟宮曰：

赫赫姜嫄，是生后稷，奄有下土，纘禹之緒。

禹敷下土，萬邦漸作。有姜嫄者，生后稷，纘禹而爲天下王。是后稷者，追宗大禹，而實生於姜氏，姜者，羌也，本戎之別支，居於阺岷，則后稷亦西方之人矣。山海經海内經曰：「西南黑水之間，有廣都之野，后稷葬焉」。葬地或距生地匪遙，詩生民謂后稷「即有邰家室」，毛傳曰：「邰，姜嫄之國也」，當在羌地。按「邰」，台聲，若從省字之例，「邰」宜作「台」，白虎通引詩「邰」正作「台」。楚辭天問曰：「禹之力獻功，降省下土方，焉得彼嵞山女，而通之於台桑」。王逸曰：「言禹治水，道娶塗山氏之女，而通夫婦之道於台桑之地」。是「台桑之地」，當即「嵞山氏」之所居；

嵞山爲氏，以地而起，則嵞山台桑當係一名之異文。蓋「台」與「嵞」，「桑」與「山」音讀皆相近。且嵞山可省稱「余」，通作「予」，若予道；台桑可簡稱「台」，亦作「邰」，若有邰。書湯誓曰：「台小子」，墨子兼愛下作「予小子」，故爾雅釋詁曰：「台，予也」。然則后稷家於有邰，即禹之塗山，漢之予道，今之渭源境也。後人不得乎塗山，因而有邰亦失其地。有邰右望黑水，左瞰渭流，以商人雄據東方，故子孫乃北徙。

周語曰：「及夏之衰也，棄稷不務，我先王不窋用失其官，而自竄於戎狄之閒」。史正義引括地志曰：「不窋故城，在慶州弘化縣南三里，即不窋在戎狄所居之城也」。弘化故城，今甘肅慶陽北，涇水之上流也。至公劉自戎狄遷於豳，漢地志曰：「栒邑，有豳鄉，詩豳國，公劉所都」。栒邑故城，今陝西栒邑東北，是周人沿涇稍稍南徙。時也，商人已漸東去，周人因伏南下之機。詩公劉曰：「篤公劉，于豳斯館，涉渭爲亂，取厲取鍛」，故至太王，乃遷岐山。漢地志曰：「美陽，岐山在西北，中水鄉，周太王所邑」。美陽故城，今陝西武功西南，則遷岐已南達渭水之濱。其地有周原，爲天下膏腴，國號由此而起，王瑞自茲而興。詩閟宮曰：

后稷之孫　實惟大王，居岐之陽，實始翦商。

比至文王，周室益盛，作邑於豐。史集解引徐廣曰：「豐在京兆鄠縣東」。鄠故城，今陝西鄠縣北，豐水之畔也。文王子武王，更營鎬邑，史集解引徐廣曰：「鎬在上林昆明北，有鎬池，去豐二十五里」。上林故址，今長安西，豐之東也。豐鎬皆濱渭南，較之岐山，是又東徙。武王繼文王之業，成大王之志，卒克商於牧野，知豐鎬遠在西土，不足以樞紐天下，乃命周公東營雒邑。漢地志曰：「昔周公營雒邑，以爲在于土中，諸侯蕃屏四方，故立京師」。京師在河南，雖未立即都之，而東遷之勢已伏於此。比及平王，避犬戎難，乃徙雒邑，是爲東周；追稱豐鎬曰西周。

當周人之初滅殷也，威及東海，封魯侯於東方，以鎮遠土。詩閟宮曰：「泰山巖巖，魯邦所瞻，奄有龜蒙，遂荒大東」。蓋周人沿河而下，順濟而東，邑曲阜，而治海邦，與西方之豐鎬，中央之雒邑，一綫相承，頗脊形勢。故西周亡而東周繼，東周微而魯邦興，春秋之義，「託王於魯」，非過論也。封魯而外，更封

7

燕吳，分據南北。史燕召公世家謂北燕「與周同姓，姓姬氏」。封於河委之北，以保北陲。史索隱曰：「北燕，在今幽州薊縣故城是也」。薊故城，今河北大興西南，則燕韓迫處，臨勃澥，望梁山，以監追貊，蓋周人沿河北出之支也。吳亦姬姓，封於江委之南，以保南鄙。史正義曰：「吳，在常州無錫東南六十里」。無錫故城，今仍江蘇無錫治。則吳越比鄰，臨東海，望會稽，以監閩蠻，蓋周人隨東方平原南出之支也。

按周人自西方來，由渭而河而濟而江，北達河北，南踰江南，三系接觸，而開混合之漸。雖然，中系與他二系之混合，要以北系爲最早且著。試觀周室之分封也，除北燕深入追貊外，尚有強晉，居於故唐城。史正義引括地志曰：「故唐城，在絳州翼城縣西二十里」。則晉在河東，與戎雜處。其餘姬姓小國，尚多有之，與燕晉相呼應，以增周勢。羣狄不能逞，益稍稍北徙。若吳則孤處東南，獨入蠻疆，無所援濟，卒爲越滅。考其所以易與北系通者，良由中北二系，同居於北方大自然區，黃河之塹，固不能久限人也。南系北來，當始於春秋之世；戰國而還，三系交通，乃臻極盛。所謂「極發達之地理知識」者，在於是矣。故禹貢之文以出，秦政之業以定。

秦政之先世，又隨周人而漸起。秦公敦載：

秦公曰：不顯朕皇且受天命，鼏宅禹責。

禹敷下土，庶物咸亨。故後起之秦，亦自稱禹統，託命皇天，以昭其實。左襄二十九年載季札觀秦樂而歎曰：「此之謂夏聲」。古之歌頌，多操土音，然則「秦聲」即「夏聲」，「秦人」即「夏人」矣。故秦公曰：「鼏宅禹責」；季札又曰：「其周之舊乎」。按周之舊壤，遠在西戎，則秦之所從出，可以斷定。考秦之古王，有中潏者，實長西戎之地。史秦紀曰：「中潏在西戎，保西陲」。王國維秦都考曰：「西陲一地，水經漾水注以漢隴西郡之西縣當之，其地距秦亭不遠。使西陲而係地名，則鄭說無以易矣」。西故城，今甘肅天水西南，渭之上游也。又傳至非子，遷居于秦，國勢始大，後世因以秦爲國號。史正義引括地志曰：「秦州清水縣本名秦」。是清水亦在甘肅渭水之濱，惟同首西陲，已稍東徙。

周遷雒邑，秦得岐以西地，故至文公，東至汧渭之會，其地當即祠陳寶處，今實難之境乎？文公之孫，是爲寧公，又徙居平陽。史正義引括地志曰：「平陽故城，在岐州岐山縣西四十六里，秦寧公徙都之處」，是平陽亦在陝西。殆至德公，又居雍城。史正義引括地志曰：「岐州雍縣南七里，故雍城，秦德公大鄭宮也」，雍故城，今陝西鳳翔南。三都聚處，近在渭濱，西望秦谷，又沿渭而東下。

穆公而後，國勢益盛，至靈公更遷涇陽。秦都邑考曰：「涇陽者，當在涇水之委」，則今陝西涇陽縣也。獻公又城櫟陽，秦都邑考曰：「櫟陽，在今高陵縣境」。則高陵亦西距涇水入渭之處不遠。獻公子孝公，作爲咸陽。史正義引括地志曰：「咸陽故城，亦名渭城，在雍州咸陽縣東十五里，京城北四十五里，即秦公徙都之者」。是今陝西長安之北，有故咸陽城也。三都迫處，亦近渭濱，西望雍城，更沿渭而東侵。

秦都遷徙，止於咸陽，秦威流布，遍於天下。漢地志曰：「昭王滅周，取九鼎；昭王曾孫政幷六國，稱皇帝」。賈誼過秦，則獨以始皇該之。蓋始皇時，據西陲，令東土，蹂躪河北，踐踏江南。政聲所及，莫不風行而草偃；兵威所至，亦且水到而渠成：故六王伏辜，三系向化。始皇紀載丞相綰等頌曰：「平定天下，海內爲郡縣，法令由一統，自上古以來，未嘗有」，非虛語也。而始皇猶慮基之未固，功之未稱也，乃「親巡天下，周覽遠方」，耀我大一統之徽光，開我大歷史之新頁，禹貢作者之苦心，乃得實驗而功成。二十七年，初巡隴西北地，穩後防也。繼於二十八年，東行上嶧山，登岱岳，游海上，之衡山，由武關歸：此中南二系舊壤之環繞也。又於二十九年，東游至陽武，登之罘，放琅邪，道上黨入：此中北二系舊壤之周回也。三十二年，復之碣石，巡北邊，從上郡入，已至北系之最北。三十七年，又過雲夢，至錢唐，上會稽，已達南系之極東。二世元年，亦東巡碣石，歷泰山，至會稽。東方平原，便通南北，三系混合，難復見其原態。至若始皇之築長城，戍五嶺，胡越之不服者遠徙邊徼，又啟第二幕活動之始，不與本篇之內矣。

禹先生中國古代民族考一稿，擬稍加整理，加以前年在本刊發表諸文，編成一集，列入禹貢學會叢書，特此預告。

——編者記。

古代民族移徙考

蒙文通 1

一　古西北民族

匈奴列傳言冒頓「後北服渾庾，屈射，丁靈，鬲昆，薪犂」。「渾庾」，漢書作「渾窳」，史記又作「薰育」，作「葷粥」。是匈奴既盛，而渾庾爲之屬，安在薰育即爲匈奴？吳越春秋太伯傳云，「古公爲狄人所慕，薰鬻戎姤而伐之」，則鬻粥與狄又顯然爲二也。孟子言「太王事薰鬻，文王事昆夷」，並舉別言，固自不爲一國。自應劭晉灼韋昭顏籀之徒爲葷粥玁狁匈奴爲一之說，揚其波者於鬼方玁狁畎戎無往而非一，則大悖也。山經王會於諸戎皆並舉言之，種落各別，豈謂一族哉？

前余別於犬戎東侵考證匈奴之屬於義渠，義渠滅而匈奴興，明匈奴之起於西北。考諸海內經言「匈奴，開題之國，列人之國，並在西北」，與屬於義渠之事最合。乃吳承志地理今釋謂「此『匈奴』當從一本作『獫狁』，此乃左氏春秋傳所謂『允姓之戎，居於瓜州』者，非史記匈奴傳居於北蠻之匈奴也」。則以習見秦漢時匈奴居於北荒之故，疑匈奴始起不在西北，而以不妄爲妄，斯異大妄耳。

崔浩云，「西方胡皆事龍神，故名大會處爲龍城」，嚴安言，「深入匈奴，燔其龍城」，此亦匈奴本爲西胡之證也。

太王居豳而事薰粥，此亦見薰育之在西北。而五帝本紀言「黃帝北逐薰育，合符釜山」者自不足信。宋衷世本注云，「鬼方於漢則先零羌也」，此鬼方之在西北。而干寶注易云，「鬼方，北方國」，又不足信也。詩云，「赫赫南仲，玁狁于夷」，又云，「赫赫南仲，薄伐西戎」，則玁狁亦在西北，而以葷粥鬼方玁狁匈奴並起北方者，此亦因習見秦漢間事而誤，其說始自史遷，此又言古戎狄者一大悖矣！

尙書言「分北三苗」，又言「竄三苗於三危」，又言「三危既宅，三苗丕敘」，皆謂舜禹間事也。鄭玄言「苗民九黎之後，分流其子孫爲三國」，此正所謂「分北三苗」。水經注言「三危在敦煌縣南」。禹貢於雍州云，

「織皮昆侖，析支，渠搜，西戎即叙」，顏氏曰，「昆侖，析支，渠搜，三國名也」。苗民子孫分流爲三國，正此之三國。閻若璩言「昆侖國蓋附近昆侖山者」。張駿時酒泉太守馬岌上言「酒泉南山，即崑崙山之體；周穆王見西王母樂而忘歸，謂此山也」。漢志，金城臨羌縣西有弱水崑崙，括地志謂在「酒泉縣西南八十里」，今肅州西南崑崙山。酒泉密邇敦煌，三苗之分，其一即昆侖，地固然也。司馬彪以「西羌自析支以西，濱於河首，在右居也。河水屈而東北流逕析支之地，是爲河曲」。應劭曰，「禹貢析支在河關之西，羌人所居，謂之河曲羌」，斯析支在河曲也。穆天子傳穆王既觴於西王母，東還道中云，「至于巨蒐之人」，此即渠搜國。地雖難確指，然在崑崙之東可知也。而隋書本裴矩西域圖記云，「鏺汗國都葱嶺之西五百餘里，古渠搜國也」，則三危之國有歷世久而遠徙葱嶺之西者。廣宏明集七引荀濟論佛表云，「西域傳塞種本允姓之戎，世居敦煌，爲月氏迫逐，往葱嶺南奔」，則瓜沙之族，遠徙葱嶺之西者，月氏大夏之先，古有渠搜允姓之戎，不必獨疑於渠搜。則三苗之裔非徙於後漸居關中，且有及葱嶺之外者。曰「文王事昆夷」，當即昆侖之裔。鄭箋言「混夷，夷狄國也。見文王之使者，將士衆過己國，則惶怖驚走，奔突入此柞棫之中，甚困劇也。是之謂一年伐混夷，成道興國」。史記言「自隴以西有緄戎」，則至秦繆之世其族猶有存者。楊惲言「安定山谷之間，昆夷舊壤」，則亦近於犬戎之國。

馬融言「三苗，縉雲氏之後」，賈逵言「縉雲氏，姜姓」，則三苗亦姜姓。晉人執戎子駒支曰，「來！姜戎氏。秦人迫逐乃祖吾離於瓜州」，地理志杜林「以爲敦煌郡即古瓜州」，是即三苗徙三危處，而瓜州之戎來居伊洛，緄戎內侵，則亦其比。曰「王師敗績於姜氏之戎」，實爲申戎。諸姜昆戎申戎陸渾之戎入居函夏者衆，倘皆三苗之裔，而躞蹀鬼方獫允之間者乎？詩曰，「混夷駾矣」，說文口部引作「犬夷」。史記言「自隴以西，有綿諸緄戎」，漢書作「綿諸畎戎」，鄭說亦謂「畎夷，混夷也」，是犬戎即昆戎，與諸姜氏之戎同出三苗之裔也。

襄十四年晉執戎子駒支曰，「來！姜戎氏，乃祖吾離被苫蓋蒙荊棘以來歸我先君，我先君惠公有不腆之

2

田，與汝剖分而食之」，則三苗之後固是耕稼之族。范漢書曰，「西羌之本，出自三苗，姜姓之別也」，證以「羌」之即「姜」，則後時之羌蓋於犬戎之族爲近。范書又言「羌無弋爰劍亡入三河間，諸羌共畏事之，爰劍教之田畜」，則羌亦耕稼之族。陶元珍君謂「范書言『爰劍與劓女遇，遂成夫婦。女恥其狀，被髮覆面；羌人因以爲俗』。而左氏言『辛有見被髮而祭於野者，曰，「不及百年，此其戎乎？」』以應揚拒泉皐伊雒之戎陸渾之戎先後入伊川，則諸姜氏犬戎爲被髮，與羌同俗也」。則犬戎之族，宜與羌種爲近。地鄰岐邠，自夏以來與周交接最繁，蓋以耕稼之人，雖久接中國，未遽爲邊陲之巨禍也。

二　犬戎

范書本竹書紀年言「穆王西征犬戎，取其五王以東，遂遷戎于太原」，取戎五王，知犬戎於時之盛也。然犬戎先居何地，而後遷之以東？穆天子傳記穆王西征，由宗周至于陽紆，「犬戎胡觴天子於當水之陽」。穆王東還，由陽紆至于宗周，「犬戎胡觴天子於當首之阿，曰，『雷水之干，寒寡人』」。以西征之道，驗東還之道，曰鈃山，曰當水，曰鄘人，曰滲澤，去來皆經之，則自是一道，知雷水即當水，而澡澤即滲澤。穆王東還既過鈃山，「南征翔行，逕絕翟道」，近翟道之鈃，即岍山也。曰「河宗之子孫鄘伯」，曰「天子舍于漆澤，乃西釣于河」，則鄘邦滲澤，遂接於河。足明岍之北，河之南，卽當水所在，犬戎居之，是蓋漢安定界。自穆傳五卷之首，錯簡入四卷之末，又錯觜水呼沱二簡於一卷之首，以東征之文與盟門九河相連屬者，乃雜於西巡鄺山鈃山之間，於是說犬戎在雁門者有之，在河東者有之。穆王徙之，取五王以東，則一部離安定而東出者也。 3

前世學者或謂「犬戎本國在西寧西北之樹敦城」。夫「犬戎樹惇」，豈謂城耶？周唐世所謂樹敦城，夫何預犬戎之事？自夏以至西周之末，犬戎世爲邠岐之患，其必處於周之近地可知。鬼方玁允未來之先，北則追貉，西則犬戎，固未爲中國之大害，蓋本非荒遠慓猾之族，未足與鬼方玁允比也。

范漢書言「后相即位，乃征犬夷。后桀之亂，犬夷入居邠岐之間」。周自后稷封邰，在武功，而畎戎入居邠岐之間，則周幾於不國。婁敬說「后稷封邰十餘世，公劉避桀居豳」。毛詩故訓傳言「公劉居邰，而遭夏人亂，乃避中國之難，遂平西戎而遷其民，邑於豳焉。修其疆場，民事時和，國有積倉，張其弓矢，秉其干戈戚揚，以方開道路，去之豳。蓋諸侯之從者，十有八國焉」。平西戎而邑於豳，則平者犬夷，而遂奪之豳地。以時犬戎方入居豳岐之間，故曰「周道之與自此始」，以平犬夷也。曰，「我先王不窋用失其官，而自竄於戎狄之間」，周未去邰，而失官竄於戎狄，則以犬戎之陵暴中夏，故后相征之，七年然後來賓，戎強而周幾爲之臣服，此周之失官也。蓋其興其廢，固莫不與犬戎相關。

自殷征鬼方而犬戎之事不復見，王季俘鬼戎二十王後，鬼戎衰而犬戎復見於文王之世，知鬼方之來，已服犬戎而據其國，故鬼方之居即犬戎之居也。孟子曰，「太王居豳，狄人侵之」，而范漢書言「武乙暴虐，犬戎寇邊，周古公踰梁山而避於岐下」，於時鬼戎方熾，蓋率犬戎以侵周，不爾則蔚宗之謬也。

尚書大傳言「文王受命，四年伐畎夷」，又言「散宜生之犬戎氏，取美馬，凡九六焉」，則以鬼方既潰而犬戎復熾。國語言「穆王將征犬戎，祭公謀父諫曰，『今自大畢伯士之終也，犬戎氏以其職來王，吾聞夫犬戎樹惇，能帥舊德而守終純固，其有以禦我也』。王不聽，遂征之，得四白狼四白鹿以歸，自是荒服者不至」。於時犬戎猶未叛周，乃穆王耀兵，而遠人遂以漸貳。及遷之太原，而後中國北邊遂有戎禍。竹書言「夷王命虢公率六師伐太原之戎，至于俞泉，獲馬千匹。宣王遣兵伐太原戎不克」，此即犬戎遷太原而又叛者也。

玁允既來，犬戎蓋亦屬焉，故又沒而不見。周逐玁允至太原之外，而二寇殆皆懾服。及驪山之禍，犬戎卒覆宗周，則以玁允崩散而犬戎又熾。秦本紀言「西戎犬戎與申侯伐周，殺幽王」，周本紀言「申侯與繒西夷犬戎攻幽王」，曰西夷西戎，曰犬戎，則攻周者宜非一族。鄭語史伯曰，「申繒西戎方強，王室方騷」，又曰，「繒與西戎方將德申，申呂方強」，則於時申繒實強，主其事，而犬戎附之，滅周非獨犬戎之力也。

竹書言「先是申侯曾侯（曾舊誤『魯』）及許文公立平王於申」，立平王而後伐周，知滅周者並此姜氏申許之

4

屬。於此亦見繒與申同爲戎族，惟繒事不槪見。左氏哀四年傳「楚謀北方，致方城之外於繒關，爲一夕之期，襲梁及霍，圍蠻氏」，繒關在裕州，今爲方城縣，地近蠻氏與申，此爲伐周之繒無疑。蓋亦踵申之後，於蠻氏之前，出轘轅而南徙者也。

史記匈奴列傳言「犬戎殺幽王，遂取周之焦穫，而居于涇渭之間，侵暴中國」，則申繒皆去，於是關中獨犬戎爲強。秦旣伐戎至岐，岐以東獻之周而戎散，於是不曰戎而曰蕩氏，曰彭戲，曰邽，冀，此諸國皆犬戎部落崩散之可知者也。揚拒泉皐，則犬戎之散於伊雒者也。史記言「穆公得由余，西戎八國服於秦」，王恢言「繆公幷國四十，隴西北地是也」。淮南子精神訓言秦繆由余事，而曰「胡王淫女樂之娛而亡上地」，此見戎王已來居在上郡，而隴西北地之戎皆屬之，旣迫於秦，犬戎又漸東出也。

繒遷方城，蓋踵申呂之後，而在犬戎入伊雒之前。薛尙功鐘鼎欵識有曾侯鐘，云，「惟王五十有六祀，徙自西陽，楚王韻章（韻即熊）作曾侯乙宗彝，寘之于西陽」。薛注，「方城范氏得之安陸，銘云，『惟王五十六祀楚王韻章』，按楚惟惠王在位五十七年，又其名爲章，此鐘爲惠王作無疑」。此臣屬於楚之曾侯，當即居於方城之繒。此器得之安陸，則繒於楚惠王時已去方城而居於楚境今之安陸，是更南徙也。綴遺齋金文有呂王鬲云，「呂王作尊」。舊釋云，「呂即甫，申甫二國地皆近楚，後幷爲楚所滅，今湖北黃州府有呂王城是」。申呂同在南陽，繒在方城。左氏莊六年傳，「楚文王伐申」。蓋申入楚而曾呂皆以南遷，此姜戎之族遂去豫而入荆。左氏昭十三年傳曰，「楚之滅蔡也，靈王遷許，胡，沈，道，房，申於荆焉」，知申入楚而申猶存，靈王遷之，是亦小國之君。呂曾亦歷久猶在。呂之稱王，猶豐王亳王大荔義渠之王之例，更證其爲西戎君號。方氏疑呂不稱王，誤也。詩揚之水曰「戍申」，曰「戍甫」，曰「戍許」，許亦姜姓太岳之胤，其居許昌，當亦猶申呂之徙南陽，不必爲前代之封。許至靈公徙葉在南陽，悼公遷夷，實城父，則又東入淮也。左氏昭四年傳，「楚子以諸侯滅賴，遷賴於鄢。楚子欲遷許於賴，使公子棄疾城之而還」。冬，彭生罷賴之師。八年，楚滅陳。九年，楚遷許於夷，實城父，取州來淮北之田以益之；遷城父人於陳，以夷濮西田益之；遷方城外人於許」。夷在安徽亳州西，入楚曰城父，許即遷此。夷濮西田在州西。水經注，「夏肥水上承沙水，東南流逕城父縣故城，春秋所謂夷田在濮水西者也」。蓋許之入淮，楚遷之；遷方城外人於許，則許舊居之棄也。楚之滅蔡，在昭十一年，而許胡沈申又遷。左氏昭十八年傳，「楚遷許於析，實白羽」，在河南內鄉縣西北。定四年傳，「許遷於容城」。水經注，「南郡華容縣，春秋『許遷于容城』是也」。應劭亦云然。於是許在華容，呂在黃州，姜戎之族遂並入江，而申曾之屬亦悉入楚境，諸戎南徙，此爲最遙。韓非子說難言「鄭武公欲伐胡，先以其女妻胡君以娛其意。關其思以爲胡可伐，武公怒而戮之。胡君以鄭爲親己，遂不備鄭；鄭人襲胡取之」，此鄰鄭之胡也。襄二十八年有胡子，始見於春秋，國在安徽阜陽縣西北，此胡偪於鄭而南徙也。楚之滅蔡，許胡同遷，定十五年楚滅之。胡子，歸姓，或即弦子之隗姓歟？爲戎爲夏不可知？說苑權謀又言「鄭桓公東會封於鄭，鼈何與之爭封」，此亦鄰鄭之國，後不復見。而襄昭之間，頓，胡，沈，賴，江淮之間乃有新見之國，亦與於晉楚會盟，或非先之所有也。益後遂漸居滕辟杞郳（小邾）之上（如定四年會召陵），偪亦如胡之徵而復興，由北徙南者歟？若頓於今爲河南商水縣，即故南頓城。應劭曰，「頓迫於陳，其後南徙，故號南頓」，明自北來也。錢坫以「沈即聃國」，顧棟高以「河南商城縣之賴即湖廣隨州之厲」，是皆遷移之可見者。由許胡之事觀之，蓋無可疑。而蔡自上蔡而新蔡，而下蔡，又其顯焉者也。或厲即爭鄭之鼈何耶？昭十九年，「楚遷陰於下陰」，陰在漢爲陰縣，屬南陽，下陰爲湖北光化縣，此即晉之伊雒陰戎，徙九州，徙南陽，入襄陽，陸渾餘孽亦於是入漢也。

三　太原

穆王遷戎太原，而太原遂有戎禍，宣王又伐玁允至于太原，太原繫於戎夏之廢興亦重矣，而釋太原者，紛紜莫定。顧炎武言「朱子以今太原陽曲縣即詩之太原。案求太原當先求涇陽所在。後漢書段熲破先零羌於涇陽，注涇陽屬安定，在原州。郡縣志原州平涼縣，漢涇陽地，則太原即今之平涼；後魏立爲原州，取古太原名爾」。

7

胡渭說「漢安定郡治高平，唐爲原州，後徙治平涼，故州今固原州也」。胡氏所論，視顧尤悉。然犬戎與周相終始，本居近地，豈徙戎太原而後來固原耶。

蓋欲求太原，應先求鎬方，六月之「方」，即出車之「方」與「朔方」，朱右曾以衛青伐匈奴出朔方高闕說此鎬方，於義最諦（余於犬戎東侵考已備引論之）。鎬方既皆在慶夏州，知太原即漢五原地，而六國之九原也。朱氏以六國秦趙之九原言太原，不猶愈於以後魏之原州證太原乎？海內北經言「有人曰大行伯，把戈，其東有犬封國」，又言「犬封國曰犬戎」，地理今釋曰，「下文云『貳負之尸在太行伯東』，貳負之尸所在，當與貳負之臣所梏之疏屬山相近；大行伯在其西，應在疏屬山西北，今內蒙古鄂爾多斯中前後三旗境中。「大行」當讀爲「大衍」，謂大沙衍之地」。此亦趙九原地，謂犬戎遷九原，正與海內北經合，此犬戎於穆王遷後之新地，以朱說爲最確也。

近世說太原者，恆依違於尚書春秋而不敢決，致多違戾，是蓋有義焉。禹貢冀州所紀，實雍州之太原。曰「壺口，治梁及岐，既修太原，至于岳陽」，此言壺口而西之所至也：梁岐皆雍州渭北之山，太原則九原（即唐之原州，亦近是），嶽陽則爾雅所謂「河西嶽」，即岍山也。曰「覃懷厎績，至于衡漳」，此言壺口而東之所至也：所謂淸漳濁漳者也。安在禹貢冀州有太原耶？左氏昭元年經，「晉荀吳帥師敗狄于大鹵」。傳曰，「晉中行穆子敗無終及群狄於太原」。杜注，「大鹵，太原晉陽縣」。古經作「大鹵」而傳作「大原」，公羊穀梁之經則皆作「太原」。公羊傳曰，「此大鹵也，曷爲謂之太原？地物從中國，邑名從主人」。何休注曰，「以中國形名言之，所以曉中國，教殊俗也」。則以群狄之至，而冀州有大鹵之名，舊史仍之；新史以地物從中國之例，譯之曰太原。故公羊子曰，「原者何，上平曰『原』」，正釋地物之義。穀梁子稱「傳曰，中國曰大原，夷狄曰大鹵，號從中國，名從主人」，又穀梁襄五年傳「會吳於善稻，吳謂『善』伊，謂『稻』緩，號從中國，名從主人」，是則中國譯「伊緩」而後有「善稻」之名，譯「大鹵」而後有「大原」之名。晉陽得名大原，自狄之來晉北始，安在西周以往，冀州得有太原耶？以春秋以下晉之太原說西周以往雍州之大原，其誤自鄭注禹貢始，則以習於近聞而不審其實，沿譌襲非，遂迷誤千載而不能正。王靜安氏至說「太原兼漢太原西河河東三郡地」，呂誠之氏至說「玁狁獯猾，古代已與漢族雜居大河流域，實無本居塞外之證」，倘皆由說太原未諦之故，致所謂「薄伐西戎」者爲東戎，「荒服不至」者爲畿甸也。

四　獫允

允姓之戎爲獫允。允姓之戎西遷爲塞王，則周之獫允爲塞種之禍也。匈奴列傳言「至懿王時，戎狄交侵，中國被其苦，詩人疾而歌之，曰『靡室靡家，獫狁之故。豈不日戒，獫狁孔棘』」，周室獫狁之禍自是始。曰「豈敢定居，一月三捷」，王室威靈猶振也。又言「宣王命將征伐，詩人美大其功，曰『薄伐獫狁，至于太原。出車彭彭，城彼朔方』，是時四夷賓服，稱爲中興」，是異於毛詩古文，以采薇出車爲文王詩也。故人表亦以南仲召虎次周宣王世。六月之詩言吉甫，出車之詩言南仲，而采芑之詩又言「顯允方叔，征伐獫狁」，明宣王之世將命者非一人。曰「昔我往矣，黍稷方華」，曰「六月棲棲，戎車既飭」，則出師者非一次。史記周本紀十二諸侯年表皆不言宣王伐獫狁事，惟一記姜氏之戎。范漢書言「宣王立，四年使秦仲伐戎。後二十七年（即三十一年），王遣兵伐太原戎，不克。後五年（即三十六年），王伐條戎，奔戎。後二年（即三十八年），戎人滅姜侯之邑。明年（即三十九年），王征申戎。後十年，幽王命伯士伐六濟之戎」。章懷注云「並見竹書」，此記宣王伐戎事頗悉，亦不言獫狁。則此之言條戎奔戎申戎者，即南仲吉甫方叔異時以伐之獫狁也。

周語「宣王三十九年戰於千畝，王師敗績於姜氏之戎」，竹書以三十九年伐申戎，則申戎即姜氏之戎，即申侯也。斯則獫狁可考見者有三國。塞種之來蓋並鬼方犬戎而屬之，故隗姓之赤狄亦號獫狁；亦并姜氏之戎而屬之。於後陸渾允姓之戎既至伊雒，亦并先至之揚拒泉皐之犬戎而屬之。陸渾之戎亦有姜氏，而晉滅之陸渾子則爲允氏，亦以塞種之最強，能并犬戎姜戎而屬之，先後一也。

六月之詩，「玁狁匪茹，整居焦穫，侵鎬及方，至于涇陽」。郭注爾雅以「焦穫爲池陽縣瓠中是也」，在陝西涇陽縣西北。此允姓之族自瓜州東南下，及宣王世已侵入關中。曰「整居」，則已建牙焦穫也，於是北侵鎬方，南逼涇陽，是其游騎四出，所漸者廣；而豐鎬之間，四郊多壘。周之六飛既出，撻伐大張，至于大原，則已逐玁狁於太原之外，故周得料民於太原也。然後周與申戎約爲婚媾，召伯營謝而遷申焉。以懷柔之策，施離間之圖，於是玁狁不復能爲中國禍。奔戎條戎以遠竄，遂不復見。

西山經有申山，有上申之山，有申首之山，申水出於其上。地理今釋云，「申首之山，今甘肅中衛縣南雪山山脉，東趨直至陝西葭州河岸，爲申山上申之山之首幹，故曰申首也」。則安塞米脂以北，西連中衛，爲於時申戎之國，所謂西申。來戰於千畝，則逼王畿之近地。周語言「宣王不籍千畝，虢文公諫，弗聽。三十九年戰於千畝，王師敗績於姜氏之戎」。是明以千畝之戰即不籍之千畝，柰何說者紛紛，以晉州岳陽河西介休解之乎。圻父之詩，見王之爪牙亦在行陳，至是玁狁敝而周亦耗斁也。及周之東，允姓之姦復來渭汭，東及轘轅，則北至太原，南至伊雒，而塞種亦因散居其間，陸渾既滅，此來自葱嶺之族亦漸滅不復存矣。

綴遺齋金文有鄀公鐘，有鄀公敦，又有鄀媿鼎，足證杜預世本鄀允姓之說。僖二十二年，「秦晉遷陸渾之戎於伊川」，此允姓之姦始自西來。僖二十五年，「秦晉伐鄀」，此允姓之鄀當即陸渾之戎，已出轘轅而南徙者也。左氏傳言「秦晉伐鄀，楚以申息之師戍商密。秦入圍商密，商密人懼，乃降秦師。秦師囚申公子儀，息公子邊以歸」，鄀與商密同在河南內鄉縣西南一百三十里，此中國之商密而鄀來國之。鄀之南徙，蓋叛於秦晉，故秦晉伐之；知鄀之已即於楚也，故楚爲戍商以救之；至是又降於秦。文五年傳「初，鄀叛楚即秦，又貳於楚；夏，秦人入鄀」，鄀於秦楚，亦猶鄾氏陸渾之反側於晉楚之間。杜預謂其「後遷於南郡鄀縣」，則在今湖北之宜城。文十三年傳，「楚莊王立，公子燮與子儀以楚子出，將如商密」，此直言商密而不及鄀，鄀於時殆已至南郡也。自僖二十五年至文之五年，八九年間，而秦再伐之。又八年而鄀已逾漢而南。定之六年，「遷郢於鄀」，以柏舉戰後，楚逼於吳，遂西於漢。楚之遷鄀，明鄀已先夷爲楚邑，瓜州允姓之遷，此其最遠，至漢南而遂滅。戎之在伊雒者曰陸渾，在商密者曰鄀，而同爲允姓，當亦郲婁曰鄒之例，晉楚呼之，言有短長，而號因以異；彼允姓者之自名，知固無所於別也。

五 鬼方

犬戎自夏至周，皆處於邠郊之近地。周之中葉而獫允西來，商之中葉而鬼方西來。王國維氏據世本言鬼方爲隤姓，即赤狄之隗姓，以隗姓之狄爲鬼方，與承志氏以允姓之戎爲獫允，此皆事之近實，信而可徵者。宋衷注世本「以鬼方於漢則先零羌」，此與漢人訓鬼方爲遠方之說合，則鬼方亦來自犬戎之外族也。

西山經言「又西二百里曰騩山」。地理今釋曰「今玉門縣西南巴顏大山」，是在酒泉敦煌間，山南即漢先零羌地，則騩山即鬼方之居也。三危在敦煌，則此騩山在玉門，居三危之東。西山次三經又言「又西二百二十里曰三危之山，又西一百九十曰騩山，又西三百五十里曰天山」，是則三危東西，並有騩山。文選琴賦，「摹老童於騩隅」，五臣作「隗」，則天山以東皆鬼方之國。

鬼方自殷之高宗時始爲邊患。易曰「高宗伐鬼方，三年克之」，見鬼方之強。後漢書言「武丁征西戎鬼方，三年乃克；及季歷遂伐西落鬼戎」，章懷注曰「竹書紀年，武乙三十五年，周王季伐西落鬼戎，俘二十翟王也」，此鬼戎當即鬼方。伐鬼戎曰俘翟王，及春秋之赤狄隗姓即鬼方，則鬼戎固名狄也。自武丁克之，至武乙而又復熾，則「太王居邠，狄人侵之」，自亦鬼方之爲患，而於時畎戎遂伏而不見也。

依殷本紀自湯至於紂十有七世，而武丁當十一世，周自公劉至文王，班固人表依世本爲十五王（史記周本紀損者三世），而亞圉當第十世，公劉與湯並時（此依婁敬及吳越春秋說，不依史記），則亞圉亦宜與武丁並時。左氏襄十年傳曰，「余敢忘高圉亞圉」，亞圉，高圉子，高圉亞圉信大有造於周者也。

魯語曰，「杼能帥禹者也，故夏后氏報焉。上甲微能帥契者也，殷人報焉。高圉能帥稷者也，周人報焉」。蓋季杼滅豷於戈，有窮遂亡，於是復禹之績。山經言「有易殺王亥」，註引竹書曰，「殷主甲微假師於河伯以伐有易，滅之，遂殺其君綿臣也」，則杼之於夏，微之於殷，皆有繼絕復仇之功。而高圉比焉，殆以鬼方之難而周將亡，高宗西征，周人諒有力焉，此所謂「敢忘高圉亞圉」者乎？

毛詩故訓傳曰，「古公處豳，狄人侵之，事之以皮幣，不得免焉，事之以犬馬，不得免焉，事之以珠玉，不得免焉。乃屬其耆老而告之曰，『狄人之所欲吾土地，吾聞之，君子不以所養人而害人』。去之踰梁山，邑乎岐山之下」。則周竟以鬼戎之侵而失公劉之國，王季之伐西落俘翟王，爲功偉矣。

西山經言「又西二百里自剛山之尾，洛水出焉，而北流注于河」。地理今釋云，「剛山之尾，今甘肅固原州笄頭大方六盤須彌諸山，與隴州山迤邐相接，故曰『尾』也。洛水今清水河，北流至靈州鳴沙堡西入黃河」，此西落也。知於時鬼方已來居靈原諸州地。范漢書言「季歷遂伐西落鬼戎。太丁之時，季歷復伐燕京之戎，戎人大敗周師。後二年，周人克余吾之戎。自是之後，更伐始呼翳徒之戎，皆克之」，知皆鬼方之餘孽也。

文王世子，「武王曰，『西方有九國焉，君王其終撫諸』」，殷本紀，「九侯」，徐廣曰「亦作『鬼侯』」，明堂位韓非子皆作「鬼侯」，則武王所謂九國即鬼國，鬼戎之餘也。至文武之間猶未悉殄，亦見燕京余無始呼翳徒皆鬼戎二十王之比也。

11

蕩之詩，鄭箋以爲「上陳文王，咨嗟殷紂」，而曰「覃及鬼方」，固鬼方至是猶熾之驗。小盂鼎紀成王二十五年盂伐鬼方，獻首獻馘，俘人復萬有三千八十有一，夷裔之俘，尙有此衆。葢自是鬼方散而犬戎獫允代興，鬼方反爲之屬，故「追貊爲玁允所逼，稍稍東遷」；然繼貊種之後者實隗姓之狄，此鬼方之服於獫允而冒其名也。

鬼戎之來西洛，固即犬戎之地，諒已服犬戎而臣之。史記言「自隴以西有綿諸翟源之戎」，翟即漢縣翟道。呂氏春秋言「辛餘靡振王，乃侯之於西翟」，穆天子傳言「畢人告戎曰陖翟來侵，天子使孟念如畢討戎」，皆見翟在周西，據土已廣，凡犬戎所在皆狄所在也，故來後人鬼方畎戎爲一之說。

海內北經有「鬼國」，在貳負之尸北，則在今鄂爾多斯境，此史伯所謂當成周西之「隗」也。斯即逼貊而名獫允之狄，當以率服於獫允，隨以東出而北走，故亦冒獫允之名也。

春秋成元年「茅戎敗王師於徐吾氏」，正義「茅戎是戎內之別，徐吾是茅戎聚落之名」，意者徐吾即余無之戎，是昔爲鬼方，後則從貿戎而東出轘轅者也。

魏書言「高車，古赤狄之餘種也，初號狄歷，北方以爲勑勒，諸夏以爲高車丁零」。是則匈奴北荒之丁零，與至唐之鐵勒十五部，皆赤狄之餘而鬼方之裔冑也。

晉書匈奴傳言匈奴「以部落爲類，其居塞者凡十九種」：有鮮支種，烏譚種，即鮮卑烏桓也。有赤勒（殿本誤作『勒』）種，即勑勒也。此勑勒在前有合於匈奴者。又有力羯種，石勒即羯種也。石勒載記言「石勒初名匐，汲桑始命勒以石爲姓，勒爲名」。石勒固自有名，而汲桑更爲之名，其音與部名力羯之音若一，蓋即以部名爲人名也。此固外族恆見之事。則石勒即赤勒之異譯，而又別譯部名曰力羯，是猶禿髮原爲拓拔，源即爲元，而必別譯以辨之也（石虎圖畫忠臣烈士，皆變爲胡狀，頭縮入肩。冉閔誅胡羯，高鼻多須，至有濫死。石宣最胡狀目深。石鑒拔長髮以給宫人。此四事皆可以見胡狀。後鐵勒部中，亦有赤髮綠瞳之人。勑勒之族既多，於後而人亦雜也）。

魏志東夷傳言「女王國北有鬼國」。唐書言「流鬼國在北海之北，鬼國在駮馬國西」。王深寧蓋取之以釋王會之鬼親，是亦有合於赤狄爲勑勒之說。殆以狄既失太行，遂走於北荒也。

聶西生氏以中國之知用騎，爲效之印歐民族之西特人。然中國知騎，爲始於赤狄，呂覽不苟篇言「晉文公伐鄴，還將行賞，（趙）衰曰，『君將賞其末，則騎乘者存』」。管子小匡言「中救晉公，禽狄王，而騎寇始服」。知狄之侵晉以騎，故房注云「北狄以騎爲寇」。伐鄴即河內殷墟，狄奪之衛，而晉又奪之狄者，伐鄴正爲伐狄。晉之禦狄亦以騎，中國用騎自晉文公始，不自趙武靈王也。匈奴之由西漸而北入陰山，在秦滅義渠之後，春秋時居北方之異族惟貉與狄。用騎固非東胡民族之事，惟來自西方鬼方之族爲能之。中國用騎，亦正值赤狄梟張之際，是或由鬼方之族效之西特人，或鬼方之即西特人，均未可定。然鬼方之必自西來，由天山而東南下則可斷也。

聶西生氏中亞民族史言「以語言學之鑑定，與考古學之幫助，此西特人屬於印歐民族中之印蘭支派，普通名之爲『遊牧伊蘭人』。不知何時，此遊牧人向東發展，而至蒙古。當紀元前一二世紀時，在蒙古有一類聯邦組織匈奴帝國，現已經證明此匈奴非印歐民族，又非蒙米族，是爲阿爾泰族之突厥派，殆甚相似。如

12

果匈奴之統制階級爲突厥派，則聯邦內未必無西特人之存在。奚以言之？蓋中國古時雖知馬之應用，但只知駕車不習騎，至西北之遊牧人則反是。中國習騎戰自趙武靈王之胡服習射始，以騎戰代車戰，以短衣代長衣，以鞾代鞋，以長劍代短劍。再以考古學之證明，知此裝束非匈奴之裝束，實爲西特人之裝束。蓋匈奴先效西特人，而中國又借之於匈奴也」。聶氏又謂「印歐民族入新石器文化期中，即知銅與馬之應用，此亦易於遷徙之唯一利器，故其分佈，西至歐洲，東迄中亞，南及印度。由印度發掘之古物，知印度新石器時代之民族無馬之應用，馬之輸入爲亞利安人。又加堤無馬，爲古生物學之定論，加堤知用馬，亦因含有印歐語言原素之民族」。聶氏蓋因此以推中國之胡服騎射，亦因匈奴聯邦內之西特人。但趙武靈王之胡服騎射原不因匈奴人，其在此時，匈奴尙在西北。在後漢時匈奴遷入歐洲，其裝束尙非胡服，則漢以前中國人之胡服，云何效之匈奴？凡此皆聶氏習於王靜安之舊說，以中國北方在古即惟匈奴一族，故云匈奴效之聯邦內西特人云耳。中國之知用騎在春秋，卽因北狄之用騎，於時狄方侵擾晉邊。則謂鬼方之狄效之西特人，於時於事爲合。蓋鬼方之國原在天山之東，此與塞種之玁允西來事先後一轍也。蓋中國古昔，散處北方爲貉族，而處雍州西部之犬戎似爲羌族，此皆豻貉之民，未爲中國之巨患。其後粉勒鬼方之族來自天山，塞種玁允之族來自葱嶺，獷悍特甚，爲虐亦巨。先則據犬戎之土而臣其人，爲禍中國遂烈。殷周大張撻伐，因以成中興之功。自穆王遷戎太原，宣王又逐玁允於此，而在西之族始北入河南，竄穴陰山，私共鳴呼。自是以後，中國北方之禍過於東夷西戎遠矣。前此殆無渡漠南來之人，故赤狄白狄之亡而三胡皆自東而至。義渠既滅，然後在西之匈奴又入陰山，至冒頓遂統一殊俗，其中頗有烏丸，鮮卑，㺑頓，粉勒之種。西族與北族，土著與外來，和合爲一，遂爲歷世之巨禍也。

13

西周末年氣候與民族遷徙之關係

六　西周末年之旱災

詩雨無正，「刺厲王也」（從鄭玄說），曰，「浩浩昊天，不駿其德。降喪饑饉，斬伐四國」。隨巢子云，「厲幽之世，天旱地坼」。御覽引史記云，「十四年大旱，火焚其屋，伯和篡位立；秋又大旱」。通鑑外紀云，「二相立宣王，大旱」。此皆據竹書紀年文也。知厲王時饑饉爲困，自伯和之篡，至宣王之立，爲一長期旱災。皇甫謐言「宣王元年天下大旱，二年不雨，至六年乃雨」，此固一可驚之事也。

詩雲漢，「美宣王也」，曰，「旱既太甚，滌滌山川，旱魃爲虐，如惔如焚」。詩鴻雁，「美宣王也，萬民離散，不安其居，而能勞來還定安集之」，詩曰，「鴻雁于飛，肅肅其羽，之子于征，劬勞于野」。知宣王時亦患旱災，而人民離散。召旻，「凡伯刺幽王大壞也」，詩曰，「瘨我饑饉，民卒流亡，我居圉卒荒」。楚茨，「刺幽王也，田萊多荒，饑饉降喪，民卒流亡」。知幽王時亦以旱災而人民流徙。詩中谷有蓷，「閔周也，凶年饑饉，室家相棄」，疏云，「平王之時」。葛藟，「刺平王也，周道衰，棄其九族」，詩曰，「終遠兄弟，謂他人父；謂他人父，亦莫我顧」。知平王時亦以旱災而人民之流亡猶昔也。厲宣幽平凡歷一百五十餘年而旱災與人民之流徙不絕於詩，此國史上一大故也。谷風之詩刺幽王曰，「習習谷風，惟山崔嵬，無草不死，無木不萎」，則於時旱災之烈尤爲可驚。

美人亨丁敦考新疆氣候，以爲「時有變遷。在兩漢時期，雨量充足。自東晉以迄唐代，雨量驟減。至北宋（十世紀）及元代末葉（十四世紀），雨量又略增進。在南宋（十一世紀）及明代中葉（十五世紀），天氣又復亢旱」。因謂「滿蒙中亞一帶，雨量不豐。苟連年荒歉，饑寒逼迫，其人民挺而走險，四出侵掠，以至奪人之國。五胡亂華，元代滅宋，滿淸入關，莫不由氣候之刺激而發動」。

竺藕舫氏驗中國本部歷史上之氣候，以爲「第四世紀旱災之數驟增，而雨災之數則驟減。自晉成帝咸康二年迄劉宋文帝元嘉二十年，一百又八年中，竟無一次雨災，而旱災則達四十次，豈非第四世紀天氣亢旱乎？餘則雨災少者爲十五世紀，至十六世紀旱災之數爲各世紀冠」，以證亨丁敦氏新疆氣候在四世紀與十五世紀驟然乾燥之說的爲可信。

美人達克勤氏以松柏年輪之厚薄定往昔雨量之多寡，謂「四世紀以後雨量驟減，至十世紀末雨量稍增，然越五十年又減，以至十二世紀末葉。至十四世紀初期，雨量復增。但洎十五世紀而又銳減，以迄十六世紀初葉」。則是歐美近二千年之雨量亦與中國略同。奥人白路克納亦謂「十二十三兩世紀，歐洲溫度較低，而十五世紀之溫度則較高」。是皆歐美歷史上氣候之變遷，與中國不相遠。竺氏又言「亨丁敦據在西美各州古木年輪之測量，斷定西曆紀元前九六〇年左右，周穆王時代，爲雨量豐沛時期。而紀元七八〇年左右，周宣王時代，爲乾燥時期」。則隨巢子竹書紀年帝王世紀及詩三百篇所載，信爲巨災。故西北戎狄之族繼續東南侵逼，以凌暴諸夏，與五胡金元之禍，先後正如一也。

15

七　長江流域雨量獨豐

詩谷風，「刺幽王也」。曰，「習習谷風，惟山崔嵬，無草不死，無木不萎」，知於時災禍之巨。古代漢族皆繁殖於黃河流域，當時中國北方必罹旱災可知。通鑑外紀引竹書紀年「孝王七年冬大雨雹，牛馬死，江漢俱凍」。江漢之凍，足徵南方之溫度之低。氣候寒，則南方之雨量或豐，未受北方旱災之影響。

竺藕舫氏謂「南宋時代，黃河流域雨量雖減退，而長江流域雨量則反增加」。又據印人華葛謂「朝鮮南滿黃河下游之雨量，依日中黑子之數增加而減退。長江下游之雨量，則依日中黑子之數增加而增進」。依竺氏統計，謂「南宋一代日中黑子之多，為自晉迄明所未有」，知於時長江流域雨量增加為不誤。至日中黑子之多則謂「以地面溫度之減低」。竺氏依終雪期之統計，云，「自南宋高宗訖於理宗，共有四十次之春雪，則當時溫度特別低減，故日中黑子特別增多。依冬春雪之多少，可知當時風暴之途徑。風暴由長江流域入海，則風來自北，溫度低而多雪。如風暴掠黃河流域入海，則風來自南，溫度高而無雪」。美人顧爾謀亦謂「日中黑子多，則風暴趨向美國南部。日中黑子少，則風暴趨向美國北方」。是則各地之氣候，有可以互證者。華爾福氏亦謂「十二世紀為歷史上日中黑子最多之期」，亦與南宋之記載可互證。

西周末年之氣候，較之南宋之氣候頗覺相似。竺氏謂「奧國人勃落克納，以西亞裏海海面之升降，而推定紀元前八〇〇年左右，周厲宣諸王時，為湖面（裏海為湖）最高時期。即雨量豐沛時期」。而王以中氏口譯亨丁頓書，以「裏海屬於日中黑子多而雨量亦多之地帶」。則西周之末，中國黃河流域大旱，而長江流域則氣候寒而雨澤豐，故江漢冰凍，牛馬以死。洪範五行傳曰，「周幽之敗也，日暈再重，一黑盡上下通在日中」。則此即於時日中黑子之記載，盡上下通在日中，則黑子之多也。合東西之考察與記載觀之，則有以見西周末年，長江流域雨澤固豐，故宣幽之世，盡力於開拓淮漢之域，而大移徙國人於此土也。以民卒流亡，西北空虛，而戎狄之族遂繩繩以至，遂逼我畿甸，覆我宗周：則以西周之人，逐雨澤先已東南遷也。

黍苗之詩曰，「芃芃黍苗，陰雨膏之，悠悠南行，召伯勞之。我任我輦，我車我牛，我行既集，曷云歸哉？我徒我御，我師我旅，我行既集，曷云歸處？肅肅謝功，召伯營之，烈烈征師，召伯成之。原隰既平，泉流既清，召伯有成，王心則寧」。此固言車牛徒御，以移徙於謝。平原清泉，陰雨黍苗，則有豐年之樂，足以安居。謝在南陽，爲漢水流域，故曰「悠悠南行」也。崧高之詩，「美宣王能建國親諸侯，賞申伯」。詩曰，「王命申伯，式是南邦，因是謝人，以作爾庸。王命召伯，徹申伯土田，王命傅御，遷其私人」，又曰，「王遣申伯，路車乘馬，我圖爾居，莫如南土」，此正言宣王遷申伯於謝，而命召伯營之，與以車馬而遷其私人。陰雨清泉，已非旱魃所能爲虐。時和歲豐，此周之所以遷其人於南邦者乎？則淮漢之域，雨澤正沛，而民之流亡者樂歸之，事足驗也。

八　宣幽繼世南略

西周之末，以北方大旱而淮漢流域豐稔之故，人民流徙自然趨於南方。周室蓋亦以開拓南方，移民淮漢爲職志。左氏昭十六年傳，子產曰，「昔我先君桓公與商人皆出自周，庸次比耦，以艾殺此地，斬之蓬蒿藜藋而共處之」。則幽王之時，鄭已東徙，固無俟於驪山之禍。鄭語，「桓公問於史伯曰，『王室多故，其何所可以逃死？』史伯對曰，『其濟洛河潁之間乎？』」桓公曰，『南方不可乎？』又曰，『謝西之九州何如？』」皆其汲汲欲南之意。史記言「桓公於是卒言於王，東徙其民雒東」，是周末東遷之先，而鄭於桓公之世已東徙也。

襄十四年戎子駒支曰，「謂我諸戎，是四岳之裔胄也。賜我南鄙之田，狐狸所居，豺狼所嗥，我諸戎剪除其荊棘，驅其狐狸豺狼，以爲先君不侵不叛之臣」。夫伊雒之間，王畿之近地，陸渾之戎來居之，已荊棘之墟而豺狼之窟，其曠廢若是也。

戎之東接於鄭，鄭之始來，亦曰「艾殺此地，斬之蓬蒿藜藋」，則雒東之荒莽猶戎之居也。鄭之東接於宋，左氏哀十二年傳曰，「宋鄭之間，有隙地焉，曰彌作，頃丘，玉暢，嵒，戈，錫」，則自鄭而東，猶隙地也。

夫晉之略秦，則「東盡虢略」，周之錫鄭，則「與之武公之略，自虎牢以東」。伊雒河濟之間，皆沃土而開化獨早之地，乃荆棘生之，荒涼已甚，則旱災之故，民之流亡者已多歟？地曠人疏，故以之爲虢鄭之畧耶？關中厥田上上，周鄭且不居，其情又可想也。

黍苗之詩，「芃芃黍苗，陰雨膏之。悠悠南行，召伯勞之。我任我輦，我車我牛，我行既集，曷云歸哉？我徒我御，我師我旅，我行既集，曷云歸處？肅肅謝功，召伯營之，烈烈征師，召伯成之。原隰既平，泉流既淸，召伯有成，王心則寧」。召旻之詩曰，「昔先王受命，有如召公，日辟國百里；今也日蹙國百里」。辟國百里，惟召穆公開拓淮漢足以當之，非召康公事也。曰，「申伯之功，召伯是營」，「于邑于謝，南國是式」，此召穆公之有事於漢。江漢之詩，「召穆公平淮夷也」，曰，「江漢之滸，王命召虎，式辟四方，徹我疆土」，又曰，「率彼淮浦，省此徐土」，此召穆公之有事徐淮。此所以爲「日辟國百里」，而宣王之功亦宏矣。

左氏昭四年傳，「周幽爲太室之盟，戎狄叛之」。岐陽之蒐，塗山之會，太室之盟，等論齊功，則幽王蓋亦欲力征四夷者。詩苕之華，「閔幽王之時，西戎東夷交侵中國，師旅並起」。何草不黃，「下國刺幽王也，四夷交侵，用兵不息」。漸漸之石，「下國刺幽王也，戎狄叛之，荆舒不至，乃命將率東征」。宣王惟定徐淮，而幽欲平荆舒，則用兵規模益遠也。小雅之詩，「鼓鐘將將，淮水湯湯」，故訓傳謂「幽王會諸侯於淮上」。朱右曾以「幽爲太室之盟，潁水出太室而入於淮，意太室會後，遂浮潁而入淮。十月之交，「刺幽王」，詩曰，「皇甫孔聖，作都于向，擇三有事，亶侯多藏，不憖遺一老，俾守我王，擇有車馬，以居徂向」。幽王方用兵於荆舒，皇父爲濯征徐國之帥臣，則向宜在淮上。春秋襄十四年「會吳于向」，於今爲懷遠縣東北四十五里，當即其處。

召伯營謝，皇父作向，其事一也，故擇有車馬以徙之。下篇雨無正之詩曰，「謂爾遷于王都，曰予未有室家」，又曰，「正大夫離居」，皆爲遷向之事。鄭箋云，「盡將舊在位之人，與之皆去，無留衞王。又擇民之富有車馬者，以往居於向」，知徙者爲王官（用孔疏說）。箋又云，「作都立三卿，皆聚斂之臣，禮畿內諸侯二卿」，尤見三卿非畿內采邑之制。詩曰，「胡爲我作，不即我謀，徹我牆屋，田卒汙萊，曰予不戕，禮則然矣」，箋云，「女何爲役作我，不先就與我謀，使我得遷徙之，乃反徹毀我牆屋，令我不得趨農田。此皇父所築邑人之怨辭」，則當時作役之浩大亦可知。

詩大東，「刺亂也，東國困於役而傷於財」，詩曰「小東大東，杼軸其空，糾糾葛屨，可以履霜」，又曰「東人之子，職勞不來；西人之子，粲粲衣服；舟人之子，熊羆是裘；私人之子，百僚是試」，豈以作向立三卿皆聚斂之臣，遂致東土之耗斁若斯，而反以奉西人之奢逸耶？常武之詩曰，「不留不處，三事就緒」。皇父作向，而「擇三有事」，則宣王惟竟武事，不留不處。至幽而后擇車馬以遷之，以皇父成召虎未竟之功。此周之專力於淮漢也。

左氏傳曰，「宋蕭亳實殺子游」，謂宋萬弒閔公於蒙澤事也。宋都睢陽，其東南境最闊，包有彭城。春秋之初，蕭亳已入於宋。蕭爲附庸，亳則顓頊之後，國於蒙者也。則宋之闢地於淮，當在未入春秋之先。知周室既衰，宣幽兩世所經略者已畢入於宋。此其東南境拓地最遠者耶？

南方民族之遷徙

九　楚

周代南方民族之遷移，以史料之闕乏，故欲論其事，則視論西戎北狄之遷徙爲尤難，以西北民族南下與諸夏接觸繁，故事可推知，而南蠻之遷，則與諸夏接觸益疏，故難徵考也。蓋周代民族之移徙事實，發動於周人之南遷，東南民族首當其衝，遂相率移住，其事大部在春秋之前。此時代之史料本極簡略，入春秋以後東夷南蠻之事不過其餘波耳。若西北民族移住，則在周人南徙之後，乘西北之空虛而來，故在春秋之時，正其相率猾夏之時，一若永嘉之亂，本以漢族遷流，西北久荒，然後羌胡乘釁而京洛邱墟也。倘所謂物腐蟲生，空穴來風者耶？此東夷南蠻之事，反因西戎北狄之事而顯者也。

昔紂命文王典治南國江漢汝旁之諸侯，爲西伯，專征伐。自陝東西，周召分治：江沱之域，屬之召南；汝漢之域，屬之周南。武王伐紂於牧之野，誓庸蜀羌髳微盧彭濮之人，而詹桓伯曰「巴濮楚鄧，我南土也」，見二南被化獨深之國，而異族特多。

19

昭王南征不復，則方西周盛時，南國已梗命也。楚世家言「熊渠生子三人，當周夷王之時，熊渠甚得江漢閒民和，乃興兵伐庸楊粵，至於鄂。熊渠曰，『我蠻夷也，不與中國之號謚』，乃立其長子毋康爲句亶王，中子紅爲鄂王，少子疵爲越章王，皆在江上楚蠻之地」。知楚之先雄於南服久矣。

熊渠後十世而至若敖，而霄敖，而蚡冒，當周宣幽平之世，然沈尹戌曰，「若敖蚡冒，至于文武，地不過同」，則楚於春秋之初，僅蕞爾百里之國，而熊渠畛略，久已喪之。楚世家言「封熊繹於楚蠻，居丹陽」，正懷王十七年與秦戰丹陽是也。索隱云，「此丹陽在漢中，所謂『先王熊繹，僻在荆山』者也」。荆山於今爲南漳縣，明楚封之在漢；而潁容徐廣並以楚居丹陽在枝江。水經注括地志輿地志等並以楚居丹陽在秭歸，是並以春秋時楚都說楚封也。顧棟高曰，「楚始封在歸州，遷於枝江，春秋初楚尙都此；再遷郢，在江陵」，明楚之始封於漢而後居於江。逮國之既強，然後由秭歸而枝江，而江陵，以漸食漢川諸姬，封畛於汝，而後益北上。見楚之由三子爲王，而蹙爲同國百里，正棄漢入江之時，殆以方叔南征，執訊獲醜，而楚以弱。周之聲靈振於南土。南方民族之史，惟楚稍可考，楚事已茫昧若此，他可推知。宣幽南略，邑謝徙申，被其迫者，豈一楚而已哉？

一〇 濮

春秋時代南方民族既鮮見於載記，而先後住地猶錯紛難理。今姑以文十六年之事爲本而求各族移徙之迹，則事理亦極明。左氏文十六年傳，「楚大饑，戎伐其西南，至於阜山，師于大林。又伐其東南，至於陽邱，以侵訾枝。庸人帥羣蠻以叛楚。麇人率百濮聚於選，將伐楚。於是申息之北門不啟。楚人謀徙於阪高」。以楚事爲中心，則南方之族雖繁，其大校可考也。

蓋楚之東則衆舒也，其北則漢川諸姬也，其西北則羣蠻，西則百濮，而東南至於西南則戎。漢川諸姬，隨爲大；衆舒，則舒子爲大；群蠻帥乎庸；百濮帥乎麇：楚人於時四圍之情約略如此。然又非春秋以前之事也。

左太冲蜀都賦曰，「於東則左綿巴中，百濮所充」，則濮於古爲梁州國，故注言「巴中七姓有濮」。華陽國志，「巴子之國，有濮賨苴共奴攘夷延之蠻」，則濮固巴屬也。

武王伐紂，巴師勇銳，歌舞以淩殷人，故曰「武王伐紂，前歌後舞」。濮居左綿巴中，而武王伐紂有濮，後乃封宗姬於巴，則巴師歌舞以淩殷人者，正濮人也。秦漢間閬中有渝水，賨民多居水左右，天性勁勇，初爲漢前鋒，陷陣銳氣，喜歌，帝善之曰，「此武王伐紂之歌也」，所謂「巴渝舞」也，則秦漢間閬中巴山渝水之間，其居者爲賨，而濮已他走。蓋於後巴徙墊江，徙江州，以東南下，而濮亦東南下由梁州而入荊州也。

春秋初年數見巴師，皆在楚北。巴楚交通，以鄧爲樞，是巴之通楚爲由陸而非由水，知於時長江無交通。故庸之爲國，亦地跨梁荊，而居楚北。則濮入荊之道，亦在北而不在南，由陸而非由水。楚於春秋之初，日益北上。平王之末，蚡冒於是乎啟濮，武王敗隨於速杞，於是開濮地而有之。是皆楚人之北略入漢，此濮之初居於漢，在楚北也。

僞孔傳言，「濮在江漢之間」，此濮曾在江漢之說也。文之十年，「楚子宋公爲厥貉之會，麇子逃歸。十一年春，楚子伐麇，成大心敗麇師於防渚；潘崇復伐麇，至於錫穴」。於時麇都於鄖陽，故伐地亦系焉。則於時百濮之從麇以處於漢可知。

自楚北上入漢，而麇南徙枝江，遂以百濮聚於選。柏舉之戰，吳師居麇，地固近郢，是亦麇之徙地。於後麇又徙岳州，見麇之後居於江，諒濮亦隨之。故昭之十九年，「楚子爲舟師以徙濮」，濮在江也。杜預說濮在建寧郡南」。江永曰，「晉建寧故城在石首縣，百濮在其南」。蓋濮由江入湘，以楚入戰國，拓地西南。「吳起相悼王，南并蠻越，遂有洞庭蒼梧；頃襄王遣莊豪從沅水伐夜郎，因留王滇池」，則濮以楚偪，後遂至建寧。濮於西周之初在巴中，東入荊，居江漢間。由楚之西南下入江，東至岳州，南入湘沅，至于建寧，此先後遷移迹之可尋者也。

職方鄭注云，「玄謂閩，蠻之別也。國語曰，『閩芊，蠻矣』」。賈疏云，「鄭語，『史伯曰，「蠻芊，蠻也」，注云，「謂上言叔熊避難於濮而蠻，隨其俗如蠻人也，故曰『蠻』。彼不作『閩』者，彼蓋後人轉寫者誤。鄭玄以閩爲正，叔熊居濮如蠻，後子孫分爲七種，故謂之七閩也」。賈氏斷鄭韋兩家之本，據兩家之說，以叔熊避濮，後爲七閩。於古雖別無考，然昭元年魯伐莒，故趙孟請諸楚曰，「吳濮有釁，豈其顧盟」。以魯莒之爭方吳濮之釁，明濮之鄰於吳也。於後更南徙而閩，則濮走江南，或東至七閩，或西至建寧，分道逃迸也。

一一　庸、巴、羅

春秋之庸，屬地最遠。庸之魚邑爲四川之奉節，而固國於鄖陽之竹山。庸當亦由梁徙荆之國，而介於巴與秦楚之間，三國因之以滅庸。羣蠻帥乎庸者也，庸滅而蠻亦不保，居地諒亦相接。「武王克州蓼隨唐，大啟羣蠻」，倘隨唐以西，接乎庸地，正蠻之居。後漢書南蠻傳言「平王東遷，蠻遂侵暴上國。晉文侯輔政，乃率蔡共侯擊破之。至楚武王時，蠻與羅子共敗楚師」。范書四夷事多本之竹書紀年，此當亦出竹書。蠻於春秋之初，殆亦北侵周南敗楚，自庸滅而蠻亦衆於楚。鄢陵之役，郤至曰，「鄭陳而不整，蠻軍而不陳，我必克之」。則蠻合於楚，已爲之役，同於楚之編戶也。此非陸渾蠻氏，彼本作鄖子，爲左氏之茅戎，公羊穀梁作鄁戎，與此不同。

楚西之國庸爲大，庸之西接於巴，巴接於蜀，此春秋時代西南之大校也。華陽國志言「閬中有渝水」。渝水巴山悉在閬中，巴歌渝舞之所自出，此古巴國也。於後巴子或治江州，或治墊江，或治平都，或治閬中。以閬中上流之渝名江州下流之渝，亦以閬中之巴名江州之巴；巴國日徙而東南，而巴山渝水之名亦徙而東南：此巴後先移徙之迹也。國策言「漢中之甲，乘船出於巴，乘夏水而下漢，四日而至五渚」，知漢域亦有巴名。則武王之封宗姬，諒初原在漢，後徙閬中。巴子之國有苴蠻，苴在南鄭，亦在漢域。諒巴之始國，惟在苴東，下逮春秋，巴東南下，春秋之末，巴楚且相拒於扞關也。

桓之十三年，「楚屈瑕伐羅，羅與盧戎兩軍之」。羅於時國於襄陽之宜城。水經注，「夷水歷夷城西山，東南逕羅川城，故羅國也」。又江水篇「枝江地，故羅國」，蓋羅徙也。漢地理志「長沙國羅縣」，應劭曰，「楚文王徙羅子自枝江居此」。顧景范以羅縣在今岳州府平江縣。屈瑕伐羅，爲楚武王時，羅在宜城。及文王時羅已自枝江徙平江，則羅遷徙之道與濮同也。

盧戎之屬帥乎羅，羅徙平江，而戎之伐楚於西南至阜山大林，於東南至陽邱訾枝，明楚之南境皆戎，而地近平江者也。是戎與羅同處，蓋羅徙而戎亦與之俱徙。「羅與盧戎兩軍之」，盧戎在南漳縣，而從武王伐紂之盧在梁州。括地志言「房州竹山縣及金州古盧國」。竹山屬鄖陽府，金州則興安府，此盧自梁徙荆時所建國。更沿漢東南至南漳，而春秋之盧在襄漢，是亦猶庸濮之由梁入荆。楚自丹陽徙枝江，徙江陵，然後北上；而羅與戎自宜城徙枝江，徙平江；麇與濮又隨其後，自鄖陽徙枝江，徙岳州：殆皆由漢繞雲夢之西以入江，由江東下而南入湘也。

東方民族之遷徙 補赤狄白狄東侵考之狄與貉族

一二　驪戎、狄柤、

晉語言「晉啟東道，啟南陽」，馬融以東陽南陽說之，謂「自朝歌以北，至中山爲東陽」。晉語言「路草中之戎，麗土之狄，晉於是乎啟東道」，則草中之戎，麗土之狄，並在晉之東陽。與穆天子傳言草中之戎，於地亦合，即後之代戎也。此麗土之狄，當即驪戎。呂覽不廣篇作「草中之戎，驪土之翟」，麗作驪，尤爲明驗。後人依驪山以說驪戎，謂在新豐者，殆不可據。於時晉之攻伐不可遠至河西，達於渭域也。

大戎小戎並在交城，與驪戎並鄰晉之東北。蓋草中之戎在朝歌之北，而驪戎又居草中之戎之北而中山之南也。

山戎與韓自西而東，而山戎無終之東有令支，齊世家作離枝，即離戎，即驪戎也。山戎韓東徙，蓋驪戎亦東徙。晉語言驪子，齊語言令支，左氏傳作驪戎男。

於秦漢東夷之國「曰夫餘，南與高句驪，東與挹婁，西與鮮卑接。曰高句驪，南與朝鮮濊貊，東與沃沮，北與夫餘接。曰東沃沮，在高句驪東，北與挹婁夫餘，南與濊貊接。曰濊，北與高句驪沃沮，南與辰韓接。濊，沃沮，句驪，本皆朝鮮之地。挹婁，古肅愼之國」。而朝鮮則所謂箕子之封也。

殷周間事，惟知有肅愼朝鮮，不聞有他國。濊及沃沮句驪，本皆朝鮮地，則前世無此三國，而朝鮮挹婁境相接可知也。於後朝鮮挹婁之間突有三國，攘朝鮮地而居之，是諸國皆後自外來也。則句驪即離枝驪戎之東徙，以分而有高句驪。濊曰濊貊，其爲貊之東徙亦明。

晉語言「獻公克狄柤，郤虎乘城」。則柤亦國於驪

22

戎大戎小戎與晉之交，群戎東徙，租亦東徙為沃沮，以分而有東沃沮，北沃沮。於是驪曰句驪，租曰沃沮，是猶吳曰句吳，越曰於越之事。

三國志於濊言「其耆老舊自謂與句驪同種，言語法俗，大抵與句驪同」；於東沃沮言「其言語與句驪大同，北沃沮去南沃沮八百餘里，其俗南北皆同」；於高句驪言「東夷舊語以為夫餘別種，言語諸事多與夫餘同」。此明夫餘句驪沃沮濊貊四部之自相同，蓋其源則一也。於挹婁言「言語不與夫餘句驪同」，又言「東夷飲食類皆用俎豆，唯挹婁不，法俗最無紀綱也」。挹婁既古之肅愼，獨為前世舊國，自與新來四國相異。則夫餘亦東徙之國也。爾雅貊國，郭注言「今扶餘國，即穢貊故地」。志言「夫餘其印文言『濊王之印』，國有故城名濊城，蓋本濊貊之地，而夫餘王其中」。是夫餘地舊亦濊人居之，二濊亦猶沃沮之分南北。魏略言舊志又言「其北方有槖離國（後漢書作索離，注云「索」或作「槖」）者，其王侍婢生子曰東明，王欲殺之，東明走南至施掩水（後漢書作掩淲水），魚鼈浮為橋得渡，追兵不得渡，東明因都王夫餘之地」。是其初為濊地，後有北族來主之，於是更曰夫餘，而仍以濊王號，則夫餘亦濊也。

冒頓既破滅東胡，居其故地，匈奴傳言「諸左王將居東方，直上谷以東，接穢貊朝鮮」。此言穢貊，正夫餘地。鮮卑為東胡後，鮮卑所接之夫餘，即匈奴居東胡地而接之穢貊。冒頓左部，固不得與沃沮南之穢貊相接，所接者正後為夫餘之穢貊亦足明。東明蓋在冒頓之後，始南下王穢貊。而夫餘則原為穢人，故言語與句驪沃沮同，夫餘句驪濊貊同種，說自可信。即沃沮諒亦同種。皆徙自中國之北，而漸居挹婁朝鮮之間者也。

一三　濊貊

濊蓋即韓奕「其追其貊」之「追」，於西周與貊並盛，貊之東徙，追亦東徙為濊。管子小匡，「桓公曰，『余北至于孤竹，山戎，穢貉』」。追來燕之近地，於齊桓之世已為濊名。再東遂國於後之夫餘，又東至於海。曰濊貊，則且以濊為貉之一部也。

後賢或以追為赤狄隗姓之隗，或以為晉受封懷姓九宗之懷。聲韻之道固可無所不通，然若以鄭氏之說衡之，則事有未可。蓋獫狁既為後之北狄，追貉為獫狁所逼而東遷，獫狁為狄而逼人，則狄之隗姓，不可解為被逼之追明也。若曰懷姓九宗，事亦未可。晉受之懷姓，安得復爲韓受之北國。則以追爲濊，庶乎近之。

西周之末，玁狁東侵，而追貉乃東。若以先後遷徙之迹言之，濊之南接辰韓，則方城之韓先走，濊次之，柤又次之，驪又次之，山戎無終又次之，赤狄又次之，遂南下太行，則又一道也。

蓋自犬戎之禍，而狄亦鴟張東逼，而追貉亦因之繹騷，諸夷不靖，中國但未之察耳。北戎南侵，於時鄭莊方張，遂兩敗之，邢晉亦敗之。北戎無所走，而戎貉遂東，山戎以病燕也。値齊桓之方強，破屠何，斬孤竹，剃令支，以靖山戎，於是燕之禍戢而毒以中於朝鮮也。

山戎伐而赤狄下太行，昔者邢侯大破北戎，玆則狄滅邢也，衛又繼之。昔者鄭能再敗北戎，玆則鄭師且翺翔河上，周與之南陽而不能有。昔者齊越千里之險北伐山戎，玆則城河濟而守之，遷邢衛於南河之外，則已無能爲力。雖然，微齊則無以制狄之東逸也。而狄以滅溫侵周，於是晉文又創狄而復河內。非鄭莊小霸，則北戎之禍已於時橫逸而東西也。北戎之南也阻於鄭而山戎遂東，犬戎之東出也阻於鄭而南走於汝，是鄭之有造於中國者大矣。

方北土繹騷，晉人東敗北戎於汾隰，伐東山皐落氏，伐驪戎，伐狄柤，以斬其氛；西城蒲屈，以啟土於廣莫。周桓公曰，「我周之東遷，晉鄭焉依」。晉則曰「昔平王命我先君文侯曰，與鄭夾輔周室」。鄭則曰「吾先君武公與晉文侯戮力一心，股肱周室，夾輔平王」。方宗周旣滅，戎狄披猖，鯨鯢橫侈，非晉持於北，鄭持於南，滅國啟疆，東西支拒，則衰周一髮未知所存，而中國其爲魚也。孔子作春秋，奬桓文，斯皆以功在東夏言之；而晉文鄭武以來西土之事，若無足數者，皆史之憾也。

一四　辰國，馬韓。

濊南接辰韓，陳志范書言「韓有三種，一曰馬韓，二曰辰韓，三曰弁辰。馬韓有五十四國，辰韓十有二國，凡七十八國，伯濟是其一國焉。大者萬餘戶，小者數千家，各在山海間，地合方四千餘里，東西以海爲限，皆古之辰國也。馬韓最大，共立其種爲辰王，都月支國，盡王三韓之地。其諸國王，先皆是馬韓種人」。則三韓之國，古之辰國，故三韓之王仍號辰王。明韓未入海之先，有辰國無韓國。韓入海而後辰之名隱，韓之名興。陳范氏書謂「辰韓其耆老傳世，自言古之亡人，避秦役來適韓國，馬韓割其東界地與之；其言語不與馬韓同。辰王常用馬韓人作之，辰不得自立爲王。弁辰與辰韓雜居，衣服居處與辰韓同，言語法俗相似」。是馬韓先至辰國，而辰韓後來。弁辰與辰韓同，亦爲後來可知也。初惟一馬韓，即來自涿郡方城之韓。而曰馬韓，則亦柤曰沃沮，驪曰句驪之比。韓入辰國，而辰韓弁辰又入馬韓之國，變亦多矣。

辰之名，古未他見，而國則最古。考左氏以「宋爲大辰之虛，衞爲顓頊之虛，鄭爲祝融之虛，陳爲大昊之虛，魯爲少昊之虛，晉爲夏虛」。大辰比於祝融二昊，則是亦有國者之號。宋魯亦曰商魯（吳語），商而曰辰，亦猶「參辰」之即「參商」乎？宋爲微子之國曰辰，則海中古之辰國即箕子之國也。

箕子奮封，周秦載記不聞有朝鮮之說，有之自伏生史遷始。意者漢人以於時習聞之朝鮮說之，倘朝鮮伯濟，並是辰之一國，而箕氏之支庶。燕人衞滿擊破朝鮮而自立爲王，衞氏所破之前朝鮮，在前世蓋已離辰國而獨大，斯則東夷之事，自殷末以逮於漢初，盛衰起伏，爲變已多。周之衰，九夷八蠻不接於中國，故史文闕而莫詳。是辰國原爲箕子所建之商國。昭九年左氏傳曰，「肅愼燕亳，吾北土也」。亳爲殷都，箕子所居，周人亦惟名之曰亳，即辰國也。

自漢儒惟知當時之朝鮮，而辰之事不可見，且以韓入海，而辰之名幾廢也。蓋方韓之入海而林氏之屬已隨之；及三胡西還，林胡之名始復見於中國。東胡以匈奴之故，餘衆爲烏丸，爲鮮卑，鮮卑之部有徒河，晉世慕容之屬是也，說者謂殆即齊桓所破之屠何也。

挹婁而嘗屬於夫餘，濊貊沃沮亦嘗屬於高句驪。濊貊沃沮句驪，則皆處朝鮮之地。朝鮮王準既爲衞氏所破，則將其餘衆數千走入海，攻馬韓而王之。夷狄種落實繁，興廢不定，歷世久則變易劇。於辰國之事而知箕氏之胤，一若至準而後罹大故者，斯未必然也。

頡剛先生史席：前奉手書，慚惶無地。刻勉寫成一篇奉上。前刊禹貢二篇，與此相關者，屢經更改，一人之作於短期中所刊佈者，每自不合，恐爲禹貢之累，抱愧無已！此篇改至三四次，昨晚寫成後，今晨欲重看一過，以神志已倦，幾看不出何處遺漏，何處誤失，末一篇係補前赤狄白狄東侵考未盡之事，並希斧正！乞請丕繩兄於未合處加以修改，則幸甚也！原稿別有東夷偁袞考，謹俟下期寫清奉呈。又論西周末年氣候，皆據竺藕舫先生中國歷史上氣候之變遷一文及竺先生與文通之信，當寫時疏於注，亦希於本章後代賜附注爲幸！卽此，敬候撰安！丕繩兄同此候好！

弟蒙文通拜上。四，廿五。

26

說虞

楊寬 1

有虞爲一代之名，其出甚晚，至墨子書始以虞夏商周連稱。童書業氏著帝堯陶唐氏名號溯源（浙江圖書館館刊第四卷第六期），以虞代爲墨家之發明。虞代雖不必爲墨家之發明，然其名起於戰國之世，可無疑也。竊疑唐虞夏諸代名，皆出傳說之演變而成。徐中舒氏作再論小屯與仰韶，以『夏后』爲『九州』之對音。童書業氏疑虞即昆吾，唐即豕韋。姜亮夫氏則以殷爲夷之分化字，吳吳虞亦同出一源。余則疑陶唐爲高陽之音轉，而高陽又即上天上帝之義，論證詳拙作堯即顓頊說。墨子非攻下既云：『昔三苗大亂，天命殛之』，又曰：『高陽乃命禹於玄宮』，可爲天即『高陽』之明證。楚人稱『帝高陽之苗裔兮』，亦自謂天帝之後耳。余又疑『夏后』即『下后』，『有夏』即『下土』『下國』，爲上帝上天之對待名稱，詳拙作說夏。『夏后』即『下后』，本爲通名，故周人亦自稱『夏后』，周書顧命云：『在夏后之侗』（今本誤作『在後之侗』，據說文『侗』字下所引校正），『有夏』即『下土』『下國』，本亦通名，故周人亦自稱『有夏』，見周書立政君奭等篇。頃又疑『有虞』（讀者注意：此『有虞』非指殷末周初之『虞』）即『有崇』，『崇』即『崧』『嵩』，亦即『高陽』之義。『虞』字在模部，『崇』字在東部，爲陰陽對轉字。如詩常武以『士』『祖』『父』『戎』爲韻，又如楚之巫山武山舞山，亦即熊山洪山，均其例證。論衡正說篇云：

『唐虞夏殷周者，土地之名。堯以唐侯嗣位，舜從虞地得達，禹由夏而起，湯因殷而興，武王階周而伐；皆本所興昌之地。重本不忘始，故以爲號，若人之有姓矣。說尚書謂之有天下之代號。唐虞夏殷周者，功德之名，盛隆之意也。故唐之爲言蕩蕩也，虞者樂也，夏者大也，殷者中也，周者至也，……其立義美也。其褒五家大矣，然而違其正實，失其初意。唐虞夏殷周，猶秦之爲秦，漢之爲漢，秦起秦，漢興於漢中，故曰猶秦漢』。

此論甚是。然唐虞夏之古史，無非神話之演變；所謂五帝，無非各民族之上帝；夏代之諸后（除桀外），又多爲各民族之社神。上帝之所處在上天，下后之所處在下土，則謂唐虞之爲『高陽』，『有夏』之即『下土』，雖似新奇，義實平實也。

一 堯舜皆爲虞帝而皆即上帝

在古傳說中，五帝皆爲虞帝，堯初亦虞帝，童書業氏嘗據墨子等書明證之，此不贅。帝嚳帝舜皆爲帝俊之分化，帝俊即卜辭之高祖夋，王國維郭沫若兩氏已明証之。郭氏又以帝俊即天帝，其甲骨文研究釋祖妣云：

『山海經之帝俊，實即天帝，日月均其子息，故詩生民言姜嫄之孕，廼「履帝武敏歆」，商頌言簡狄生契，廼「天命玄鳥」，可知所謂帝嚳，或帝舜，實如希臘神話中至上神 瑟宇司（Zeus），並非人王也』。

此說至是！卜辭既有高祖夋，疑帝俊帝嚳帝舜，蓋本殷民族之上帝。孟子離婁下云：

『舜生於諸馮，遷於負夏，卒於鳴條，東夷之人也』。

實則舜乃東夷之帝耳。韓非子難一篇亦云：『東夷之陶者器苦窳，舜往陶焉』。殷固東夷，古書中往往稱殷爲『夷』，墨子非命引太誓曰：『紂夷處』，左昭二十四年傳引太誓曰：『紂有億兆夷人』，皆其證。呂氏春秋簡選篇云：『殷湯登自鳴條』，淮南子主術篇云：『湯困桀於鳴條』，修務篇云：『湯整兵鳴條』，鳴條爲殷湯之發祥地，而謂舜卒於是，舜爲殷民族之上帝，此亦其旁證也。

顓頊與堯從高陽之義演出，蓋本周民族之上帝。周人既自有其上帝，及與殷人相接觸，而殷人之上帝神話又傳入，於是往往相牽誤混合。商頌爲商後宋人所作，其稱帝自指帝嚳帝舜，商頌，『有娀方將，帝立子生商』，後世傳說以有娀爲帝嚳之妃，蓋一脈相承之說。詩大雅生民爲周人所作，其謂姜嫄履帝武而生后稷，其稱帝當指顓頊與堯，而後世傳說乃亦以帝俊帝嚳當之，蓋牽誤也。山海經於帝俊帝舜之神話，多記於大荒東經大荒南經，惟『帝俊生后稷』，則在大荒西經，其爲牽誤明甚。而山海經於顓頊又多記於西經北經。一爲東南民族之上帝，一爲西北民族之上帝，尤較然可辨也！國語鄭語稱『黎爲高辛氏火正』，而楚語謂：『顓頊命火正黎司地』。淮南原道篇云：『昔共工……與高辛爭爲帝』，而天文篇謂『昔者共工與顓頊爭爲帝』。舊說高辛爲帝嚳，而此皆謂即顓頊，此亦顓頊與帝嚳牽混之一例。不特顓頊與帝嚳之傳說有牽混，堯與舜亦然。左昭七年傳云：『堯殛鯀於羽山』，而左僖二十三年傳云：『舜之罪也殛鯀』（晉語五同），韓非子外儲說右上：『堯舉兵誅共工於幽州之都』，而淮南本經篇云：『舜之時共工振滔洪水』，此又堯舜牽混之例證。其所以牽混者，蓋一爲殷民族之上帝，一爲周民族之上帝，於春秋戰國時，人種既相混雜，其神話傳說自不免相牽誤也。

五帝堯舜，既皆爲上帝而又皆稱虞帝，虞當即上天高陽之義。金文於帝之所在曰帝所，亦曰上（詳郭沫若氏周彝銘中之傳統思想考），『虞』既爲上天高陽之義，然『虞』之本義無上天高陽意，因疑『虞』即『崇』『嵩』之音轉。曷言乎『虞』爲『崇』『嵩』之音轉？請於下文詳之。

二 『有虞』『羽山』即『有崇』『崇山』說

國語周語下云：

『其在有虞，有崇伯鯀播其淫心，稱遂共工之過，堯用殛之於羽山。』

既曰『其在有虞』，又曰『有崇伯鯀』（鯀在古傳說中本爲天子），又曰『殛之於羽山』，有虞有崇羽山，蓋皆一名之分化。呂氏春秋開春論云：

『故堯之刑也，殛鯀於虞而用禹』。

高注謂：『於舜用禹』，殊不可通。松皐圓畢校呂覽補正云：

『「於虞」二字衍，左傳無（按指左僖三十二年傳：「舜之罪也殛鯀，其舉也興禹」）；或云「虞」「羽」音訛』。

其說亦非！證以國語，則呂覽『於虞』二字當非衍。『虞』『羽』本一名之分化，非若者爲正，若者爲訛也。童書業氏舉此以證堯亦虞帝，甚是。馬叙倫氏讀呂氏春秋記云：

『書舜典云：「殛鯀於羽山」，山海經海內經云：「帝令祝融殺鯀於羽郊」，漢書地理志東海郡祝其下云：「禹貢羽山在其南，鯀所殛」，而此云：「殛鯀於虞」，豈「虞」「羽」聲通，「虞」即「羽」耶？然水經漸水注引晉大康地志：「舜與諸侯會，事訖，因相虞樂，故曰上虞」。疑鯀治水至會稽，無功，舜巡會稽，因殛鯀於虞，會諸侯以示威，其後禹復至會稽，會諸侯，蓋雪其父耻也』。

馬氏以虞即羽，亦是。古書中皆謂鯀殛於羽，墨子尚賢中離騷晉語左昭七年傳韓非子外儲說右上皆云然，獨呂氏春秋於開春論稱『殛鯀於虞』，而於恃君覽行論篇仍作『於是殛之羽山』，說苑善說篇襲開春論文亦作羽山，則『虞』『羽』本一名之分化明甚也。

山海經海內經云：

『洪水滔天，鯀竊帝之息壤，以湮洪水，不待帝命；帝令祝融殺鯀於羽郊。鯀復生禹，帝乃命禹卒布土以定九州』。

而周語上云：

『昔夏之興也，融降於崇山』。

山海經謂祝融殺鯀於羽郊，夏禹乃興，而周語謂夏興融降崇山，此疑本一事，且鯀本有爲崇伯之說（山海經中山經，『南望墠堵，禹父之所化』。墠堵亦在嵩山附近。『崇』即『嵩』，前人多有明証），此亦可見羽山之即崇山也。『羽』即『崇』而『虞』即『羽』，則『有虞』之即『有崇』亦審矣。又孟子稱：『舜……放驩兜于崇山』，五帝德云，『放驩兜于崇山，以變南蠻』。驩兜所放亦在崇山，蓋古人以爲帝神均居高山，故傳說中人物之放殛亦在高山也。

或謂有崇爲有虞國中之一地名，此未然。魯語上及禮記祭法皆云：『共工之伯九有也』，共工與鯀本一人，鯀爲有崇伯，共工爲九州伯，有崇伯當即九州伯也。稱有崇伯者乃就其所在言，稱九州伯者乃就其所有言。伯與后同義，俱爲下土之神，天下之主也。呂刑，『伯夷降典』，言伯夷自天降典於下；又云：『乃命三后恤功于民』，言天命三后下降而恤功於民也。夏后禹，逸周書嘗麥篇稱伯禹，后益（天問：『啓代益作后』）亦或作伯益（呂氏春秋勿躬篇二載之，非是），皆其證也。

山海經海外西經云：

『形天與帝至此爭神，帝斷其首，葬之常羊之山』。

此疑與堯殛鯀，顓頊與共工爭爲帝，爲同一神話之演化。常羊又作常陽，墨子尚賢下云：『昔舜灰於常陽』，山海經大荒西經云：『常陽之山日月所入』。常陽亦作常祥，呂氏春秋諭大篇云：『地大則有常祥不庭』。常陽亦高大之山，常陽當即『上陽』，與『高陽』義同，本爲名詞，引仲而爲逍遙義。

三　『有虞二姚』『有娀二女』即『崧嶽之神』說

古傳說中有『有虞二姚』之說，離騷云：

『及少康之未家兮，留有虞之二姚』。

『姚』疑『妖』之假，亦即『佚女』。左哀元年傳云：

『昔有過澆殺斟灌，以伐斟鄩，滅夏后相。后緡方娠，逃出自竇，歸于有仍，生少康焉，爲仍牧正，惎澆能戒之。澆使椒求之，逃奔有虞，爲之庖正，以除其害。虞思於是妻之以二姚，而邑諸綸』。

此當爲離騷天問傳說之推演。揚雄宗正卿箴云：

『昔在夏時，少康不恭，有仍二女，五子家降』。

『有虞二女』當即『有仍二女』也。

詩商頌謂，『有娀方將，帝立子生商』，離騷云：

『望瑤臺之偃蹇兮，見有娀之佚女』。

4

呂氏春秋音初篇云：

『有娀氏有二佚女，……帝令燕往視之』。

顧頡剛氏有仍國考（見禹貢五卷十期）以『有仍』即『有娀』『有戎』，甚是！左昭四年傳云：

『夏桀爲仍之會，有緡叛之』。

昭十一年傳云：

『桀克有緡以喪其身』。

而韓非子十過篇云：

『桀爲有戎之會而有緡叛之』。

天問云：

『桀伐蒙山，何所得焉？』

古本竹書紀年云：

『后桀伐岷山，進女于桀二人，曰琬，曰琰』。

韓非子難四篇又云：

『是以桀索崏山之女，……而天下離』。

『仍』『戎』『緡』『崏』『岷』『蒙』，蓋皆聲之轉。岷山二女亦即有娀二女有仍二女有虞二女，『娀』與『虞』乃音之對轉，蓋皆『帝之二女』傳說之演變也。有虞羽山爲鯀所殛地，有戎岷山爲桀所敗地，其事又正相類。山海經中山經云：

『洞庭之山……帝之二女居之，是常遊于江淵，澧沅之風，交瀟湘之淵，是在九江之間，出入必以飄風暴雨』。

又楚辭遠遊云：

『張咸池奏承雲兮，二女御九韶歌』。

咸池、承雲、九韶，本天帝之樂，二女亦天帝之女耳。疑先有上帝生下后之神話，然後乃有上帝之女下嫁下后之傳說。故帝女之所配，莫非下后。各地所崇尚之下后不一，故又展轉而無定說。左哀元年傳稱有仍后緡爲夏后相之妃，而左昭二十八年傳又稱有仍女玄妻爲樂正后夔之妃。至堯二女舜二女之傳說蓋亦由『帝二女』之傳說演出。山海經海內北經有云：

『舜妻登比氏，生宵明燭光，處河大澤，二女之靈能照此所方百里。一曰登北氏』。

舜本爲上帝，中山經稱帝二女常遊於江淵，而此云處河大澤，其爲一事之分化可證也。

『有娀二女』『有仍二女』『有虞二女』『岷山二女』，既皆帝女傳說之分化，帝女而稱有娀女有仍女有虞女岷山女，故『娀』『仍』『虞』『岷』疑皆『崧』或『崇』之音變。詩大雅崧高云：

『崧高維嶽，駿極于天，維嶽降神，生甫及申』。

此言崧嶽之神生甫及申，蓋即姜姬之神也。詩生民云：

『厥初生民，時維姜嫄，……履帝武敏歆，……載生，載育，時維后稷』。

姜嫄有娀二女，俱爲生民者，疑即崧嶽之神，太岳姜姓之說疑即由此出。「娀」即「崧」之音轉。此有明證焉：文選思玄賦云：

『二女感於崇嶽兮』。

是二女所感，固爲『崇嶽』，而『崇』即『崧』也。呂氏春秋音初篇云：

『有娀氏有二佚女，爲之九成之臺』。

九成之臺亦即高山之義，是二女所處，固在高山。古人以帝神居高山，蓋山林古人以爲神怪之地，足與上天相配者也。故左莊二十二年傳云：

『姜，大嶽之後也，山嶽則配天』。

爾雅釋山云：

『山大而高，崧』。

『崧』與『嵩』『崇』皆同，是本高山之通名。『崑崙』本亦高山之通名，爾雅釋丘云：

『三成曰崑崙丘』。

而山海經西山經云：

『崑崙之山實維帝之下都』。

莊子至樂篇亦云：

『崑崙之山，黃帝之所休』。

蓋上帝在高山，本古人之普遍信仰。稱王都曰京者，京亦高山義，爾雅釋丘云：

『絕高謂之京』。

古人不特於上帝所在，以高義形容之，上帝之名，亦由高山之義演出，堯固爲『高山』義，顓頊之『顓』疑爲『天』或『巔』之假，『頊』疑爲『嶽』之假，高祖夋帝俊之『夋』『俊』，疑亦「峻」之假也。論語泰伯云：

『大哉堯之爲君也，巍巍乎唯天爲大，唯堯則之』。

漢書揚雄傳亦云：

『瞰帝唐之嵩高兮』。

此皆以高大形容堯，並可爲堯爲天帝之證。

四　『塗山』即『崇山』說

墨子節葬謂：

『禹東敎乎九夷，道死葬會稽之山』。

魯語上云：

『昔禹致羣神於會稽之山，防風氏後至，禹殺而戮之』。

韓非子飾邪篇又云：

6

『禹朝諸侯之君會稽之上，防風氏後至，而禹斬之』。

左哀七年傳亦云：

『禹會諸侯於塗山』。

說文云：『嵞，會稽之山也』。是禹所會在塗山，即會稽之山。禹亦有娶塗山女之傳說，如天問云：

『焉得彼嵞山女而通之於台桑』。

呂氏春秋音初篇云：

『禹行功，見塗山之女，禹未之遇而巡省南土，塗山之女令其妾候禹于塗山之陽』。

余疑塗山女亦即有虞女，『塗』『虞』聲相近。吳越春秋越王無余外傳云：

『禹三十未娶，行到塗山，恐時之暮，失其度制，……因取塗山，謂之女嬌』。

此言禹未娶而遇塗山女，與離騷言及少康未家而留有虞二姚，辭相應類。禹之塗山疑亦即桀之岷山蒙山有娀。水經漸水注云：

『會稽之山，古防山也，亦謂之茅山，又曰棟山』。

越絕書吳越春秋皆謂禹因會計而更名茅山曰會稽，又史記夏本紀集解引皇覽曰：

『禹會在山陰縣會稽山上，會稽山本名苗山』。

『茅』『苗』『棟』與『岷』『蒙』『娀』，音皆相近。禹會諸侯於會稽而道死於會稽，桀爲有仍之會克有緡(即有仍)而喪其身，事正絕類。禹會會稽而戮防風氏，而會稽古稱防山，與桀會有仍克有緡(即伐岷山或蒙山)，而有緡亦即有仍，其事又正絕類。其爲一傳說之分化無疑也。有娀二女等無非帝女傳說之分化，而藝文類聚一一引禮含文嘉曰：

『禹卑宮室，垂意於溝洫，百穀用成，神龍至，靈龜服，玉女敬養，天賜妾』。

是塗山女亦帝女也。

周語上謂『夏之興也，融降於崇山』，而漢書外戚傳云：『夏之興也以塗山女』。殆塗山又即崇山也。漢書武帝紀顏師古注云：

『禹治鴻水，通轘轅山，化爲熊，……塗山氏往見，禹方作熊，慚而去，至嵩高山下化爲石。……事見淮南子』。

是塗山女固在嵩山。『塗』即『虞』『羽』而又即『嵩』『崇』，則有虞之即有崇，於此亦可證矣。

五　『有苗』即『有崇』說

有崇伯鯀，墨子尙賢中天問晉語皆謂天帝所殛，而墨子非攻下及類聚御覽引隨巢子皆曰：

『三苗大亂，天命殛之』。

疑殛有苗與殛鯀亦爲一事，有苗亦即有崇也。會稽山亦稱苗山，亦稱棟山，亦即崇山，是其明證。相傳三苗竄於三危，三危疑即三累，亦即崑崙山。水經河水注云：

『濊溪水出三累山，其山層密三成，故俗以三累名山。按爾雅「三成爲昆侖丘」，斯山豈亦昆崙山乎？』

崑崙山相傳爲西王母三青鳥所居，而山海經西山經亦云：

『三危之山，三青鳥居之』。

三危之即崑崙，此其明證。崑崙本高山之通名，義亦與崇山相同。

四凶鯀共工三苗驩兜，實無非鯀一傳說之分化。鯀與共工爲一人，余有鯀與共工一文明證之。顧頡剛童書業兩氏夏史考亦同持此說。丹朱與驩兜之爲一人，童書業氏有丹朱與驩兜一文明證之。然墨子尙賢中稱鯀爲帝之元子，即後世鯀爲顓頊之子之說所從出。丹朱爲堯之元子，其說疑亦從此出，堯與顓頊本一人也。鯀爲有崇伯，而驩兜亦放於崇山；三苗竄於三危而三危即三累，亦崇山之義。蓋古人以爲帝神均在高山，故怪神之放殛亦在高山也。

竄三苗者，或謂堯，或謂舜，其爲上帝則一（卽呂刑之『皇帝』）。亦或謂禹，蓋皆墨子隨巢子天命夏后殛有苗說之推演。左昭元年傳云：

『過則有刑，猶不可壹，於是乎虞有三苗，……』

此亦足證堯舜皆爲虞帝而虞爲上帝之國號也。

六　『巫山』卽『高唐』『高陽』說

又高唐女之傳說，亦即有娀女塗山女，聞一多氏高唐神女傳說之分析（清華學報十卷四期）已論證之。惟其從郭沫若氏說，以『高唐』爲『郊社』之變，竊疑未然。

文選江文通雜體詩注引宋玉集高唐賦云：

『昔先王遊於高唐，怠而晝寢，夢見一婦人，自云「我帝之季女，名曰瑤姬，未行而亡，封於巫山之臺。聞王來遊，願薦枕席」。王因幸之。去乃言「妾在巫山之陽，高邱之岨，旦爲朝雲，暮爲行雨，朝朝暮暮，陽臺之下」』。

高唐女爲帝之季女，又在巫山。水經江水注亦曰：

『巫山，帝女居焉』。

按巫山亦即武山舞山，亦即熊山洪山（見錢穆氏楚辭地名考），『巫』與『虞』聲近，『熊』『洪』與『崇』亦聲協。又高唐亦即高陽（拙作堯與顓頊說中詳之），高陽本即上天上帝之意，故高唐之女即帝女也。據此亦足見『有虞』之即『有崇』，亦即『高陽』。孫作雲氏作九歌山鬼攷又明證山鬼即高唐女，亦可見帝女之爲山神也。

巫山與塗山聲亦相近，塗山女爲帝女，候禹於塗山，高唐女亦帝女，待楚王於巫山，其事蹟又絕類也。

墨子明鬼下云：

『燕之有祖，當齊之社稷，宋之桑林，楚之雲夢也，此男女之所屬而觀也』。

燕之祖，齊之社稷，宋之桑林，楚之雲夢，此皆神社之所在，羣神之所聚。太平御覽八三引尸子及呂氏春秋順民篇淮南主術篇等皆言湯禱旱於桑林，桑林乃桑山之林。淮南子修務篇云：

『湯苦旱，以身禱於桑山之林』。

左氏襄公十一年傳云：

『宋公享晉侯於楚丘，請於桑林』。

又左氏昭公十六年傳云：

『鄭大旱，使屠擊祝款豎柎將有事於桑山』。

是桑山宋有之，鄭亦有之。『桑山』疑亦『崇山』，『桑』『崇』聲之轉，初亦高山義也。又高唐女在雲夢，『夢』與『蒙』『岷』……亦聲相近。蓋古人以山澤爲神怪之地，羣神皆居於此，如禮記祭法云：

『山林川谷丘陵，能出雲爲風雨，見怪物皆曰神』。

北方多山，神社設於山林（所謂叢社），南方多水，故神社設於水澤也。

七 『務隅之山』即『帝丘』『空桑之山』說

山海經稱顓頊葬於務隅之山，海外北經云：

『務隅之山，帝顓頊葬於陽，九嬪葬於陰』。

又云：

『漢水出鮒魚之山，帝顓頊葬于陽，九嬪葬于陰』。

大荒北經云：

『東北海之外，大荒之中，河水之間，附禺之山，帝顓頊與九嬪葬焉』。

『務隅』『鮒魚』『附禺』，與『虞』『羽』皆音近，疑亦皆『崇』之音轉，皆高山之義。大荒南經云：

『帝堯帝嚳帝舜葬於岳山』。

岳山亦高山義。大荒南經海內南經禮記檀弓稱帝舜葬蒼梧，『梧』與『虞』亦音近，『蒼梧』又疑『蒼穹』之音轉也。蒼梧本亦理想中之地名，離騷云：

『駟玉虬以乘鷖兮，溘埃風余上征。朝發軔於蒼梧兮，夕余至乎縣圃』。

蒼梧之爲理想的地名，亦猶縣圃高陽之本爲理想地名或人名。如遠遊云：

『高陽邈以遠兮，余將焉所程？』

左昭十七年傳云：

『衞，顓頊之虛也，故爲帝丘』。

顓頊本上帝，故其所處稱帝丘，亦即高陽也。山海經郭注稱顓頊『冢在今濮陽，故帝丘也』。左傳杜注亦云：『其城內有顓頊冢』，是務隅即帝丘也。

顓頊既處務隅，又有處空桑之說，疑亦爲一名之分化。呂氏春秋古樂篇云：

『帝顓頊生自若水，實處空桑，乃登爲帝』。

是顓頊所處爲空桑，山海經東山經云：『空桑之山，北臨食水，東望沮吳，南望沙陵，西望㴩澤』。空桑之山疑亦即桑山，空桑本亦爲理想之地名，亦即高陽之義。如楚辭九歌大司命云：

『踰空桑兮從女』。

不特顓頊處空桑，相傳少皞亦在空桑。左昭二十九年傳云：

『少皞氏有四叔，世不失職，遂濟窮桑』。

窮桑即空桑，近人已明証之。太平御覽三引尸子亦云：

『少昊金天氏邑於窮桑，日五色，互照窮桑』。

不特少昊氏居空桑，舜亦在空桑。淮南子本經篇云：

『舜之時，共工振滔洪水，以薄空桑』。

此外又有伊尹生空桑之傳說。呂氏春秋本味篇云：

『有侁氏女子采桑，得嬰兒于空桑之中，獻之其君。其君令烰人養之，察其所以然，曰，其母居伊水之上，孕，夢有人告之曰：臼出水而東走毋顧。明日視臼出水，告其鄰，東走十里，而顧其邑盡爲水，身因化爲空桑，故命之曰伊尹。此伊尹生空桑之故也』。

此爲『伊尹生空桑推原論』之故事。有侁氏女之傳說，疑亦與塗山女等故事相關。藝文類聚八十八引春秋演孔圖云：

『孔子母徵在，遊大冢之陂，寢夢黑帝請與己交，語曰：女乳必於空桑之中。覺則若感，生丘於空桑之中爲』。

是不特伊尹有生空桑之說，孔子亦有生空桑之說矣。天問稱禹通塗山女於台桑，台桑疑亦即空桑，蓋無非「帝女」一脈相傳之神話也。

務隅之山既即空桑之山，務隅蓋爲『虞』之音變，空桑爲『崇』之音變，則有虞之即有崇，此又一證也。

有侁亦即有莘，天問云：

『成湯東巡，有莘爰極，何乞彼小臣而吉妃是得？水濱之木，得彼小子，夫何惡之？媵有莘之婦』。

墨子尚賢中謂：『伊摯，有莘氏女之私臣』，尚賢下謂：『昔伊尹爲有莘氏女師僕』，孟子萬章上稱『伊尹耕於有莘之野』，而世本吳越春秋又皆有鯀娶有莘女之說。史記夏本紀索隱引世本曰：

『鯀娶有莘氏女謂之女志，是生高密』。

大戴禮帝繫篇云：

『鯀娶于有莘氏，有莘氏之子謂之女志氏，產文命。』

吳越春秋越王無余外傳云：

『鯀娶於有莘氏之女，名曰女嬉，年壯未孳。嬉於砥山得薏苡而吞之，意若爲人所感，因而妊孕。剖脅而生高密』。

此當亦帝女傳說之分化。夏史中諸重要之帝，自鯀以至於桀，幾無不有娶帝女之傳說。疑無非帝女下嫁下后神話之分化也，又『侁』『莘』與『桑』『崇』聲音亦相近。

余所持有廣即『崧』『崇』音轉之說，有以上之循環論證，此義或可得而定也。古史傳說本多展轉演變分化，一事化爲數事，一人分爲數人，一地演爲數地，此本傳說之通例。般以上之古史本全爲神話，其地名亦多神話中之地名，多由通名演化而成。若必欲一一考定其位置，治絲益棼而已。故此篇不考論諸地位置之所在，全以古傳說之演變分化例求之，未知有當於高明之旨否乎？

二六，四，一六，上海市博物館。

11

說夏

楊寬 1

一　自來關於『夏』一名之解釋

國語周語下云：

『昔共工棄此道也，……欲壅防百川，墮高堙庳，以害天下，皇天弗福，……共工用滅。其在有虞，有崇伯鯀播其淫心，稱遂共工之過。……其後伯禹念前之非度，……共之從孫四嶽佐之，……合通四海。……皇天嘉之，祚以天下，賜姓曰「姒」，氏曰「有夏」。』

此謂夏爲皇天所賜之氏，特戰國時人之妄說耳。論『夏』之起源者，自來諸說紛紜，今約略舉之如下：

(一)『夏』像中國人說　說文云：『夏，中國之人也；从夊，从頁，从臼，臼兩手，夊兩足也』。

(二)『夏』像舞容說　徐灝曰：『戴侗亦曰：「夏，舞也，臼象舞者手容，夊象舞者足容」，是也。夏時夷狄始入中國，因謂中國人爲夏人』。

(三)『夏』像禹治水說　說文疑疑曰：『从臼，手有所持也；从夊，足有所躧也：象農夫之夏日治畦也。夏者，禹有天下之號也；从臼，手有所持也；从夊，足有所躧也：象神禹之八年治水也』。

(四)『夏』像爬蟲爲圖騰族徽說　卜辭中有字作『[illegible]』『[illegible]』『[illegible]』『[illegible]』『[illegible]』諸形，葉玉森氏釋夏以爲『並像蟬之緌首翼足形，蟬爲夏蟲，聞其聲則知其夏，故先哲假蟬形以表之』。姜亮夫氏作夏殷民族考（見民族雜誌）則謂像爬蟲，云：『夏民族的傳說，是以禹爲宗神，冀爲生息地，禹冀亦即龍蛇龜黽一屬的東西，因而也命其族爲爬蟲子孫，與漢家自命爲龍種，作用全同。從他的文字系統上看來，這一定是種水中的怪蟲』。

(五)『夏』以夏水得名說　章炳麟氏中華民國解云：『夏之名實因夏水而得，是水或謂之夏，或謂之漢。……地在雍梁之際，因水以爲族名，猶生姬水者之氏姬，生姜水之氏姜也』。

五說中，(一)說謂夏像首及兩手兩足爲中國之人，葉玉森斥之曰：『一若外國之人首及手足與中國異數者然，誠強索解矣！』(二)說爲舞容，其誤與(一)說同，舞不必中國獨有，亦不必中國之特長。(三)說謂像禹治水，更屬臆說，不值一辨！(四)說以社會學解釋，禹之傳說固多與龍魚有關，然在傳說初相未明前，但憑後世之傳說，以社會學解釋，未見其當。姜氏所舉北方一帶所發現之爬蟲化石，謂即夏民族所崇拜之對象，我人亦未敢遽信之。(五)說謂夏以夏水得名，較爲近理，然亦無確切之證據。朱駿聲說文通訓定聲云：『就全地言之，中國在西北一小隅，故陳公子西字夏，鄭公孫夏字西』。余疑『西』與『夏』之有關，實由於大夏西夏之名而來。近人或疑大夏亦爲夏民族，王國維氏作西胡考，嘗列舉逸周書王會篇伊尹獻令，史記封禪書，呂氏春秋古樂篇等，以證大夏之由東西遷。徐中舒氏作再論小屯與仰韶，乃徑謂大夏即夏人西遷後之稱號。程憬姜亮夫兩氏皆从之（程有夏民族考，見大陸雜誌一卷六期）。而童書業氏作蠻夏考（禹貢二卷八期），則以大夏在極西之地，蓋夏民族之發源地。夏民族本頗渺茫，是否與大夏有關，至難言也。夏代之『夏』，與大夏之『夏』，我人但能認其名稱偶合而已。『夏』代一名之來源，我人實無確切適當之說以解釋之，至今猶爲疑問也。（王國維氏嘗作說商一文，以商即商邱，確不可易。）

二　夏國族之有無問題

晚近治古史學者如顧頡剛氏等，於堯舜禹諸帝已深疑其虛僞，而於陶唐虞夏等，雖不信爲朝代之名，然仍以爲眞有其國，惟僞史家妄爲作合耳（見古史辨第一册頁一一八）。並以爲左傳所稱虞不言舜胤，唐不言堯後者，或爲唐虞二國之本相。余前作堯即顓頊說嘗列舉十證，以明堯與顓頊皆由『高陽』之義演出，而『高陽』則又由『天帝』之義演出，至『陶唐』則又『高陽』之聲轉也（見大美晚報歷史週刊三十五期，又四十八期）。然則陶唐之國，亦傳說展轉演變而成者，非眞有其國。唐虞古國之名，詩書中尚未見（如『唐風』之『唐』及『虞芮質厥成』之『虞』決非後世所稱之唐虞，此唐蓋爲商末小國，『虞』蓋即大伯所封之吳也），其爲虛僞必然。至『有夏』之名，雖見於詩書，然亦頗有可疑之處。

夏代之有無，本屬疑問，吾人尚無實物以明證其必有。書中之夏書，如禹貢近人羣疑其僞，甘誓亦出戰國人手。夏殷二代密接，而卜辭中迄未發見夏代之踪跡。卜辭中有土方者，乃殷人西北方之強敵，郭沫若氏斷爲玁狁之一部落，云：『不嬰毁有「馭方玁狁」，詩言「城儀朔方』，朔，御，土，古音同部，當即同是一族』，其說似矣。而程憬以『土』『夏』古音同部，謂即有夏，不其說無當。殷革夏命，必夏族無法抵抗而爲其所革，不應在殷末猶時時爲患，且猶爲強敵也。程氏云：『我們因知夏民族自爲商所擊敗之後，其族一部仍留東方，而一部則已退至西北，……藉其餘威，仍不失其爲西北的一強梁的部落』，此曲說耳。

夏代之來本爲周人歷史觀念所構成。傅斯年氏新獲卜辭寫本跋云：

『虞夏商周四代的觀念，只可說是周代人的觀念，或可說是西土人的觀念。若東土人則如左傳所記各東夷之傳說，並不如此，當是太皞少皞殷一個系統』。

殷商一代爲東西所共有，商之前則兩相殊異，究孰是孰非耶？恐兩者皆非也，皆憑其神話之演變而組成耳。夏史既爲周人展轉演變而成者，故周人盛稱之，而東土之殷人則不知，亦無怪乎卜辭之不見其踪跡矣。前顧頡剛氏創爲禹爲社神說，一時學術界譁然，羣目之爲異端邪說，其實此說本甚屬可能。近顧頡剛童書業二氏作夏史考（其夏史三論已刊史學年報二卷三期），明證夏史之皆屬虛無，無不由於神話傳說展轉演變。夏史既出演變而成，『夏』之一名又安見其非演變而成乎？（書業案，近人陳夢家先生專研甲骨文，作商代的神話與巫術，亦主夏史全從商史分出，夏本無其朝代，見燕京學報第二十期。） 3

三　『夏后』解

古籍稱夏代，多曰『夏后氏』，如詩大雅蕩云：

『殷鑒不遠，在夏后之世』。

左昭二十三年傳引詩曰：

『我無所監，夏后及商，用亂之故，民卒流亡』。

論語八佾篇云：

『夏后氏以松，殷人以柏，周人以栗』。

國語魯語云：

『有虞氏禘黃帝而祖顓頊，……夏后氏禘黃帝而祖顓頊，……商人禘舜而祖契，……周人禘嚳而郊稷，……』。

禮記中以有虞氏，夏后氏，殷人，周人並稱者至多。嘗怪夏既爲一代之稱，何故曰『夏后』？舊說夏制稱帝王曰后，然則『夏后』之『后』既非姓氏，又何故曰『夏后氏』而不曰『有夏氏』？是『夏后』必爲一聯語，有極密切之關係在也。因疑『夏后』即『下后』，爲『上帝』之對待名稱，而夏代之名即由此出。

夏史中之人物，在傳說中本多與天帝對待。如墨子倘實中稱鯀爲帝之元子而帝刑之于羽郊。天問，晉語，海內經皆以鯀爲帝殛，此乃傳說之初相，鯀爲顓頊之子，堯殛鯀與流共工，顓頊與共工爭帝等說，皆由此出。又墨子非攻下云：

昔者三苗大亂，天命殛之，……高陽乃命禹於玄宮』。

而藝文類聚八八二引隨巢子曰：

『昔者三苗大亂，天命殛之，夏后受於玄宮』。

此選以『夏后』與『天』相對待。顓頊與堯本從天帝化出，余前已明證之；帝俊帝佶帝舜又即一人，亦爲天帝，郭沫若氏亦已明證之；而禹爲社神，顧頡剛氏已明證之。『夏后』即『下后』，即社神之義也，古史傳說中堯舜命禹等事，無非此『上帝』命『下后』神話之演變耳。

洪範云：

『鯀陻洪水，汨陳其五行，帝乃震怒，不畀洪範九疇，彝倫攸斁，鯀則殛死，禹乃嗣興』。

此亦以鯀禹爲帝之下屬（呂刑亦以伯夷禹稷爲上帝所命之三后）。又如秦公𣪘云：『不顯朕皇祖受天命，鼏宅禹賚（績），十又二公，在帝之坏』，是亦以『禹宅』『帝坏』並舉。國語魯語上云：

『共工氏之伯九有也，其子曰后土，能平九土，故祀以爲社』。

禮記祭法略同。左昭二十九年傳云：

『共工氏有子曰勾龍，爲后土』。

山海經海內經云：

『共工生后土』。

共工與鯀爲聲音急緩之轉，勾龍卽禹義之引伸（見拙作鯀與共工，大美晚報歷史週刊第十六期，又十九期）。禹稱勾龍而又爲后土（即社），『后土』與『夏后』當亦一語之轉變。『下』『土』『夏』古音近，詩宛丘『下』『夏』相協，北山『下』『土』相協，秦瑯琊臺刻石『土』『夏』相協。左僖二年傳虞師晉師滅『下陽』，公羊穀梁皆作『夏陽』。周禮校人注引世本作篇云：『相土作乘馬』，呂氏春秋勿躬篇云：『乘雅作駕』，而『雅』『夏』聲同。皆其例證。

又啟之傳說，謂亦自天而下，山海經大荒西經云：

『有人珥兩青蛇，乘兩龍，名曰夏后開。開上三嬪于天，得九辯九歌以下，此大穆之野高二千仞，開焉得始歌九招』。

又離騷云：

『啓九辯與九歌兮，夏康娛以自縱，不顧難以圖後兮，五子用失乎家巷』。

王引之讀『夏』爲『下』，證以山海經，甚是也！又羿之傳說亦謂自天而降下國，山海經海內經云：

> 『帝俊賜羿彤弓素矰，以扶下國，羿是始去恤下地之百艱』。

而天問云：

> 『帝降夷羿，革孽夏民』。

『夏』亦當讀『下』，山海經可證也。『夏民』即『下民』，周人本有此成語（如呂刑云：『皇帝清問下民，鰥寡有辭于苗』），『革孽夏民』即海內經之『扶下國』及『去恤下地之百艱』也。

『帝』與『后』本相對待，書立政云：

> 『古之人迪惟有夏，乃有室大競，籲俊尊上帝，迪知忱恂于九德之行，乃敢告教厥后，曰：拜手，稽首，后矣！』

此可見『夏后』之『后』，確對『上帝』而言。又如商頌玄鳥云：

> 『古帝命武湯，正域彼四方；方命厥后，奄有九有。商之先后，受命不殆，在武丁孫子』。

此足見后爲受帝之命爲帝之下屬而有九有者。『九有』即『九州』，即『下土』之義，墨子非樂上引湯之官刑，非命下引太誓皆曰：『上帝弗常，九有以亡』。『九有』亦爲『上天』之對待名辭。 5

周頌昊天曰：

> 『昊天有成命，二后受之』。

大雅下武云：

> 『下武維周，世有哲王，三后在天，王配于京』。

是可見古人尊先王亦曰后。書盤庚曰：『古我前后』，曰『我古后』，曰『我先神后』，曰『高后』，曰『先后』，皆尊先王之稱謂。卜辭中屢稱『自上甲至多毓』，王國維氏謂古『毓』『育』『后』乃一字，則卜辭上甲以下之先公先王亦均稱后也。其尊先王爲后者，亦猶後世尊先王爲帝耳。帝后雖爲對待稱謂，其義蓋近，故古書或『后帝』連文，如天問云，『何獻烝肉之膏而后帝不若』，左昭元年傳云：『后帝不臧』，皆可爲證。『帝』『后』義既相類，故上天亦或稱后，如墨子兼愛下引湯說曰：『敢用玄牡，告於上天后』。而下后亦或稱帝，如周公𣪘云：『克奔走上下帝，無冬命于有周追孝』。

『帝』爲上天之神，『后』爲下土之神，確有明證。如呂刑云：

『苗民弗用靈，……方告無辜於上，上帝監民，罔有馨香，德利發聞，惟腥。皇帝哀矜庶戮之不辜，報虐以威，遏絕苗民，無世在下。乃命重黎，絕地天通，罔有降格。羣后之逮在下，明明棐常，鰥寡無蓋。皇帝清問下民，鰥寡有辭于苗，德威惟畏，德明惟明。乃命三后，恤功于民：伯夷降典，折民惟刑，禹平水土，主名山川，稷降播種，農殖嘉穀，三后成功，惟殷於民』。

此『后』明與『帝』相對，此云『羣后之逮在下』（墨子尚賢中引『逮』作『肆』），益足證在上者稱帝，在下者稱后也。

墨子尚同中云：

『先王之書相年之道曰：「夫建國設都，乃作后王君公……」，則此語古者上帝鬼神之建國設都立正長也，非高其爵，厚其祿，富貴游佚而錯之也』。

是可知后王君公皆上帝鬼神所立下土之正長，而爲下土正長之首。

卜辭『后』字從女從𠫓，或從母從𠫓。帝爲上天之神，上帝處高陽，故天帝即稱高陽（郭鈞衡氏釋帝彙論高原文化釋帝爲高原，疑是）。后爲下土之神或人王，下后處下陰，故借此『下后』字以名之。後世尊王曰帝，尊妃曰后者，即沿此義也。郭沫若氏誤以母系時代之情形相附會，謂后初本爲母系時代女性酋長之稱謂，殊無當矣！

『夏后』即『下后』，本爲下土之神或人王之通名，而下土之神最著者莫如鯀禹啓等，于是『夏后』一名乃展轉而爲鯀禹啟等之專名，夏史之系統遂亦因此而組合矣。

四　『有夏』解

古籍中『夏后』得稱『夏后氏』，而『有夏』未見作『有夏氏』者，蓋『夏后』指人，『有夏』指國土也。『有夏』之『夏』，蓋『下土』『下國』之省，或爲『下土』二字之合音，『下』『土』古音相同，長言之曰『下土』，急言之乃成『夏』。

『下后』之所降所有者即爲下土。商頌長發云：

『洪水芒芒，禹敷下土方』。

楚辭天問云：

『禹之力獻功降省下土四方』。

是禹之所降所治者固爲『下土』也。

又按秦公毀云：

『秦公曰：不顯朕皇祖受天命，鼏宅禹責（績），十又二公，在帝之坏，嚴龔夤天命，保業厥秦，虩吏（使）蠻夏……』。

而秦公鐘又云：

『秦公曰：不顯朕皇祖受天命，竈有下國，十又二公，不紊在下，嚴龔夤天命，保業厥秦，虩吏蠻夏』。

兩者文辭全同，惟一稱『禹績』，一稱『下國』。蓋禹績即下國也。

山海經海內經云：

『帝俊賜羿彤弓素矰，以扶下國。羿是始去恤下地之百艱』。

羿為『因夏民以代夏政』之人，而其所扶所恤者固為『下國』『下地』也。

周書中周人亦自稱『有夏』，舊釋為『有此諸夏』『有華夏』，固屬牽強。童書業氏云：

『蓋周本西方夷族，竊夏之名，遂為中原宗主後，始漸以夏為中原民族之通稱』。

姜亮夫則舉為周亦夏民族之證。謂其『冒夏之名』，謂其亦夏民族，亦甚覺迂回。實則『有夏』本周人慣用之詞，即『下土』之義耳。

書君奭云：

『公曰：君奭！在昔上帝割，申勸寧王之德，其集大命于厥躬。惟文王尚克修和我有夏』。

『下土』本為與『上天』對待之辭；此『有夏』亦與『上帝』對待。立政云：

『帝欽罰之，乃伻我有夏，式商受命，奄甸萬姓』。

詩周頌時邁云：

『時邁其邦，昊天其子之。……我求懿德，肆於時夏，允王保之』。

思文云：

『帝命率育，無此疆爾界，陳常于時夏』。

『時夏』之『時』為語助，『夏』亦皆與天帝相對待。

書康誥曰：

『惟乃丕顯考文王克明德慎罰，……用肇造我區夏，越我一二邦以修，我西土惟時怙冒，聞于上帝，帝休』。

此『我區夏』與『我西土』為互文。

『下土』『下國』本亦周人之成語，如魯頌閟宮云：

『是生后稷，降之百福，黍稷重穋，稙穉菽麥，奄有下國，俾民稼穡。有稷有黍，有稻有秬，奄有下土，纘禹之緒』。

后稷纘禹之緒而奄有『下國』，『下土』，故周人亦自稱『夏后』與『有夏』也。大雅下武云：

『成王之孚，下土之式』。

又如詩云：『明明上天，照臨下土』。墨子天志中引天明不解曰：『明哲維天，臨君下土』。是周人亦自稱其所居者曰下土也。『下土』之辭通行於西東周，戰國以後乃慣用『天下』一詞，『有夏』一語遂不為通名矣。然論語云：

『夷狄之有君，不如諸夏之亡也』。

左傳二十一年傳云：

『……實司大皞與有濟之祀，以服事諸夏』。

蓋中原人自以爲天之下民，其地乃天之下土也。

又墨子天志下引大雅皇矣篇，大雅作大夏。按『夏』『雅』聲同，荀子儒效篇云：『居楚而楚，居越而越，居夏而夏』，又榮辱篇云：『越人安越，楚人安楚，君子安雅』，可知『夏』固可稱『雅』。詩中十五國風三頌皆以地域稱，大小雅當亦地域之稱謂。周詩而稱雅，荀子稱君子居雅者，程憬謂：『蓋所以明周地乃夏之舊，或周之霸業乃繼承夏之舊統』，說亦牽強。實則『雅』『夏』皆『下土』之義，蓋亦周人自謂宅天之下土也。

『下土』『有夏』本爲周人成語，且初爲自稱之辭，則夏史傳說之由周人展轉演變造成，蓋亦可見矣。『禹』神話之初相，實爲一受命於上帝之『下后』，所降所有者爲『下土』『下國』，亦稱『九有』。『平九有』亦即『敷下土』，又展轉而成治水之傳說。而禹爲堯舜臣等傳說，亦上帝命下后神話之推演耳。

上文之意，久已蓄之胸中而未敢懸斷。頃蒙丕繩先生爲禹貢索稿再三，余以牽於他事，未能作翻檢搜求之工作，甚愧無以應命。再三思維，覺此說尚有可能性，況頡剛丕繩二先生方用力於夏史考，因信筆書此，以當獻曝。行文未能詳爲旁證博討，武斷臆說，固所難免。尚祈時賢勿以異端目之，如有賜正，無不樂於接受也。二十六年三月十七日，楊寬記於上海市博物館。

丕繩我兄：

屢蒙吾兄爲禹貢索稿，因一時忙不過來，不能詳細翻檢書籍，故遲遲不能應命，至媿，至歉！前夜興來，乃窮半夜之力，成『說夏』一文，武斷臆說，自知無當也。頡剛先生與我兄正用力於夏史考，想定多高見，區區恐未當於高明之旨。頃讀尚書又得一證，乞爲補入

(三)夏后解後：

書顧命云：

『奠麗陳教則肄肄不違，用克達殷集大命；在後之侗，敬迓天威，嗣守文武大訓，無敢昏逾』。

按舊注云：『馬融作「詷」，曰共也。「後」一作「夏后」』。考說文『詷』字下亦云：『共也，周書曰：「在夏后之詷」』。可見今本脫『夏』字，而又轉改『后』字作『後』。孫星衍尚書今古文注疏云：

『夏者，說文云：「中國人也」；后者，說文云：「繼體君也」；言在中夏，皆後君之共職也』。

此其說甚迂。『夏后』實即『下后』，言敬迎天之威命，皆下后之所同（「侗」疑卽「同」，墨子經上云，『侗，異而俱之於一也』）。據此亦可知『夏后』初爲通名，不爲尊名也。

此文任情妄說，敬乞明教！

又古書中『禹』皆不連稱『夏禹』，而桀則已多連稱『夏桀』，疑『夏桀』之『夏』初亦『下』義，離騷尚有明證。離騷云：

『夏桀之常違兮，乃遂焉而逢殃！后辛之菹醢兮，殷宗用而不長。』

『夏桀』與『后辛』相對，足見『夏』亦即『下』，與『后』義同。『常違』之『常』亦即是『上』，『夏桀之上違兮』，『下』與『上』正相對。尚書於夏代僅舉一桀者，豈『夏桀』之連稱發生最早之故歟？並乞教正！

專此，即頌撰安！　弟楊寬再拜。

三月二十三日。

9

頡剛案：楊寬正先生用研究神話之態度以觀察古史傳說，立說創闢，久所企仰。其懷疑唐虞之代名與吾人意見差同，而否認夏代之存在又不期同於陳夢家先生所論（陳說見其所著商代的神話與巫術，燕京學報第二十期）。陳先生主夏史全從商史分出，因而不認有夏之一代，取徑雖與楊先生有異，而結論則全同。按商之於夏，時代若是其近，顧甲骨文發得若干萬片，始終未見有關於夏代之記載，則二先生之疑誠不爲無理。惟周書召誥等篇屢稱『有夏』，或古代確有夏之一族，與周人同居西土，故周人自稱爲夏乎？吾人雖無確據以證夏代之必有，似亦未易斷言其必無也。楊先生此文最大之貢獻，在指出『夏國』之傳說與『下國』之傳說有關係，或禹啓等人物與夏之代名合流之由來，即緣『下后』而傳訛者乎？以材料之缺乏，未敢臆斷，姑識於此以質當世之博雅君子，並望參加討論古史之諸家對楊先生此文予以深切之注意也。

民國二十六年五月二十一日附記。

讀書界之好音

字書界之創舉

辭源為我國字書中之最高權威，早已風行全國。正續編各附四角號碼索引，檢查益覺便捷。茲為更求便利讀書界起見，採用次道林紙，印行丁種**普及本**（六開版式）。自四月十五日起，至六月三十日止，發售**特價**，視原本定價**不及半數**；而紙質光潔，字跡明顯，並無遜色。以廉價購備要籍，此為僅有之機會。

〔正續編〕三册合售 定價七元五角

特價五元二角五分

（比原本定價便宜六元七角五分）

〔正編〕二册 定價五元

特價三元五角

（比原本定價便宜三元五角）

〔續編〕一册 定價三元五角

特價二元四角五分

（比原本定價便宜二元五角五分）

▲國內郵費掛號費每册二角三分

商務印書館印行

全國書店均有發售

*D194-26:4

夏民族起于東方考

楊向奎 1

一 序言

王國維氏的名著殷周制度論裏，有這樣幾句話：

> 自上古以來，帝王之都皆在東方。太昊之虛在陳，大庭氏之庫在魯，黃帝邑於涿鹿之阿，少昊與顓頊之虛皆在魯衞，帝嚳居亳。惟史記言堯都平陽，舜都蒲坂，禹都安邑，俱僻在西北，與古帝宅京之處不同。然堯號陶唐氏而冢在定陶之成陽，舜號有虞氏而子孫封於梁國之虞縣。孟子稱舜生卒之地皆在東夷。蓋洪水之災，兗州當其下游，一時或有遷都之事，非定居於西土也。禹時都邑雖無可攷，然夏自太康以後，以迄后桀，其都邑及他地名之見於經典者，率在東土，與商人錯處河濟間蓋數百歲。商有天下，不常厥邑，而前後五遷，不出邦畿千里之內。故自五帝以來，政治文物所自出之都邑皆在東方。

他雖沒有詳細的考證，而大體的說法確是對的。這本來是很明顯的事情：夏商的都處之地，都在東方。但事有出乎意料者，自漢晉以來講上古史的人提到夏代，總說他們的建國不出今山西省南部及河南省西部的地方。固然，河東一帶不能說沒有夏民族活動的地點，然而能說夏代永遠拘於伊洛以西嗎？很明顯的證據，如少康和有窮的紛爭地域，始終不到河南省中部，皆在東方。而關于夏禹的傳說，如左傳哀公七年云，『禹合諸侯於塗山，執玉帛者萬國』，自來注家多以壽春說塗山，無論當否，要亦不在河東。又如越絕書云，『禹救水到大越，上茅山大會計，更名茅山曰會稽』，其地皆離河東甚遠。這是很矛盾的事實，沒法解釋的；除非你們承認夏民族確已奄有了九州。所以夏都不出河東一帶之說，本應消滅。但最近錢賓四先生於禹跡會稽塗山別有新解，爲彌補上項矛盾問題之有力的意見。他說：

> 禹會於會稽，會稽本稱茅山，以地望推之，其相當於河東大陽之山乎？水經河水注，大陽之山亦通謂之爲薄山者，是也。……以二南之地望推之，則塗山之近伊嵩可知也。山海經，『南望墠渚，禹父之所化』，水經伊水注，『陸渾縣東墠渚是其地』。然則禹娶塗山與鯀化羽淵地正相近。（周初地理考）

錢先生之說自有其博證，今姑錄其結論於此。但我覺得此說雖可彌縫上項的衝突，但亦有難解的地方：（一）呂覽九山中的太山，錢先生說爲霍太山，因以說九山皆在西方。今按，霍太山即山西霍山，在古籍中有簡稱『太岳』的，如書禹貢『壺口雷首，至于太岳』；有簡稱霍山的，如周禮夏官司馬『冀州，其山鎮曰霍山』，爾雅釋地，『西方之美者，有霍山之多珠玉焉』。而凡稱『太山』者，自其上下文觀之，無不爲東岳太山，此例舉不勝舉。而求能解作霍山者，除呂覽外，則絕無（淮南子地形訓取自呂覽，不足爲旁證）。（二）史記封禪書（今本管子封禪取此）云，『禹封泰山，禪會稽』，錢先生不能謂此太山爲霍山，則禹不能封於山東而禪於山西；以其他十一家封與禪之地望推之，會稽之在山東，無疑也—（三）墨子節葬下云，『禹東教乎九夷，道死，葬會稽之山』。因後世說會稽在紹興，故有人改『東教乎九夷』爲『教于越』（太平御覽引）；然以上文之『七戎』『八狄』例之，自以『九夷』之文爲是。既云『東教乎九夷』，又云『道死葬會稽之山』，則說會稽在山陰固不可，而說在山西亦難通也。

錢先生文乃論周初地理者，論夏代不過旁證，其是與否，與全文大體無關。本人此文並未能撼動錢先生全文之結論也。

二　前編

夏代以前的歷史，雖幽渺難稽，然看後世的傳說，由古代帝王活動的地域，亦足瞻古代民族活動的範圍。看上所引王國維的話，則知古代兗州一帶河濟流域實爲中國文化的發源地。蓋其地爲黃河冲積層，平原沃野，最宜初民的生活。夏之前代爲虞，而禹乃相傳繼舜爲天子者，故論夏域，應並及虞舜活動的地望。史記五帝本紀云，『舜耕歷山，漁雷澤，陶河濱，作什器於壽丘，就時於負夏』。雷澤，依集解引鄭玄說爲兗州澤，正義引括地志謂在濮州雷澤縣。河濱，依集解引皇甫謐說在定陶，壽丘，謂在魯東門北。負夏，依集解引鄭玄說爲衛地。以上諸地蓋皆在今山東省境，惟集解引鄭玄說歷山在河東，相去甚遠，當屬非是。曾鞏齊州二堂說云，『以予考之，耕稼陶漁，皆舜之初，宜同時，則其地不宜相遠。……圖記皆謂齊之南山爲歷山，舜所耕處，故其城名歷城，蓋信然也』。曾氏之說，較爲合理，依其論定。且韓非子難一篇有云，『歷山之農者侵畔，舜往耕焉，期年，甽畝正。河濱之漁者爭坻，舜往漁焉，期年而讓長。東夷之陶者器苦窳，舜往陶焉，期年而器牢』。以東夷與歷山河濱並列，亦可知其不在河東。尚書大傳云，『販於頓丘，就時負夏』，頓丘亦衛邑。呂氏春秋安死云，『舜葬紀市』，檀弓山海經皆有舜葬蒼梧之說，王應麟困學紀聞謂『蒼梧山在海州界，近莒之紀城』。是知紀市與蒼梧之說不忤。於古籍中覓舜之足跡，蓋莫不在東方。而孟子益指實舜爲東夷之人，如云：

> 舜生於諸馮，遷於負夏，卒於鳴條：東夷之人也。

趙岐注未能指實其地，而云，『在東方夷服之地』。蓋既云『東夷之人』，則趙注雖籠統而實是；舜絕不能至河東也。又由舜之後裔言，亦知其應居河濟流域。史記周本紀云，『武王追思先聖王，乃褒封……帝舜之後於陳』，陳即今河南睢陽縣地。又左傳哀公元年有云，『昔有過澆殺斟灌以伐斟鄩，滅夏后相。后緡方娠，逃出自竇，歸于有仍，生少康焉。……澆使椒求之，逃奔有虞，爲之庖正，以除其害』。這一段夏代喪亂的故事，留待下面詳說，只看少康所奔的有虞，杜注謂『舜後諸侯也。梁國有虞縣』，虞縣即今河南虞城縣地，與陳之地望相近。則知，舜生於東夷，國於東夷，死於東夷，後裔亦封於東夷之地也。蓋舜跡之至河東，由於史記五帝本紀之誤說舜爲冀州人，其說不知所本。就史記以前書籍記舜事者言，知其不可靠也。

再上推至堯，漢書地理志中山國唐縣注云，『堯山在南』，應劭注，『故堯國也』。史記周本紀云『褒封……帝堯之後於薊』，則是堯國及其後裔，皆不出今河北省。而括地志云，『堯陵在濮州雷澤縣』（史記五帝本紀正義引），又云，『故堯城在濮州鄄城縣東北十五里』（同上引），是堯之傳說亦在河濟間。又如左傳襄公九年云，『陶唐氏之火正閼伯居商丘』，商丘爲宋地，亦可爲旁證。然而堯都所以徙至河東之故，蓋由吳季札之一言。左襄二十九年記季札聘魯觀樂，爲之歌唐，曰，『思深哉！其有陶唐氏之遺民乎？』史記貨殖傳乃言『唐人都河東』。唐即晉地，或爲堯之後裔所居，不足云堯曾都此也。且唐與堯是否有關，亦成問題，其詳可參看童書業先生之帝堯陶唐氏名號溯源（浙江圖書館館刊第四卷第六期）一文，則又不能以唐之所在證堯之所在也。

堯舜所在的地望既明，則虞廷重臣之踪跡亦可得言。論語云，『舜有臣五人而天下治』。五人者，禹，稷，契，皋陶及益。禹在後專章論之。茲先說稷。今所傳之堯典及史記皆謂舜時后稷即周始祖棄。如堯典云，『帝曰，棄，黎民阻飢，汝后稷，播時百穀』。然細按古籍，則知爲「稷」者實不始於棄。左昭二十九年傳云，『……「稷」，田正也，有烈山氏之子曰柱，爲「稷」，自夏以上祀之。周棄亦爲「稷」，自商以來祀之』。則知周棄之先已有烈山氏子爲『稷』，而云『自夏以上祀之』，或即舜之『后稷』也。周棄之不得爲虞夏的『后稷』，於此之外，更有他證。據史記周本紀所列周代世系，亦知棄最早不過在商湯時代，距虞舜尚有數百年之隔。今列史記原文如次：

> 后稷之興在陶唐虞夏之際，皆有令德。后稷卒，子不窋立。不窋末年，夏后氏政衰，去稷不務，不窋以失其官而犇戎狄之間。……不窋卒，子鞠立。鞠卒，子公劉立。……公劉卒，子慶節立，國於豳。慶節卒，子皇僕立。皇僕卒，子差弗立。差弗卒，子毀隃立。毀隃卒，子公非立。公非卒，子高圉立。高圉卒，子亞圉立。亞圉卒，子公叔祖類立。公叔祖類卒，子古公亶父立。……遂去豳，度漆沮，踰梁山，止於岐下。古公……生少子季歷，季歷生昌，有聖瑞。古公卒，季歷立，是爲公季。……公季卒，子昌立，是爲西伯，西伯曰文王。

我們看他說后稷是在唐虞之際，不啻當夏后政衰時，如果說爲太康時，則以後至文王僅十三代，而夏殷年代據漢志引世經謂夏十七王，四百三十二歲；殷三十一王，六百二十九歲。自不窋之子鞠至文王十三世要佔去千年之久，他們爲什麼全這樣長壽呢？三國時譙周已經發了疑問，他道：

> 國語云，『世后稷以服事虞夏』。言世稷官，是失其代數也。若不窋親棄之子，至文王千餘歲，唯十四代，亦不合事情。（史記索隱引）

清戴震有不窋以上失官攷一文，亦同此意。毛詩正義亦云：

> 虞夏及殷共有千二百歲，每世在位皆八十年，乃可充其數耳。命之長短古今一也，而使十五君在位皆八十許載，子必將老始生，不近人情之甚。以理而推，實難據信也。

詩正義僅疑而無說，譙戴之說，羌無證据。周言『后稷』無不指始祖棄（如詩經），不能說『后稷』是泛指棄後爲稷者。而言自后稷至文王共十五代者，不僅史記，且有周語云：

> 自后稷之始基靖民，十五王而文始平之。

故知年代與世數之不相合，非由不窋以上失官難攷，乃由說棄爲虞廷之官也。如依上引左傳文字，則知棄乃商稷，以三十年一代計，彼正當湯後百年，或太庚，小甲之時曾爲商官也。太史公一面据其他典籍錄周世系，乃一面又承堯典之謬誤，謂棄爲虞官，致有此失。

以上所論，乃說明虞廷重臣無西方周代始祖之棄，虞稷應爲烈山氏之後。虞稷非西方之人旣明，次請論契。史記殷本紀謂契封於商，王國維謂商爲宋地，即今河南商邱縣。世本居篇云，『契居蕃』，王國維以爲即漢志魯國蕃縣。自契後至成湯雖有八遷，其地望皆與此不相遠。近傅孟眞先生有殷商民族起自東北之說，其證甚博，可成定論。則契之爲東方人乃無問題矣。次論臯陶及益：

帝王世紀謂『臯陶生於曲阜，曲阜偃地，故帝因之而以賜姓曰偃』。是臯陶亦東夷人，與舜居處相同。禹與臯陶同爲五臣中之要角，如大戴禮王言曰，『昔者舜左禹而右臯陶』，而此二人之關係亦最密切。如史記夏本紀言，『帝禹立而舉臯陶，薦之且授政焉，而臯陶卒。後舉益，授之政』。伯益則自曹大家列女傳注，鄭玄毛詩譜，高誘呂氏春秋注皆謂即臯陶之子，雖不詳其所據，而史記言益，嬴姓，嬴偃音同，或即一姓，則謂本爲一家，初無不可。由其後裔證之，此說尤易成立也。

1羣舒與徐

左傳文公十二年有云，『羣舒叛楚』，又十四年，『子孔，潘崇將襲羣舒』。經宣公八年，『楚人滅舒蓼』。杜注謂『羣舒偃姓，舒庸舒鳩之屬。廬江有舒城，舒城西南有龍舒』。正義謂，『今廬州府舒城廬江二縣之境，皆羣舒也』。臯陶之後，何以南至廬江？蓋亦自北遷來者。『舒』『徐』本一字，不特音同，字形之譌變亦可得言。玉篇引春秋『徐人取舒』作『徐人取𨛜』，而金文『徐』作『𨛜』，則是由『𨛜』譌『⿰舍阝』，由『⿰舍阝』譌『舒』，致一字變爲兩字，一族遂成兩族。故如春秋襄公十四年，『齊陳恒執其君于舒州』，史記作『田常執簡公于徐州』，崔駰曰，『即春秋舒州也』。而徐實魯東舊邑，史記魯世家謂『楚伐我，取徐州』，徐廣謂徐州在魯東。說文『𨛜』字云，『邾下邑，魯東有𨛜城』。此𨛜城當爲羣舒發源之地。故所謂羣舒亦即『羣徐』。詩大雅常武，『率彼淮浦，省此徐土』，即羣舒之地，亦即彼時之淮夷也。左文五年秋，楚滅六；冬，滅蓼；臧文仲云，『臯陶庭堅不祀，……哀哉！』可知皆臯陶後。杜注謂六在廬江六縣，蓼在安豐蓼縣；亦正群舒之地。徐爲嬴姓，舒爲偃姓；今知徐舒爲一，偃嬴自非二矣。羣舒之所以被稱爲夷者，因其地處東方使然，凡舊處東

5

方之民族，皆得以『夷』稱之。如夏後杞國亦嘗同化於夷，左僖二十三年傳，『杞，夷也』；襄二十九年，『杞，夏餘也，而即東夷』。『夷』蓋泛稱，不能區別種族。不能因徐有夷稱，遂卽斷定與夏爲絕不相同之民族，二者之關係實至密切也。

2秦

史記秦本紀謂伯益（伯翳同，太史公誤分爲二）是秦人的祖先，故秦爲嬴姓。而嬴姓諸國本在山東，秦之獨西，亦由遷徙而往也。秦本紀記其祖先有蜚廉者，而蜚廉實東方傳說中的人物。孟子有云：

周公相武王誅紂，伐奄三年討其君，驅飛廉於海隅而戮之（滕文公）。

奄亦嬴姓（見世本），飛廉又爲秦之祖先，是知秦，奄一族。而奄在今曲阜，知秦實由東來。夏起東方與諸嬴姓相逼處，或即一個民族，故秦聲亦謂之夏聲。左襄二十九年傳季札觀樂，爲之歌秦，曰『此之謂夏聲，夫能夏則大』。秦人所歌而曰夏聲，蓋『夏』即『雅』也。（俞樾諸子平議等說）。『雅』則夏人之歌，秦人所奏，乃其舊章。章太炎謂秦歌烏烏即大小雅（見文始五）。欲知秦聲何以爲夏聲，當知秦夏本皆逼處東方之民族也。

三　禹篇

以上所論，乃說明與禹有密切關係之人皆在東方，因以說禹有在東方之可能。然堅強證據仍須於禹的本身求之。禹的都邑雖無顯明的記載，然由其他方面，亦易推得。齊侯鎛鐘銘有云：

宲宲成唐，有敢在帝所，博受天命，……咸有九州，處禹之堵。

成唐即成湯，『堵』，博古圖釋『都』，是知湯都即禹都。史記殷本紀云，『自契至湯八遷，湯始居亳』，是湯都於亳。相傳亳有三處：皇甫謐謂蒙爲北亳，穀熟爲南亳，偃師爲西亳。班固鄭玄以爲湯都偃師，皇甫謐以爲湯居穀熟，臣瓚注漢志以爲湯都山陽郡之薄縣（卽北亳）。王國維之說亳，以薄縣之說爲是，而以偃師穀熟之說爲無稽。王氏之論證據甚多，已成定說。薄縣在今山東曹縣南二十里地。是禹都亦不出河濟之間，與舜皐陶諸人的居地正合。僅此孤證，尚難成立，由關于禹的故事傳說之地望言，亦足以證成此說也。

考證大禹的故事傳說的地望，有一事須特別聲明，即禹的治水故事，不足爲說明彼都處之地證。依禹貢言，各重要水道皆曾由彼疏導，既不足說禹爲東方人，亦不能爲禹居西方之證。今以其故事較有一定地域可言者攷證之。此類大禹故事的地望重要者計有：會稽，塗山二事。此外鯀的傳說，自亦可作旁證。

1會稽

魯語云：

> 吳伐越，墮會稽，獲骨焉，節專車。吳子使來好聘，且問之。……仲尼曰，『丘聞之，昔禹致羣神於會稽之山，防風氏後至，禹殺而戮之，其骨節專車，此爲大矣』。

此種傳說，又見於韓非子飾邪。因孔子以禹致羣神之會稽爲越之會稽，故後人言會稽者皆以浙江紹興地當之。然謂禹會諸侯（韓非子作會諸侯）於越，則將引起下列的困難問題：（1）與夏域相去太遠，即不說夏在河東，如余所論，亦遠不能至南越；（2）禹封泰山禪會稽，二者地望不宜相去太遠。然則會稽果何在？曰，即泰山也。此說似嫌奇突，試詳論之。水經漸水注云：

> 又有會稽之山，古防山也，亦謂之爲茅山，又曰棟山。越絕云，『棟，猶鎭也』。

是知會稽爲後起之名，知防，茅所在，會稽自得。春秋隱公八年有云：

> 三月，鄭伯使宛來歸祊。庚寅，我入祊。

左傳謂：

> 鄭伯請釋泰山之祀而祀周公，以泰山之祊易許田。三月，鄭伯使宛來歸祊，不祀泰山也。

杜注謂祊在琅邪費縣東南。今費縣尚有祊水，祊山當易求。禮記檀弓有云：

> 孔子少孤，不知其墓，殯於五父之衢。……問於聊曼父之母，然後得合葬於防。

括地志謂『祊山在兗州曲阜縣東二十五里，禮記云孔子母合葬於祊也』（史記孔子世家正義引）。曲阜縣東與費縣爲界，知祊山正在祊地也。至何以又名茅山？詩魯頌閟宮：

> 泰山巖巖，魯邦所瞻，奄有龜蒙，遂荒大東。

毛詩疏謂：

> 龜蒙今在魯地，故言『奄有』。

是知魯境有蒙山，以今之地域求之，則費縣，曲阜之間正有蒙山，與防山之地望合。『蒙』『茅』一音之轉，蒙山即茅山也。夏本紀集解又引皇覽說，謂會稽本名苗山。『苗』『茅』『蒙』皆一音之轉。至於謂之棟山，如依越絕云，『棟猶鎭也』，鎭者，大山，又非泰山莫屬。蓋防在泰山附近，析言之可有二名；混言之，可以泰山括之，故又名棟山也。會稽既在泰山下，則知禹所封所禪之地望本不相遠。又吳越春秋所謂『還歸大越，登茅山以朝四方羣臣』之大越，實爲曹兗間地。春秋桓公元年有云：

公及鄭伯盟于越。

杜注謂『垂，犬垂，衛地也。越，近垂地名』。江永春秋地理考實謂『當在兗州府曹州附近。今稱當爲曹地』，可知山東曹縣會有越地，蓋即夏之遺址。『越』『夏』音近，而越之即夏，倘有明證，如韓非子說林下云：

惠子曰，『羿執鞅持扞，操弓關機，越人爭爲持的。弱子扞弓，慈母入室閉戶。故曰，可必，則越人不疑羿；不可必，則慈母逃弱子』。

這段話，是說在某種情形之下，越人可以信羿，而慈母可以不信其弱子。母子言其親而不可信；越羿言其仇而可相信。我們知道羿爲奪夏的天下者，羿乃夏的仇敵，而今言越羿，知夏越本一也。越王勾踐之稱夏後，非無淵源。

其實說泰山下有會稽之山，早有明證，特後人不留意耳。淮南子氾論訓云：

秦之時高爲臺榭，大爲苑囿，遠爲馳道。……丁壯丈夫西至臨洮狄道，東至會稽浮石，南至豫章桂林，北至飛狐陽原。

如說這個會稽爲浙江的會稽，則地處東南，當不能言東至，故高誘注謂：

會稽，山名；浮石，隨水高下；皆在遼西界。

謂會稽在遼西，於事實難徵，他自己也難堅信，所以又說：

一說會稽在太山下，封於太山，禪于會稽，是也。

泰山下有會稽，至此乃無疑問。而浙江的會稽，則以越本夏後之南遷者，地名與俱徙也。

2 塗山

呂氏春秋音初篇有云：

禹行功見塗山之女，禹未之遇而巡省南土。塗山氏之女乃令其妾待禹於塗山之陽。

皋陶謨史記及吳越春秋等書也有禹娶于塗山的話。而左哀七年有云，『禹合諸侯于塗山，執玉帛者萬國』。是又謂禹會諸侯于塗山。詁古地理者於塗山通行有兩說：一說在安徽壽春；一說在江南當塗。如夏本紀索隱云：

杜預云，『塗山在壽春東北』。皇甫謐云，『今九江當塗有禹廟』。則塗山在江南也。

按壽春即今安徽壽縣。西晉時當塗在今懷遠縣南。塗山在壽春東北，地屬懷遠縣界。杜與皇甫二說本不相忤，小司馬乃以東晉後僑置的當塗釋皇甫的當塗，乃成大誤。因此一誤，禹跡乃實定在江南。實則與禹有關的塗山既不在江南，亦不在壽春，乃在會稽也。說文，『峹，會稽之山也』，會稽志云，『塗山在山陰縣西北四十五里』，是知會稽附近有塗山。而國語云禹會諸侯于會稽，左傳云在塗山，則益足証會稽塗山爲一地。

酈元水經注淮水云：

春秋左傳哀公十年，大夫對孟孫曰，『禹會諸侯于塗山，執玉帛者萬國』。杜預曰，『塗山在壽春東北』，非也。余按國語曰，『吳伐越，「墮會稽，獲骨節爲專車。吳子使來聘，且問之。客執骨而問曰，「敢問骨何爲大？」仲尼曰「丘聞之，昔禹致群神于會稽之山，防風氏後至，禹殺之，其骨專車，此爲大」』。蓋丘明親承聖旨，錄爲實錄矣。……故塗山有會稽之名。考校羣書及方土之目，疑非此矣，蓋周穆之所會矣。

他說禹會塗山就是會稽，而壽春的塗山乃是周穆王所會之處。孫星衍尚書今古文注疏云：

越絕外傳記地傳曰，『塗山者，禹所娶之山也，去縣十五里』。是亦以塗山在會稽。

是知禹娶塗山，即爲會稽。而因會稽之南移，求塗山者乃不之魯而之越。古塗山固應在太山之下也。

3 鯀的故事

除上述與禹有關的地方外，尚有關于鯀的傳說足資說明禹都東方者。禹傳爲鯀子，父子相距，不能有天南海北之隔，故說鯀的所在地域固亦足說禹也。左傳哀公七年有云：

昔堯殛鯀于羽山，其神化爲黃熊以入于羽淵，實爲夏郊，三代祀之。

又周語云：

其在有虞，有崇伯鯀播其淫心，稱遂共工之過，堯用殛之于羽山。

天問云：

永遏在羽山，夫何三年不施？伯禹腹鯀，夫何以變化？

此外堯典等書並有『殛鯀于羽山』的話，晉語亦有其故事，與左傳同。海內經，呂氏春秋恃君覽亦均有此等傳說。此類故事有地域可資研究者，一爲羽山，一爲崇。今先論羽山。自來說羽山者有兩處：一在江蘇東海縣西北九十里接贛榆縣及山東南部之郯城縣界，如漢書地理志東海祝其縣注云，『禹貢羽山在南，鯀所殛』；郭璞山海經注，隋志，元和志及孫星衍尚書今古文注疏等均主此說。一說在山東蓬萊縣東三十里地，僞孔傳云：

羽山，東裔，在海中。

寰宇記乃指實其在蓬萊縣，而胡渭和之云：

羽山東裔，徐州之地失近，非荒服放流之宅。蓬萊縣東南有羽山，寰宇記云卽殛鯀處，與孔傳合。當從寰宇記說。

如說祝其羽山爲殛鯀處，則正和禹域鄰近。蓬萊羽山之說或即本僞孔傳『羽山，東裔，在海中』的話。海中羽山不可求，於是以濱海蓬萊之山實之。當以祝其縣說于義爲長。

次論崇。鯀而曰『崇伯』，是崇之地望不可不攷。韋昭於『崇』無注，今日攷之殊難。如謂崇即堯典放驩兜于崇山之崇，僞孔傳謂南裔之山，疏謂在衡嶺南，淸一統志乃謂在交廣之間。今說禹域不出河濟，崇不能遠在交廣。今按，孟子云，『於崇吾得見王』，顧觀光之七國地理攷謂崇在今山東南部地（旅居日本，手邊無原書，僅記大意如此），與鯀禹故事地望正合，蓋非偶然也。

四　啓篇

1　有扈

書甘誓云：

大戰于甘，乃召六卿。王曰，『嗟，六事之人，余誓告汝：有扈氏威侮五行，怠棄三正。……今余惟恭行天之罰』。

今按，伐有扈之事，有兩種說法，一謂禹事，一謂啟事。如墨子明鬼下云，『禹誓云，「大戰于甘」』；又如書序謂『啟伐有扈，戰于甘之野，作甘誓』。而呂氏春秋一書中即有兩種說法，召類云，『禹攻曹，魏，屈，驁，有扈以行其教』，先己篇云，『夏后伯啟與有扈戰于甘澤而不勝』。說法不一，或禹先伐而啟繼伐之耶？有扈之地，自漢書地理志以來皆說在陝西鄠縣。然扈既遠在陝西，何以與山東之夏發生衝突？則知此說之非是也。天問有云：

該秉季德，厥父是臧，胡終弊于有扈，牧夫牛羊？……有扈牧豎，云何而逢？擊牀先出，其命何從？

近王國維之古史新證謂該即王亥，爲殷之先祖，而謂有扈當爲有易之誤。彼謂，『蓋後人多見有扈，少見有易，又同是夏時事，故改「易」爲「扈」』。今按，王氏仍泥扈在陝西之說，故有此論；實則有扈即有易，『扈』與『易』非由人改易，乃由形近而誤寫也。『易』金文作『[illegible]』，『戶』金文作『[illegible]』，二字形近；『戶』增『邑』

11

則成『扈』也（說見燕京學報十四期，吳其昌著卜辭所見殷先公先王三續考）。易地在今河北省境。蓋『易』『扈』之譌甚早，春秋時已有扈地，與易相去不遠，因字譌而分爲二地者也。春秋經莊公二十三年有云：

公會齊侯盟于扈。

杜預注扈，謂『鄭地，在滎陽卷縣西北』，續漢志卷縣有扈亭，卷縣當今河南原武縣地。原武在黃河北，有扈之國當於此求之也。至於大戰于甘的甘，在原武附近亦可求得。左僖二十四年傳云：

甘昭公有寵於惠后。

杜注，『甘昭公，王子帶也，食邑于甘，河南縣西南有甘泉』。此甘邑蓋即啓扈之戰場，啟由東方來與扈戰於西，蓋有夏之勢力第一次發展至近西矣。

2 觀

左傳昭公元年云：

虞有三苗，夏有觀，扈；商有姺，邳；周有徐，奄。

按此云『夏有觀扈』，扈已見前，觀何在乎？楚語有云：

故堯有丹朱，舜有商均，啓有五觀。……

韋昭注國語以爲五觀即『夏有觀，扈』之觀。杜預左傳注云：『觀國今頓丘衛縣』，又水經注『淇水又北逕頓丘縣故城西，古文尙書以爲觀地矣，蓋太康弟五君之號爲五觀者也』，衛縣當今山東曹縣附近地，與夏初之都城正相近。（北堂書鈔引竹書紀年『啓征西河』，西河或即此觀國，錢賓四先生有說。）

3 鈞臺

左傳昭公四年云：

六月丙午，楚子合諸侯于申。椒舉言於楚子曰，『臣聞諸侯無歸，禮以爲歸。今君始得諸侯，其愼禮矣！霸之濟否，在此會也。夏啓有鈞臺之享；商湯有景亳之命；周武有孟津之誓；成有岐陽之蒐；康有酆宮之朝；穆有塗山之會；齊桓有召陵之師；晉文有踐土之盟。君其何用？』

這裏面有夏啟享鈞臺之說；今引此段全文者，欲明所以享鈞臺的性質也。此八人之會中，除康之朝酆宮不知其詳，餘皆可言。踐土之會，乃重耳歸晉後，大張撻伐取威定霸之會。召陵之師，則齊桓伐楚之役也。周穆王之會塗山，史雖無說，然穆爲好大喜功之主，當不外耀德觀兵之事。成王之蒐，據杜注謂自奄歸後之事，蓋伐東夷後之會獵也。孟津之會，自爲伐紂事。商湯景亳之命，或爲伐桀後定都於亳之舉。統言之皆不外爲取威定霸之事，而椒舉亦明言『霸之濟否，在此會也』。可知其所取之例，亦在其成霸業，使楚取法者。鈞臺之享，知亦定伯之舉，蓋啟伐有扈後之事也。杜預注謂鈞臺在河南陽翟，今爲禹縣治。伐有扈爲啟時的最大戰事，觀甘誓之辭，有不兩立之勢，則知其所關匪小，克有扈而王業成，斯所以有鈞臺之享也。

總上所論，啟之勢力雖有西漸之勢，但大致仍在今河南鞏洛以東，以西尙乏其蹤跡。論夏初地理者，於此蓋不能否認也。

五　羿浞少康篇

據史記夏本紀，啓後爲太康，中康，相，少康，予相繼在位；惟史記於此一段無甚事實記載，左傳中有此時期的詳細故事。襄公四年，魏莊子對晉侯說道：

> 昔有夏之方衰也，后羿自鉏遷於窮石，因夏民以代夏政。恃其射也，不修民事而淫于原獸，棄武羅，伯因，熊髡，尨圉，而用寒浞。寒浞，伯明氏之讒子弟也，……夷羿收之，信而使之，以爲己相。浞行媚于內，而施賂于外，愚弄其民，而虞羿于田，樹之詐慝以取其國家，外內咸服。羿猶不悛，將歸自田，家衆殺而亨之，以食其子；其子不忍食諸，死于窮門；靡奔有鬲氏。浞因羿室，生澆及豷，恃其讒慝詐僞而不德于民，使澆用師滅斟灌及斟尋氏。處澆于過，處豷于戈。靡自有鬲氏收二國之燼以滅浞而立少康。少康滅澆于過，后杼滅豷于戈；有窮由是遂亡，失人故也。

又哀公元年伍員對吳王說道：

> 昔有過澆殺斟灌以伐斟鄩，滅夏后相。后緡方娠，逃出自竇，歸于有仍，生少康焉，爲仍牧正，惎澆能戒之。澆使椒求之，逃奔有虞，爲之庖正，以除其害。虞思於是妻之以二姚而邑諸綸，有田一成，有衆一旅，能布其德，而兆其謀，以收夏衆，撫其官職。使女艾諜澆，使季杼誘豷，遂滅過戈，復禹之績，祀夏配天，不失舊物。

此外離騷天問亦有羿代夏政，浞篡羿，少康滅浞子澆等傳說。綜合起來，是說當夏政衰微的時候，有一個叫作羿的人起來奪了夏的天下，但他每日遊獵，不理政事，又任奸人寒浞爲相，便被寒浞篡了他的天下，取了他的太太，生了澆和豷兩人。這時候夏后相已經跑到斟灌斟鄩那裏，寒浞不放心，又派澆滅了二斟，殺死夏后相；相妻自竇逃出，奔于有仍，生少康。少康初爲有仍牧正，因澆的求索，乃奔有虞而爲其庖正。虞君妻以二女，叫他住在綸邑，他便在此漸收夏衆而滅掉澆豷，光復舊物，不失禹績。這是關于夏代歷史最詳盡的記載了。這裏面我們應當注意幾句話，既云『后羿自鉏遷于窮石，因夏民以代夏政』，可知窮石乃夏民聚居之地，而爲夏政治中心之所在；如果僅有夏民而非政府所在，則入窮石也不能謂爲代夏政，須知后羿入于窮石即已亡夏的國了。又看他說，『遂滅過，戈，復禹之績，祀夏配天，不失舊物』，可見過戈爲夏禹所原有。又如后相之依二斟，少康之依有仍，有虞，靡（杜預謂夏遺臣事羿者）之依有鬲而立少康：可知二斟，有仍，有虞，有鬲都是夏的與國或同族。如果我們覔得上列諸地之所在，則少康前後的夏的疆域也就可以知道了。計以上所有的地名爲：（1）鉏，（2）窮石，（3）寒，（4）有鬲氏，（5）斟灌，（6）斟鄩，（7）過，（8）戈，（9）有仍，（10）虞，（11）綸，今一一考之於下：

1 鉏

史記夏本紀正義引括地志云，『故鉏城在滑州衛城縣東十里』。江永春秋地理考實謂，『臯鼛，「今大名府滑縣東十五里有鉏城」，今按滑縣今屬河南衛輝府』。滑縣當河南與山東鄰界處，蓋后羿與夏爲鄰里也。

2 窮石

水經河水注謂，『平原鬲縣，故有窮后羿國』。蓋羿入窮石後，乃號有窮也。鬲縣在今山東德縣境，窮石與此不能相遠。近傅孟眞先生謂窮石即窮桑，未聞傅先生詳說，不得知其證。蓋『石』與『桑』爲同紐字，又陰陽可對轉也。既知窮石爲窮桑，則窮石之地望易求矣。

左傳昭公二十九年有云：

少皞氏有四叔：曰重，曰該，曰修，曰熙，實能金木及水。使重爲句芒，該爲蓐收，脩及熙爲玄冥。世不失職，遂濟窮桑，此其三祀也。

杜預注謂『窮桑，少皞之號也，四子能治其官，使不失職，濟成少皞之功，死皆爲民所祀。窮桑地在魯北』。帝王世紀云，『少皞氏自窮桑登帝位，後徙曲阜，於周爲魯。窮桑在魯北。或云，窮桑即曲阜也』。是窮桑既云在魯北，即非曲阜，相距亦當不遠。蓋窮桑亦即空桑也。淮南子主術訓有云，『共工振滔洪水以薄空桑』，高誘注云，『空桑，地名，在魯』。蒙文通先生古史甄微云，『……見窮桑少昊之虛，實二渠九河之地，爲古代馳逐之塲。而建都則於曲阜，蓋九河水草豐美，爲耕牧之鄉』。則知夏之都於窮桑，非無因也。

3 寒

杜預注謂『寒國，北海平壽縣東有寒亭』，江永春秋地理考實云，『寒亭在山東萊州府濰縣東北五十里』，是寒國在今山東東部。

4 有鬲氏

原文云，『靡自有鬲氏收二國之燼，以滅浞而立少康』，可知有鬲爲夏的與國。杜預注云，『有鬲，國名，今平原鬲縣』，在今山東德縣境。

5 斟灌

此地所在說稍紛歧。杜預注云，『樂安壽光縣東南有灌亭』，意即斟灌地也。而水經河水篇云，『浮水故瀆逕衛國縣故城南，古斟觀』。與上引水經注所云之觀同地。又帝王世紀云，『斟觀，衛地』。臣瓚漢書注云，『汲郡古文相居斟灌，東郡灌是也』。兩說一謂在今山東東部濱海區域，一謂在山東河南間；相距已有數百里之地。查其說法之所以兩歧，即因一處有灌亭，而一處有觀故也。全祖望則調和兩說，以爲相先居東郡觀，后羿伐之，又遷北海，亦名灌（見王刻水經注）。我們覺得調和派最沒有理由，全祖望說無根據，不足取。我以爲杜預之說，較爲合理，蓋自羿滅夏之後，后相逃而依於斟灌斟鄩，及浞滅羿後，覺得后相依於二斟是不妥當的事，所以他便派兒子澆滅了二斟，並封澆於過以鎮服東方。過與二斟地望不能甚遠，過和斟鄩都在北海附近，故不能說五觀即斟灌也。

6 斟鄩

自來考證斟鄩之說，亦非純一。漢書地理志北海郡斟縣下云，『古國，禹後』，杜預注斟鄩謂，『北海平壽縣東南有斟亭』，二說地望相合，今山東濰縣境是也。一說在河南，史記夏本紀正義引臣瓚曰，『斟尋在河南，蓋後遷北海也』，他也不反對北海說，但云爲遷去的。雷學淇竹書紀年義證謂河南斟鄩即杜預所說鞏縣西南之鄩中。我是贊成北海說的，因爲漢志北海郡斟縣即云禹後，可知即二斟所在，二斟同時爲后相所依，可知不相遠。而在鞏縣有鄩無灌，在曹縣又有觀無鄩，二地相隔數百里，無法同時依附也。

7 過

杜預注謂『東萊掖縣北有過鄉』，在今山東掖縣北。此地無甚異說，其地與二斟相逼處也。

8 戈

杜預注謂在宋鄭之間。雷學淇竹書紀年義證云，『今歸德開封二府，即宋鄭界。開封之杞縣東北有地名玉帳，或謂即宋鄭隙地之玉暢也。戈當去此不遠』。今按，左傳哀公十二年有云，『宋鄭之間有隙地焉，曰彌作，頃丘，玉暢，畐，戈，錫』。玉暢在杞縣東北，則戈去此當不遠，當在開封商邱間也。左哀元年云，『遂滅過戈，復禹之績，祀夏配天，不失舊物』，可知自山東濱海至河南開封一帶，為禹之舊地，與上述禹域正合也。

9有仍

雷學淇之竹書紀年義證謂山東濟寧州為仍國故址，仍國即有仍也。（顧頡剛師亦從此說。）

10虞

杜預注謂，『梁國有虞縣』，意謂虞縣即古虞地。今按，虞縣即今河南東部尖端之虞城縣也。

11綸

續漢書郡國志謂梁國有虞綸城，少康邑。是綸在虞城附近。

統計以上十餘地大都在河濟流域，是知夏自禹至少康皆居此流域左近。說夏域不過鞏雒以東者，不知何以解此也？

又就竹書紀年觀察，也可證夏代中年以前確居東方，其後與東方時有交涉。如云：

大康居斟鄩。（水經注等引竹書紀年）

后相即位，居帝（商）邱。（太平御覽八十二引仝上）

元年，征淮夷畎夷。（路史注引仝上）

二年，征風夷及黃夷。（太平御覽八十二引仝上）

七年，于夷來賓。（後漢書東夷傳注引仝上）

少康即位，方夷來賓。（仝上）

相居斟灌。（水經注等引仝上。）

帝予居原（地當在東方），自原遷于老丘（宋地，在今河南陳留縣北）。（太平御覽八十二引仝上）

伯杼子征于東海，及三壽。（山海經注引仝上）

后芬即位三年，九夷來御。（後漢書東夷傳引仝上）

后荒即位元年，……狩于海，獲大鳥。（北堂書鈔八十九引仝上）

后泄二十一年，命畎夷，白夷，赤夷，玄夷，風夷，陽夷。（後漢書東夷傳注引仝上）

至后發時，尚有『諸夷賓于王門』（北堂書鈔引紀年）的事，后桀時又曾居於斟鄩（水經注等引紀年），桀被放奔於南巢（在今安徽巢縣），可見夏民族的政治勢力確本在於東方也。

六　晚夏篇

自帝予以後，關于夏代歷史的傳說就較少了。史記裏只記他們世代相傳；竹書紀年則云『胤甲居西河』，『桀居斟鄩』，是當時王居猶時或在東方。但我們在其他古籍中又可以尋到夏代晚年的政治中心在於西方的證據，所以一般說夏域在汾，澮流域者，皆以其晚年情形包括一代耳。夏代政府西遷的原因雖不可知（或因受商及東夷的淩逼），而夏都之西乃有證有據，未容否認者。左傳昭公元年子產有云：

昔高辛氏有二子，伯曰閼伯，季曰實沈，居於曠林，不相能也，日尋干戈，以相征討。后帝不臧，遷閼伯于商丘，主辰，商人是因，故辰爲商星；遷實沈于大夏，主參，唐人是因：以服事夏商。其季世曰唐叔虞。當武王邑姜方震大叔，夢帝謂己，『余命而子曰「虞」，將與之唐，屬諸參，而蕃育其子孫』。及生，有文在其手，曰『虞』，遂以命之。及成王滅唐而封大叔焉，故參爲晉星。

這段故事裏說高辛氏把兩個兒子遷到商丘和大夏分主辰參兩星，實沈居大夏主參，唐人因之，後來成王滅唐，就將唐封給大叔，而參乃爲晉星。由此知道晉地即大夏之地。又由一段記載裏我們知道大夏即夏虛，左定四年傳云：

分唐叔以大路，密須之鼓，闕鞏，姑洗，懷姓九宗，職官五正；命以唐誥而封於夏虛；啓以夏政，疆以戎索。

是明謂唐叔封於夏虛，與上段互相印證，可知夏虛亦即大夏。夏虛即夏之遺址也。夏虛何在？夏代何人始居於此？均所欲說明者。杜預注大夏，『今晉陽縣』，『夏虛，大夏，今太原晉陽也』。杜說蓋本於漢書地理志太原晉陽，云，『故詩唐國，周成王滅唐，封弟叔虞』。服虔則謂大夏在汾澮之間。顧炎武是服氏說，蓋服說較近實也。近錢賓四先生又修正服氏之說，謂實沈居大夏當在安邑一帶，而晉唐故居當在河東涑水，不涉汾澮，其證至夥。先是顧棟高春秋大事表已云，『夏虛今爲山西解州之平陸縣，在河之北』，與錢先生說不相遠。前論夏之地域多在東方河濟流域，今河東又有夏之遺址，固知爲中葉以後之事。夏代由何人西遷，雖不可詳考，然在后皐時夏都已在西方，則可知也。左傳僖公三十三年有云：

殽有二陵焉：其南陵，夏后皐之墓也；其北陵，文王之所避風雨也。

據史記夏本紀謂皐爲桀之祖父，世本說是桀的父親。在那個時代，陵墓和本國不能相距太遠，杜預謂殽在弘農澠池縣西，蓋正在夏虛附近也。若夏桀之國之在西方，尤有明證。如國策魏策云：

夫夏桀之國，左天門之陰，而右天谿之陽，廬睪在其北，伊洛出其南。

這些地名，如今不易攷證，司馬遷譯成漢代的地名道：

夏桀之居，左河濟，右太華，伊闕在其南，羊腸在其北。

太華即今華陰的太華山。濟水上源曰沇水，水經云，『濟水出河東垣縣東王屋山，爲沇水，又東至温縣西北，爲濟水』。伊闕，史記秦本紀謂『白起攻韓魏於伊闕』，正義引括地志謂在洛州南十九里。羊腸之地，其說有三：一，史記魏世家云，『昔者，魏伐趙，斷羊腸，拔閼與』。正義謂在太行山上，南口懷州，北口潞州。一在壺關，如漢書地志上黨壺關有羊腸坂。一在晉陽，如水經注云：『羊腸坂在晉陽西北』。三者之中蓋以壺關之說爲是。如此則知夏桀之城西到華陰，東到温縣，北到壺關，南到洛陽以南，與服虔之論夏虛地望略合，汾澮正在吳起所說範圍之內也。錢先生說在涑水流域，亦與此合。惟顧亭林說在吉隰，則稍嫌其北耳。

此外談到夏虛的，如史記吳世家云，『乃封周章弟虞仲於周北之故夏虛』，其地亦當即上論之夏虛。又逸周書度邑解云：

自洛汭延于伊汭，居易毋固，其有夏之居。

亦與上論夏虛地望相近。夏桀之世，夏祚即斬，後人僅知晚夏之根據地在河東一帶，不復憶其自東而來，遂謂夏域不出伊洛河東範圍。晚周以來，已具此觀，如陳公子西字子夏，鄭公孫夏字子西，皆以夏爲在西方也。

17

七　諸夏篇

夏代歷世帝王之都所在，已如上論，今試論夏之與國及其同姓國之地點如下：

1 韋顧昆吾

詩商頌長發云：

韋，顧既伐，昆吾，夏桀。

這是一句歌頌商湯的詩，說他當滅夏桀以先，把夏的與國滅了，以絕後援。鄭玄以爲韋國即豕韋，續漢志東郡白馬縣有韋鄉，杜預亦謂白馬縣東南有韋城，古豕韋氏國。今按白馬縣今河南滑縣地。朱右曾詩地理徵考定顧在曹州府范縣東南五十里。據左傳，昆吾之地有二：一昭公十二年楚王曰，『昔我皇祖伯父昆吾，舊許是宅』，是昆吾曾宅於許，今河南許昌縣境。一哀公十七年云，『衛侯夢于北宮，見人登昆吾之觀，被髮北面而譟曰，「登此昆吾之虛，……」』杜注『衛有觀在古昆吾氏之虛，今濮陽城中』。今按濮陽今屬河北省，與河南北中部亦鄰近；或昆吾曾經遷徙，故有二宅，然皆與夏初地望接近。以上三國，皆居夏的舊域，蓋夏之與國也。

2 諸姒

史記夏本紀謂，『國號曰夏后，姓姒氏』，故所有姒姓諸國皆爲夏之同姓國。依史記及春秋大事表等，列當時姒姓國有扈，斟灌，斟鄩，杞，鄫，觀，越。扈觀及二斟論已見上，今專論杞，鄫，越及此外之莘，寒。杞，本在河南，杜預所謂陳留雍邱縣是也；但後又遷山東。鄫，據杜注在琅邪鄫縣，此姒姓鄫也。又有姬姓鄫，唐立庵先生壽縣所出銅器考略謂，『按，金文常見之鄫國爲春秋時姒姓之鄫，此乃姬姓，蓋非一國也。……疑曾本漢陽諸姬之一，及楚惠王時已爲楚所滅，……』蓋與申戎共伐周幽王者，乃姬姓鄫，其據此謂鄫不應在琅邪者，誤矣！莘，左傳僖公二十八年云，『晉侯登有莘之虛』，世本謂有莘姒姓，江永春秋地理考實謂，『彙纂「括地志，陳留縣東五里有莘城，即古莘國」。今開封府陳留縣有莘城，兗州府曹縣有莘仲集，其地接二縣界也。今按，陳留去曹縣頗遠，不得接界，莘仲集當別是一地』。江永以爲當從陳留說而去曹縣說，但二縣相去實不遠，謂莘接二縣，不爲不可也。此外寒浞之寒亦有謂爲姒姓者，如攈古錄卷二之二，吳式芬引徐籀莊說，姒姓寒國，即寒國之寒。則是寒浞少康之爭，亦同族相殘也。

以上所論諸姒姓國，亦均在夏初疆域內。蓋夏之西遷，只是其統治者之事耳，大多部族固仍留於東方也。左傳昭公四年有云，『夏桀爲仍之會，有緡叛之』，十一年又云，『桀克有緡以喪其身』，有仍在山東濟寧。緡，杜注，『高平昌邑縣東南有東緡城』，今山東金鄉縣境也。可知夏桀雖居河東一帶，仍有時盟會征伐于山東，亦以其同族之國多在山東也。夏之同族又有南遷者，如史記越王勾踐世家謂，『越王勾踐其先禹之苗裔，而夏后帝少康之庶子也，封於會稽以奉守禹之祀』。會稽本應在太山下，已見前論，乃地名與民族俱遷者也。

八　餘論

綜括全文大意，夏民族在初時，其疆域乃在河濟流域；至晚年，遷至伊洛以西。由誰而遷不可確知，因何而遷亦不詳；或因東夷之逼，或因洪水氾濫，或竟兼有其原因也。由此可下一結論曰，『夏民族起自東方，漸徙而西，終亡於河東一帶』。讀者閱上文既竟，知此結論當無大誤。至此文取材，乃通檢古籍有關夏代地理者皆收之，非有所任意去取。然書籍浩繁，自不免有遺珠之嘆，所望博雅君子有以指其缺而正其繆也。

孟子書中又有舜避堯子於南河，禹避舜子於陽城等說，說者謂陽城地近河東，遂以爲禹居河東之一證。然此陽城究在何處，亦未可斷定，或即山東之成陽，亦未可知。且既云『避』，當出本土，不然，又何所謂避哉！

此外匈奴亦自稱爲夏後，史記匈奴列傳云：

匈奴，其先祖夏后氏之苗裔也，曰淳維。

此說迄今已無人相信，但亦非太史公所自造，蓋匈奴之來源甚早，夏，商之際，已逼處中國西北部，夏滅後，或有苗裔入居匈奴，因以其祖說爲匈奴之共同祖先。此例在上古史上甚多。若謂匈奴全爲夏後，自亦非當。大夏地望之北徙，蓋亦以夏遺民北徙逼近匈奴之故也。（呂覽爲欲『北至大夏』，逸周書王會解『正北大夏』，皆非汾澮間之大夏；呂調陽謂在阿拉善蒙古，似是。）

民國二十五年八月六日重錄舊稿。

內政公報

第十卷第三期要目

地政年會派員指導事項

一　公函中國地政學會　准函以定期在青島舉行第四屆年會大會請派員蒞臨指導一案函復查照

法規廢止事項

一　咨河南等五省政府　奉令劃匪區內各省農村土地處理條例等五種法規准予廢止咨請查照定

地政機關組織暨印信頒發啓用事項

一　咨湖北省政府　准咨送湖北省地政局土地登記處組織通則經將本部審核意見呈奉院令修正備案咨請查照辦理

二　呈行政院　准湖北省政府咨報湖北省地政局奉頒銅質印章啓用日期呈請鑒核轉呈

三　咨綏遠省政府　奉令轉發綏遠省地政局銅質印章各一顆咨請查照辦理見復

土地陳報事項

一　咨安徽省政府　准咨送完成第七行政區土地陳報測繪計畫一份查核等由茲將審核意見咨請查照辦理見復

土地清丈事項

一　咨四川省政府　奉令據財政部議復四川省政府試辦成華江巴簡易清丈辦法一案錄案咨請查照辦理

二　咨上海市政府　准咨述趕辦清丈計畫附具地圖請核復一案准予核定咨復查照

測量人員調查事項

一　咨各省市政府　准參謀本部檢送各省市民財兩廳暨地政機關養成之測量人員調查表式請轉知各省市民財兩廳及地政機關代爲調查塡造等由咨請查照辦理

土地賦稅減免事項

一　公函建設委員會　准函爲首都電廠所有地產屬於公有依法免征地稅請查核見復茲以此項應依土地賦稅減免規程第十七條規定辦理復請查照

二　咨南京市政府　准咨送實業部中央農業實驗所孝陵衛農場公有土地免稅簡明表咨復存案

三　咨山東省政府　准咨送禹城縣鐵路汽車路佔地免稅簡明表咨復存案

四　咨江蘇省政府　准咨送宜興縣省立農業倉庫基地免稅簡明表咨復存案

五　咨山東省政府　准咨送東阿縣縣境黃河水利委員會購置苗圃地畝免稅簡明表咨復存案

城市改良地區特別徵費事項

一　呈行政院　爲城市改良地區特別征費通則第十四條「或面積不滿十二平方尺者」一句內遺落一「公」字呈請鑒核更正並祈通飭遵照

地價稅征收事項

一　咨湖北省政府　准咨據漢口市長呈以自住地按地價稅征收規則第四條規定八成征稅發生疑義轉請辨釋咨請查核見復等由復請查照飭知

土地登記事項

一　咨上海市政府　准咨送上海市土地登記施行細則一份除由部備案並抄同細則清摺轉呈外咨請迅將辦理土地測量報告書及清理公有土地施行細則送部以憑核轉備案

二　咨北平市政府　准咨據財政局呈擬逾期聲請登記增收登記費辦法囑查照備案一案已呈奉令准備案咨請查照

三　咨上海市政府　前准咨送上海市土地登記施咨細則修正條文由部備案茲已奉院令「呈悉」咨請查照

外人租賃土地房屋審議事項

一　咨河南省政府　准咨爲眞耶穌教會河南支部擬在郾城縣漯河寨內購買會址請核定茲將審核意見咨請查照辦理

二　咨河南省政府　准咨爲劉景富等擬將所有杞縣城小西門裏宅地一處永租與循理會福音醫院一案請核定茲將請核意見復請查照辦理

三　咨河南省政府　准咨爲沁陽縣天主教新鄉教區監牧米幹擬永租土地作坟地之用請核定茲將核議意見復請查照辦理

四　咨外交部　准咨爲湖南省政府電詢外人已有土地登記辦法一案係專指教會在內地絕買宅地及田畝而言請查照見復茲將審核意見復請查照

公有土地清理事項

一　呈行政院　奉令爲上市市清理公有土地施行細則業經備案仰知照茲以該細則第三條內引用條文有誤呈請令飭更正

地價冊編造事項

一　咨湖北省政府　准咨以據漢口市政府呈復未能如期編造地價冊原因擬俟下年度另請專款辦理囑查核辦理等由咨復查照轉知

二　咨廣東省政府　准咨以據廣州市政府呈報尙未編造地價冊錄由囑查照等由咨復查照轉知

訴願決定事項

一　蔣山訴願決定書

二　古子明等訴願決定書

三　王明高再訴願決定書

四　喬一凡訴願決定書

五　嚴金山等訴願決定書

移民墾荒事項

一　咨河南省政府　准行政院秘書處函奉交河南省振務會主席張鈁報告救濟豫災辦法第三項關於移民墾荒一案擬具各點咨請查照辦理

定報價目　每月一冊四角　預定半年六冊二元　全年十二冊四元

發行者　首都瞻園路內政部公報處

九州之戎與戎禹

顧頡剛 1

禹與九州，自來即有不可分離之關係。長發之詩曰，『洪水芒芒，禹敷下土方』，雖未明言分州，而海內經則爲補足之曰，『洪水滔天，……禹卒布土以定九州』。禹貢一篇，以『禹敷土』始，以『九州攸同』終，更暢演海內經未盡之意。齊侯鐘，春秋齊靈公時器也，亦以『咸有九州，處禹之堵』頌湯之德。信乎此一觀念深入古人之心目中也！

今進而溯其由來，提出一問題曰：禹與九州何以發生關係？此雖現存之材料不多，不足以資解決，然尙有可以作猜想者；科學不避臆說，許人假定，敢爲斷之曰：是殆與戎族之移徙有因緣。試申論之：

春秋時，戎族分布於中國內地：在東方者，有魯西之戎；在北方者，有居今河北山東山西三省間之北戎，山戎，及無終氏之戎；在西方者，有居今陝西省之犬戎，驪戎等；至於居今河南省者，最早則有伊雒之戎。左氏僖十一年傳云：

揚拒，泉臯，伊，雒之戎同伐京師，入王城，焚東門，王子帶召之也。秦晉伐戎以救周。秋，晉侯平戎於王。

杜預注云：

揚拒泉臯皆戎邑，及諸雜戎居伊水雒水之間者。

由此一事，知東周王室鄰近之戎頗爲強暴，非賴秦晉勤王之師，則驪山之禍固已重演，而春秋之世亦必以尊王攘夷之業不成，使霸主失其依據，而另換一番局面矣。

爲戎之摯悍而難御也，故越十一年，秦晉即遷陸渾之戎於伊川，蓋以藩衛王室爲名，用蠻夷以制蠻夷（顧棟高說，見春秋大事表卷三十九）。左氏僖二十二年傳云：

初，平王之東遷也，辛有適伊川，見被髮而祭於野者，曰，『不及百年，此其戎乎？其禮先亡矣！』秋，秦晉遷陸渾之戎於伊川。

陸渾之戎何自來乎？杜預云：

允姓之戎居陸渾，在秦晉西北，二國誘而徙之伊川，遂從戎號。至今爲陸渾縣也。

據杜氏說，是陸渾本爲秦晉西北之地，允姓之戎自秦晉西北而遷於伊川，乃將此地名挾以俱來。然則陸渾舊地在何處乎？賴『允姓』一詞，可於左氏昭九年傳中窺見之：

周甘人與晉閻嘉爭閻田，晉梁丙張趯率陰戎伐潁。王使詹桓伯辭于晉曰，『……先王居檮杌于四裔以禦螭魅，故允姓之姦居于瓜州。伯父惠公歸自秦而誘以來，使偪我諸姬，入我郊甸，則戎焉取之？……』

其所舉遷戎事實與僖二十二年傳同，知陸渾舊地在瓜州。然不沿其舊稱『陸渾之戎』而名之曰『陰戎』者，又何也？則以所遷之地在『陰地』故也。陰地者何？杜預注云：

陰地，河南山北，自上雒以東至陸渾。（哀四年）

是則自今陝西商縣至河南嵩縣一帶地，伊雒二水之流域，皆稱爲陰地。所謂『山』者，今之秦嶺山脈也。水南曰陰，山北亦曰陰，陸渾之戎居于河南山北兩陰之地，故時人易其名曰陰戎也。

陸渾之戎爲舊稱，而陰戎爲新稱，名稱之變由其居地之異。陰地之名既得其實，然則其所由遷之瓜州爲今何地乎？杜預注云：

瓜州，今敦煌。

杜預此注蓋有所本，漢書地理志敦煌縣下云：

杜林以爲古瓜州，地生美瓜。

水經禹貢山水澤地篇注亦云：

杜林云，敦煌，古瓜州也。州之貢物，地出好瓜，民因氏之。瓜州之戎，并于月氏者也。

杜林爲東漢初人，少遊西州，知敦煌出瓜，因立此說。顧此說可信乎？欲究此問題，又須合左氏襄十四年傳之文而共論之：

（晉）將執戎子駒支，范宣子親數諸朝，曰，『來，姜戎氏！昔秦人迫逐乃祖吾離于瓜州，乃祖吾離被苫蓋，蒙荊棘，以來歸我先君。我先君惠公有不腆之田，與女剖分而食之。今諸侯之事我寡君不如昔者，蓋言語漏洩，則職女之由。詰朝之事，爾無與焉；與將執女！』對曰，『昔秦人負恃其衆，貪于土地，逐我諸戎；惠公蠲其大德，謂我諸戎是四嶽之裔胄也，毋是翦棄，賜我南鄙之田，狐狸所居，豺狼所嗥，我諸戎除翦其荊棘，驅其狐狸豺狼，以爲先君不侵不叛之臣，至于今不貳。……』

按此傳所陳事實大足補僖二十二年傳之缺遺。當時秦人逐戎，晉人誘戎，乃得除翦荊棘而居于周郊與晉鄙。然范宣子所數之戎不曰『允姓』而爲『姜戎』，何以陸渾之戎既姓允又姓姜乎？杜預知其不易解，乃強爲之說曰：

四嶽之後皆姓姜，又別爲允姓。

彼以允姓爲姜姓之別支，姜與允蓋同爲一族。此種想象之辭，未必符合事實。按後漢書西羌傳用古本竹書紀年語，周宣王時，『戎人滅姜侯之邑』，或瓜州本姜戎所居，允姓之戎滅之，因相雜處乎？姜與允明分兩姓，於諸戎中自爲二族；且被遷之後，姜戎居於晉之南鄙，允姓則居於王之郊甸（伊川在晉惠公時尙未屬晉），亦爲二地也。姜與允之糾紛既明，斯可進而論瓜州。

案兩杜氏之所以定瓜州於敦煌者，原未嘗有確據，只以詹桓伯之言，『先王居檮杌於四裔以禦螭魅』，諒四裔爲四方極遠之地，而周秦西北極遠之地在漢以來之中國境者無逾於敦煌（今甘肅燉煌縣），乃即以瓜州當敦煌耳。若云地出美瓜，則出美瓜之地多矣，晉有瓜衍之縣，何嘗不可取以爲說？夫秦都于雍，即今陝西鳳翔，離敦煌三千餘里，所謂『風馬牛不相及』者，秦以何種需要而勞師迫逐之？且其間雜居戎族至多（史記匈奴列傳云，『自隴以西有緜諸，緄戎，翟獂之戎』），秦又安得越界而迫逐之？果有越界迫逐之舉，則秦自鳳翔抵敦煌，大軍東來，姜戎亦當西竄今哈密等地，何以反東向秦都而逃遁，入於戰勝者之腹地，乃從容爲晉惠公所『誘以來』耶？竊意瓜州當在今鳳翔之東，實居秦晉之間，故秦人得而迫之，晉人得而誘之耳。

又有一事足以補證瓜州之必不甚遠者，左氏莊二十八年傳云：

晉獻公……娶二女於戎：大戎狐姬生重耳，小戎子生夷吾。

此二戎女，左氏一著其姓曰姬，一則未著。杜預注云：

小戎，允姓之戎；子，女也。

苟杜氏此注確有所據，則是時秦人尙未逐戎，而瓜州誠在敦煌則離晉四千餘里，晉獻公安得娶妻若是其遠。且如杜氏說，晉惠公既爲允姓之戎所出，則當因其外家爲秦所逼，故遷其民而保護之；愛屋及烏，遂並遷姜氏之戎也。即此一端，亦足證瓜州之不在秦西而在晉西，故得通婚媾於晉，與獻公之伐驪戎而納驪姬，其道路爲略同也。

此外戎族居今河南省者，尙有所謂蠻氏，蓋在今臨汝縣之地，汝水流域之戎也。左氏成六年傳云：

晉伯宗，夏陽說，衞孫良夫，甯相，鄭人，伊雒之戎，陸渾蠻氏侵宋。

頗疑此蠻氏屬陸渾種，故冠『陸渾』於『蠻氏』之上，而亦爲晉人之力所左右也。蠻氏又稱戎蠻子，左氏昭十六年傳云：

楚子聞蠻氏之亂也，與蠻子之無質也，使然丹誘戎蠻子嘉殺之，遂取蠻氏，旣而復立其子焉。

『蠻氏』稱『戎』，其爲陸渾之種更得一證矣。

河南山北之間，先有揚拒泉皋伊雒之戎，其後晉惠公遷戎，乃有陸渾允姓之戎，有姜戎氏，有蠻氏，種類甚複雜矣。然其名號之雜出猶未已也。左氏昭二十二年傳云：

晉籍談荀躒帥九州之戎及焦瑕溫原之師以納王于王城。

又哀四年傳云：

楚人旣克夷虎，乃謀北方。……單浮餘圍蠻氏，蠻氏潰，蠻子赤奔晉陰地。司馬起豐析與狄戎以臨上雒，……使謂陰地之命大夫士蔑曰，『晉楚有盟，好惡同之！……』……士蔑乃致九州之戎，將裂田以與蠻子而城之，且將爲之卜。蠻子聽卜，遂執之，……以畀楚師于三戶。

此兩處『九州之戎』乃爲後起之名，杜預注云：

九州戎，陸渾戎。（昭二十二年）

九州戎，在晉陰地陸渾者。（哀四年）

九州戎爲晉之陰地大夫所統屬，說爲陸渾自合。且楚人圍蠻，而蠻子奔晉陰地，蓋即圖與同種之戎相結合以自衞也。

九州之戎，其名何自來乎？何以稱之爲『九州』乎？吾人不當不一稽考之。按，通常皆以九州爲天下或中國之異稱，然推溯其初，則實爲一固定之區域。此區域之廣袤，可於左氏昭四年傳中見之：

楚子……使椒擧如晉求諸侯。……晉侯欲勿許，司馬侯曰，『不可！……』公曰，『晉有三不殆，其何敵之有！國險而多馬，……』對曰，『……四嶽，三塗，陽城，大室，荊山，中南，九州之險也，是不一姓。冀之北土，馬之所生，無興國焉。恃險與馬，不可以爲固也，從古以然。……』

晉侯恃險與馬欲不許楚子之求，司馬侯諫之曰：以九州之多險，然而今已不一其姓矣；以冀北之多馬，然而未嘗有興國焉：是皆不可恃也。此所稱九州，即九州之戎之所在地。在此區域中，有四嶽，三塗，陽城，太室，荊山，中南諸險。諸險之地望定，則九州區域之廣袤亦可定矣。

按此諸險中，三塗在今河南嵩縣，陽城太室俱在今河南登封縣，中南在今陝西武功縣，自來無甚異說；獨四嶽與荊山則爲說頗殊。荊山，禹貢有二：云『荊及衡陽惟荊州』及『導嶓冢至于荊山』者，南條荊山也，其地在今湖北保康縣；云『荊岐旣旅』及『導岍及岐至于荊山』者，北條荊山也，其地在今陝西富平縣。舍此二者之外，尚別有一荊山。史記封禪書云：

4

黃帝採首山銅，鑄鼎於荊山下。鼎既成，有龍垂胡髯下迎黃帝。……後世因名其處曰鼎湖。

此荊山之所在，水經注河水篇曾說明之，曰：

湖水又北逕湖縣東而北流入於河。魏土地記曰，『弘農湖縣有軒轅黃帝登仙處』。

漢之湖縣爲今河南閿鄉縣，與在今山西永濟縣之首山相隔一水，故傳說中之黃帝可以採銅於彼而鑄鼎於此。以予觀之，上述三荊山以湖縣之山爲最近于司馬侯所言，以其在河南山北，當三塗中南之中道，且爲九州之戎所居地也。

四嶽一名，杜預注謂：

東嶽，岱；西嶽，華；南嶽，衡；北嶽，恆。

此但以漢武宣以來所定之五嶽去中嶽而言之耳，古代無是說也。古代之四嶽乃爲一個種族之所出，上引戎子駒支之言『謂我諸戎是四嶽之裔胄』是其一證。駒支，姜戎氏也，則四嶽爲姜戎之祖先，亦即姜姓一族所共有之祖先。故國語周語下云：

昔共工氏棄此道也，……欲壅防百川，墮高堙庳，……皇天弗福，……共工用滅。……其後伯禹念前之非度，釐改制量，……共工之從孫四嶽佐之，高高下下，疏川導滯。……皇天嘉之，……祚四嶽國，命以侯伯，賜姓曰姜，氏曰有呂。……申呂雖衰，齊許猶在。

5

在此段文中，可見四嶽爲共工之從孫，佐禹治水者，其姓曰姜，其氏曰呂，申呂齊許皆爲其後。稱其人曰四嶽者，當以其封國包有四嶽之地之故。姜戎雖未完全華化，與齊許諸國異，而其爲四嶽之裔胄，則與齊許諸國同。然則申呂齊許者，戎之進於中國者也；姜戎者，停滯於戎之原始狀態者也。抑申呂齊許者，於西周之世東遷者也；姜戎者，於東周之世東遷者也：由其入居中國之先後，遂有華戎之判別，是則後遷者之不幸耳。

四嶽又稱爲『太嶽』，左傳中有兩處道及之：

夫許，太岳之胤也。（隱十一年）

姜，太嶽之後也，山嶽則配天。（莊二十二年）

既讀周語之文，即知太嶽與四嶽是一非二。何以有此異稱，則無證以明之，或四嶽其全稱而太嶽其偏稱乎？

四嶽何以稱四？由山海經觀之，則當時蓋有東，西，南，北四嶽。然欲明此事，必先屏除漢以下五嶽分布全國五方之成見，乃得其實。按海內經云：

北海之內，……伯夸（夷）父生西岳，西岳生先龍，先龍是始生氐羌。

此西岳自是四嶽之一。以國語鄭語之文證之：

姜，伯夷之後也。

誠所謂斠若畫一。姜之與羌，其字出於同源，彼族蓋以羊爲其圖騰，故在姓爲姜，在種爲羌。傅孟眞先生（斯年）於所作姜原（國立中央研究院歷史語言研究所集刊第二本第一分）中謂『羌，姜』與鬼方之『鬼』在殷虛文字從『人』或從『女』者相同，其說是也。又大荒西經云：

南嶽娶州山女，名曰女虔。

此以後世之眼光視之，自必定爲衡霍。然南嶽何以不列於南經而反列於西經，則知其仍爲西方之山也。猶有可以助證者，楚辭天問云：

吳獲迄古，南嶽是止。

此中所道故事今雖已不可知，而南嶽與吳有關則可知。吳者何？吳岳也，亦即岍山也，周官與爾雅謂之嶽山者也（說詳下）。又北山經云：

又北二百里，曰北嶽之山。

此似即恒山矣，然細按之則又不然。據北山經文，屢道其水『西流注于泑澤』（杠水，匠韓之水，敦薨之水），且於敦薨之山說明之云，『出于昆侖之東北隅，實惟河原』。按西次三經云，『泑澤，河水所潛，其源渾渾泡泡』，箋注之家俱定爲鹽澤，即今新疆羅布淖爾。則北山經之水，必由甘肅以入新疆無疑，安得東敷於汾澮西河間乎！又北嶽之山之北五百十里，有北鮮之山，云：

北鮮之山，是多馬，鮮水出焉，而西北流注于涂吾之水。

證以括地志（史記夏本紀正義引）云：

合黎水一名羌谷水，一名鮮水，

及漢書武帝紀云：

（元狩）二年……夏，馬出余吾水中。（應劭注：『在朔方北也』），

是則鮮水在今寧夏界內，涂吾水在今綏遠河套內，雖方向容有誤記，而取以證在其南之北嶽實居秦隴之間，不屬太行，則優足判明。是知北嶽與南嶽西岳，蓋峯巒相望者。觀海內經記西岳而云在『北海之內』，斯可知矣。

由山海經與楚辭之提示，知最早之四嶽乃西方之四山，雖以年代久遠，記載缺乏，甚難確指其地，要必萃於一方，非若漢武五嶽之遼隔也。然其後以四嶽裔胄之遠遷，此『嶽』名亦遂漸被於他山。齊，姜姓也，而居東海之濱，故即以『太岳』之名名『泰山』，而又稱之曰『東嶽』。山經，西北之人所作，茫昧於東南，故於東山經云：

又南三百里曰嶽山，……濼水出焉。

又南三百里（嶽山之南九百里）曰泰山。

誤析嶽山與泰山爲二，而即此可知彼時『泰』與『嶽』二名蓋俱行者，是即姜姓之族挾舊習之名以冠其新居。

左襄二十八年傳云：

慶封……入伐內宮，弗克，反陳于嶽。

杜注以嶽爲里名，是亦齊人念念不能忘嶽之一證也。

書禹貢云：

冀州，……既修太原，至于岳陽。

導岍及岐，至于荊山，逾于河；壺口雷首，至于太岳。

此『岳』與『太岳』在河東，今名霍太山，在山西南部，其地當殷周間亦戎之區域也。後漢書西羌傳注引竹書紀年云：

太丁二年，周人伐燕京之戎，周師大敗。

燕京之戎何在乎？淮南子墬形云：

汾出燕京。

高誘注：

燕京山，山名也，在太原汾陽。

水經汾水注云：

汾水出太原汾陽縣北管涔山。……十三州志曰，出武州之燕京山，亦管涔之異名也。

西羌傳注又引竹書紀年云：

太丁四年，周人伐余無之戎，克之。周王季命爲殷牧師。

徐文靖竹書統箋以爲余無之戎即余吾及無臯二戎之合稱，云：

左傳閔二年：晉申生伐東山臯落氏。上黨記：東山在壺關縣城東南，今名無臯。成元年：劉康公敗續于徐吾氏。上黨記：純留縣有余吾城，在縣西北四十里。

洵如諸家之說，是燕京之戎居於太岳之北，余無之戎居於太岳之東。此『太岳』之名即齊許諸國所自出之『太岳』也，然則種種之戎雖史書未留其姓，而其爲姜戎一大族中之分支，從可知矣。

唐叔受封，『疆以戎索』（左定四年傳），其日與戎族相周旋可知。至于西周之末，『晉人敗北戎于汾隰』（西羌傳注引紀年）。至于春秋，諸戎漸同化于晉矣，而成元年尙有『王師敗績于茅戎』之事。左傳紀其事云：

單襄公如晉拜成，劉康公徼戎，……遂伐茅戎。三月癸未，敗績于徐吾氏。

由此可見彼時河東之戎尙不弱。『太岳』之名之移植，蓋與齊之嶽山不甚先後；然其後以未受方士儒生之鼓吹，亡也忽焉，反不若太室之得稱爲中嶽，斯亦遭際之有幸有不幸矣。

上述齊晉二嶽出於四嶽之分化，其所以分化由於戎族之移徙，此爲題外之文。今同復於四嶽問題，問四嶽果在今之何地乎？則可按周官爾雅以作答。周官職方氏云：

正西曰雍州：其山鎮曰嶽山。

爾雅釋山云：

河西，嶽。

鄭玄周官注及郭璞爾雅注並釋嶽爲吳嶽。吳嶽者何？史記封禪書云：

自華以西名山七，……曰：華山，薄山，……岳山，岐山，吳岳，鴻冢，瀆山。

此七山中，有岳山，又有吳岳。漢書郊祀志同記此事，而『吳岳』作『吳山』。依其次第，岳山在岐山之東，吳山在岐山之西，故徐廣云『武功縣有……岳山』（史記封禪書集解引），而鄭玄云：『吳嶽在汧』。武功固有太白山，然不聞其名岳，蓋徐廣望文臆測之辭。汧者，禹貢云『導岍及岐』，字作『岍』，是職方之嶽即禹貢之岍。故漢書地理志云：

右扶風汧：吳山在西，古文以爲汧山，雍州山。

漢之汧縣故城在今陝西西部之隴縣南三里，舊屬鳳翔府；今隴縣西四十里有嶽山，亦作汧山。其地在今甘肅六盤山之東南，黃河西道之東。據此以讀北山經，則篇中囂水，伊水，魚水，泚水俱言『西流注于河』，其方向爲不誤，益知北山經之北嶽之亦必爲岍山也。嶽山之地望可略識矣，顧史記既出吳岳，又有岳山，何也？史記夏本紀正義引括地志云：

汧山……東鄰岐岫，西接隴岡。

足證其延緜甚廣，不以一山限也。胡渭禹貢錐指亦論之曰：

吳嶽，班酈皆謂即古之岍山。然史記封禪書……又析吳嶽與嶽山而爲二；……隴州志則以州西四十里之吳山爲岍山，州南八十里之嶽山爲吳嶽。諸說互異，未知孰是。愚竊謂吳山，漢志雖云在縣西，而岡巒綿亘，延及其南，與嶽山只是一山。自周尊岍山曰嶽山，俗又謂之吳山，或又合稱吳嶽，史記遂析嶽山與吳嶽爲二山，而岍山之名遂隱。其實此二山者，周禮總謂之嶽山，禹貢總謂之岍山，當以漢志爲正。（卷十一上）

胡氏所以謂『周尊岍山爲嶽山』者，實非確有所據，蓋彼既信禹貢爲夏時書，職方爲周時書，斯禹貢有岍無嶽，知夏不名嶽，職方有嶽無岍，遂忖度爲周尊岍爲嶽耳。自今日視之，則禹貢職方同出於戰國秦漢之際，與夏周無與，而四嶽之名起源甚早，禹貢特未用之耳，非著作禹貢之時代尚未有其名也。至于胡氏謂吳山嶽山，岡巒緜亙，只是一山，借以說明四嶽爲相近之四山，固甚愜合。

四嶽與荊山之地望定，斯可進而推測當時九州之區域。其地蓋始自今陝西之極西部，或今甘肅之東南部，北由隴山（四嶽），南抵秦嶺（中南）；及逾潼關，則北暨崤函（荊山），南及熊耳之東（三塗），以迄于今河南中部之嵩山（陽城，太室），包有渭，雒，伊，汝諸水之流域。安得如杜林設想，以瓜州爲在敦煌哉！此九州者，自潼關以西爲陸渾戎之舊居，其東曰陰地，則爲晉人遷陸渾戎之新居，而亦即揚拒泉皐伊雒之戎之舊居。此等地既皆包羅于九州一名之下，則九州者其本爲戎之區域，而與諸夏相盪相摩於是者乎？故戎之名稱，以九州戎爲最廣，合全部而言之；次則陰戎，單舉晉屬；又次則陸渾戎，著其舊居；又次則姜戎，著其一姓。司馬侯謂『九州……不一姓』，觀是而可知矣。又九州是否爲九個州，抑但爲多數之稱而非固定之序，今已不可知；所可知者，則瓜州當爲九州中州名之僅存者也。

陰地爲九州之一部，故墨子尙賢上篇云：

9

禹舉益於陰方之中，授之政，九州成。

前人以未嘗推考此問題，故視九州爲天下之異名，而陰方卒不詳其所在。自今觀之，則陰方者陰地之異名，而九州即今河南之中部及陝西之南部。雖墨子著作時代容已轉變其意義，而溯其傳說所由來，則必當如是也。

豈特陰方之與九州有不可分離之關係，即禹與九州亦復若是。按禹之由來雖不可詳，而有興于西羌之說。史記六國表云：

禹興于西羌。

吳越春秋越王無余外傳云：

鯀娶于有莘氏之女，名曰女嬉，……產高密（禹），家於西羌，曰石紐。

後漢書戴良傳云：

大禹出西羌。

新語術事篇云：

大禹出于西羌。

史記集解引皇甫謐云：

孟子稱禹生石紐，西夷人也。傳曰，『禹生自西羌』。

甚疑禹本爲羌族傳說中之人物。羌爲西戎，是以古有『戎禹』之稱。太平御覽八十二引尙書緯帝命驗云：

其注云：

修紀……生姒戎文命禹。

姒，禹氏。禹生戎地，一名文命。

潛夫論五德志亦云：

修紀……生白帝文命戎禹。

此固皆漢人之文，其可信據之程度甚低下；然任何一傳說皆非無因而來，禹與戎族之關係必有可資探討者。試更就詩書之文而推論之：

詩商頌長發篇云：

濬哲維商，長發其祥。洪水芒芒，禹敷下土方，外大國是疆，幅隕既長，有娀方將，帝立子生商。

夫『禹敷下土』而『有娀方將』，按以鬼方稱媿之例，娀即戎也，此亦禹與戎有關之一證。簡狄者，受玄鳥之貽而生商者也，以其出于有娀，故亦謂之『娀簡』（見尙書中候，潛夫論五德志，及禮記月令鄭注）。娀簡一名，正與戎禹絕相似。

書呂刑一篇爲呂國之遺文，呂爲姜姓，故其所道之苗民故事足以保存姜姓之族之神話。文云：

王曰：『若古有訓：蚩尤惟始作亂，延及于平民，罔不寇賊，鴟義姦宄，奪攘矯虔。苗民弗用靈，制以刑，惟作五虐之刑曰「法」，殺戮無辜，爰始淫爲劓刵椓黥，越茲麗刑幷制，罔差有辭。民興胥漸，泯泯棼棼，罔中于信，以覆詛盟。虐威庶戮方告無辜于上，上帝監民罔有馨香德，刑發聞惟腥。

『皇帝哀矜庶戮之不辜，報虐以威，遏絕苗民，無世在下。乃命重黎絕地天通，罔有降格。

『皇帝清問下民，鰥寡有辭于苗：「羣后之逮在下，明明棐常，鰥寡無蓋（自「羣后」至「無蓋」，今本呂刑在「皇帝清問下民」語上，今據墨子引文移正），德威惟畏，德明惟明」。乃命三后恤功于民：伯夷降典，折民惟刑；禹平水土，主名山川；稷降播種，農殖嘉穀：三后成功，惟殷于民。……』

在此呂王（呂侯稱王，彝器銘文中其證甚多）之一篇演說辭中，暢言苗民制作刑法以亂世，鰥寡籲求上帝降神以恤民，上帝允之，乃降伯夷，禹，稷三后于下以成其地平天成之大業。伯夷者何？鄭語固言之矣，曰，『姜，伯夷之後也』，是姜姓之族之宗神也。稷者何，周人之始祖，姜嫄之所生，姬姓之族之宗神也。苗者何？即被竄于三危之三苗，禹貢紀其事於雍州之域，曰，『三危既宅，三苗丕敘』，三危者雍州西部黑水之所經也。作亂之民定居西方，恤功之后亦降西方，述其事者又出于西方之族之王者，則此整篇故事必全以西方爲其背景可知也。禹在此故事中占有重要之地位，證以禹出西羌之說，其爲戎族之先人審矣。

何況禹者征苗之主帥也，呂刑雖未言而墨子則道之，非攻下篇云：

昔者三苗大亂，天命殛之，……高陽乃命禹於玄宮，禹親把天之瑞令以征有苗。……禹既已克有三苗，焉歷爲山川，別物上下，鄉制四極，而神民不違，天下乃靜。

禹之受天命而殛苗，猶其受天命而恤民。殛苗之後，遂平水土而有天下。墨家之傳說由於姜姓之族所傳播，讀此可知，——蓋『禹歷爲山川，神民不違』亦即商頌所謂『禹敷下土方，……有娀方將』之義也。

三苗原據之疆域，依錢賓四先生（穆）古三苗疆域考（載燕京學報第十二期）所說，有如下之結論：

古者三苗疆域，蓋在今河南魯山嵩縣盧氏一帶山脈之北，今山西南部諸山，自蒲坂安邑以至析城王屋一帶山脈之南，夾黃河爲居，西起蒲潼，東達滎鄭，不出今河南北部山西南部廣運數百里間也。

三苗既爲禹克之後，古籍皆謂已遠竄三危，然則信已全竄乎？抑尚有留居中原者乎？錢先生續論之曰：

近人章炳麟檢論序種姓謂今之苗古之髳也，與三苗異。然余考春秋河東有茅戎，『茅』『髳』同字，則茅亦在北方。又有陸渾蠻氏，亦稱戎蠻子，杜云：河南新城縣東南有蠻城。『蠻』『茅』一音之轉，蠻即茅，亦即苗也。楚人篳路藍縷以啓荊蠻，此所謂蠻者，亦在河南汝水上流一帶山中；……自屬古者三苗遺裔。而髳與三苗，亦未見其必爲二也。尚書呂刑言及苗民制刑，亦以呂國河南南陽，其先本苗土，故引以爲誡。

此說甚是，從可知苗族與驪苗之族皆雜居於河東河南一帶。司馬侯曰，『九州之險，是不一姓』，固不但陸渾之戎中有允姓姜姓之異，而征服者與被征服者亦同蒙於『戎』之一大名下也。至於范曄，於後漢書中作西羌傳，乃云：

西羌之本，出自三苗，姜姓之別也。

且以三苗爲姜姓矣。於以知種族之混同必由雜居來，而征伐者雜居之先導也。

又有一事可連類而及之者，則嵩山之稱爲中嶽及其與鯀禹之發生關係是也。詩大雅崧高云：

崧高維嶽，駿極于天。維嶽降神，生甫及申。

此所謂甫，即呂也（古呂甫同音，故書呂刑，禮記表記引作甫刑）。既讀周語之文，即知此爲『祚四嶽國，氏曰有呂』之故事。申與呂皆姜姓之國，故尹吉甫於周宣王封申伯於南土之際，作崧高之詩以送之，推其源而頌之：曰『崧高維嶽』者，形容嶽山之奇偉也；曰『維嶽降神』者，稱揚其先人四嶽之靈異也。崧者，山大而高，見毛詩故訓傳及爾雅釋山。其後以陸渾戎之被遷於伊川，此四嶽之故事亦遂接踪而至，於是太室被稱爲中嶽，又別稱爲嵩高。此未見於春秋戰國時書，而初見於漢武帝之詔。漢書武帝紀云：

元封元年……春正月，行幸緱氏，詔曰，『朕用事華山，至于中嶽，……見夏后啓母石，……翌日親登嵩高。……其令祠官加增太室祠，……以山下戶三百爲之奉邑，名曰崇高』。

自是以後，九州中之太室遂正其名曰嵩高，而推厥由來則在尹吉甫之詩，但將形容詞易爲名詞耳。此則最後出之嶽也。『嵩高』，漢書地理志作『崈高』。此『崧』『嵩』『崇』『崈』諸名，其異同爲何如乎？王念孫論之曰：

『以山下戶三百爲之奉邑，名曰崇高』，師古曰，『謂之崇者，示尊崇之』。又郊祀志『以山下戶凡三百封崈高，爲之奉邑』，師古曰，『崈，古崇字耳。以崇奉嵩高之山，故謂之崈高奉邑』。念孫案，『崇高』，即『嵩高』。師古分『崇』『嵩』爲二字，非也。詔曰，『翌日親登崇高』，志曰，『以山下戶凡三百封崈高』，則崇高本是山名而因以爲邑名，非以崇奉中嶽而名之也。古無『嵩』字，以『崇』爲之，故說文有『崇』無『嵩』。經傳或作『嵩』，或作『崧』，皆是『崇』之異文。地理志潁川郡崈高下云，『古文以崈高爲外方山』，周語，『融降于崇山』，韋注，『崇，崇高山也』，是嵩高之『嵩』本作『崇』也。……後世小學不明，遂以『崇』爲泛稱，『嵩』爲中嶽。（讀書雜志四之一）

知崇山之即爲嵩山，則知鯀與禹自春秋以下皆與此四嶽傳說之新根據地發生關係。周語云：

有崇伯鯀播其淫心。

是鯀爲崇伯也。逸周書世俘云：

乙卯，籥人奏崇禹生開，三終，王定。

崇禹生開，即樂章之名而可見故事之一斑。『開』即啟，啟生于嵩山，故漢武至中嶽而見夏后啟母石（應劭注：啓生而母化爲石）；禹稱『崇禹』，則謂彼繼鯀而爲崇伯矣。至于『禹辟舜之子於陽城』（孟子萬章）及『禹都陽城』（漢書地理志潁川郡陽翟下臣瓚注引紀年）諸說，由是以觀之，疑皆遷戎之後所孕育者也。

由戎居之九州，演化而爲天下之代稱之九州，更演化而爲堯之十二州。由戎之先人所居之四嶽，演化而爲平分於四方之四嶽，更演化而爲漢武帝之五嶽。由戎之宗神禹，演化而爲全土共戴之神禹，更演化而爲三代之首君。州與嶽隨民族之疆域之擴大而擴大，『禹迹』又隨州與嶽之擴大而擴大：此皆向所視爲純粹之華文化者，而一經探討，乃胥出於戎文化。且姬姜者向所視爲華族中心者也，禹稷伯夷者向所視爲創造華族文化者也，今日探討之結果乃無一不出於戎，是則古代戎族文化固自有其粲然可觀者在，豈得牢守春秋時人之成見，蔑視其人爲顓蒙檮昧之流乎！夫戎與華本出一家，以其握有中原之政權與否乃析分爲二；秦漢以來，此界限早泯矣，凡前此所謂戎族俱混合於華族中矣。不幸春秋時人之言垂爲經典，後學承風，長施鄙薄，遂使古史眞相沈霾百世。爰就九州之戎一事尋索禹之來源，深願後之人考論華戎毋再牽纏於不平等之眼光也。

四年前，曾作州與嶽的演變一文，載於燕京大學史學年報第一卷第五期。此數年中，時有新獲，欲增入前文，而事務苦煩，未能如志。茲值童丕繩先生編本刊古代地理專號，在其所集得之文中頗有討論夏與禹者，不禁見獵心喜，爰就九州之戎一題先草此篇，藉供鄙見於諸方家。至於『州與嶽』全文，問題旣複雜，材料尤多而且亂，非短時間所能整理就緒，將來有暇必當重撰，俾古史中地理區畫一門可勉強求得一約略之定論也。

廿六年五月廿五日，頡剛附記。

跋

童書業

禹傳說來源之問題，最早即提出於顧頡剛師。在古史辨第一冊中，師主張禹爲南方民族傳說中之人物，其主要之理由爲：

1. 楚詞天問對於鯀禹有很豐富的神話。
2. 越國自認爲禹後，奉守禹祀。
3. 傳說中禹有會于塗山娶于塗山的故事，塗山在今安徽。
4. 禹致羣神于會稽，禪于會稽，道死葬會稽，會稽山在今浙江，春秋時爲越都。
5. 會稽有大禹陵。
6. 古代夏族看南方人爲虫種，禹名從『虫』，恐亦此例。
7. 東南方爲水潦所歸，人民有平定水土的需要，因之產生禹的神話。

有以上七條強證，說禹爲南方民族神話中之人物，在當時自足成爲一種最近情理之假定。然自今日觀之，楚詞本爲古代神話之總集，其中商周之傳說包羅亦極多，非僅『對於鯀禹有很豐富的神話』也。越國自認爲禹後，乃戰國以後之事。越本羋姓，墨子非攻篇云：『越王緊虧（無餘）出自有遽』，孫詒讓以有遽即楚熊渠。國語鄭語云，『羋姓夔越』，世本云，『越爲羋姓，與楚同祖』（漢書地理志注臣瓚引）。史記楚世家云，『熊渠……立其……少子執疵爲越章王』。則越爲熊渠之子越章王之封地，其證甚明，越焉得爲禹後耶？塗山即會稽（塗山疑即嵩山附近之三塗，其名由姜姓民族攜至東方者），本在山東，楊拱辰先生（向奎）證之甚明，見所著夏民族起於東方考。蓋禹之傳說由越人啟土山東（見竹書史記等書）而携至越地；會稽之傳說則又由越民族之傳播而北上（塗山乃泰山下山，及會稽傳說北上，乃與塗山併合爲一）。故不能以禹與塗山會稽之關係證禹之傳說發生於南土也。禹名從『虫』，亦即『勾龍』，龍之傳說與實物非必南方獨有。史記封禪書記秦文公夢黃虵自天下屬地，作鄜畤，郊祭白帝。山海經注引開（啟）筮云：『鯀死三歲不腐，剖之以吳刀，化爲黃龍也』。黃龍與黃虵同類，然則水中動物龍蛇之類西方固有之，是又不能以禹名從虫證其爲南方傳說中之人物矣。蓋中國之西北方地勢高低不平，一逢水潦即成州之形狀，故九州之傳說即起於此地，治水之傳說亦產生於此；『降丘宅土』，非必南方民族特有之情形也。

綜上所論，禹起南方之說似不如禹起西方之說爲可能。顧師此文從九州四岳之原在地，推測禹傳說之起源，立證確而闡發精，禹與西方民族有關，自有此文，蓋爲定論矣！抑有進者，鯀禹傳說之產生於西方，尚有他證，試補論之：

鯀即共工之說，經友人楊寬正，陳夢家諸先生及顧師與余之考證，殆無疑義。而共工古有伯九州之說：國語魯語云，『共工氏之伯九有也，其子曰后土，能平九土』，『九有』『九土』禮記祭法並作『九州』，是共工爲古九州之伯，即鯀爲古九州之伯；后土能平九州，即禹能平九州。有崇伯鯀及崇禹之說殆與此有關，則鯀禹與古九州之關係又從可知矣。又山海經海內經云：

黃帝生駱明，駱明生白馬，白馬是爲鯀。

而大荒北經云：

黃帝生苗龍，苗龍生融吾，融吾生弄明，弄明生白犬，白犬有牝牡，是爲犬戎。肉食，有赤獸，馬狀無首，名曰『戎宣王尸』。

是犬戎與鯀同出西方傳說中人物之黃帝（弄明與駱明疑爲一人之分化），所謂『馬狀無首』之『戎宣王』或即指『白馬』之『鯀』，亦未可知。然則『鯀化爲黃熊以入羽淵』，『鼈靈尸隨江水上至郫』，殆亦本於戎族之傳說耶？

共工爲姜戎之祖，鯀爲戎族，則禹傳說之出於戎族，此亦一證也。再鯀所殛之地舊謂在東方，然山海經中山經云：

青要之山，實維帝之密都：北望河曲，是多鴐鳥；南望墠渚，禹父之所化。

水經伊水注云，『禪堵水，水上承陸渾縣東禪堵，渚在原上，陂方十里；……即山海經所謂「南望禪堵，禹父之所化」』。然則禹父所化之處，正在陸渾之戎區域之中。據此以言，鯀禹之爲戎族宗神，蓋無疑問！至若左定四年傳所云，『啟以夏政，疆以戎索』，則夏戎爲混處之族。鄭語云，『申繒西戎方強』，韋注，『申，姜姓；繒，姒姓；申之與國也。西戎亦黨於申。周衰，故戎狄強』。史記周本紀載『申侯與繒，西夷，犬戎攻幽王』。然則姜姒等族原爲戎種，與周雜處。禹之由姜戎之祖化而爲夏人之祖，其因殆在此乎？不敢臆斷，姑縷陳之以質高明。

二十六年，五月，三十日，童書業識於故都。

江蘇研究

民國二十六年一月三十一日出版
第三卷　第一期

目錄

發行者：上海梅白格路新餘里底五十二號江蘇研究社
定　價：零售一角半年六角全年一元二角郵費在外郵票代價以一角以下者爲限

文瀾學報

第三卷　第一期
中華民國二十六年三月出版

定　價　全年四期大洋二元零售每期大洋六角郵費加一
出版定閱處　杭州大學路浙江省立圖書館

魏策吳起論三苗之居辨誤

饒宗頤

魏策：『魏武侯與諸大夫浮於西河，稱曰：「河山之險，不亦信固」。吳起對曰：「河山之險，信不足保也；是霸王之業，不從此也。昔者三苗之居：左（補「有」字。正曰：姚云：下句，一本無「有」字，是，按史及下文可見）彭蠡之波，右洞庭之水，文山（鮑改「文」爲「汶」，吳補曰：「文」未詳，黃丕烈札記云：文山即汶山，見管子，國語）在其南，而衡山在其北：恃此險也（按「恃」字當作「有」，見下文），爲政不善，而禹放逐之。夫（衍「夫」字）夏桀之國：左天門之陰，而右天谿之陽，廬（一作虛）睪在其北，伊，洛出其南：有此險也，然爲政不善，而湯伐之。殷紂之國：左孟門，而右漳，釜（鮑改爲「滏」，補曰：「滏」，通借），前帶河，後被山：有此險也，然爲政不善，而武王伐之」』。

按史記吳起傳，作「左洞庭，右彭蠡」，左右二字，視魏策互易。水經湘水注記洞庭云：

『湖之右岸，有山，世謂之笛烏頭石，石北右會翁湖口水，上承翁湖，左合洞浦，所謂「三苗之國左洞庭」者也』。

是亦以爲「左洞庭」。凡左右南北東西之字，轉寫易誤，且方向之爲左右南北東西，每緣根據系統而異其位置。今以策文「左孟門，右漳釜」例之，則左當爲西，而右爲東。魏任楚西北，故言洞庭在西，爲左；彭蠡在東，爲右。正義謂：

『以天子在北，故洞庭在西爲左，彭蠡在東爲右』。

雖以天子所居爲準，未甚合理，然固無謬處也。而楊宗震史記地名考以爲曲說，謂古言左右，皆以左爲東，右爲西；然實證諸策文，反有不合，不得一以古爲例也。今姑以策文左爲東，右爲西，則孟門在漳釜西，豈得謂爲東乎？

今又考策文言左右次序之例，則先左而後右。史記亦先左洞庭。以此例之，則策文所謂「左彭蠡之波，右洞庭之水」者，準以史記，當云「左洞庭之波，右彭蠡之水」乃合。予考韓詩外傳三云：

『當舜之時，有苗不服。其不服者，衡山在南，岐山在北（黃丕烈曰：「岐」字譌），左洞庭之波，右彭澤之水』，

正與鄙意合。又考御覽四百五十九引韓非子云：

『魏武侯浮西河而下，中流謂吳起曰：「美哉！山河之固，魏國之寶也」。對曰：「在德不在險，昔三苗氏左洞庭而右彭蠡，德義不修而禹滅之」』。（此爲佚文，亦見王先愼集解卷首。）

核其文，與史記盡同，知即史記之所本也。

由是觀之，古有「左洞庭，右彭蠡」之說，而無作「左彭蠡，右洞庭」者，則魏策之作「左彭蠡，右洞庭」，自爲顚倒無疑。

國策爲先秦人雜記，經劉向裒合排比，始釐然成書。向時已病其「錯亂相糅莒」，則此左右倒置，亦至尋常。乃近歲錢穆先生譔古三苗疆域考力執魏策之文爲是，特剏新說，謂西有彭蠡，確在左，東有洞庭，確在右，非後世江域之彭蠡洞庭也。又以爲漢人作「左洞庭，右彭蠡」，乃強以江域地理爲附會，故枝梧難通，而妄改其文。微論其說於古書全未契合，即於策文亦有誤解；惟云左爲西，右爲東，不盲從時說，又不能不推有卓識也。

水經沔水注（二十九）引吳記曰：

『太湖有包山，在國西百餘里，居者數百家，出弓弩材。旁有小山，山有石穴，南通洞庭，深遠莫知所極。三苗之國，左洞庭，右彭蠡，今宮亭湖也。以太湖之洞庭對彭蠡，則左右可知也』。

酈元非之曰：

『余按：二湖俱以洞庭爲目者，亦分爲左右也，但以趣嚮爲方耳。既據三苗，宜以湘江爲正』。

按酈氏意謂吳記既以三苗之國左洞庭右彭蠡爲據，則左當爲西，非岳陽之洞庭不足以當之，故云以湘江爲正。左右之爲東或西，至易誤解，若依本文之例求之，自至明也。又吳記亦言「左洞庭，右彭蠡」，左先而右後，與韓非等書同（吳記或依史記），亦足爲策文乖錯之佐證。

又策文謂「汶山在南，衡山在北」，韓詩外傳則云：「衡山在南，岐山在北」，適得其反，又別作岐山。余考策文言夏桀之國云「盧睪在其北，伊洛出其南」，其例先言北而后南。而言文山衡山，獨先南而后北，詞氣甚不順，是南北二字亦爲倒置；當云「汶山在其北，衡山在其南」乃合矣。張琦曰：

『汶山太遠，非在南，衡山亦不得在北；是山爲江之譌，而南北字上下誤夾也』。（國策釋地下）

未述其故，亦爲專輒。余按外傳，衡山在南，斯其明證。至云汶山爲汶江之訛，以乏確據，不敢遽定也。

錢先生謂史記作「左洞庭，右彭蠡」乃直易魏策之文；又謂史記無衡山汶山，乃史公刪去不錄者。不知史記乃依韓非。又謂外傳「衡山在南，岐山在北」，亦爲韓嬰所改。然岐山又何謂乎？是未免厚誣古人矣。魏策言三苗疆域文句之錯置既明，則錢先生据踏駁之文立說，自爲穿鑿之論，亦無庸詳證，要所謂以不徵徵，其徵也不徵耳，是以不可不辨。 3

附跋

錢穆

余考古史地望，鑿險縋幽，頗有標新好怪之嫌，然余立說自有層累，初非偶爾而發也。即如論古三苗疆域，余據魏策吳起語疑漢人轉述有誤，今饒君爲駁義，轉據漢人語疑魏策文有錯亂，則如各執其半，無可軒輊矣。然饒君謂余据踏駁之文立說，自爲穿鑿之論，無庸詳證，饒君之果斷如是者，蓋由饒君認洞庭彭蠡皆在江南，故似漢人語明白無疑；余則謂洞庭彭蠡本不在江南，饒君不得不驚其穿鑿。然饒君若謂余文特據魏策孤文而定洞庭彭蠡不在江南者，是饒君未能細繹余文，未曉余立說之層累也。

彭蠡之名，魏策以外又見於禹貢，然禹貢彭蠡實在江北，不在江南，即史記封禪書秦始皇浮江自尋陽出樅陽過彭蠡，此彭蠡亦在江北不在江南也。即漢書地理志彭澤縣「禹貢彭蠡澤在西」，此彭蠡仍不在江南也。饒君何不一讀清儒崔述，倪文蔚，魏源諸人之說乎？若饒君不能定禹貢史漢彭蠡在江南，何遽能定魏策彭蠡之在江南乎？魏策彭蠡之地望不能定，何遽知其左右方位之爲錯亂乎？

洞庭之名，魏策以外，又見於楚辭，秦策，山海經，莊子，然亦盡在江北不在江南。余爲楚辭地名考及諸子繫年論屈原諸篇辨此頗詳，最近有答方君書，皆辨洞庭地望，此皆不據魏策吳起語而論洞庭在江北，饒君試一讀鄙作諸文，以爲何如？若先秦舊籍言洞庭多不在江南，何遽而定魏策洞庭之在江南乎？洞庭之地望未定，何遽知其左右方位之爲錯亂乎？

魏策洞庭彭蠡之外，又言衡山，衡山之名又見於禹貢，然禹貢衡山亦不在江南也。繼魏源諸人而辨者有楊守敬，楊氏據五證以定禹貢衡山之不在江南，雖不盡是，而其論不能搖矣，獨惜其不知禹貢衡陽之亦非江南耳。其他古籍言衡山在江北者不勝縷指，饒君何遽能定魏策衡山必在江南，而又謂南北方位之爲倒置乎？故魏策言彭蠡在左，饒君則謂在右；魏策言洞庭在右，饒君則謂在左。魏策言衡山在北，饒君則謂在南；魏策言文山在南，饒君則謂在北。縱謂策文錯亂相糅莒，亦不當意說如是。

余所以據魏策而疑史記諸書者，以古史地名多遷徙，彭蠡，洞庭，衡山諸名，不僅江南有之，江北亦有之，且非一地有之。蓋同有此地名者可以二，可以三，故不得專據後代人之地理觀念而反疑古書之誤。饒君且當於此進難，且當熟辨洞庭，彭蠡，衡山諸名之地望，再進而論魏策，再進而論古三苗之疆域，則其爲說必有異於今日之說者矣。

拙文三苗疆域考已多越年數，亦有自欲增訂處，而苦少暇，不能如意，茲特粗明舊說之層累，聊報饒君相與商榷之雅意焉。

三苗疆域考載燕京學報第十二期——編者附志

商代地理小記(二)

陳夢家

一　隹夷考補

本刊五卷十期，曾載拙作隹夷考，今案殷虛書契後編卷下二十頁之十九有辭曰「貞叀隹夷，王曐」，隹夷二字合文。卜辭中王亥之亥亦有从隹作王䧅者，而山海經謂王亥操鳥而食，疑王亥與隹夷本一族也，詳拙作商代的神話與巫術，燕京學報二十期葉五〇六。

二　歸夷考　二十六年五月

庚子卜乎征歸夷于衖，𢦏。　庫方一二三一

征歸夷于衖，𢦏弗？　庫方一三二一

卜辭歸即歸字，故歸夷即歸夷。漢書地理志南郡「秭歸歸鄉，故歸國」；水經「江水又東秭歸縣之南」，注曰『縣故歸鄉，地理志曰「歸子國也」，樂緯曰「昔歸典叶聲律」，宋忠曰「歸即夔」，蓋歸鄉即夔鄉矣。古楚之嫡嗣有熊摯者，以廢疾不立而居於夔，爲楚附庸，後王命爲夔子；春秋僖公二十六年，楚以其不祀滅之也。……江水又東過夔城南……熊摯始治巫城，後疾移此，蓋夔徙也，春秋僖公二十六年，楚令尹子玉城夔者也，服虔曰在巫之陽秭歸歸鄉矣』。案歸或作夔者，同音相叚也，然卜辭作歸，金文歸伯段亦作歸，故歸爲正字，甲金之歸乃古歸子國也。卜辭另有夔地曰「……入爻……自夔」(鐵一〇〇·二)，爻於卜辭爲地名，故夔亦是；亦見於金文小臣艅尊曰「丁巳王省夔，且，王錫小臣艅夔貝」，夔地出貝，疑是濱海之地，與歸必非一地。

又歸伯段之歸夰伯，王國維釋作歸逵，郭沫若釋作歸乖，余疑當作歸芈，歸子(即夔子)爲楚之後，楚世家陸終六子「六曰季連，芈姓，楚其後也」，故歸子亦姓芈。新獲卜辭三五八「戊戌卜又，伐芈」，作𦍌。歸伯毀曰「王若曰朕不顯且文武，膺受大命，乃祖克𢦚先王，異自他邦」，歸伯之祖當是文王時之鬻熊，成王時之熊繹，皆有功于周。又歸伯毀曰「武芈幾王」，叚作美，謂武美也。

三　畎夷考　二十六年五月十四日

庚申卜不佊囗猶。　其佊猶。　後下三六·五

癸亥卜今月猶敦戈。　後下四二·四

猶，猶字也。王國維觀堂集林六釋由上下，謂說文卷十二下之甾即由字，其說確切無可易。夢譔案說文「𤱶，𤮊也，从甾幷聲，杜林以為竹筥，揚雄以為蒲器，讀若軿」，而龍龕手鑑八十九作𤱶；說文𠙹之篆文作𥂁，而龍龕手鑑八十九作𥂁；手鑑又有𡶎有𤕰，同訓小器：是皆說文之甾而隸書作由之證，足以補王說者也。甾者孳乳為盧為𥂁，盧為飯器，而卜辭之由正象竹編之飯匡形。

猶於卜辭為氏族名，余疑即畎字也，盧字从由，而晚周金文若盧氏涅金及盧氏幣俱从⊕（見說文古籀補），由⊕遂譌而為用矣，今隸書正作田。畎即猶之譌寫，其族乃犬戎，自夏以來，為患中國：後漢西羌傳曰「昔夏后氏失國，四夷背叛，及后相即位，乃征畎夷」；漢書匈奴傳曰「周西伯昌伐畎夷……而周穆王伐畎夷……秦穆公得由余，西戎八國服于秦，故隴以西有緜諸畎夷狄源之戎」。師古音畎工犬反，謂與昆緄聲相近，故史記匈奴傳緜諸畎夷作緄戎。今知畎乃猶字之誤，故顏氏之註殊不可從。

猶字从犬从由，當是犬之一種，其音轉而為狄，說文曰「狄，赤狄，本犬種，从犬亦聲」，狄或作翟；从由之迪笛，其音皆與狄同。猶又誤為苖，說文「苖，蓨也，从艸由聲」「苗，艸生于田者从艸从田」，从田乃由字之誤，三苗之苗應作三苖，苖即猶也。說文「𢎘，木生條也」，从丂由聲，商書曰「顛木之有𢎘枿」，盤庚「若顛木之有由蘖」，由為木之生枝條猶苖為禾之生長。苖誤作苗者，離騷「帝高陽之苗裔兮」，王注「苗，胤也」，案苗裔之苗當是苖，叚作冑，說文「冑，胤也」，允即胤也，左襄十四傳「是四嶽之裔冑也」，裔冑即苗裔。猶者又轉而為猺，猶許由之作許繇，猺民即

苗民，即上古之猫也。又大荒南經「有國曰顓頊，生伯服，食黍；有鼬姓之國」，鼬疑即猫，說文「鼬，如鼠赤黃而大，食鼠者，从鼠由聲」，案鼬即今之黃鼠狼，其形似犬，故从犬；然食鼠之獸亦曰貓，鼬或即是貓，是則猫之轉爲三苗之苗，非形誤乃音通也，未知孰是。

大荒北經曰「大荒之中有山名融父山，順水入焉；有人名曰犬戎，黃帝生苗龍，苗龍生融吾，融吾生弄明，弄明生白犬，白犬有牝牡，是爲犬戎」。案融父山即猫父山，由融一音之轉，左昭五傳吳蹶由，韓非子說林作蹶融，融吾疑即秦穆公得由余西戎八國服于秦之由余。

詩經及周金文中所伐之玁狁，亦犬戎之類，此不詳論。（苗龍之苗亦猫字）

卜辭曰「其伇猫」，伇从人从殳，疑是說文「俌，輔也」，此或叚作搏伐之搏。「今月猫敦戋」，敦即敦伐之敦，戋亦族名：卜辭曰「戋壅亘，戋」（前七・一二・一），「癸亥卜賓貞勿將戈人𡳿征𤞷」（卜通別二中村一六），其地望皆不可考。

卜辭又有猶，亦族名，甲骨文編卜辭通纂並謂猶猫一字。

四　方夷考　二十六年五月 3

四日庚申亦夜，𡳿有來嬉自北，子𡧊告曰：昔甲辰方正征于蚁，俘人十𡳿又五人；五日戊申，方亦夜正征，俘人十𡳿又六人。六月才□。　菁六

此方字必爲民族名，郭沫若卜辭通纂五一三片謂方即土方，案郭說非是，方若爲土方，應省方稱土，不當作方，蓋方爲方國，乃共名也，故卜辭有井方叡方夷方盂方。方者，竹書紀年「少康即位，方夷來賓」，又逸周書王會篇「方人以孔鳥」，注曰「方人亦戎別名」。

壬辰卜方弗敦見。　前四・三四・六

方亦即方夷，敦即敦伐之敦，卜辭云「壬寅卜見弗獲征戎」　後下三四・四，見亦國族名。

貞方不征。　庫方五四七

戊申卜王令庚追方。　新三四〇

貞方允其來于沚。方其來于沚。方不其來？　前七・二九・一

方皆族名。周金文師旅鼎「師旅罘僕不從王征于方」，疑即宣王時伐玁狁之方，詩出車曰「王命南仲，往城于方」，六月曰「玁狁匪茹，整居焦穫，侵鎬及方，至于涇陽」；而卜通四九八片「允有來艱自西，𢀛告曰：……伐鬼戎方罙四邑，十三月」，較以菁華六片，則方地當在殷之西北，近鎬京，當在今陝西長安之西北；卜辭之戎，疑即陝字。又中甗曰「王令中先省南國，……中省自方，復造□邦」，方疑即師旅鼎之方。又卜辭方允疑連文，則方爲玁狁之族矣。

五　貫國串夷考　二十六年五月十五日

貞毌弗𢦏周，十二月。　鐵二六・一

三月丙□，令□弗其□征毌䕩缶？　前五・三九・一

三日乙酉，㞢來自東，㚔乎毌告井方戎。　下三七・二

貞毌□𢦏□。　鐵一・三

毌……朕史。　庫方三六五

……毌……　庫方四五七

……毌受又……　庫方五四六

□戌卜貞毌弗戎。　庫方一二一四

……卜壬……毌䧹……　庫方一二一七

毌厌來。　林二・二・一六

己未□貞毌尹歸。　林二・二六・四

丙子卜貞毌以不若，六月。　林二・二四・六

右諸毌字皆作𠁧，惟下編作𠁥，鐵一・三林二・二六・四及二・二四・六作申，林二・二・一六作𠁩，商氏類編并釋爲毌穿之毌（庫方卜辭，較類編後出，故未列入），郭沫若从之，又以爲亦古干字，乃方楯之象形。案諸字釋毌是也，毌爲古國名，史記田敬仲完世家「宣公四十八年，傷魯之郕；明年，宣公與鄭人城伐衞，取毌丘」，索隱曰「毌音貫，古國名，衞之邑，今作毌者字殘缺爾」。正義引括地志云「故貫城即古貫國，故貫今名蒙澤城，在曹州濟陰縣南五十六里」。春秋僖公二年齊宋江黃盟于貫，杜注「貫，宋地，梁國蒙縣西北」，公羊作貫澤，范寗注「宋地」，疑貫者大約在宋衞之間，而索隱據史記定在衞地，更爲勝耳。

貫字又與串字相通，爾雅釋地貫串並訓習，玉篇串或爲慣，而卜辭之毌亦似串字，故葉玉森疑卜辭毌國即

詩皇矣之串夷，其說近是。案詩皇矣箋云「串夷即混夷，西戎國名也」，釋文串一作患，而說文患古文从關；金文晉侯鼎「勿廢文侯覲命，卑串循□，征緜湯□」，串與與古文患同从，中鼎中甗「王令中先省南國貫行」，貫从穿—二貝，郭沫若俱釋爲南國國名，疑非是，串行即貫行，乃連文動詞也，廣雅釋詁一「串，行也」，串行猶謂行也。

六　虎方考　二十六年五月

貞令望乘𠬝𡚸奄虎方，十一月。〔望乘眔〕𡚸其奄虎方告于大甲，十一月。……其奄虎方，告于丁，十一月。……𡚸其奄虎方，告于祖乙，十一月。（古代銘刻彙攷續編卜辭例三）

奄即途，謂往也，卜辭云「貞乎𫝹途，子好來」（前六·二六·五），途與來對言，則途必訓往矣。望乘乃武丁時大將，此必武丁時令望乘等往于虎方而告其事于先王也。

周初銅器南宮中鼎「隹王令南宮伐反虎方之年」，郭沫若以此爲成王時事；夢案逸周書世俘篇「呂他命伐越戲方，壬申荒新，告以馘俘」，校注引惠棟說云「呂他，南宮氏也，越戲方一作反虎方，見南宮中鼎銘」，惠說甚是，則南宮中鼎諸器皆當屬之武王。

虎方在南國而郭氏以爲與殷爲與國，望乘乃商之大將，卜辭所見望乘，皆繫征伐之事，則其去虎方，必征伐之也。

七　武王伐紂所率西南夷考

尚書牧誓武王伐紂，誓于牧野，其所率西南夷凡庸蜀羌髳微盧彭濮八國，僞傳曰「八國皆蠻夷戎狄屬文王者國名，羌在西蜀叟，髳微在巴蜀，盧彭在西北，庸濮在江漢之南」。史記周本紀正義引括地志云「房州竹山縣及金州古盧國；益州及巴利等州皆古蜀國；隴右岷洮叢等州以西，羌也；姚府以南古髳國之地；戎府之南古微盧彭三國之地；濮在楚西南有髳州微濮州盧府彭州焉，武王率西南夷諸州伐紂也」。

此八國，見於卜辭者，有蜀羌微濮四國，皆殷之敵國；當時地望，已無可考，大約皆在殷之西北西南，然決不若今日之遠處在邊陲也。此四國由其卜人所示，知蜀羌濮於武丁時已與殷交通矣。

（1）蜀

丁卯卜㱿貞王敦缶于蜀，二月。上九・七

□寅卜㱿貞王収人……正蜀。下二七・七　下三〇・一〇略同

貞𢦏弗其戋羌蜀。鐵一〇五・三

丁卯卜𡧊貞至蜀，我又事。前八・三・八

卜辭蜀省虫，其地與羌爲隣。又事者猶論語「季氏將有事于顓臾」，卜辭有事通常指祭事，此或係戰事之謂；至蜀有事，猶上辭王敦缶于蜀也。缶亦國名，當居于近蜀之處。

（2）羌

乙卯卜𡧊貞王乎伐馬羌。林二・一五・一八

貞光獲羌。前五・三二・七

光不其獲羌？前三・三三・五

癸卯卜賓貞叀令沚𢀛羌方，十月。前六・六〇・六

……旬㞢二日乙卯，允㞢來自光，氏羌芻五十，三月。卜通五三〇

王叀□令五族伐羌。後下四二・六

辛丑卜𠂤氏羌王于門□。後下九・四

甲辰卜王，羌弗戋朕史，二月。前四・四・七

戍不其獲羌？戍獲羌。不其獲羌？鐵二四四・一

戊午卜㱿貞勿乎御羌于九□，弗其獲□？前六・四〇・一

己酉卜㱿王叀北羌伐。前四・三七・一

己酉卜㱿，𠂤獲羌，一月。前四・五〇・六

己卯卜𡧊貞今春令虎田从戜至于龠獲羌。前七・二・四

癸未卜𠀠，令羌夷𥗐条㞢友。前八・六・一

貞不其獲羌？後上三〇・一二

丁巳卜㱿貞𠂤獲羌，十月。後下三〇・一四

案羌爲殷之勁敵，自武丁以降，或戰或和，最爲頻繁，商人於自族征伐之餘，常命他族伐之，若戍光𠂤沚等是也。羌有北羌之名，則當時羌族必分爲若干部落也。羌有羌王，氏者歸也（漢書禮樂志注氏歸也）𠂤歸羌王于門□，則是羌王來歸，明義士所藏一辭云「王逆羌于南門」，中央研究院所藏一辭云「王逆羌于宗(?)門」，則王親迎羌也。辭云羌弗戋朕使，則是商羌二族亦有使

6

者往還也。馬族與羌爲隣，馬即馬方（前四・四六・二），疑即白馬氏之祖，白馬氏見漢書西南夷傳「在蜀之西，自駹以東北，君長以十數，白馬最大」，亦見後漢書西南夷傳，謂冉駹夷白馬氏皆出名馬，又謂冉駹夷「其山有六夷七羌九氏」，而羌亦稱氏羌（詩殷武），是羌馬族近，而馬方者或以出馬名，白馬冉駹皆馬族之分衍也。又卜辭記獲羌之事甚多，而祭祀時以羌爲犧牲，往往有之。

光亦國名，路史國名紀甲謂黃帝之後姞姓有光，引春秋圖曰「有光國，今光州」。案史記楚世家引括地志「黃國，故城漢弋陽縣也……在光州……」，而左傳桓八年「楚子合諸侯于沈鹿，黃隨不會」，杜注「黃國，嬴姓，今弋陽縣」，疑黃國即古光國。

（3）徵

其伐瀓，利。不利。其伐兇，利。不利。 前二・三・一

丙戌貞巛𠂤才兇，不災。 前二・四・三

乙酉……令兇……。 前六・五・三

壬申卜貞隹弗其令𢦔兇？ 前七・五・四

……貞兇……其𢦔？ 戩三三・一二 7

己酉卜壬，咸𢦔兇，余曰：隹乎咋人伐𡆥□。 後下一五・五

乙巳卜叀傳西隹夷。乙巳卜叀北隹夷。乙巳卜叀兇令。 後下三六・六

左諸兇字作𡰥𡰥等形，見甲骨文編坿錄三八，舊皆不釋，余謂此兇即徵𢼸所从之兇。金文散盤𢼸作𢦏，歸伯𣪘𢼸作𢦏，象人頭上戴屮，與甲文𡰥同，是𡰥即兇字矣。又金文凡署臣辰之器同時出者三十餘器，均於銘末署「臣𢼸𡰥」，末字與歸伯𣪘𢼸字所从者同，是亦兇字，而此處則叚作國族之徵，蓋銅器銘文之末，常署國族名也。此字象人頭戴屮，而屮者象艸木枝葉狀戴于頭上，爲一種威武榮耀之徽幟，故徵字引申爲儆字；卜辭鼓字（或作壴）𣪊字（即磬字），皆於鼓上或磬上置一屮作𡔷𣪊等形，而說文「豈，還師振樂也」之豈與壴爲一字，則鼓磬之戴屮，亦爲英武之徵幟。六書故引唐本說文「𢼸，見其耑也」，金甲兇字象人戴屮于上，故云然；𢼸三出，故說文徵字下云「三糾繩也」，易坎「係用徽也」，劉注「三股爲徽」。又𢼸字隸人部，知其必從

人；又說文云「耑，物初生之題也，上象生形，下象其根也」，小篆耑象「夫」戴屮，疑與兕爲一字，金文徐器之義楚耑作关，或作鋭，故知耑光一字。

光於卜辭爲國名，疑即是微。微國，亦見尚書立政「夷微盧烝，三亳阪尹」。金文歸伯毀「王命益公征眉敫，益公至，告，二月，眉敫至，献貴」，眉微之眉有二，詩崧高「王餞于郿」，釋文「屬扶風」，一爲蜀之眉州，地有眉山；疑微當在蜀。

（4）濮

庚子卜乎征歸夷于衒，𢦏。　庫方一三三一

征歸夷于衒，𢦏弗？　庫方一三二一

辛未卜㱿貞王戎衒，亡尤。　林一・七・九

甲戌卜㱿貞王戎衒，受又。　庫方一八〇六

庚子卜㱿貞我勿戎衒十一月。　拾九・一二

辛丑[卜]丙貞我𢦏衒于𢧀。　前六・二二・八

㱿爲武丁時卜人，丙於前編五・一三・一亦爲卜人，其辭曰「乙酉卜丙貞子𧷏𢦏基方」，子𧷏亦武丁時人，故知以上伐衒諸辭，皆武丁時事，後此未有焉。衒以聲類推之，疑是濮，濮河由衛輝封邱流入大名開州東南，合洪河流入山東濮州界俗謂之普河。左傳文十六「庸人帥羣蠻以叛楚，麇人率百濮，聚於選，將伐楚」，杜注云「百濮，夷也」，釋例曰「建寧郡南有濮夷，濮夷無君長總統，各以邑落自聚，故稱百濮也」。又昭十九年傳「楚子爲舟師以伐濮」，杜注云「濮，南夷也」，釋文「濮音卜」，案古音卜步聲近：今讀濮河爲普河，而普步聲亦相近。逸周書王會篇伊尹爲四方献令，正南曰百濮，是傳說上之濮夷，於商時有之矣。又同篇記成周之會，蠻夷所献，「卜盧以紈牛」注「卜盧，盧人」，又「卜人以丹沙」注「卜人西南之蠻」，校注「卜即濮也」，其字或叚卜爲之。爾雅釋地「南至於濮鉛」，廣韻獛字下云「獛鉛，南極之夷，尾高數寸，巢居山林，出山海經」，案今經無。又蜀都賦「百濮所充」，是濮又在蜀地。

總上所述，濮夷或稱百濮，百者猶羣蠻之羣，蓋濮夷分區自居，故曰百濮也。商時或居豫地之濮，因名濮夷，卜辭作衒，步僕聲同。周初屬西南夷，春秋時與庸皆居於江漢之南，與楚爲隣，其後則由楚入蜀，南至於閩。卜辭云「征歸夷于濮夷」，于者或叚作與，金文有此文例，故商時歸夷濮夷，其地或相近。

二十六年五月，海甸夢甲室。

周金地名小記

孫海波 1

古代地理最爲難究，而周金所載諸地望，其考核爲尤難，蓋以歷代疆域之變遷，地名亦因之而轉異，以致或一地而數名，或數地而一名，或名亡而實存，或名存而實亡。故地名之見于周金中者，往往使人不知其實際所指。況歷年發現之銅器，其出土地域又不可盡知乎！比歲校讀甲骨金文，頗欲有所論列，意有所發，輒筆之于錄，積稿數帙矣。及讀余永梁氏金文地名考，喜其鉤通弘博，能以羣籍考証金文地名，稍得其條貫矣，而地名所指，于余意尚有未合；久欲錄改舊作，就正當世，顧累于筆札未能竟業。乃者禹貢有古代地理專號之輯，頡剛先生徵文于余，倉促無以應，爰將舊日札記摘錄若干條，並鈔錄前人暨時賢考釋文字若干則于下，考証固不求乎詳盡，且以時日所限，勢亦未能期詳盡。拉雜疏記，自知無當，所望弘碩有以教之，則幸甚矣！

一　周建都

甲　豐

乙　宗周

丙　成周

附成王時已都成周辨

二　周征伐

甲　克商

乙　征東夷

丙　伐楚

丁　伐曾

戊　伐[illegible]

己　伐南國

庚　伐玁狁

一　周建都

周人開國，始自后稷，以服事虞夏，受土命爵。自夏之衰，棄稷弗務，不窋以是失官而自竄于戎翟之間，地非安樂，事則奔竄，尚未足以言國也。歷若干世至公劉有令德，生聚漸蕃，物力亦充，於是始擇豳而處。逮乎大王之世，有狄人之患，乃去豳，踰梁山，而邑于岐山之下。至文王而周始昌，至武王乃伐紂代商有天下。

史稱周之受命自文王，而傳世銅器，多文武以後之器。自文王至成王凡數遷都，其地望見于金文中者有豐。

甲　豐

小臣宅𣪘：「同公在豐」。

按豐在鄠縣杜陵西南，文王所作邑也。詩大雅：「文王受命，有此武功，旣伐于崇，作邑于豐」。又云：「王公伊濯，維豐之垣，四方攸同，王后維翰」。史記周本紀云：「明年伐犬戎，明年伐密須，明年敗耆國，祖伊懼以告紂。……明年伐邘，明年伐崇侯虎而作豐邑，自岐下徙都豐」。詩及周本紀所紀之豐，即同公在「豐」之地也。至武王烈翦殷紂，詒厥孫謀，乃宅居于鎬，詩稱「鎬京辟廱，自西自東，自南自北，無思不服，皇王烝哉！」「考卜惟王，宅是鎬京，惟龜正之，武王成之，武王烝哉！」鎬京亦曰宗周。

乙　宗周

獻侯鼎：隹成王大𠦪于宗周。

臣辰盉：隹王大龠于宗周。

盂鼎：王在宗周命盂。

史頌𣪘：王在宗周，命史頌德口友，里君百生，帥隅盩于成周。

克鼎：王在宗周，王命善夫克舍命于成周遹正八𠂤之年。

按書多方：「王來自奄，至于宗周」。僞畢命云：「王朝步自宗周」。傳：「宗周，鎬京」。史記集解引徐廣曰：「鎬在上林，昆明北有鎬池，去豐二十五里」。正義引括地志：「鎬在雍州西南三十二里」。稱之曰宗周者，對成周而言，言周作鎬而爲天下之宗，作雒而王業成，故尊鎬京爲宗周，雒邑爲成周。載籍亦名之曰「東西周」。

丙　成周

周公所築邑也。康誥：「周公初基，作新大邑于東國雒」，召誥：「周公朝至于雒，則達觀于新邑營」是也。雒邑，在今河南洛陽縣，漢書地理志：「河南，故郟鄏地，周武王遷九鼎，周公致太平，營以爲都，是爲王城，至平王居之」。後漢書郡國志：「河南，周公時所城雒邑也，春秋時謂之王城」。按「王城」與「成周」一地而異名，金文中稱雒邑爲「成周」，春秋時又稱之爲「王城」。自公羊傳謂「王城者何？西周也」（昭二十年傳文），「成周者何？東周也」（昭二十六年傳文），而後之學者始承其誤謂「成周」與「王城」爲二地，吾友童書業已爲春秋王都辨疑一文以辨之矣。成周之地，周公營之，成王居之，蓋周公鑒于武王既喪之後，天下未集，三監武庚叛之于前，淮夷徐奄應之于後，周室幾頻于危，于是始建都關東，以遷殷頑民，並以鎮撫關東之諸侯焉。

附成王時已都成周辨

周自成王以來，宗周與成周，實爲東西兩都；非平王以前周都鎬京，平王遭犬戎之難始東遷洛邑。東遷者，春秋以後之傳說，顧炎武日知錄文侯之命條下嘗論及之。其言曰：

傳言平王東遷，蓋周之臣子美其名爾，綜其實不然。凡言遷者，自彼而之此之辭，盤庚遷于殷是也。幽王之亡，宗廟社稷，以及典章文物，蕩然皆盡，鎬京之地已爲西戎所有，平王乃自申東保於雒，天子之國與諸侯無異，而又有攜王與之頡頏，並爲人主者二十年，其得存周之祀幸矣，而望其中興哉！

竊嘗考之尚書金文，知成王時已建都于成周，不過至幽王遭犬戎之難，宗周顛覆，而平王始專居于成周耳。請立九證以成吾說：

金文載王官發令于成周，見天子于成周，成王祭祀于成周。令彝云：「王令周公子明保尹三事四方，受卿事寮，……丁亥，令矢告于周公宮，公（周公）令徦同卿事寮。隹十月月吉癸未，明公朝至于成周，徦令：舍三事令，……舍四方令，既成令，……明公……用牲于王」。孟爵：「隹王初桒于成周」。設成周非都會所在，明公何以於斯享見，發號施令，成王何以於斯行「桒」禮？其證一。

敔毁云：「隹王十月，王在成周。……隹王十又一月，王各（格）于成周大廟」。按古者天子造大廟必于建都之所，所以朝諸侯，舉祀典而燕寢也。成周苟非周都所在，何以有太廟之設？其證二。

小克鼎：「隹王廿又三年九月，王在宗周，王命善夫克舍命于成周」。臣辰盉：「隹王大龠于宗周徦饔京年，在五月既望，辛酉，王令士上眔史寅殷于成周」。此皆成周與宗周並舉，可明當時宗周與成周並重。其證三。

書召誥云：「周公朝至于雒，則達觀于新邑營」。又云：「王來紹上帝，自服于土中，旦曰：其作大邑，其自時配皇天，毖祀于上下，其自時中乂，王厥有成命，治民今休」。洛誥云：「周公拜手稽首曰：朕復子明辟，王如弗敢及天基命定命，予乃胤保，大相東土，其基作民明辟。予惟乙卯朝至于洛師，我卜河朔黎水，我乃卜澗水東，瀍水西，惟洛食，我又卜瀍水東，亦惟洛食，伻來以圖及獻卜。……」康誥：「惟三月，哉生魄，周公初基，作新大邑于東國洛，四方民大和會」。此皆言周公營雒之事，設雒非周都所在，召誥何以云「其作大邑，其自時配皇天」，「其自時中乂」，「自服于土中」乎？洛誥何以言「大相東土，其基作民明辟」？康誥何以又有「四方民大和會」之事乎？其證四。

逸周書作雒解：「及將致政，乃作大邑成周于土中」。按作雒解通篇大意，首述武王克殷，使三叔爲監，及武王歿而三叔及殷東皆畔，周公乃作師旅攻之，迫殷東既平，周公乃念周都鎬京不足以控制東方之人，雒邑於天下爲中，於是作大邑成周而都之，故下文云：「南繫于洛水，北因于郟山，以爲天下之大湊」，又云「建大社于國中」，「乃位五宮大廟宗宮考宮路寢明堂」。此篇明明言周公建周都于雒邑，安得謂成王以下僅都宗周耶？其證五。

左傳宣三年傳云：「成王定鼎于郟鄏，卜世三十，卜年七百」，郟鄏即雒邑，夫定鼎于是則即建都于是矣。此云「成王定鼎于郟鄏」，明言成王時已建都雒邑矣，安得謂成王無都成周之事。其證六。

又昭三十二年傳云：「昔成王合諸侯城成周，以爲東都，崇文德焉」，亦言成王時有東西二都。此傳語出周天子之口，敬王旣述其先王之盛德，要必言之有據，非虛造者比。其證七。

史記魯周公世家：「周公在豐，病將歿，曰：必葬我成周，以明吾不敢離成王。周公既卒，成王亦讓葬周公于畢，從文王，以明予小子不敢臣周公也」。據此，則知成王之大都在雒邑，故周公有「必葬我成周，以明吾不敢離成王」之語，成王亦有「予小子不敢臣周公」之語。其證八。

又周本紀贊云：「太史公曰：學者皆稱周伐紂，居雒邑，綜其實不然。武王營之，成王使召公卜居，居九鼎焉，而周復都豐鎬，至犬戎敗幽王，周乃東徙于洛邑」。是知太史公以前，學者皆知西周都雒邑矣。其證九。

由上所述，則周在平王前已都成周，固優足以證明之矣。

二　周征伐

武成之世雖封建同姓爲諸侯以屏衞王室，然戎殷餘孽未盡，東有淮夷之亂，南有荆蠻之變，西有玁狁之侵，兵連禍結幾無寧歲。綜其武功之大而著見於金文者，在成王時有周公之征殷夷，在昭王時則親伐荆楚，在宣王時則有南仲尹吉甫等之征玁狁，此其功績之大固已彪炳史册，而金文中紀其事者亦不下數十百器，噫，可謂盛哉！其征伐所至之地望有資于考証者，彙錄若干條於次：

甲　克商

小臣單觶：王後反，克商，在成自，周公錫小臣單貝十朋，用作寶障彝。

康侯啚毁：王朿（勅）伐商邑，延令康侯啚于衞，諸司土疑延眔啚作氒考障彝。口。

按銅器中書「克商」「伐商邑」即泛指殷都而言。殷商之名，混稱已久，詩大雅大明「摯仲氏任，自彼殷商」，又蕩「文王曰，咨！咨女殷商」，此殷商即指商而言也。考甲骨金文尚書所載，殷人之自稱或曰「商」，或曰「大邑商」，而周人稱之或曰「殷」，或曰「商」，或曰「殷商」，二稱釐然不混。稱之商者，緣契都商邱，因以商建國號。自盤庚遷于安陽，後人又名之曰「殷」，殷人自稱則仍爲「商」也。丁山君辨殷商一文（文史叢刊第一期）論殷商之分，謂商爲邑名，殷爲國號，証之右二器，殆不然矣。小臣單觶之「克商」，郭沫若君指爲武王克商時器，按之康侯啚毁，實成王伐武庚時所作。何以知之？史記衞世家：「武王崩，武庚祿父作亂，周公旦興師伐殷，殺武庚祿父，以武庚殷餘民封康叔爲衞君，居河淇間故商墟」。逸周書作雒解：「……二年又作師旅，臨衞攻殷，……俾康叔宇于東」，知衞康叔之封在成王伐殷之際，此器云「王勅伐商邑，延令康侯啚于衞」，此衞即逸周書「臨衞攻殷」之衞，史記所謂「居河淇間故商墟」，今河南衞輝北淇縣是也。康侯啚即衞康叔，康叔之名，史記尚書皆云名封，銅器中亦有康侯封鼎，康侯封斧等器，而此名啚者，蓋名與字之別。封與啚本有連屬之義，以古人名字之例考之，則康叔之名爲封，而其字或爲鄙也。克商之「商」與伐商邑之「商」亦即衞世家之商墟，今河南安陽縣之小屯村也。

乙　征東夷

明公𣪘：唯王令明公遣三族伐東國，在𩁹邑。

𪎭卅：王令𣶃𢦏東反夷。

小臣謎𣪘：𢼄東夷大反，伯懋父以殷八𠂤征東夷。

班𣪘：王令毛公以邦冢君土馭𢦏人伐東國𤞷戎。……三年，靜東國。……

按東夷在商周之際，其疆至大，部族至繁，不可詳考。後漢書東夷傳云：「武乙衰微，東夷寖盛，遂分遷淮岱，漸至中土。及武王滅紂，肅愼來獻楛矢石砮。管蔡叛周，及招誘夷狄，周公征之，遂定東夷」。由是言之，今之淮泗以迄東海，內及山東，皆古東夷所據之地。其部族見于記載者，楚語：「不修方城之內，踰諸夏而圖東國」，韋注：「諸夏，陳，蔡。東國，徐夷，吳，越」，則徐夷，吳，越，皆夷族也。而史記諸書所載，殷之先建都東國，而紂又嘗有伐夷方之舉，是殷之與夷，其關係至爲密切。故于武王既歿周公居攝時，從武庚以叛周者有夷族。史記周本紀：

成王既遷殷遺民，周公以王命告，作多士無佚。召公爲保，周公爲師，東伐淮夷殘奄，遷其君薄姑，成王自奄歸，在宗周，作多方。既絀殷命，襲淮夷，歸在豐，作周官。興正禮樂，度制於是改，而民和睦，頌聲興。成王既伐東夷，息愼來賀，王賜榮伯，作賄息愼之命。

魯周公世家：

管蔡武庚等果率淮夷而反，周公乃奉成王命，興師東伐，作大誥。遂誅管叔，殺武庚，放蔡叔，寧淮夷東土，二年而畢定。……伯禽即位之後，有管蔡等反也，淮夷徐戎亦並興反，於是伯禽率師伐之于肹，作肹誓。遂平徐戎，定魯。

周書費誓：

公曰：嗟！人無譁，聽命。徂玆淮夷，徐戎並興，善敹乃甲冑，敿乃干，無敢不弔。

逸周書作雒解：

武王克殷，乃立王子祿父，俾守商祀，建管叔于東，建蔡叔霍叔于殷，俾監殷臣。武王旣歸，乃歲十二月，崩鎬，肂于岐周。周公立，相天子，三叔及殷東徐奄及熊盈以畔。周公，召公內弭父兄，外撫諸侯，元年夏六月，葬武王于畢，二年又作師旅，臨衞攻殷，殷大震潰降，辟三叔，王子祿父北奔，管叔經而卒，乃囚蔡叔于郭淩，凡所征熊盈族十有七國，俘維九邑（按維即淮之誤字）。俘殷獻民，遷于九畢，俾康叔宇于殷，俾中旄父宇于東。

尙書大傳：

武王殺紂，而繼公子祿父，使管叔蔡叔霍叔監祿父。武王死，成王幼，周公盛養成王，使召公奭爲傅，周公身聽天下之政。管叔蔡叔疑周公，流言于國曰，公將不利于王。奄君薄姑謂祿父曰，武王既死矣，今王尙幼矣，周公見疑矣，此百世一時也，請舉事！然後祿父及三監叛矣。

以上所紀，皆武王歿後武庚及東夷叛周之事，周公東

6

征，所伐之國，曰淮夷，曰奄，曰徐，曰熊盈，此皆東夷之族，蓋「東夷」爲東方諸國之總稱，淮，奄，徐，熊盈，乃東夷之散名。故詩書名之曰淮夷，徐戎，熊盈及奄，而金文統名之曰伐東夷。

金文伐東夷之器，其師旅所至，有地名可考者，如下所舉：

（子）明公毁：「隹王令明公遣三族伐東國，在𠨘，魯侯又囚，工用作旅彝」。

按，明公即𠑇令毁「明公朝至于成周」之明公，郭沫若以爲即周公子伯禽。𠨘，未詳。郭沫若曰：「乃猕邑二字合書。猕即許書獮字重文之𧰲字，蓋示豕形，犬豕形近，故小篆因而致譌也。史記魯周公世家：『伯禽即位之後有管蔡等反也，淮夷徐戎亦並興反，於是伯禽率師伐之于肸，作肸誓』。肸字，集解云：『徐廣曰，「一作鮮，一作獮」。駰案，尙書作粊，孔安國曰，「魯東郊之地名也」』。段注說文解字本作『粊誓』，云今本之『費誓』，乃衛包所妄改。余按猕獮乃古今字，此尊言魯侯『伐東國在猕邑』，當即伯禽伐淮徐於肸之事，徐廣云：『一作獮』者爲近古，其作肸，作鮮，作粊等者均借用字也」。（殷周青銅器銘文研究册上，頁四四） 7

（丑）小臣謎毁：馭東夷大反，伯懋父以殷八自征東夷。唯十又二月，遣自𢿝自，述東陕，伐海眉。雩氒復歸在牧自，伯懋父承王令錫自，達征自五齵貝。小臣謎蔑曆，眔錫貝，用作寶障彝。

按右器民國十九年出土于河南衛輝，蓋藏中央研究院歷史語言研究所，作斯器者小臣謎不見于記載，不可考知，由銘文觀之，蓋爲伯懋父之部屬也。伯懋父即康叔封之子康伯髦，逸周書作中旄父，孫詒讓周書斠補：「中旄父宅書皆未見，今詳考之，蓋即康叔之子康伯也。史記衛世家云：『康叔卒，子康伯代立』，索隱：『系本康伯名髦。宋衷云：「即王孫牟也」。按左傳所稱王孫牟父是也（王孫牟見左昭十二年傳）。牟髡聲相近，故不同耳』。梁玉繩據杜氏春秋釋例世族譜衛世系云：『康伯髦』，謂索隱引世本『髡』當作『髦』（人表考），其說甚塙。蓋髦音近牟，故小司馬云，『聲相近』，若作『髡』，則於聲殊遠，其說不可通矣。『髦』與『旄』聲類亦同，故又作中旄父也。上文云『建管叔于東，建蔡叔于殷，俾監殷臣』，孔注云：『東謂衛，殷，鄁，鄘』。若然，武王以殷畿內封武庚，而以二叔分治其地。迨三監既畔以後，周公平之，又以三監全境封康叔，而別以其子弟分治其地。分則為鄁鄘衛，合則通為衛，此其義證顯較可據者也。（當時疑尚有一人別治他邑，與康叔康伯而三，即三監舊治。而此書未及詳，遂無可考耳。）康伯別治為周公經略舊殷之大政，而詩風三衛之分亦繫於此。乃史遷於周本紀衛世家不載其事。漢以後說詩書者咸莫能稽覈，蓋二千年來無有知中旄之即康伯者」。依孫氏說，則逸周書之中旄父，即康伯牟父，則此器之伯懋父，亦即其人。逸周書云：「二年又作師旅臨衛攻殷」，康伯之封正當其時。此器出土于衛地，而銘文又云「雩氒復歸，在牧自」，尤可為白懋父即康伯之一佐證。銘云，「伯懋父以殷八自征東夷」，蓋武王伐紂之後，伯懋父曾率八師之衆戍守于殷，及東夷之畔，故即征之。

「遣自𦉢自」。𦉢自未詳，按不嬰「余命女御追于𦉢」，證以虢季子白盤「薄伐玁狁，于洛之陽」之文，則𦉢之為地，當去洛水不遠。

「述東陕」。述即遂，猶循也，往也。無叀鼎，「王各于周廟，遂于圖室」，言王至于周廟達于圖室也。遂述古音同在脂部，故通。陕字字書所無，吳其昌曰：

「當即滕字。所以知者，周金文存卷六頁五十二有滕戈，其字作𦚾，澂秋館吉金圖卷二頁五十四有滕侯耆戈，其字作𦚾。貞松堂集古遺文卷十二頁十八有滕之示劍，其字作𦚾。攈古錄卷二之二頁四有滕虎彝，其字作𦚾。並與此火字相同，但省火耳。此正與阿本作𨸏（平阿戈）今悉省火者同例。至于从舟从自之不同，古金文本極自由：陸行則多从自，水行則多从舟耳。故此字當為『墜東陕』。按漢書地理志沛郡公丘縣下云，『侯國，故滕國』。水經泗水注：『南梁水……西逕滕縣北。……鄧晨云：「今沛郡公丘也」』。一統志云：『故城今滕縣西南十四里』。是春秋時滕薛之滕，即在今滕縣附近。此云『東陕』，當在春秋時滕國之東，則其去東海不遠矣。故東陕攻墜之後，即伐海眉也」。（金文曆朔疏證續補）

「伐海眉」。海眉地不可指實，蓋臨海之邑聚。釋名釋水云：「湄，眉也，臨水，如眉臨目也」。此海眉當即海湄。漢書地理志瑯琊郡東海郡皆有海曲，同為臨海之縣，疑即金文之海眉。古東夷散處東海之濱，故伯懋父往伐之。

「雩氒復歸在牧𠂤」。牧𠂤即牧野，說文「坶，朝歌南七十里，周書曰：『武王與紂戰于牧野』」。伯懋父之師，由𡵂出發，循乎東陜直抵海眉，驗之征東夷之行軍日程，甚爲合序。迨伐海眉，是已穿過東夷全境矣，故乃班師同至牧野。牧野在周初，實爲關東軍事之重鎭，故伯懋父建幕于此以鎭撫之也。

淮夷徐奄之屬，金文旣統稱之曰東國，而周公東征時器，亦有伐楚，伐曾，伐𨛭者，蓋亦皆東夷之部屬也。

丙　伐楚

令𣪘：「隹王于伐楚伯，在炎」。

禽𣪘：「王伐楚侯，周公某禽祝」。

按楚民族之疆域，自後世觀之，雖在江漢之間，而其最初之來源，則當出自東方，蓋與殷商徐夷等本爲同族，余昔于記周公東征一文中曾略論之矣。胡厚宣君亦撰楚民族源于東方考一文，刊北京大學潛社史學論叢第一册（胡文分：一緒言，二甲骨文字中之楚民族，三中國之古地理上，四中國之古地理中，五中國之古地理下，六楚民族源于黃河流域之推測，七楚民族源于東方之推測，八以楚民族之祖先證之，九以楚丘之地望證之，十以昆吾之地望證之，十一以周公之東征證之，十二以金文中之伐楚伯證之，十三以甲骨文之記載證之，十四以殷楚之文化禮制證之，十五以象之南遷證之，十六楚民族南遷之原因一，十七楚民族南遷之原因二上，十八楚民族南遷之原因二下，十九結論），其說極辨。然吾于胡氏所羅諸證之外，尚有二事可說：一事，逸周書作雒解云：「三叔及殷東徐奄及熊盈以畔」，又云：「凡所征熊盈族十有七國」。近人解釋逸周書者，皆以「熊盈」爲「熊姓」「盈姓」之族，吾獨謂熊盈爲一名詞，即楚之先祖熊繹。何以知之？史記楚世家，「季連之苗裔曰鬻熊；鬻熊子事文王，蚤卒，其子曰熊麗；熊麗生熊狂；熊狂生熊繹。熊繹當周成王之時，舉文武勤勞之後嗣，而封熊繹於楚蠻，封以子男之田，姓芈氏，居丹陽。楚子熊繹與魯公伯禽，衛康叔子牟，晉侯燮，齊太公子呂伋俱事成王」。據世家所言，楚之先曰熊繹者，受封子男之田，居丹陽，與伯禽，康伯牟，呂伋俱事成王，而逸周書所征之熊盈，亦當成王之世，蓋爲周公所征敗，沿淮泗流域，自竄于江漢，二事若合符節，盈繹一音之轉，二字古本通，知熊盈即楚之熊繹。熊盈爲周公所逐而南遷，世家云受封于丹陽者，蓋楚之後，不忍

9

言其先公之醜，諱言之也。二事：令段言「伐楚伯在炎」。考炎即春秋「郯子來朝」之郯，漢書地理志東海郡「郯，故國，少昊後，盈姓」。一統志：「今郯城縣西二十里故城社」。知炎即東海郡之「郯」，則楚伯之居距郯必不甚遠，當在臨海一帶，與東夷雜聚，故成王伐楚而屯師于郯也。

丁　伐曾

鼎卣：「鼎從史旗伐曾，鼎先內邑，鼎孚金，用作旅彝」。

按曾即左襄十六年傳注「鄫世為淮夷病」之鄫。說文：「鄫，姒姓國，在東海」。漢書地理志東海郡云：「繒，故國，禹後。……」一統志：「故城今在嶧縣東八十里」。蓋亦東夷之部族（夏餘之鄫之即東夷，猶夏餘之杞之即東夷），從武庚畔周，故史旗伐之。

戊　伐滕

𢦏冊：「隹王伐東夷，濂公命𢦏眔史旗曰：以𠂤厥眔有嗣後國，𢦏伐滕」。

按滕地名，不可考，蓋東征所伐之國。史旗即上鼎卣之史旗，此與伐曾為一事。吳其昌曰：「按河南古為產象之區。左氏襄十七年傳云：『公會晉侯……于鄬』，杜預注：『鄬，鄭地』。『為』即『象』，『鄬』即『豫』也。其後隸書邑作阝，與予同形，故『邑』旁誤為『予』旁，而為『豫』字。豫者，象邑也，故中州為豫州。實則省邑亦同，豫州實象州耳。此作滕，明其地產象，蓋為『鄬』『豫』『豫』之初文。則其地實在今之河南可知」。（金文厤朔疏證續補）

己　伐南國

宗周鐘：「王肇遹省文武，堇疆土。南國𠬝孳，敢陷虐我土，王敦伐其至，撲伐乒都，𠬝孳迺遣閒來逆昭王，南夷東夷俱見廿又六邦。……」

𤞷段：「從王南征，伐楚荊，又得，用作父戊寶尊彝。」

南宮中鼎一：「隹十又三月庚寅，王在寒𠂤。王令大史兄褭土。王曰：『中，兹褭人入使錫于珷王作臣。今兄畀女褭土，作乃采』。中揚王休命，𪒠父乙尊」。

南宮中鼎二：「隹王命南宮伐反虎方之年，王命中先省南國貫行。……」

按周昭王南伐楚卒于江上，其事見于史記，至于伐楚之原因，載籍未備，不可詳考；而南征之紀錄，周本紀云：

昭王之時，王道缺微，昭王南征不返，卒于江上。

左僖四年傳：

「昭王南征而不復，寡人是問！……」「……昭王南征之不復，君其問諸水濱。」

呂氏春秋季夏紀音初篇：

周昭王親將征荊，辛餘靡長而多力，爲王右，反涉漢，梁敗，王及蔡公抎于漢中。

水經沔水注：

昔周昭王南征，船人膠舟以進之，渡沔，中流以沒死。

初學記七引紀年：

昭王……十六年，伐楚荊，涉漢遇大兕。……十九年，天大曀，雉兎皆震，喪六師于漢。

此皆言昭王南征楚，涉江而歿。蓋楚當時在江漢間，或有薦食上國之事，故周昭王往征之。江漢于周位于南鄙，故銘文云「南國」，「南征」，又云「伐楚荊」。而宗周鐘之「逆邵王」，則「邵王」非周昭王莫屬矣。至伐楚時所經歷之地有寒𨻰。

寒𨻰今不可考，以同聲之字求之，疑即史記之「岸門」。按魏世家「哀王五年秦伐我，……走犀首岸門」，集解引徐廣曰：「潁陰有岸亭」，正義引括地志云：「岸門，在許州長社縣西北十八里，今名西武亭」。以地望推之，厈地居成周與楚之中間，自爲由成周入楚之要塞。以聲類求之，則寒岸固同聲通假之字，岸當可假爲寒也。

抑吾更有欲論列者，南宮中等器，鼎三，員鼎二，甗一，宋重和戊戌間出土于安陸之孝感縣；據薛尙功鐘鼎法帖欵識，趙明誠金石錄云出土于廡城。文中所載，皆伐南國之事，近人郭沫若，吳其昌以銘文有「珷王臣」，遂定爲周公東征時作。余嘗舉三證以明爲昭王南征時作。周公東征，所至者僅山東諸邑，未嘗入湖北之境，設是器爲東征時將士所作，則器何不出土于山東而出土于孝感？此與地望不合。按楚都在湖北，孝感亦在湖北境，而昭王南征至漢，此漢亦在湖北境也。從知是器爲南宮中隨王南征，屯軍孝感時所作。此一事也。東征諸器，稱所伐曰「東夷」曰「楚」，而此云「虎方」云「楚荊」，與東征諸國稱謂不合，此二事也。周公東征，經傳稱爲伐東夷；而此云先省南國，南國指荊楚而言，史有明徵，楚辭天問：「昭后成游，南土爰底」是其證。此三事也。據上三證，則南宮諸器謂爲昭王南征時所作，較郭吳繫于周公東征時者爲近理矣。

庚　伐玁狁

玁狁之族，西自汧隴，環中國而北，東及太行常山間，世爲中國患，其名號在商周間曰鬼方，曰混夷，曰獯鬻；在宗周時則曰玁狁；入春秋後始謂之戎，繼號曰狄；戰國以降，又稱之曰胡。昔王國維氏爲鬼方昆夷玁狁考，論其疆域遺裔，考證綦詳。玁狁當懿王之世，來侵周室，故後漢書匈奴傳云：

懿王時，戎狄交侵，中國被其苦，詩人始作，疾而歌之曰：「靡室靡家，玁狁之故」。

及宣王之世，侵周益亟，故宣王命南仲尹吉甫等督師往伐之。詩小雅六月云：

玁狁孔熾，我是用急，王于出征，以匡王國。

四牡脩廣，其大有顒，薄伐玁狁，以奏膚公。

玁狁匪茹，整居焦穫，侵鎬及方，至于涇陽。織文鳥章，白旆央央，元戎十乘，以先啓行。

薄伐玁狁，至于太原，文武吉甫，萬邦爲憲。

吉甫燕喜，既多受祉，來歸自鎬，我行永久，飲御諸友，炰鱉膾鯉。侯誰在矣，張仲孝友。

同時蠻荆亦爲巨患。采芑云：

蠢爾蠻荆，大邦爲讎。方叔元老，克壯其猶，方叔率止，執訊獲醜。戎車嘽嘽，嘽嘽焞焞，如霆如雷，顯允方叔，征伐玁狁，蠻荆來威。

出車：

王命南仲，往城于方。……天子命我，城彼朔方。赫赫南仲，玁狁于襄。

此皆詠周宣王伐玁狁之事也。據詩所述，則獫狁之來也自焦穫，侵鎬及方，至于涇陽。而宣王命尹吉甫伐之，至于太原，南仲往城于方。焦穫之地，舊無定論。詩毛傳：

焦穫，周地接于玁狁者。

郭璞爾雅釋地注：

今扶風池陽縣瓠中。

王國維鬼方昆夷玁狁考

焦穫亦當在涇水下游之北。郭璞爾雅注以爲在池陽瓠中者是也。

唐蘭氏莽京新考：

蘭謂焦穫者濩澤也。穆天子傳云：「天子四日休于濩澤」，郭璞注：「今平陽濩澤縣是也」。傳又云：「陵翟致路，良馬百駟，歸畢之寶，以詰其成」。陵翟當即玁狁，陵，狁字相近（兮甲盤，虢季子白盤作嚴𤞤，而不嬰𣪘作厰䚟，䚟即夋之誤字也）。陵翟與濩澤相近，則即玁狁之居焦穫可知也。穆傳又云：「畢人告戎，曰，陵翟來侵。天子使孟念如畢伐戎」。然則玁狁當穆王時已極强悍，畢與宗周相近，而數侵之，西羌傳所謂「王遂遷戎于太原」，殆以此也。

今按詩言玁狁居焦穫，侵鎬方而至涇陽，則焦穫之不在涇陽不問可知，王說殆有未詳，而唐氏之考較近于事實也。既明焦穫爲濩澤，則鎬方之地，可於涇陽之北求

12

之。鎬方之地，說者有三。毛詩鄭箋云：

鎬也，方也，皆北方地名。

未指明何地。王國維氏周葊京考：

鎬方二地自來無說。按詩小雅云：「薄伐玁狁，至于太原」。又云：「來歸自鎬，我行永久」。極其所至之地曰太原，著其所由歸之地曰鎬，則鎬與太原，殆是一地，或太原其總名，而鎬與方皆太原之子邑耳。

王氏誤以金文之「葊京」當詩小雅之「方」，其誤自不待言。而又以方與太原混爲一地，揆之詩中事實，言玁狁孔熾而侵鎬方，王使尹吉甫征之，遠追至太原而止，非言太原即鎬方也。唐蘭氏知王說之未是，而別以豳地當之，其言曰：

鎬，方當在宗周之北，而豳地實當之。

又云：

金文之葊京，或作茻，或作旁，既即小雅之方，方鎬本一地，則葊京之地即豳也。

今按金文之「葊」字，从艸艸，从旁，爲字書所無；是否即方，殊成問題。舊說皆以詩「方」當之，實不可信。余意葊京所在，蓋去宗周不遠。麥尊：

雩若元侯見于宗周，亡述。洽王饗葊京。

尹卣：

王初饔旁，唯還，在周。

臣辰盉：

隹王大俞于宗周，徃饔葊京年。

金文之言葊京者，皆與宗周並舉。知葊京之地，當于宗周附近求之。而方與鎬，當在涇水之北，恐非葊京。銅器有嗣土斧，文云：

虘，嗣土北征葊亩。

亦言鎬在周北。夫于葊而言北征，知鎬在當時亦另有其地，非周之鎬京可知也。今鎬方二地雖不可指實，涇陽所在，王國維氏考證甚詳。其言曰：

玁狁之寇周也，及涇水之北，而周之伐玁狁也，在洛水之陽、則玁狁出入當在涇洛之間，而涇洛二水，其上游懸隔千里，至其下流入渭之處乃始相近，則涇陽洛陽皆當在二水下游。……先儒多以漢時涇陽縣屬安定郡在涇水發源之處，疑詩之涇陽亦當在彼，不知秦時亦有涇陽在涇水下游。案史記秦始皇本紀云：「肅靈公居涇陽」。考秦自德公以降都雍，靈公始居涇陽，靈公子獻公之世又徙櫟陽，則涇陽一地，當在雍與櫟陽之間，而櫟陽西界高陵，距涇水入渭之處不遠。則靈公所居之涇陽，自當在涇水下游，決非漢安定郡之涇陽也。又穰侯列傳云：「秦昭王同母弟曰高陵君，涇陽君」，蓋一封高陵，一封涇陽。二君受封之年，史所不紀，然當在昭王卽位宣太后執政之初。時義渠未滅，漢安定郡之涇陽縣介在邊裔，太后決不封其愛子於此；且與高陵君同封，亦當同壤。後昭襄王十六年封公子市宛，公子悝鄧爲諸

13

侯，二地相接，則前所食涇陽高陵二地亦當相接，然則秦之涇陽當爲今日之涇陽縣，而非漢之涇陽，益知周之涇陽之非漢之涇陽矣。

據王氏所考，知周之涇陽在涇水下游之北。蓋玁狁之來，由焦穫而西，循河渭直抵涇洛之間，鎬方震動而宗周危矣，故宣王命南仲禦之于方，命吉甫逐之于太原。

是役見于金文者有三器：

甲　兮甲盤：隹五年三月既死霸，庚寅，王初各伐厰𤞤于罟盧。

王國維曰：罟字雖不可識，然必爲从网圖聲。盧則古文魚字。周禮天官「䱷人」釋文本或作歔。歔䱷同字，知盧魚亦一字矣。古魚吾同音，故往往假盧䱷爲吾。齊子仲姜鎛云：「保盧兄弟，保盧子姓」，即保吾兄弟保吾子姓也。沇兒鐘：「䱷以宴以喜」，即吾以宴以喜也。敦煌本隸古定商書：「魚家旄孫于荒」，日本古寫本周書：「魚有民有命」，皆假魚爲吾。史記河渠書：「功無已時兮吾山平」，吾山亦即魚山也。古魚吾同音，衙从吾聲，亦讀如吾。罟盧與春秋之彭衙爲對音，罟彭音相近，衙盧則同母兼同部字也。史記秦本紀：「武公元年，伐彭戲氏」，正義曰：「戎號也」，蓋同州彭衙故城是也。戲蓋盧之譌字矣。彭衙一地，於漢則爲左馮翊衙縣，正在洛水東北。

據王氏所考，彭衙於漢爲左馮翊，正當洛水東北，爲由宗周至太原之要衝。而紀年「宣王五年夏六月，尹吉甫帥師伐玁狁，至于太原」，與此盤之年數正相符。尹吉甫出征在六月，而此器作于是年三月，知王與兮甲一軍之出發在尹吉甫之前也。

乙　不𡢁毁：隹九月初吉甲戌，白氏曰：不𡢁，馭方厰允，

按此器無年可考，據長術宣王十三年乙巳朔，初四日得戊申，吳其昌金文曆朔疏證以爲宣王十三年所作器，以銘中地望推之，知與尹吉甫之師所歷之地相近也，故附于兮甲盤之後。（金文歷朔疏証：宣王十三年，卽入甲申統以來八百二十九年。是年閏餘一，大餘二十五，小餘四十七，正月大，己酉朔，九月大，乙巳朔，初吉四日得戊申。）

伯氏，不可考，當是从尹吉甫西征之有軍功者，又天子大臣食邑畿內而爵爲伯者亦可稱伯氏。

不𡢁，蓋又伯氏之臣从伯氏征玁狁者。

馭方厰允，王國維曰：蓋古者中國人呼西北外族之名，方者國也，其人善禦，故稱御方。（西北民族之善射御，自古已然，如秦之祖先本在戎狄，其入中國，皆以畜牧及御顯，如費昌爲湯御，孟戲中衍爲大戊御，造父爲周穆王御，其裔孫趙夙亦爲晉獻公御，可知中國人畜牧僕御，不如西北民族，此御方之名所由起歟？）殷時已有此稱，殷虛卜辭云：「貞遣于御方」（殷虛書契卷七第十一頁）。周人或以爲名，噩侯鼎云：「噩侯馭方，內饗于王」，博古圖二載穆公鼎云：「亦惟噩侯馭方（舊釋「器匽口方」），所摹文字亦有訛舛，以噩侯鼎證之，知即此四字）率南夷東夷南國東國」，則馭方者噩侯之名，以馭方爲名，如鄂噩公之名噩矣。厰犹者，馭方中之一種。

廣伐西俞。

王國維曰：西俞，謂宗周以西山地。爾雅釋地，「北陵西隃，鴈門是也」，郭注：「即鴈門山也」。穆天子傳：「天子西征，乃絕隃之關隥」，郭注：「鴈門山也」。以穆傳所紀地望準之，郭說頗合。然鴈門既名隃，不得復名西隃，疑爾雅「鴈門是也」四字乃漢人旁注之字，誤入正文者，然說文所引固已然矣。余意說文阜部隃阮諸字，皆古代山阜之通名：隃者，踰也，凡山之須踰越而過者皆可謂之隃，亦謂之阮。呂氏春秋古樂篇：「伶倫自大夏之西，乃至阮隃之陰」。阮隃，漢書地理志作「昆侖」，說苑修文篇，風俗通音聲篇，左傳成九年正義皆作「崐崘」，徐鍇本說文阮字下有「讀若昆」三字，是「崑崙」亦名「阮隃」，又在大夏之西，則阮隃非鴈門也。史記趙世家：「秦反陘分先俞於趙」，集解引爾雅「西隃」釋之，正義亦云「西先聲相近」，然此時秦趙之界不得東至鴈門，則「先俞」非「雁門」也。秦九原郡之地，古稱榆中（見史記秦始皇及項羽本紀，趙世家。服虔徐廣以漢金城郡之榆中縣當之，誤甚）。榆亦隃字之假借，其地在秦爲九原郡，在漢爲五原郡，而廣韻作五阮郡，則原又阮之假借。說文阮字下云：「代郡五阮關（漢志作五原關）也」，則代郡又有五阮。又淮南地形訓，九塞之中有荊阮，高注：「荊阮在楚」，則古時凡山地之當通路者皆名之曰阮曰隃，實公名而非專名，故西北地名之以俞若榆名者，不可勝計，泉曰俞泉（竹書紀年，後漢書西羌傳引），次曰榆次（史記刺客列傳），溪曰榆溪（史記衞青霍去病傳），山曰俞山（水經漆水篇），谷曰榆谷（後漢書西羌傳及水經注河水篇），實皆以山地得名。古文隃字只借俞字爲之，說文隃逾踰三字，皆後起之字，許君以隃爲西隃，阮爲五阮關之專名，其義轉隘。又俞榆同音，故古代亦借用榆字，漢人乃有「榆樹爲塞」之說（漢書韓安國傳），又不免望文之過矣。此西俞者，在豐鎬之西，故云「王命我羞追于西」，與爾雅之「西隃」，趙世家之「先俞」皆不相涉；以地望與字義求之，遠則隴坻，近則水經扶風杜陽縣之「俞山」，皆足當之。 15

余命女御追于䍐。

䍐不可識，此與上小臣謎𣪘之「䍐自」同在洛水涇陽之間。

女以我車宕伐厰允于高陵。

史記穰侯列傳云：「秦昭王同母弟曰高陵君、涇陽君」。兄弟同時所封，則高陵與涇陽相去不遠。涇陽一地，在雍與櫟陽之間，高陵當在涇渭之會，漢書地理志左馮翊有高陵縣，蓋即其地。

乙　虢季子白盤：「隹十又二年，正月初吉，丁亥，虢季子白作寶盤。不顯子白，將武于戎工，經維四方，搏伐厰允，于洛之陽」。

案、隹十又二年正月初吉丁亥，據四分，三統曆，宣王十二年正月乙酉朔，三日得丁亥，故知此爲宣王時器。考紀年：「宣王五年夏六月，尹吉甫帥師伐玁狁之戎」，而此云十三年者，蓋尹吉甫之師出動在宣王五年之際，虢季子之伐在尹吉甫之後。始玁允擾亂于東，尹吉甫伐之于方（方在王畿之東北），是時荊蠻蠢動于南，玁允又復響應于東，宣王復命虢季子禦之于洛，洛地更在涇水之東。故詩采芑云：「蠢爾蠻荊，大邦爲仇。征伐玁狁，蠻荊來威」，而此器亦云「賜用戉，用政蠻方」也。

又案，郭沫若據後漢書西羌傳「夷王命虢公率六師伐太原之戎，至于俞泉」之文，而定此爲夷王時虢公所作之器。虢季子白不可考，當爲西虢之君。漢書地理志，「虢與郿同屬右扶風」，又曰：「西虢在雍州」，在今陝西寶雞縣一帶地，此盤出土郿縣問禮邨，當即西虢都邑之所在。

洛之陽或即洛水入渭之處，漢志左馮翊懷德下曰：洛水東南入渭。今陝西同州府朝邑縣有懷德城，漢縣也。

禹貢半月刊

第七卷　第四期（回教專號）

民國二十六年四月十六日出版

16

穆天子傳地名考

日本小川琢治著
劉厚滋譯

1

穆天子傳地名考，爲日本小川琢治氏穆天子傳考中地理考證部份。文載狩野子温博士還歷紀念論叢（六十三頁）。其說與丁謙穆天子傳地理考証（地學雜誌第六年二至六冊）頗有異同；而翔實精博，遠過丁氏。因譯其自南鄭至積石一節，所謂禹貢之地者，俾治中國古地理者參考焉。至積石以西，西夏西王母之邦諸地，則將別爲迻譯也。

一 南鄭 宗周

穆王自宗周（洛陽）西征，穆天子傳卷四，分其所經過道途共爲九段：

（一）自宗周瀍水以西，至于河宗之邦陽紆之山，三千四百里。

（二）自陽紆至于西夏氏，二千又五百里。

（三）自西夏至于珠余氏及河首，千又五百里。

（四）自河首襄山以西南，至于舂山珠澤崑崙之丘，七百里。

（五）自舂山以西，至于赤烏氏舂山，「千」三百里。

（六）東北還至于羣玉之山截舂山以北，自羣玉山以西，至于西王母之邦，三千里。

（七）自西王母之邦，北至于曠原之野，飛鳥之所解其羽，千有九百里。

（八）圓宗周至于西北大曠原，萬四千里，乃還東南，復至于陽紆，七千里。

（九）還歸于周三千里。

各行兼數三萬有五千里。

其中各條所計道里，與總數額相抵觸。因各條里數總和爲三萬七千三百里，其中第八條，自宗周至于西北大曠原一萬四千里之數，實係往路里數之總計；故應除去，得二萬四千三百里。今云總里數爲三萬五千里，三字實係二字之誤。因傳抄者誤將往路一萬四千里計入，妄改二字爲三字耳。即往路合計里數，亦不過一萬三千三百里，以「四捨五入」計，去一萬四千里尙覺差數過多。第五條記舂山距離爲三百里一節，祗當今日自甘肅涼州附近至肅州實在距離四分之一，無疑爲三百上脫一「千」字也。

茲更取水經注所記數字，與之比較。卷一「去嵩高五萬里，地之中也」句注云：

「自宗周瀍水以西北，至于河宗之邦，陽紆之山，三千有四百里。自陽紆西至河首，四千里。合七千四百里。」

與上列（一）（二）（三）條里數無誤。

然同書：「屈從其東南，流入於渤海」，注云：

「按穆天子傳：穆王于崑崙側，瑤池上，觴西王母，云去宗周瀍澗，萬有一千一百里。」

一方面與自（一）至（六）之合計比較，不足三百里。另一方面自往路總計一萬四千里中減去第（七）條之一千九百里，得數爲一萬二千一百里。今假定酈道元所說「一千一百」數字係用上列減法算出；而「春山距離三百里」句上係脫一「千」字，如前所述，是水經注之萬有一千一百里爲萬有二千一百里之誤，可斷言也。

訂正里數如下：

（一）自洛陽至河宗之邦，陽紆之山，三千四百里。

（二）自陽紆之山至西夏氏，二千五百里。

（三）自西夏至河首，一千五百里。

（四）自河首襄山至崑崙之丘，七百里。

（五）自崑崙之丘至赤烏氏，一千三百里。

（六）自赤烏氏轉至西王母之邦，三千里（合一萬四千三百里）。

（七）自西王母之邦至曠原之野，一千九百里。

（八）自曠原之野還至陽紆，七千里。

（九）還至宗周，三千四百里。

總計，二萬四千七百里。

當爲不謬。易言之，即原文所列往路里數一萬四千里，乃捨去合計尾數「三百」而言；歸路三千四百里，百以下數字省去；而將此七百里仍加於總計之上，並認爲前後抵觸也。

此西征路線之遺迹，因古地名存在頗少，考訂甚感困難；但有一部份地名，尚可用山海經漢書地理志水經注諸書比較得之。更據道里方向加以推測，則大體斷可定也。

卷一之首，簡有殘缺，其出發處所時日不明，除根據歸程加以推定外，別無方法。若據卷四載有「吉日丁酉，歸于南鄭」之語（案考詳小川琢治穆天子傳考第九節）可知其出發點爲南鄭；由南鄭至洛陽——（本書所謂宗周，即尚書所謂成周），告廟而後成行也。

南鄭，郭璞注云：

「今京兆鄭縣。紀年曰：穆王元年築祇宮於南鄭；傳所謂王是以獲沒於祇宮者。」

但於南鄭之名因何而起一點未加解釋。今按逸周書大匡解文王之時云：

「維王宅程三年，遭天之大荒。（孔晁注：程，地名，岐州左右，後以爲國。初王季之子文王因焉，而遭饑饉，後乃徙豐焉。」

酆保解云：「維二十三祀庚子朔，九州之侯，咸格於周，王在酆」。文傳解曰：

「文王受命之九年，時維暮春，在鄗。」

至武王時，大開武解云：

「維王一祀二月，王在酆。」

寶典解及酆謀解云：

「維王三祀二月丙辰朔，王在鄗。」

「維王三祀，王在鄗。」

世俘解幷有：

「維一月丙辰旁生魄，若翼日丁祀，王乃步自于周，征伐商王紂。」

「時四月既旁生魄，越六日庚戌，武王朝至燎于周……乃以先馘入，燎于周朝。……乃竟告于周廟。」 3

等語，可知周廟在酆在鄗。

據上文知太王國岐下時都程——（即鄭）——至文王初遷酆，受命後始居鄗，武王克殷時即都鄗也。

水經注謂：酆鄗爲二水名；酆處于西，鄗處於東，同爲渭水南段支流，武王都鄗，即鎬也。尚書畢命：「王朝步自宗周，至於酆」。注謂宗周即鎬京也。僞古文雖不足據；然據世俘解，武王時廟或在鎬。

據淸一統志：周之豐宮位豐水之西，去鄠縣三十里。鎬京位長安縣西南，去酆二十五里，共屬今西安府治。

南鄭，在今華州北；當漢書地理志京兆鄭縣，班固自注云：

「周宣王弟桓公邑，有鐵官。」

應劭云：

「宣王母弟友所封也。其子與平王東遷，更稱新鄭。」

傅瓚駁應說云：

「周自穆王以下，都於西鄭，不得以封桓公也。」

傅氏所謂西鄭，恐係據竹書紀年之說；所以別於漢中府之南鄭及河南之新鄭耳。然水經注渭水：「又東過鄭縣北」，注：酈道元引左傳史記証應劭不誤，顏師古亦謂無穆王以下都西鄭事；傳說非。

今按文王初居程，在渭北岐水岐山之間。水經注(卷十八)渭水：「又東過武功縣北」注謂大樊水即故岐水云：

「又屈逕周城南，城在岐山之陽而近西，所謂居岐之陽也。……又歷周原下，北則中水鄉成周聚，故曰有周也。水北卽岐山矣。」

程鄭古音通，欲加區別，故名在渭南之鄭爲南鄭。宣王母弟所封者則爲古程，而非南鄭。異說紛歧，至此一掃而空矣。

此外：今西安西百里之興平縣，當漢槐里地。班固自注云：

「周曰犬邱，懿王都之，秦更名廢邱。」

號爲自穆王以下之都城遺址。傳瓚所見竹書紀年雖多疑點，不足置信；然就本書卷五：「作居范宮」注「范，離宮之名也」推之，所謂懿王之都——(犬邱)，正可解作岐陽故都旁之離宮，不必定爲一大都邑。

殷人都邑，因避河患，時有遷移；吾人觀此事實，可知當時國都規模狹小；與後世都邑異趣；即至周代，文王覇岐下，遷都於豐，武王更遷於鄗，其時亦尙無都邑可與咸陽長安比媲者；故遷移較易。

至本書所載之宗周，實規模較大。逸周書作雒解曰：

「乃作大邑成周於土中，城方千七百二十丈，郛方七百里。南繫於洛水，地因于郟山，以爲天下之大湊。(抱經堂校本百作十，地作北。琢按，郟疑郊誤。)

其文甚明。又：

「乃設兆丘於南郊，以上帝配后稷。……乃建大社于周中。……乃位五宮：大廟，宗宮，考宮，路寢，明堂。」

建築莊嚴，以備舉行種種儀式。逸周書明堂解曰：

「周公攝政，君天下：弭亂六年，而天下大治；乃會萬國諸侯於宗周，大朝諸侯。」

王會解謂，成周之會，乃係會諸侯於鄗京，而朝諸侯於洛陽。但就本書所載自宗周瀍水至西土之道里計算，幷作明堂于洛陽事揣之，會諸侯於鄗京說頗爲可疑。故吾人寧謂成周宗周皆指新興之大邑洛陽而言也。

故穆王當時，恐係每年冬季還南鄭，入春復至宗周——(洛陽)，引見東土朝覲諸侯，巡守萬邦，措置重要政務也。是時周室東西兩都之關係，係以南鄭爲西方發

4

祥地之根據。武王率其諸部曾長滅殷後，周公輔成王配置功臣宗室於東土，以資經略駕馭；復於東土中心之洛陽設宗周。明堂王會諸篇所紀大規模之朝會，皆舉行於此。康王即位，大會諸侯，想即在其地布康王之誥也。

就上所載各端及穆王事迹推想：周室統一之初與滿洲興起自東方山中，渡遼陽，遷奉天，終代明而居北京之情形完全相同。最初百餘年間，即往來東西二都，以固其根本而擴張其勢力於東土。及昭穆二王時，始推其力量於長江流域。至謂東遷以前，周室處渭水流域中心，號令天下，不免有偏於一隅之感者，實未明瞭此眞相也。

二 雷水，焉居，鄘

自宗周（自洛渡河後，最初一部份材料缺）至河宗之邦，其間共十八站：

（一）蠲山，（二）漳水，（三）鈃山，（四）滹沱，（五）犬戎之邦，（六）當水，（七）隃之關隥，（八）焉居禺知之平，（九）鄘人之邦，（十）滲澤，（十一）河，（十二）滲澤，（十三）河水之阿，（十四）鄘邦之南滲澤之上，（十五）陽紆之山，河伯無夷之所都居，（十六）燕然之山，（十七）燕然之山，河水之阿，（十八）黃之山。

內（一）至（五）所經各地，鄙見與丁謙穆天子傳地理考證，頗有異同；雖不能一一備舉，然如觸山（洛陽出發後之第一站）位置，丁氏謂穆王係沿太行東麓而行；初東北向，繼復折而北。當在未渡漳水時通過觸山；故山在漳南，今彰德府地。又第三鈃山條，丁謂鈃山北堂書鈔作陘山，當即井陘。穆王歸途曾重經之，由洛陽一直北行即抵其地，爲升太行濟河必經之途云云。

今按清一統志澤州北高平縣有泫水泫谷。水經注沁水注云：

「絕水出泫水縣西北楊谷；故地理志曰：楊谷，絕水所出。」

泫觸音通。想即趙秦故戰場長平附近之山。由是可渡漳水上流，即鈃山也。至北堂書鈔作陘，是否正確姑不置論；因「陘」「絕」不僅同音，其義亦同。爾雅釋地曰：「山絕，陘」，鈃故有絕義。如太行山之八陘，皆指山頂陡凹處地形而言，井陘亦不過其中之一而已。書中有：

「至于鈃山之下，癸未雨雪，天子獵于鈃山之西阿，於是得絕鈃山之隊，北循滹沱之陽。」

諸語。由此可知汾水前有一斜面土隧，過此即窺見滹沱

5

上游；吾人因疑所謂鈃山之隊，未必非即汾水（出太原忻州間）滹沱間之石坂也。

據此知渡漳水上流在戊寅日，越沁州石坂，出汾水流域在庚辰日，約四日達石嶺，更二日乙酉越過所謂「北升於口」之嶺，遂抵犬戎之邦。此滹沱上流北面之石嶺，捨雁門外恐無他地。歸途次雷水時有癸亥天子南征升于髭之隥，丙寅天子至於鈃山之隧」之語，口中或為髭之隥三字；且漢書地理志雁門郡班注曰：「秦置句注山在陰館」；此地當是戰國時趙之句注山地。丁氏謂此空格為五臺山，以山高與時日計算似不可能。

用以決定犬戎之邦所在地之各重要地名。

當水之位置，傳曰：

「犬戎之胡，觴天子於當水之陽，天子乃樂口賜七萃之士戰。」

丁氏考云：

「穆王北征時，犬戎必尚居西寧本部。」

謂：當水當為雷水之誤；水在犬戎南境，今湟水也。鄙見以為「當」「雷」字形相似易誤，卷四歸途中亦記有：

「孟冬壬戌（按當作辰），至于雷首，犬戎口胡，觴天子於雷首之阿」

之事，故贊同丁氏之說；惟覺其所定位置過遠，難於置信。因於雁門正北（桑乾河上流）求之，日程不合。丁氏云：

「天子北升于口，天子北征於犬戎」

句中，口處當有脫文甚多，與下不相連接。其困難點因歸途雖經其地，亦缺日程，無從認定。漢書地理志雁門郡陰館注：

「樓煩鄉，景帝後三年置；累頭山治水所出，東至泉州入海，過郡六，行千一百里，莽曰富代，師古曰，累者力追反，治音弋之反，滿剌王傳作台。」

水經注卷十三：

「濕水出雁門陰館縣，東北過代郡桑乾縣南。」

注云：

「濕水出於累頭山，一曰治水。泉發于山側，沿波歷澗，東北流出山，逕陰館縣故城西，縣故樓煩鄉也。」

濕為灅字之誤，說文灅字注已詳。即北山經北次三經之濕水及灅液水，恐皆此雷字異字。

要在雷首為雷水之源無疑；其正確位置，據支那地圖帖在朔州北十餘杆東南山麓，桑乾泉池側。桑乾泉水故以甘冽名。從酈道元說，此泉爲㶟水支流溹涫水，於其側求雷水之阿當較可信。

據此，犬戎之邦在桑乾河流域，大同府地甚明。其地爲海拔千尺之高平原也。

「庚寅北風雨雪，天子以寒之故，命王屬休」

云云：更可推知時在陽歷十一月至二三月間。此段紀事，本無征伐意義；但今本竹書紀年謂：

「十二年毛公班，井公利，逢公固從王伐犬戎。」

「冬十月，王北巡狩，遂征犬戎。」

王國維謂征乃行義，誤解爲征伐。按其中唯一可疑之字面，即爲「賜七萃之士戰」之戰字；鄙見以爲係觶字之訛；儀禮士冠禮注，禮記禮器注皆云：

「爵三升曰觶。」

說文曰：飲酒角也。玉篇曰：酒觴也。賜七萃之士戰，當作賜七萃之士酒觶。迨西晉學者先有伐犬戎成見在，傳鈔時誤以爲當是戰字，郭璞不察遂致誤訂。丁氏以爲其下脫有「甲」「馬」等字，亦係貼征伐作想，未脫前人窠臼也。

由是西向至犬戎之邦至河宗之邦所記各事云：

「甲午天子西征，乃絕隃之關隥。己亥至于焉居禺知之平。辛丑，天子西征，至于𨞥。河宗之子孫𨞥栢絮，且逆天子于智之□，先豹皮十，良馬二六。天子使井利受之。癸酉（當作夘）天子舍于漆澤。以釣于河，以觀□智之□。甲辰天子獵于滲澤，於是得白狐玄狢焉，以祭於河宗。丙午天子飲于河水之阿，天子屬六師之人于𨞥邦之南，滲澤之上。戊寅（當作申）天子西征鶩行，至于陽紆之山，河伯無夷之所都居，是惟河宗氏。河宗栢天逆天子燕然之山，勞用束帛加璧。光白□，天子使𨙸父受之。癸丑，天子大朝於燕□之山，河水之阿，乃命井利梁固聿將六師。」

文中第一空格當塡入西疆二字。第二空格與栢天處觀寶事比較，或爲觀𨞥氏之寶等字，智字上當有禺字，爲記禺智之人獻物之紀事。第三空格不能知。「且」字雖通「徂」「祖」等字，有祖道等義；但此處與人名相連，可知其非是，而爲簡單之助辭也。

隃之關隥，郭注云：

「隥，阪也。疑北（當作此）謂北陵西隃。西己亥（疑衍）隃，雁門山也，音俞。」

此說出於爾雅釋地八陵章之：

「東陵阠，南陵息愼，西陵威夷，中陵朱滕，北陵西隃雁門是也。」

郭注故云：「即雁門山也」。又北次三經雁門山注：

「雁門山即北陵西隃，雁之所出，因以名。云在高柳北。」

云字上脫「海內西經」四字。

按郭璞以西隃雁門爲一地，郝懿行山海經箋疏及爾雅義疏亦襲其說。然釋地八陵本多疑點，因其中南陵息愼說，全不可解也。今僅就「北陵西隃雁門」一句觀之：郝氏西隃即雁門說因史記趙世家蘇厲爲齊遺趙王書中，有：「反巠分先兪於趙」語，謂先兪即西隃雁門。徐廣正義幷從之。但，就先越雁門經雷水而後始踰兪觀之，無論如何此二名皆爲異地，正義：先西聲近，故先兪即西兪說，亦應加以訂正；殆先兪者先踰之嶺，即今雁門；西兪者西在之嶺，在朔州平魯間之井坪邊，當爲不謬。歸途經雷首受饗於犬戎之胡時，有：

「癸亥（當作己）天子南征，升于髭之隥」

語；是髭之隥爲雁門無疑。由是可知本書單稱西隃爲隃，而稱先兪爲髭。隃兪皆如正義所說讀如戍，與髭音亦相近。至西隃位置大抵爲在朔平西北與平井相通之石嶺。

焉居禺知之平，地理志雲中郡楨陵縣注云：

「緣胡山在西北。西部都尉治，莽曰楨陸。」

所謂緣胡當即焉居。水經注（卷三）河水中之「又東過雲中楨陵縣南」句注亦云緣胡山，董祐誠謂即今托克托城西北臨河諸山，楨陵城當在托克托城西南，太平寰宇記謂在榆林縣西北，非也。酈道元太和中從北魏高祖北巡，親涉其地，其所加注云：

「縣在山南，王莽之楨陸也。北去雲中城一百二十里，縣南六十許里。有東西大山，山西枕河，河水南流。」

所謂焉居禺知之平，當係指居於焉居地方禺知氏而言。地理志西河郡有鯢是縣；鯢是禺知音轉，恐當時禺知部落係散在黃河南曲兩岸也。

「辛丑天子西征，至于鄘人。」

句下當脫「之邦」二字；郭注：「鄘，國名，音回肯切」。發音略如 Pêng, Pëng；古地名與此相近者，僅水經注所謂芒干水，地理志作荒干水一名。地理志定襄郡武皐縣注云：

「荒干水出塞外，西至沙陵入河，中部都尉治。」

武進縣注云：

「白渠水出塞外，西至陵沙入河，西部都尉治。」

是荒干水與白渠水相鄰。關於此兩河流之記載，水經卷三：

「又東過雲中楨陵縣南，又東過沙南縣北。從縣東屈南，過沙陵縣西。」

注記此二水經過原委曰：

「大河東逕咸陽縣故城南，王莽之貢武也。河水屈而流，白渠水注之。水出塞外，西逕定襄武進縣故城北。……又西逕渭水雲中宮南。……又西南逕雲中故城南，故趙地。……又西北逕沙陵縣故城南。……其水西注沙陵湖。」

又有芒干水出塞外，南逕鍾山，山卽陰山。故郎中侯應言：于漢曰陰山，東西千餘里，單于之苑囿也。自孝武出師攘之于漢北，匈奴失陰山，過之未嘗不哭，謂此山也。……又西南逕白道南谷口……又西南逕雲中城北，…又西塞水出懷朔鎭東北芒中，南流。……西南入芒干水。芒干水又西南注沙陵湖，湖水西南入于河，河水南流入楨陵縣西北緣胡山，歷沙南縣東北兩山二縣之間而出……。」

云云。

楊氏前漢地理圖謂白渠水當今西拉烏蘇河，由定襄郡北界西流；芒干水接流（漢書之荒干水）於其北雲中郡南界。後者（芒干河）之水源在今代哈泊北，相當歸化城南西流之黑水河。

趙誠一刋誤，從地理志，以爲芒字乃荒字之誤。今按地理志僅舉此地名一次，水經注則八見，謬誤似應屬前者（地理志）；且地理志係纂輯成書，酈道元則身經其地，材料價值亦甚懸殊；故鄙意以爲當以水經注芒干水爲正。

又前所引注中有：「塞水出懷朔鎭東北芒中」語，可知芒干水必係因經過其地而得名；因以爲鄘人之邦當在今歸化城附近，即漢雲中地方陰山南麓一帶。

鄘芒通用之前例，魏志卷六：「董卓傳卓遂將其衆迎帝於北芒，還宮」，即指洛陽之北邙山，是邙芒通用也。

癸卯舍于漆澤，次于滲澤，及歸途所經之澡澤，均係指一沼澤地而言，恐爲同一地名，因字形相似誤爲三耳。其中滲字當爲本字，他均轉誤。淸一統志（卷一二四）歸化廳之沙陵湖今名山黛湖似即滲澤之轉。此沼澤位置，觀穆王釣於河，祭於河宗，會六師於河上諸事，可知距河甚近；與酈道元沙陵湖相合。沙陵湖附近當黃河東岸孔道，在漢雲中城，唐東受降城，今托克托城地。

綜上經過路線：自戊寅渡漳水，至戊申發滲澤，計時三十日，過程五百粁。以一日行程百里（三四十粁）計，不過需時十五日。可知中間曾有逗留。卷四所計道里謂此距離爲三千里；以一日行百里計，行程亦需三十日，其間必有差異也。

三　陽紆，莫䫜，積石

穆王自滲澤西向，長驅達陽紆之山；其山與黃河北邊相連，就今日地圖觀之當陰山及哈拉納林鄂拉（黑日嶺）之地。周代名其地曰陽紆，漢曾一度沒入匈奴，武帝時奪回置朔方五原雲中三郡，不著陽紆地名。史記蒙恬列傳有：

「秦已并天下，乃使蒙恬將三十萬衆北逐戎狄，收河南。築長城：因地形，用制險塞；起臨洮至遼東，延袤萬餘里。於是渡河據陽山（集解，徐廣曰：五原西安陽縣北有陰山，陰山在河南，陽山在河北。）」

語。酈道元引始皇本紀三十三年「北假中」地名加以注釋云：

「地名也，自高闕以東，夾山帶河，陽山以往皆北假也。史記曰：秦使蒙恬將三十萬北擊胡，渡河取高闕，據陽山北假中是也。（今本史記脫據字，陽字誤爲陶。）」

認爲陽山即此陽紆山。

酈氏并因徐廣誤以爲陰陽二山係對立，一在河南，一在河北；曾加辯明，謂：

「而即實不在河南。」

觀現蒙古人呼其地爲黑日嶺，其山名由來當係指其遮蔽北部居民日光而言，漢譯其意爲陰山，陽紆之名則通行於周代，同在河北，二名通用，復因漢名意義迂曲，陽山之名乃漸被遺忘。

陽紆地名除本書外，散見秦漢各書者以逸周書職方解及周禮司馬職方氏云：

「河內曰冀州，其山鎮曰霍山，其澤藪曰陽紆，其川漳，其浸汾，潞」

爲最著；而鄭玄注云：「陽紆所在未聞」，賈公彥疏亦無考。至孫詒讓周禮正義，始博引詳徵，就本書穆王西征路徑探討，因有三千里說遂謂在冀州域外，未決定其位置。

但爾雅釋地十藪云：「秦有陽陓」；釋文：「陓本或作紆」；郭注：「在今扶風汧縣西」。呂氏春秋有始覽云：「秦之陽華」，高誘注謂在鳳翔或華陰之西。淮南子墬形訓中秦之陽紆，高注云：在馮翊池陽，一名具圃。同書脩務訓「禹之爲水，以身解於陽紆之河」注云：「陽紆蓋在秦地」。惠士奇取郭景純在扶風汧縣說以爲當弦蒲之地，高誘皆臆說。又以中山經楊華之山言及本書河宗之陽紆山，云：

「要之陽紆所在，漢時已不可考；故班鄭並闕不言。而舊說多强爲傅合，悉無確證。謹從蓋闕，以竢知者云。」

今按逸周書職方解序穆王作陽紆與穆天子傳所謂陽紆當係同地。但孫氏正義（卷六十三）疑職方解序係自周官大司馬下篇中鈔出，謂：

「今本周書殽雜，未必周史官之序次，敍亦似後人所補作，孔晁强爲之說，不足據。」

又因穆傳之陽紆在灅水西三千餘里，已爲「要服」，其非冀藪無疑。據孫氏：「河內曰冀州」注，周代黃河係反S字狀，流至太行東麓頃，西東南三面界河，似今山西地。作者現考定陰山位置在其西北隅，無論如何，無出冀州範圍之理。孫氏否認此說之唯一理由即係認其地在「要服」之外，其誤解處即因執着儒家舊說，不知幾何學道理故也。

鄙見以爲兩書所載陽紆之藪，當在穆王漁獵之滲澤附近地方，陽紆即陰山南麓之別名。但滲澤不過今包頭西數河會合處一沼澤地之東端也。

此外尙發現一部份決定此地方之地理位置之記載於卷四中云：

「癸丑。（當作未）天子東征，栢夭送天子至于䣙人，䣙伯綮觴天子于澡澤之上，鄋多之汭（注 汭，水涯），河水之所南還。」

11

此鄋多當即地理志五原郡之莫䵣（注，如淳曰：音切怛。師古曰：音丁葛反），爲楊氏地理圖五原郡無考四縣之一，因其適當黃河南折處，似即今包頭地。博托河由陰山南斜面南流經過其地。包頭情形正同，謂爲同地，幷非偶合。莫䵣即鄋多古名，經三千年其名尙存；包頭亦即博托Poto，事甚明也。大正十三年九月藤田元春文學士調査包頭，其地尙有河神廟在。據淮南子脩務訓：

「禹之爲水，以身解於陽盱之河。（高誘注爲治水解禱，以身爲質，陽盱河在秦地。）」

當爲禹禱河神之地，亦穆王祭河伯地不容疑議也。

今陽紆莫䵣位置既經考明，同時山海經中關於黃河各疑點，亦因之得一解決途徑。茲將關係黃河之經文數條列下：

「西山經西次三經：崑崙之邱，是實惟帝之下都，……河水出焉（郭注：出山東北隅也）而南流，東注於無達（郭注，山名）。」

「海內北經：從極之淵深三百仞，維冰夷恒都焉。（郭注，冰夷，馮夷也。淮南云：馮夷得道，以潛大川，即河伯也。穆天子傳所謂河伯无夷者，竹書作馮夷，字或作冰也。）冰夷人面乘兩龍（注，畫四面各乘靈車，駕二龍）。一曰忠極之淵。」

「陽汙之山，河出其中。凌門之山，河出其中。」（注，皆河之支源所出處也。）

「王子夜之尸，兩手兩股胸首齒皆異處。」

「舜妻登比氏，生宵明，燭光（注，即二女字也，以能光照，因名云），處河大澤，二女之靈能照此所，方百里。（注，言二女神光所燭及者，方百里。）一曰登北氏。」

水經注（卷一）河水：「屈從其（崑崙墟）東，流入渤海，注云：

「山海經云：南卽從極之淵也。一曰中極之淵。深三百仞，惟馮夷都焉。括地圖曰：馮夷恆乘雲車駕二龍。河水又出於陽紆陵門之山，而注于馮逸之山。」

按本書（穆天子傳）有：天子西征，至于陽紆之山，河伯馮夷之所都居，是惟河宗氏；天子乃沉珪璧禮焉，云云，是山海經所記即在其地。又酈道元所見山海經與今本頗有異同：如「中」今本作「忠」，「冰」作「馮」，「人面」云云，酈注謂出括地圖，陽紆今作陽汙，陵門今作凌門，馮逸之山作無達。

其中最顯著者，爲無達作馮逸。無馮恆通不待言；「逸」誤作「達」，迨「逸」通「夷」，「夷」通「底」，「底」音與「達」近也。

山海經之陽汙相當陰山，凌門相當西河龍門，大澤當陽紆之藪自不待言，即無達當莫063亦不難想像得之。

更就此推論，北山經末碣石山條下有：

「又北水行五百里，至于雁門之山，無草木。」

「又北水行四百里，至於泰澤。其中有山焉，曰帝都之山，廣員百里，無草木，有金玉。」

「又五百里，曰錞于毋逢之山。北望鷄號之山，其風如颮（注：颮，急風貌也，音戾；或云飄風也）。西望幽都之山，浴水出焉」

云云，知五藏山經所記北部諸山，皆在穆王西征道上。毋逢即毋達，鷄號即鷄龍之誤字；地理志之宜梁縣亦其轉音。又關於「錞于」二字，就北次二經敦題之山節中：

「是錞于北海」，及南山經箕尾之山節中：「其尾踆于東海」二句之文法考之，「錞」「踆」二字是否相通，雖未可知，但確有「臨」字之義；毋逢（達）之山上冠此「錞于」二字，下復有「於河」二字，則此句全文當作「臨河之山」解。

又北次三經諸山中天池之山節云：

「又東三百里，曰陽山，其上多玉，其下多金銅。……留水出焉，而南注於河……。」

同經柘山節云：

「又三百里，曰維（疑當作鷄）龍之山。其上有碧玉，其陽有金，其陰有鐵；肥水出焉，而東流注於皐澤。其中多礨石、敦鐵之水出焉，而北流注於大澤。」

疑其地在秦澤毋逢之間。

綜上所論：今包頭地爲穆王時䣙多，春秋戰國時毋達，無達，漢之莫䵷。漢以後縣廢，名遂不見於史乘。

博托古河至今尚當交通衝要，位置未變。因有禹祭河神舊說，至穆王時對河伯信仰尚未衰也。

莫䵷即博托，與烏魯木齊（鞏寧）之博克達山，同出準語（土耳其）之（註）Bogdo，義爲神聖。恐係因安爾泰山麓東南移之夏人曾奉爲聖地，故有此名。

又作者前曾就史記伯夷傳應劭注：「伯夷之國君，姓墨胎氏」語，考訂墨胎，孤竹爲同名，假借字。今按墨胎亦與莫䵷通，孤竹「不令支」「不屠何」等語上冠「不」字；「不」「孤」似亦「莫」之緩聲。若然：伯夷恐與鄘伯絜，河宗伯夭同出河宗氏支派，而散居於遼西桑乾河，灤河一帶；周旣滅殷，此一族人曾一度爲殷室抵抗者也。

至春秋時：河內西河之地已屬晉轄。禮記禮器（注疏本卷二十四）紀祭河之事云：

「故晉人將有事於上帝，必先有事於頖宮。晉人將有事於河，必先有事於惡池。」

鄭注：

「惡當爲呼，聲之誤也。呼池嘔夷，幷州川」

云云可知祭河次序，例先小後大，先祭滹沱而後始祭河神，故穆王途次先祭滹沱而後至陽紆祭河伯也。若更以地理位置言：河水合流處北當河津縣邊界，西當壺口孟門，似以先祭汾水爲當。左傳昭公元年晉獻（譯者案，「獻」當作「平」）公疾，鄭子產謂失祭汾水水神臺駘之祟云云，可爲旁証。

至戰國時：趙以太原爲根據，向內地發展，復從此路出入。視史記趙世家武靈王胡服騎射後：「壤地北至燕代，西至雲中九原」，「西北略胡地；而欲從雲中九原，直南襲秦」諸語可知。又蘇厲贈惠文王書云：

「踰句注，斬常山而守之，而通於燕，代馬胡犬不東下，昆山之玉不出，此三寶亦非王有矣」，

深說秦燕連衡之可畏：足見其地爲入隴孔道。至今日尚然也。

楚辭所收離騷九歌所記諸事，作者屈原等人生長江流域，冥想遊行崑崙狀況，所記途徑道里，當不能精確。惟離騷末：「靈氛旣告余以吉占兮，歷吉日乎吾將

行」句下所記西遊經歷，及九歌河伯所記，亦可考知流傳楚國之穆王故事中地名位置大概。河伯：

「與汝遊兮九河，衝風起兮橫波，乘水車兮荷蓋，駕兩龍兮驂螭」

云云，與海內北經之「冰夷人面乘兩龍」形容相同，可見當時（戰國）之河神性狀。又：「衝風起兮橫波」等形容詞意義即淮南覽冥訓「陽侯之波」句高注所謂：

「陽侯，陽陵國侯也。其國近水，溺水而死；其神能爲大波，有所傷害，因謂之陽侯之波。」

陽陵之陽紆即陽山，陽侯當即河伯。

又合觀海內北經有「王子夜（亥之誤）之尸」及舜妻登比氏生宵明燭光，處河大澤」事，及大荒東經：

「有人曰王亥……王亥託於有易，河伯僕牛，有易殺王亥取僕牛（郭注，竹書曰：殷王子亥賓于有易而淫焉；有易之君緜臣殺而放之。是故殷主甲微假師于河伯，以伐有易，滅之，遂殺其君緜臣也。）河念有易，有易潛出爲國於獸方食之，名曰搖民。（注：言有易本與河伯友善，上甲微殷之賢王，假師以義伐罪，故河伯不得不助滅之。暨（今本作既，是也）而哀念有易，使得潛化而出，化爲搖民國）」

云云。有易地亦在其附近，易即陽，古易字之誤。殷祖王亥與河伯有易爲鄰邦，至上甲微滅有易，其事乃傳爲神話。

陽侯之波，即九河泛濫，水衝起之激流，因有故事關係，乃著在古人心目中，較廣陵錢塘之江潮，尚爲有名。

河宗栢天逆天子於燕然之山之事，據：

「癸丑，天子大朝於燕然之山，河水之阿」

語，知其地瀕河，在包頭東，即陰山南麓諸山；但其山名秦漢已失傳，故漢書地理志不載。

其次祭河伯儀節係在戊午日舉行；欲憑神力指示遠征途遥，經崑崙之山，觀舂山之寶也。今祇談途程，姑不及其詳矣。

穆王復於己未日，大朝于黃之山，乃披圖視典，用觀天子之寶器。而後：

「柏天皆（御覽作旣）致河典，乃乘渠黃之乘，爲天子先，以極西土。」

由是以西而行程見於卷一者，有：

「乙丑，天子西濟於河，口爰有溫谷樂都，河宗氏之所遊居。丙寅，天子屬官效器，乃命正公郊父受勅憲，用申口八駿之乘，以飲於枝洔之中（注，水岐成曰洔。洔，渚也，音止。按今本奪曰字，渚上有小字，今從御覽卷四十所引。）積石之南河，（注，積石山名，今在金城河間縣南，河出北山而東南流。按今本金城誤作今成，從御覽、北山亦似當作山北）」

諸語。其下列舉八駿，名犬，御者之名。

此次度河地點，當在黃河北端支流（北河）自北南折處。枝洔乃若干支流分歧間之小洲。所謂「積石之南河」倘取郭璞金城（蘭州）山名之說，道里全不合也。

今按雁門積石之語源乃因地形而起，本不限一處。三國志魏略「大秦國之山名積石」語可爲一例。漢以後人因金城積石之名日著，遂以爲即此積石矣。大荒北經云：

「大荒之中，有山名曰先檻大逢之山，河濟所入海北注焉。（郭注：河濟注海，已復出海外，入此山中也。）其西有山，名曰禹所積石，有陽山者，有順山者，順水出焉。」

先檻未考而大逢爲无逢之誤，無逵即莫懇之轉甚明，其西與積石所成之山及陽山相接。積石者水成岩或火成岩之嶄然露頭角於土山之間者也。此種情形，華北甚多，到處皆是；此地或係因其足爲遠方目標故名也。

以此與禹禱於陽紆故事合看，其地當說中最古之一積石，河之枝洔即九河遺迹。又如：史記殷本紀集解所引：

「宋衷曰：冥（殷祖）爲司空，勤其官事，死於水中，殷人郊之」

云云，此地爲中國洪水之發源地亦無疑也。

所考訂卷一中各地以積石爲最後地點，濟河後經溫谷樂都，入藪田獵釣弋諸樂之地，亦爲北九河洪水泛濫時之尾閭。

總卷一所經各地路線，係自洛陽出發，越太行山，北抵漳汾滹沱三水。踰雁門自桑乾河上游西北折，至黑河黃河合流處。更自此沿黃河西北抵莫懇（包頭）祭河伯後西向達北九河之尾閭，由是西向遂及西夏崑崙，西王母之邦矣。

註　厚滋按今土耳其地名中，尚有 بغداد (Baghdad 土省名及古人之名）及 بغدان (Baghdan) 二名，其語根皆爲 Bagd；就中似含有「都會」「重要」之義，當爲古代夏語之遺留。Baghdad 之法文譯名爲 La moldavie，尤與「莫懇」音相近，可看出 Bagd 之音轉，小川氏說非無故也。誌此以供讀本文者之參考。

此文既付刊，始悉已爲江俠庵先生所譯先秦經籍考（商務印書館出版）所收入，劉佩韋先生未審其事而重譯之。同人之意初欲抽出，繼念讀本刊者未必悉見江氏之書，且劉先生本意欲將日本學者研究中國古地理之論文逐漸譯出，此篇特其嚆矢，爲材料彙集便于參考計，仍將此文發印，乞讀者諒之。　　編者記。

四川月報　第十卷　第九期　（二十六年二月份）

編輯與發行者　重慶中國銀行　定價每冊三角　全年十二期三元（郵費在內）

【專載】蜀乘叢編（二）巴蜀古史　四川農村合作事業之借鏡及今後促進合作組織以發展農業生產應循之途徑（續）

【財政】

【一般概況】省府擬定編製縣地方預算辦法　川省聯合預算七月來收支概況　江津縣財政困難　省府委定各縣第二科長　財廳向渝金融界借款二百五十萬元

【田賦】省府通令各縣保甲人員負責催征田賦　省府擬另定減免田賦正稅各縣征糧辦法　省府變更災區免糧辦法　省府免征奉節二十五年下季糧稅　梁山忠縣請免徵糧稅

【捐稅】省府轉令各縣煙酒稅不得征收附加稅　川征收所得稅近訊（三則）　川營業稅近訊（四則）　川地方稅近訊（三則）　萬縣開徵公益捐

【金融】

【一般概況】內江金融近況　江津金融及物價近況　重慶市二月份金融統計表（三則）

【銀錢業】渝中國銀行舉辦輕息貸款　渝和成銀行推定董事監察　省府定期實施管理錢莊條例　渝市新增錢莊五家

【貨幣】渝市各行莊領鈔近況　成渝所存地鈔先後焚燬　康定收燬銅元票

【商業】

【一般概況】渝市商會徵集各業營業概況　重慶新設及倒閉商號近訊（五則）　南充商場近況　犍爲商業近況　渝市米糧業二十五年營業概況　重慶市二十五年零售物價指數

【進口業】重慶山貨業二十五年營業概況　成都疋頭蘇貨業二十五年營業概況

【出口業】重慶山貨業二十五年營業概況　瀘縣山貨藥材業近況　松潘羊毛價漲　川蠶絲業近況　川各縣桐油市況　中國植物油料廠即興工　川鹽業近訊　鹽務稽核所與中國等行訂鹽儎押匯担保合約　川糖業近訊

【進出口統計】重慶二十五年蘇貨進口統計　重慶二十五年教育用品進口統計　重慶二十五年一至十一月藥類進口統計　重慶二十五年一至十一月化學用品及廣告品進口統計　重慶二十五年一至十二月機器糖進口統計　重慶二十六年一月份進出口貨物統計　萬縣二十六年一月份桐油出口統計　重慶二十六年一月份牛羊皮猪鬃出口統計　重慶二十五年桐油出口概況　重慶二十五年一至十一月絲類出口統計　重慶二十五年一至十一月夏布出口統計　重慶二十五年一至十一月土紙出口統計　重慶二十五年竹篾棕蔴出口統計　重慶二十五年猪腸出口統計　重慶二十五年一至十一月藥材出口統計　重慶重要商品價格及成交數統計表（十三張）

【產業】

【土產調查】綿陽物產調查　江安物產調查

【農業】巴縣農材合作社調查　食儲近訊（二則）　川災荒近訊（十六則）　救濟災荒近訊（十一則）　理番林木調查　川七十七縣造林成績　川水利近訊（七則）

【礦業】廣元採金概況　碚彭邊境發現鐵鑛　彭縣花炭產銷概況

【製造業】巫溪大寧場鹽業概況　廣安籌設大紙廠　中國建設銀公司擬在川設紗廠

【水電業】重慶電力廠近況

【交通】

【公路】川公路局現有車輛統計　川湘路近訊　川湘公路里程及川黔路海蘩段　川陝路近訊　川康路工程停頓　民廳籌築瀘隆渠簡兩路

【鐵路】川黔鐵路隆瀘段開始測量　成渝鐵路近訊（四則）

【川江】渝宜間航運近況　烏江水位低落　渝津間汽船先後失吉　民信輪在嘉陵江灶雞石擱淺　渝民生公司與英商商訂海外聯運辦法　民生公司添造新輪　遂寧商船兩幫籌辦輪運　海關修正航運包件重量章程

【航空】成蘭線復航　西康建省會請派川康航空

【郵電】紀念郵票於本年底截止掉換　川陝電話實行開放　川湘長途電話即開始架設

【社會一瞥】

【一般概況】蓬溪一瞥　江津白沙鎮一瞥　重慶市近訊（六則）　重慶市救濟機關調查　二十六年一月份川在任縣長統計

【人口統計】鋼梁人口統計　江北城區戶口統計

【教育】行營令川黔桂注意民族同化教育　教部規定中等學校强迫課外運動辦法　重慶廿五年中等教育概況　重慶盆商通惠兩校概況　廿四年度川小學畢業兒童統計

【禁煙】省府限期肅清煙苗　統制運銷近訊（七則）

【匪禍】崔王竄擾南江廣元等地　黔江聯英會匪化整爲零　各縣土匪活躍近訊　川南邊區股匪實力調查

【川邊】

【政事】內政部釐定西康各縣等級　甘孜政況　西昌夷亂漸息　西康縣訓所章程公佈

【經濟】雷馬屏峨物產交通調查

【社會】西康籌辦泰甯實驗區　省府發展邊地教育　松溥教育現狀　西康瞻化縣二十五年下期學校教育概況表

【時事】

（一）時事日論　省政要聞　省府飭各縣詳愼辦理統計事項　首府訂辦振爲各縣長考績標準之一　省府轉行政院令公佈止工服務考核法　建廳調查直屬機關財產　省府令禁公務人員彙營煙土業　行營核准公務員保障規程

散氏盤石鼓文地理考証

陳子怡

1

散氏盤爲中國歷史上之實物；自出土以來，對於此文研究解釋者實繁有徒。惟古文艱奧，問題多不易於解決，學者各用猜測之方法以求之，固多有部分之獨到見解；若按其全體，則終不免有捉襟肘見之虞。察其原因，蓋以此器來歷不明，地理上先無把握，因而文字解釋亦不能碻切。職是之故，用力勤者固多，而眞能通達無間者尚未敢輕有所推許也。愚末學後生，在上述各端上，更不如前人，妄談此學，未免不自度量。但愚者千慮或有一得，姑妄言之，以供明達之指正而已！

此篇之作，以討論地理爲主。顧銘文之文字解釋，句讀分別，自來未有碻定統一之規定；或前人已做到好處，而愚妄猶以爲可議者。但既有此種見解，即不能不預作聲明，而爲下文研究地理之張本。

此文之標題，普通爲散氏盤三字：此實未當。吉金文述用矢人盤三字較適，而解釋亦不甚合。按文義當用吳人盤三字，蓋紀周王令吳人講武於散，遂即田獵於眉之事也。銘中前紀封道，繼紀獵地範圍，繼紀在事各人之職守，繼紀吳人之誓詞。因吳散相距極近，今以大衆入境，猜疑自所不免；故先爲立誓，以表無他焉。按其事當在宣王之時；即西京田獵講武，與東都吉日所詠，爲一時一類之事。此器淸乾隆間出土於鳳翔。西安銅匠鋪某買得，欲以化銅；骨董商人蘇氏知之，備價賄出，出售於某，運歸南方，其名始著。首句「用大𦰩散邑」之大，甲骨文作[illegible]，作[illegible]，作[illegible]。葉玉森云：「古訓夭，即古文沃字」。今按詩「桃之夭夭」與「夭之沃沃」，皆從此音。金文之𡗜字，即由此化出。詩絲衣「不吳不敖」，釋文引何承天云，吳字誤，當爲吴。然則古文之夭，今文之吳，即一字明矣。此地當爲泰伯之初封；後竄南方，仍用舊稱，名曰勾吳，其字形可想而知也。故知大之鈎頭，是其本字。此銘之吳在陝西舊隴州境。周禮職方：「雍州，其山鎮曰嶽山」。史記封禪書：「自華山以西名山曰岳山吳岳」。漢書地理志：「汧縣吳山」。後漢書「汧縣有吳嶽山」。水經注：「吳山三峰霞舉，……國語所謂虞矣」。史記吳泰伯世家「余讀春秋古文，知中國之虞與荆蠻勾吳兄弟也」。按此是吳之初封，與虢爲鄰。虢今寶雞虢鎮也。春秋時晉獻公所滅之虞虢，則隨東遷而改封者。河南有散，與此散亦同例。元和郡縣志：「吳山在吳山縣西南五十里；秦都咸陽，以爲西嶽；……國語謂之西吳」。按此地隋置吳山縣，歷唐宋不改；元省入汧源縣；即今縣頭鎮也。在西周實爲畿內之封邑。師酉敦：「唯王元年，正月，王在吳，格吳太廟。公族瑀釐入右」，亦即此地。但吳作𡗜形，變作繁體，爲小異耳。此之瑀釐，與銘之瑀莫之瑀，當是一地；而瑀釐必公族之賢者，以地爲氏，而派以隨駕者也。據上各節，此器既出於鳳翔，當時之坑今雖不知；寬其限而論，自與吳接近。然則大爲西吳，可以決定矣。

𢧵字金文屢見，而形皆小異。宗周鐘：「𢧵伐厥都」，兮甲盤：「即荆𢦏伐」，皆此字也。虢季子白盤：「搏伐厥狁，于洛之陽」，亦此字也。實即毛詩「薄伐玁狁」之薄。按文義，當爲搏之本字，打也。徒手而打曰搏。此𢧵字從戈，又非徒手，蓋演習擊刺之意，即教民習武，虛作擊刺之意也。散，地名，今寶雞大散關蓋即其地。周有散宜生，當由食采于此而得氏。此時之散人即其裔也。眉，郿邑也，今郿縣約當其地。羌伯敦：「惟王九年，九月，甲寅，王命益公征眉寇。益公至告。一月眉至，見，獻帛」云云，即此地也。叛迹雖著，示之以兵，即獻帛稱順；較之祝聃射王，猶爲易馴矣。即此而觀，雖食采畿內，亦略有芥蒂；故此次入境講武，必先事疏通，立誓定約，而後始無障碍。宣王中興，亦大費心機也；但仍無動兵之舉。近人解此文，有帶動兵意味者大非。試觀東西所經，在地理上約三百餘里，不論事出某方，王畿之內遭此大變，必危及王室，周王決不能安處無事，而以命令解決之。此則甚明之事也。銘首二句文意，即用吳人習𢧵擊於散邑，乃就散邑而用田獵於郿地焉。郿近散關，必散之屬地，故此次立約，由散人主之。

銘文「自瀗涉，以南，至于大沽，一封。以陟，二封。至于柳邊，復涉瀗，涉雩」。瀗字兩見：口中一有兩點，一有三點，皆似侵蝕之形。今按文義，前曰自瀗涉，後曰復涉瀗；其爲一字無疑。而口中一點三點，俱不象字。去異从同，祗有口字可以碻定。如是則字當爲

2

湌。依文字上从水从邑皆屬後起之例，如豐酆澧，高鎬鄗滈是，則此字原形當爲𩚀也。再分出丰字，則爲合。洛口磨崖有文爲合，吾意合即合字，乃谷之初文，象一地方在谷口也。丰合穿插，乃丰谷之合體，如裏裡之例。如是，則湌即豐水也。此問題今暫寄存於此。大沽依西京音，即太湖也。鎬京向南（以昆明湖爲準），過高陽原，爲一盆地：南以終南爲界；北以高陽原神禾原爲界；東以神禾原南藥王洞爲界；西以今豐水爲界。東西約四十里弱，南北約十里強，地面平穩。古時豐水由此東流，現在交水由此西流。此區域中水味亦不苦鹹，古代淡水湖之遺跡甚明。西漢在上林苑之御宿苑中。是爲何池，今不可知。酈道元水經注不詳交水所逕，亦無法考證。但六朝以後，碻亦無水。僞水經注言交水，亦不提及此湖，蓋涸久矣。西周稱咸陽原曰大原。由西鄭出兵，至此與焦穫對壘；故曰薄伐玁狁至于大原也。依爾時慣例，故此湖曰大湖焉。雩今鄠縣也。柳邊無考。就涉湌涉鄠之文觀之，當在豐峪之東旁。因由此過河向西，即入鄠縣境故。古之豐水，不由今道，今道是宋以後所開；水經注之道約爲今之滄浪河：皆非大禹之績也。當西漢北宋兩豐水北注之道未開及唐之香積堰渠未鑿以前，豐水出山，北爲高陽原神禾原所阻，實無北流之理。出山之後，依大沽之北，高陽神禾之南，迤邐屈曲，由今藥王洞口洩入樊川；再西北出川口，由今皇河之道，以注於霸，而同歸於渭；故詩云：「豐水東注」也（詳拙著長安水道變遷考）。獵者不取大道，必由山澤僻徑而進；今鄠縣南山之麓，有所謂神仙路者，此次即取此道。蓋距山太遠，通路之旁，不可以獵。太近，則川澤多阻，難於進故。使古今山水無大變者，祇有此山足高路，獵較爲好也。此一段地理既明，吾人可想由鎬京動衆南行，過高陽原，涉豐水，即至大湖之濱。時爲湖水所阻，改路而西再進，復涉豐水即入鄠縣之境焉。再回上顧所解之湌字，如前之說即理有可通，亦是咬文嚼字之辦法，未可遽以爲定也。今將前所解之湌字，置於古代豐水道上，以證此段地理，實處處正相符合，故今可暫認湌即豐水爲不謬也。篇中地理，自大湖起至瑀莫止，中間所封，皆是路線；即封道也。列樹表道，是通行官道如是。田獵之道，乃暫時所定者，故以封土識之。

「叡䍜⿰阝美以西，封于敾𨺧楙木。封于芻逨。封于芻道。內陟芻，登于厂湶，封𠜲厤⿰阝美陵剛厤。封于嘼道。封于原道。封于周道。以東，封于𣓌東疆。右還，封于眉道。以南，封于𨻰逨道。以西，至于鳿莫。郿井邑田：自根木道左，至于井邑封道以東，一封。還以西一封。陟剛三封。降以南封于同道。涉州剛，登柝，降棫」。⿰阝美地名，即今渼水所經也。爲字，言水从渼，言岡从⿰阝美，西京文字多如是。䍜字不可識，按形从田才豕會意，與畜字之意相近。㝛字形象馬首在田會意，此以手引豕于田，當亦畜也。或爲扳字。⿰阝美地水草豐美，風景大似江南，且地勢半原半澤，當未墾種以前，實爲最好之牧畜地。讀杜子美渼陂行，其時尚波浪連天；知元人未決以前，此處面積甚大，不減西湖烟波矣。楙木即杜木也。漢書所云鄠杜之間者，即此；與杜城，秦杜等等皆別。以在鄠縣境，故漢人常以鄠杜爲稱。王季塟於楚山，此楚字實杜之繁文，漢人誤釋爲楚也，以形相近故。其地實在岐山西北，即今杜山也。又以鄠縣西南有杜地，故後人又曰王季陵在鄠縣西南三十里，因此杜而訛也。若現在致祭城西之王季陵，則不知爲誰氏之冢矣。此字古文變體甚多，然總不離土木二偏傍。⿰阝美之面積既大，地勢亦不一，且南下北上；文中䍜⿰阝美敾城杜木芻逨芻道，皆在南方低地自東而西一線上，故曰組䍜⿰阝美以西，封敾城杜木芻逨芻道也。厤即岸字，厂象岩石，干音，文義已備。山爲後人所加，木亦然。有無皆可之件也。芻厂湶𠜲厂，皆在轉北上坡之地，故曰內陟芻登厂湶𠜲厂也。⿰阝美陵岡岸，約今陂頭南北之高地矣。此段高原，若自渼陂直北而行，則至南涝店之東南止。再北，則近渭河灘，非通行之道；故知下文封于𣎵道爲轉西之道矣。文內凡言幾封者，皆短線周折之處。若長途直道之封，數多難記，則云封于某道而已。自⿰阝美陵岡西下，直至盩厔境內東灘之西，圪塔頭之東，爲一段平川之路。所謂𣎵道，當即此道矣。𣎵字不可識，觀其形狀，大似鼅類而盤目者；在此是表地名，不可以形解也。過此再西，則升盩厔東原上。文中封于原道，即此橫道也。下文原人虞艿，亦當爲此地之人。此邑人後亦隨平王東遷。左傳：「隱公十一年，王與鄭人蘇忿生之田溫原」，國語：「晉文公伐原」；皆此地人東遷後之改封也。此一原地頗廣平，直至今盩厔城西，始再遇高

4

原，故其爲道約在六十里左右，亦可謂長道矣，中間足容一封邑也。再西即爲周道。按地理推之，周道即盩厔之道，而字形則不類盩厔二字，他處用者甚少。在文義上，山曲曰盩，水曲曰厔，其解亦與字形無關，恐亦後人就此縣地形而爲之說者。金文中周公[illegible]鐘之周作[illegible]，周公望鐘之周作[illegible]，却與盩字有八分相似。此盩之僻字，恐即由周之繁文化出；後人不得其解，故以意說之也。厔按古音當讀底。今若認盩厔由周道變化而出，在地形上固相合已。查此次路線，皆在高地；故周道一段，當在再上比原道高五十米達之又一原上而行焉。今想若緣此原北邊西行（因南高且遠故），至孫家原，即須改道西南，入橫渠鎮，以取大道西行，升在南之又一原上，始可通過。因南原由東南斜迤西北，直至渭河之濱始止故。若仍西進，則無路可通；必須退回，始能覓得通路而西矣。觀下「以東，封于𡵨東疆。右還」云云，碻是入此絕路而復回轉者。但文中封道，是預先計劃者；其故意如此迂廻，非是迷路，必田獵講武，故取此勢以講用兵上之某種形勢者。故曰，「以東，封于𡵨東疆。右還，封于眉道」。眉郿縣也。𡵨必郿之小邑，以原邊爲界者。由渭河濱依𡵨之東原下，少東南退回；再由大道西行，遂入赴郿縣之大道焉。封于眉道，封此道也。「以南，封于儲逨道。以西，至于鳴莫」。郿縣城以西，已無行車大道；按地形與通路，及各地名之聲音可通者論之，此眉道當至五丈原下爲止。鳴莫之莫，即美谷也。或曰麥谷，俗稱不能一致。古來名地附近，所有地名，附帶以傳者，往往如是。如是，儲逨之道，當即石頭河之小道。石頭河在五丈原東。蓋由眉道至此，由石頭河口，南上低原，爲五丈原所阻，遂改向西行，至美谷之口而止焉。美谷者，五丈原西之谷也。以上所封，路線自大沽至鳴莫約三百里。以下所封則爲獵地範圍，銘中著「眉井邑田」一句甚明也。其界自根木道左至于井邑封道以東，一封。還，以西，一封。陟剛，三封。降，以南，封于同道。陟州剛，登栫，降棫，二封。起訖亦甚明白。蓋眉井邑田者，在郿之井邑而田獵也。此地自然在五丈原下，及以西渭水之濱，高山臨水處爲限。根木之根即犂溝也。同道之同即同谷也。降棫之棫即甕谷也。以聲音爲說，自然帶幾分附會，但在實地上却一一脗合，故不妨姑妄言之，以待他人之再進一解。井邑封 5

道者即前之眉道至瑪莫一小段內，經過井邑之封識處也。此處之封，以犂溝爲起點，向東，至井邑封道之東，作一封以爲東界；復回而西，至犂溝之西一封；即由此上原，在原上又屈折三封，而降至同谷口外。按今之地形通道言之，即在原下徐家崖一封；上原至蘇家梭一封；西轉至晉家梭又一封；北轉至徐家崖又一封，而西下至同谷之口。使古今地勢無大變動者，止有此道也。至同谷口遂南入其中，故曰「以南封于同道」也。若由同谷南行西上原上，則可由朱家灘北行，至西趙家崖西下而入甕谷。如此以南，封于同道。陟州剛，登厤，降棫，正符合。以此道止封朱家灘西趙家崖，途徑已明，不須多也。若由此北渡渭水至積石原上，已是岐山寶雞地界。昔人云：「蒐于岐陽」，實與此事有關。但此銘祇載吳人眉人契約，故不及其他焉。

「矢人有𤔲眉田：鮮且𢼸武父西宮襄豆人虞丂彔貞師氏右眚小門人䌛原人虞莽淮𤔲空虎孝𠕁豐父瑪人有𤔲荆丂：凡十又五夫」。有𤔲即有事也，管理之意。吳人有𤔲眉田者，即在吳人方面，管眉田之意。在職各人，有氏者，貴族也，無氏者平民：通籍人名皆然。若兩人同氏者，則氏冠其上；如虞莽淮是。觀有𤔲荆丂可以知其意矣。其人或吳產，或借材異地則不一定。第在此事中，則爲吳人效力者也。人名如上所分，錯誤與否不敢必，因無文義可尋故。但以氏族爲別，總有多半是相合者。

「正眉矢舍散田：𤔲土屰寅𤔲馬𥧍𡫬䢅人𤔲工騕君宰德父」。正者政也，管理之意。舍，止也，居住之意。正眉矢舍散田者，即管理眉地吳人所住，在此次散田之意。換言之，即管理此次散田，吳人在眉地之寄宿舍也。田獵講武，非一二日可了之事。舉兵動衆，在居住上必先有布置，方免臨時失措，或擾及閭里。觀正此事者皆爲貴族，則知辦理兵差，非有地位之人，不能應付矣。

「散人小子眉田：戎𢼸父效㮚父𢦚之有𤔲橐州臺焂從囂：凡散有𤔲十夫」。小子，夫役也。散人小子眉田者，即散人爲役於眉田也。役非貴人，故皆無氏。名爲有司，亦有微職，不過如工頭之類而已。統觀以上在職各人，皆此事領袖人物，手下皆有多人受其指揮。吳人有𤔲眉田各職員，是此戲主角，固然率有多人；即正眉吳舍散田，與散人小子眉田者各職員，不論位分大小，手下亦有多人也。小子雖微，在此事中亦必不可缺少之人員，故文中一併列之。

「隹王九月，辰在乙卯，矢卑鮮且𩰫旅誓曰：我既付散氏，田器有爽，實余有散氏心賊，則爰千罰千，傳棄之。鮮且𩰫旅則誓」。卑，俾通。𩰫字不識，按文義當爲相對之意。𩰫旅，對衆也，而形則不類，故不能識。付字或釋付非，當是及字。立誓之意，即我既及散氏之地，不但不敢爲軌外行動，即所使用獵具出有錯誤而傷害地面，就是我實有心爲散氏之害。傷害所及，值一千就罰一千；且昭告大衆，俾共棄之也。

「迺卑西宮襄武父誓曰：我既及散氏，濕田牆田，余有爽竊，爰千罰千。西宮襄武父則誓」。牆字不識，按文義字形，知是旱地之名。西京語，旱地即不得水澆之地。現在此方下濕地之名既不用，高原地亦別無專稱，故不能名之。此誓之意，即我既及散之地，無論在濕地田獵，在高地田獵，凡我弄出不合規則而損傷地方之事情者，值一千即罰一千也。

「厥受圖矢，王于豆新宮東廷」。受，授通。圖者，此次封道之圖也。厥受圖吳者，即于是授圖於吳也。吳得其圖，可據以訓衆云爾。王于豆新宮東廷，授圖之地也。蓋此次之圖，王於豆新宮東廷以授吳人爾，故於授圖下綴此一句以識之。

「厥左執綣，史正仲農」。綣，卷也。古之地圖，多畫于板，故言方域者，稱曰板圖；亦畫于帛而卷之，如荆軻之圖窮匕首見是也。此次之圖，約佔三百里之長度，且爲行旅所需，自然以帛爲便，故畫于卷焉。凡王有册命，必史官侍旁舉行。且受册者照例立右，史官亦自然立左：此周之儀德如是，金文中習見者也。史正官名。仲農即吳人受圖時在左執卷者，故曰厥左執綣史正仲農也。盤爲吳人所作，文末並執卷之人亦銘之于器者，明此事來歷昭然，王朝有册可稽也。史世其官，某氏所管，無論若干年代，皆可按册以稽也，故銘亦及之。

全篇文字上之解釋已畢，地理上之說明已大致可了。在理講地理時，本可不管其餘文字。因此篇自來人各異說，不講明文義，地理上之作用究不能明。其實講文義時，亦十之八九仍是講地理也。今於篇末再爲概括之詞以收束之。西周自穆王以下，實爲非正式的都於西鄭。但凡有大事，仍赴鎬京舉行；而王居多在於彝（非豐京，另有說）。以相連故。國之大事，在祀與戎，故此次講武，仍從鎬京出發。但行軍之道，不由恒蹊，一路所經，率由高地前進。因此由鎬京南出，涉東注之豐水舊道，而南及大湖之濱。再南，已無路可通，故東轉至邊柳，復涉豐水而西涉于鄠焉。鄠原爲平川地，因在山麓行路，是以有陟高之舉。銘云「自瀋涉，以南，至于大沽，一封。以陟，二封。至于邊柳，復涉瀋，陟雩」，即此也。鄠縣之南即渼地。杜詩云：「紫閣峰陰入渼陂」。紫閣峰在鄠縣東南，今所指之渼泉在鄠縣西南，相距約二十里，知古代渼地面積甚大。證之此銘亦然。杜木在鄠縣西南界，按舊典里數恐已入盩厔境也。銘曰「戲𦘫渼以西，封于𢿌𣕛杜木」。茲曰𦘫渼，則別於後之渼陵剛。曰徂曰以封，明爲必往行而至之長道，且封亦不一也。曰「封于芻逨，封于芻道，內涉芻，登于厂湶，封割厤渼陵剛厤」，此明是過去杜木有一塊草地。先順南邊西行，經過芻逨芻道二地；再向內北轉，上芻之草地，登厂湶，遂派割岸渼陵剛岸，以達渼原之北岸而止也。試一親遊渼陂南北各地，此事固明明可覩矣。渼原已盡，北距渭水不遠。但此次目的地在郿，故下原而西，向一段平川地而走，銘曰「封于𦥑道」即此。川路既盡，西上平原，又行一程，銘曰「封于原道」即此。平原既盡，高原又逢，即今盩厔城西之道也，銘曰封「于周道」即此。此高原既盡，更高之原又阻於前。因此次之行，非按普通道路，故西行至原之盡頭，北阻於渭，西與南斜阻高原，故依更高之原下，東轉退回，再得通路而始西行入郿焉。銘曰「封于周道。以東，封于𩁹東疆。右還，封于眉道」即此。過郿縣西行，入岐山縣界。岐山大部在渭北，與郿縣南北相對。但有一部，過渭河，揷入秦嶺山脉中甚長。與渭北一部相連，略似蝌蚪之形；故五丈原今爲岐山縣地。銘中「以南，封于𥂴逨道，以西，至于鳿莫」，皆在五丈原下，今岐山屬也。至于眉井邑封道，銘中不詳何在？今曰「至于井邑封道以東」，則此封道明是南北之道。銘中近此而爲南北道者，即「以南封于𥂴逨道」一道爾。於此東而加一封，自是𥂴逨線與鳿莫線相交角上，再向東少展，而爲東界也。回來至根木道西，又爲一封。下接銘中「陟剛三封。降，以南，封于同道」，已至岐山尾部之西界矣。今其縣中分區此地，尙名同峪鄉，爲古同道無疑。若「陟州剛，登岸，降棫」，則今寶雞屬也。若由此過渭，斜穿寶雞，即到吳山。在古即過渭，中出虢地，可到吳地也（虞虢初封）。要之此次所封之道，東接于鎬，西通于岐。周吳人以講武，與其本土亦相距極近。周至宣王中已積弱，其所以積弱者，非由外患侵削，乃因內部分離所致。其故因封建時代，世卿爲王室骨幹，若王室賞罰不明，世卿退避；各采邑又祇知有主，不知有王；於是山河依舊而王爲孤立虛位，號令不及四方矣。宣王中興，不外先統一內部，而內部當久分之後，融洽非易，故必用種種方法以屈就之。即如吳過散境，實奉王命。在理，王朝一命令可已；而吳人必須宣誓，始許通過，可以見王室之委屈矣。

此外與此有關，可連類以及者，即石鼓文是已。石鼓文自唐宋以來，解釋者亦多有其人。或曰，周宣王時物。或曰，秦時物。或曰，北周時物。說者固皆持之有故，言之成理焉。平心而論：北周雖摹古之性甚重，不過在文字上去駢就散，以革六朝靡麗之習而已；文返古篆，固無碻證也。秦文固有與石鼓相合者，要知秦承周後，秦文仍是周文，李斯之整理不過就各國文字中罷其不與秦合者而已，非另有製作也；與周多同，本質原來如是。若據此點，即指石鼓爲秦，不惟史無明證，理由究亦不充足。今斷爲姬周宣王時物，究竟妥順多矣。

前之吳人盤銘，路線終點，既達於今寶雞界；石鼓所刻，正好與之相接焉。蓋石鼓固出寶雞之石鼓山也，即古陳倉地，在大散關東。由吳人盤，眉爲散邑，正散氏地也。鼓詞殘缺太甚；且所鐫者爲詩歌，故前後次序，今亦無法確定；特其中地理則固可碻指也。今就寶雞境內，與此有關各地，先略述之，以便討論時之取證。寶雞城在渭水之北，東至鳳翔界七十里。西南隔渭水五十二里，曰大散關，散氏舊地也。石鼓山在縣城東南，隔渭十五里，周時石鼓所在地也。然此山長則數十里，不得以里數限矣。縣城東三十一里有汧水，由汧陽而來，合吳山水，經鳳翔西界，入寶雞注渭。縣城東五里有金陵河，源出吳山，至隴州縣頭鎮，即古吳縣，合柴川水，入寶雞，注渭。汧水之東，渭水之北，有虢鎮，周畿內虢封邑也。以上各地，皆與石鼓有關，故先述之。

夨人盤之作者爲吳人；石鼓之作者則散人也。宋王厚之云：石鼓其初散在陳倉野中。韓吏部爲博士時，請於祭酒，欲以數橐駝舁致太學，不從。鄭餘慶始遷之鳳翔孔子廟中云云。此鼓出土之坑與時，雖不可知；然地在陳倉，時在韓退之之前，則固可知已。唐與北周相距不遠，若出北周之手，石刻猶新，固不得以惑唐人。陳倉山石鼓山一脉相連，皆古散地也。石鼓排列次序難考，今以考異次序爲憑，以便說明。第九鼓云「公謂天子」，公者，臣民稱其君之詞，春秋有成例矣。曰「公謂天子」，則此公爲此刻石者之君主，刻石者則其臣民也。曰「謂天子」，則刻石之，由爲公與天子之關係爾。銘中所言爲田獵事，故可知此作品爲天子田獵於此，公以地主之誼，隨駕有榮，故臣民刻石記之也。而石在於散，故知此地主之公即爲散公也。西周中衰，王室不振，有心者當大爲痛惜。一旦出一英明天子，復與各采地相通相親，重整舊日旗鼓，以揚國威，自然各地精神大振，歡頌又作矣。散人作鼓勒銘，正此意也。兵以鼓進，按周室凡有制作皆有取義，則此之作鼓當然義存於鼓焉。

第二鼓云：「汧殹沔沔，烝彼淖淵」。第五鼓云，「□□天，霝雨□𣞤，君子即涉，馬□𣞤。汧殹洎淒，舫舟囱逿」。汧，汧水也。由陳倉北渡渭水，即到汧水流域。第五鼓之首有「霝雨□𣞤」一句，是此次出獵，適逢靈雨水漲，故須舫舟乃逿也。據此此次田獵，並逾渭而北，馳騁各地矣。第四鼓云：「鄜□導搏，肖車𣂔衍。戎徒如章，邍濕陰陽」。第五鼓云：「□□自鄜，徒馭湯湯。隹舟以衍，或陰或陽」。鄜鄜二字，或釋爲廓，或釋爲鄠。按文義，當爲廓字，即虢也。春秋郭公，說者即指爲虢公，據此，廓義較長。且第五鼓「汧流洎淒，舫舟囱逿。□□自廓」。文本緊接，虢又在汧水之旁，故知釋廓爲妥也。䣕字按楷書爲飤，執食物奉上之意。第十鼓云，「吳人𢜦亟，朝夕敬飤」，亦奉食之意，意即餉字。蓋天子人馬所至，各地預備糧食以奉從也。第十鼓又明有吳人，則此次田獵，不但在鄜，並逾渭而北，吳虢二地亦爲車轍馬跡所至矣。此必原定計劃止在鄜之井邑，而吳虢二君更以車駕來迎，遂並其界內亦至焉。或原計劃即如是，而盤鼓中不及，亦未可知。

第十鼓又云：「𠬝而出獻，用大祝享。執盜」，是天子既至于吳，吳人又大享天子矣。觀鼓詞之意，甚顯出天子既到其地，虢人吳人皆歡喜敬奉，以得效力爲榮也。總之，石鼓文中地雖不多，因既與吳人盤中各地適相銜接，而又經虢至吳；且所記者皆田獵之舉，則其爲一時之事明矣。第吳人盤中止紀路線約誓之文；石鼓文中則多爲頌揚之語：在國事上，可云精神一振，又進一步矣。西周政治，自武王周公大殺大砍之後，成康以後皆注重文治，遂至積弱不振，而戎患於以日深。至于宣王，又振刷一次，故國人大爲快慰。由車攻吉日石鼓之詞可以見之矣。

治史雜誌

第一卷　第一期

民國廿六年三月出版

北京大學史學會主編

定　價　每册大洋三角　國內郵費免收　國外郵費一角

北平沙灘北京大學出版部發行

教育研究

第七十五期

◉目　錄◉

國立中山大學研究院教育研究所

民國十七年二月創刊

二十六年四月號

本刊月出一册　假期停刊　全年八册　預定一元

廣州石牌國立中山大學出版部發行

北平文奎堂書莊

北平隆福寺街　電話東局六六五號

影印彙纂元譜南曲九宮正始 出版

此書為明末徐子室鈕少雅所著南曲譜搜羅弘富考訂精詳遠勝通行之沈璟沈自晉諸譜且所引元明南戲傳奇失傳者有百餘種之多又可據以考見彼時戲曲之文字格律洵治戲曲及文學史者必備之書惟向無刻本傳鈔亦極稀見茲由戲曲文獻流通會以重價覓得康熙精鈔足本用朱墨兩色套版影印二百部公諸同好書印無多購請從速

全書一函十冊十二開本上等粉連紙磁青皮絲線裝定

價國幣二十元廉售八折外埠加郵費二角三分

西夏書事　清吳廣成著

影印八本　廉價七圓

宋時之西夏，實與遼金同為邊患。據地既廣，稱帝自主，別造文字，行其教化，立國亦有二百年之久。惟遼金有專史，而西夏則無之，讀史者恆感不便。清道光中青浦吳廣成西齋獨留心于夏事，輯自唐僖宗中和元年迄宋理宗寶慶三年，成西夏書事，於拓跋氏之事跡考稽詳備。惜書出未久，板旋遺毀，傳本遂不多。數十年來，研究邊事者日衆，而西夏之文物又多發現，學者競作考證，皆必覽西夏書事為參考之資，因其書之難得，至有懸金而大索之者。供不應求，價值日高，勢非一般學者所能置，寧非憾事？敝號有鑒於此，爰覓得原刻初本付之影印，定價低廉，以廣流傳。倘蒙賜顧，無任歡迎。

和林格爾廳志四卷（察哈爾）　咸豐年刊　洋紙三本
西寧縣志八卷（察哈爾）　康熙年刊　竹紙四本
宣化縣志三十卷（察哈爾）　康熙年刊　白紙六本
蔚州志補十二卷（察哈爾）　乾隆年刊　竹紙五本
蔚縣志三十一卷（察哈爾）　乾隆年刊　竹紙四本
蔚州志二十卷（察哈爾）　慶之金　光緒年刊　白紙八本
浯溪新志十四卷（湖南）　宋溶　乾隆年刊　竹紙四本
善化縣志三十四卷（湖南）　光緒年刊　白紙二十本
湘潭縣志十二卷（湖南）　光緒年刊　竹紙十本
湘陰縣圖志三十四卷（湖南）　光緒年刊　竹紙十四本
巴陵縣志八十一卷（湖南）　光緒年刊　竹紙十六本
續輯均州志十六卷（湖北）　賈洪詔　光緒年刊　竹紙八本
襄陽志七卷（湖北）　同治年刊　竹紙八本
肇慶府志二十二卷（廣東）　王晴時　光緒年刊　白紙二十二本
贛州府志七十八卷（江西）　鍾音鴻　同治年刊　竹紙二十四本
廈門志十大卷（福建）　周凱　道光年刊　白紙十二本
寧化縣志七卷（福建）　同治年刊　竹紙八本

臺灣府志二十六卷（舊屬福建）　乾隆年刊　白紙十四本
蕪湖縣志六十卷（安徽）　民國刊　白紙八十本
盱眙縣志稾七十卷（安徽）　光緒年刊　竹紙八本
亳州志二十卷（安徽）　光緒年刊　白紙十四本
續修廬州府志百卷（安徽）　光緒年刊　竹紙四十八本
鳳陽府志二十卷（安徽）　光緒年刊　竹紙二十四本
寧國府志三十六卷（安徽）　嘉慶年修　石印　白紙三十二本
鎮海縣志四十卷（浙江）　光緒年刊　竹紙十六本
平湖縣志二十六卷（浙江）　光緒年刊　竹紙十二本
歸安縣志五十二卷（浙江）　光緒年刊　竹紙八本
錢塘縣志十卷（浙江）　明萬曆年修　光緒年刊　白紙六本
仁和縣志十四卷（浙江）　明嘉靖年修　光緒年刊　竹紙十本
新繁縣鄉土志十卷（四川）　光緒排印　洋紙一本
越巂廳志十二卷（四川）　光緒鉛印　竹紙六本
漢州志四十卷志餘一卷（四川）　嘉慶年刊　竹紙十二本
寶應縣志二十八卷（江蘇）　道光年刊　竹紙十本
清河縣志二十四卷附編二卷（江蘇）　同治年刊　竹紙六本
武進陽湖縣志三十卷（江蘇）　光緒年刊　竹紙二十本
江都縣志三十二卷續志十二卷（江蘇）　嘉慶乾隆修　光緒年刊　竹紙十四本
溧陽縣志十六卷續十六卷（江蘇）　光緒年刊　竹紙十八本
上海縣志三十二卷續三十卷（江蘇）　同治年刊　竹紙二十八本
邳州志二十卷（江蘇）　魯一同　咸豐年刊　竹紙四本
睢寧縣志稿十八卷（江蘇）　光緒年刊　竹紙六本
嘉慶海州直隸州志三十二卷（江蘇）　嘉慶年刊　白紙十二本
通州卷十八卷（江蘇）　光緒年刊　竹紙十六本
揚州府志七十二卷（江蘇）　嘉慶年刊　竹紙三十二本
松江府志八十四卷續四十卷（江蘇）　宋如林嘉慶年刊　博潤光緒年刊　白紙六十四本
蘇州府志百五十卷首三卷（江蘇）　馮桂芬　同治年刊　白紙八十本
江寧府志五十六卷續纂十五卷（江蘇）　（嘉慶光緒年修）　光緒年刊　竹紙二十四本
涇陽縣志十六卷（陝西）　宣統年鉛印　洋紙四本
定遠廳志二十六卷（陝西）　光緒年刊　竹紙六本
靖邊志稿四卷（陝西）　光緒年刊　竹紙四本
朝邑縣續志八卷後志八卷（陝西）　康熙年刊　竹紙五本
朝邑縣志十一卷（陝西）　乾隆年刊　竹紙四本
朝邑縣志二卷續八卷後八卷（陝西）　康熙年刊　竹紙六本

春秋王都辨疑

春秋時周敬王遷都之事，不見於春秋經，不見於內外傳，且不見於史記周本紀等，蓋爲一種流傳之訛說；而後人或不知有其說，或知有其說即深信之而不疑，甚可駭怪！蓋周敬王遷都之說與戰國以後分成周與王城爲二地之說先後發生，其實王城即成周之內城，成周乃東都之總名；敬王固居於成周，亦即居於王城；自平王以下迄春秋末諸王蓋無一不然也。戰國以後，周都始遷，或在鞏，或在雒陽，均未可知（別詳戰國東西二周分治考）。雒陽本古之周南，與成周毫不相涉。後人知戰國初周都已不在王城，又知東周君之治所在於雒陽，遂以爲周都亦在於此；更觀春秋敬王入成周，及城成周之文，遂以爲敬王始遷都城；於是成周與雒陽合併爲一，成周與王城分析爲二。考厥淵源，疑間乃得。因據春秋，左傳，國語，史記等文証明春秋時周室無遷都之事，爲上篇；復據彝器及羣籍考定成周即東都，王城即在成周之中，爲下篇；而標其總題曰『春秋王都辨疑』焉。

二十六年，二月，三日，作者識。

上篇　春秋時周室未遷都辨

童書業 1

吾國社會由部落演進爲封建，實在殷周之際。殷以前猶不脫遊牧之故習：故商自盤庚以上『不常厥邑』，夏都據近人考証，遷徙次數亦不下於八九。即周在滅殷之前，亦屢徙都邑。滅殷以後，奠都鎬京，統一之國家既成，而臣瓚猶言『周自穆王以下都於西鄭』（漢書地理志注。或謂本竹書紀年），世本猶載『懿王徙於犬丘』（詩小大雅譜疏及太平御覽一百五十五引），或尚有臨時遷都之事焉。然鎬京名爲『宗周』，四方觀望所繫，西周之都鎬，固較有永久性矣。

自『赫赫宗周，褒姒威之』，平王避戎難東居雒邑，迄春秋之末，王都遂一定不移；此讀左傳史記等書可以知者。乃晚世之書有云：

> 平王徙居雒，雒誥所謂『新邑』也。敬王東居成周，遂徙都。（玉海十六引世本。案，此疑本是帝王世紀之文，玉海誤引作世本。）

> 平王卽位，徙居洛邑，洛誥所謂『新邑』也。……及敬王避子

朝之亂，東居成周，故春秋經曰，『天王入於成周』，是也。後六年，王室定，遂徙都成周。（太平御覽一百五十五引帝王世紀。或以此爲世本文，恐非！）

子朝之亂，其餘黨多在王城，敬王畏之，徙都成周；成周狹小，故請城之。（左傳昭公三十二年杜預注）

括地志云，『王城一名河南城，……自平王以下十二王皆都此城；至敬王乃遷都成周』。（史記周本紀正義）

春秋末年周曾遷都之說於是以起。考世本之文或是帝王世紀之引誤（細校太平御覽引帝王世紀文及玉海引世本文可知），未必確爲原本所有；較可信據之材料當推帝王世紀及左傳杜預注。查漢書地理志『河南郡』『雒陽』下原注已云：

春秋昭公二十一年（業案，當作『三十二年』），晉合諸侯于狄泉，以其地大成周之城，居敬王。

蓋戰國以後已分成周與王城爲二地，實因春秋昭公二十六年經書『天王（敬王）入于成周』，三十二年又有『城成周』之事，故誤會成敬王遷都之說。然觀察春秋，左傳，國語及史記周本紀等則並無此事。吾人先徵之史記。周本紀云：

（景王）二十年，景王愛子朝，欲立之。會崩，子丏之黨與爭立，國人立長子猛爲王。子朝攻殺猛，猛爲悼王。晉人攻子朝而立丏，是爲敬王。

敬王元年，晉人入敬王。子朝自立，敬王不得入，居澤。四年，晉率諸侯入敬王于周，子朝爲臣。諸侯城周。（案，即此可証成周本即周都。）

十六年，子朝之徒復作亂，敬王犇於晉。

十七年，晉定公遂入敬王于周。

此段記事以左傳等校之，頗多錯誤，或所據爲他書之文。然其敘敬王時周事，但有天王出奔，晉人納王，城周等紀載，尙無遷都之事，固猶未遠背於舊史也。又十二諸侯年表，敬王十年：

晉使諸侯爲我築城。

是成周本爲周都可知矣。

再徵之左傳。左傳敘子朝亂事頗詳，今具載其本末，以切實証明敬王時無遷都之事：

（魯昭公二十二年），王子朝，賓起有寵於景王，王與賓孟（起）說之，欲立之。劉獻公之庶子伯蚠事單穆公，惡賓孟之爲人也，願殺之；又惡王子朝之言以爲亂，願去之。……

此言周室之內亂實由景王之多寵（周語云，『及景王多寵人，亂於是乎始生』）及臣下互相猜忌之故。

夏，四月，王田北山，使公卿皆從，將殺單子劉子。王有心疾，乙丑，崩于榮錡氏。戊辰，劉子摯卒，無子，單子立劉蚠。五月，庚辰，見王（新王子猛），遂攻賓起，殺之。盟羣王子于單氏。

景王聽變寵之言，欲殺大臣，未克而崩，於是子朝之敵黨劉單乃聯合而起變矣。

> 丁巳，葬景王。王子朝因舊官百工之喪職秩者與靈景之族以作亂，帥郊，要，餞之甲以逐劉子。壬戌，劉子奔揚。單子逆悼王于莊宮以歸。王子還夜取王以如莊宮。癸亥，單子出。

王子朝亦糾合徒黨與單劉對抗作亂，其勢較單劉爲尤盛，故單劉不敵而出奔，新王子猛亦被子朝之黨所刼。

> 王子還與召莊公謀曰，『不殺單旗，不捷，與之重盟必來，背盟而克者多矣』。從之。樊頃子曰，『非言也，必不克』。遂奉王以追單子（杜注，『王子還奉王也』），及領，大盟而復，殺摯荒以說。劉子如劉，單子亡。乙丑，奔于平畤。

召公亦爲王子朝之黨，與王子還主謀誘殺單子，惜內變又起，謀洩，單劉出亡，大亂遂起。

> 羣王子追之，單子殺還，姑，發，弱，鬷，延，定，稠。子朝奔京。丙寅，伐之，京人奔山。劉子入于王城。

初戰劉軍大勝，佔領王城。

> 辛未，鞏簡公敗績于京。乙亥，甘平公亦敗焉。

再戰單劉之黨亦敗，子朝之勢復振。

> 單子欲告急於晉。秋，七月，戊寅，以王如平畤，遂如圃車，次于皇（地當在成周內，王城外）。劉子如劉。單子使王子處守于王城，盟百工于平宮。

單劉不能定內亂，乃奉王猛出奔以乞援於伯國。

> 辛卯，鄩肸伐皇，大敗，獲鄩肸。壬辰，焚諸王城之市。

子朝之師進攻，王猛又敗。

> 八月，辛酉，司徒醜以王師敗績于前城，百工叛。己巳，伐單氏之宮，敗焉。庚午，反伐之（杜注，『單氏反伐百工也』）。
>
> 辛未，伐東圉。

單劉之師再敗而內部起變，自相殘殺。

> 冬，十月，丁巳，晉籍談，荀躒帥九州之戎及焦，瑕，溫，原之師以納王于王城。

晉人至此始起兵援周，納王入都。

> 庚申，單子劉蚠以王師敗績于郊。前城人（子朝徒黨）敗陸渾（晉屬軍）于社。
>
> 十一月，乙酉，王子猛卒，不成喪也。

單劉雖得晉援，師徒仍敗，王猛遂卒，頗有被弒之嫌（如史記所載）。於時子朝蓋仍在京邑也。

> 己丑，敬王即位，館于子旅氏。
>
> 十二月，庚戌，晉籍談，荀躒，賈辛，司馬督帥師軍于陰，于侯氏，于谿泉，次于社；王師軍于氾，于解，次于任人。

敬王即位以後，周晉大合兵討子朝。

> 閏月，晉箕遺，樂徵，右行詭濟師取前城，軍其東南；王師軍于京楚，辛丑，伐京，毀其西南。

兩軍進迫京城，分東西兩面夾攻子朝，子朝乃敗。

二十三年，春，王正月，壬寅朔，二師圍郊。癸卯，郊鄩潰。丁未，晉師在平陰，王師在澤邑（或謂即翟泉）。王使告間，庚戌，還。（杜注，『晉師還也』。）

兩軍既取郊鄩，子朝之勢益危，單劉以爲可以獨成大功，遂辭晉師。

夏，四月，乙酉，單子取訾，劉子取牆人，直人。

六月，壬午，王子朝入于尹。

單劉繼續進攻，子朝奔尹以自固。於時敬王蓋仍處於澤邑也。

癸未，尹圉誘劉佗，殺之。丙戌，單子從阪道，劉子從尹道伐尹。單子先至而敗，劉子還。

尹氏大族，實力之強，單劉猶非其敵。

己丑，召伯奐，南宮極以成周人戍尹。庚寅，單子，劉子，樊齊以王如劉。甲午，王子朝入于王城，次于左巷。秋，七月，戊申，鄩羅納諸莊宮。

子朝黨召伯奐，南宮極皆王室大臣，故能以東都（成周）人爲子朝守禦。單劉等見勢不利，再奉王奔劉，子朝乃又攻入王城。

尹辛敗劉師于唐。丙辰，又敗諸鄩。甲子，尹辛取西闈。丙寅，攻蒯，蒯潰。

至此子朝之勢又大張，劉軍連敗，敬王居狄泉，王位正統幾入子朝之手。（杜預曰，『於是敬王居狄泉，尹氏立子朝也』。

案是年經，『秋，七月，……天王居于狄泉，尹氏立王子朝』。）

二十四年，春，王正月，辛丑，召簡公南宮嚚以甘桓公見王子朝。劉子謂萇弘曰，『甘氏又往矣』。……戊午，王子朝入于鄔。

子朝既立爲王，敬王之地位大危，故甘氏亦折入子朝之黨（甘氏本單劉黨，見上），王子朝遂進據鄔地以逼迫敬王。

三月，庚戌，晉侯使士景伯涖問周故。士伯立于乾祭，而問於介衆。晉人乃辭王子朝，不納其使。

晉人初持觀望，及問明周故，乃拒絕王子朝，敬王始得苟延殘喘。

六月，壬申，王子朝之師攻瑕及杏，皆潰。冬，十月，癸酉，王子朝用成周之寶珪【沈】于河。甲戌，津人得諸河上。陰不佞以溫人南侵（杜注，『晉以溫人助敬王，南侵子朝』），拘得玉者。……

子朝之勢愈逼，敬王幸得溫人之助，以爲犄角。

（二十五年），夏，會于黃父，謀王室也。趙簡子令諸侯之大夫輸王粟，具戍人，曰，『明年將納王』。

（十月），壬申，尹文公涉于鞏，焚東訾，弗克。

晉合諸侯爲王輸粟具戍，敬王之勢稍固，子朝之黨又來侵而弗克。

（二十六年），四月，單子如晉告急。

五月，戊午，劉人敗王城之師于尸氏。戊辰，王城人劉人戰于施谷，劉師敗績。

七月，己巳，劉子以王出。庚午，次于渠。王城人焚劉。丙子，王宿于褚氏，丁丑，王次于萑谷，庚辰，王入于胥靡，辛巳，王次于滑。晉知躒，趙鞅帥師納王，使女寬守闕塞。

單劉與子朝相持，至此竟土崩瓦解，天王播流畿內，一月五遷，晉人乃不得不急出師以納王矣。

冬，十月，丙申，王起師于滑。辛丑，在郊，遂次于尸。

十一月，辛酉，晉師克鞏。召伯盈逐王子朝，王子朝及召氏之族，毛伯得，尹氏固，南宮嚚奉周之典籍以奔楚。陰忌奔莒以叛。

召伯逆王于尸，及劉子，單子盟。遂軍圉澤，次于隄上。癸酉，王入于成周。甲戌，盟于襄宮。晉師使成公般戍周而還。

十二月，癸未，王入于莊宮。

（二十七年），秋，會于扈，令戍周。……

十二月，晉籍秦致諸侯之戍于周。

敬王既得晉人之助，起師討逆，王子朝大敗，召伯倒戈逐子朝以迎王（案，經云，『尹氏，召伯，毛伯以王子朝奔楚』，與傳違異，蓋經據魯史，傳據晉史；晉距周較近，又與於周事，當以傳為是），王始得還王都，由諸侯為之戍衛焉。

綜觀子朝之亂，兩方所爭之焦點皆在王城；子朝既奔楚，則敬王自當復歸王城。經傳皆云『王入于成周』，擧東都大名而言，其實則已入於王城也（莊宮在王城，參觀下篇考證可知）。且據春秋及左傳，敬王避子朝之亂，東居於劉及狄泉等地，並未嘗居成周。王子朝嘗用成周之寶珪於河，明其時成周在子朝之手，敬王安得居之？故謂『敬王避子朝之亂，東居成周』者，蓋皇甫氏之訛說也。

王子朝奔楚以後，王室又曾再起內亂。左傳記其事云：

（昭公二十九年），三月，己卯，京師殺召伯盈，尹氏固，及原伯魯之子。

夏，五月，庚寅，王子趙車入於鄻以叛，陰不佞敗之。

三年之後，周室始討子朝餘黨，竟至再起變亂。敬王懼子朝黨徒之盛，乃遣使請晉為修都城：

（三十二年），秋，八月，王使富辛與石張如晉，請城成周。天子曰，『天降禍于周，俾我兄弟並有亂心，以為伯父憂。我一二親昵甥舅不遑啓處，於今十年，勤戍五年。……昔成王合諸侯城成周，以為東都，崇文德焉。今我欲徼福假靈于成王，修成周之城，俾戍人無勤，諸侯用寧，蝥賊遠屏，晉之力也。其委諸伯父，使伯父實重圖之！……』范獻子謂魏獻子曰，『與其戍周，不如城之。……』魏獻子曰，『善！』

冬，十一月，晉魏舒，韓不信如京師，合諸侯之大夫于狄泉，尋盟，且令城成周。……己丑，士彌牟營成周，……以令役於諸侯，屬役賦丈，書以授帥，而效諸劉子。韓簡子臨之，以爲成命。

（定公）元年，春，王正月，辛巳，晉魏舒合諸侯之大夫于狄泉，將以城成周。……城三旬而畢，乃歸諸侯之戍。

敬王請晉城成周之辭謂『欲徼福假靈于成王』，以成周爲成王所營之東都，此不過增修耳。修成周(都城)之目的，亦不過在使『戍人無勤，蝥賊遠屏』而已，未云將遷都也。（修成周之用意蓋與晉士蔿城絳同，所以鎭餘亂者。又案，水經穀水注云，『昔周遷殷民于洛邑，城隍逼狹，卑陋之所耳；晉故城成周以居敬王』，此與杜預說畧近。雒邑爲東都，安得有『城隍逼狹』之事，其說謬甚！）

成周既城，不久周室復起變亂：

五年，春，王人殺子朝于楚。（杜注，『因楚亂也』。）

（六年），周儋翩率王子朝之徒，因鄭人將以作亂于周。鄭於是乎伐馮，滑，胥靡，負黍，狐人，闕外。

六月，晉閻沒戍周，且城胥靡。

冬，十二月，天王處於姑蕕，辟儋翩之亂也。

七年，春，二月，周儋翩入于儀栗以叛。

夏，四月，單武公，劉桓公敗尹氏于窮谷。

冬，十一月，戊午，單子劉子逆王于慶氏。晉籍秦送王。丁巳，王入于王城，館于公族黨氏，而後朝于莊宮。

（八年），二月，己丑，單子伐穀城，劉子伐儀栗。辛卯，單子伐簡城，劉子伐盂，以定王室。

周人間楚難（吳入郢之難）而殺子朝，其餘黨又聯鄭作亂，晉人再戍周，敬王再出奔。單劉二公敗叛軍，迎王復入王城，遂定王室。可見是時敬王仍都於王城（即成周）。其後迄哀公十九年敬王崩，經傳始終不見有遷都之文。因知『王室定，遂徙都成周』，亦皇甫氏等之訛言也。

自有敬王遷都之訛說，後人衍其謬者極多。如宋呂祖謙云：

平王東遷，定都於王城。王子朝之亂，其餘黨多在王城，敬王畏之，徙都成周。（大事記解題卷一）

元吳澄亦云：

自平王東遷，傳世十二，而景王之庶長子朝與王猛爭國，猛東居於皇，晉師納之入於王城。入之次月，猛卒，丐及。踰半期，而子朝又入，王避之，東居於狄泉。子朝據王城，曰『西王』；敬王在狄泉，曰『東王』。越四年，子朝奔楚。敬王雖得返國，然以子朝餘黨多在王城，乃徙都成周，而王城之都廢。（東西周辨，元文類卷四十四）

吳師道亦云：

昭二十六年，『天王入于成周』，左傳以十二月入王城（業案，指入莊宮事），三十二年城成周，蓋敬王定遷在既城之後（業案，周語云，『敬王十年，劉文公與萇弘欲城周』。韋注云，『欲城周者，欲城成周也』。是成周在未城之先已稱『周』矣。吳

6

說謬）。而孫莘老，胡康侯皆以成周即京師，亦未考王城成周之實而誤合爲一也。（戰國策校注校正）

紛紛之說，折以左傳，謬誤立見。更後顧棟高作春秋大事表，亦採杜吳等誤說，臆見遂成定論。列國都邑表『成周』下云：

昭二十六年子朝奔楚，其餘黨多在王城，敬王畏之，徙居成周。成周狹小，乃請諸侯城之。自是迄春秋之末，凡書『京師』者皆指成周。

自清迄今仍無人能辨正舊說之誤，亦可傷矣哉！

下篇　成周爲東都大名王城爲成周內城考

吾人據左傳史記等書已証明春秋時周未遷都，然無堅確之正面証據，猶有默証之嫌。欲明春秋時周室確未遷都，須先明敬王所居之成周即平王所居之王城。王應麟引呂氏說云：

成周乃東都總名；河南，成周之王城也；洛陽，成周之下都也。平王東遷之後所謂西周者，豐鎬也；所謂東周者，東都也。威烈王之後所謂西周者，河南也；所謂東周者，洛陽也。（詩地理考卷二）

書之言洛皆謂之『成周』。左氏第言子朝既逐，王入于成周。

7

敬王請城成周之辭亦謂『成王合諸侯城成周，以爲東都』。則成周者洛邑之總名。（玉海卷十六）

案呂氏不知何人（決非呂祖謙）？其見極卓！周初之所謂『新大邑』實惟一無二。吾人先考之書：

周公初基作新大邑于東國雒。（康誥）

惟太保先周公相宅。……太保朝至于雒，卜宅，厥既得卜，則經營。……太保乃以庶殷攻位于雒汭，……位成。……周公朝至于雒，則達觀于新邑營。……周公乃朝用書命庶殷侯，甸，男，邦伯，厥既命殷庶，庶殷丕作。（召誥）

據此，雒邑爲周公所主築，召公但相宅經營，而周公足成之。

予惟乙卯朝至于雒師（『雒師』爲地名，猶言『京師』。舊注或釋『師』爲『衆』，非），我卜河朔黎水。我乃卜澗水東，瀍水西，惟雒食；我又卜瀍水東，亦惟雒食。伻來以圖及獻卜。（雒誥）

據此，雒邑之位置濱雒跨瀍，實爲大城。

周公初于新邑雒，用告商王士。（多士）

今朕作大邑于茲雒，予惟四方罔攸賓。（仝上）

今爾惟時宅爾邑，繼爾居，爾厥有幹有年于茲雒，爾小子乃興從爾遷。（仝上）

爾乃自時雒邑，尚永力畋爾田。（多方）

據此，商民所遷，四方所賓，均在一雒邑耳。

再考之書序：（書序雖非古書，然儘可保存古說。）

成王在豐，欲宅雒邑，使召公先相宅，作召誥。

召公既相宅，周公往營成周，使來告卜，作雒誥。

成周既成，遷殷頑民，周公以王命誥，作多士。

據此，成王所欲宅之雒邑即周公所營之成周，何有二地？

周公在豐，將沒，欲葬成周，……作亳姑。

周公既沒，命君陳分正東郊成周，作君陳。

康王命作册畢分居里成周郊（『成周』當是地名。僞孔傳云，『成定東周郊境』，非是），作畢命。

據此，東都惟有一成周，故周公欲葬此，君陳及作册畢所分正亦在此。所謂『分正東郊成周』，東郊蓋指鎬京以東一帶之郊地也。程廷祚云：

夫洛邑爲周之東都，成王周公之時謂之『新邑』，謂之『東土』，謂之『東國洛』，不聞『成周』之名。其稱『成周』蓋在平王東遷而後。何則？成周宗周皆指周天子之居而言（原注：鎬京亦曰成周，衞世家管叔欲攻成周，是也；洛邑亦曰宗周，孔悝鼎銘『卽宮于宗周』，是也），洛邑雖曰東都，而其時周王未嘗居之，則不得曰『成周』也。觀書序屢以洛邑爲成周，則知其出於秦漢之閒明矣。（晚書訂疑卷下『畢命』條）

案，程氏據史記以爲鎬京亦曰『成周』，其說大誤（衞世家之『成周』亦可解作東都，索隱卽云然）！成周與鎬京在西周時絕然不可相混，此有金文可爲明證。至其謂成周之稱

起於平王東遷以後，尤謬！西周金文中已有『成周』之名矣。（詳後。）

又考之春秋。宣公十六年春秋經云：

成周宣榭災。

公羊傳：

『宣謝』者何？宣宮之榭也。

何休注：

『宣宮』，周宣王之廟也。

此在敬王以前，而宣王之廟已在成周；王廟當在王都，以此知成周即王都也。（或謂宣榭非周宣王之廟，非是！）

更考之左傳。左傳僖公二十四年云：

召穆公思周德之不類，故糾合宗族于成周而作詩。

糾合宗族之地亦當在東都，此又知成周即東都也。昭公三十二年傳又云：

昔成王合諸侯城成周，以爲東都。

此則明云成周即東都矣。

復考之國語。鄭語云：

當成周者：南有荆蠻，申，呂，應，鄧，陳，蔡，隨，唐；北有衞，燕，狄，鮮虞，潞，洛，泉，徐，蒲；西有虞，虢，晉，隗，霍，楊，魏，芮；東有齊，魯，曹，宋，滕，薛，鄒，莒。

虢叔恃勢，鄶仲恃險，……君若以成周之衆奉辭伐罪，無不克矣。

此亦明以成周爲東都之代名也。

又金文中亦有成周而無王城：

隹十月月吉癸未，明公朝至于成周，徃令，舍三事令，眔（及）卿旋寮，眔諸尹，眔里君，眔百工，眔諸侯：侯，田，男，舍四方令。旣咸令。甲申，明公用牲于京宮，乙酉，用牲于康宮。……（令彝銘）

唯明保殷成周年。（𨟭卣銘）

隹王來各（格）于成周年。（厚趠鼎銘）

王令士上眔史寅殷于成周。（臣辰盉銘）

隹王初𠦪于成周。（盂爵銘）

王令䧹曰，『𠭰，淮夷敢伐內國，女其以成周師氏戍于𤰈𠂤！』（彔䧹卣銘）

隹三年，五月，丁巳，王才（在）宗周，令史頌𢓊穌，□友里君百生帥𦠐盩于成周。（史頌毀銘）

王曰，『頌，令女官𤔲成周，貯廿家……』。（頌鼎銘）

隹正月初吉癸巳，王才成周。（格伯毀銘）

隹正月初吉丁亥，王各于成宮。井公內右曶，王乎（呼）尹氏册令曶曰，『更乃祖考作冢𤔲土（司徒）于成周八𠂤！……』（曶壺銘）

隹王十月，王才成周。……惟王十又一月，王各于成周大廟。（敔毀銘）

王若曰，『𧥬，令女𤔲成周里人眔諸侯，大亞！……』（𧥬毀銘）

9

虢叔目（與）王南征，伐南淮夷，才成周。（虢仲盨銘）

隹王廿又三年九月，王才宗周，王命善夫克舍令于成周遹正八𠂤之年。（小克鼎銘）

王令甲政𤔲成周四方賚（積）至于南淮夷。（兮甲盤銘）

觀上所舉文，成周乃發號施令之所，又爲王宮太廟所在，八師駐焉，周王及大臣屢次前往，又有冢司徒之官，其即東都無疑也。金文中有成周而無王城，又可証東都確惟有一成周而已。

金文中又有『成𠂤』之名，如：

王後𠬝（反），克商，才『成𠂤』。（小臣單觶銘）

疑即成周。然觀『克商』之語，成周築于克商之後，故又疑非是也。

周召所營，周室所注重者惟有成周，假令成周之外又有所謂上都之王城者，則爲東國最重要之地，周室何以置之而不理問，金文尙書亦不記載邪？且夫『成周』者，表周業之成耳，固當爲大都之名；焉得爲下都之稱乎（尙書大傳等書以『成周』之『成』即成王之『成』，則更不能爲下都之名）？是呂氏所謂『成周乃東都總名』一義固精確而不磨矣！（尙書大傳，『於卜雒邑，營成周』，史記劉敬傳，『成王……迺營成周雒邑』，漢書藝敬傳作『迺營成周都雒』，並成周即東都之証。又法言淵騫篇，『周之順赧以成周而西傾』。案赧王已還都王城，此並成周爲東都總稱之証。又今本竹書紀年，晉獻公元年，『朝王如成周』，此文如爲原本所有，則更足証春秋初成周已爲王都矣。）

次論『河南，成周之王城也』。考王城（河南）在成周之中，其證明見於春秋，左傳，國語等書。左傳僖公二十五年：

（襄）王入于王城。

國語晉語四作：

（襄）王入于成周。（下文云，『遂定之于郟』，『郟』即王城，在成周中也。）

此王城即在成周中之鐵證也。左傳僖公十一年又云：

夏，揚拒泉皐伊雒之戎同伐京師，入王城，焚東門。

此以『京師』與『王城』分別言之，蓋『京師』即指東都大名之成周。伐成周而入王城，知王城在成周之中矣。明乎此，然後隱公三年傳所謂『又取成周之禾』，莊公二十年傳所謂『（惠）王及鄭伯入于鄔，遂入成周，取其寶器而還』之『成周』即指東都之大城（開元占經，太平御覽引竹書紀年，『周惠王居於鄭，鄭人入王府，多取玉』，是王府在成周也）；故既『入成周』，遂『同伐王城』也。

昭公二十二年左傳云：

單子使王子處守于王城，盟百工于平宮。

此言平宮在王城。夫宣宮在成周，平宮何以又在王城？此更知成周與王城可混稱矣。二十二年傳又云：

單子逆悼王于莊宮以歸，王子還夜取王以如莊宮。

此莊宮亦在王城也。觀二十三年傳云：

王子朝入于王城，次于左巷。秋，七月，戊申，鄩羅納諸莊宮。

定公七年傳亦云：

王入于王城，館于公族黨氏，而後朝于莊宮。

皆可爲證。但昭公二十六年傳則云：

王入于成周。甲戌，盟于襄宮。晉師使成公般戍周而還。十二月，癸未，王入于莊宮。

此又言襄宮，莊宮並在成周。以此益知王城即成周之內城矣。

逸周書作雒篇云：

周公……將致政，乃作大邑成周于土中，立城方千七百（宋本作『六百』）二十丈，郛方七百里（孫詒讓周書斠補以爲當作『二十七里』）；南繫于雒水，北因于郟山，以爲天下之大湊。制郊甸方六百里，因西土爲方千里；分以百縣：縣有四郡，郡有四鄙。大縣立城方王城三之一，小縣立城方王城九之一；都鄙不過百室，以便野事。

上云『大邑成周』，下云『王城』。又云成周地因于郟山，爲天下之大湊。考郟爲王城之別名，王城固北依郟山而築者。是亦成周與王城可以混稱之鐵證！故孔晁注『大邑成周』亦云，『王城也』。又王會篇云：

成周之會。

孔注並云，『王城既成，大會諸侯及四夷也』。（王應麟周書王會補注亦云，『成周者，洛邑之總名；成王命周公營成周，卜澗水東，瀍水西，爲朝會之地，謂之「王城」，是爲東都』。）

成周與王城爲二地之說最早蓋見於公羊傳。春秋宣十六年經，『成周宣榭災』，公羊傳云：

『成周』者何？東周也。

又昭二十六年經，『天王入于成周』，公羊傳同。昭二十二年經，『劉子單子以王猛入于王城』，公羊傳云：

『王城』者何？西周也。

此以成周爲東周，蓋以成周爲即雒陽。雒陽爲東周，河南（王城）爲西周，乃戰國之局面。世本云：

西周桓公名揭，居河南；東周惠公名班，居雒陽。（史紀周本紀索隱引）

高誘注戰國策亦云：

西周，王城；今河南。東周，成周；故洛陽。

此非春秋時之事實也，故吾人不能不以公羊傳爲戰國後人作。毛奇齡亦云：

敬王以子朝之亂，其徒黨多踞王城，因徙居成周。經二十六年入成周，是也。其時以王城在成周之西，而敬王子朝並立稱王，故萇弘以地震之故告劉文公，謂西王受震，東王必克；蓋亦就二王言之，並無有以王城爲西周，成周爲東周者。至顯王二年，韓趙分周爲二國，名『東西周』，於是始有『東』『西』二周之名。故曰，『春秋以前稱西周者，豐鎬也；稱東周者，郟鄏也；戰國以後稱西周者，王城也；稱東周者，成周也』。今公羊忽曰，『王城者，西周也；其言入何？簒也』。詳其意謂成周本京師地，周東遷舊居也；王猛欲以王城簒京師，故經不書『西周』而書『王城』，恐二京師也。是既以平王東遷世居成周，反以王城爲簒居，已屬夢夢！且此時從未有東西周之名，即周桓居王城皆稱『河南桓公』，並無稱『西周公』者；其稱『西周』，自韓趙分國始，而公羊及之，則意公羊本戰國後人，習見赧王以前世居成周，妄疑春秋諸王皆以成周爲王居，并不知『東』『西』二名實起于戰國之末（業案：顯王二年非戰國之末，毛氏亦殊夢夢），遂名王城曰『西周』（自注，『成周曰東周，見後公羊傳』。業案：以成周爲東周已見宣十六年傳），且以王城爲簒居之地。此皆秦漢人所言，得毋公羊穀梁正秦漢間人乎？（春秋毛氏傳卷三十一）

案毛氏以昭二十六年春秋經書『天王入于成周』爲敬王

子朝分居東西，不考左傳，固屬錯誤。然其考定公羊傳作於戰國以後，則不能謂無相當之理由也。

成周即雒陽，與王城爲二地之說又見於漢書地理志。地理志『河南郡』：

雒陽。（原注）周公遷殷民，是爲成周。

河南。（原注）故郟鄏地。周武王遷九鼎；周公致太平營以爲都，是爲王城；至平王居之。

續漢書郡國志『河南尹』亦載：

雒陽，周時號成周。

河南，周公時所城雒邑也，春秋時謂之王城。

此其說之不可通蓋有三點：雒陽爲成周之說不見於較古書。史記自序，『太史公留滯周南』，集解，『徐廣曰，「摯虞曰，『古之周南，今之雒陽』」』；是雒陽爲周召（未必周公旦，召公奭）分陝而治時周公之治所（後人蓋即以此故以河南王城爲召公所築，雒陽爲周公所營），與東都之成周並非一地；班氏等混而一之，其失一也。周公所築之東都（雒邑）與遷殷民之成周本爲一地，已詳上論，班氏等析而二之，不合尙書，其失二也。以周公分陝而治之治所周南爲遷殷民之雒邑，鑿空杜撰，其失三也。蓋以譌傳譌，漢以後人之說如此其不可信也！

原成周所以與雒陽合併爲一者，蓋由戰國時周王與東周君居雒陽之故（考王封弟揭於河南王城，蓋其時周已遷都雒陽，至王赧復徙王城）。後人讀舊史，知敬王有居成周及稱東王之事，又有城成周之舉，與成王城成周以爲東都之事同；更不知周王居雒陽實爲戰國時事；乃造爲敬王由王城遷都成周，成周即雒陽，及成周爲東周，王城爲西周等說；其說旣列入於經典正史，後人遂深信之而不疑矣。

自公羊傳等書有成周與王城爲二地之說，後世之注釋詩書者皆沿其誤。如書雒誥，『我乃卜澗水東，瀍水西，惟雒食；我又卜瀍水東，亦惟雒食』。鄭玄注云：

瀍水東旣成，名曰成周，今雒陽縣地也；召公所卜處名曰王城，今河南縣是也。（詩王城譜疏引）

僞孔傳亦云：

又卜澗瀍之間，南近洛，吉，今河南城也。（瀍水東），今洛陽也；將定下都，遷殷頑民，故并卜之。

鄭毛詩王城譜又云：

周公攝政五年，成王在豐，欲宅雒邑，使召公先相宅，旣成，謂之王城，是爲東都，今河南是也。召公旣相宅，周公往營成周，今雒陽是也。成王居雒邑，遷殷頑民於成周，復還歸處西都。

12

案，召公但先周公相宅經營而已，非召公所築爲一處，周公所築又爲一處。東都全部爲周公所主營；瀍水東與瀍水西所築者乃一都，非有二都。殷民所遷之成周即成王所欲宅之雒邑，非別有下都爲殷民遷地。周公所營之成周亦即東都之總名，非在雒陽。吾人之說已有明証，具見上文，茲不再贅。考史記周本紀云，『成王在豐，使召公復營雒邑，如武王之意（案，史記以爲武王初營雒邑，至成王足成之）；周公復卜申視，卒營築居九鼎焉』。云召公初營，周公申視卒營，正合於尚書之義。鄭玄等之誤，全在分書序雒邑與成周爲二而已爾。

撰述既竟，略有餘義，補論於此：

鎬京爲西都，名曰『宗周』；雒師爲東都，名曰『成周』：義正相對。王城本爲泛名，凡天子所居皆可稱『王城』。春秋秦地有王城（在今陝西朝邑縣），晉地有王官（在今山西聞喜縣。括地志載陝西澄城縣又有一王官），蓋皆周王與大臣巡居之所（或謂秦地之王城本大荔戎王之國，恐非）。決無造一城名之爲『王城』者（『河南』之名蓋稍晚起）。是成周爲東都大名，王城爲成周內城之說在情理上亦較王城與成周爲二地之說爲可通也。

春秋時周室如有遷都之事，則春秋及左傳決無不載之理。左傳成公六年詳載晉遷于新田之事，又載『季文子如晉，賀遷也』。如周曾遷都，則爲王室之大事，經傳必有一載之；亦當有魯臣如周賀遷之記載。今皆無之，知此說爲後人臆造無疑。吾人固不全賴默証，然默証在適當範圍之中，亦未嘗不可一利用之也。

此文撰述草率，以限於時日，先秦兩漢之書頗難一一翻檢。然即上所論，據古器銘文以証經，據經以定傳，據傳以駁說，雖論證未詳，舊說已受根本之破壞。惟末學膚淺，謬誤難免，大雅方家，尙祈正之！

剛又讀程廷祚春秋地名辨異，有云：

案，班孟堅，鄭康成皆以漢之河南爲王城，雒陽爲成周，蓋本公羊氏王城爲西周，成周爲東周之誤。詩地理考引呂氏云，『成周乃東都總名；河南，成周之王城也；雒陽，成周之下都也』。此以成周王城爲一地，其說甚是！余別有辨。（卷上）

程氏已先余贊同呂氏之說，以成周王城爲一地，可見考証學之有客觀性。至其謂『余別有辨』，檢靑溪集等書並無專文，不知其作何說；諒亦與余有同見也。

二月，五日，作者又識。

書後

右春秋王都辨疑一文，友人童書業氏之所撰也。文分上下二篇：上篇爲春秋時周室未遷都辨，下篇爲成周爲東都大名王城爲成周內城考。首言敬王未曾遷都，而王城與成周實爲一地；繼論王城爲成周之內城；徧引彝器銘文及經史記傳之說，以証舊說之非是，考訂之精，論證之博，可謂確不可易矣！竊嘗按之記載，有三事與此文有關者，記之以資博雅。一事，成周之城當始築于周公東征之際，其名亦應由周公定之。當武王克商之後，反居于鎬，天下未集，而武王以歿，周公居攝，流言四起，武庚及淮夷徐奄熊盈之屬以畔，于是周公奉成王率師東征，築城雒師，以便指麾東征之將士。故小臣單觶銘云，『王後𠬝(反)，克商，在成𠂤』，成𠂤實即成周，『克商』即指周公東征平叛事。可証克商時成周已成。或以此器屬之武王時，非也！及殷室既滅，遂建爲大都以鎮東方之諸侯與殷頑民。名之曰成周者，言周之王業始成于是，以紀開國之盛也。故今日出土周初之銅器，其銘文多言『朝至于成周』或曰『在成周』，是知成王時已建都于成周，與鎬京並爲東西都矣。書康誥，『周公初基，作新大邑于東國雒』，『大邑』，國都之別名也(如商都亦稱『大邑』)。成周之地，位于鎬京之東，故亦稱東都，左傳昭三十二年，『昔成王合諸侯城成周，以爲東都』，是知春秋時猶知成周爲成王所建之東都也。後儒因敬王徙成周之說，而析成周與東都爲二地，誤矣！二事，王城與成周當是一地，後世因春秋有王子朝入王城，敬王入成周之文，而誤分之爲二，童氏之文辨之詳矣。顧童氏又以王城爲成周之內城，竊未以爲然！蓋上古之世，都城不能甚大，非必能如今日大都之有內外數城(郛與外城不同)。雖逸周書作雒解有『乃作大邑成周于土中，立城方千七百二十丈，郛方七十里』之文，然事之箸于竹帛者，固不免有誇大其辭之嫌。觀春秋祭仲諫鄭莊公之言曰，『都城過百雉，國之害也，先王之制，大都不過參國之一，中五之一，小九之一』，『國』謂國都，『都城』謂都邑，夫春秋之國都與都邑遺迹可考者多不甚大，即殷之王都所謂『殷虛』『大邑』者，其大亦不過於今一縣城，則周初都城之大小，可以測知，豈能于成周之內別建王城以爲上都乎？左傳僖公二十五年，『王入于王城』，國語晉語四作『

14

王入于成周』，成周王城之爲一地，其證甚明，而童氏引僖公十一年左傳『揚拒泉皋伊雒之戎同伐京師，入王城，焚東門』，以爲京師即成周，王城在成周之中。不知京師乃王都之通稱，王城爲東都之別名，猶北平之又稱京師，此不足以爲王城爲內城之証明也。三事，民國十八年洛陽出土之矢𣪘有『用牲于王』，『明公歸自王』之語，秀水唐氏（蘭）考釋云『王，王城也，漢書地理志云：「河南郡，河南，故郟鄏地，周武王遷九鼎，周公致太平，營以爲都，是爲王城，至平王居之」。又云：「雒陽，周公遷殷民，是爲成周，春秋昭公二十二年，晉合諸侯于狄泉，以其地大成周之城，居敬王」』，遂以王城與成周爲二地，謂用牲于王城，亦爲祭禮。又云：『「明公歸自王」，歸自王城，復至于成周也。王城成周，相距蓋不過三十里。御正衛𣪘云：「懋父賁卸正衛馬匹自王」，亦謂懋父自王城賞御正衛以匹馬也』。今按，王城與成周既爲一地，則銅器之『王』自當解爲王所，而不能釋爲王城，蓋成周之世，諸侯朝享，或居于王所，故言『歸自王』，自不必以王城釋之矣。丁丑元日，童氏過我，以斯篇見示，披覽既覺，因書所聞以歸之。潢川孫海波記。

附記

此文付印既竟，閱王應麟通鑑地理通釋，見卷四周都條注亦引呂氏說云：

孔子序洛誥曰，『周公往營成周』，則成周乃東都總名；河南，成周之王城也；洛陽，成周之下都也。王城非天子時會諸侯則虛之，下都則保釐大臣所居治事之地，周人朝夕受事，習見既久，遂獨指以爲成周矣。

洛陽雖有二城，而成周則其總名。杜預孔穎達皆以下都爲成周，謂敬王避子朝之亂，自王城徙都之，其說不然！大可以包小，小不可以包大；苟成周信爲下都之名，則凡書之言洛皆謂之成周，是以下都之名而包王城；其不可信一也。左氏未嘗有敬王自王城遷成周之明文，第言子朝既逐，王入于成周而已；敬王請城成周之辭亦謂成王合諸侯城成周以爲東都，則成周者，洛邑之總名明矣！其不可信二也。

此呂氏迄今猶未考出果係何人，合詩地理考，玉海及本書所引文，知呂氏之意見有二：（一）主張成周乃東都總名，河南（即王城）爲成周王城，雒陽爲成周下都。王城本爲天子會諸侯之所，平王定以爲都；雒陽爲保釐大臣所居治事之地。（二）不信敬王遷都之說。其意與余大同。惟其又云雒陽『周人朝夕受事，習見既久，遂獨指以爲成周』，其說雖亦有理，余竊猶以爲未然。蓋戰國以前之書未有單稱雒陽爲成周者，以雒陽爲成周，乃秦漢際人習見戰國時事而發之謬說，周人焉得知之？呂氏蓋猶泥於公羊傳之文也。是知不信傳說易，不信經典難；呂氏未達一間，誠爲遺憾！然宋人考辨之精信駕於清人遠矣。

二六，五，二七。

16

春秋時代的縣

顧頡剛 1

我國何時設立郡縣？普通人對于這個問題的解答是不假思索的，正和萬里長城一樣，說是秦始皇，因為在中小學歷史教科書裏都這樣說了。例如日本那珂通世的支那通史（這是現在一切的中國中小學歷史教科書的祖本）『始皇之政』一章中便說：

丞相王綰等言，『燕齊地遠，不置王無以鎭之，請立諸子』。皇帝下其議，廷尉李斯曰，『周武王所封子弟同姓甚衆，後屬疏遠，相攻擊為仇讎。今海內賴陛下神靈，一統皆為郡縣，……天下無異意，則安寧之術也。置諸侯不便！』皇帝曰，『……廷尉議是！』以郡縣數治，北帶治關內及二十七郡，中帶置六郡，後略南嶺取南帶地，置三郡，凡三十六郡，郡置守尉監。……二十八年，皇帝東行郡縣。

這固然都有根據，但按其語意看來，豈不使讀者覺得郡縣制是始皇平定六國後懲封建之弊而創立的？其實這種觀念不必說一般人存着，就是去周秦甚近而以史學傳家的班固亦復如此。漢書地理志在把禹貢講夏地理，把職方講周地理，把孟子之言講周封建之後，便接着說：

秦……并兼四海，以為周制微弱，終為諸侯所喪，故不立尺土之封，分天下為郡縣，盪滅前聖之苗裔，靡有孑遺者矣。

也是說這許多郡縣是始皇突然間建置起來的。

但也有不信這一說的，他們讀書多，可以依據書本的材料推得很早。如山海經南次二經云：

長舌之山……有獸焉，其狀如禺而四耳，其名長舌，其音如吟，見則郡縣大水。

堯光之山……有獸焉，其狀如人而彘鬣，其名曰猾褢，……見則縣有大繇。

山海經相傳是禹益作的，禹益是唐虞時人，所以可以說：郡縣制在唐虞時已有了。再看淮南子氾論篇云：

夏桀殷紂之盛也，人迹所至，舟車所通，莫不為郡縣。

即此可見夏商時也有郡縣，所以更可以說：郡縣制是有史以來就有的，而且在我國的歷史裏不曾間斷過。因此，畢沅在山海經新校正中便說道：

郡縣之名，夏殷有之，不獨周矣。世俗以此疑經（山海經），非也！（南次二經長舌山條）

其實要說郡縣制很早就有，不必求之於山經淮南，就是在最尊貴的書經堯典裏也可以尋到暗示。堯典說『肇十有二州』，又說『咨十有二牧』，是那時分天下為十二州，每州設一個牧。十二州牧是最高的地方行政長官，他們當然要統率一班低級的地方官，那麽，因其轄區之廣，州之下自該分郡，郡之下自該分縣了。

不過，到了現在，這種材料在我們的理智裏已失却了信仰。我們既不能信遲至秦始皇說，也不能信早至唐虞夏商說，只有盡我們的本分，從眞實的記載裏重尋郡縣制的演進史。

春秋時代有郡縣制的存在，是很清楚的。固然這種制度也許在西周時已有，像逸周書作雒篇所說：

> 制郊甸方六百里，因西土爲方千里，分以百縣，縣有四郡，郡有四鄙。大縣立城方王城三之一，小縣立城方王城九之一，都鄙不過百室，以便野事。

似乎周公時就制定的。但逸周書的材料很有問題，不便充分相信，而且在西周的金文裏不曾見到西周時有縣（東周的金文裏便有縣的記載），在可靠的東周記載裏又不曾見王畿有縣，所以很難使我們把這段文字看作事實。我們爲謹愼起見，只能說：郡縣制在春秋初期確實有了。

現在我們便從金文，左傳，國語，史記等書裏搜集春秋時的郡縣制材料（因爲所得的材料，關於郡的太少，所以在本文題目裏單擧了縣），分國敘述。

甲　楚國

楚武王是一個享國很久的人，從春秋前十八年一直到魯莊公七年（公元前七四〇——六九〇）。不知在哪一年，他滅了權國。左傳莊十八年追記其事，說：

> 初，楚武王克權，使鬬緡尹之。以叛，圍而殺之。遷權於那處，使閻敖尹之。

在這段文字裏，雖沒有說明滅權以爲縣，但他設置『尹』的官，和此後楚的『縣尹』一樣，則實是他建立權縣的證明。這是從左傳的記載中找尋出來的第一個縣。可見在春秋初期，楚已有縣制；而且滅了一國建立一縣，縣的面積甚爲廣大。

在楚文王（前六八九——六七七）的手裏，滅了申（未詳何年），息（在魯莊十至十四年，前六八四——六八〇），鄧（魯莊十六，前六七八）諸國。左傳雖沒有在當時說明他立縣，但在哀十七年傳中記楚子穀的話道：

> 彭仲爽，申俘也，文王以爲令尹，實縣申息。

可見他也是滅了一國就建立一縣的。所以左傳莊三十年（楚成王八，前六六四）說：

> 楚公子元歸自伐鄭而處王宮，……秋，申公鬬班殺子元。

杜預注：

申，楚縣。楚僭號，縣尹皆稱公。

要討論這個名稱問題，請先看下面一段材料。左傳昭二十年：

> 費無極言於楚子曰，…『奢（伍奢）之子材，若在吳，必憂楚國；盍以免其父召之？……』王使召之曰，『來，吾免而父！』棠君尚謂其弟員曰，『爾適吳，我將歸死！』

杜預注云：

> 棠君，奢之長子尚也，爲棠邑大夫。

何以棠邑大夫稱做『棠君』？其實也與『申公』和『縣尹』一般無二。『君』與『尹』本是一字，所以公穀春秋經隱三年『尹氏卒』，左氏經作『君氏卒』。『君』和『公』又同屬於見紐，可以通用，所以楚辭惜往日中提起晉文公，云『文君寤而追求』；莊子外物篇提起宋元公，云『宋元君夜半而夢』（詳見日知錄卷二十三『稱王公爲君』條）。傅孟眞先生（斯年）論所謂五等爵（國立中央研究院歷史語言研究所集刊第二本第一分）從聲音上證這幾個名詞的關係，說『公』以淺喉發音，淺喉收音；『君』以淺喉發音，舌頭收音；『尹』以深喉發音，舌頭收音；似皆一名的分化。按現在福州人讀『君』正和『公』同音，恐在古代只是一字。

3 楚莊王十六年（前五九八），他爲了陳國有夏徵舒之亂，率諸侯伐陳。左傳宣十一年記其事云：

> 遂入陳，……因縣陳。……申叔時使於齊，反，復命而退。王使讓之曰，『……諸侯縣公皆慶寡人；女獨不慶寡人，何故？』對曰，『……諸侯之從也，曰討有罪也。今縣陳，貪其富也。……』

『縣公』和『諸侯』並列，這可見楚國的排場之大了。

隔了一年，楚莊王又破鄭。左傳宣十二年記其事云：

> 鄭伯肉袒牽羊以逆，曰，『孤不天，不能事君；……若惠顧前好，……使改事君，夷於九縣，君之惠也。……』

這裏出來了『九縣』一名，怎麼解呢？杜預注云：

> 楚滅九國以爲縣。

哪九國呢？陸德明經典釋文替他數道：

> 九縣：莊十四年滅息，十六年滅鄧，僖五年滅弦，十二年滅黃，二十六年滅夔，文四年滅江，五年滅六滅蓼，十六年滅庸。傳稱『楚武王克權，使鬬緡尹之』，又稱『文王縣申息』。此十一國不知何以言九？

孔穎達左傳正義又加推敲，說：

> 楚滅諸國見於傳者，哀十七年稱文王縣申息，莊六年稱楚滅鄧，十八年稱武王克權，僖五年滅弦，十二年滅黃，二十六年滅夔，文四年滅江，五年滅六又滅蓼，十六年滅庸，凡十一國見於傳。傳二十八年傳曰，『漢陽諸姬，楚實盡之』，則楚之滅國多

矣。言九縣者，申息定是其二，餘不知所謂。蘇氏沈氏以權是小國，庸先屬楚，自外爲九也。

從左傳中看，在宣十二年之前楚所滅國共有十一個，而此間只道九縣，到底有哪兩國不在內，這眞使注釋家躊躇了。其實九數本是虛數，古人常用『三』稱較多的東西，用『九』稱很多的東西，汪中釋三九一文（述學）中已經講清楚。所以鄭襄公說楚有九縣，不過表示楚縣很多而已，決不是指定某九個縣。如若不信，可舉一證。申和呂在西周時同封南陽，同爲大國，後來又同爲楚滅，同列于楚縣，所以子重『請取於申呂以爲賞田』；雖呂的被滅或在春秋之前（按詩王風中猶有『不與我戍甫』之語，甫即呂，王風如確爲東周詩，則呂國之滅未必定在春秋之前），但當時人哪裏會知道該有以魯隱公元年開始的一個春秋時代，當然把申呂兩縣連在一起說的，這豈不是又多出了一縣？何况還有許多被楚蠶食的『漢陽諸姬』呢！

楚共王六年（前五八五），楚兵伐鄭。左傳成六年說：

晉欒書救鄭，……遂侵蔡。楚公子申公子成以申息之師救蔡，禦諸桑隧。趙同趙括欲戰，請於武子（欒書），武子將許之。知莊子范文子韓獻子諫曰，『不可！……成師以出而敗楚之二縣，何榮之有焉！若不能敗，爲辱已甚，不如還也！』乃遂還。

楚國申息兩縣的兵力已足和一個霸國開戰，楚縣的大而且富於此可知了。

下一年左傳追記楚莊王十九年（前五九五）的事道：

楚圍宋之役，子重請取於申呂以爲賞田，王許之。申公巫臣曰，『不可！此申呂之所以邑也，是以爲賦，以御北方。若取之，是無申呂也，晉鄭必至于漢！』王乃止。

巫臣是申的縣公，他不贊成把那地用作大夫的食邑，可見楚的縣是直隸於君主的，沒有封建的成分在內。這便是完全打破封建制度的秦始皇的郡縣制的先聲了。

左傳襄二十六年（前五四七，楚康王十三）又記着一件『上下其手』的故事：

楚子秦人侵吳，……遂侵鄭。……穿封戌囚皇頡，公子圍與之爭之，正於伯州犂。伯州犂曰，『請問於囚！』乃立囚。伯州犂……上其手曰，『夫子爲王子圍，寡君之貴介弟也』；下其手曰，『此子爲穿封戌，方城外之縣尹也：誰獲子？』

這是『縣尹』一名的正式見於記載，與宣十二年的『縣公』可以並存。

楚靈王七年（前五三四），又滅陳爲縣。左傳昭八年道：

楚公子棄疾帥師……滅陳，……使穿封戌爲陳公。

昭十一年（前五三一）左傳記晉叔向的批評道：

楚王奉孫吳以討於陳，曰，『將定而國』，陳人聽命而遂縣之。

到這年冬天，靈王又把蔡國滅了，左傳云：

冬十一月，楚子滅蔡。……楚子城陳蔡不羹，使棄疾爲蔡公。

楚靈王十一年（前五三〇），他到州來閱兵，很驕傲地對他的右尹子革說道：

昔諸侯遠我而畏晉，今我大城陳蔡不羹，賦皆千乘，……諸侯其畏我乎？

子革對道：

畏君王哉！是四國者專足畏也，又加之以楚，敢不畏君王哉！（左傳昭十二年。按『四國』，國語楚語上作『三國』。）

杜預注云：

四國：陳，蔡，二不羹。（按二不羹爲東西不羹。）

這四個大縣的軍賦都有千乘之多，楚的一縣眞可和當時的一個次等國家（如魯，春秋之世始終只有千乘，故詩閟宮頌僖公云『公車千乘』，左傳昭八年云『大蒐于紅，革車千乘』）相比並了。

楚國到底有多少縣，我們現在已無從知道。

乙　秦國

秦國設立郡縣也不遲。史記秦本紀云：

（武公）十年（前六八八），伐邽冀戎，初縣之。

（武公）十一年（前六八七），初縣杜鄭。

秦武公十年當魯莊公六年，可見秦國至少在那時已有縣制了，比楚國不相先後。他們每滅掉一國就建立一縣，也極和楚制相像。

國語晉語二云：

公子夷吾……退而私於公子縶曰，『……亡人苟入掃宗廟，定社稷，亡人何國之與有！君實有郡縣。且入河外列城五，豈謂君無有，亦爲君之東游津梁之上無有難急也。……』

這是晉惠公和秦國的交換條件。他說：秦如送他入晉，雖然秦已有了好些郡縣，並不希罕晉的土地，但他還願割讓河外列城五個酬謝他們的好意。在這條材料裏，使我們知道，秦不但有縣，而又有郡。可惜郡和縣的統屬關係如何，這裏沒有說出。

秦國在春秋時有多少郡縣，我們也無法知道。但看他們以一國爲一縣，縣數必然是不多的。

到秦孝公時，商鞅把縣制整理了一回，史記中揭曉了縣的數目。秦本紀云：

十二年（前三五〇），……并諸小鄉聚，集爲大縣；縣一令：四十一縣。

但商君列傳則云：

集小都鄉邑聚爲縣，置令丞，凡三十一縣。

六國年表亦云：

初取小邑爲三十一縣。

『三十』與『四十』字異，未詳孰是。又這是秦縣的總數呢，還是只是新設的縣的數目，也不詳其究竟。好在這已是春秋後百餘年的事了，在這裏用不着討論。

丙　晉國

晉的有縣也早，但我們找到它的材料時已到晉襄公元年（前六二七）了。左傳僖三十三年記晉師破白狄，大將郤缺獲白狄子，郤缺是胥臣薦的，所以：

反自箕，襄公以……再命命先茅之縣賞胥臣。

杜注：

先茅絕後，故取其縣以賞胥臣。

杜說如確，可見當春秋初期先茅在世時晉已有縣。但晉的縣是拿來做卿大夫的食邑的，和秦楚的直隸君主的縣根本不同。

晉景公六年（前五九四），晉將荀林父滅赤狄潞氏，荀林父前有罪時爲士伯奏免，所以左傳宣十五年云：

晉侯賞桓子（荀林父）狄臣千室，亦賞士伯以瓜衍之縣。

這瓜衍當是地名。

晉厲公三年（前五七八），使呂相絕秦。左傳成十三年記其語云：

入我河縣，焚我箕郜。

這『河縣』不知是一個縣名，還是近河的縣？

晉平公十一年（前五四七），蔡臣聲子對楚令尹子木說：

椒舉娶於申公子牟，子牟得戾而亡。君大夫謂椒舉，『女實遣之！』懼而奔鄭。……今在晉矣，晉人將與之縣，以比叔向。（左傳襄二十六年）

別國的亡臣可以得到晉國的縣，晉君的賞賜似乎太慷慨了。下面一件事也是這樣。左傳昭三年（前五三九，晉平公十九）云：

初，州縣，欒豹之邑也。及欒氏亡，范宣子趙文子韓宣子皆欲之。文子曰，『溫，吾縣也！』二宣子曰，『自郤稱以別三傳矣，晉之別縣不唯州，誰獲治之？』文子病之，乃舍之。……及文子爲政，趙獲曰，『可以取州矣！』文子曰，『退！……余不能治余縣，又焉用州，其以徼禍也！』……豐氏故主韓氏，伯石之獲州也，韓宣子爲之請之，爲其復取之之故。

州縣本從溫縣裏邊分出，而溫屬趙家，州初屬郤家，後屬欒家。欒氏亡了之後，趙文子要想拿還州縣，叵耐范韓二家不答應，只得放棄。後來鄭君到晉，公孫段（伯石）相禮相得好，韓宣子替他一請求，他就享有了州縣了。

過了四年（前五三五，晉平公二十三），公孫段死了，左傳昭七年云：

子產爲豐施（公孫段子）歸州田於韓宣子，曰，『日君以夫公孫段爲能任其事而賜之州田，今無祿早世，不獲久享君德，其子弗敢有，不敢以聞於君，私致諸子！』……宣子受之，以告晉侯。晉侯以與宣子。宣子爲初言，病有之，以易原縣於樂大心。

樂大心是宋大夫，原縣本是晉君賜給他的。韓宣子爲了先前阻止趙文子取州縣，現在自己也不好意思收下，所以晉君把州縣賜給他時，他一轉手就把它向樂大心換得了原縣。溫原都是晉的大邑，而國君可以隨便封賞，不但可給本國大夫，也可以給別國大夫，大夫又可以互相交換，這便見出晉君權力下移的由來了。

提起溫縣和原縣，使我們想起了左傳定八年（前五〇二，晉定公十年）晉與衛的糾紛：

晉師將盟衛侯于鄟澤，趙簡子曰，『羣臣誰敢盟衛君者？』涉佗成何曰，『我能盟之！』衛人請執牛耳，成何曰，『衛，吾溫原也，焉得視諸侯！』

可見溫原之富抵得衛的一國，等於楚靈王時的陳蔡二縣，怪不得晉的臣子會這等驕傲。又楚的申呂是『是以爲賦，以御北方』的，溫原二縣在晉的南部（溫在今河南溫縣，原在今河南濟源縣），也可以說『是以爲賦，以御南方』，和楚的申呂有同等的效用；如果沒有了它們，楚國的勢力就會北侵到太行山之北了。

7

我們又從溫原上想起了晉國得着這些地方的由來。左傳僖二十五年（前六三五，晉文公二年），記晉文公平王子帶之亂，迎襄王入于王城之後：

戊午，晉侯朝王，王饗醴，命之宥。請隧，弗許，曰，『王章也！未有代德而有二王，亦叔父之所惡也！』與之陽樊，溫，原，欑，茅之田，晉於是始啓南陽（杜注，『在晉山南河北，故曰南陽』，這恰和陰地相反）。……趙衰爲原大夫，狐溱爲溫大夫。……晉侯問原守於寺人勃鞮，對曰，『昔趙衰以壺飧從徑，餒而弗食』，故使處原。

周襄王愛面子而捨得土地，這一賞就給晉國添了好些土地。但晉文公剛用右手收受了周王的溫原，便左手送給趙衰狐溱們去了。我們知道了溫原是縣，可知周王所賞的田大抵是都給晉君立爲縣的。這些管領縣的人，稱爲某縣大夫，亦稱爲某縣守。從此推上去，則左傳閔元年（前六六一，晉獻公十六年）所記：

晉侯作二軍，公將上軍，太子申生將下軍，趙夙御戎，畢萬爲右，以滅耿，滅霍，滅魏。還，……賜趙夙耿，賜畢萬魏，以爲大夫。

這也許即是晉的縣制的開端。如果眞是這樣，那麽，晉之有縣也不算遲了。

晉國共有多少縣，左傳裏倒有材料可找。晉平公二十一年（前五三七），晉侯嫁女于楚，楚靈王驕傲得很，想把送女來的晉上卿韓起刖了足做閽人，上大夫羊舌肸割了勢做司宮，借來辱晉。楚大夫薳啓彊忙勸靈王不可造次。左傳昭五年記他的話道：

> 韓賦七邑，皆成縣也。羊舌四族，皆彊家也。晉人若喪韓起楊肸，五卿八大夫輔韓須楊石，因其十家九縣，長轂九百，其餘四十縣，遺守四千，奮其武怒以報其大恥，其蔑不濟矣！

韓起一族有七家，每家一邑都是『成縣』（大縣），羊舌肸（叔向）一族有四家，共佔二縣，總數是十一家九縣（左傳之文求句子的整齊，所以舉成數而言，稱十一家爲『十家』）。這九縣各有長轂（兵車）百乘，便是九百乘。加上別的四十縣，又有四千乘兵車。倘使韓起和羊舌肸被楚王刑辱，晉國起了傾國之師來報復，那就了不得了。所以在薳啓彊的話裏，可知那時晉國全國的大縣共有四十九個，大縣每縣有一百乘的兵力，每一個世家大族可以有數縣的食邑。但小縣（所謂『別縣』）有多少，還沒法知道。

到晉頃公十二年（前五一四），殺祁盈及楊食我，滅掉祁氏和羊舌氏。左傳昭二十八年記滅了兩族之後的事道：

> 秋，晉韓宣子卒，魏獻子爲政，分祁氏之田以爲七縣，分羊舌氏之田以爲三縣：司馬彌牟爲鄔大夫，賈辛爲祁大夫，司馬烏爲平陵大夫，魏戊爲梗陽大夫，知徐吾爲塗水大夫，韓固爲馬首大夫，孟丙爲孟大夫，樂霄爲銅鞮大夫，趙朝爲平陽大夫，僚安爲楊氏大夫。謂賈辛，司馬烏，爲有力於王室，故舉之。謂知徐吾，趙朝，韓固，魏戊，餘子之不失職，能守業者也。其四人者（司馬彌牟，孟丙，樂霄，僚安），皆受縣而後見於魏子，以賢舉也。魏子謂成鱄，『吾與戊也縣，人其以我爲黨乎？』對曰，『……昔武王克商，……其兄弟之國者十有五人，姬姓之國者四十人，皆舉親也，……唯善所在。……』

這很分明：魏獻子當國，他册命一班縣大夫，其意義等于武王時的封國，表示出十足的封建色彩。在這一段記事裏，我們得着十個晉的縣名。依杜預說，鄔，祁，平陵，梗陽，塗水，馬首，盂，是分祁氏之田的七縣；銅鞮，平陽，楊氏，是分羊舌氏之田的三縣。說到這裏，就激起一個問題。從上面引的薳啟彊的話看來，羊舌氏本只有兩縣，爲什麽到了這裏會分作三縣？大概是分縣愈多便愈適於分贓，爲安置許多餘子及有功者起見，縣的區域只該逐漸縮小了。

晉定公十九年（前四九三），趙鞅圍范中行氏，鄭軍替齊人轉送糧餉給晉的亡臣范氏，趙鞅帶兵與鄭軍在鐵地開戰。左傳哀二年記他的誓師詞道：

> 克敵者，上大夫受縣，下大夫受郡，士田十萬。

在這句話裏，知道晉國也有郡制，但比縣卻下一等。這便使我們想起了逸周書作雒篇中的『千里……百縣，縣有四郡』的話來，覺得這話或許表現了春秋時的制度。晉國的以縣轄郡，和戰國時的以郡轄縣恰恰相反。爲什麼會這樣？這個問題等將來考戰國的郡縣制時再討論罷。

戰國策記趙襄子四年（前四五四），知過勸知伯破趙之後，封韓魏之臣。趙策一云：

> 知過曰，『魏宣子之謀臣曰趙葭，韓康子之謀臣曰段規，是皆能移其君之計。君其與二君約，破趙則封二子者各萬家之縣一，如是則二主之心可不變而君得其所欲矣』。

在這段文字的前面，記知伯請地於韓魏，韓魏各『致萬家之邑一於知伯』，可見『邑』與『縣』是通稱的。在那時，晉的一縣可以有萬家之多，戶口也着實不少了。

丁　齊國

國語記齊桓公時（前六八五——六四三），管仲治齊，定出很整齊的都鄙制度，其第二級爲縣。齊語云：

> 制鄙三十家爲邑，邑有司；十邑爲卒，卒有卒帥；十卒爲鄉，鄉有鄉帥；三鄉爲縣，縣有縣帥；十縣爲屬，屬有大夫。五屬故立五大夫，各使治一屬焉；立五正，各使聽一屬焉。是故正之政聽屬，牧政聽縣，下政聽鄉。……五屬大夫於是退而修屬，屬退而修縣，縣退而修鄉，鄉退而修卒，卒退而修邑，邑退而修家，是故匹夫有善，可得而舉也，匹夫有不善，可得而誅也。

這是一條極緊的連繫索子。照這樣說，一縣共九千家，與戰國時的『萬家之縣』相差無幾。齊國共有五屬，就是共有五十縣。但在金文裏看，便不是這樣了。

齊侯鎛是齊靈公（前五八一——五五四）時人叔夷作的，其銘云：

> 公曰，『夷，……女肈敏于戎功，余錫女釐都𦞦𨞵，其縣三百。余命女𤔲辝釐邑，造國徒四千，爲女敵寮。……』

孫詒讓古籀拾遺卷上云：

> 釐都蓋齊之大都（『釐』，疑即『萊』，故萊國。……『來』『釐』古音同，經典多通用）。叔及（剛按，舊釋『乃』爲『及』，今釋『夷』）蓋爲釐大夫，故以其屬縣爲采邑。下文亦云『司治釐邑』，又云『錫釐僕二百又五十家』，並其證也。『𦞦𨞵』，……蓋釐都所屬縣名。……『敵寮』者，猶言徒屬。

以屬縣爲采邑，這正和晉制相同。在這銘中有一件極奇怪的事：齊靈公一賞叔夷，便是『其縣三百』，然而三百個縣卻跳不出一個釐邑！拿齊語中的管子制度來比較，那邊一縣中卻有三百個邑。究竟是一縣包有三百邑呢，還是一邑包有三百縣呢？又何以這兩條齊縣的材料會得這樣衝突呢？這眞使得我們舌撟而不能下了！

大概齊國的縣鄙制度分得極細，齊語所說恐怕是戰國人的話，所以結句帶有很重的尙賢色彩，不如齊侯鐘銘爲可信。『縣』與『邑』大約是可以通稱的，一個大邑可以包括三百個小邑。所以論語憲問說：

問管仲，曰，『人也，奪伯氏駢邑三百，飯疏食，沒齒無怨言』。

這『三百』大約是三百個小邑（何晏論語集解引僞孔論語注云，『伯氏食邑三百家』，以金文證之，疑非）。三百個小邑同隸於駢邑一個大名之下，正和三百個縣同隸於釐邑一個大名之下相合。所以子仲姜寶鎛銘也說：

鞷叔又成勞于齊邦，侯氏（齊侯）錫之邑二百又九十又九邑，與鄩之民人都啚（鄙）。侯氏从譩之曰，『業萬至于辝（予）孫子，勿或俞（渝）改』。

管仲一奪就是三百邑，鞷叔一受就是二百九十九邑，猜想起來，這種邑一定是很小的。按論語公冶長云：

子曰，『十室之邑必有忠信如丘者焉，不如丘之好學也』。

一邑如只十家，那麼三百邑不過三千家。又左傳成十七年云：

施氏之宰有百室之邑。

如果平均每邑得百家，三百邑便是三萬家了。

但齊國的縣也有較大的。晏子春秋七云：

景公謂晏子曰，『昔吾先君桓公予管仲狐與穀，其縣十七，著之於帛，申之以策，通之諸侯，以爲其子孫賞邑』。

管仲爲齊桓公時功勞最大的人，然而封他的縣只有十七個，可見這些縣不會很小。又說苑臣術篇云：

晏子方食，君之使者至，分食而食之，晏子不飽。使者返，言之景公，景公曰，『嘻，夫子之家若是其貧也！……』令吏致千家之縣一於晏子。

晏子是景公時的大臣，然而封縣只有一個，一縣就有千家，雖說比了晉國的『萬家之縣』還差得遠，但比了那『十室之邑』和『百室之邑』卻總算大得多了。（按晏子春秋雜下篇和說苑同記一事，而云，『使吏致千金與市租』，還『千家之縣』或係『千金』之傳誤，亦未可知。）

齊國的縣也是供封建用的，與晉國同，這是無疑問的事實。但齊國的縣制是很特別的，爲什麼要分得這樣瑣碎，我們無從知道；我們只敢說，齊縣還沒有脫離鄉鄙制度的規模。

戊　吳國

吳有郡縣，當是通於上國以後模仿來的。左傳襄二十八年（前五四五）記齊慶封奔吳，但云『吳句餘予之朱方』而已。史記吳世家則說：

王餘祭三年，齊相慶封有罪，自齊來奔吳，吳予慶封朱方之縣，以爲奉邑，……富於在齊。

倘司馬遷確有所據，則朱方是吳的許多縣中的一個。吳國的縣也是用來封建的。封了一個縣就說很富，可知這縣的區域必然不小。

又史記仲尼弟子列傳記吳魯與齊戰于艾陵之役（前四八四），子貢說吳王夫差救魯伐齊：

於是吳王乃遂發九郡兵伐齊。

他們的郡制的大小無法查考。但如果把『縣有四郡』的話來看，那麼九郡不過兩縣多，諒不能打破齊師，或者這些郡要大一點。

我們所能收集到的春秋時的郡縣材料不過這五國，而因史料的來源關係（左傳于晉最詳，其次爲楚，他國俱略），連這五國也不能排列得完整，這眞是沒法彌補的缺憾。

我們可以從這些材料裏抽出幾條結論來：

1. 春秋時最適宜作侵略行動的國家莫過于晉楚齊秦，晉向北發展，楚向南發展，齊向東發展，秦向西發展。他們吞滅弱小，開疆拓土，國境過大，就隨了環境的需要而創立了縣這新制度。吳國崛起東南，也模仿了。縣是他們本國以外土地的區畫，也是原有的鄉鄙制的擴大；就因是舊制的擴大，所以有些地方也和舊制相牽混，而縣和鄉鄙可以同義（說詳餘論）。又縣制之外，在春秋初期，秦國並有郡制；至少到了春秋後期，晉吳也都有了郡了。

2. 秦和楚的縣最大，大致都是小國所改；晉縣次之，大致多是都邑所改；齊縣最小，大致是從鄉鄙改的。

3. 楚和秦的縣，都直隸於君主；晉齊吳的縣，多是卿大夫的封邑。這兩種不同的制度，便決定了後來他們公室的興亡。

4. 那些次等國家（如魯，衞，宋，鄭），他們領土不廣，只須分定鄉鄙便好管理，用不着設立郡縣。（但他們也不妨有縣的名目，詳見餘論。）

餘論三則

本篇既寫完，但還存着些材料，這些材料有的是和春秋的縣很有關係但不便編入本篇裏的，有的是僞的材料我們應當說明爲什麼不把它放進本篇裏的。現在拈出三題，作爲餘論，如下：

一　縣鄙的縣和他種封土制度

那些新闢疆土所立的縣和封賜的縣，上面已說過了；但郡縣以外的縣，我們還沒有說。那些以縣分封的史實，上面也說過了；但縣以外的分封制度，我們還沒有說。現在且就發表這文的便利，聯帶講一下。可是這些問題牽涉太廣，我們在短時間中只能在這裏開一個頭而不能作詳細的討論，材料也不能搜集完全。

『鄙』是國都之外的土地的大名，『縣』是鄙中的一種分畫，所以縣和鄙是常常連稱的。如左傳昭十九年云：

> 晉人使以幣如鄭，問駟乞之立。……子產不待而對客曰，『……若寡君之二三臣，其即世者，晉大夫而專制其位，是晉之縣鄙也，何國之爲！』

又昭二十年云：

> 晏子曰，『……縣鄙之人入從其政，偪介之關暴征其私。……』

在這些話中，『縣鄙』二字都合舉。因爲縣即在鄙中，而且許多國家只有鄙而沒有縣，所以國君賞賜卿大夫土田往往稱鄙。例如：

> 公會晉趙武……于澶淵以討衞，疆戚田，取衞西鄙懿氏六十以與孫氏。（左傳襄二十六年）

> 慶氏亡，……與晏子邶殿，其鄙六十，弗受。……與北郭佐邑六十，受之。與子雅邑，辭多受少。與子尾邑，受而稍致之。（左傳襄二十八年）

> 豎牛取東鄙三十邑，以與南遺。（左傳昭五年）

讀此，可知『鄙』是國都之外的總稱，國都以外有東西南北四方，所以就有東西南北四鄙；從四鄙中再分畫，就有了『縣』和『邑』。又如左傳昭四年云：

> 大雨雹，季武子問於申豐曰，『雹可禦乎？』對曰，『……古者日在北陸而藏冰，西陸朝覿而出之。……山人取之，縣人傳之，輿人納之，隸人藏之。……其藏之也周，其用之也徧，則……雷出不震，無菑霜雹。……』

從這段話看，魯國有『縣人』的官，似乎魯也有縣制。但我們在春秋經和傳記裏從來沒見魯國的縣，況且魯的國土不大，沒有像晉楚的設立郡縣的需要，我們敢說魯是沒有縣的。然則這個『縣』字正和『鄙』字同義，縣人是掌管鄙的事務的一種官吏。

縣者何？懸也，是附麗於本體的東西。古無縣字，以縣爲之，故左傳成十二年云，『楚子……爲地室而縣焉』。縣是附麗于國的土地，故『國』與『縣』又爲對文。周語中記周定王派單襄公去聘楚，假道於陳國，但是陳國什麼都不管，道路難行，弄得他：

> 國無寄寓，縣無施舍，

竟沒有歇脚的地方。後來單子還朝，對周王說陳國必亡，周王問他原因，他說陳國廢棄先王之教；他又說，依照周制應當是：

> 列樹以表道，立鄙食以守路，國有郊牧，疆有寓望。

要這樣幹，纔能使

> 國有班事，縣有序民。

由單子的話看來，縣是國都外的地方區畫無疑。周和陳在春秋時都沒有縣，分明這裏所說的縣也就是鄙。

『縣』和『邑』都屬於鄙，所以從左傳裏看，這兩個名詞是可以通稱的，如申公巫臣說『此申呂之所以邑也』，蘧啓彊說『韓賦七邑皆成縣也』都是。然而邑是一個大小最無定的地域名稱，有十室之邑（論語），有百室之邑（左傳），有千室之邑（論語），有萬家之邑（趙策）；有時稱自己的國家爲『敝邑』（左傳中甚多），簡直一國也可當作一邑看待。春秋時的縣，依我們猜想，大概一個大縣可以有數萬家（如楚的申息陳蔡諸縣），一個小縣也可有百室左右。行中央集權制的國家的縣儘可廣大，所以楚秦便把一國立爲一縣。但是用作封賜卿大夫的縣則不妨小，所以晉有『別縣』，齊有和小邑同等的縣。因爲縣和邑同是鄙中的一種可大可小的區畫，而許多國家有邑無縣，所以有的國家賜邑和賜縣並行（如齊），有的國家只能賜邑。

鄭宋衛諸國疆域不大，大約都沒有縣制。左傳中記他們的賜邑，如襄二十六年：

> 鄭伯賞入陳之功，……享子展，賜之先路三命之服，先八邑；賜子產次路再命之服，先六邑。子產辭邑，曰，『自上以下，隆殺以兩，禮也。臣之位在四，且子展之功也：臣不敢及賞禮，請辭邑！』公固予之，乃受三邑。

子產居第四位，照例應當賜二邑，但鄭伯當他第二位賜了，所以他不敢受；結果酌中取了三邑。又如襄二十七年：

> 公（衛侯）與免餘邑六十，辭曰，『唯卿備百邑，臣六十矣，下有上祿，亂也，臣弗敢聞！且甯子唯多邑故死，臣懼死之速及也！』公固與之，受其半。

在這一段記載裏，可以知道衞國的卿是該賜一百個邑的，大夫也可以多至六十。杜預在這裏注道：

此一乘之邑，非四井之邑。

這兩種邑該怎麽判別呢？正義云：

司馬法，『成方十里，出革車一乘』，此一乘之邑，每邑方十里也。論語云，『百乘之家』，大夫稱家，邑有百乘，是百乘爲采邑之極。此云『唯卿備百邑』，知所言邑者皆是一乘之邑，非四井之邑也。

按四井之邑見於周官地官小司徒，文云：

九夫爲井，四井爲邑，四邑爲丘，四丘爲甸，四甸爲縣，四縣爲都。

這樣整整齊齊的制度不知可信與否。如說它可信，則四井之邑僅有三十六夫，而一乘之邑有十里見方，眞差得懸絕了。不過杜預用了司馬法的話來定衞國的封邑爲每邑方十里，終使我們不敢信任。爲什麽？一邑方十里，百邑就是方百里了，抵得到一個侯國，衞的國土能有多大，封一個卿就是方百里之地，封別的卿和大夫再要多少？衞君自己還要留多少？所以我們覺得三十六夫之邑固嫌太小，而方十里之邑實在太大，我們不該用了周官和司馬法等秦漢人的含有理想的記載來確定春秋時各國的實在制度。又如襄二十七年：

宋左師（向戌）請賞，曰，『請免死之邑！』公與之邑六十。

左師是執政之官，所以一賞邑就是六十個，這六十個邑想也不會有方六十里之廣的。

當時還有一種『書社』的制度，比邑分得更小。左傳昭二十五年：

公（魯昭公）孫于齊。……齊侯曰，『自莒疆以西，請致千社，以待君命！』

又哀十五年：

齊爲衞故，伐晉冠氏，喪車五百，因與衞地，自濟以西，禚，媚，杏以南，書社五百。

晏子春秋雜下篇云：

昔吾先君桓公以書社五百封管仲。

又云：

景公祿晏子以平陰與槀邑，反市者十一社。

荀子仲尼篇云：

與之（管仲）書社三百而富人莫之敢距也。

史記孔子世家云：

楚昭王興師迎孔子，……昭王將以書社地七百里（『地』與『里』字俱衍文）封孔子。

冉有爲季氏將師與齊戰于郎，克之。……季康子曰，『孔子何如人哉？』對曰，『……雖累千社，夫子不利也』。

大戴禮千乘篇云：

千乘之國受命於天子，通其四疆，敎其書社。

呂氏春秋愼大覽云：

武王勝殷，……諸大夫賞以書社。

又知接篇云：

衞公子啓方以書社四十下衞。

又高義篇云：

越王……謂公上過曰，『子之師（墨子）苟肯至越，請以故吳之地陰江之浦書社三百以封夫子』。（按墨子魯問篇作『故吳之地方五百里』。）

這類材料還很多，等將來再作專論。就上文看來，春秋戰國間確有這樣的一種地方制度，但一個書社究有多少大呢？杜預左傳注云：

二十五家爲社；千社，二萬五千家。（昭二十五年）

二十五家爲一社，籍書而致之。（哀十五年）

何以知道一社爲二十五家？孔頴達正義替他說明道：

禮有『里社』，故特牲『稱唯爲社事單出里』；以二十五家爲里，故知二十五家爲社也。

爲什麽『社』稱爲『書社』呢？司馬貞史記索隱云：

古者二十五家爲里，里則各立社。則書社者，書其社之人名於籍，蓋以七百里書社之人封孔子也。（孔子世家）

這樣說來，一個社二十五家，似可成定論。但對於這說也有反對的，金鶚求古錄禮說卷九社稷考云：

書社當是一甸之社（剛按，周官小司徒云『四丘爲甸』，一甸爲五百七十六家），社有長，民生齒即著名於社之長，故謂之書社。凡言書社幾百者，皆謂幾百戶也。……若以二十五家爲一社，五百社計一萬二千五百戶，齊與衞地未必如此之大；楚昭王欲以一萬七千戶封孔子，更未必然也。

又日本瀧川龜太郎史記會注考證亦於楚昭王將封孔子條注云：

蓋書社，書名於里社之籍也，猶曰居民也。書社十，即十戶，書社百，即百戶。……二十五家爲里，里有社，一社二十五家，百社即二千五百家，千社即二萬五千家，與書社大小懸隔，古人往往混之。

這個說法也覺得很近情理，『書社』和『社』或許確有分別。現在姑且當作一個懸案罷！

我們把以上的材料歸納起來，得着下面的結論：

自國都之外均稱爲鄙，鄙有東西南北之分；縣和邑都是鄙中的區畫，其廣袤大小似沒有固定的規制。國君把土地封賜給卿大夫，有縣，有邑，有書社。書社一封就是數百，可知其區畫最小。邑，卿可以受一百，大夫也可有數十，每次加封從兩個起，以二數遞加，大約到八個爲止。縣，依晉國的辦法，一人只可有一個，一個大族也只有幾個，是區畫最大的。沒有設縣的國家，只有用邑作封賜；但因他們均有縣鄙，也不妨稱鄙爲縣。

二　周官中的縣

周官是一部很有問題的書，也許裏面確保存了些眞材料，但是眞僞雜糅，異說紛歧，已經弄得人眼光撩亂，無法判別了。現在我寫這篇，也只得另作記敍，不與本文相溷。

按周官中提到『縣』的有好幾處。天官冢宰云：

以九賦斂財賄：一曰邦中之賦，二曰四郊之賦，三曰邦甸之賦，四曰家削之賦，五曰邦縣之賦，六曰邦都之賦，七曰關市之賦，八曰山澤之賦，九曰幣餘之賦。

這九項中除了關市，山澤，幣餘，以種類分列之外，自第一項『邦中』到第六項『邦都』，顯見有由近而遠的層次。在這六層之中，縣居於第五層。鄭玄注云：

邦中，在城郭者。四郊，去國百里。邦甸，二百里。家削，三百里。邦縣，四百里。邦都，五百里。

照他說法，是去國三百零一里至四百里之間，這塊地方

叫做縣。按禹貢列五服，其甸服的分配是：

百里賦納總，二百里納銍，三百里納秸，服；四百里粟，五百里米。

兩兩比較，可見周官的『邦縣之賦』就是禹貢的『四百里粟』一個階段。又地官載師云：

載師：掌任土之法，……以廛里任國中之地，……以宅田士田賈田任近郊之地，以官田牛田賞田牧田任遠郊之地，以公邑之田任甸地，以家邑之田任稍地，以小都之田任縣地，以大都之田任畺地。

在這裏，『國中』即冢宰的『邦中』，『近郊』和『遠郊』即『四郊』，『甸地』即『邦甸』，『稍地』即『家削』（削爲稍之譌文），『縣地』即『邦縣』，『畺地』即『邦都』。因爲這樣，所以鄭玄注引司馬法道：

王國百里爲郊，二百里爲州，三百里爲野，四百里爲縣，五百里爲都。

這三種記載，名稱雖略有差池，但制度是很相同的。從這引文，可見鄭玄注冢宰之文的里數分配法即是根據的司馬法，不過換上周官的名詞而已。鄭氏又於載師注云：

公邑，謂六遂餘地，天子使大夫治之。……二百里三百里，其上大夫如州長，四百里五百里，其下大夫如縣正，是以或謂二百

里爲州，四百里爲縣云。……家邑，大夫之采地。小都，卿之采地。大都，公之采地，王子弟所食邑也。畺，五百里王畿界也。

經他這樣一講，就調和了周官和司馬法的不同，而所謂縣者乃定爲卿的采地，爲下大夫所治理。我們應當記住：在王畿中，國都之外，由距離的遠近分爲五級，每百里爲一級，這五級的名稱是『郊，甸，稍，縣，都』；縣是第四級，居三百里外至四百里內。

但是一個問題的解決必不會讓你很痛快。所謂王國外四百里內爲縣，在周官中只適用於冢宰和載師而已。試看地官縣師：

縣師：掌邦國都鄙稍甸郊里之地域，而辨其夫家人民田萊之數。……凡造都邑，量其地辨其物而制其域，以歲時徵野之賦貢。

縣師只當管縣，爲什麼他所管的會有邦國呀，都呀，稍呀，甸呀，郊呀，野呀，許多三百里以內和四百里以外的地方呢？因爲講不通了，所以鄭玄就另換了一種說法來注道：

名曰縣師者，自六鄉以至邦國，縣居中焉。（序官）

郊里，郊所居也。自邦國以至四郊之內，是所主數，周天下也。……野，謂甸，稍，縣，都也。

『三百里爲野，四百里爲縣』，不是司馬法之文嗎？野等于稍，不是已給鄭氏證明了嗎？爲什麼縣師的行使職權要從最內的邦直到最外的都？爲什麼縣師的名義要舉『中』以言？又爲什麼『野』會擴張到『甸，稍，縣，都』？再看秋官縣士：

縣士：掌野，各掌其縣之民數……而聽其獄訟。……凡野有大事，則戮其犯命者。

縣士掌管野事等於縣師徵野之賦貢，但這裏卻沒有『邦國郊甸』之文，地方可以縮小一點，所以鄭氏注道：

都，縣，野之地，其邑非王子弟公卿大夫之采地則皆公邑也，謂之縣，縣士掌其獄焉。言掌野者，郊外曰野，大總言之也。獄居近，野之縣獄在二百里上，縣之縣獄在三百里上，都之縣獄在四百里上。

原來從『野』到『都』，這三百里中可以全稱作『縣』的，縣的境域擴大起來了！凡是郊外都可以稱作野，野又成了一個不固定的區域了！

從縣士鄭注看，王畿從二百里以上（由『郊外曰野』一語看則僅一百里以上）到五百里都可以叫做縣。從縣師經文看，簡直王畿的全部都可以叫做縣。這正和禮記王制的文字相合。王制道：

凡四海之內九州，州方千里。州建百里之國三十，七十里之國六十，五十里之國百有二十，凡二百一十國。……八州，州二百一十國。天子之縣內方百里之國九，七十里之國二十有一，五十里之國六十有三，凡九十三國。……八州，八伯。……方伯爲朝天子，皆有湯沐之邑於天子之縣內。

這位作者把天下分作九州，八州完全封國，其一州則稱爲『天子之縣』（案，『州』與『縣』相同之說，殆與鄒衍『赤縣神州』一語有關），『縣』就是商頌『邦畿千里』和周官職方氏『方千里曰王畿』的『畿』。凡畿皆爲縣，豈不與縣師之文合？堪笑鄭玄想不出這一點，在王制中注道：

縣內，夏時天子所居州界名也。殷曰畿，……周亦曰畿。

他竟因『天子之縣』不名畿而擅定爲夏制，又把『縣內』看作一個名詞了！

上面所說，縣有二義：一是限于王畿四面三百零一里至四百里間，一是王畿的全部。縣的含義盡於此嗎？不，周官中的花樣還多着呢！

地官小司徒云：

乃經土地而井牧其田野：九夫爲井，四井爲邑，四邑爲丘，四丘爲甸，四甸爲縣，四縣爲都，以任地事而令貢賦，凡稅斂之事。

這裏的『甸，縣，都』已不是冢宰和載師依距國遠近而分的甸，縣，都，乃是一種根據戶口數目的多寡而規定的鄉區制度了。鄭玄注云：

九夫爲井者，方一里，九夫所治之田也。

是九夫爲九個人，即代表九個家。看孟子滕文公上篇云：

方里而井，井九百畝，其中爲公田；八家皆私百畝，同養公田。

是一井九百畝田由八家耕種，每家一百畝私田，再同耕一百畝公田。周官一井九家，是取消了公田，每家仍一百畝私田。這樣說來，九家爲一井，三十六家爲一邑，一百四十四家爲一丘，五百七十六家爲一甸，二千三百零四家爲一縣，九千二百十六家爲一都。縣居第二級。

但就在鄭玄小司徒注裏，他提出了另一種解釋，說道：

司馬法曰，『六尺爲步，步百爲畮，畮百爲夫，夫三爲屋，屋三爲井。井十爲通，通爲匹馬，三十家，士一人，徒二人。通十爲成，成百井，三百家，革車一乘，士十人，徒二十人。……』

那麼『夫』就不作人講而作面積講了。雖然對象有異，而一夫還是一百畝，一井還是九百畝。照此講來，一縣的面積是二千三百零四頃，合二百五十六井。可是說到家的數目就不同了，十井一通只有三十家，十通一成只有三百家，然則一縣之中只有七百六十八家了。比較上一說，一縣中竟減少了一千五百三十六家。

這種差別已夠鬧得人頭昏，然而還不僅此，地官遂人裏再有一種關于縣鄙的分畫：

> 遂人：掌邦之野，以土地之圖經田野，造縣鄙形體之灋：五家爲鄰，五鄰爲里，四里爲酇，五酇爲鄙，五鄙爲縣，五縣爲遂，皆有地域溝樹之，使各掌其政令刑禁。

照這樣說，又是五家爲一鄰，二十五家爲一里，一百家爲一酇，五百家爲一鄙，二千五百家爲一縣，一萬二千五百家爲一遂。和小司徒之文比較起來，鄙略等于甸，遂略等于都，縣多出了一百九十六家（姑依九夫爲九家說）。爲什麼會這樣不同呢？鄭玄於小司徒注云：

> 此謂造都鄙也。采地制井田，異於鄉遂。

表明小司徒記的是采地之制，遂人記的是鄉遂之制。依他的載師注，采地是在『稍，縣，都』之內的，那麼便可推知，鄉遂是在『郊，甸』之內的，所以兩種區畫可以不一樣。因此，次在『遂人，遂師，遂大夫』之下，『鄙師，酇長，里宰，鄰長』之上的『縣正』，可以斷說這個縣是鄉遂的縣了。其文云：

> 縣正：各掌其縣之政令徵比，以頒田里，以分職事，掌其治訟，趨其稼事而賞罰之。

從這些材料裏，可知縣的意義除了前舉兩種之外又多出了兩種：小司徒的『四甸爲縣』是都的屬別，王畿二百零一里至五百里內的制度（依冢宰鄭注）；遂人和縣正的『五鄙爲縣』是遂的屬別，王畿二百里內的制度。

國家的行政應當正名，如果名不正，其結果會弄得言不順，便惑亂了人們的視聽，於行政上無益有害。現在周官中的縣，大之可包括王畿的全部，中之亦得在國都四面各占百里之地，小之則僅有二百餘井，二千餘家（或僅七百餘家），然則那時的人嘴裏說出一個縣字來，誰知道他指的是大大小小中哪一等的縣呢？所以周官這部書，作者要把搜集來的古代制度加上自己的想像排列得極整齊，結果却越發弄亂了。這四種縣制中也許保存得一點眞的材料，但因爲已弄亂了，我們只好不採，這是很惆悵的。

三　左傳裏兩個僞縣

左傳中的縣制材料，我們已經充分使用在本篇裏了，只有兩個縣沒有用，所以不用的緣故爲的是它們的出現都是不可能的，左傳中所以有這兩個縣名乃是出于僞竄。——這兩個縣，一個是追記的夏代的縣，叫做魯縣；一個是晉國國都中的縣，叫做絳縣。夏代不該已有縣制，所以我們說，在時代上不容有魯縣；國都中不該立縣，所以我們說，在地方上不該有絳縣。

這個斷案太簡單了，當然不能服人之心；我們應該尋索它們的由來，從根源上辨它們的僞。

案左傳昭二十九年云：

有夏孔甲擾于有帝，帝賜之乘龍，河漢各二，各有雌雄；孔甲不能食而未獲豢龍氏。有陶唐氏既衰，其後有劉累，學擾龍于豢龍氏，以事孔甲，能飲食之；夏后嘉之，賜氏曰御龍，以更豕韋之後，龍一雌死，潛醢以食夏后，夏后饗之；既而使求之，懼而遷於魯縣，——范氏其後也。

這裏記的是孔甲時的事，而已有魯縣一名，似乎大可表明夏代已有縣制，作南山經的印證。魯縣，杜預注云，『今魯陽也』，是即今河南魯山縣地，在春秋時爲楚邑。

這段文字爲什麼可疑？要明白這件事情，先須看兩條材料。此地既說『范氏其後也』，我們便可從左傳中提到范氏的找去。文十三年云：

晉人患秦人之用士會也，……乃使魏壽餘僞以魏叛者，以誘士會。……既濟，魏人譟而還。秦人歸其帑；其處者爲劉氏。

這本來是平平無奇的一件事：士會帶了家屬逃奔秦國，後來晉人記掛他，騙他回來；他一部分的家屬給秦人送還了，又一部分的家屬留在秦國，便改氏爲劉。把劉累故事和此文合看，顯見范氏之後復爲劉氏，不是創新，乃是復古。又襄二十四年記范宣子的話道：

昔匄之祖，自虞以上爲陶唐氏，在夏爲御龍氏，在商爲豕韋氏，在周爲唐杜氏；晉主夏盟，爲范氏。（晉語文同。）

這篇范氏的家譜使我們認識了他們的世澤：他們是陶唐氏之後，經過夏商周三代，代有名人，是何等可以誇耀！

奇怪！這些記載會常給人懷疑。孔穎達等在左傳正義裏說隋劉炫很不相信這些話：

炫於『處秦爲劉』謂非丘明之筆，『豕韋唐杜』不信元愷（杜預）之言。已之遠祖數自攻訐。（襄二十四年）

劉炫姓了劉，有陶唐豕韋們做他的祖宗，再好也沒有了，但他偏要攻訐，這爲的是什麼？其實，就是譏笑劉炫攻訐遠祖的孔穎達等，他們也不信這套話，所以正義說：

伍員屬其子於齊，使爲王孫氏者，知已將死，豫令改族。……士會之帑在秦不顯，於會之身復無所辟，傳說『處秦爲劉氏』，

未知何意旨此？討尋上下，其文不類，深疑此句或非本旨。（文十三年）

這是真的，既經『秦人歸其帑』，爲什麼又有『其處者』？而且無緣無故，爲什麼要改氏？劉是采邑之名，士會的家屬既不食采于劉，爲什麼要『爲劉氏』？

除開這些不講，就看『在夏爲御龍氏，在商爲豕韋氏，在周爲唐杜氏』這些話，也留有不可掩的錯誤。按詩商頌說：

韋顧既伐，昆吾夏桀。

韋便是豕韋，被商湯所滅，那麼這定是夏代的國，不會到商纔存在的。何況從昭二十九年傳看，豕韋氏是劉累豢龍後所更替，豕韋在前，御龍在後，爲什麼這裏竟倒了過來？又左傳昭元年說：

遷實沈于大夏，……唐人是因，以服事夏商，……及成王滅唐而封太叔焉。

是唐也是夏商時的國家，到周已滅。至于杜，是周的畿內之國，墨子等書中記周宣王殺杜伯事可證，如何可與唐合爲『唐杜氏』？杜預也知道其中有矛盾，強爲調和，說道：

周成王滅唐，遷之於杜，爲杜伯。（襄二十四年）

但他沒有想，如果確是這樣，那麼該說『在商爲唐氏，在周爲杜氏』才對，爲什麼要說『在周爲唐杜氏』呢？

要明白這個，先須知道左傳這書成立的背景。左傳的材料，無疑是春秋時傳下來而經戰國人編輯的；司馬遷作史記，從這書裏採取得很多，但只稱爲『左丘國語』，不名爲春秋左氏傳。第一個表章這部書而稱爲春秋傳的是劉歆，他說『左丘明好惡與聖人同，親見夫子；而公羊穀梁在七十子後：傳聞之與親見之，其詳略不同』（漢書劉歆傳），所以他要把左傳提高而把公穀壓下。他對于左傳，很下過一番整理功夫，漢書本傳中說他『治左氏，引傳文以解經，轉相發明，由是章句義理備焉』，可見他是開始把左氏的書和春秋經合起來的。他在漢哀帝時爲了表章左傳等古文書，和五經博士鬧得很兇，爲諸儒痛恨，只得跑出京城做郡守去。平帝時，王莽柄政，劉歆早年和王莽交誼甚篤，所以王莽就任他爲羲和，京兆尹；後來王莽作皇帝，他又任國師。左傳這部書，平帝時就賴王莽之力而立于學官了。

漢高帝起于平民，既經受了天命就不必再誇耀門第，所以他沒有家譜。司馬遷作他的本紀只說『父曰太公，母曰『劉媼』，用現在的話翻譯，等於說『他的父親是老太爺，母親是劉老太太』，連父母的名姓也不曾傳下，更不必說高曾祖和始祖。然而承平之後，終有人想把他裝點起來，表明他也是出于閥閱舊家。所以在昭帝時就有人說『漢家，堯後』（漢書眭弘傳）。到了王莽，他想篡取漢的天下，充分利用這一點傳說，表示自己是舜的子孫，舜受堯的天下，所以他也該受漢的禪讓。但是當時人迷信經典，而經典中沒有絲毫漢爲堯後的話語，這也使得王莽不痛快。左傳旣經由劉歆的表章而立學，新取得經典的地位，而劉歆又是王莽手下的紅人，當然樂于替他宣傳，所以左傳中就不免夾雜了些當時需要的僞品。我們從上面所引三段文字，可以知道陶唐氏的子孫有劉累，劉累的子孫又有士會之帑的劉氏，而陶唐氏爲堯，劉爲堯後，豈非即是漢爲堯後的好證據。所以東漢初賈逵說：

> 五經家皆無以證圖讖明劉氏爲堯後者，而左氏獨有明文。

班固作漢書高帝紀贊，錄有高祖頌：

> 漢帝本系，出自唐帝。降及于周，在秦作劉。涉魏而東，遂爲豐公。

這便見出左傳這幾段文字的效力來。孔穎達等在文十三年正義中續說道：

> 漢室初興，損棄古學（古文經典），左氏不顯于世，先儒無以自申。劉氏從秦從魏，其源本出劉累；插注此辭，將以媚於世。

他們的猜想固然未必盡合，但這些話爲了『媚世』而出現原是無疑的。

我們明白了這個背景，就可知道御龍氏的故事，范宣子的家譜，以及『其處者爲劉氏』一句話，滿是僞造的。那魯縣一名，自然是劉歆們忘記了夏代尙沒有縣制而誤寫下來的了。

魯縣旣了，再看絳縣。左傳襄三十年云：

> 晉悼夫人食輿人之城杞者。絳縣人或年長矣，無子而往，與於食；有與疑年，使之年，曰，『臣，小人也，不知紀年。臣生之歲正月甲子朔，四百有四十五甲子矣；其季於今，三之一也』。吏走問諸朝，師曠曰，『魯叔仲惠伯會郤成子于承匡之歲也，是歲也，狄伐魯，叔孫莊叔於是乎敗狄于鹹，……七十三年矣！』史趙曰，『亥有二首六身，下二如身，是其日數也』。士文伯曰，『然則二萬六千六百有六旬也』。趙孟問其縣大夫，則其屬也；召之而謝過焉，……遂仕之，……以爲絳縣師，而廢其輿尉。

這段文字有許多可疑之點。那聰明的劉炫也早批評了，他說：

> 傳之敘事自可以魯爲主，若載人語則當如其本言。此師曠，晉

人，自道晉事，嘗云『郤成子會晉叔仲惠伯』。所以云『叔仲惠伯會郤成子于承匡之歲』者，丘明意在以晉爲主，遂使此言反耳。丘明尙不免於此，况後解說者乎！

他說左丘明誤記師曠的話，其實他還未達一間。這分明是鈔的春秋經文十一年『夏，叔仲彭生會晉郤缺于承匡』的一句話，因爲他鈔了這一句，所以連帶再鈔了下面一句『冬十月甲午，叔孫得臣敗狄于鹹』。師曠是晉國瞎了眼的樂師，他怎麼會熟讀了魯國史官所記的春秋？他旣然會熟讀魯國的春秋，爲什麼又毫不記得別國的大事？

至于『亥有二首六身』，也是在春秋時不該說的話。孔氏正義對這句話也懷疑了，他說：

二畫爲首，六畫爲身，……案字書，古之亥字體殊不然。蓋春秋之時亥字有二六之體，異於古制。其說文是小篆之書，又異於此。

『古之亥字體殊不然』，是實際的情形；『蓋春秋之時亥字有二六之體』，乃是孔氏們的想像，也是替這段文字遮蓋的遁辭。案，史趙這句話是說亥字上有二畫，下有三個六字。考古金文亥字，簡體的大致作丂或丐或亥，並無二首六身；也有作亓或亥的，雖有二首而並非六身。最繁複奇詭的體作亏或亥或豕，仍不能解作二首六身。這都是周代的文字，是眞正的『古制』。可見文字愈古的，亥字筆畫便愈簡，不僅下無六身，亦且上無二首。何况『二』是上，不是二，二是應當兩畫相齊的。說文小篆作亥，才稍具二首六身的形狀。或者漢字方折有作亓的，依籌碼數字，丄丅俱爲六，則上爲二萬，下爲六千六百六十，這顯見和說文序所謂『馬頭人爲長，人持十爲斗』是同類的漢人拆字法。這種玩弄文字的小聰明，是春秋時不會有的。

爲什麼左傳裏會有這段故事呢？我們以爲這也和劉歆有關。他是一個通數學和歷法的人，在王莽時作羲和之官，管的是歷法。他又曾『作三統歷及譜以說春秋，推法密要』（漢書律歷志）。他推出魯文公十一年是夏正的正月甲子朔，元旦得甲子日也是一件巧事，所以他得要在左傳裏埋伏下這記錄，以確定春秋時的歷法，於是就杜造了這位老人和師曠，史趙，士文伯們的說話。

他忘記了，春秋之世是一個貴族專政的時代，一個列在皂隸之間的輿人是决沒有參預政事的可能的。現在趙孟居然打破了這個成例，肯降低了貴族的身分向一個與人謝過，又請他做官，這種事情也是在墨家尚賢思想未盛行之前所不會有的。

他又忘記了，在上年（襄二十九年），晉合諸侯之大夫城杞，鄭國的子太叔曾批評晉國道：

> 晉國不恤周宗之闕，而夏肄是屏，其弃諸姬，亦可知也已。諸姬是弃，其誰歸之？……弃同即異，是謂離德。

這是說晉國替夏後築城，反而不幫姬姓諸國的忙，不合親親的道理。本年傳裏，郤記魯使者在晉，聽得趙孟舉絳縣老人做官的事，回去報告諸大夫，執政季武子道：

> 晉未可媮也，有趙孟以為大夫，有伯瑕以為佐，有史趙師曠而咨度焉，有叔向女齊以師保其君，其朝多君子，其庸可媮乎！勉事之而後可！

同是城杞一事，何以前面挨了罵，後邊便會受譽？說到這裏，讀者不免要提出質問，說：城杞可以招罵，但為了城杞而舉賢則自該被稱讚，有什麼可疑！何況罵晉的是子太叔，譽晉的是季武子，兩人意見不同是常事呢！那麼我將答辨道：這固然是人情，但決不是左傳記述的方法。凡是左傳中所記的事，大致都可信；但所記各人的談話，我們敢說十分之八九只是作者自己的話：他定出了幾種性格，把一部歷史中的人物分配到這幾種性格中去，他替他們說話；他又看某國某人的禍福存亡的結果，於是取了這結果造作豫言，放在前面，算作某幾個標準人物的話語，這樣，一方面可以說明當事人的禍福存亡的由來，藉作勸懲，一方面又可表示出這幾位標準人物的論事的眼光何等正確。所以我們讀左傳，該用看戲的態度來看它，用生旦淨末丑的類型來分配一切春秋史中的人物才對。現在子太叔既說晉國『弃同即異，是謂離德』，這句話就不會白說的，在他說了這句話之後就再不容有季武子說『晉未可媮也，勉事之而後可』的話。如果不信，請瞧瞧這兩個豫言是哪一個應驗的？我們知道，這時晉楚已結了宋地弭兵之盟，晉國的霸主地位已失掉，被楚人占了上風；而且公室懨懨待盡，儘是些權臣專政，醞釀成三家分晉的局面。對外不能得諸侯，對內不能御卿大夫，這就叫作『離德』，所以子太叔的話確是左氏看了一百多年後晉的結局而替他說的。至於季武子的話則直是『無的放矢』，徒然證明了這是另一個作者一時失檢，忘記了當時國際情勢和左傳前後文而寫下的謬論。

再有一個很好的證明。就是這一年，魯叔孫豹會晉趙武等於澶淵，襄三十一年傳記他歸國後的言論：

穆叔（叔孫豹）至自會，見孟孝伯，語之曰，『趙孟將死矣，其語偷，不似民主。……若趙孟死，為政者其韓子乎？……晉君將失政矣，若不樹焉，使早備魯，既而政在大夫，……求欲無厭，……魯其懼哉！』

這段話正和子太叔的『離德』的批評相呼應：是見左傳作者確是要說『晉可媮』的。試問其間如何容得下季武子的讚美？

他更忘記了，在國都中是沒有縣的。為什麼叫作縣？只為它是懸掛在國都的地方；國都是主體，縣是附屬品。若國都中而立縣，則要叫它懸掛在什麼地方呢？再有什麼作主體呢？他知道晉的國都在絳，一時粗心，擅立了絳縣一名，在他以為漢都長安，就是一個縣，春秋時大約也是一樣。他不知道春秋時的縣實在等于秦漢時的郡，秦分天下為三十六郡，其本國只稱『內史』而不為郡，漢分郡更多，而其本國只稱『京兆尹，左馮翊，右扶風』而不為郡，還保存得古代『國』和『縣』對立的遺意。周官也是由劉歆所表章而立學的，其中有『縣師』一官，所以這兒也說『為絳縣師』，以相證成。然而縣師的執掌連『邦國』的地域也在內，分明這也是忘記了古代的國和縣的區別而杜造出來的。『作偽心勞日拙』，他作得無論如何細密，也無論騙過多少人，但總有露出馬腳的一天！

25

草本篇時，由童丕繩先生助集材料，且承提示數點，書此誌感。又清代學者對于這個問題雖未詳考，但也有很正確的見解發表在短篇論文和札記裏。草本篇時，很得到他們的幫助，記在下面，藉見我的秉承：

顧炎武郡縣（日知錄卷二十二），

姚鼐郡縣考（惜抱軒文集卷二），

洪亮吉春秋時以大邑為縣始於楚論（更生齋文甲集卷二，春秋十論之一），

趙翼郡縣（陔餘叢考卷十六）。

我個人因為事務太忙，又為本刊出版期所限，不能費多少時候去搜集，說不定在別處還有這類的考證。又郡縣的材料，古書所記還多，如月令，如管子，此次都未徵引。將來得暇，當詳考古代的都邑制與鄉鄙制，到那時再收進去罷。

二六，六，八，頡剛記。

目夷亭辨

童書業　1

地理的考證本來是很難的事：古今地名的變遷，和各處地名的混同，糾來纏去，已經夠使人腦袋子發脹了；加以書本和口頭上的亂說，往往更使人墜入五里霧中。所以講沿革地理的，眞不能不格外審慎從事。現在舉一個例子，請大家看一看後世書本上的材料是怎樣的不可以隨便引用。

路史國名記四商氏後有目夷國，條下記道：

今徐之滕東有目夷亭。

它是說這個『目夷亭』所在就是古目夷國所在。

梁玉繩漢書人表考卷三宋公子目夷條下根據路史這條記載，便道：

『目夷』之名不可解。路史國名紀四謂『徐之滕東有目夷亭』，蓋取于地以命名者。

他忘記了公子與夷的『與夷』之名也是同樣的不可解，而『與夷』並不是地名。他却根據這『光無故實』的路史，替公子目夷的名字想出了奇解。我們試先查查路史記載的根據。

史記殷本紀載：

契爲子姓，其後分封，以國爲姓，有……目夷氏。（案，這目夷氏實在就是公子目夷的後裔，參看書業與顧頡剛師合作的墨子姓氏辨，北平研究院史學集刊第二期。）

這便是路史的『目夷國』的由來。至於『目夷亭』呢？襄公四年左傳記，『邾人莒人伐鄫，魯臧紇救鄫侵邾，敗于狐駘』，杜預注道：

狐駘，邾地；魯國蕃縣東南有目台亭。

『台』『夷』字古同音通假，古魯國的蕃縣就是宋朝的滕縣，這就是路史的『目夷亭』的由來。但是，左傳明明說『狐駘』，杜預注的上文也說『狐駘』，下面舉的證明地點却變成了『目台』，這是什麼原故？我們須得考查一下。

考續漢書郡國志魯國蕃縣下劉昭補注道：

左傳襄公四年戰狐台，杜預曰，『縣東南有目台山』。

他引杜注也作『目台』，惟『亭』字作『山』（汲古閣本『山』作『亭』，是據今本左傳杜注改的，不足爲據）；頗疑『山』字爲是：查現在滕縣的東南有狐台山（或作『虎山』，作者曾親到那邊去過），並沒有目台山，那末『目台山』或許是『狐台山』

之誤。大約由『狐台山』訛作『目台山』（傳訛的緣故，或許是因另有目台山，而與狐台山混合爲一，詳下），由『目台山』又訛作『目台亭』。路史根據了左傳杜注的譌文或譌說，自誇博古，改『台』爲『夷』，就把它同目夷國牽合起來了。

從前人也有懷疑杜預這條左傳注的，如惠棟春秋左傳補注說：

禮記作『臺駘』。淮南子墬形曰，『沂出臺駘術』，篆文『臺』『壺』字相似，『壺』又與『狐』通，故傳作『狐駘』。杜氏以爲卽蕃縣之目台山，案『目台』卽淮南子『目駘山』，淄水所出，杜說非也！（原注，『目台山』今杜解本作『目台亭』，非是！劉昭補注亦引作『目台山』。）

案，昭公元年左傳載汾川之神喚作臺駘，這臺駘的傳說恐與臺駘的地名有關（傳說中人物往往與許多地方有關），則狐駘當確是臺駘之訛。因字形的相近，由『臺駘』訛爲『壺駘』；又因字音的相近，由『壺駘』訛爲『狐駘』；再因別處地名的拉攏，而變成了『目台』。它一共變了三次。馬宗璉春秋左傳補注說：

淮南墬形訓曰，『時泗沂出臺台術』，高誘注，『臺台術皆山名』。水經泗水出魯卞縣北山。璉案：酈元注，『郚姑蔑城在卞縣南』，是魯卞縣爲邾魯接境之地。臧孫與邾戰，敗於狐駘，爲目台山，卽魯卞縣北山也。惠定宇援淮南『淄出目駘』証狐駘爲淄水所出之山。案水經淄水出泰山萊蕪縣原山，東北過臨淄縣東，非邾魯接境。惠說不如杜注之確。

查惠棟並沒有說『狐駘』就是淄水所出的『目駘』，馬氏的駁議簡直是無的放矢。惠棟的說法正與馬氏相近。馬氏以狐駘卽魯卞縣北山，也是不對的！查古卞縣在現在的泗水縣，其地當邾國的東北，離鄫極遠，決非臧孫與邾交戰之處。鄫在今嶧縣，邾在今鄒縣，滕縣適當兩縣之間，那末所謂『救鄫侵邾，敗于狐駘』的『狐駘』其地自當在滕縣；杜預的注這點並沒有錯。惟杜注的『目台山』終疑是『狐台山』之誤耳。

古今圖書集成職方典兗州府山川考滕縣下說：

狐台山在城東南二十里。土山戴石，如灰堆狀，興雲卽雨。俗呼省『台』字，遂訛爲『壺山』，非也！案魯襄公四年，邾人莒人伐鄫，魯臧孫救鄫侵邾，敗于狐台，杜預注云，『魯國蕃縣東南有狐台山』，是也！

這裏直改杜注的『目台』爲『狐台』，不知它根據的是什麼（案讀史方輿紀要引杜注亦作『狐駘亭』）？或許只是一種直覺罷？至它說狐台山『俗呼省「台」字，遂訛爲「壺山」』，案這『壺山』的稱呼倒是大有所本的。禮記檀弓篇說：

2

> 魯婦人之髽而弔也，自敗於臺鮐始也。

鄭玄注道：

> 敗於臺駘，魯襄四年秋也。『臺』當爲『壺』字之誤也，春秋傳作『狐駘』。

鄭玄以爲『臺駘』是『壺駘』之訛，那末所謂俗呼倒是本的大經師的說法呢！雖然事實必定不是這樣的。

滕縣志說：

> 狐駘山，一名『目台』。

這也是沿襲的今本左傳杜注的譌文或譌說，與梁玉繩根據路史的譌說，是一樣的錯誤。這不足以證明後世書本上的材料非經過嚴密的審查，是不能夠就隨便引用的嗎！

3

二十五史補編總目(二)

開明書店印行

(後漢郡國令長考一卷)　清錢大昭撰　廣雅書局刊本
(後漢郡國令長考補一卷)　丁錫田撰　石印稼民雜著本
(續漢書志注補一卷)　清盧文弨撰　抱經堂刊羣書拾補本
(補續漢書藝文志一卷)　清錢大昭撰　廣雅本
(補後漢書藝文志四卷)　清侯康撰　嶺南遺書本
(補後漢書藝文志十卷)　清顧櫰三撰　蔣氏順脩書屋排印金陵叢書本
(後漢藝文志四卷)　清姚振宗撰　師石山房稿本
(補後漢藝文志一卷考十卷)　曾樸撰　光緒乙未刊本
(後漢匈奴表二卷)　沈維賢撰　學古堂日記本

四　三國志部分

(三國大事年表一卷)　清萬斯同撰　歷代史表本
(三國紀年表一卷)　清周嘉猷撰　廣雅本
(三國大事表一卷)　清謝鍾英撰　光緒二十四年湖南刊本
(三國漢季方鎮年表一卷)　清萬斯同撰　歷代史表本
(三國諸王世表一卷)　同上
(魏國將相大臣年表一卷)　同上
(魏將相大臣年表一卷)　同上
(魏方鎮年表一卷)　同上
(漢將相大臣年表一卷)　同上
(吳將相大臣年表一卷)　同上
(三國志三公宰輔年表三卷)　清黃大華撰　稿本
(三國志世系表一卷)　周明泰撰　民國十九年排印堊社叢書本
(三國志世系表補遺一卷附訂譌)　陶元珍撰　稿本
(三國職官表三卷)　清洪飴孫撰　廣雅本
(三國郡縣表附考證八卷)　清吳增僅撰　楊守敬補正　光緒丁未觀海堂刊本
(三國疆域表二卷)　清謝鍾英撰　光緒二十四年湖南刊本
(補三國疆域志補注十五卷)　清洪亮吉撰　謝鍾英補注　光緒二十四年湖南刊本
(三國疆域志疑一卷)　清謝鍾英撰
(補三國藝文志四卷)　清侯康撰　嶺南遺書本
(三國藝文志四卷)　清姚振宗撰　師石山房稿本

五　晉書部分

(兩晉諸帝統系圖一卷)　清萬斯同撰　歷代史表本
(晉諸王世表一卷)　同上
(補晉宗室王侯表一卷)　秦錫田撰　稿本
(晉功臣世表一卷)　清萬斯同撰　歷代史表本
(晉將相大臣年表一卷)　同上
(東晉將相大臣年表一卷)　同上
(補晉異姓封爵表一卷)　秦錫田撰　稿本
(補晉執政表一卷)　秦錫圭撰　稿本
(晉方鎮年表一卷)　清萬斯同撰　歷代史表本
(補晉方鎮表一卷)　秦錫圭撰　稿本
(晉方鎮年表一卷)　吳廷燮撰　排印本
(東晉方鎮年表一卷)　清萬斯同撰　歷代史表本
(東晉方鎮年表一卷)　吳廷燮撰　排印本
(晉書天文志校正一卷)　清盧文弨撰　抱經堂刊羣書拾補本
(晉書禮志校正一卷)　同上
(晉書地理志新補正五卷)　清畢沅撰　經訓堂叢書本
(新校晉書地理志一卷)　清方愷撰　廣雅本
(東晉疆域志四卷)　清洪亮吉撰　卷施閣集本
(補晉兵志一卷)　清錢儀吉撰　衎石齋刊本
(補晉書藝文志四卷附錄一卷)　清丁國鈞撰　子辰注　丁氏叢書本
(補晉書藝文志六卷)　清文廷式撰　宣統元年湖南排印本
(補晉書藝文志四卷)　清秦榮光撰　民國十九年排印本
(補晉書經籍志四卷)　吳士鑑撰　含嘉室舊著本
(補晉書藝文志四卷)　黃逢元撰　長沙排印本
(晉僭偽國世表一卷)　清萬斯同撰　歷代史表本
(晉僭偽諸國年表一卷)　同上
(補晉書僭國年表一卷)　秦錫田撰　稿本
(十六國年表一卷)　清張愉曾撰　昭代叢書本
(晉五胡表一卷)　沈維賢撰　學古堂日記本
(偽漢將相大臣年表一卷)　清萬斯同撰　歷代史表本

「戰國疆域變遷考」序例（續）

鍾鳳年

上期所發表之拙作，對於諸國最初之疆域，原擬附以略圖，故敍例不免簡略。繼以假作底本之近今輿圖，無適用於規模大而散漫之地勢者，遂致未果。茲爲各補敍一輪廓，俾免變遷之迹難於著見。

又原舉諸大國幅員之次第有誤倒者，宜作楚最大，越次之，趙，齊又次之，秦，燕相埒，魏又次之，韓最小。

（一）楚約有今四川：奉節，巫溪，巫山。陝西：紫陽，漢陰，石泉，寧陝，鎮南，柞水，商，商南之東南部。河南：淅川，伊陽，臨汝，寶豐（自伊陽與韓共之），禹，臨潁，扶溝，通許（自臨潁與鄭共之），太康，柘城（此與宋共之）以南。於湖北有全省。湖南有茶陵，攸，醴陵，湘潭，湘鄉，安化，桃源，常德，華容以東北。江西有修水，奉新，新建，豐城，進賢，鄱陽，浮梁以北。安徽於江南有蕪湖，當塗，北舍壽，鳳臺，宿，餘盡有之。江蘇有六合，睢寧，宿遷，泗陽，沭陽，漣水等。於山東或復得徵及嶧縣，然未敢必定。其較可確定者，跨今八省，兼縣近二百一十。全境北界秦，韓，鄭，宋，薛，郯，莒等，東界越，南界越及百越，羣蠻，西界蠻，巴，秦等。

（二）越約悉有今浙江。於江蘇南部盡有江南，北部有江，淮間儀徵，江都，高郵，寶應，淮陰以東等地。於安徽佔有江南，而缺當塗，蕪湖。於江西有德興，樂平，餘干，餘江，貴谿，鉛山以東。跨今四省，兼縣近百五十。全境東盡於海，東南於今福建，不辨細界，西半界百越，西及北界楚。

（三）趙約有今陝西之宜川，延川，綏德，葭以東。山西有陽高，大同（此與樓煩共之），廣靈（此與燕共之），靈丘，繁峙，代，崞，靜樂，嵐，河曲，保德，興，臨，離石，中陽，石樓，孝義，平遙，榆社，遼以內（其間離石，中陽，汾陽，祁，平遙涉有韓地），又自平遙而南有介休，靈石（二縣涉有魏地），霍，趙城，臨汾（此與韓共之），襄陵，浮山，更於東南有屯留，長治，壺關，高平，陵川。河南有武安，林（二縣與韓共之），安陽（與魏共之），湯陰。山東有冠（此與魏共之），館陶，淸平，夏津，平原（自淸平爲與齊在故大河東西分界之地，故齊亦或有涉及之者。又如齊在今高唐，德縣間地，趙亦未必不涉及之）以西。河北於南部有南樂，磁，成安，邯鄲，肥鄉及內丘，柏鄉，寧晉，冀，棗強之間；幷由寧晉宜及藁城，欒城（柏鄉，冀，藁城宜有中山地。又在此左近之餘縣，乃齊，趙，中山分界之地，彼此或尙互有涉及者，但無從分析之矣）；北部有井陘，平山，行唐，曲陽，滿城，唐，完（自曲陽與中山共之。又滿城，完，唐尙有燕地），阜平，淶原（此與燕共之）。於察哈爾有懷安，陽原，蔚（此與燕共之）。跨今六省，兼縣逾百。東界中山，齊，南界衛，魏而更或韓或魏，西界魏，晉，韓，北界義渠，林胡，樓煩，東北界東胡，燕。

（四）齊約有今山東之德，陵，平原，禹城，高唐，博平，茌平，堂邑，聊城，陽穀，范，濮（三縣與衛共之），汶上，寧陽，泰安（三縣與魯共之），萊蕪，蒙陰，臨朐，昌邑，高密，諸城（此與杞，魯共之）以東北。河北於運河以東有鹽山，南皮以南；西有文安，任丘（此與燕共之），高陽，博野，肅寧，安平，深，晉，束鹿（中山官涉及二縣），衡水，故城以東。跨今二省，兼縣及百。東部臨海，西部南界莒，杞，魯（或於鄆城境界宋），西界衛，趙，中山，北界燕。

（五）秦約有今甘肅之靈臺，崇信——自此北及涇川，鎭原，固原，海原，更兼寧夏之豫旺（前以此歸之義渠，誤）——淸水（此與緜諸共之），天水，甘谷，岷以東南（唯文縣宜屬蜀）。陝西於渭水南有鎭巴，西鄉，洋，佛坪，盩厔，藍田，華（此與魏共之），雒南（此與韓共之）以西北（唯寧羌屬蜀）；渭北有韓城（此與魏共之），澄城，蒲城，同官，栒邑，長武，隴以南。又宜自雒南涉河南之靈寶（卽春秋時晉惠公所予秦『東盡虢略』之一部。按秦入戰國，未得在同縣之函谷以前，屢有侵韓宜陽魏陜之事；余初以爲雒南只與河南之盧氏接界，而盧氏則依洛水注宜於三家將建國前入晉；故思之累年，不能得秦出師之途。近始知靈寶亦界雒南，而虢略尙未聞復入晉，是則秦卽自此而出矣）。跨今四省，兼縣徼逾七十。東界魏，韓，南界楚，蜀，西約界羌，獂，緜諸，烏氏之類，或尙及翟，北界朐衍，義渠，魏。

（六）燕約有遼寧之錦縣以西。河北之臨榆，昌

2

黎，樂亭，寧河，天津，新鎭，任丘，安新，徐水，淸苑（二縣與中山共之），完，滿城，唐，淶源以北，又自天津經靜海而及青，滄。察哈爾長城內之萬全，涿鹿，蔚以東（唯獨石口屬東胡）。山西徼涉廣靈。跨今四省，兼縣六十餘。東及北界東胡，南舍臨海部分餘界齊，中山，西界趙。

（七）魏約於今陝西渭水以南有華，華陰，潼關，北有韓城，白水，宜君，中部（此或涉有義渠地），洛川，鄜，甘泉，膚施，安塞，安定，保安之類。山西於汾水以南有垣曲（此與韓共之），夏，萬泉，滎河以西南，北有新絳，汾城，鄉寧，蒲，汾西，——自此東北與趙分有介休，靈石——隰，永和以至河，又有在東南之晉城（此宜涉有韓地）。河南於河以南有閿鄉，靈寶，陝（此涉有韓地），北有濟源（此亦與韓共之），孟，温（此與周韓共之），武陟，修武，獲嘉，新鄉，輝，汲，淇，濬，內黃，安陽，臨漳。於河北有大名，廣平。山東有冠。跨今五省，兼縣垂六十。但魏境因受黃河及秦，韓所分劃，最爲散漫，共成五部：

河南，陝西地任河，渭以南者，東界韓，南及西界秦，北則西半亦界秦，東半臨河，爲一部。

陝北地東臨河及趙，西北雙方界義渠，南界秦，爲一部。

山西地沿河及汾水者，南及西臨河，北界趙，東自北端界趙，晉，韓，爲一部。

河南之濟源，孟，温間地，南臨河，餘三方只東略接於周，他悉界韓，爲一部。

山西晉城，河南在大河北者，及山東，河北間地，南臨河，西界韓，北界趙，東界趙，衛，爲一部。

諸部最大者爲河東，跨今縣二十三；餘者，或徼逾十縣，或五六縣，最小者不及三縣。地勢如此畸零，平時須逐處設備，一部告警，則徵調困難，實不易於立國。不解三家初分地時，何以如此區劃，而不各據一形勢便利寬闊之幅員（韓之地形不便，前已言及。即趙雖得通盤銜接，而其腹部因左有中山，右有韓之上黨，故亦僅恃今山西之遼縣河北之邢臺相聯貫，而不絕如縷也）。其後魏文侯力爭秦之河西，首將在渭南北地聯爲一部，蓋已深知全局如此非持久之計而然也。奈終未及逐秦遠徙，布置周備，即舍而之他；武侯則直不以秦爲慮。故傳至惠王，一旦秦人暴興，魏則拙勢立見，從此處處失敗，地或殘或喪，無一片得寧靖者矣。深維其故，何莫弗由地散而狹，不便於軍事調度有以致之也。

又魏西北部地，自正義引括地志云，魏世家惠王十九年所塞之固陽即漢五原郡之稒陽，而羣即目爲在今綏遠固陽縣西南者，恐誤。按河套內外之地，初宜屬林胡，及戰國中世始入趙，更入匈奴，秦昭置上郡，且約築長城於今陝西北邊以拒胡，最終至始皇末年方入秦，魏不能有其地，姑不必談。只就魏惠，秦孝時言，依年表秦於魏塞固陽之次年，即將其取得，又踰年秦境方渡北洛，是前此秦東僅及洛西而止，北則魏入上郡更在此後二十餘年。則秦東北雙方原俱被魏封鎖，又烏有能渡越魏與接界之地，而遠至今河套以北之理？斯蓋因地闕，而正義不思索昔時地之沿革變遷是否合拍，強以漢縣附會之，遂致誤也。今攷秦未渡洛時，以在今陝西蒲城之重泉北與魏在白水縣地相鄰，固陽其或位於此間歟？

（八）韓約有今山西之離石，中陽，汾陽，祁，平遙，武鄉，黎城，平順，潞城，襄垣，沁，沁源，安澤，洪洞，臨汾，長子，沁水，晉城，陽城，垣曲。於河南當大河以南，有盧氏，陝，澠池，洛寧，新安，宜陽，嵩，伊陽，臨汝，寶豐，郟，洛陽，偃師，鞏（三縣與周共之），登封，密，滎陽，成皋，廣武，鄭，或及開封（自登封舍成皋，廣武，俱與鄭共之），蘭封（此與宋共之）；河以北有濟源，沁陽，溫，原武，陽武，武安，涉，林，又或兼延津，封丘，滑（二縣上與宋，下與衞共之。又從原武以次，舍武安、涉，林，餘昔盡在故大河以南）。復西涉陝西之雒南，東涉河北之長垣（此原亦在故河南）。跨今四省，兼縣五十餘。在故大河以北者，南面自西，首臨河（此南向突出部分，東西俱是魏地），中界魏，更臨河（此突出部分西方微界周地，餘悉界魏），繼界趙；北及東亦界趙；西面自南，首界魏，中界晉，繼界趙。在故大河以南者，西端界秦，南界楚，東南界鄭，東北界宋，衞；北面自西，首界秦，魏，次臨河，繼界周，又臨河。

按趙策一張孟談章稱：『襄子往見張孟談而告之曰：昔者知氏之地，趙氏分則多十城』。而今以韓，魏地與趙所有者相比較，實相差甚遠，是殆趙之舊有原迴出二國之上也。

諸小國：宋，魯最大，鄭，衞次之，莒，鄒，周，晉又次之，餘若杞，蔡，郯，薛，或尚得佔今一縣，任，滕，倪則不過各佔今縣之一部，眞微乎其微矣。

（一）宋約自今河南東境封丘之南部起，以及蘭封，睢，柘城以東諸縣；更東入江蘇有銅山，蕭以西北，南有安徽之宿縣，北於山東有嶧，魚臺，金鄉，曹，城武，定陶，菏澤，鉅野，鄆城間地（單縣境約亦微涉及之），或尚有河北之東明。跨今五省，兼縣二十六。東界薛，楚，南界楚，西界鄭，韓，北界衞，齊，鄒，魯。

（二）魯約有今山東之武城，單，金鄉，魚臺，鉅野，嘉祥，濟寧，汶上，寧陽，滋陽，曲阜，泰安，新泰，泗水，鄒，滕，嶧，費，臨沂，莒，沂水，諸城，安丘（其間含有鄒，任，滕，倪諸更小之國，並多與齊，宋共之，而又有涉及杞，莒者）二十二縣間地。四表東界杞，莒，南界郯，薛，宋，西界宋，齊，北界齊。

又魯自春秋季世，政出三桓，逮及戰國，已各隱然分立；故季氏之費，後且獨建一國，至何時與魯脫離，史無所見，疑至遲在第二時期，說詳下文。

（三）鄭約有今河南之登封，密，滎陽，新鄭，許昌，臨潁，鄢陵，扶溝，長葛，洧川，尉氏，開封，鄭，中牟，陳留，通許，杞十七縣間地（其中多與楚，韓共之，已見上）。東界宋，楚，南界楚，西北雙方界韓。

（四）衞約有今河北之清豐，濮陽，長垣，及山東西邊之莘，朝城，陽穀，范，觀城，濮，菏澤，鄆城間地，幷西涉河南之滑縣。跨今三省，兼縣十二。東界齊，南界宋，韓，西界韓，魏，北界魏，趙。

（五）莒約有今山東安丘，諸城，沂水，莒，日照，及江蘇贛榆間地，又或有東海附近。跨今二省，兼縣七。東至海，南界楚，西界郯，魯，北界杞，齊。

（六）鄒約有自今費，鄒，滕而西及濟寧，金鄉，以抵城武間地。大致舍西界宋，其餘俱在魯境，南邊則或有隣於倪滕者。

（七）周約有今河南之孟津，及雒陽之大部，偃師

5

之北部，鞏縣西北部，逾河於温縣南境亦小有一部。河以南地舍北臨河，餘悉界於韓；温縣間者，南臨河，西界魏，東及北界韓。

(八)晉約有今山西之翼城，曲沃，絳，聞喜四縣間地。東界韓，南及西界魏，北界趙。

(九)杞約在今山東安丘東北，或尙涉昌樂東南。東及北界齊，南界莒，西界魯。

(十)蔡在今安徽壽縣北，今鳳臺縣似亦及之。四界於楚。

(十一)薛原在今滕縣南部微西，至是則久已遷至江蘇之邳縣。約東界郯，南界楚，西界宋，北界魯。

(十二)郯在今郯城。約東界莒，南界楚，西界薛，北界魯。

(十三)任在今濟寧北部，四界於魯。

(十四)滕在今滕縣西南。約東界倪，北界鄒，南及西界魯。

(十五)倪在滕縣治微東。約東及南界魯，西界滕，北界鄒。

諸戎國：大致東胡最大，西羌，蜀，巴，羣蠻，百越次之，林胡，樓煩，中山，義渠又次之，烏氏，緜諸，貘較小，緄不詳。

(一)東胡約於今遼寧西有義，盤山南沿海至金縣以東，東則自寬甸，興京，撫順，鐵嶺(或尙涉有興京至此以東諸地)，開原，昌圖以迄科爾沁諸旗。熱河有灤平，承德，平泉，淩源，赤峯以東北，及北端之札魯特旗地。察哈爾南有獨石口及長城外一隙地，北有烏珠穆秦旗地。跨今三省，兼縣約四十，幷數旗地。南舍臨海者，餘界於燕，東似界朝鮮，肅愼之類(匈奴得東胡東部地後，舍接朝鮮，尙與穢貉隣，東胡或已隣於彼)，西界樓煩匈奴，北則不辨爲某。

(二)西羌依後漢書西羌傳於秦厲公時已亡入今甘肅之洮水以西，約居甘，青交界之黃河，大通河，湟水流域。秦地於是似已西至洮水上游之今岷縣矣。羌佔地幾許，今莫能知；東約界翟，秦，北或已是月氏，餘不詳。

(三)蜀約有今四川之松番，茂，汶川，灌，大邑，邛崍，天全，榮經，漢源，雅安，洪雅，峩眉，

6

巂邊，樂山，井研，榮，威遠，內江，資中，潼南，蓬溪，射洪，鹽亭，梓潼，廣元，昭化，平武以內，又及陝西之寧羌，甘肅之文縣。跨今三省，兼縣垂七十。東界巴，南及西約爲西南夷，北界秦。

（四）巴約在今四川東部之南江，巴中，劍閣，閬中，西充，南充，岳池，武勝，合川，大足，榮昌，隆昌，富順，宜賓，南溪，江安，納溪，合江以東，含奉節，巫溪，巫山屬楚，酉陽，秀山宜與南蠻共之，餘悉爲所有，兼縣五十餘。東界楚，蠻，南界西南夷，西界蜀，北界楚。

（五）羣蠻約在今湖南自安鄉，澧，臨澧，慈利，大庸，沅陵，溆浦，新化，衡山，衡陽，耒陽，安仁，酃以西南，含南端之永明，江華，餘盡是。又若依嗣後秦奪楚所定蠻地之黔中置郡境言之，尙宜有四川酉陽，秀山之一部，廣西古化，永福，陽朔以東北，廣東陽山，英德，翁源，曲江，仁化以西北，并徼及江西之安福。跨今五省，兼縣逾七十。約北界楚，東界百越，東南界揚越，南界西南夷，西界夷，巴。

（六）百越約爲今江西之銅鼓，宜豐，高安，清江，新淦，崇仁，臨川，東鄉，金谿，資溪以南。大致南界揚越，西界蠻，楚，北界楚，越；東界今福建，時不詳爲某地（時居今浙江之越似尙未至閩。此省地迄唐代猶有未開闢者，戰國初期竟或空無人迹）。 7

（七）林胡約有今綏遠之陶林，歸綏，和林格爾，清水河以西，陰山以南。於今前套依趙武靈王略地所至，似只及今托克托左近；然疑林胡則悉有全套，而趙未盡定之，因世家所謂：『西略胡地，至榆中（即在托克托西南一帶），林胡王獻馬，歸』，便可想像得之矣。東界樓煩趙，南界義渠，北界匈奴，西不詳（此部爲今寧夏沿黃河以西地，不知匈奴此際已主之否）。

（八）樓煩約有今山西之大同，渾源，應，代，寧武，神池，五寨，偏關以西北（大同，代，靜涉有趙地）。又有綏遠之涼城，豐鎮，集寧，興和，及察哈爾之商都。東界趙，東胡，南界趙，西界林胡，北界匈奴。

（九）中山約有今河北之柏鄉，高邑，贊皇，元氏，趙，獲鹿，正定，晉，稾，深澤，無極，新樂，靈壽，定，安國，蠡，望都，徐水，清苑，滿城，完，唐，曲陽二十三縣間地。東界齊，南及西界趙，北界燕。

（十）義渠約有今陝西之府谷，神木，楡林，橫山，靖邊，定邊。甘肅之合水，慶陽，正寧，寧。跨今二省，兼縣十。東端界趙，南界魏，秦，西界秦，昫衍，北界林胡。

（十一）其餘諸戎，依漢縣言：烏氏宜在今甘肅平涼。緜諸在淸水西部。豲在隴西。翟在洮沙，臨洮。緄不詳（或至戰國已無此族類，故獨無所見）。唯諸族之領土，未必各只囿於漢一縣境內。若依匈奴傳：『自隴以西，有緜諸，緄戎，翟，豲之戎。……涇，漆之北，有……烏氏，昫衍之戎』諸語，大致如甘省之隆德，平涼，華亭，秦安，通渭，武山，漳以迄洮水，黃河諸縣，及寧夏之靈武，鹽池，金積，中衛，悉宜爲彼等分據之區，但今難確定各極某處耳。

諸經界，度以地勢：烏氏約自東北至東南界秦。緜諸東及南界秦。豲東南及南界秦，西界羌，北界翟。翟南界豲，西界羌，北及東北或界昫衍，秦。昫衍東界義渠，南界秦，東北界林胡，西南或界翟。餘部如何互相爲界，則愈莫能辨之矣（就與諸戎相近地言，約略秦安，華亭，莊浪，化平，靜寧，隆德僅緜諸，烏氏得及之；武山，漳，渭源，通渭，豲得及之；定西，會寧，楡中，靖遠，中衛，金積，靈武，則翟，昫衍得及之）。

第二時期

上期之末，小國中已無蔡，杞，莒，戎國舍緄及緜諸未聞確息外（史記志疑於年表秦厲公六年『緜諸乞援』，云：『附案史詮謂緜諸乃緜諸之譌也』；又於秦惠公五年『伐緜諸』，云：『附案此亦緜諸之譌也』；所言或是。但史終未著其結局，豈惠公之役即被滅，故於後不復見邪），餘者悉在。

大國仍有八：依然楚最大（較前又益得今山東境內地，跨及九省，兼縣約二百二十。接界諸國只東北端得東臨海，北界齊，西界魯，餘無異），越次之（疆域及四至或無改易），趙，齊又次之（趙與前無異，齊所易亦甚微），魏，秦，燕相埒（魏因西得秦地，東得衛，宋之地，雖仍跨今五省，而兼縣則及七十。西部與爲界之國無改易，東南部自今河南原武，陽武，延津，滑以及開封，陳留，杞，睢間地，則東界韓，宋，南界楚，西界鄭韓，北臨故河；又此際在陝西地雖已聯二部爲一，而於豫東則又益一部，若并中山之遺地，共爲六部分。秦至是只兼縣六十餘矣。燕地大略如故），韓最小（此際在今河南封丘，蘭封，河北長垣之地，因被魏自今延津以南地所隔斷，遂孤立於外，此部舍東北界衛，東界宋，餘悉界魏。餘者只在今滎澤，原武間地界魏，他與始無異。依舊跨今四省，兼縣五十餘）。

小國之可知者：宋，魯最大（宋尚跨今五省，兼縣二十餘，其四封只西改於今河南寧陵界魏，餘無異。魯兼今縣亦仍逾二十、只東境改界楚），鄭，衛次之（鄭約尚有今之密，滎陽，鄭，新鄭，許昌，臨潁，鄢陵，長葛，洧川，尉氏，中牟，通許，扶溝間地，西及西北界韓，南及東南界楚，東北界魏。衛雖微有損失，而猶兼及其始諸縣地，與爲界者亦無異）、周，晉，鄒又次之，薛，任，滕，郯，倪最小（諸國逐項宜各如故）。

諸戎國依然東胡最大，西羌，蜀，巴，羣蠻，百越次之，林胡，樓煩，中山，義渠又次之，烏氏，獂，朐衍最小（疆域等或各無甚變化）。

茲仍因國別分敘其變遷如下：

（一）秦

（甲）獻公即位後，懲先代之喪亂，國勢垂危，乃發憤圖強，故始而遷都至逼近魏境之櫟陽（在今陝西臨潼縣東北七十里，魏地時屆今華縣東部之武成），蓋因重心東徙，方易與敵抗。繼則晚年累戰勝魏，雖未能收還失地，而秦人鞏固之基業則實建自此世也。

（乙）孝公於元年西斬獂王（漢之獂道雖只在今甘肅隴西，然獂國未必即限於一縣，茲疑其左右之武山，通渭、漳，渭源俱隸之），其地殆即入秦。旋用商君，內修政治，國富兵強；遂於十二年東渡今陝西之北洛，十九年頃得武城而城之，二十一年地至河。先世入魏之地，於茲舍今郃陽，韓城（年表孝公二十四年：『圍郃陽』，惠文前元八年：『魏入少梁河西地于秦』），餘蓋盡恢復之矣。又楚在今商縣地未見何時入秦之文，大致最早在楚悼王十一年（秦惠公九年）楚厚賂秦以平之際，最遲則應在楚宣王三十年（秦孝公二十二年）商君受封而南侵楚之頃。

（丙）惠文王六年得在今華陰之陰晉（今潼關縣地，昔或亦隸此範圍），魏在渭水以南乃無復餘地。八年收河西，十年收上郡，今陝西境遂一無魏土矣。秦既得河西，隔岸便係魏之河東，故於九年即渡河取得在今山西沿汾水入河兩岸滎河，萬泉間之汾陰，及河津之皮氏（此旋又以予魏）；魏河東之門戶爰爲秦據有一部，而愈得行動自由。因於此後更北進陸續取得今隰，蒲二縣之蒲陽（在前元十年），聞喜，絳縣間之曲沃，與介休境之平周（二者同取於後元三年）。又經營河東之際，

9

先後更侵得魏在今河南陝縣之陝（在後元年），焦，曲沃（後十一年）；但縣以西尚隔有靈寶之一部及閿鄉，迄未見入秦之迹，此不識其爲先已略得而其事未傳，抑上諸地之範圍不只佔今陝一縣；唯度以地勢，此一帶各縣，悉應於斯世有之矣。

魏河東境既殘破，緣而與爲隣之趙，亦弗得安枕。秦於取蒲陽之同年，曾別取趙在今離石間之藺，離石（離石依漢縣言，實涉及今山西之中陽，離石，方山，臨四縣，在中陽者宜屬韓；秦茲所取者，或僅其一部，而爲在離石者，因餘者應爲趙境且嗣後尚有同類之事也。藺依漢縣言，只在今離石縣境，兼韓亦有之；而秦於後更有取此地事，不識趙曾一度恢復之，抑地較大於漢縣，於茲未盡入秦也）。繼又取在孝義之西都，及與今縣相同之中陽（在後九年），二地位於蒲陽，平周，藺，離石之間，至是蓋爲打成一片而取二地也（今之石樓側於諸地之中，昔似爲趙太原之一部，至此勢並宜爲秦有矣）。

於韓據年表當前元三年有拔宜陽之事，此與惠公所取者，疑並爲與秦在靈寶地相隣者，如洛寧，陝縣間之地。

上諸事而外，於諸戎國亦別有所攻克。如後九年滅巴，蜀，幾盡有今四川（此疑在前九年，說詳正文）。後二年取義渠在今甘肅慶陽境之郁郅；十年又取其二十五城，疑在今陝西之北邊，約爲自横山至府谷之地（此據西羌傳作徒經二十五城，私以爲在此一帶）。又依匈奴傳正義，在今甘肅平涼左近之烏氏亦爲王所戡定者（此未必僅佔今一縣，如與相近之化平，隆德，莊浪，靜寧，不辨昔屬某，烏氏或有涉及者）。

魏患既除，諸戎底定，秦愈益強大。當時列雄相偪近而足爲秦禍者，尚有碩大無朋之楚在。故王於季年，納張儀之策，給而嬰彼之怒，以藉啟釁端，遂略得漢中。王一生所拓地，亦即以此爲終點。地約爲今陝西東南部之鎮坪，嵐皋，平利，紫陽，安康，漢陰，白河，洵陽，長泉，鎮安，或涉及柞水，山陽，又有今湖北之竹谿，竹山（依漢郡言，尚宜有房，保康）。

綜覽斯世之功業，與甘茂對秦武王所謂：『始張儀西幷巴，蜀之地，北開西河之外，南取上庸（即漢中）』，及李斯諫逐客書曰：『惠王拔三川之地，西幷巴，蜀，北收上郡，南取漢中』諸語，約略相當

（俱未言及河東，太原之地）。地跨今甘，陝，晉，豫，鄂，川六省，佔縣二百四十以上，較昔驟大至兩倍而強；雖猶未能與楚比，而只爲第二大國。然論實力，則已無與相頡頏，而爲當時首屈一指之健者矣。

（丁）武王以年富力強之主，席地大物博之業，故於其三至四年一舉而拔韓宜陽，更渡河取其武遂；天下之關鍵遂盡爲秦人所操持，而山東諸國大都處於被制之地位矣。

秦疆域至此期之末，西於今甘肅東北邊舍寧，正寧，合水，環屬義渠，黃河，洮水以東約舍臨洮，洮沙，定西，會寧，靖遠，楡中屬翟，眴衍，餘盡有之。寧夏有豫旺。入陝西則約東北自宜川沿河至綏德，米脂尙屬趙，北邊之靖邊，定邊尙屬義渠，東邊之商南屬楚，他俱爲秦領土矣。南於四川舍西邊之理番，懋功，南邊之越嶲，馬邊，犍爲，屏山，慶符，古宋以南，東邊之奉節，巫溪，巫山及酉陽，秀山之一部，亦悉隸之。又有湖北西北邊竹山，竹谿之類。東於河南有沿河以南自閿鄉至新安，宜陽，洛寧一帶地（韓在今陝西雒南及河南盧氏，嵩縣與伊陽西部諸地，俱位於宜陽西南，且楚尙應有自伊陽居間以接宜陽之地；故韓在今宜陽地失，則盧氏等便盡隔斷於外，至遲茲際似一併入秦矣）。東北於今山西西南部凡惠文所取者，舍一河津餘仍據有；更暫有垣曲東部附近之武遂。東北界趙，韓，魏，東界魏，韓，楚，南界西南夷，西約界夷（自此類而北或尙及氐），羌，翟，北界眴衍，義渠，林胡。八十年間，突自不爲羣所重視之弱者，一變而成天下側目之霸國矣。

（二）魏於此期，起自武侯三年，歷惠王，襄王，止於哀王之十二年。

（甲）武侯所拓地，依史可確知者，只十一年重分晉，約得今山西之聞喜，絳（爲曲沃，唯韓似亦有絳縣地），曲沃（爲絳，縣之北部則屬韓）；及十六年所取楚在今河南魯山，寶豐間之魯陽二事。但據實際測之，如魏在今河南中牟（圃田），鄭縣（衍），尉氏，洧川（尉氏），長葛，鄢陵，臨潁（三縣今昔相同），許昌（許），通許（陳留），扶溝（漢新汲，班固云魏有之）間地，原悉屬鄭，俱未聞如何入魏；今疑鄭之滅，實韓，魏合作之結果，故魏所得地幷不較韓爲少（上諸縣地，扶溝，臨潁與楚共之；餘舍中牟，尉氏，俱與韓共之），韓非子及國策所云魏祖鄭，不切事實，恐俱難信。不徒此也，如魏所分鄭地，最南僅及今許昌，臨潁而止，距魯山，寶豐尚隔有楚在今郾城，舞陽，襄城，葉縣之地，後亦不知魏若何有之，而爲其召陵，舞陽，襄城，卷，昆陽，似並在此世；因魏勢須先有諸地始能西及魯陽也。又如侯之五年，因救衞而取趙在今河北淸豐之剛平，疑據爲己有，未必以與衞人。至於失地，於救衞之次年，趙將在趙縣之棘蒲取去，中山之餘地遂無所有；又於八年失在今山東冠縣之黃於趙。魏之疆域至是與第一期相比較，於今河南中部又大有所發展，地跨今晉，陝，豫，冀四省（山東冠縣間地失，於此省遂暫無所有矣），兼縣八十餘，東界衞，韓，宋，楚，南界楚，韓，西界秦，義渠，北界義渠，趙，韓，實爲此邦之全盛時期。

（乙）惠王承文，武之餘威遺烈，雖爲一好大喜功之主，而闇於識人，才不足以濟之，故魏之偉業從此漸陵替矣。王所拓地：依史於六年向宋取儀臺，十年於趙取今山西翼城之皮牢（此於後又自趙入秦，魏蓋未能久有。又十八年所取趙之郜鄗旋復歸還，可以不入正文矣），十四年於韓取今地闕之朱。依竹書八九兩年取在今河北肥鄉之列人，肥，及在山西陵川，高平間之泫氏於趙；十三十九兩年得在今河北長垣，河南封丘間之平丘，首垣，蘭封，濟源間之戶牖，枳道，及山西陽城之濩澤（尚有今所不詳之元武）於韓，而與以在今河南濬縣之鹿；二十五年取與今河南縣同名同地之上蔡，及臨潁東部之瀙陽於楚（魏嗣後入秦在今汝南之蔡陽，安城，猶在上蔡以南，在今新蔡之吳城，安徽太和之鄭丘，則更位於汝南以東；諸地原俱應屬楚，疑於魏並爲得上蔡後取之自彼者；但新蔡，太和間尚宜涉及沈丘，方能接觸。又楚在今西華縣地，後爲魏之西華，長平，亦未見取得之迹，疑同在此世，因唯惠王對外戰爭較多也）。又水經注卷七云惠成王三十年所城之濟陽，原係宋地，似亦取自王者，今在蘭封縣東北。所失地：於三年以在今山東觀城縣之觀與齊（此疑乃强割衞地與之者），又自二十至三十一年，陸續將在今陝西華縣東部之武成，及在平民，朝邑，大荔，澄城間之河西地入秦。又水經注卷五云：趙於魏徙大梁時，以在今河南湯陰之中牟易去在今河北廣平及大名西南部之魏。又於十二年與韓，趙合封晉君以端氏，魏所予地，似

12

爲今山西高平間之一小部。玆計此時代地之損益，尙得多失寡，魏疆域猶不爲小；然國勢之不振，則實從王而始。推原其故，一則因連年戰伐，民生凋敝，次則因樹敵太多，凡相爲隣之秦，趙，齊，楚，韓諸大國，無一與之睦者，欲不危得乎？

（丙）襄王之世，所失地大都爲秦惠王後元三年以前得之自魏者，如陰晉（襄三年），河西（五年），汾陰，皮氏（六年，但秦旋又以皮氏予魏），上郡，蒲陽（七年），陝（十一年），曲沃，平周（十三年）皆是。又於十二年失在河南睢縣之襄陵於楚。

（丁）哀王於十二年以前，五年時曲沃入秦。七年約取宋在今河北東明之煮棗。八年拔衞二城，疑在河南滑縣，因衞魏於玆相隣之地已甚少，於勢只位於此縣者略相當，入魏爲白馬津之所在。

魏人疆域至此，西部在今陝西及河南西境沿黃河南岸之地雖已完全喪卻，山西地亦殘破，東部在山東之彈丸地亦烏有；但於河南，河北，山西尙多所增益。故其全境於今山西汾水以北，約猶有沿黃河自永和至河津折而東及新絳，更於汾南自臨晉，猗氏而東沿省之南邊直抵陵川，晉城，高平，其間只高平涉有趙地，晉城，陽城，絳，垣曲宜涉韓地。於今河南黃河以北，北舍林，涉，武安屬韓，趙，南舍沁陽與溫縣之東部，原武之西北部屬韓，封丘之南部屬宋，餘盡有之；於黃河以南，西北自鄭縣而南有中牟，尉氏，洧川，長葛，許昌，襄城，寶豐，魯山，更東南而有葉，舞陽（其間舍中牟，尉氏，魯山，葉，餘尙有韓地，又葉之南部屬楚），西平，上蔡，汝南，新蔡，沈丘（三縣或各有楚地），又有郾城，臨潁，西華，鄢陵，扶溝，通許（上二縣或涉有楚地），杞，陳留，開封與蘭封之東北部。於安徽有太和。河北有肥鄉，大名偏東北部分，清豐之西部，東明，及長垣東南部。地尙跨今四省，兼縣七十餘；位於河以南者一部，北者三部，全體東界趙，衞，宋，楚，南界楚，西界韓，秦，北界秦，韓，趙。較全盛時猶不甚小也。　13

（三）韓應起自文侯三年，歷哀，懿，昭侯，桓惠王，迄於襄王之五年。

（甲）文侯自三年以後，據史無更拓地事。

（乙）哀侯之元年，與韓，魏重分晉地，約得今山西曲沃之北部，翼城東南部，又或涉及絳縣之東部，爲其有陘與乾河之類。

二年滅鄭，約取今河南之新鄭（鄭都所在），洧川之西部（昔爲新鄭之一部），長葛東北部（爲宛），鄢陵西北部（爲鄢），許昌之西部（爲岸門），鄭，滎陽，密之南部（爲管，京，華陽）。

此際韓氏疆域，與第一期最初時者相比較，於今山西只益得重分晉地。於河南當大河以北，則僅遺有涉，武安西南部，林縣之北部，原武西北部，沁陽，及濟源，温之東部。河以南，舍滅鄭所得，餘尚有廣武，成皋，及滎陽，密二縣之北部，鄭之一部（此偏東北入於魏爲衍矣），鞏縣東南部，偃師之南部，登封，禹，郟，寶豐之北部，洛陽之南端，伊陽之西部，臨汝東北部，宜陽，新安，澠池，洛寧，陝縣之東端，嵩，盧氏，更由此西涉陝西之雒南。又於魏地以東有封丘，蘭封，及河北長垣間地。大部跨今晉，豫二省，而微涉陝，冀，兼縣垂六十。全體分三部：在河以北者，東及北仍俱界趙，西改界趙，魏，南或臨河或界魏，周，趙。河以南：東部地東及南界宋，西界魏，北界魏，衞；西部東界魏，南界楚，西端界秦，北則首界秦，魏，繼臨河，中界周，又臨河。實爲韓人全盛時期。

（丙）懿侯之五年，趙予以今所不可知之鄭（疑在山西），韓報以長子（今山西縣）。依竹書當侯之十二年，復將長子取還，兼及屯留（今在山西縣）。又當同年曾以端氏之一部（今山西沁水縣地）與趙，魏再封晉君。此世疆域之變遷甚微也。

（丁）昭侯於元年以平丘，首垣，戶牖，枳道予魏（依竹書魏固未盡取之，但諸地於後舍一戶牖不復見，餘均可知應屬魏，故疑此際實悉納之），次年又失黃池於宋，而在魏東之地遂盡喪；在濟源之地亦失其一部，第魏則酬以在今濬縣之鹿。又二年失今地闕之朱，六年失玄武，護澤於魏；二十四年失宜陽於秦（此約爲在今河南洛寧，陝縣間者）。又五年得在今洛陽之高都，六年取陵觀，邢丘（邢丘與韓所原有者宜同在今温縣東部。陵觀今地闕，疑在邢丘左近，地殆俱甚小也）於周。此世韓地之變遷，大致俱在近河兩岸，權其得失，只兼今縣約五十，且自是日減而增無增益者矣。

(戊)宣惠王之世，僅於十八年失一今所不可考之石章於秦。

(己)襄王當其五年失在今河南之宜陽，新安間之宜陽，及山西垣曲東部之武遂（此實不祗僅佔今縣境，但已難攷其詳矣）於秦。又如澠池，嵩縣，盧氏，及在伊陽西部者，與陝西之雒南間地，依上文秦武王時說，似至此幷入秦矣。

韓人疆域及此，北部於今山西較最初益得翼城，曲沃，絳，屯留間地而失陽城（古濩澤未必恰佔今縣地，似東境尚保有一部，爲韓自今沁水之端氏以通河南沁陽之野王之孔道），垣曲；於河南失濟源間之一部（尚有在東北之少曲），而於溫，濬各有所獲。南部尚有洛陽，伊陽，寶豐，郟，禹，許昌，鄢陵，長葛，洧川，新鄭，鄭，廣武，成皋，鞏，偃師以內（其間多與周，魏共之）。地只跨今二省，在故大河南者，東及南界魏，西界楚，秦，北西半界周，東半臨河；河以北者，西界秦，魏，趙，北及東界趙，南或界趙，魏或臨河；兼縣僅四十餘而益小矣。

(四)趙於此期應起自敬侯三年，歷成侯，肅侯，而迄於武靈王之十九年。

(甲)敬侯於其五年失在河北清豐西南之剛平於魏；而於六八兩年取在趙縣之棘蒲，及山東冠縣之黃城。又於十一年重分晉約得今山西翼城之大部（趙似較韓，魏所分者少，地卽爲於後入魏復入秦之皮牢）。疆域尚無顯著之改易也。

(乙)成侯於三年取衞鄉邑七十三，疑在今山東之莘，朝城，陽穀，范縣間（趙此際與衞接界地，只有在今河北南樂之平邑，及山東冠縣之黃城，故疑應爲上諸地），又於八年取其在今濮縣之甄（縣地北近范縣，此役當卽係由彼一帶地而至者，亦可見三年所取者宜在上所舉諸縣境也。唯在范縣南之觀城，雖亦是衞地，然宜爲魏惠王三年所予齊之觀，趙於茲不能自范縣及濮。按濮縣西北與河北之清豐接界，趙於清豐殆尚有地在，卽由此而得甄也）。十四年失皮牢於魏（此不知何時復取還）；更前於十二三兩年尚將在今河北肥鄉之列人，肥，及山西陵川，高平間之泫氏失於彼。十六年與韓，魏再封晉君以端氏（此只韓有茲地，且爲其自上黨諸部通野王之孔道，故決無以是界人之理；不過其東若今之高平，乃趙長平及魏泫氏之所在，此或二國各割其一部以封晉，而亦名之曰端氏耳）。趙氏版圖至是，在今山東之西北，河北之東南，山西之南部，較其始各畧呈異態矣。

（丙）肅侯於元年奪晉君之端氏，舍將所予者取還，似尙得韓，魏所予之地（韓所予宜爲今沁水之一部）。六年取齊在今山東禹城之高唐（此不辨何時復失去，故惠文王二十五年重見取齊茲地事）。二十二年失在山西離石間之藺，離石於秦（此詳上文秦惠文取二地注）。又如上文魏惠部分，趙以今湯陰易魏在大名，廣平間地，事當侯之十年。更依竹書顯王二十一年趙，魏伐燕，取在今河北唐縣北之夏屋，其地只隣於趙，蓋爲趙有矣；事當侯之二年。此世地似得逾於失也。

（丁）武靈王之十年，失在今山西孝義，中陽之西都，中陽於秦，十三年又以藺失於彼。十九年略中山地至今河北高邑西南之房子（此就漢縣言，凡今臨城，高邑，贊皇俱是，但依地勢趙此際至多僅能自臨城而及高邑西南，因中山在今柏鄉之鄗，只宜自今高邑東部接觸之也）。王之軍事在第二時期者只如此。又齊殺燕王噲於武靈之十二年，其際趙因欲存燕，約以在今河北南樂，清豐及山東冠，莘，朝城，陽穀，范，濮諸縣間之河東（上諸縣原俱位於故大河以東），向齊易得所取燕在今河北徐水，任丘，雄，新鎮，固安（依形勢尚宜由茲而東及安次以迄渤海之地；唯此一帶昔乃河北諸水羣趨於海之域，或因天然之限制，自來不能與齊往還也）之河北，以隔斷燕，齊，俾燕不更受侵略。存燕以殺齊勢，亦即所以自寧也（趙西接秦，東於今山東西部河北中部接齊，蓋已難於應付。若齊更得燕，則於今河北西北，察哈爾東南，又可擾趙在察，晉之代，趙愈不得寧息矣）。

趙之疆域至是，較第一期之末，在今陝西地似未殘破（此際趙在今山西地已有一部入秦，而在陝西者至惠文初年猶在，實一異事）。在今山西於長城北約有大同，陽高，天鎮，廣靈，靈丘，南有繁峙，代，崞，靜樂，岢嵐，保德，興，臨，方山，汶水，祁，太谷，榆社，遼以內，更自祁而南有介休，靈石，霍，趙城，臨汾（此本爲韓之平陽，然依地勢趙須涉其西境方得南下），襄陵，浮山，翼城，又於東南有高平，長治，壺關間地（此部接在河南林縣地）。於察哈爾有蔚，懷安，陽原。於河北在西北約有固安，雄，新鎮，任丘，徐水，滿城，完，唐，淶源，曲陽，阜平，行唐，平山，井陘，在南部約有內丘，隆平，欒城，藁城，趙，寧晉，新河，棗強，清河，威，曲周，永年，成安，廣平，大名，磁以內。於山東有館陶，清平，夏津，平原之以西（時取齊在禹城之高唐，不知尙有之否）。於河南有林，安陽，武安間地。跨今六省，佔縣及百，西界秦，魏，韓，南界韓，魏，衞，東界齊，中山，燕，北界樓煩，林胡。

（五）燕應起自釐公十九年，歷桓公，文公，易王，王噲，而迄於昭王之五年。

（甲）釐公只於二十二年失一在今河北徐水之桑丘於齊。

（乙）桓公時無所見事。

（丙）文公只上文趙肅侯所取燕在今完，唐二縣間地，事應當公之十四年。

（丁）易王初即位時，齊取燕十城，而旋即歸還。

燕之疆域，當以上諸君，實無甚更易。

王噲之七年，國破於齊，雖幸未亡，然似已失地甚多，約爲在今河北之清苑，安新，淶水，雄，固安，霸，永清，新鎭，天津，靜海，青，滄，諸縣間隣齊之地。繼而如上所叙趙武靈王將齊所取地易去一部，齊，燕已闢之地遂不相接境，昭王乃得復國。蓋燕實賴趙而得存也。

（戊）昭王自復國至其五年，値破亡之餘，方在重圖興復，是以當第二期間無及外事也。

燕人此際之疆域：大致於今河北只尙有淶源，唐，滿城，容城，新城，良鄉，大興，安次，寧河沿海至臨榆，凡此曲線以北之地；餘在今山西，察哈爾，遼寧之地則如故。雖猶跨今四省，而兼縣則僅遺四十餘，較原有幾減三分之一，唯略與玆時之韓相等，而並爲七雄中最小之國矣。四境含南面之西半微界齊（於今天津附近二國地仍宜相接），餘改界趙，他方面則與始無異。

（六）齊應起自桓公元年，歷威，宣而迄於湣王之七年（通鑑謂威王在位四十六年，湣三十年，似是，今從之）。

（甲）桓公只於五年有取燕桑丘一事。

（乙）威王之世，其得失地之確定者，爲十一年魏所獻在今觀城之觀，與三十五年趙所拔在禹城之高唐（此不知何時又恢復之）二事。餘如楚滅莒而拓之地，後於何時入齊，史無所見；按威二十四年向魏惠有『東取泗上』一語，疑即指莒地等類，因莒之南部已居泗上矣。又楚既失莒，則更北在今安丘之故杞地，自必愈不能有矣。他者王二十二年所封鄒忌之下邳，與宣在此世封田嬰之薛，前者應爲古薛國所居之今邳縣地，後者在滕縣，原應屬魯，似並爲王所取得。又如鄒在今費縣地，因被齊自蒙陰至滕縣地所隔斷，或亦入於齊。齊疆域際此，較原有蓋所拓甚廣。不過據竹書周顯王二十九年：『邳遷于薛』之文，位於邳縣地殆復失去，茲疑係入於越，依通鑑宜爲威三十九年，故垂末曾有越患也。曁至王之四十六年，楚滅越而與徐州之役，似齊在今嶧縣地失於楚，是以楚得近於滕國矣。

（丙）宣王君國時，據史所取地無保有者。然從通鑑則破燕噲應在十九年；且於趙曾互易地，而大有所發展。又齊長城至遲應畢功於此世，其東端得至今諸城以南，因而得在今安丘，諸城間地當於是前入齊矣（魯國東部地當齊威南啓地及今邳縣時，即被隔在外方，或在安丘等地彼頃已爲齊有）。

齊疆域及茲：在今河北者，北自天津而西，約有永清，霸，文安，大城，任丘，高陽，清苑，博野，肅寧，饒陽，安平，武強，深，晉，束鹿，故城，凡此曲線以東者；又有南端之南樂，及清豐東部。於山東大致爲德，平原，高唐（二縣涉有趙地），堂平，堂邑，冠（此亦有趙地），以外者屬趙，西南自濮而鄆城，汶上，寧陽，泰安，萊蕪，蒙陰，臨朐，諸城，莒，日照（其間自濮至泰安與衞，宋，魯共之。又自蒙陰而南涉費，滕二縣）以外者屬諸小國，餘盡有之。仍跨今二省，兼縣近百一十，舍東半臨海，西半南界楚，費，鄒，魯，倪，滕，宋，西界魏，衞，趙，中山，北界趙又微界燕，實爲當時第三大國，亦即其全盛時期也（湣王滅宋後，地雖較此尤大，但首尾僅保持三年，旋且將舊有者亦多失去，似不能認全盛在彼際也）。

（丁）湣七年以前未見闢地事，齊四封蓋仍如故。

（七）越之滅，據史記，竹書并宜在周顯三十六年。唯越世家自勾踐以來，即悉缺歷世之紀年；竹書雖略可推尋，然無從旁証其信否。不過二書於越在余所定此期間內，舍垂亡頃，餘無顯涉本文範圍之事，茲可略其紀年弗論。

越地至此時期，世家王無彊向齊使論制楚之策有『淮，泗之間不東』一語，是當即指古泗水於今江蘇淮陰境入淮之地。按楚境本得東盡淮水入海以北，玆忽不能及如彼之遠，似僅至今泗陽（當古泗水於入淮處以西）左近而止；又同時王所舉齊地，亦若只盡於今山東境者；泗東淮北部分既均非齊，楚所有，是則其地必入於越矣。又如齊所失之今邳縣地，時亦唯越得及之，斯頃越蓋復於此一帶與齊接界，故乃得伐之也。攷越伐齊業當無彊之末，則其有上諸地，諒亦前此不久，而同在王之世。此外於南境疑已開拓至閩，緣越自見破於楚，遺族則四散，實力勢必薄弱，不能更有遼闊之發展矣；其所屆若依嗣後秦所置閩中郡境度之，約已及今全省，只或間有荒蕪者爾。越於此一瞬，跨今五省，兼縣逾二百，東臨海，南含臨海者餘界揚越及楚，西及北界楚，東北微界齊，可謂此邦之全盛時期。

至越入楚之地，世家稱：『楚……盡取故吳，地至浙江』，大略東北起自今江蘇之邳，睢檜，而南逾淮水故道（於淮南宜爲今淮陰，高郵，儀徵以東者），更江南以迄浙江之浙水以北；西爲今安徽之南部（其間之當塗，蕪湖却原屬楚），及江西之餘干，樂平，德興，餘江，萬年，上饒，弋陽，貴谿，鉛山，橫峯，廣豐諸縣間地。諸所喪跨今四省，兼縣逾百，當時之大國遂缺其一，而其遺族乃散處今浙江南部及福建矣。

（八）楚於此期起自悼王十三年，歷肅，宣，威而迄於懷王之二十二年。

（甲）悼王之世，依吳起傳及後漢書南蠻傳所載：『起相悼王，南幷蠻，越（此從范傳，史作百越）』之說，若參以起在魏事，時際弗合；疑其說非史公誤將悼，肅之世次倒置，即起所相者乃肅王。戰國時人，如蔡澤亦謂起相悼王，是或肅在悼前，今則仍依史之原次爲附疑義於此。

起爲楚所闢地，『越』似應從起傳作『百越』，約爲今江西之南部。他如在今湖南西南兩邊，廣東西北部，廣西東北部，及四川東南端，江西之安福間地，俱宜爲嗣後秦所取楚黔中之一部；楚於最初猶未拓地及此，而爲羣蠻所居，南蠻傳所謂幷自吳起之『蠻』，殆即此一帶地也（前者蔡澤傳作『揚越』，後者南蠻傳云在『蒼梧，洞庭』，恐俱誤，說詳正文）。

此際楚疆域：大致於今陝西有商南，商，山陽，柞水，鎮安，寧陝，石泉，漢陰，紫陽之東南。於河南有淅川，內鄉，南召，魯山（尙宜涉及寶豐），襄城，臨潁，扶溝，通許（上三縣尙涉有鄭地），太康，柘城以南。於四川有奉節，巫山，巫溪，及秀山，酉陽之一部。於湖北有全省。湖南舍永綏，古丈，乾城，鳳凰，永明，江華，餘盡有之。廣東有陽山，英德，翁源，曲江，仁化以西北。廣西有古化，永福，陽朔以東北。江西舍上文屬越者，餘悉有之。安徽於江南有當塗，蕪湖，北則只缺一宿縣。江蘇於江北，南有六合，北有睢寧，泗陽，漣水之東北及海者。山東有嶧，莒，沂水，日照，諸城，安丘間地。跨今十一省，兼縣近三百四十，較原有陡增二分之一而強，當時餘國之大者，無能及其三之一者，而尙非其全盛時期。不過以如此聲勢，迄弗敵迥不相侔之韓，魏，亦一不可解之事也。

（乙）肅王時據世家有四年蜀來取在今湖北松滋之茲方（蜀須越巴始能及楚，且松滋距楚都所在之今江陵僅一水之隔，蜀竟能深入如此之遠，俱可異；恐係正義誤釋。按此際楚在今陝西東南之漢中地近於蜀，疑茲方在此部，而後地闕耳），及十年魏取在河南魯山，寶豐間之魯陽二事。但若依上所敘魏武侯事，楚在魯陽東之今葉，襄城，舞陽，郾城間地，亦應於此世入魏，而全境微闕矣。

（丙）宣王之世，似即將在今山東莒，沂水，日照，諸城，安丘之地失於齊（齊威於二十年已云有泗上，時於楚爲宣十五年）。又在今陝西商縣地最遲應於王之三十年入秦。又如上文魏惠取今河南上蔡，臨潁東部，於楚當王之二十四年；他若入魏之今西華，汝南，新蔡，沈丘及安徽太和間地，疑同失於王在位時。又在今江蘇東北之淮北，上文業云宜入於越，其時期攷越逾淮北而有齊之邳，於楚當宣王三十年；是則越有楚地，應更在前，而亦約爲王在位之時矣。楚之四封，茲又微弗逮於肅王時，唯以如彼闊大之基業，略有減損，尙不至感受何等影響也。

（丁）威王當七年滅越，益得如上文越所失地。同時更大破齊於徐州，地或已及今山東嶧縣境，故於後滕文公向孟子有『間於齊，楚』之語也。又十一年王甫卒，魏取去在今河南郾城之陘山。

楚疆域至是：於今陝，川，鄂，湘，桂，粵，與悼王時者似無異。於贛已盡有之。皖則只一宿縣及蘇只銅山，蕭，沛，豐，碭山屬宋。浙有浙水以北者（此依故吳地言，似爲自北源之新安江起至入海以北）。魯或微涉嶧縣。豫有淅川，內鄉，伊陽，臨汝，南召，葉（此尚有東南部），遂平，汝南（此與魏共之），項城，商水，淮陽，太康，扶溝（此與魏共之，依漢縣言，尚應涉及通許）；柘城以南。跨今十二省，佔縣四百三十餘；東臨海，南界越，揚越，西南夷，西界夷，秦，北界韓，魏，宋，齊。於此楚地之廣，幾同餘國舉凡所有相埒，實爲當時無與倫比之第一大國，亦即爲其全盛時代。

（戊）懷王於其二十二年以前，僅六年自魏取在今河南睢縣間襄陵八邑（斯世之獲勝利者，僅此一舉），及十七年失漢中於秦二事。漢中約爲上所舉在今陝西東南部舍商南以外諸縣，與湖北西北部之竹谿，竹山（依漢郡言，尚應有更東南之房，保康；唯嗣後秦昭王又嘗將在竹山間之上庸予楚，不識其地并佔及房，保康，抑秦郡只屆竹山而止也）。此際接界諸國，仍與威王之末無異。只權其損益，殊得不償失。全境雖依然獨大，而實力因累大敗於秦，從此即一蹶不振，備受餘國之欺凌矣。

諸小國：

（一）鄭於入此期後十年被滅，當君乙之二十一年。所亡約爲今鄭，滎陽，密，中牟，新鄭，尉氏，洧川，長葛，鄢陵，許昌，臨潁，扶溝，通許諸縣間地，而分入韓，魏。

（二）晉自被分後七十七年，當靜公俱酒之二年，重爲韓，趙，魏所割裂，遂將在今翼城，曲沃，絳，聞喜間僅存之地，亦莫能保有。更後十七年，三家復約以今沁水，高平境內地重封晉；再延十年，終被奪於趙（重封時之晉君，不辨仍係靜公否？又趙世家關於此事之紀年似未誤，說詳正文）。

（三）奚仲後之薛，似於齊威二十二年以下邳封騶忌爲成侯前即被滅，嗣後則爲田氏之薛矣。

（四）衞於此期應起自慎公三十一年，歷聲公，成侯而迄於嗣君之十八年。聲公之元及八年，約失今山東之辟，朝城，陽穀，范，濮間地於趙，爲都鄙七十三及鄄。又當五年魏惠所予齊在今觀城之觀，實乃衞地，故上文云係魏強奪之以畀諸人者。

嗣君十四年，約失今河南滑縣間地於魏。

衞於此後至第三期，地之尚在者，大致在今河北爲名地相同之濮陽，長垣縣治之蒲，山東爲濮，菏澤，鄄城間之陽晉。衞世家云嗣君五年僅遺一濮陽，似不確。其四境東界齊，南界宋，西及北界魏。

（五）魯應起自穆公三十二年，歷共，康，景而迄於平公之十六年。

共公十年伐齊，入在今泰安東南之陽關；但齊威旋即奮起，魯且朝之，故未必能據有。又約於季年失在今滕縣南部之薛於齊。齊境之最近薛者，宜爲今蒙陰間地；故彼及薛，則魯地之位於今嶧，費，臨沂，沂水，諸城，安丘境者，即悉被隔於外。因而季氏之費，至遲應於此際離魯而獨立；不過費未必能盡有上諸地，緣若諸城，安丘勢將圈入齊長城以內矣。

魯疆域至此期之末，或尚有今曲阜，泗水，鄒，魚臺，金鄉，武城，單，鉅野，嘉祥，濟寧，滋陽，汶上，寧陽，泰安，新泰諸縣間地，但多與齊，滕，鄒，倪，宋，任之類共之。又魯自失薛，不徒東部地折斷，其南在單，金鄉，魚臺境者（或尚微有滕縣西南部），因有鄒從金鄉，而濟寧，鄒，滕以橫貫腹中，似亦被遮絕而不能直達北部矣。四境就外表言，舍南界宋，餘俱界齊。

（六）周應起自安王十八年，歷烈，顯，慎靚而迄於王赧之八年。

顯二年國被韓，趙分而爲兩：大致東周有今洛陽之東部，孟津側東之大部，偃師之北部，鞏縣西北部，逾黃河於温縣南境亦小有一部。西周有今洛陽西北部，孟津不及西半部；分地較少，是或緣當時王居東周也。十五年東周以在洛陽伊闕外之高都予韓，十六年又將在温縣地失於彼。四境合兩者言，東及南界韓，西界秦，北臨河，此天下共主之國遂益微矣。

（七）宋應起自休公十四年，歷辟公，剔成，迄於君偃之二十四年。

剔成七年失今地闕之儀臺於魏，又約當公之世以今蘭封東北之濟陽失於彼。十五年取韓在封丘之黃池。

君偃之三年失在今河北東明之煮棗於魏。

22

宋疆域至此，約於今河南尚有封丘，蘭封（二縣改與魏共之），寧陵，柘城以東，山東有荷澤，定陶，鄆城，鉅野，城武，曹，單，金鄉，魚臺，嶧諸縣間地，江蘇有銅山，蕭以西北，安徽有宿縣。跨今四省，兼縣二十五，於諸小國中仍最大（其次爲魯，再次爲鄒，費，又次爲東周，衞，餘者多未能佔今一縣矣）。東及南界楚，西界楚，魏，北界魏，衞，齊，鄒，魯。

（八）鄒地及是，因位置測之，其在今費縣境者，似亦被齊自蒙陰至滕縣地所隔斷，或即入齊矣。四境舍東改而界齊，餘殆與始無異。

（九）費於叙魯事部分業言其至遲宜於此期獨立，其地約在今費，嶧，沂水，臨沂境內。四境舍南界郯，楚，餘悉界齊。

（十）郯，任，滕，倪所佔地各甚小，諒仍悉如原狀。郯約北改界費，餘尚界楚。任依舊爲魯所包圍。滕東南境與倪東境似改而界齊，他方面或猶如故。

諸戎國舍獂，巴，蜀，烏氏，羣蠻，百越已滅，其存者尚約有：

（一）義渠大致遺有今陝西之靖邊，定邊，中部，甘肅之環，合水，寧，正寧等類。東及南界秦，西界秦，朐衍，北界林胡。

（二）中山較最初，舍一今趙縣地未復，餘只約失西南端之今河北臨城，與高邑之一部，至四界無異於始。

（三）東胡，樓煩，林胡猶各未見甚事。翟，朐衍，西羌則畢戰國迄無所見，其間後者乃因秦境始終未展至洮水以西，故無若何關係；前二者則屆第三時期似俱被吞併矣。又諸族界中夏各部分地，或猶悉無改易。

此期之始，魏仍最強，韓亦方盛，趙漸露頭角，秦初興，齊暫仆而旋起，燕尚瘠弱，越或因內多難故無所聞，楚雖不得志北方，然頗啟地南服。小國之得存者，如魯，衞猶能乘齊威怠荒之際而掠彼地，似各領土固狹，而力則勁。戎國則有被兼併者矣。

繼則秦驟強，齊亦勢非易侮，越若有所開拓，但倏忽消亡幾盡，形等附庸，楚益大而雄據江淮間，韓，趙尚差可支持，魏業逐漸陵替，燕仍不振。小國唯宋曾奪地韓，魏，勢殆轉強，他則多被侵削割裂而愈小。戎國間有覆滅者。

逮乎垂末，秦益強，齊雖亦不弱，第非其匹；楚國最大，實已虛有其表；韓，魏業入左支右絀之局；燕則方作亡羊補牢之計；趙初改胡服，少選將收其效。諸小國仍一宋未甚失常態，餘得自存已幸。戎國舍荒遠者，則多或殘或滅矣。

要之，此期可謂諸大國先後競進時代，不過秦蒸蒸日上，獨較優越而已。

魏河南之長城圖

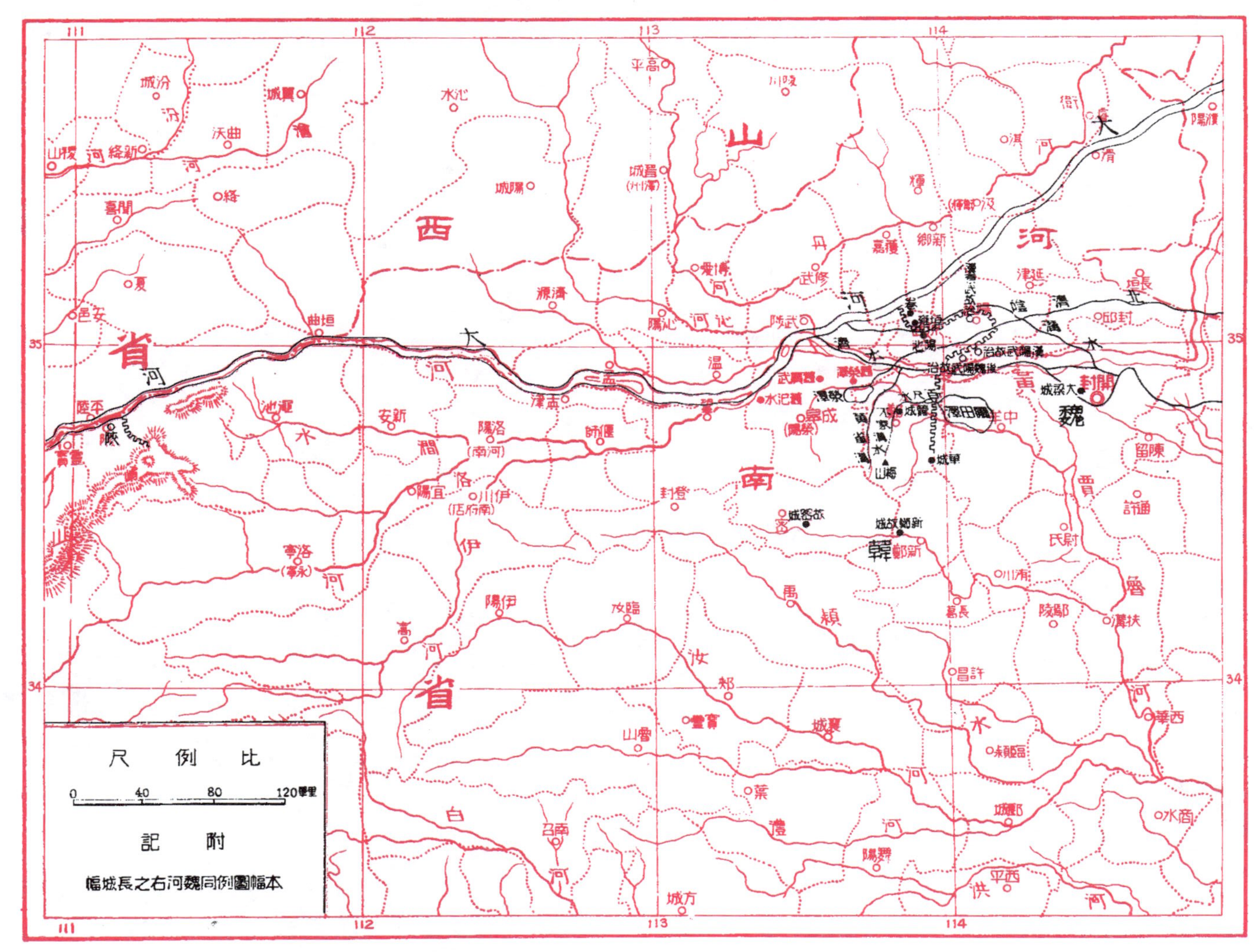

魏河右之長城圖

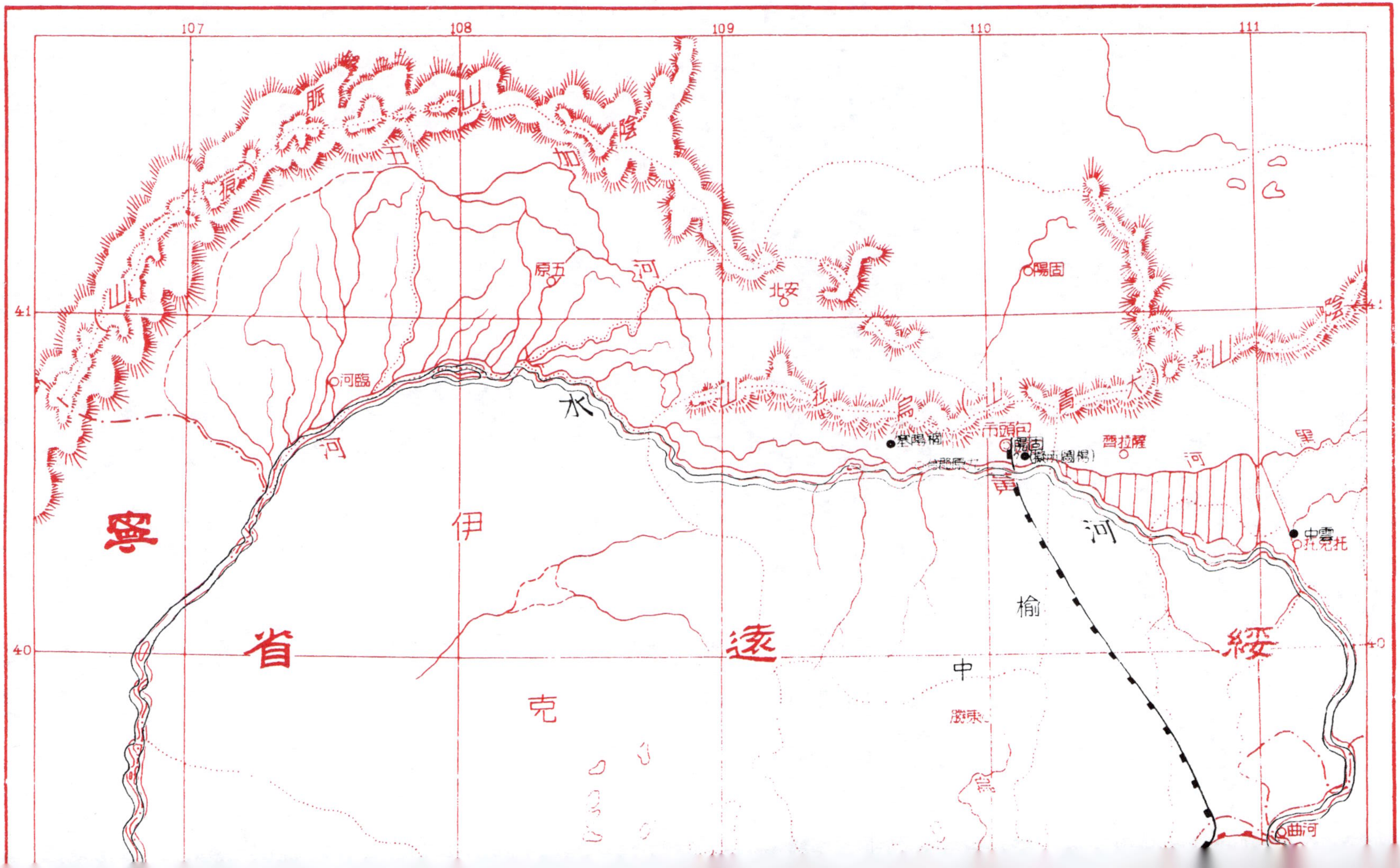

107
108
109
110
111
41
40
陰山
加
五
原五
河
北安
陽固
脈
狼
山
臨河
水
河
拉
烏
山
青
大
山
陰
包頭市
固陽
塞陽楙
薩拉齊
河
黑
托克托
雲中
黃
河
榆
中
東勝
寧
省
伊
克
遠
綏
河曲

魏長城考

張維華 1

世稱魏之長城有二：一在今河南境，後漢書郡國志河南郡：「卷有長城，經陽武到密」，說者謂此城爲魏大梁西邊之長城。史記秦本紀：「孝公元年，河山以東彊國六，與齊威、楚宣、魏惠、燕悼、韓哀、趙成侯、並淮泗之間小國十餘。楚魏與秦接界，魏築長城，自鄭濱洛，以北有上郡」。魏世家：「十九年（惠王），諸侯圍我襄陵，築長城，塞固陽」。鹽鐵論險固篇（卷九）云：「魏濱洛築城，阻山帶河，以保晉國」，此爲魏大河西境之長城。詳審魏疆域之形勢（魏之疆域，有張琦之戰國策釋地、程恩澤之國策地名考等書可參考），知所謂黃河右岸之長城，雖所經之地不易詳考，然其爲魏之長城，則無可疑。至於大梁西邊之長城，據郡國志及酈道元水經注所載，固知確有其地，惟建於何國，起自何代，古書所指，未能詳悉，易致生惑。魏策（策一）蘇秦爲趙合縱說魏王語：「大王之埊，……西有長城之界」。竹書紀年顯王九年（梁惠王十二年）：「龍賈帥師築長城於西邊」。十二年（梁惠王十五年）：「遣將龍賈築陽池以備秦」。說者或謂蘇秦所舉，龍賈所築，即郡志自卷至密之長城。然郡志既未有詳文，而蘇秦所言之西界，竹書所稱之西邊，究屬何地，亦未敢遽斷。至於龍賈築陽池一語，如自文意言之，似完築一地，不爲長城。凡此問題，均待解決。古人既所言不詳，後人則或出臆想，酈道元謂爲韓魏所共築，說見水經濟水注，顧炎武謂爲韓之長城，說見日知錄，顧祖禹謂爲魏之長城，說見方輿紀要（詳引後文），其他諸家之說，尚不能一一列舉。要之，出諸測度者多，得之實據者少，以之備一說則可以，視之爲定論則不可。由是言之，魏黃河右岸之長城，重在考其經行之地，而年代上之問題較少，大梁西境之長城，重在考其年代及所隸屬，而所經行之地，則大體可定。茲試論之於後。

一　河右之長城

魏河右長城之建築，秦本紀言在昭王之元年，即魏惠王之十年，余以當時秦晉之關係考之，其說蓋有可信。秦本紀云：

> 孝公於是布惠，振孤寡，招戰士，明功賞，下令國中曰：「昔我穆公自岐雍之間，修德行武，東平晉亂，以河爲界，西霸戎翟，廣地千里，天子致伯，諸侯畢賀，爲後世開業，甚光美。會往者厲、躁、簡公、出子之不寧，國家內憂，未遑外事，三晉攻奪我先君河西地，諸侯卑秦，醜莫大焉。獻公卽位，鎮撫邊境，徙治櫟陽，且欲東伐，復穆公之故地，修穆公之政令。……」

此言秦穆修霸之際，秦地東至於河，國勢駸駸日上，及至厲、躁、懷、靈、簡、惠、出子之際，君主數易，上下離亂，晉乘其危，復侵河西之地。獻公即位，勵精圖治，嘗欲恢復先人之遺業，東廣地於河右，遂予魏一大迫脅。惠成王即位之初，適當獻公奮發圖強之時，兵力不敵，屢遭挫敗，故謀所以防守之策，而長城之建，當即由此而起焉。

考獻公伐魏，所予魏之打擊以石門少梁之役爲最嚴重。秦本紀稱：「二十一年（獻公），與晉戰於石門，斬首六萬，天子賀以黼黻。二十三年，與魏晉戰少梁，虜其將公孫痤」。魏世家亦云：「九年（惠王），……與秦戰少梁，虜我將公孫痤」。六國年表亦載其事，惟少梁之役，秦所虜者爲魏太子，不爲痤。按石門之地，秦本紀正義引括地志云：「在雍州三原縣西北三十里」，即在今陝西三原縣境。少梁之地，在今陝西韓城縣境。石門西去尙遠，而少梁則迫近於河，是秦之勢力已深入魏河西之地。孟子載梁惠王語，稱：「及寡人之身，……西喪地於秦七百里」，此雖未必指獻公末年之事而言，然秦人之逼魏，於此可見。且石門之役喪師六萬，則當時戰事之劇烈，與魏軍狼狽之情形，又可想見。是以當時秦魏之關係論之，魏於河西實有築長城之必要，本紀所言孝公元年魏築長城事，以勢推之，實爲可信。

又竹書稱惠王十二年龍賈帥師築長城於西邊事，前人之說不一，以意度之，亦當指河西之長城言，茲試伸其說。考竹書龍賈築長城語，始見水經濟水注（卷七），云：

> 濟瀆又東逕陽武縣故城北，又東絕長城。按竹書紀年梁惠成王十二年，龍賈帥師築長城于西邊，自亥谷以南，鄭所城矣，竹書紀年云是梁惠成王十九年築也；郡國志曰，「長城自卷逕陽武到密」者，是也。

細審水經之文，則知道元之意以爲卷之長城，乃築於惠成之十二年，而自亥谷以南之一段，則爲惠成十五年鄭所築者。全校水經注於此條所釋，亦同此意，云：

> 按：鄭卽韓也，梁城乃惠成王十二年築，而韓城則十五年築

也，故兩言之。然據史記世家年表，則梁城以十九年始築，與竹書戾。

按全氏釋道元之文，其意甚當，惟舉世家年表惠成十九年築長城事與竹書不合，蓋未審秦本紀孝公元年尚載有魏築長城事也。

然道元之說與史記之文不合。史記魏世家稱魏徙治大梁，在惠成三十一年，云：「三十一年，秦、趙、齊共伐我，秦將商君詐我將軍公子卬而襲奪其軍，破之。秦用商君東地至河，而齊、趙數破我，安邑近秦，於是徙治大梁」。從史記說，則是惠成三十一年魏始徙治大梁，而在其前則仍都安邑也。卷在安邑之東，如龍賈果在惠成十二年城其地，則何得云「西邊」也。世之學者，或從史記之說，而疑道元之說爲非。

又魏徙治大梁，據前人所引竹書之文，或云在惠成六年，又或云在惠成九年（徐位山竹書統箋顯王四年，夏四月，甲寅，徙都于大梁條：「……水經注：『大梁本春秋之陽武高陽鄉也，於戰國爲大梁，周梁伯之居。竹書：梁惠成王九年四月甲寅，徙邦於大梁』。孫奭孟子疏亦引竹書紀年梁惠成王九年徙都大梁。漢高祖紀注臣瓚引汲郡古文，魏惠王六年，自安邑遷於大梁，與今本合」。），與史記說異。從紀年說，惠成九年徙都大梁，卷縣似居其西，則十二年龍賈築長城於西邊之說，或有爲指卷縣而言之可能。然卷縣故地在今河南原武境內，西北去大梁僅百餘里，似不得謂「西邊」。且惠成十二年之際，河西之地，尚得保全，如築城防秦，亦不得近迫大梁。是即從竹書惠成六年或九年徙治大梁之說，亦不合龍賈帥師築城之意。 3

道元之說既乖，後人亦引訴以爲誤，竹書統箋對於「顯王十年龍賈帥師築長城於西邊」一文之解釋云：

箋按：秦本紀「魏築長城，自鄭濱洛，以北有上郡」。正義曰，「魏界與秦相接，南自華州鄭縣，西北過渭水，濱洛水東岸，向北有上郡鄜州之地，皆築以界秦境；洛即漆沮水也」。以在魏西，故曰築長城于西邊也。魏世家惠王十九年築長城塞固陽，即此也。水經注以郡國志「長城自卷逕陽武到密」爲龍賈築長城于西邊，謬矣。

程恩澤國策地名考（卷十）長城條亦云：

恩澤案：竹書龍賈所築之長城，即固陽長城也。若郡國志所云卷有長城經陽武到密者，自在其後。……水經注以此即龍賈所築，而舊注從之，非是。

類此等說，前人言者不一，不能備舉。時人王國良著中國長城沿革考（商務印書館出版），所論甚疏，惟於魏長城篇，亦主龍賈所築乃在河西，不在卷縣，其說與前人合。余考龍賈之事不詳，其築長城事，竹書言之甚確，世稱竹書爲魏之史記，以魏史而述魏事，則其事固無可疑。竹書稱龍賈築城在惠成之十二年，其時適當秦孝公之三年（史記六國年表及錢穆先秦諸子繫年通表均同），上距秦本紀孝公元年魏築長城事，爲時不過二年。余意秦本紀孝公元年語，乃述即位後六國之形勢，其事未必即屬於是年。夫魏築長城，自鄭濱洛，以北有上郡，其工不得謂微，必非一年之力所能完成，而本紀均屬之孝公元年，則此文乃史公漫稱之詞，非有年代上確定之意義，其理甚顯。竊恐竹書龍賈築長城事，即本紀魏築長城之舉，求之年代，考之史實，均有可能，雖文有小異，當不得視之爲兩事也。至於龍賈所築之長城，乃爲河西之長城，稍識戰國時地理者即能辨之；且前人言之甚確，勿待深辨。顧亭林日知錄長城條云：

史記秦本紀，「魏築長城自鄭濱洛，以北有上郡」；蘇秦傳說魏襄王曰，「西有長城之界」；竹書紀年，「惠成王十二年龍賈築長城於西邊」，此魏之長城也。後漢志，「卷有長城經陽武到密」，此韓之長城也。

又顧祖禹讀史方輿紀要（卷四十七）河南原武縣長城條云：

長城在縣西北，徐廣曰：「滎陽卷縣有長城，經陽武到密，六國魏新築」。竹書紀年：「惠梁成王十二年，龍賈帥師築長城於西鄙」。蓋是時長城猶在河西，其後河西屬秦，因改築長城於此。

按卷之長城，顧亭林以爲即韓之長城，而顧祖禹則以爲魏後來所築，其說不同，容於他段再論。至於以龍賈所築爲魏河西之長城，所見悉同，此固可視爲定論，勿待深辨者也。

魏築長城之始原，略如上述，茲復舉惠成十九年築長城之事以言之。史記魏世家稱惠成十九年，「諸侯圍我襄陵，築長城，塞固陽」，此所稱之長城，果築於何地乎！正義云：

括地志云：「稒陽縣，漢舊縣也，在銀州銀城縣界」。按魏築長城，自鄭濱洛，北達銀州，至勝州固陽縣爲塞也。固陽有連山，東至黃河，西南至夏會等州。

此言惠成十九年所築，乃續以前未竟之功，推其意蓋以爲孝公元年魏之所築，僅至上郡，此則北達固陽，即漢之稒陽縣境，於今爲綏遠包頭左右之地。自正義如此解釋，而後世之言魏長城者，率不敢違離其說。余考魏世家所舉固陽，不當與漢之稒陽縣視爲一地，葢其時魏人之勢力尚未拓展至此，上郡而北，盡爲戎狄所盤

4

踞，魏人何得於此立塞？此說詳論於後，茲姑舉其大要。

又元和郡縣志稱惠成十九年所築，在唐陝州硤石縣境，云：

魏長城在縣北二十二里，魏惠王十九年所築，東南起韜山，西北至河，三十里。

按郡志之說，所據未詳，然既言魏惠十九年築，則所據必為魏世家之文可知。夫魏世家雖有「築長城」之文，而不詳其地，固陽故址又不可考，郡縣志遽言在硤石縣，苟非有他據，則近武斷矣。太平寰宇記之作，率從郡縣志之文，然所論硤石縣事獨去此條而不從，得非知其說有誤故略而不取乎！余意殽函之地，古稱重險，自西周而後，每為兵事之要地，設險立防，當為歷代所常有，雖其地有舊城遺跡可尋，何得斷言必為魏惠十九年之所築？

余意惠成十九年築長城塞固陽事，如史公之言為可從，似仍當於魏河西之地求之。蓋當魏惠十九年之際，秦人勢力雖漸迫于河，然河西之地，大都仍在魏人之手，至於納陰晉河西上郡諸地，後此凡二十許年，此由秦本紀魏世家及六國年表可以知之。在此二十餘年之中，秦魏在河西之鬬爭，最為劇烈，魏人方百計以保持其河西之領土，故杜防甚嚴。此時如有防禦之建置，必當設於河西，決不至舍此而他圖，而自啓其放棄領土之意念。惜此次所築，抑為葺補舊有，或為改地新築，均無可考矣。

右述魏河西長城建築之經過既竟，茲再論其緣附之地，以明當時魏在河西之形勢。按魏河西長城經行地域，其中最難解決者，厥為固陽之問題，此問題不得決解，則其北及之地無從談說，試先論之。正義稱魏河西長城，自鄭濱洛，北達銀州，至勝州固陽為塞，此乃以漢之稒陽，以當魏之固陽。後儒多從其說。如近儒楊守敬所製戰國疆域圖，河西魏之長城，即照正義之文圖繪，而世所製中國沿革地圖，亦多從此說。王國良中國長城沿革考魏長城篇，論魏河西長城，全以秦本紀魏世家正義之文為據；而又不諳地理，以今之固陽當漢之稒陽，又以漢之稒陽當魏之固陽，而謂此長城南起於今陝西華縣，沿洛水而北，經鄜縣綏德米脂等縣，而達綏遠之固陽，是以此長城遠伸至大青山之北境，魏人築城豈能遠至於此？余意欲考魏河西北部之長城，是否可從正義之說而斷其北至漢之稒陽，其所首當知者有二：一曰當明當時魏之疆域；二曰當明秦魏兩國在當時戰爭推移之形勢。蓋魏人築城，必不立於異國之域，明其疆域境界之所及，則長城經行之地，方可由此以推。又長城之建，原用以防守，凡非衝要之地，兵爭所不及者，當無長城之建築。明此二者，則魏河西北部之長城，庶可知其大略，試先言其一。

先年讀習史記，或從正義之文，以爲魏世家之固陽，即在漢稒陽故地。往年夏七月，去西北後套考查，路經綏遠，適綏遠通志館纂修該省通志將竣，因就便往訪。與纂修諸君子談及魏長城事，亦多主正義之說，然終以未覩其原稿爲憾。歸來後，從友人處得覩通志稿本，其長城篇論魏之長城云：

案：固陽一作稒陽，其沿革見故城稒陽縣稒陽塞條。或疑戰國時魏之國界，未必能遠及包頭縣境。然考史記匈奴傳趙襄子踰勾注而破幷代以臨胡貉；其後既與韓魏共滅智伯分晉地而有之，則趙有代勾注之北，魏有河西上郡，以與戎爲界邊；其後義渠之戎築郭以自守；案史記此文觀之，則今河套鄂爾多斯之西部，爲當時義渠戎所居，而其東部，則魏之所有也。包頭縣境與廣漢之全套，比適位於其東部之北端，安見魏之邊界，必不能遠及縣境乎？況以水經注考之，古稒陽塞在今縣治西，而稒陽縣又在今縣治東，益信戰國時魏之築長城塞固陽，必在今包頭縣境無疑。又據最近采訪錄載包頭縣境內有古長城，東自什拉淖起，沿大青山及烏喇山之麓西行，至西山嘴而止，長凡二百六十餘里，爲土石所築，高二三尺以至六尺不等，或斷或續，尚多存在，而以什拉淖至城塔汗一段爲較完整云。又考近人梁卓如所著中國歷史研究法，於長城建築時代頗有發明，其意以爲辨長城是否爲魏以前所築，端視秦漢時築城用土或用磚爲斷，磚之創始雖未深考，然至早亦當不逾漢代。觀元帝時，郎中侯應有云：「起塞以來，百有餘年，非皆以土垣也。或因山巖，木柴，僵落，谿谷，水門，稍平治之，功費久遠。」晁錯上書，亦云：「蒙恬爲秦侵胡，闢地數千里，以河爲境，壘石爲城，樹榆爲塞」。觀此，可知秦以前所築城，非土即石，斷不似後世長城壘磚而成也。綜上所述，則包頭縣境內沿大青山麓橫亘二百六十餘里之土石長城遺跡，正與史記「塞固陽」之文相合，並與梁氏所考秦以前用土用石之意，亦不相悖云。

按梁啟超謂秦之長城多係版築，其言甚當，然非謂秦以後之長城無土築也。余嘗西至大同，觀其北境明人所築長城之遺跡多係以土爲之，安得即謂此長城必爲秦以前之長城也。大體論之，自秦而後歷代所築之長城，其在山嶺者則以石築，其在平原者則以土築，所謂以磚築者不過關口之要地而已。通志舉包頭大青山長城之舊址，視爲戰國時之長城，固無不可（蓋大青山之長城，有爲

6

趙築之可能），若必以士築爲證，且言爲魏之長城，其論疏矣。至於稱魏惠之際，魏之疆域已伸至河套之北境，亦殊不然。

余考魏之疆域，自始至終未至今河套之境內。史記秦本紀稱惠文王十年，「魏納上郡十五縣」。正義云：「今鄜綏等州也，魏前納陰晉，次納同丹二州，今納上郡，而盡河西濱洛之地矣」。此以鄜綏等州釋上郡之地，其說尙近於理。魏世家稱襄王七年（先秦諸子繫年通表作梁惠王後元七年），「魏盡入上郡于秦」。正義云：「括地志云：『上郡故城在綏州上縣東南五十里，秦魏之上郡地也』。按丹鄜延綏等州，北至固陽，並上郡地。魏築長城界秦，自華州鄭縣已北濱洛，至慶州洛源縣白於山，即東北至勝州固陽縣，東至河西上郡之地，盡入于秦」。此言魏上郡之地北至勝州之固陽，以附合前文「塞固陽」之說；且拘守濱洛之說，言經洛源縣白於山，實不近於理。考史記匈奴列傳既稱三晉滅智伯分晉地後，趙有代句注之北，魏有河西上郡，以與戎界邊，則上郡之外有戎、狄盤踞之地，魏地必不直達於陰山之下漢稒陽之地，其理當可想見。且襄子所破代國，在

7

漢爲代郡代縣，在今爲察哈爾之蔚縣境，其地東近於燕，西鄰胡貉。其時雲中之地尙爲胡有，而魏河西之地，何得北至漢之稒陽？通志舉此文爲證，言趙既越句注而破幷代，魏地亦當北至陰山之下，其實未必也。此可言者一。漢稒陽塞，據水經河水注所載，在陰山（卽今包頭西烏拉山）之下大河之北，說者謂此塞卽魏築故址。戰國時河之故道當不能在塞之北（蓋此段河道因在陰山之下，不能北徙），魏越河築塞，而不恃大河之險，似亦不近於理。此可言者二。史記匈奴列傳稱：「秦昭王時，義渠戎王與宣太后亂，有二子，宣太后詐而殺義渠戎王於甘泉，遂起兵伐殘義渠，於是秦有隴西北地上郡，築長城以拒胡」。此言上郡北地諸郡，其地在昭王之前，仍爲戎狄所盤踞，至殘滅強胡之後，始築長城以爲界。趙世家武靈王自請於公子成曰：吾國自常山以至代上黨，東有燕東胡之境，而西有樓煩秦韓之邊」。又召樓緩謀曰：「西有林胡樓煩秦韓之邊」。則趙之東爲燕胡，趙之西及北爲林胡樓煩可知。又稱武靈王二十年，「王略中山地，至寧葭，西略胡地至榆中，林胡王獻馬」。又稱「惠文王二年，主父行新地，遂出代，西遇樓煩王

於西河，而致其兵」。是林胡樓煩在趙之西北境尤明。匈奴列傳亦稱：「趙武靈王亦變俗，胡服，習騎射，北破林胡樓煩，築長城，自代並陰山下，至高闕爲塞，而置有雲中、鴈門、代郡」。此亦言武靈王而前，趙之西北境，約當今大同西北至河之地，及河西套之東北境，均爲林胡樓煩所踞。是知魏惠之際，華夏勢力，尙未伸至套境，所謂魏北築城達漢稒陽者，其說必不確。且史載魏文武惠襄時事，未嘗言及魏河西上郡之地，屢遭戎狄之患，如魏境果伸至陰山之下，必至戎狄交侵，何歷史之紀載若是稀少？此可言者三。據諸書所載，魏河西之地，北至上郡爲限，秦制上郡之北有雲中郡，有九原郡，漢制上郡之北有西河郡，西河之北有五原郡，均與正義所釋魏上郡之地不同。豈魏上郡之地廣，至秦漢時始分裂之乎？抑魏之地原不及此，至秦逐匈奴，闢新地，始立新郡以轄之乎？此可言者四。

右述魏惠王時，魏河西之地北不至於河，說者或以爲非是。史記蘇秦列傳載秦說燕文侯語云：「燕東有朝鮮遼東，北有林胡樓煩，西有雲中九原，南有嘑沱易水」。又云：「且夫秦之攻燕也，踰雲中九原，過代上谷，彌地數千里，雖得燕城，秦計固不能守也」。六國年表置蘇秦說燕事於燕文侯之二十八年（燕文侯之二十八年，六國年表稱在魏襄王之元年，繫年通表則言當魏襄王之後元元年）。從此說，是燕人之勢力，久已擴至套內，何得謂秦昭武靈而前，華夏勢力不及此乎？又何得謂魏襄而前，魏人之勢力，曾未一度至於此乎？余謂蘇秦之言非爲實錄，一則燕都於薊，其領域不當遠至九原；二則雲中之郡，始建武靈，燕文侯時不當有其地；三則趙之北境達於幷代，燕不當遠越趙境而有其以西之地；四則武靈略地榆中，得自林胡，不言及燕；五則秦昭王時，其勢僅北及上郡，何得在燕文侯時遠越九原雲中而伐之？凡此種種，均可證明燕之疆域無西及九原之理。世稱蘇秦說六國語，多出後人之假託，證之事實，蓋非虛語。且從蘇秦之說，燕既有雲中九原矣，魏又何以得「塞固陽」，此均難於解釋者也。

魏惠成王時之疆域，不能北至漢稒陽境之說，略如上述，茲再取史記秦本紀魏世家竹書紀年所載當時秦晉交爭之情形，以爲第二說以明之。

史記秦本紀（自秦獻公元年起，至秦武王元年止）

獻公二十一年與晉戰於岸門（在今山西河津縣）。

二十三年與魏晉戰少梁（見前注）。

孝公元年，乃出兵東圍陝城。

七年，與魏惠王會杜平（正義云：「同州澄城縣界也」）。

八年，與魏戰元里（正義云：「在同州澄城縣界」）。

十年，衛鞅爲大良造，將兵圍安邑，降之（正義云：「括地志云：『安邑故城在絳州夏縣東北十五里，本夏之都』」）。

二十二年，衛鞅擊魏，虜魏公子卬。

二十四年與晉戰岸門（索隱：「紀年云：『與魏戰岸門』，此云雁門，恐聲誤也」。正義：「括地志云：『岸門在許州長社縣西北二十八里，今名西武亭』」。按正義此說恐不確）。

惠文王六年，魏納陰晉，陰晉更名寧秦（集解：「徐廣曰：『今之華陰也』」）。

七年，公子卬與魏戰，虜其將龍賈，斬首八萬。

八年，魏納河西地。

9

九年，渡河。取汾陰皮氏（集解：「地理志云：『二縣屬河東』」）。

與魏王會應（正義：「括地志：『故應城，因應山爲名，古之應國，在汝州魯山縣東三十里』」）。

十年，魏納上郡十五縣。

十一年，歸魏焦曲沃（正義：「括地志云：『曲沃在陝州縣西南三十二里，因曲沃水爲名』。按焦曲沃二城相近，本魏地，適屬秦，今還魏，故言歸也）。

十三年，使張儀伐取陝，出其人與魏。

更元十一年，樗里疾攻魏焦，降之。

十二年，與梁王會臨晉。

魏世家（自魏武侯元年起，至魏哀王九年止）

魏惠王五年，武堵爲秦所敗。

九年，與秦戰少梁，虜我將公孫痤，取龐（按：此條與秦本紀獻公二十三年條同）。

十六年，與秦孝公會杜平。（按：此條與秦本紀孝公七年條同）。

十七年，與秦戰元里，秦取我少梁（按：此條與秦本紀孝公八年條同）。

三十一年，秦趙齊共攻我。

秦將商君，詐我將軍公子卬，而襲其軍，破之（按：此條與秦本紀孝公二十二年條同）。

秦用商君東地至河。

襄王五年，秦敗我龍賈軍四萬五千于雕陰（集解：「徐廣曰：『在上郡』」。正義：「括地志云『雕陰故縣，在鄜州洛交縣北三十里，雕陰故城是也』」）。

圍我焦曲沃。

予秦河西之地（按：此條與秦本紀惠文王八年條同）。

六年，與秦會應（按：此條與秦本紀惠文王九年條同）。

秦取我汾陰皮氏焦（按：此條與秦本紀惠文王九年條同，惟多「焦」字）。

七年，魏盡入上郡于秦（按：此條與秦本紀惠文王十年條同）。

秦降我蒲陽（正義：「在隰州隰州縣蒲邑故城是也」）。

八年，秦歸我焦曲沃（按：此條與秦本紀惠文王十一年條同）。

十三年，秦取我曲沃（正義：「絳州桐鄉縣晉曲沃邑」），平周（正義：十三州志云：「古平周縣在汾州介休縣西五十里也」）。

哀王五年，秦使樗里子伐取我曲沃，走犀首岸門（按：此條與秦本紀惠文王更元後十一年條略有不同）。

六年，與秦會臨晉（按：此條與秦本紀惠文王更元後十二年條同）。

九年，與秦王會臨晉。

竹書紀年（自周安王十八年起至終，據洪頤煊校本）

顯王十年，龍賈帥師築長城於西邊。

十三年，遣將龍賈築陽池以備秦（今河南原武縣有古陽池城）。

二十七年，秦衞鞅伐我西鄙，王攻衞鞅，我師敗逋（魏世家惠王三十一年「秦趙齊共攻我」語，索隱云：紀年云：「二十九年（惠王）五月，齊田盼伐我東鄙，九月，秦衞鞅伐我西鄙，十月，邯鄲伐我北鄙，王攻衞鞅，我師敗績」是也；然皆二十九年不同）。

三十年，秦與魏戰岸門（按：此條本當與秦本紀孝公二十四年條同，惟據六國年表錯一年）。

三十八年，龍賈及秦師戰於雕陰，我師敗逋（按：此條當與秦本紀惠文王七年條及魏世家襄王五年條同，六國年表以此條置襄王二年，誤）。

三十九年，秦取我汾陰皮氏（按：此條當與秦本紀惠文王九年條及魏世家襄王六年條相同，然據六國年表年代相錯）。

四十一年，秦歸我焦曲沃（按：此條當與秦本紀惠文王十一年條及魏世家襄王八年條同，然據六國年表年代亦相錯）。

慎靚王元年，辛丑，秦取我曲沃平周（按：此條當與魏世家襄王十三年條同，然據六國年表年代亦相錯）。

隱王二年，秦取我焦（按：此條當與秦本紀惠文王更元後十一年條同，然魏世家言秦取焦在襄王六年）。

三年，秦王來見于蒲阪關。

八年，秦公孫爰師師伐我皮氏。

九年，褚里疾圍蒲不克。

十二年，秦拔我蒲坂，晉封陽谷。

以上所錄，為魏惠襄前後秦晉兵爭盟會之關係，雖年代互有差異，地域有所未明，史事有所未盡（因本文不專論此，姑從略言之），然秦魏交爭區域之範圍，亦由此約略可見。大體論之，其在河西兵爭之區域，南不越華陰，北不越膚施，其所轄領域雖未必以此為限，然亦當去此不遠。如從正義之說，固陽北出黃河之北，魏人塞之何用？審之時事，察之地理，均屬不合。史記六國年表載秦孝公十一年，衛鞅圍固陽降之，說者謂此固陽，亦在漢稒陽地。然衛鞅降固陽事，不見秦本紀、魏世家、商君傳、竹書、國策等文，史公所據，未可得詳。即言此事非為誤增，固陽之地，亦不當遠出黃河之北，非為誤文，即當別有他解。由上所述，史公「塞固陽」之文，必不在漢之稒陽。固陽之地，今不可考，如非史公有文字上之誤載，則即別有所指矣。

魏之疆域，當惠襄之際，不能北達漢稒陽境，既如上述，茲再言長城經行之地域。考魏河西長城之南段，其在渭水以南者，除前述硤石縣長城不計外，據水經注所載，共分東西二列：一在今華陰縣境，說者謂為秦晉之分界地；一在今華縣境，即魏所築之長城。水經注（卷十九）云：

渭水又東（經華陰縣而東），沙渠水注之。水出南山北流，西北入長城。城自華山北達於河。華嶽銘曰「秦晉爭其祠，立城建其左」者也。郭耆述征記，指證魏之立長城，長城在後，不得在斯，斯爲非矣。

此言華陰境內之長城，乃南起華山之麓，而北達於河，所謂河者，大河也。酈據華嶽銘說，言此城爲秦晉界地，與魏築長城無關，因斥述征記之說爲非，言魏之長城在後，不得在此，在後，當指華縣境內之長城言也。華陰以西之長城，亦見水經渭水注，云：

渭水又東（在華州即今華縣之東）逕長城北，長澗水注之。水南出太華之山，側長城東而北流，注于渭水。史記秦孝公元年，楚魏與秦接界，魏築長城自鄭濱洛者也。

此言華縣境內之長城爲魏所築矣。

又元和郡縣志（卷二）云：

華州禹貢雍州之域，……春秋時爲秦晉界。邑長城在州東七十二里，或說秦晉分境祠華，故築此城。戰國時屬秦魏，地理志云：「自高陵以東，皆魏分也」。按史記魏築長城自鄭濱洛，今州東南三里魏長城是也。

此言華州東七十二里之長城，爲秦晉建以分界者，州東南三里之長城，爲魏所築以擯秦者，其說似同酈注，然所言華州東南三里之長城，其位置與酈注所舉長澗水之長城不合。後人解說，尤多與酈說乖異；又因二城距離較近，易於混亂，往往東西倒置，紛爲說辭，致使何爲界地，何爲長城，無可辨明。太平寰宇記（卷二十九華州）云：

按華山記云，此山分秦晉之境鄙，晉之西則曰陰晉，秦之東則曰寧秦，戰國時自高陵以東，皆魏之分。史記云「魏築長城，自鄭濱洛」，今州東南三里魏長城是也。按郭緣生述征記云，長城，或謂秦晉分境祠華岳，故築是城。

按寰宇記云州東南三里之長城，即魏築之長城，與前人之說合，至於所舉述征記語及秦晉築界分祀事，皆指華陰境內之長城言，與此城無關，寰宇記殆混二者爲一也。又方輿紀要（卷五十四）華州長城條云：

古長城在州北三里，戰國秦魏分界處。……宋白曰：「華州東南有魏長城，又有長澗水，南出太華山，側長城東而北流，注渭」。

又於華陰縣長城條云：

長城在縣西二里，史記魏築長城自鄭濱洛以北，此卽其故址。後魏永熙末，高歡追魏主修，攻潼關克之，進屯華陰長城是也。宋白曰：「華陰有長城，戰國時分秦晉之境，邊晉之西謂之陰晉，邊秦之境謂之寧秦」，恐誤。

按方輿記要所引宋白之說，實乃出諸酈注，非虛構之比，顧氏東西倒置，而又以宋說爲非，蓋於前人之言未盡悉也。

余考立界分祀之事，於史無徵，華嶽銘之說，不詳所據。後人解說，或言在春秋，或言在戰國，未有定論。按之史實，秦穆而前，秦之彊域尙未東展，秦晉之界不在華陰。繆公九年，助夷吾返國，夷吾允以晉河西八城（河西八城，史記秦本紀正義謂爲同華等州地）爲謝，已而背之。十五年韓原之戰，夷吾被虜，獻河西八城以爲和，意者謂今華縣及華陰之地，歸爲秦有，秦晉分界，或可發生於此時。然康公二年，秦伐晉於武城，正義引括地志（亦見秦本紀）云：「故武城一名武平城，在華州鄭縣東北十三里也」，是今華陰之地，仍歸晉有，所謂分界者，當不在於繆康之時。康公而後，秦勢凌替，不能保河西之地，晉人越河而西，至於高陵，更不能以華陰爲界。獻公時奮發圖強，東侵地至於河，然河西之地，仍大部爲晉所有。至孝公六年，魏納陰晉，秦更名寧秦，集解引徐廣語曰：「今之華陰也」，華陰之地始歸秦有。如立界分祀之說爲可據，則其事當發生於魏納陰晉之時，不當在其前也。然古書亡闕，分祀之事既不可求，而立界之說亦不易斷，長城之築，究在何時，未可言也，姑備一說以存之而已。至於 13

此段長城經行之地，南起華山，北達於河，本不甚長，其遺址所在，當不難推斷。然自酈注觀之，城址似在華陰治之東。王隱晉地道記亦言「桃林縣西長城，是潼關也」，當即指此長城言。王先謙校水經注，亦稱華陰縣東有長城遺址。而元和郡縣志（卷二華陰縣）則言在縣西，寰宇記（卷二十九華陰縣）方輿紀要（卷五十四華陰縣）又言在縣西二里，呂氏春秋愼大覽高誘注亦言華陰西有長城（誘注云：「華山在華陰南，西嶽也；桃林秦晉之塞也，蓋在華陰西長城是也」），其說不同。余考華州志而不詳其說，蓋古城遺址年久湮沒，不易推斷矣，姑錄諸家之說以待考。

至於華縣境內之長城，自當爲魏築長城之主幹，從酈注言之，其城蓋南起華山之麓，沿長澗水之西岸，而北達於渭。郡縣志言在州東南三里，紀要又言在州北三里，其或別有長城乎？亦或州治有遷移，故爲說不同耳。

魏城自渭水而北，經沙苑而入大荔縣境。乾隆五十一年大荔縣志（卷二）云：

史記：「魏築長城，自鄭濱洛而北以擴秦」。舊志：「今自沙苑至白澄間，往往有故址」。

又光緒大荔縣續志（卷四）古蹟云：

> 古蹟若長城，其遺蹟在大荔境者：今縣西北三十里高原後有長城村，村南里許，自原之半濟原而南，有城址數十丈。又南有數丈，近高原村。又南有四五十丈，至原之前巔。在黨川村西北，其東有溝，曰城牆溝，皆長城故址，尚確切可辨也。前志謂皆失其處，蓋未之深考云。

按沙苑一名沙阜，在大荔縣治南一十二里（見寰宇記卷二十八馮翊縣），處渭洛之間。魏城蓋自沙阜北行，經大荔縣治之西，約當今縣西東長城村西長城村之地（村亦見續志卷四土地志），而達西北高原後之長城村，如續志所言者是也。

或謂沙苑長城爲秦所築，太平寰宇記（卷二十八）蒲城縣，塹洛條云：

> 史記秦孝公九年築長城，簡公二年塹洛 故云自鄭濱洛，今沙苑長城是也，又按三秦記，在蒲城東五十里秦築長城，即塹洛也。

又光緒蒲城縣志（卷一）古蹟條云：

> 秦長城：寰宇記「秦孝公九年築長城」，三秦記「在蒲城縣東五十里」，今大荔許原西有長城村，俯臨洛水，遺跡顯然，且距故城不過十餘里，疑即當時舊跡。

余考史記無秦孝公九年築長城事，秦本紀載孝公元年魏築長城事，與寰宇記所言相合，蓋寰宇記誤以孝公元年爲九年（元九字相近），又誤魏築長城爲秦築長城也。不意前人讀書若此疏略，而纂修蒲城縣志者，不覈原文，妄從其說，而致展轉錯誤，可嘆孰甚！至於塹洛城重泉事，見史記秦本紀，然以理度之，當在洛西，不在洛東。正義引括地志稱「重泉故城在同州蒲城縣東南四十五里」，三秦記稱「縣東五十里有秦築長城，即簡公塹洛處」，似塹洛所以防重泉，當去重泉不遠。當時塹洛情形，不可詳考，而魏築長城自鄭濱洛，史記言之甚確，且與沙苑之長城合，是以同州之長城，自以言魏築爲近於理。

魏城又自大荔縣西北，北經今澄城縣境。明嘉靖澄城縣志（三志合刻本）地理志古蹟條云：

> 萬里長城，在縣南三里許，遺址尚存。今按蒙恬斥逐匈奴，收河南地爲四十四縣，築長城，起臨洮，至遼東，延袤萬餘里，暴師于外十餘年，恬嘗居上郡統治之。今吾邑所云萬里長城，恐非蒙恬所築者，觀東坡指掌春秋列國圖自見。

又順治六年澄城縣志（三志合刻本）地理志古蹟條云：

> 萬里長城，恐非蒙恬所築者，今澄似非其地，或是史記魏築長

城自鄭濱洛而北以擯秦者。

又嘉慶澄城縣志（三志合刻本）建置城垣條云：

長城故基在今縣南。縣圖縣南五里有古長城基，不知所始，洪亮吉曰「此蓋魏之長城」，路志亦云「或是史記魏築長城自鄭濱洛而北以擯秦者」，然不可考。

按澄城縣長城自非蒙恬所築，洪亮吉曰魏之長城，其言甚是。

至於澄城縣以北之長城，錯綜複雜，先後建置頗不易考。考始皇而前上郡之地，其為秦所築者，有張儀之塞，有秦昭之城，始皇即位而後，又有蒙恬所築；而魏之所築，又其外焉者也。張儀築塞事，見史記張儀列傳，云：

秦惠王十年，使公子華與張儀圍蒲陽，降之。儀因言秦復與魏，而使公子繇質於魏，儀因說魏王曰：「秦王之遇魏甚厚，魏不可以無禮」，魏因入上郡少梁，謝秦惠王。惠王乃以張儀為相，更名少梁曰夏陽。儀相秦四歲，立惠王為王。居一歲，為秦將，取陝，築上郡塞。

此言張儀築上郡塞之事甚確。秦昭王築長城事，見史記匈奴列傳，已詳前文，不復引。至於蒙恬築長城事，各書類詳言之，無待詳徵。長城故址，率皆湮沒，無可詳考，而張儀築塞及秦昭築城事，史記又言之過簡，不易據此以求。後人記述，大都憑諸臆斷，未能代表當時實際之情形，致使何為張儀所築，何為秦昭所築，何為蒙恬所築，何為魏之所築，均不易辨明。楊守敬戰國疆域圖所繪魏河西長城，其在甘泉以北者，西繞保安之西，而復東折至米脂之東，蓋拘守秦本紀濱洛之文及魏世家正義「北達銀州至勝州固陽縣為塞」之文而繪，其實魏之長城，何至作此大曲折？蓋濱洛之文既非具體，而北經銀州至固陽之說又不足據，實未可依此而繪。此難辨者一。又嘉慶洛川縣志（卷二）記境內長城，云：

長城：秦孝公元年，魏築長城，自鄭濱洛，以北有上郡，今縣東北原阜嶄絕處，疑即當時遺跡。

此言洛川縣境有魏長城。又道光鄜州志云：

長城，州西南四里。按周顯王時魏築長城，自鄭濱洛，以北有上郡，則境內長城，魏長城也。舊志謂蒙恬所築，殊誤。

此又言今鄜縣境內有魏長城。元和郡縣志及太平寰宇記亦言今鄜縣境內有長城，然里計方向不同，且言為秦築，與州志說異。郡縣志（卷四）鄜州洛交縣（即今鄜縣）長城條云：

秦長城在縣東北三十里。

寰宇記（卷三十五）鄜州洛交縣長城條云：

秦長城在縣東南四十里，因河爲塞。史記云，秦將蒙恬所築。

讀史方輿紀要（卷五十七）鄜州長城條，又斥寰宇記說爲非，云：

長城：州西南四里，戰國時秦魏分界處，寰宇記云秦蒙恬所築，悞矣。

讀此，知洛川境長城故址，其爲魏築尙無爭辯，惟鄜州長城，或言魏築，或言秦築，紛紛莫定。鄜洛兩縣相去甚近，中界洛水，洛川居其東，鄜居其西，魏既築城洛東，又何以築城洛西？如洛水流道無變遷，則主鄜有魏長城者，其說可議。紀要言爲分界，證之史册，未有實據。寰宇記言爲恬築，所引史記之文亦不合。此難辨者二。洛川而北，甘泉膚施安塞三縣，未聞有古代長城之建置，由此而北至於綏歸，復有所謂秦魏建城之遺跡。讀史方輿紀要（卷五十七）綏德州上郡城條，云：

又古長城在州西十五里，亦秦魏時分界處。

此言綏德有秦魏分界之古長城。寰宇記與其說異，綏州廢龍泉縣長城條，云：

長城：一在州西一十五里大力川，一在州北二十五里無定河，是蒙恬所築之遺跡。

按綏德爲秦膚施縣地，其地實有長城，見水經注，寰宇記所據當即出此。河水注（卷三）云：

奢延水又東逕膚施縣南，秦昭王三年上郡治。……東入五龍山，……歷長城東出于白翟之中。……奢延水又東，走馬水注之，水出西南長城北陽周故城南橋山，昔二世賜蒙恬死於此。……其水東流，昔段熲追羌出橋門，至走馬水，聞羌在奢延澤，即此處也。門即橋山之長城門也。始皇令太子扶蘇與蒙恬築長城，起自臨洮，至于碣石，即是城也。其水東北流入長城，又東北注奢延水。

水經注記述近古，其言自較可信，紀要稱爲秦魏分界，似不確。然自甘泉而北，有無魏築之長城，而魏築長城究止於何地，終不可考見。此難辨者三。陝北地理，前人多不詳，而水經又亡洛水之注，此段長城之不易考者以此。余意竹書周顯王三十八年，龍賈及秦師戰於雕陰，其地在甘泉縣南四十里（郡縣志寰宇記方輿紀要均同此說），以兵爭之形勢言之，甘泉南北當有魏築之長城。至於甘泉以北，以當時兵爭之情勢論，大而言之，當不能北出綏德，小而言之，或北出膚施未遠，至於北至固陽之說，蓋非魏疆域所能及矣。

二　卷之長城

卷有長城，見後書郡國志。袁松山郡國志亦云：「

16

長城自卷逕陽武到密」。徐廣並有此說，史記蘇秦傳集解引其語云：「滎陽卷縣有長城，經陽武到密」。是卷有長城之事甚確。索隱引徐廣語而謂「蓋據地險爲說」，似其地無長城之築，其說可疑。至於此城所屬，後人言人人殊，或稱爲魏之長城，或稱爲韓之長城，又或稱爲韓魏共有之長城，又或稱爲韓魏之分界，衆說不一。夫立城原所以衞國，欲明所屬，當先知其所經行之地，試先論之。郡志稱「卷有長城經陽武到密」，此於其經行之地已言其大略，然後人或不從郡志之文，而自有異說，程恩澤國策地名考（卷十）云：

> 案竹書龍賈所築之長城，卽固陽長城也。若郡國志所云「卷有長城經陽武到密」者，自在其後。元和志「魏長城在硤石縣北二二十里，惠王十九年（原注稱水經注引竹書作十五年。按竹書無惠王十五年築長城於硤石縣事，程氏誤引。）築，東南起崤山，西北至河，三十七里」，似卽郡國志所云。而其地又別疑當時魏長城，本自卷築起，直至崤山大河而止，故曰長城。後來傾圯不全，故各就所見言之，然與固陽長城無涉也。水經注以此卽龍賈所築，而舊注從之，非是。

此言卷之長城，經陽武到密，又復西達崤山，與硤石縣之長城相接，以至於河。此蓋程氏之一種空想，本無實據可言：且疏於當時地理，於魏疆域之形勢不甚明瞭，故爲此不盡理之說。友人鍾鳳年先生近著戰國疆域變遷考（所見者爲草稿），其論鄭之疆域，曾引程氏此說而指斥其謬，云：

> 按唐之硤石縣，在今河南陜縣東南七十里，自今原武西至陜縣，勢須經過韓地，更須經過周之全境，復越過韓在新安宜陽澠池間地，方得及之。程氏殊弗思魏安能有築城於兩國境內之理？未免太缺之地理常識，故其誤實較餘說爲尤甚，而尙指摘他人，眞乃害於不自知者矣。

按鍾先生辯程氏之說之非甚是。考程氏之說，其立論蓋有三點：一認卷之長城確爲魏之長城；二確認元和郡縣志所舉硤石縣之長城，爲魏惠王十九年所築；三則認爲卷硤二長城之間，必有一段已傾毀之長城，與之相聯接。此說之第三點，乃出於一己之臆想，未有歷史上之證據，自未可取信。其第二點則因誤信郡縣志之言，持論亦非正確。蓋郡縣志所舉魏惠王十九年築長城事，原據魏世家「築長城，塞固陽」之文，硤石縣非固陽地（考諸家之說，未有言固陽在硤石縣者），何得言惠王十九年所築必在於此？此已於上文言之，勿待詳論。至於第一點，所言雖近實際（見後文），而所舉論證終嫌不足；且屏置他家之說於不顧，而不一一加以辨析，亦非研究所宜出之態度；似程氏對卷長城爲魏所築之說，未有深切之認識。程氏立說之三點，非近空洞，即不可據，則根本上發生動搖；至於地理上之不合，尤其著焉者也。

復次，又有一奇異之說焉。王國良中國長城沿革考魏長城篇論卷長城經行之地，云：

……又日知錄以此（指卷之長城言）爲韓之長城，亦甚乖謬。

案魏之領土，外包乎韓之西南兩部及東南一角。魏都大梁，韓都上黨，而魏亦有上黨，位於韓上黨之東。卷與陽武，則恰介乎魏上黨與大梁之間，可見這兩個地方，必爲魏之領土無疑。至於密縣，位於大梁以西，離韓更遠，更不能謂爲韓地。案諸地圖，卷密陽武，明明是魏國的領土，不知顧先生有何根據，還是出於他個人的臆斷？日知錄沈氏注云：「京東考古錄以續漢志一條亦屬魏，而無『韓之長城』句」。蓋沈氏亦不相信顧說的。又下節考知這堵長城，必在惠王十八年或三十一年以後爲防齊楚侵擾而築。當時魏都大梁，那這長城必外遶乎大梁而爲魏南之屏蔽可知。考證這堵長城之經歷，並證明這並非韓長城，亦非魏之西長城。此下更把這堵長城的起訖，和現在的地名對照一下。考漢卷縣，在今河南原武縣西北七里；陽武縣卽今河南陽武縣治；密縣在今河南密縣東南三十里；大梁即漢之浚儀，在今開封西北。那這長城以現在的地理言，是北起於今河南原武縣西北，東到陽武縣境，轉向東南，到開封之東，更折而向西，直達密縣境，長約四百餘里。

按王氏此段論說最爲荒謬，所論韓魏疆域之形勢，完全不合。推其意蓋不知有韓滅鄭後移都之事，以爲韓都上黨，遂以上黨爲韓地之中心，故曰密去韓過遠，不知密實在韓都近畿之地耳。淺學之士，本不足言學，反好奇立異，逞意敷會，侮蔑前賢，多見其不自量也。其說膚淺，本不待辯，不學之士，或妄從其說，姑略論之。至於言卷城繞大梁之東，紆曲而西達于密，是與郡志之說顯相乖異，尤不可從。

余意卷長城經行之地，郡志已言其大略，如欲詳求，當以水經注之說爲據。蓋道元去古未遠，且其書採摭至詳，據此以求，或可不至失大體而流於附會之弊。

水經濟水注（卷七）云：

濟水又東南流，入陽武縣，歷長城東南流，蒗蕩渠出焉。

又云：

濟瀆又東逕陽武縣故城北，又東絕長城。

又陰溝水注（卷二十三）云：

陰溝首受大河于卷縣。故瀆東南逕卷縣故城南，又東逕蒙城北。……故瀆東分爲二，世謂之陰溝水，京相璠以爲出河之濟，又非所究。俱東絕濟隧。右瀆東南絕陽武縣北，東南絕長城，逕安亭北、又東北會左瀆、左瀆又東絕長城、逕垣雍城南。

此言卷陽武有長城甚確。考後魏卷縣故治，在今原武縣北境。後魏原武舊治當在今陽武縣境，太平寰宇記（卷二）陽武縣稱：「唐武德四年，於漢原武故城，復置陽武縣，即今理也，」後魏原武是否有移治事，未詳，即有移徙，亦當去漢故治不遠，唐武德所置之陽武，當即因後魏之原武所置，而後魏之治所自在其境。至於後魏陽武故治，似在今原武南境，或陽武之西南境。太平寰宇記（卷二）陽武縣，稱：陽武故城在縣東南二十八里，此似指漢之陽武故城言（濟水注稱北濟水東逕原武縣故城南，又東逕陽武縣故城北，此所言陽武故城即漢舊治。原武故城即陽武縣理，陽武故城正在其東南，適與寰宇記所言相合。故疑寰宇記所舉，爲漢陽武故治）。至於魏陽武縣治，似在漢舊治之西（陰溝水注稱故瀆在南，逕卷縣故城南，右瀆東南逕陽武城北，似魏陽武城去卷縣故城不遠，以理推之，當在漢陽武舊治之西）由上所推，則可略知道元時卷原武陽武三縣分布之形勢。大體論之，卷縣舊境當今原武之地，原武舊境當今陽武縣地，而陽武舊境，似跨有今原武南部或陽武西南境之地。自水經注「濟水東南流入陽武縣歷長城東南流」一語推之，似魏陽武縣西界或西南界，即今原武南部之地，有長城遺址。又自「濟瀆又東逕陽武縣故城北，又東東絕長城」，及「左瀆又東絕長城」之語推之，似魏原武之東境，即今陽武之東境，有長城遺跡。又自「右瀆東南逕陽武城北，東南絕長城」一語推之，似魏陽武縣之東南境，即今陽武縣西南境之地，有長城遺跡。如聯之爲一，此段長城似自今原武之西北，即古卷縣北濱黃河之處東南行，紆曲經今陽武縣之中部，折而西南，出陽武之西南境，跨河西南行而入鄭州之東北境。此種論說，僅就酈注推斷，是否盡合古時長城之實際情形，亦未敢必。蓋古地遺址及川流溝瀆之方位不易詳考，古書所載，僅述梗概，未能詳求，而水道河道又數遷徙，古地遺跡多已湮沒，無由考證，此乃言其大概而已。至於水經注所言之長城，即郡國志及徐廣所言之長城，以道里方位論之，則無可疑。今原武縣有長城里，說者爲因縣境之長城得名，蓋有可信。

卷之長城又南入中牟縣境，自圃田澤之西而南行。

水經渠水注（卷二十二）云：

渠水自河與濟亂流，東逕滎澤北。東南分濟，歷中牟縣之圃田澤北，與陽武分水。……澤在中牟縣西，西限長城，東極官渡，北佩渠水，東西四十許里，南北二十許里，……。

又元和郡縣志（卷九中牟縣）云：

圃田澤一名原圃，縣西北七里。其澤東西五十里，南北二十六里，西限長城，東極官渡（太平寰宇記卷二中牟縣長城條，與此同）。

此言圃田澤西有長城。渠水既爲中牟陽武之分界，則此長城當由陽武逾渠水而至圃田之西。圃田澤在中牟縣治西北七里，澤又東西長五十里，則長城當在中牟縣治西北六十里左右也。

長城又南行經百尺水之西而南行。渠水注又云：

渠水又東，不家溝水注之。水出京縣東南梅山北溪。……其水自溪東北流，逕管城西，……俗謂之爲管水。又東北分爲二水，一水東北流，注黃雀溝，謂之黃淵，淵周百步。其一水東越長城，東北流，積爲淵，南北二里，東西百步，謂之百尺水，北入圃田澤。

此言長城穿管水之一支，傍百尺水之西而南行。百尺水在圃田澤之南，以水經注之文推之，似相去不遠，其地當仍在中牟縣境。長城經其西，亦當去此水不遠。

道元所述此段長城之遺址，止於此境，再南則不可得而詳焉。余意此城所止之地，雖不可考，然其南當去此不遠，後人拘執郡志「經陽武到密」之說，而將此段長城，伸引至於密之中部，其說未必然。蓋密有洧川，支流錯出，道元述其經行之地，至爲纖細，雖荒冢殘碣亦所不廢，何得於長城遺址未一言及，此密中部無長城說之略可證明者也。漢制無今鄭縣，今縣之東境地，漢時屬中牟縣，漢書地理志中牟縣有筦叔邑，筦叔邑即後之管城，今鄭縣治所在地。其南境當屬於密，而與中牟相接。郡志所言「到密」者，似指至密之界地言，以今地考之，當不出鄭之南境。考究古地，當求實據，未可空言，茲據酈注，斷言此段長城，北起今原武西北，經陽武及中牟圃田之西，而南達鄭縣之東南界；再南則不可得而言矣。

卷長城經行之地，大抵若斯，茲進而言其建置之年代及其所隸屬之國家。

甲，韓築說　此說見顧炎武之日知錄。江都陳逢衡竹書紀年集證（卷五）「遣將龍賈築陽池以備秦」條，亦從其說，云：

衡案洪本（指洪頤煊本言）補此于顯王十三年下，註云：「太平寰宇記九引竹書紀年曰：「梁惠王十五年，遣將龍賈築陽池以備秦」，水經濟水注云：「竹書紀年梁惠成王十二年，龍賈築長城于西邊，自亥谷以南，鄭所城矣，竹書云是梁惠王十五年築

20

也」，與此條合，今補。衡案洪說大錯。寰宇記所云「遣將龍賈築陽池以備秦」，即紀年之「龍賈帥師築長城于西邊」，西邊近秦，故築長城以備之。特一云梁惠王十二，一云十五者，此係寰宇記誤讀水經而然。案水經引竹書梁惠王十二築長城于西邊是一事，此魏築長城；又云「自亥谷以南，鄭所城矣，竹書云是梁惠王十五築也」，又係一事，此盖韓築長城，與魏無涉。故水經注于此條下又引郡國志曰：「長城自卷經陽武到密」者是矣。此其說顧寧人先生亦曾論之。案日知錄云：「史記秦本紀云：『魏築長城自鄭濱洛，以北有上郡』；蘇秦傳說魏襄王曰：『西有長城之界』；竹書紀年：『惠成王十二年，龍賈築長城于西邊』：此魏之長城也。後漢志：『卷有長城，經陽武到密』，此韓之長城也」。今以韓築長城混作魏事，遂以魏築長城移在惠成王十五年，並致水經注上下文義不分，吾故曰寰宇記誤讀水經而然也。乃寰宇記既誤讀，而後人又不分晰，竟合兩事爲一，遂謂此條當補于顯王十三年，則既與「龍賈築長城于西邊」之語重複，而又置韓築長城于不問，豈非事實顯白，羣相迷惑哉？余謂此條當註于顯王十年下，兼正寰宇之失，而另補韓築長城事于顯王十三年方合。特水經自亥谷以南數語，乃依約竹書之辭，今不知其原文若何矣。

按陳氏駁斥寰宇記語，謂誤讀水經，而將魏韓兩國所築長城之事混合爲一，其說實甚牽強，容於下文論之。至於言龍賈築陽池以備秦，其地不在卷縣，而在黃河之西，其說實近於理。考龍賈築陽池，見寰宇記（卷九）鄭州原武縣，云：「縣理古陽池城。按竹書紀年曰：『梁惠王十五年，遣將龍賈築陽池以備秦』，即此也。隋開皇十六年，於此置縣。」寰宇記所引，不見今本紀年，然既有所確指，當非虛造。臆斷者謂寰宇記所據紀年之文，即酈注濟水注「竹書紀年云是梁惠成王十五年築」一語所指，推其立論之意，亦不爲虛。蓋酈注所論爲卷之長城，而卷又有陽池爲古地，與龍賈築陽池之事可相對照，故寰宇記取此文以注原武之下。然酈注所引竹書惠成十五年築長城事，原以證鄭築亥谷以南之說，與龍賈築城之事無關，而賈築陽池，如言在卷縣，亦與當時時勢不合。惠成徙都大梁，姑從紀年惠成九年之說，賈築陽池，去此未遠，時魏之勢力，尚能保全河西，函谷而東，周韓隔阻，築城備秦，何得近在卷地？即言賈築陽池，其地確在卷縣，亦當視爲通常築城之事，既非長城，而其主旨亦不在備秦。集證稱龍賈此次所築，與惠成十二年所築爲一事，雖不免近於武斷，然疑寰宇記所言不足盡信，而洪本所補，亦未必盡得酈注之實意，其說多有可取。紀年舊文，不可得見，道元所述，有無誤舉，寰宇記所引，有無增損舊文之處，均不可詳，龍賈築陽池之實際情況，無由得知矣。至於卷城爲韓築之說，實見於日知錄，似亭林確有此論，然其所著京東考古錄一書，內載長城一條，所論與日知錄悉同，惟「韓之長城」一語，易爲「魏之長城」，似亭林已放棄此說（王國良亦擧沈注所引此條，惟言沈氏亦不信顧說，而不知顧乃自易其說，蓋王氏並考古錄一書而未見之也）。陳氏取其言以助成己說，蓋已失其實效。是陳氏立論之根據，已失其一。酈注言鄭築城事，亦近於空洞，且所徵引多不相合，未可據爲論斷，陳氏拘守其說，且爲穿鑿解釋，自不合於事實。是陳氏立論之根據，又失其一。陳氏立論之根據既拔，則所言韓築長城事爲虛構矣。再進而言之，戰國之際，韓患不在於魏，而在秦楚。韓防秦楚，未聞立有長城，何得於魏獨有築城爲防之說？此可言者一。卷之地戰國時原屬於魏，魏策蘇秦說魏王語，謂魏「北有河外、卷、衍、燕、酸棗」，張儀說魏王語，亦謂「大王不事秦，秦下兵攻河外、拔卷、衍、燕、酸棗」；史記秦本紀昭襄王三十三年，「客卿胡傷攻魏卷」；均言卷屬於魏。長城起於卷，似屬魏境，韓築長城，不得在此。此可言者二。又韓哀侯徙都新鄭，故城在今縣治西北（方輿紀要卷四十七新鄭縣，春秋大事年表卷七鄭都邑，楊守敬前漢地理圖均爲此說），說者謂在今鄭縣境內，其說未必。夫韓都既在今新鄭西北，韓築長城自當在其北境，然考長城經行之地，未能及此，亦不合自衛之意。蓋其西北可直通大梁，梁師勿待穿越長城，即可直迫其都，築城防魏，何得如此？此可言者三。韓築長城，既不詳於古人之記載，又不合當時地理之形勢，後人之說，率出臆想，蓋難言矣。

乙，爲韓魏合築說　此從水經濟水注說。道元述陽武長城故址，擧竹書惠成十二年龍賈築城西邊之事爲證，下文直接「自亥谷以南，鄭所城矣」一語，推其意蓋以陽武一帶之長城，爲龍賈所築，而亥谷以南則有鄭所築之一段，與之銜結，其文至爲明顯。不然，龍賈築城河西，本與陽武之長城無關，道元何必引注其文于此？且下文直接亥谷以南爲鄭所築，一言河西，一言陽武，爲文亦極不相類，推酈氏行文之意，必不出此。至於下文引竹書十五年事，則言鄭築城之年也，其意亦至顯。道元稱此段長城，南爲韓築，北爲魏築，其意固無可疑。故全校水經注云：「鄭即韓也，梁城乃惠成王十二年築，而韓城則十五年築也」，蓋深得酈氏之意。陳氏稱酈注之文，一言河西之長城，一言卷縣之長城，兩不相關，既乖文意，亦與史實不符矣。古人之書，本不易窺其眞意，而存有成見者尤易加以曲解，陳氏蓋先有成見者也。道元之文，雖可窺得其旨，然其說實不足取。一則惠成十二年龍賈築城當在河西，其說已詳上文，道元不當誤解古人之意，而引注於此。二則所稱亥谷不詳其地，其說近於臆想，未有確據。三則所引惠成十五年事，原意不明，是否與紀年本意相合，亦不得詳。道元雖詳於古，所言亦不能無誤，未可取爲據也。

丙，卷城爲晉知伯所築說　此說爲鍾鳳年先生所新創，見所著戰國疆域變遷考稿本，其說云：

按酈注云亥谷以南之長城築於梁惠成王十五年，其所謂「鄭」，誠如全氏說，乃指「韓」而言。但今度以地勢，余以爲凡目此長城爲韓魏所築者，盡誤。因其城實恆亘於韓魏之地，而連爲一線。設築自二國，則無非藉以彼此防禦，或以禦其他諸國，然俱不應互相銜接，而全無界劃，尤共不應舍二國沿邊諸地而築於失形勝之腹部，致無可利用之理。

今試就酈氏所引竹書而言，梁惠成王十二年，於秦當孝公之初年，正是秦魏相爭於河西之際，其地時爲魏之西境，故龍賈所築城云在西邊。若今之原武陽武，時乃魏之東部地（原注：郡國志

23

所云長城區域止二縣爲魏地），竹書既著自魏人，則豈能昧於己地之形勢而指之爲西邊？至十五年所築城，據太平寰宇記九所引竹書，其原文作「遺將龍賈築陽池以備秦」，乃係魏事，又何曾是亥谷以南之城？酈氏殆未審竹書之文義，故所言與當時之事實及地勢俱不合，似不足信。

茲卽作龍賈所築城在今河南東部，然此舉亦當有其用意。設云爲禦韓以外諸國，則宜沿故黃河南岸，在今原武、陽武、延津、滑縣所有魏此部地而築一城。若云爲禦韓，則應築於今之原武、陽武、中牟、鄭縣、洧川、長葛、許昌當韓魏交界諸地。茲則俱不然，而僅在原武、陽武、或及於鄭縣（原注：魏地盡於今縣東北部，爲其衍邑，楊守敬之戰國疆域圖繪城經此間），築一曲折約百餘里之城，止佔韓魏交界地之一部；尤妙在且與己境以外之城相貫通，試思魏築此無意識不適用之廢物將何所控制：亦可見原武諸縣間之長城，必非築自魏人者。

更就韓而論，倘築城爲備魏，便應築於上所舉二國分界諸地。如爲備餘國，則應自今原武（原注：縣昔爲韓魏分有之地，屬魏者曰卷，屬韓者曰垣雍，卽鄭之衡雍，約當在縣之西南部）以西，沿故黃河南岸，經滎澤、河陰、汜水（原注：三縣於最近合併，改名成皋）、鞏縣、憑險橫築一城，斷無舍成皋之要塞不守，而築城於其南之密縣附近，致將己地分隔內外反自阻礙之理。又可見城之西部必非築自韓人者矣。

然則，此城究爲誰何所築耶？考鄭地至春秋之末，如今原武之西南部（原注：衡雍），滎澤之西北部（原注：踐土），鄭及滎陽之北邊（原注：祭，制，梧），與河陰汜水（原注：汜，虎牢），前已證得俱入於晉（原注：依地勢晉境於此一帶，東自今原武之

西部，而南及鄭縣滎陽之北邊，則在三縣以西以北沿河之滎澤，河陰、汜水，殆已完全非鄭有矣）。又鄭世家靜公二十六年「晉知伯伐鄭，取九邑」，此固未言所取盡爲某地，但此時晉鄭地之相接觸者，止在上舉諸縣間，故知伯所取者，似卽在諸縣附近。更參以郡國志所叙長城之區域，其語固欠詳盡，然大致既東自原武，陽武，而西迄密縣，則從鄭縣滎陽北邊以北各地，亦自應隸彼範圍。其間地當春秋未入晉者，爲今原武之北部（原注：漢卷縣在今治西北），及陽武、密縣（原注：二縣地未必盡包於長城以內，說見下）等處，今疑卽係知伯所取九邑之地（原注：鄭在原武之戹及修澤，殆卽於此際失去，因原武縣地完全位於長城以北也），而長城亦卽築於茲際；因據長城所在之形勢，止與此期間晉鄭對峙之局約略相合，倘或出自是後之韓魏，則斷不應知此取勢矣。至此城之所由築，非鄭防知伯更南向侵略而建設，卽爲知伯用以防鄭者。今依諸縣相距之道里推測城之長度，約在四百里內外（原注：自今原武縣治至陽武故城約七十里，更折至鄭縣治約百八十里，再經滎陽而至密縣境約百五十里强），以弱小之鄭，似難擧此偉大之土功。且按城之曲折情形（原注：見下圖）察之，亦似城北爲取守勢者。又晉在此部之地，前接鄭境，後背大河，闊處約達百里以外（原注：自河濱至密縣界一百零二里），狹處則僅五十里（原注：今陽武縣境南北六十里，原武南北五十里，二縣昔在故黃河以南，其長度殆不能超過今縣里數），勢難防守，城仍當是知伯築以禦鄭者。

茲因上說，足徵酈注謂城築自韓魏，固必誤；此外如劉昭注、張琦國策釋地，顧祖禹讀史方輿紀要，楊守敬戰國疆域圖，羣目此爲魏長城，則尤誤。因魏境於此僅至於今鄭縣東北部之「衍」而止，更西便是韓之「管」，則魏長城烏能築至彼境，且尙遠迄於密？斯可謂不思之甚者矣。

今既知此城宜爲知伯所築，更按左傳又知晉侵鄭地已至今滎陽鄭縣之北邊，再參以郡國志「卷有長城，經陽武到密」之語，城所歷諸地，似當自今原武東涉陽武，復南向折而西南經鄭縣滎陽之北邊，又南迄於密縣而止，約如下圖。

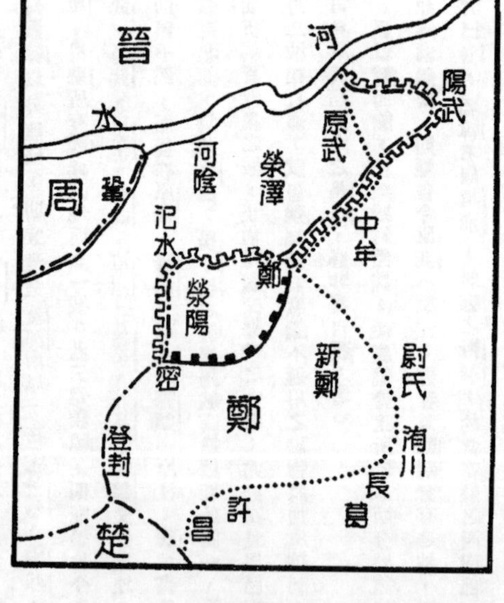

楊守敬殆緣不諳韓魏此部地分界之所在，復不識春秋戰國之交晉鄭疆界之形勢，故所繪圖謂此長城自原武陽武而西南直抵鄭縣南部，復折而西至密縣，將滎陽完全置在城北。按滎陽昔日大部爲鄭之「京邑」，鄭世家繻公十五年（原注：韓景侯元年，公元前

四〇八），尚稱「鄭城京」，可見滎陽決不應盡在城北。楊氏所繪城既與韓魏地勢不合，與余所謂晉鄭之界線亦不合，故必誤。……又長城盡於密縣，究以縣之某處爲終點，今實無證確定。若依地勢言，密縣治（原注：故城今治東南三十里）至新鄭縣界五十里，至治所七十里，而鄭故都又在新鄭治之西北，是去密愈近；密縣地昔似不能俱入於晉，今疑只涉及北部而已。

按鍾先生論此段長城，其主要處共有三點：一曰斥酈注之說不可爲據；二曰此段長城必非韓魏所築；三曰此段長城乃晉知伯築以防鄭者。余意鍾先生之第一點，爲確不可易之論，而二、三兩點，則尙待商榷。先生稱此段長城非韓魏所築之主要理由有二：一爲長城橫跨韓魏兩國之地，而非緣邊起築，與彼此防禦或防禦他國之意不合；一爲長城紆曲短促，僅限一隅，而非衞護國家全部疆域之比，亦有乖築城設防之意。按長城南不達於密之內境，似非跨有韓地，已略詳上文。而其中段則行經圃田百尺之西，管城之東，圃田屬魏，管城屬韓，實緣韓魏之交界。至於此城起自原武之西北境，東南行作一大灣曲，復折而西南，余疑爲特繞韓垣雍等地（此點鍾先生亦言及之），亦適居韓魏之界地（此段論說當於後文作詳細之說明），所謂跨韓魏兩國之地，而非緣邊起築，蓋未必然。又古人築城，固重在設防，亦意在界邊，鄭去大梁，不逾百里，且其地溝澮湖澤互相交錯，境界易於錯亂，因而立城爲界，亦屬可能之事。即退言因防而築，城之短長鉅微，亦隨國家之情勢而時有不同，安可因其局促不合防衞之意，而即言其必非某國所築者耶？此當商榷者一。又先生稱此段長城爲晉知伯所築之主要理由有三：一曰知伯所取「九邑」，及晉在春秋末年所取鄭北部之地，其南界適與郡國志所言長城自卷縣經陽武到密之文相合。二曰斷言此段長城經行鄭縣滎陽之北，而非跨鄭縣之東境而南，如其圖所示。三曰以史記鄭世家繻公十五年「鄭城京」之文，證「京」爲知伯所有，因言長城必經滎陽之北，而斥楊守敬所繪魏長城之圖有誤。按楊守敬所繪魏長城圖，係兼採郡國志及酈注之說，故定此城路線，穿越鄭之南部。而達於密。其拘執郡國志處，固有可疑，然採酈注而成說（楊氏水經注圖所繪魏之長城，即係根據酈注，其戰國疆域圖之魏長城，亦由此繪成），則誠屬可取。考此城不經鄭縣滎陽之北，實有可言者。據酈注城經百尺之西，越管水而南，似城傍管水（亦名不家溝水，亦曰鄭水）之東而南行。又酈注云圃田澤「西限長城」，是澤西有長城，管城居澤之西，（太平寰宇記卷九鄭州管城縣條，謂圃田澤在縣東三里，方輿紀要亦從此說。按乾隆十三年續修鄭州志輿地志卷二陂澤條稱：「圃田澤在州東三十里舖，水草叢聚……東西五十里，南北二十六里，西限長城，東接官渡」，似澤在管城東三十里，所稱三里者或三十里之誤），亦似城不經鄭縣之北。且管城以西以至於京，酈注未言有長城遺址，豈特湮沒於此，而不湮沒百尺圃田之間乎？至於所謂知伯所取九邑，適介長城之北及晉所取鄭北部地之中間，以合知伯築城防鄭之說，則純屬一種推斷，如證長城不經滎鄭之北，則此說無由立矣。繻公十五年「鄭城京」固為事實，然不能用以證明知伯九邑之地必居其地，而長城亦必經行其地。先生治古代地理有年，博雅宏通，為時學所不及，豈余所敢妄議，用特提出私意可為商榷之數點，願以求教於先生焉。

丁，長城起築於魏說　總計前人著述，以承認此說者較為普遍，劉昭注郡國志、顧亭林京東考古錄、顧祖禹讀史方輿紀要、張琦國策釋地、程恩澤國策地名考、楊守敬戰國疆域圖，均從此說。時人王國良亦言此城築於魏惠王時，惜其立論荒謬，憑空虛想，非先賢精心研究者之比耳。其說云（亦見所著中國長城沿革考魏長城篇）：

魏南長城的建築年代，古籍中沒有明白的記載，不敢遽下判斷；不過推以事理，亦可想知其梗概。案魏文侯到武侯十一年分晉建國，曾三次伐秦，兩次伐齊，一次伐鄭，並擊宋與中山；分晉之後，又敗趙於北閵，伐楚取魯陽；東征西討，真如猛獅撲兎，蒼鷹逐雀，國勢日强，版圖大擴，幾至於霸！及到惠王便不成了，即位三年，就為齊敗於觀津，國勢一落千丈！從此以後，雖常出兵侵畧韓趙宋諸小國，討些小便宜；但是對於秦、楚，齊等大國，卻終屢戰屢敗，喪將失地，大有大廈難支之勢！所以惠王三十五年，孟軻過魏，惠王對他歎道：「晉國天下莫强焉，叟之所知也！及寡人之身，東敗於齊，長子死焉，西喪地於秦七百里，南辱於楚，寡人恥之！……」孟子正義云：「東敗於齊而喪長子者，案史記魏世家惠王三十年，魏伐趙，趙告急於齊，齊宣王用孫子計救趙，魏遂大興師，太子申自將攻齊，遂與齊人戰，敗於馬陵是也。……南則常辱於楚。……」試看他這片牢騷話，並還長城的起訖和歷程，便可想知這堵長城是用以防齊楚兩國的侵略，而在觀津之役以後所築的。不過觀津之役，還是魏國第一次外交失敗，對於田齊尚未十分畏怯。依國勢而論，或者還在十八年桂陵之役（原注：齊使田忌孫臏救趙，敗魏於桂陵）或三十年馬陵之役（孟子正義所引）之後，亦未可知。

是言此城之築，乃在防齊楚兩國，且在桂陵馬陵戰役之後。此段長城之遺址，既不在大梁之東，而反在大梁之西，已見上文，則何得謂爲防齊楚？且魏與齊楚之界邊，疆土遼闊，亦非逼迫大梁，如築長城以爲防，不當起於大梁西北之卷縣，亦不當入於韓國腹地之密縣。（長城入密，王氏亦持此說，見以上引文）。巧言虛構，莫此爲甚，不禁爲之廢然深惜。

關於此段長城當爲何國所築之問題，諸家所述，大抵若是，茲試略述個人之意見。余意此段長城當爲魏人所築，其用意在於界邊，亦在於防守；且草草修築，非大規模之建修，當不能與其河西之長城等齊觀也。

何以言當爲魏築？國策魏策一載蘇秦說魏王語云：

大王之地，南有鴻溝、陳汝，南有許、郾、昆陽、邵陵、舞陽、新郪，東有淮、潁、沂、黃、煮棗、海鹽、無疏，西有長城之界，北有河外、卷、衍、燕、酸棗，地方千里。

按國策所載蘇秦之語，多有誤妄，說者謂出自後人之假託，蓋爲必然。余意此段文字，雖所舉地名或錯其方位，亦間有不易解者（上舉各地，程考俱有解釋，可參考），然當與魏以梁爲中心之大勢相合。即出諸後人之假託，亦必於魏疆域之情勢識其大體，非盡空言虛構，所謂「西有長城之界」者，當非虛妄。說者或謂此長城當爲魏河西之長城，其說不類。蓋此文所舉諸地，均以大梁爲中心，如以此城爲河西之長城，則與陳、汝、許、郾、淮、潁、卷、衍等地不相應，一則去梁過遠，一則去梁過近，何至懸殊若是。且所言詳於東南而疏於西北，魏河東上黨之地，尚多失舉，何能言及河西？大抵此種論說，當可代表魏失河西後之大概情形，必非惠成初年全盛時之疆域，故謂國策所言之長城爲魏河西之長城者，其說不確。劉昭注郡國志，引蘇秦之語爲證，其意即以卷之長城爲魏所築，蓋得其旨矣。

復次，此段長城，適在魏界韓之地，亦可爲魏築說之證據。茲欲證明此點，試先於韓魏界邊之各地略加說明。

一曰韓之垣雍　考垣雍即古衡雍，其名數見春秋。至戰國其地屬於韓，見國策魏策四長平之役章，云：「秦許吾以垣雍」，「臣以垣雍爲空割也」，「故以垣雍餌王也」，「王敢責垣雍之割乎」？「王能令韓出垣雍之割乎？」「故曰垣雍空割也」。又見史記秦本紀，稱昭王「四十八年十月，韓獻垣雍」。又見白起王翦列傳，稱：「割韓垣雍，趙六城以和」。又見魏世家魏公子無忌語，云：「有鄭地，得垣雍，決滎澤水灌大梁，大梁必危」。此垣雍說者謂即春秋時之衡雍，郡國志卷縣條，稱：「有垣雝城，或曰古衡雍」。昭注引杜預語，云：「即是衡雍」。太平寰宇記（卷九）原武縣條引郡國縣道記，云：「即左傳晉文公敗楚師，甲午至衡雍，一名恒雍，今故卷城是也」。余意韓之垣雍，實即春秋時之衡雍，史記所以改稱垣雍者，或謂形同致誤（見王校水經注），殆或然歟。垣雍故城見酈注，其地在卷縣故城之東南，陰溝水左瀆之北（可參考楊氏水經注圖），說者謂即韓垣雍之故城。余考垣雍故城，雖見郡國志，而未詳其方位。魏世家集解引徐廣語云：「垣雍城在卷縣，卷屬魏也」。正義引括地志云：「故城在鄭州原武縣西北七里」。白起王翦列傳正義云：「釋地名云：『卷縣所理垣雍城』。按今在鄭州原武縣西北七里也」。昭注郡國志，又稱垣雍爲「今縣所治城」。郡國縣道記又稱垣雍即漢故卷城地。程氏國策地名考垣雍條（卷十四），又稱，「案郡國志河南郡卷縣有垣雍城，或曰古衡雍。京相璠曰：『河南逕卷縣故城東，又南逕衡雍城西』，是衡雍在卷之東南也。今懷慶府原武縣西北五里（原注：距故卷城二里）有垣雍城，即衡雍也」。衆說紛紜，其方位幾不可辨。余意韓之垣雍，其地範圍當不僅以一城爲限，大抵滎澤而東，卷城東南，管城西北一帶地域，爲韓垣雍所轄之地。左傳僖公二十八年，稱「晉文公敗楚於城濮，還至衡雍，作王宮於踐土」。王宮故城在滎澤縣北四十餘里，城內西北隅有踐土臺，衡雍當在其東，且去此必不甚遠。無忌稱秦有鄭地，得垣雍，決滎澤灌大梁，似秦不得垣雍，決澤灌梁之術不得進行，亦似垣雍在滎澤之東，或東北之地。左傳宣十二年六月，晉楚戰於邲，稱楚師「次于管以待之」，又稱「楚師軍於邲」，又稱「丙辰，楚重至於邲，遂次于衡雍」，邲在管東，相近不遠，衡雍則在其北，亦相去不甚遠。垣雍爲韓近魏重要之地，秦得垣雍，大梁必危，是不特所以困韓，亦所以困魏，故秦昭四十八年，韓終獻其地以求和。卷城東南圃田東北間長城彎曲處所包括之一段地帶，以意推之，韓之垣雍當居其大部。鍾鳳年先生稱垣雍故地，當爲今原武西南境之地，其說誠是。至於垣雍故城，前人之說雖極紛雜，然據酈注及京相璠之語推之，其地當在故卷城之東南，隸屬於韓垣雍之地，所謂故卷城即垣雍故城者，其說似不可信。

二曰魏之衍邑　魏有衍邑，又名衍氏，見史記魏世家，云：「（景湣王）五年，秦拔我垣蒲陽衍」。又見秦始皇九年本紀，稱：「楊端和攻衍氏」。又見蘇秦列傳，稱：「北有河外、卷、衍、燕、酸棗」。又稱：「秦下兵攻河外，據卷、衍、酸、棗」。又見春申君列傳春申君說秦昭王語，云：「王休甲息衆三年，而後復之。又幷蒲、衍、首、垣，以臨仁、平邱、黃、濟陽、嬰城，而魏氏服」。衍之故地，魏世家正義引括地志云：「衍地名，在鄭州」。蘇秦列傳正義亦云：「卷衍屬鄭州」。顧祖禹讀史方輿紀要（卷四十七）鄭州條，稱：「衍氏城在州北三十里」。國策地名考（卷十二）魏之衍邑條稱：「案魏世家景湣王五年，秦拔我垣、蒲陽、衍，或曰衍即衍氏也。曹參世家正義：『衍氏，魏邑，在鄭州』。地理通釋衍在鄭州，亦曰：『衍氏今開封府鄭州北三十里有衍氏城，與原武縣故卷城相近』」。考衍之故地，地理志郡國志均無記載，水經注亦不詳其說。蘇秦列傳集解引徐廣語，謂「衍地名」，而不詳所在。似所謂衍在鄭州北者，乃出諸隋唐以後人之口，而前人無此說。（按左傳宣十二年六月，晉楚戰於鄭，稱「楚子北次師於郔」，或謂此郔卽魏之衍，蓋通假也。據傳文楚師行軍路線，首曰「次于郔」，再曰「次于管」，再曰「次于郔」，再曰「次于衡雍」，是郔當在管南，不當在管北。杜注：郔，鄭北地」。顧棟高大事年表鄭都邑，云：「或云卽廩延」。按廩延故城昔隸酸棗，在今河南延津縣北十五里，與楚行軍之勢不合。杜注言在鄭北，係在鄭都之北，蓋據傳文之說。恐後人誤解杜注，以爲在鄭州之北，後又稱在鄭北三十里，似今鄭縣北實有其地矣）。余意衍之故地雖已失考，然不當言在鄭州之北，卷縣之西。一則秦初次拔卷，在昭王三十三年，見秦本紀穰侯列傳，二次拔卷，在始皇二年，見始皇本紀，取衍在始皇九年，亦見始皇本紀，是拔卷在前，取衍在後。如衍在卷西，卷之東西皆爲魏境，而秦人處其間，難免有後顧之憂，當必早爲戒備，決不至在始皇九年始拔其地。二則春申君說秦昭王，稱秦幷蒲、衍、首垣，以臨仁、平邱、黃、濟陽、嬰城、而魏氏服。仁平邱二地，集解引徐廣語，曰：「屬陳留」。黃、濟陽、嬰城三地，正義云：「故黃城在曹州考城縣東，濟陽故城在曹州宛句縣西，嬰城未詳」。蒲、牛、首三地，索隱稱：「此蒲在衛之長垣蒲鄉也；……牛蓋牛首，垣卽長垣，非河東之垣也」。夫衍與蒲，牛首，垣並舉，則當東西互爲關聯，不當遠出卷

29

城之西。且秦幷四地，以兵臨仁、平邱、黃、濟陽，蓋以四地爲中心，向東、南作二方面之迫脅，如言衍在卷西，與此種兵爭之情形不類矣。三則曹參相國世家云：「參以中尉圍雍丘。王武反於黃，程處反於燕，往擊盡破之。柱天侯反於衍氏，又進兵破取衍氏」。索隱云：「衍氏爲魏邑」。王武程處柱天侯先後共反，似三氏互有聯絡，故參進軍依次平服。如言衍在卷西，亦與此種犄角之勢不合。由上所述，知魏之衍地固在大河以南，所謂河外之地者是，然不當在卷之西，而當於卷東求之。世之學人，或從前人衍在鄭北卷西之說，而謂長城之外復有魏邑，與界邊之事不合；又或言長城亦經衍境，似未必然。

三曰魏之卷邑　魏有卷城，見史記蘇秦列傳，已詳前文。又見秦本紀，稱：「（秦昭襄王）二十三年，客卿胡傷，攻魏卷」。又見穰侯列傳，稱：「明年，穰侯與白起、客卿胡傷，復攻趙、韓、魏，破芒卯於華陽下，斬首十萬，取魏之卷」。又見始皇二年本紀，稱：「麃公將卒攻卷」。秦漢間，因魏卷之故地，別增韓垣雍之地，置卷縣。其地北濱大河，爲魏河外北邊地，魏河內河東諸邑，賴此與河外銜接。漢之卷縣，以理推之，當治魏之卷城，水經注有卷縣故城（見上文），當即漢卷之故治，亦即魏卷之故城。或謂漢治垣雍，其說不確，蓋郡國志卷縣有垣雝，垣雝爲卷縣境內之故城，不爲縣理。水經注又別舉卷縣垣雍二地（亦見上文），似道元時卷治已自漢故治他移，然不在垣雍。釋地名稱「卷縣所理垣雍城」，昭注郡國志稱垣雍「今之所治城」（亦見上文），未詳所指。唐人稱原武西北七里有卷之故城，往往與垣雍相混，以致滑亂不清（可參考前引魏世家正義及白起王翦列傳之文）。唐時原武治陽池，（太平寰宇記卷九原武縣稱：「原武縣，漢縣，屬河南郡。後魏屬滎陽郡。東魏改置廣武縣，又屬焉。高齊天保七年，郡縣並廢。隋開皇十六年，自今縣西故廣武縣移於陽池故城，置原陵縣，屬鄭州，則今理也。唐初改「陵」爲「武」，以復漢名」），卷之故城當在其西北（可參考水經注及水經注圖），所稱七里者其說或是。乾隆十二年原武志（卷一）古蹟條，稱今縣西北七里許圈廟城爲古卷縣。取此說以合唐人之語，似今原武縣治仍隋唐之舊，而其西北七里即古卷城。以勢推之，戰國時卷所轄之地，當自卷故址北至大河一帶之地，而其南則大部屬於韓之垣雍。在卷垣雍銜接之間，韓魏之疆域必極錯亂複雜，如陽池卷爲魏地，而其間之垣雍則爲韓地，相去僅數里地耳。魏築長城，亦以此段爲最錯亂，故紆環曲迴不能作直線建築。卷地北濱大河，故長城北端首起之地當在大河之濱，跨卷而東南行。說者謂卷之長城起於今原武之西北境，審之古代魏疆域之形勢，蓋不爲誤。

四曰韓之管城與魏之圃田　管城與圃田東西毗連，一屬於魏，一屬於韓。管爲管叔邑，在漢京縣之東，屬中牟境，見地理志及郡國志注。管城故地，括地志云：「鄭州管城縣外城，古管國城也」。春秋大事年表（卷七）鄭都邑考管條，云：「在今開封府鄭州北二里，即管叔鮮所封國」。其地春秋時屬鄭，戰國時屬韓。國策魏策四秦攻韓之管章，「夫解攻者必韓之管也」，「秦果釋管而攻魏」，「今攻韓之管」。又魏攻管不下章，云：「安陵人縮高其子爲管守」，「將使高攻管也」，「今吾攻管而不下」。又韓非子有度篇稱，魏安釐王「攻韓拔管」。是管屬韓甚明。圃田澤名，亦名甫田。漢屬中牟縣境，其地春秋時亦屬鄭，戰國時屬梁。竹書紀年稱：「梁惠成王十年，入河水于圃田。又爲大溝而引圃水」。又渠水注（卷二十二）引紀年語，稱：「梁惠成王三十一年三月，爲大溝於北郛，以行圃田之水」。已似圃田隸於魏境。又史記魏世家無忌謂魏王語，云：「異日者秦在河西，晉國去梁千里，……以至於今，秦七攻魏，五入囿中（國策作國中，汎無所指，似不當），邊城盡拔」。索隱云：「囿即圃田，圃田鄭藪，屬魏（西周策有梁囿，程著釋爲圃田，未必是）。是從無忌之語推之，圃田亦隸於魏。徐位山竹書統箋（卷十二）稱：「爾雅鄭有圃田，本鄭地，而後入于魏」，其解甚是。澤距管城三十里（據州志說），魏韓之邊適在澤之西。酈注稱圃田澤西絕長城，則長城適瀕於澤，西爲韓境，東爲魏境，蓋以城爲界邊矣。

以上所述爲韓魏邊地之大概情勢，至於圃田而南，魏韓邊界，私意當以華陽或華城以北之地爲界。水經洧水注（卷二十二），有華城華陽二地，程氏國策地名考（卷十四）華條，稱：「蓋華本山名，當其地者爲華城，而華陽則在其南歟？」是二地均以華山得名，相去必不遠。其地漢屬密縣，昭注郡國志河南尹密縣，云：「秦破魏華陽地亦在縣」。秦本紀集解引司馬彪語，亦云：「華陽亭名，在密縣」。其後改隸管縣，秦本紀正義引括地志語云：「故華城在鄭州管城縣南三十里」。韓釐王二十三年（魏安釐王四年，於秦本紀作昭王三十三年，年表作三十四年），趙魏合軍攻韓，軍華陽，韓急，求救於秦，秦救韓，破魏趙軍，走魏將芒卯，進圍大梁，事俱見秦本紀、魏世家、韓世家及國策等。余意華陽爲韓界魏之邊城，魏趙合軍攻圍其地，華陽下則危及都城，故急而求救於秦。秦救韓，擊破趙魏之軍，故進而圍困大梁。自鄭至梁，不逾百里（見魏世家無忌語鄭王語，及魏策張儀說魏王語），韓攻魏，逾華陽則危及大梁，魏攻韓，逾華陽則危及鄭都，是華陽以北之地，當爲韓魏之邊界。明乎此，則前言卷之長城，南不出今鄭縣之境，益覺可信。鄭南三十里有華城，漢屬密，又有梅山，漢亦屬密，見郡國志，是古密縣之境跨今鄭縣之南部，本無可疑。前謂卷長城到密，即達今鄭之南境，而未必及於密之中部，以漢之地理形勢言之，郡國志所言，與酈注所載，當無不合，非必若後人之解釋也。

總上所述，卷之長城，以戰國時之形勢論之，北起魏卷濱河之地，中繞韓垣雍之外境，並經韓之管、魏之圃田之間，而南達華陽以北魏之邊地。大梁以西之地，春秋時多屬於鄭，至於戰國則多爲魏所侵併，以致屬域犬牙交錯。是以兩國界邊之古代鄉聚小邑，何者屬韓，何者屬魏，不能盡考，亦無由斷定其居於長城之內外。然就大體論之，長城所經韓魏之界邊可無疑義。說者或謂魏築長城，何以僅在大梁以西之邊地，而不及大梁西南，即華陽新鄭以東魏之邊地？此誠難解決之一問題。私意以爲魏惠襄而後，魏之邊患，重在於秦，而不在韓楚。秦之侵魏，常越兩周而東及滎澤以東，亦或自河東以至河內，自卷渡河而侵及大梁（卷北黃河有古津渡，方輿紀要卷四十七原武縣云：「黃河（古道）在縣北二十二里，……春秋時晉楚之戰，晉軍爭濟，舟中之指可掬，楚莊祀河告成而還，皆是處也。隋大業十三年，李密攻東都，遣徐世勣自原武濟河取黎陽倉」）。似大梁西北邊地，所受邊患最爲迫切。無忌稱「秦七攻魏，五入囿中」，大梁西北所受之迫害亦可由此以見。恐卷長城之築，常與防秦有深切之關係也。

古海陽地考

饒宗頤 1

周書王會言八方所獻，『海陽大蟹』，潮州府縣志皆以爲潮州海陽縣貢獻之始。明郭子章潮州沿革攷言海陽縣名最古，而援周書此語爲證，故吳穎修府志（順治間）依郭書爲說，其後林杭學（康熙間）胡恂（雍正間）周碩勳諸府志（乾隆間）暨張士璉海陽縣志（雍正間修）古今圖書集成職方典（集成蓋據林府志）皆仍之。今錄張縣志以示例，其言曰：

周成王十四年，東越海陽貢蚌蛤，汲冢周書云：『成王定四方貢獻，東越蚌蛤，甌人蟬蛇大蛋，海陽大蟹』。註云：『東粵甌人皆交州屬』。蓋自湯定南越，獻令之後，大蟹始著於海陽，亦獻令之一端也。（張志八事集雜記）

按周書原文『東越海蛗』，不作『蚌蛤』。孔氏傳：『東越則海際；蛗，文蛗』。王應麟補注曰：『通典：東越即閩川地』。元和郡縣志：『福州貢海蛤』，是東越指今之福建甚明。志云：『東越，海陽貢蚌蛤』，徵之周書無是語，當涉『海蛗』二字而誤爲『海陽』也。又志引注云：『東粵甌人，皆交州屬』。攷周書『甌人蟬蛇，蟬蛇順，食之美』（依俞樾讀，見羣經平議七）。孔傳：『東粵，甌人也，交州蛇爲上珍』（甌一作歐），下句一作『北交州，蛇特多，爲上珍也』。何秋濤曰：『「北當作比；比，近也」，是志引亦誤。秋濤又曰：『王會此篇，甌人次于東越干越之間，則其非珠崖交阯之甌，灼然可見。注又云：「交州蛇爲上珍者」，引以證食蛇之事耳，非謂此甌人即交州之甌也』，言甚明瞭。志以爲交州屬，尤謬解注而妄著論者。周書文，海陽次於甌，越之後，會稽之前，是海陽爲東越地；而志被之潮州，以潮地秦前隸東越，非肊說而何！下文言南越，又似以南越賅東越，益糾結而不清矣。

惟潮州，北有梅嶺之障，與中州未易交通，謂僻在惡溪之海陽，周成王時而有『盈車大蟹』之貢，殊難令人置信。又攷潮州海陽縣，晉始置，自晉以前，縣無有海陽也，名起於後世（詳後），尤不得指爲周書之所云。然則周書之海陽，當別有其地矣。

孔晁注曰：『海水之陽，一蟹盈車』，不云地名。王應麟補注曰：『史記：「蘇秦曰：楚東有海陽」』。蘇氏語亦見楚策，策云：『楚地西有黔中巫郡；東有夏州，海陽；南有洞庭蒼梧；北有汾，陘之塞』。鮑注云：『海之南耳，非遼西郡也』。與孔注同以爲汎稱之名；然蘇氏舉其名，與巫郡，蒼梧對稱，則爲專有地名無疑也。劉伯莊言：『楚并吳越地，東至海；海陽蓋楚之東南境』。亦未能確指其所在；吳師道引盧藏用曰：『在廣陵東，今揚州海陵縣』矣。程恩澤不主盧說，而以爲潮之海陽，云：

『地理通釋：「楚威王六年，敗越，盡取吳故地，至浙江」，左傳：「楚奄征南海」）頤按：楚語，「子囊曰：赫赫楚國，而君臨之，撫征南海，訓及諸夏」。韋注，南海羣蠻也，非指今之南海），則自春秋以來，楚已跨及蠻越矣；若僅以今揚州府泰州當之，似不足以盡其疆域。』（國策地名攷七）

予觀蘇秦所言楚四境之地，皆舉其著者，東之夏州卽漢陽，左傳，『楚莊伐陳，鄉取一人以歸，謂之夏州』是也。海陽又在夏州東，若以爲潮之海陽，則去漢陽殊遠，雖楚疆域甚博，然較黔中之與巫郡，洞庭之與蒼梧，甚不相稱。若云其地如漢之揭陽縣，跨有豫章南境，則當云東南，於『楚東』二字，尤未盡合。然則其地果何在耶？間嘗博考衆說，惟何秋濤最爲詳覈，其言曰：

『海陽後爲楚地，……當在今江蘇蘇州府常熟縣北 蕭齊嘗於此置海陽縣，屬南徐州晉陵郡。所以知其然者，……吳越春秋云：『越王追奔，攻吳兵入於江陽，松陵，欲入胥門，望吳南城，見伍子胥頭云云。子胥乃與種蠡夢曰：「越如欲入，更從東門，我爲汝開道貫城以通汝路」。於是越軍明日更從江出，入海陽，於三道之翟水，乃穿東南隅以達 越軍遂圍吳』。吳越春秋漢人所作，其時近古，於古地名當不舛錯，所云海陽在吳之東，正常熟之海陽也，與楚東之形勢正合。凡蘇秦所言列國地名，皆舉其最顯著者，王會篇之海陽，卽此無疑矣。若晉徐州廣陵郡有海陽縣，當在今江蘇揚州府境；劉宋廣州義安郡有海陽縣，卽今廣東潮州府海陽縣治：此二海陽，雖在楚東南，然未見於周秦之書，蓋名起於後世，非其地矣。又漢遼西郡有海陽縣故城，在今直隸永平府灤州西北，其地在東北陬，非楚之東南境，或以爲此篇之海陽，果爾，則不應列於甌，越之間矣，其說非是。』（王會篇箋釋上）

王會篇國策之海陽，何氏所考，得之矣。

史記高祖功臣年表，漢書高惠高后文功臣表又有海陽齊信侯搖毋餘，注云：『以越隊將從（高帝）破秦，入漢（朝中雜記「漢」作「關」，誤），定三秦，以都尉擊項羽，侯千七百戶（史記作「百」），六年三月庚子封，九月薨（史記無九月語）』，此海陽舊無注釋，後魏酈道元始以爲在遼西，其濡水注云：

『新河故瀆，自右北平昌城來，東出，合封大水，謂之交流，又東出海陽縣，合緩虛水，又合素河水，又至九過口，分爲二：一南注海，一東逕海陽縣故城南。高帝封搖毋餘爲侯國，魏土地記曰：「令支城南六十里有海陽城者也」。』

漢書地理志，遼西郡有海陽縣，故酈氏依以爲說。其後清一統志（十四永平府二）錢大昭（漢書辨疑六）大昕（廿二史攷異二）周壽昌（漢書注校補八）沈欽韓（漢書疏證三）等皆從之。

唐司馬貞爲史記索隱，又別爲說曰：『毋餘，東越之族也。海陽亦南越縣，地理志闕』（索隱六）。按上文言毋餘爲東越族，而下文忽言南越縣，又用『亦』字，於文理不順，疑或有誤。然後人因索隱有『亦南越縣』語，遂以爲毋餘必封潮州之海陽，羅泌路史國名紀二云：

『海陽見王會解（按非，見上）。漢之揭陽，亡餘所封，是今潮之海陽縣，潮舊謂南越地，二越之間爾。』

是直以爲漢之揭陽矣。郭子章撰潮中雜記，言：『海陽之名，始於搖毋餘，蓋秦以來有此縣矣』（見圖書集成潮州府志引）。於是潮州府縣志皆以毋餘爲『封爵之始』（吳，林，胡，三府志，雍正光緒海陽縣志并同），書之於職官（阮元道光廣東通志及諸潮州府志，海陽縣志皆有之），祀之於名宦（順治潮州府志十二古今文章，郭子章請從祀名宦議云：『海陽侯搖毋餘，從漢高帝滅秦，破項，爲東越功臣之最』云云，故舊志載潮州名宦祠，祀有州海陽侯搖毋餘）。而搖毋餘者，儼乎潮州官員之元祖矣。 3

考潮州沿革者，亦因索隱而言海陽爲南越縣，秦時已置焉。阮通志曰：『考封搖毋餘，在高祖六年，毋餘乃東越之族，以都尉繫秦，都尉亦是秦官，疑即秦時海陽之都尉，當時即以所治封之也』（亦見光緒海陽縣志一沿革，光緒嘉應州志三十二叢談）。又光緒嘉應州志二一曰：

『或曰：海陽，漢初屬南越，高帝何得封侯？不知此乃虛封，如象郡，桂林，南海、高帝時尙屬南越，遙虛以封吳芮耳。然則武帝開南海郡六縣，何以無海陽？此殆開縣時併諸揭陽也。海陽之名已久，所以晉人復因而置縣耳』。又三十二叢談曰：『元和郡縣志：「晉置義安郡海陽」，意者當廢於後漢，在晉復立耳』。又光緒海陽縣志一曰：『海陽侯封於漢，索隱又明言：「海陽南越縣，地理志闕」，不得謂西漢時無海陽也。故阮通志又引太平寰宇記云：「潮陽本漢晉海陽地」。樂史之言必有所據，是亦未嘗專據地理志斷西漢爲無海陽也』。於是世以秦漢間南海郡有海陽縣矣。

以海陽在遼西或南海，二說均未的。謂封於遼西，則地太遠，雖云：『越境而封，亦間有之事』（周壽昌語），然毋餘子孫世居餘杭，自與遼西無關；且索隱言地理志闕，則此海陽非屬遼西郡甚明。若謂爲南海之海陽，則『晉始置爲縣，且其時地屬趙佗，高祖安所取而封之』（梁玉繩語，見史記志疑十一）。謂爲虛封，然漢書明云千七百戶，非封而何。至其據寰宇記潮陽條『潮陽本漢晉海陽縣地』一語，執以爲漢南海有海陽之證，然檢寰宇記百五十八海陽條但云：『縣本漢揭陽縣地，晉立郡於此』（元和郡縣志三十五亦同，又御覽百七十二引十道志同，樂史蓋襲此）。又潮州條云：『亦古閩，越地，秦屬南海郡，秦末屬尉佗；漢初屬南越，後屬南海郡，東漢因之』（此語亦見十道志），絕不言漢有海陽縣，豈有言海陽事，略於本條而反詳於他條乎？所謂『潮陽爲漢，晉海陽縣地』，『漢』字必爲衍文（又使漢時有海陽，其地亦必不如今日之狹小）。乃執爲證，誣矣。南越志：『海陽縣南十二里即大海』（寰宇記一五八引，又輿地紀勝一百廣南東路引）。又郡縣志：『南濱大海，故曰海陽』，此海陽縣之形勢及其得名之由也。海陽處海阪，極瘴毒之惡，宋時尚爲毒蛇窟宅（宋史五行志乾道十年潮州野象數百食稼），況遠在秦，漢，其害當益難究詰，豈有以開業之功臣，而封於蠻貊之地哉？又輿地廣紀：『海陽縣，漢揭陽縣地，屬南海郡，東越王餘善請以卒八千擊南越兵至揭陽，以海風波爲解，即此地也。後置海陽縣，爲義安郡治』。蓋古地志無以秦，漢南海有海陽縣者，而索隱南越一語，非有所本，實未足信。遽依爲說，亦見其乖離而已。按前兩說，梁玉繩亦幷以爲非，而別依國策吳注引盧藏用謂在揚州海陵，然國策之海陽究非漢縣，周壽昌駁之是也。

愚意毋餘所封，當在今江浙間，如何秋濤所說江蘇常熟之地。鄧名世古今姓氏書辨證十搖氏條云：『勾踐之後，東越王搖子孫，以王父字爲氏。漢功臣表：海陽侯搖毋餘，本越將，以都尉擊項籍，千七百戶，諡齊侯（按脫一信字）。子哀侯昭襄生康侯建，建生襄侯省（史漢「襄」並作「哀」，此誤），六世孫不更未央生賢爵，關內侯，世居餘杭』。此搖氏非封於遼西及南海，而在江浙之明證也。徐廣曰：『搖，東越之族也』。周壽昌曰：『是以其國主名爲氏』。毋餘爲東越之族，故封於楚東海陽，由是子孫世居餘杭。楚東之海陽，不見於漢地志，故索隱云：『闕』，亦相應也。

由是言之，古楚東海陽，實處今常熟東南濱海之地。自周書國策史記吳越春秋，其地望皆指此。後世以爲在遼西或南海者，皆因同名牽涉而誤。今爲辨正，以與肇治地學者商榷焉。

秦三十六郡考補

錢穆 1

曩余爲秦三十六郡考，折衷諸家，汰瑕錄是，益以己見，定秦初分郡三十六，後增郡五，凡郡四十一（曾刊民國二十一年五月清華週刊第三十七卷第九十合期）。頃讀毛嶽生休復居集秦三十六郡說，取徑與余文略似，結論亦相當，而仍有不能盡同者，因復取而略論之。

毛氏始辨南海桂林象郡不在三十六郡內，又辨鄣非秦郡，謂劉原父說誠迂，而劉昭注亦微誤。韋昭曰：「鄣郡，今故鄣縣也。後郡徙丹陽，轉以爲縣，故謂之故鄣也」。其言鄣與郡治同，而皆不及秦。韋，孫吳人，不應不詳審於梁。而漢志凡止言故者，若故淮南，故趙，故梁，故東海，故鄣郡之類，皆屬漢初所立，義可考覈。又辨秦郡不當數內史，謂秦有郡無國，故尊內史與郡別，漢初則天子諸侯所都皆曰內史，故與郡埒，制不同也。孟堅地理志後又明言「本秦京師爲內史，分天下爲三十六郡」，京兆尹等下注獨云「故秦內史」，不稱爲郡。且太史公所云分天下者，是分其所得諸侯地，非分其故有秦也。郡置守尉監，此曰內史，官復不同。故從裴氏之說，去鄣與內史，得三十四郡，又據水經注增廣陽，據陳涉世家及魏志等書增郯郡，爲三十六，而不信全祖望楚郡之說。余謂毛氏去鄣郡去內史增廣陽皆是也，而不取楚郡則非。

毛氏之說曰：「陳是縣非郡，索隱已辨之」。今按陳涉世家，至陳，郡守令皆不在。索隱：「張晏云，郡守縣令皆不在，非也。按地理志云秦三十六郡並無陳郡，則陳止是縣，今言守令，則守非官也。與下守丞同也。則皆字是衍字」。然則索隱辨陳非郡，僅據班志。班志若可據，則廣陽何可增？今可據水經注增廣陽，獨不可據史記增陳郡乎？守丞者，郡守縣令長皆有丞，言守丞以別於令長之丞，守令豈得與守丞同乎？索隱輕說守令同於守丞，乃謂『皆不在』衍『皆』字，可謂無理曲辨，而毛氏顧據之，何耶？

毛氏又曰：「全氏考項羽九郡，求其地而不足，用數楚郡，不知楚郡已分爲長沙九江會稽，秦又諱楚也」。夫長沙九江會稽，皆楚之邊裔耳。若謂楚分爲長沙九江會稽，不應有楚郡，是則燕分爲漁陽上谷右北平遼東西，不應復有廣陽也。今毛氏不疑燕之有廣陽而獨疑楚之有楚郡者，必曰秦諱楚稱，不應有楚郡，則全氏固謂楚郡即陳郡，楚郡治陳，故亦稱陳郡矣。秦人諱楚，何害其有陳郡？漢人不諱楚，何害其稱楚郡？然則合楚世家陳涉世家兩篇證之，謂秦滅楚置楚郡，不猶勝於據水經注謂秦滅燕置廣陽郡乎？

然則毛氏何以不取於陳郡？曰：秦郡之明白可考者已得三十四，增廣陽陳郡郯，則將爲三十七，限於郡數，故三者必割其一。毛氏捨陳而列郯，余文則捨郯而列陳，此其異也。

毛氏引洪氏亮吉之說曰：「郯郡見漢書高祖紀，而魏收地形志亦云：郯郡秦置，漢高改爲東海郡。御覽引地道紀，海州東海郡，秦爲薛郡地，後分薛爲郯，漢改郯爲東海郡。水經注沂水下，郯，故國也。東海郡治。秦始皇以爲郯郡，漢高帝二年，改從今名。是秦有郯郡之明證」。今按洪說博矣，然可以證秦郡之有郯，不足以證郯之必在三十六郡之數也。若地道紀所云秦後分薛郡爲郯，是三十六郡有薛無郯，郯在三十六郡之後矣。然諸家考秦郡，均不肯列郯於三十六郡之後者，以郯立郡始何年，史籍無明證，不如南海桂林象郡之例，故不敢輕易爲說也。且余猶有辨。據史記陳涉世家，秦嘉等圍東海守於郯，又絳侯世家，因東定楚地泗川東海郡，是秦時此郡本名東海，不名郯也。漢書高帝紀，六年正月，以碭郡薛郡郯郡三十六縣立弟文信君交爲楚王。是東海郡至漢高時乃稱郯郡也。水經注謂漢高帝二年改郯爲東海，高祖六年，則即位後之二年。是年明稱郯郡，是水經注所云適得其反矣。毛氏引陳涉世家圍東海守之文，謂「涉初起事，守必秦置。始皇時不聞有東海郡，郯爲楚地，秦既滅楚，斷不虛其地，是始皇必名爲郯，至二世而更之，既破復立，仍其後名。班氏遂以爲高祖置，然應劭則已明言秦郯郡矣」。毛氏何據而說始皇之必名爲郯郡乎？毛氏又何據而知至二世而更之爲東海乎？毛氏所據，最早當爲應劭之說，應劭所謂，何如史記陳涉世家絳侯世家之可信據乎？今欲彌縫應劭之說於史漢而求其無間，因謂始皇初名郯，二世改名東海，是臆說矣。且又不知漢初之又名郯也。若據史漢明文，則是郡秦時稱東海，而漢初稱郯，甚顯白矣。其復稱東海，當在景帝二年後。全祖望曰：「東海故秦郡，楚漢之際改名郯郡，屬楚國，高帝五年屬漢」。其說郡名先後轉移，蓋爲得之。後人徒見漢志稱東海郡，遂謂秦名郯郡，高祖改之，皆未細讀史漢當時文獻者也。郯郡在秦本名東海之辨既定，則秦人所以分薛而立東海郡之由來亦可推。余前文據始皇本紀三十五年立石東海上朐界中，以爲秦東門之說，定東海立郡應在是年，此正秦人北啟九原，南建桂林象郡南海三郡時也。

又毛氏不知九原爲後置，故閩中亦不列三十六郡之數，此皆其失。

今綜會諸家而定其是非，則秦郡之明明可考者凡四十一（毛文只有四十，以不取陳郡也）。內史鄣郡必當去，廣陽陳郡東海必當增，桂林南海象郡九原必不在三十六郡之數。若余論可立，則東海郡當在三十六郡外，若余說不足以取信，則進東海，退閩中，即全氏祖望之說，故曰考秦郡者，以全氏所得爲最多也。毛氏之失在不取陳郡，不退九原，不知郯與東海郡名之沿革，要之其所得爲不少矣。余因讀其文而復辨之如此，秦郡之爭，其庶有定論歟？

二六，五，七。

秦三十六郡考

錢穆

此文作於民國二十一年夏，曾刊登清華周刊第三十七卷第九，十合期文史專號，傳布未廣。近承錢先生將補稿見貽，因索此篇一并附載。——編者識——

史記秦始皇本紀載始皇二十六年從廷尉李斯議，分天下以爲三十六郡，按之班氏漢書地理志，列舉秦郡，適得三十六。

一，河東：按秦始皇本紀，始皇即位時，秦地已并巴蜀漢中，越宛有郢，置南郡。北收上郡以東，有河東太原上黨郡。此秦郡有河東之證。據秦本紀，秦置河東郡應在昭襄王二十一年。

二，太原：秦本紀，莊襄王四年，初置太原郡。

三，上黨：說見河東下。據秦本紀置郡應在昭襄王四十八年後。

3

四，三川（漢河南）：秦本紀，莊襄王元年，初置三川郡。

五，東郡：秦始皇本紀，五年初置東郡。

六，潁川：秦始皇本紀，十七年攻韓，以其地爲郡，名曰潁川。

七，南陽：秦本紀，昭襄王三十五年，初置南陽郡。

八，南郡：秦本紀，昭襄王二十九年，白起攻楚取郢，爲南郡。

九，九江：水經淮水注，秦始皇立九江郡。據始皇本紀秦置九江郡應在始皇之二十四年。

十，泗水：（漢沛郡）水經睢水注，始皇二十三年置。

十一，鉅鹿：水經濁漳水注，始皇二十五年滅趙，以爲鉅鹿郡。

十二，齊郡：當爲二十六年滅齊後置。

十三，琅邪：亦當爲二十六年滅齊後置。

十四，會稽：始皇本紀，二十五年王翦定荆江南地，降越君，置會稽郡。

十五，漢中：秦本紀，惠文王後十三年，攻楚漢中，取地六百里，置漢中郡。水經沔水注，周赧王二年，秦惠王置漢中郡。按赧王二年乃秦惠王後十二年，則二當作三爲是。

十六，蜀郡：水經江水注，秦惠王二十七年，遣張儀司馬錯等滅蜀，遂置蜀郡。秦本紀惠王後元十四年，蜀相壯殺蜀侯來降，即惠王二十七年也。

十七，巴郡：水經江水注，秦惠王遣張儀等救苴侯於巴。儀貪巴苴之富，因執其王以歸，置巴郡。又見河東下。

十八，隴西：匈奴傳，昭襄王時有隴西北地上郡。水經河水注，秦昭王二十八年置。

十九，北地：見匈奴傳，秦昭王伐殘義渠，於是有北地郡。

二十，上郡：秦本紀，惠文王十年，魏納上郡十五縣。水經河水注，昭王三年置上郡。

二十一，九原（漢五原）：趙世家，武靈王二十六年復攻中山，攘地北至燕代，西至雲中九原。

（通典，趙置九原郡，秦因之，蓋誤，說詳下。）

二十二，雲中：匈奴傳，趙武靈王北破林胡樓煩，而置雲中雁門代郡。水經河水注秦始皇十三年因之置雲中郡。

二十三，雁門：見雲中下。

二十四，代郡：見雲中下。秦始皇本紀，二十五年王賁攻燕，還攻代，虜代王嘉，置郡應在是年。

二十五，上谷：匈奴傳，燕置上谷漁陽右北平遼西遼東郡以拒胡。水經聖水注，秦始皇二十三年置上谷郡。

二十六，漁陽：水經鮑邱水注，「秦始皇二十二年置」。

二十七，右北平：水經鮑邱水注，「始皇二十年滅燕，置」。

二十八，遼西：水經濡水注，「始皇二十二年，分燕置遼西郡」。

二十九，遼東：水經大遼水注，「始皇二十二年滅燕遼東郡」。

三十，南海：秦始皇本紀，三十三年，略取陸梁地，為桂林象郡南海，以適遣戍。

三十一，桂林（漢鬱林）：見南海下。

三十二，象郡（漢日南）：見南海下。

三十三，邯鄲（漢趙國）：秦始皇本紀，十九年盡定取趙地。置郡當在此年。

三十四，碭郡（漢梁國）：水經睢水注，始皇二十二年為碭郡。

三十五，薛郡（漢魯國）：水經濟水注，始皇二十四年置。泗水注云二十三年。

三十六，長沙（漢長沙國）：當為始皇二十三四年滅楚後置。

上舉三十六郡，南海桂林象郡，置於始皇三十三年。九原郡據匈奴傳，趙有雁門代郡雲中三郡以備胡，九原特雲中北界，未置郡也。始皇二十五年以前，邊郡多仍前舊，不聞增設。三十三年蒙恬闢河南地四十餘縣（本紀作三十四縣），蓋以此置九原。則九原亦不當在三十六郡內（全祖望說）。又秦始皇本紀三十五年除道道九原抵雲陽，自是九原之名始見。故三十二年始皇之碣石歸，巡北邊，自上郡入。至三十七年。始皇崩於沙邱，其喪乃從井陘抵九原，從直道至咸陽。明始皇三十二年前未有九原郡也（王國維說）。然則漢志所列三十六郡，南方之南海桂林象郡，北方之九原，皆在始皇二十六年後。始皇二十六年所分天下三十六郡者，漢志實尙缺其四也。歷來考史者於此頗多爭議。或主三十六郡乃秦一代郡數，以班說爲信（錢大昕潛研堂集）。或以三十六郡乃始皇二十六年所分，後此所置者不與（裴駰史記集解）。今從後說，再爲補列：

一，廣陽：水經漯水注，秦始皇三十一年滅燕，以爲廣陽郡。全祖望曰：漁陽上谷右北平遼東遼西五郡，皆燕所置以防邊，漁陽四郡在東，上谷在西，而燕之國都不與焉。自薊至涿三十餘城，始皇無不置郡之理，亦無反并內地于邊郡之理。始皇并六國，其國都如趙之邯鄲，魏之碭，楚之江陵，陳，九江，齊之臨淄，無不置郡。何以燕獨無之（漢書地理志稽疑）？故知水經注實可信。

二，楚郡：楚世家，王負芻五年，秦將王翦蒙武破楚國，虜楚王負芻，滅楚，名爲楚郡云。其事在始皇二十三四年。全祖望曰：秦滅楚，置楚九江泗水薛東海（東海後置，說詳後）五郡。及定江南，又置會稽。楚郡蓋自淮陽以至彭城，泗水則沛也，薛則魯也。東海則郯以至江都也。皆江北地。會稽則江南地。惟九江兼跨江介。又陳涉世家有陳守。全祖望曰：楚郡即陳郡也。楚郡治陳，故亦稱陳郡。

三，黔中：秦本紀，昭襄王三十年，伐取巫郡及江南，爲黔中郡。漢志亦失載。

四，閩中：東越列傳，秦幷天下，廢閩越王無諸及越東海王搖，以其地爲閩中郡。據秦始皇本紀，二十五年王翦遂定荊江南地，降越君，置會稽郡。則閩中亦當置於是年，而史失載。或閩中之置稍後，故史不與會稽並及。然至遲亦在二十六年定天下爲三十六郡時也。

增此四郡，則適符三十六郡之數。其他尙有秦時郡名可考者爲

五，東海：陳涉世家秦嘉等圍東海守慶於郯。守乃

郡官名，及絳侯世家因東定楚地泗川東海郡。皆秦時已有東海郡之證。班志東海郡高帝置，蓋誤。

然東海郡固何時所置乎？若謂置在始皇二十六年前，則上列三十六郡之數又未可定。若謂置在二十六年後，則史無明文可考。惟始皇本紀三十五年有云：於是立石東海上朐界中，以爲秦東門。竊疑秦廷分置東海郡，殆即其時也。始皇三十二年，蒙恬發兵三十萬略取河南地。三十三年，又略取陸梁地爲桂林象郡南海三郡。又北逐匈奴，開初縣三十四，即以後之九原郡也。三十四年謫治獄吏不直者築長城及南越地。三十五年除道道九原抵雲陽，塹山堙谷直通之。九原之名始見。然則蒙恬雖於三十二年取河南，三十三年斥逐匈奴，而九原置郡蓋有待於三十四年或遲至三十五年可知。九原之置郡既然，桂林象郡南海亦無不然。史言三十三年略取陸梁地爲桂林象郡南海三郡者，特終言其事，未必其事之竟於是年也。三十四年謫戍南越，即繼略地而來。然則此桂林象郡南海三郡者，亦或絡續置在三十四年乃竟遲至於三十五年也。是秦之疆土，南北大擴，乃遂於東方立石東海

7 中標爲秦之東門，以誇其盛德廣業焉。惜乎其文不傳於後世，而其事由於南北之擴地而起，其辭亦或及之，未可知也。於是因立石海中標稱秦之東門，而遂劃置東海一郡，其名與南海相映照，其事亦一時之隆典。雖史文疎略，未爲大書於是乃置東海之郡，而東海一郡或者即置於此年，固理有可推矣。是年始皇以咸陽宮廷小，乃大營作，建阿房宮，又造驪山，遂徙三萬家驪邑，五萬家雲陽，於其時而立石海中，以爲秦之東門，則其增制東海一郡，固宜爾也。故知桂林象郡南海九原四郡之立當在始皇二十六年定天下爲三十六郡之後，而東海郡之立則猶在桂林九原四郡之後。至是凡得五郡，合之以前三十六郡，秦郡之確可考信者，凡四十一郡也。

後記

諸家考秦郡者，紛紛無定論，而皆有所失。惟全謝山漢書地理志稽疑所得最多。不列桂林象郡南海三郡，一也。又退九原，二也。據楚世家，秦本紀，六國年表補黔中郡，三也。據楚世家補楚郡，四也。而據水經潔水注補廣陽一郡，尤爲創獲，五也（梁玉繩史記志疑亦

據水經注補廣陽，而似未見全說）。漢志列記秦三十六郡，謝山退其四，補其三，已得三十五，故曰得最多。其徵可議者，不列閩中，而以東海足三十六之數耳。錢竹汀謂閩中雖有郡名，仍無諸搖分治，秦未嘗別置守尉，故不在三十六郡之數，此無證以堅其說者。謝山惟謂始皇置不知其年。然據始皇本紀，王翦定荆江南地，降越君，置會稽郡，在二十五年。或漢省閩中附會稽，故史文略之，惟稱置會稽郡，而閩中置郡實亦在是年；即較晚，亦當在二十六年分郡時。謝山不據此推定其年者，蓋由旣列東海，不得不出閩中。疑東海在內地，必先置，閩中在外夷，或較後，故曰不知其年矣。然東海置郡，亦無的年可考。必謂在始皇滅楚時，殊非定讞。今據始皇本紀三十五年立石東海上朐界中以爲秦東門一條，推證東海分郡應在此時，則閩中自當列三十六郡內無疑。謝山考秦郡，惜不得胡梅磵王厚齋二先生者相與討論。今著此說，亦復同慨。恨不得起先生於地下，卒爲論定之也。

考古之事，往往後而愈密，所得轉勝於前人，而亦有不盡然者。裴駰注史記，已不列桂林南海象郡，而錢竹汀力非之，實爲一歧，謝山退九原，補廣陽，所獲遠超前人，眞所謂博而篤者。王靜安觀堂集林秦郡考，主駁竹汀之說；其退九原補廣陽，皆本謝山，而又不全遵信，又轉生歧，遂有四十二郡，四十八郡之擬議。錢王兩家，精思博識，大略相似，而於此竟俱失之，良可慨也。

竹汀考秦郡，專據漢志駁裴駰。又曰，讀史之病，在乎不信正史而求之過深，測之太密。靜安駁竹汀，乃盡置諸家，惟於史記中求之。而曰，以班氏較裴氏，則班氏古矣；以司馬氏較班氏，則司馬氏又古。此其說似可以折服竹汀之口，然考史者往往有正史所缺而旁見於諸家，亦有前人失載而轉詳於後籍。若專從正史，盡棄諸家，一本前人，偏疑晚記，則得失亦參半，未能全是也。水經漯水注言秦始皇二十一年滅燕爲廣陽郡，史記漢書皆不載。謝山據以補史漢缺佚，其識卓矣。王氏之論曰，由今觀之，此郡之果名廣陽與否雖不可知，然其置郡之說，殊不可易。夫置郡之說旣不可易，則當時誠有此郡；郡名之果爲廣陽與否，無足深疑也。且於其置郡之說旣不可易，又何從而致疑其郡名之未必可信。王氏又言之，曰，三十六郡之分，在始皇二十六年。齊國滅近在是年之春，距燕之亡亦不過一歲。二國新定，未遑建置。故於燕僅因其舊置緣邊五郡，於齊，略分爲齊與琅邪二郡，其於區劃故未暇也。此辨尤疎失。齊滅即在是年，已得分置二郡。燕滅尚在前，何反不遑建置？且秦滅遼東在始皇二十四年，滅薊尚遠在二十一年，距二十六年分郡已五年。齊尚得間分設兩郡，燕緣邊亦得仍設五郡，皆近在一二年內。何薊滅已五年，獨不遑仍其舊都而建一郡乎？謝山所謂自薊至涿三十餘城，始皇無不置郡之理，亦無反幷內地於邊郡之理。且始皇之幷六國也，其國都如趙之邯鄲，魏之碭，楚之江陵陳九江，齊之臨淄，無不置郡，何以燕獨無之？凡此三難，王氏亦謂無說以易矣。今顧謂薊之置郡當在二十六年後，即無異謂此六七年間者，自薊至涿三十餘城，不爲置郡，否則幷內地於邊郡。且秦滅六國皆於其國都置郡，而燕獨不然，乃自燕滅六年以外始遑分建也。則凡謝山之說，王氏所謂無以易者而實皆未之守也。且水經注明謂始皇二十一年滅燕置廣陽郡，謝山加以證成。今已信謝山之證而轉不信水經注之原文。於郡名既疑其未必爲廣陽，於置郡之年又決謂在二十六年後，而復無證以自堅，則又何哉？夫亦曰水經注非正史，成於酈道元，尤遠在裴駰後，不足遵依耳。然王氏於二十六年前秦人置郡必一一尋之史記，而二十六年後即復以理推證，不僅水經注所載可據，即史漢無明文，諸家無旁見，亦得從酈氏一語爲之推定，謂齊於二郡外尚得有五郡者，是又何耶？故王氏之失，在先懸一格以定考辨之從違，而復不能堅守。亦由謝山之所以證水經注者，其論先立於不敗，仍不得不折而從之也。

且王氏於二十六年前置郡，既一一尋之史記，而楚世家明有滅楚名爲楚郡一語，謝山特據以補漢志之缺者，王氏文中顧絕不及，亦可怪也。楚郡之名，梁玉繩曾疑之，謂滅楚名爲楚郡者，此言始皇諱楚，故滅去楚之名而於楚地置郡耳。其說殊牽強。王氏獨不列楚郡，亦以梁氏言爲然乎否耶？要之於楚世家此語，不應脫漏，或默不置辭也。謝山之言曰，秦滅楚置五郡，曰楚，曰九江，曰泗水，曰薛，曰東海。及定江南，又置一郡曰會稽。楚郡蓋自淮陽以至彭城，泗水則沛也，薛則魯也，東海則剡以至江都也，皆江北地；會稽則江南

9

也；惟九江兼跨江介。王氏所考無楚郡，而有陳郡，爲全考所無。然謝山又言之，曰秦滅楚，於其郡如江陵陳九江皆置郡。今考江陵置郡則南郡也。九江則壽春，陳則楚郡，全氏言之極析。又於十八王所置郡名下，明曰楚郡即陳郡也（姚鼐亦云楚襄王始都陳，後爲秦得，故陳爲郡，見惜抱軒集項羽王九郡攷，與全說合）。王先謙漢書補注曰：秦楚郡治陳，即本謝山。又曰，楚郡地廣遠，故後又分九江長沙東海泗水薛五郡。今按始皇紀二十三年，王翦將擊荆，取陳以南至平輿，虜荆王，秦王游至郢陳。楚郡之設，蓋在其時。縱謂始皇諱楚，然秦廷名之荆郡（或陳郡），而東方自號楚郡。猶如史公於始皇紀諱楚稱荆，於楚世家則仍有楚字，非不可也。是年項燕立昌平君爲荆王，反秦於淮南，明年王翦破荆軍，昌平君死，項燕自殺。九江郡當立此時，其他未能確指（參看水經注），惟東海應在後耳。王氏考得陳郡，又明見全氏書（姚文亦定見，以姚與錢以秦郡起爭議也），顧不會合爲說，而於楚世家楚郡一名始終不提。殆以言楚郡，則其建置當在二十六年前。而王氏必抑之二十六年後，以符其秦人制郡必以六數之說耳。然陳與東海兩郡，其名見於陳涉世家，其事雖在二世時，不得即謂其建置定在秦之末年。則仍不如謝山之說，謂秦滅六國，於其國都所在均建郡之爲近情，且有楚世家明文可據。王氏既稱盡置諸家，專於史記中求之，更不應置此不論。又既見全氏書，亦不應於楚郡陳郡異同不剖辨也。全氏考秦郡識超前人者凡三處：一曰退九原，王氏承襲以爲說；一曰補廣陽，則王氏微變之；一曰增楚郡，則與王氏陳郡名異而實同也。全氏所得已多，惟失閩中一郡，王氏已糾之。然轉自生歧，遂有四十二郡四十八郡之推臆。而秦初郡三十六之究竟，仍無定論。則考史之事，所由迂折紛歧，未必後來之勝前也。王先謙漢書補注獨遵謝山，謂較前人爲覈實，可稱有識。然於閩中一郡，失亦相因，未能有所獻替。靜安考秦三十六郡，既不列廣陽陳郡，乃別尋陶河間兩郡以足之，然證論頗未愜。近人朱偰曾加駁正（見北京大學國學周刊第二卷第十九期。又王氏論河間置郡，引趙策及史記甘茂傳爲證，其實其時河間爲呂不韋封邑，非秦郡，朱辨未及）。朱說三十六郡，入閩中，去東海，結論與余全符，惟不論東海置郡年，則仍不足爲前人解紛。

又姚鼐復談孝廉書，謂考秦楚間郡名，得四十餘。

謂項羽紀趙將司馬卬定河內，故立爲殷王，王河內，蓋秦有河內郡。田安下濟北數城，留侯世家孺子見我濟北，亦秦郡，故曹參定濟北郡也。至於鄣東陽膠東膠西博陽城陽衡山諸郡，皆名見楚漢之交者，此或秦置耶，或楚漢置耶，舉未可知。究之秦初郡必不可指數，多聞闕疑，庶得之耳。此由姚氏先作漢廬江九江二郡考，以鄣爲秦郡。及此未能堅持，故爲此說。其實姚氏所舉郡名，謝山均考爲楚漢間置，其說甚是，惜姚氏未見也。然觀堂主秦郡在齊，於臨淄琅邪外尚有膠東膠西濟北濟南（即博陽）城陽五郡，其意實自姚氏啟之，而亦微變其說者。惟既取濟北諸郡，何以又不數河內與鄣郡。蓋王氏自以三十六，四十二，四十八爲數，故取捨不免自亂。所據司馬卬定河內，田安降濟北數城，正以項王封卬爲河內王，安爲濟北王，故史臣記之如此。此自行文之便，非可即證其前已有河內濟北之郡。田儋傳田榮反擊項羽於城陽，王氏謂城陽非縣名，則高紀何以稱追至城陽虜齊王廣？又齊策襄王遭淖齒難，走城陽山中，漢城陽國治莒，則襄王走城陽即莒也，亦不得證其爲郡名。膠東則以田市爲膠東王而起。高紀以膠東膠西臨淄濟北博陽城陽郡七十三縣立子肥爲齊王，王厚齋本水經注謂是諸郡悉羣雄分置，全謝山推爲不易之論，而別著十八王所置郡名攷。即錢竹汀說亦謂諸侯分王其地，各自立郡，非秦舊，此本無可疑。即謂秦時已有此等郡，則高紀封荆王者尚有東陽鄣郡吳郡，與齊七郡同書，王氏何以又弗稱引？則又弗如姚氏闕疑之說爲勝矣。要之此均不足以亂秦初郡三十六之數，亦不能強以六數之說爲配合。錢竹汀所謂勿求之過深，測之太密者，正在此等處。今悉去轇轕，專本史漢明文，旁參水經注，定著秦初郡三十六，後得四十一，其餘則建於楚漢之交，如謝山說，庶爲近是。因附後記，並羅諸說，申其異同焉。

禹貢學會邊疆叢書甲集

西域遺聞　清陳克繩撰　一册定價六角

是書分十一門：西藏事蹟，疆域，佛氏，政教，風俗，物產，屬番，輿圖，鄰番，裹巴二塘，建昌道統轄土司事蹟。所載準噶納兵始末，大兵進藏等事，皆岳鍾琪語，蓋當時身參戎幕，故特詳于他書。政教所釋衞藏之義，縱噶之義，均爲他書所未詳。又屬番所載橐駱駝海產白鹽，藏民資之以食，至爲重要，而是書獨載產鹽之區，爲他書所未及者。各門紀述，均極翔實，著者身歷之途，目擊之事，允爲研究邊事之要籍也。

陳克繩字希范，浙江湖州人，雍正七年己酉舉人，十一年癸丑進士。官保縣知縣，擢茂州，特題補打箭鑪同知，出守嘉定，分巡川東。

哈密志五十一卷　清鍾方撰　二册定價二元五角

哈密地處極邊，古之匈奴所屬回鶻之地，舊時雖遣兵戍守，不過羈縻鎮戍而已。迨清乾隆二十三年平定準噶爾部落，將所屬回部悉皆歸入版圖，始有常官專責，營制兵額。

道光二十四年鍾方爲哈密領隊大臣，數月之間，兵民醇厚，公務簡約，爰命各房吏書揀數十年案牘，分類編次，具得事理之本末，而山川景物風土人情逐日講求，或公餘踏勘，徵于目覩；或廣爲搜羅，補所未備，遂輯爲此志。成書以後，未經刊行，鈔本亦不多覯。

鍾方字午亭，漢軍正黃旗人。道光二十二年以正紅旗副都統爲駐藏幇辦大臣，二十六年改任哈密。其駐藏時曾著有入藏須知，番僧源流考，駐藏程棧，西竺輯錄，小桃園記等書。

科布多政務總册　清富俊撰　一册定價壹元

科布多在外蒙古境內，烏里雅蘇台之西。東北界唐努烏梁海，東南界札薩二圖汗部，西南爲新疆省，西北爲俄境。部二，爲旗十有八，分爲二盟，一曰賽濟音雅哈圖盟，二曰青色特起勒圖盟。又有不設盟之部五，旗十有一。清因其舊藩，寵加封爵，設參贊大臣以統轄之。其地處邊徼之區，故素少志乘之作。

嘉慶元年富俊來守此土，采錄檔册，排比成篇。仿新疆事宜一書，分爲十目，曰：城池，官職，外藩，事宜，庫倉，軍台，卡倫，屯田，游牧，牧廠，等門。所載翔實，無異方志。

富俊字松巖，卓特氏蒙古正黃旗人。繙譯進士，授禮部主事，歷陞至內閣學士、兼副都統。嘉慶元年擢兵部侍郎，充科布多參贊大臣。四年授烏魯木齊都統。

西藏日記二卷　清果親王允禮撰　一册定價一元

是書爲果親王于雍正十二年甲寅入藏往返紀程之作。王此行往泰甯爲經理達賴喇嘛回藏，並閱直隸，山西，陝西，四川四省之兵。先是準噶爾時謀侵藏，故雍正七年移達賴喇嘛于西裏塘之惠遠廟以避之。八年復還于泰甯，護以兵千。至是年準噶爾始請和，遂詔王偕章呼土克圖送達賴由泰甯歸藏，蓋懼藏番爲準噶爾所誘，故遣親貴以示特恩。

書凡二卷，始自甲寅冬十月，終乙卯夏四月，自燕晉以歷秦蜀往返一萬二千里。詳紀山川風土古今名跡，考證翔實，詞旨雅潔，可供研究邊事者之參攷。

王爲聖祖第十七子，博學多聞，妙嫻翰墨。著有春和堂集，靜遠齋集，奉使紀行詩。別著有西藏志一書，流傳殊罕，此日記二卷，則未經刊行者也。

總代售處北平隆福寺街文奎堂

秦縣考

史念海 1

郡縣肇興，其原甚早，春秋之世，蓋已有之。左傳僖公三十三年，晉襄公以再命命先茅之縣賞胥臣。宣公十一年，楚子縣陳；十二年，鄭伯逆楚子之辭曰，使改事君，夷於九縣。哀公二年，趙簡子誓曰，克敵者上大夫受縣，下大夫受郡。皆其著者。降至戰國，建置日增。及秦皇掃滅六雄，統一宇內，乃大行郡縣之制，嚮之封邑食采之事遂暫不可見矣。

秦人置縣，遠始於武公之時，秦本紀所謂：「武公十年伐邽冀戎，初縣之。十一年，初縣杜鄭」者是也。惟史公所記殊多簡略，武公之後，見於紀者，僅厲共公之縣頻陽，惠文君之縣義渠，與夫孝公併諸小鄉聚所得之四十餘縣而已，其他蓋無聞焉。及班孟堅志漢世地理，於郡國諸縣之中，輒述及其廢置沿革，而所記秦人爲縣，則僅有驪邑（漢新豐），寧秦（漢華陰），櫟陽，夏陽，頻陽，臨晉，咸陽（漢渭城），廢丘（漢槐里），雍，商，東垣（漢眞定）等十餘縣；惟秦皇之分畫疆土，諸郡已多至四十，縣邑之數復當非少，班氏所載，寥寥如斯，欲據此以窺秦制之梗概，難矣。

吾人雖不能得嬴秦一代疆域建置之詳情，然細覈史公紀傳，則其時縣邑之分布，尙依稀可尋，試略論之。秦本紀：「孝公十二年，幷諸小鄉聚，集爲大縣，縣一令，四十一縣」。是時秦人東阻於崤函，南不得漢中，而北無上郡，此四十一縣當置於關中之地，或即西漢三輔縣邑之前身。紀又云：「惠文君十年，魏納上郡十五縣」；蒙恬傳亦言：「蒙驁攻魏，取二十城，作置東郡」。此秦建置上郡東郡之始。取以與漢志較，則漢時上郡所轄者二十三城，東郡二十二縣，其間所增無幾。始皇紀：「三十三年，斥逐匈奴，自榆中並河以東，屬之陰山，以爲三十四縣」（匈奴傳作四十四縣）；司馬相如傳：「邛筰冉駹者，近蜀，道亦易通，秦時嘗爲郡縣，至漢興而罷」。足見秦人邊地置縣之多，誠爲不可掩之事實，惜其所建置，已多不可考究矣。

嬴秦末葉，羣雄並起，攻城略地，蓋無虛日，由其爭戰之區域，亦可略知秦時縣邑之情形，昔日塗炭生民之兵禍，反與吾人以考古之良機，未始非幸事也。高祖紀：「王巴蜀漢中四十一縣」。檢地志巴郡屬縣十一，蜀郡屬縣十五，漢中屬縣十二，合之尙不及秦縣之多，雖其間嘗有析置改隸之事，然足証漢時其地縣邑，固仍上承秦人之舊制。（鄧通傳，蜀郡南安人。地志南安屬犍爲。則通傳所記嘗爲漢初因秦之舊者。）周勃世家：「定鴈門郡十七縣，雲中郡十二縣，……代郡九縣，……上谷十六縣，右北平十六縣，遼西遼東二十九縣，漁陽二十二縣」。秦人北邊置縣之多寡，於此可見。試再以漢志所載相較，則雁門屬縣十四，雲中屬縣十一，代郡屬縣十八，上谷屬縣十五，右北平屬縣十六，遼東遼西屬縣二十二，漁陽屬縣十二，或增或減，尙依稀得見秦人之故績也。

戰國之時，齊地計有七十餘城，即樂毅傳所謂「下齊七十餘城，皆爲郡縣以屬燕，唯獨莒即墨未服」也。曹相國世家：「斬龍且，虜其將周蘭，定齊地凡得七十餘城」。酈食其傳：「淮陰侯聞酈生伏軾下齊七十餘城」。高祖紀：「立子肥爲齊王，王七十餘城，民有能齊言者皆屬齊」。（漢書高帝紀作七十三城，吳王濞傳作七十二城。）漢初齊地之七十餘城，殆即樂毅攻齊時所下者。

則齊地自戰國歷秦至漢，其縣邑廢置固無若何之變遷也。

魏豹傳：「項王已破秦，豹下魏二十餘城，立豹爲魏王」。彭越傳：「攻下睢陽外黃十七城。……復下昌邑旁二十餘城」。項羽紀：「從外黃以東，梁地十餘城皆恐，莫肯下矣。……東至睢陽」。高祖紀：「使盧綰劉賈將卒二萬人，騎數百，渡白馬津，遂復下梁地十餘城」。此蓋故魏舊地之在河南者。復以始皇紀所載蒙驁攻魏二十城置東郡之事証之，則大河以南，魏地之輪廓可知，亦可見秦時其地縣邑之大略矣。魏地河南而外，在河北者猶復廣闊，故魏世家謂「河北河外大縣數十，名都數百」。考曹相國世家：「盡定魏地凡五十二縣」。酈食其傳：「下井陘，誅成安君，破北魏舉三十二城」，即河北故魏之地也。是知秦人於故魏地所建之縣邑亦百餘矣。

秦本紀：「昭襄王五十一年，攻趙，取二十餘縣」。周勃世家：「遂降太原六城」。淮陰侯傳：「歲餘乃下趙五十餘城」。靳歙傳：「從攻安陽以東，至棘蒲，下七縣。……別破趙軍，降邯鄲郡六縣」。灌嬰傳：「別降樓煩以北六縣」。樊噲傳：「降定清河常山凡二十七城」。盧綰傳：「常山二十五城，豨反亡其二十城」。更參以周勃世家所云之鴈門代郡雲中三郡之縣邑，又可知秦人於故趙地之建置，亦非少數。

灌嬰傳：「得吳守，遂定吳豫章會稽郡，還定淮北凡五十二縣」。漢書高帝紀：「以故東陽郡鄣郡吳郡五十三縣，立劉賈爲荆王，以碭郡薛郡郯郡三十六縣，立弟文信君交爲楚王」。灌嬰所定之縣邑與荆楚二國之封土，已得九十餘縣，其地自齊以南傅海，至於東越，約當漢志之東海臨淮會稽丹陽豫章楚國泗水廣陵等郡，而志文諸郡轄縣凡百餘處，較之秦時所增不過五十，特四分之一而已。

自漢之興，郡縣之建置時有所聞，然因於秦人故制，當非少數，吾人於上文略舉秦末諸郡之屬縣，較諸地志所載，相差尙非過鉅，此相差之數，殆即漢世所新置者。楊守敬氏嘗推測秦時之縣數，謂「漢縣道國邑千五百八十七，除武帝後開置者外，亦千三四百，則秦縣當八九百矣」（秦郡縣表序）。吾人細覈史公之紀傳，則楊氏之推測，似尙合理。

秦縣之數字雖能略知其大概，然欲考究其時縣邑之名稱，實非易事。吾人前引班氏地理志所載之秦縣，僅得十餘；班氏上距秦季非遠，而所記秦人之建置，乃如斯之簡略，文獻難徵，以至於此。即依史公之紀傳考之，然所載多楚漢間戰爭之地，僅江淮之間，滎陽東西，與夫齊趙諸地猶能彷佛得其什一，其他多不可復考矣。至若蒙恬司馬相如等傳所記之西北西南二隅縣邑固不能少得其名稱；即周勃世家記載沿邊縣數，與漢志相較，誠無若何變遷，然何者爲秦氏舊有，何者爲漢世新置，吾人亦難言其詳情，實無可奈何之事也。

後世輿地之書，若酈善長之水經注，李弘憲之元和郡縣志，樂子正之太平寰宇記皆一代名作，雖於秦地略有記述，而所差尙多；且閒有採於野史之說，若馬邑烏傷，或因馬而立名，或以烏而置縣，頗難取信，至若由拳丹徒，說更荒誕，傳疑而已。

是篇所錄秦縣約得三百，距楊氏推測之數尙遠，謹先依班志次序略爲排比，他日苟有所得，當再續補。文中各條，多就舊史迻錄，聊爲治嬴秦輿地者略貸臂助，若云考覈，則吾豈敢！

麗邑

3

地理志：「新豐，故驪戎國；秦曰驪邑。高祖七年置」。秦始皇紀：「十六年，魏獻地於秦，秦置麗邑」。高祖紀：「十年，更名酈邑曰新豐」。地理志以高帝七年始置此縣，其說蓋非。清一統志二二八：「新豐故城在（西安府）臨潼縣東北」。（嘉慶重修一統志，下同）。項羽紀：「項羽兵四十萬在新豐鴻門」。其時無新豐之名，紀言誤也。

藍田

六國表：「秦獻公六年，初縣藍田」。地理志：「藍田，……秦孝公置也」。孝公當爲獻公之譌。秦策四：「秦取楚漢中，再戰於藍田」。秦策五：「子楚立，以不韋爲相，號曰文信侯，食藍田十二縣」。高祖紀：「與秦軍戰藍田南」。清一統志二二八：「藍田故城在（西安府）藍田縣西」。

陰晉

地理志：「華陰，故陰晉，秦惠王五年更名寧秦」。然檢秦本紀：「惠文君五年，陰晉人犀首爲大良造。六年，魏納陰晉，陰晉更名寧秦」。六國表亦言：「秦惠文王六年，魏以陰晉爲和，命曰寧秦」。皆與志文異。官本漢書考証齊召南曰：「（更名事）非五年，當是傳寫之訛」。地志又云：「高帝八年更名華陰」。然考始皇紀：「二十六年使者從關東夜過華陰平舒道」。則華陰之名亦舊矣。清一統志二四四：「陰晉故城在（同州府）華陰縣東南」。

鄭

秦本紀：「武公十一年，初縣杜鄭」。集解：「地理志京兆有鄭縣」。商君傳：「與其徒屬發兵北出擊鄭」。水經渭水注：「渭水又東逕鄭縣故城北，史記秦武公十年縣之」。元和郡縣志二：「京兆尹鄭縣，本秦舊縣，……古鄭縣在縣理西北三里」。清一統志二四四：「鄭縣故城在（同州府）華州北」。案華州今爲華縣。

胡

地理志：「湖，……故曰胡，武帝建元年更名湖」。范睢傳：「王稽辭魏去，過載范睢入秦，至湖關」。索隱：「地理志京兆有湖縣，本名胡，即今湖城縣也」。水經河水注：「河水又東逕湖縣故城北，昔范叔入關遇穰侯於此矣」。是胡亦秦時舊縣也。讀史方輿紀要四八：「漢置胡縣，屬京兆尹，武帝更名湖縣」。蓋未上溯於秦也。清一統志二二〇：「湖縣故城在（陝州）閿鄉縣東四十里」。

下邽

地理志，下邽，注：應劭曰，秦武公伐邽戎置，有上邽，故加下。師古曰，取邽戎之人而來爲此縣。案秦本紀：「武公十年，伐邽冀戎，初縣之」。集解：「地理志隴西有上邽縣。應劭曰，即邽戎邑」。是武公所置之縣，本在隴西上邽也。錢坫曰：「武公伐邽戎，不聞遷其人於此，因邽戎而置縣，未免以遼遠不關。封禪書，櫟陽雨金，秦獻公自以爲得金瑞，故作畦畤櫟陽而祠白帝。疑畦字從圭，而邽字亦從圭，此下邽之邽當爲畦畤之畦也」（新斠注地理志二）。太平寰宇記二九：「下邽城在華州下邽縣東南，本秦舊縣，自漢及晉不改」。清一統志二二八：「下邽故城在（西安府）渭南縣東北」。

4

芷陽

秦本紀：「昭襄王四十年，悼太子死魏，歸葬芷陽」。又云：「四十二年，宣太后薨，葬芷陽驪山」。正義引括地志云：「芷陽在雍州藍田縣西六里」。又引三秦紀云：「麗川東有霸川之西坂，故芷陽也」。始皇紀：「莊襄王享國三年，葬茝陽」。茝陽即芷陽也。項羽紀：「持劍盾步走從酈山下道芷陽間也」。夏侯嬰傳：「戰於藍田芷陽」。則芷陽實秦氏故縣也。地理志亦曰：「霸陵，故芷陽，文帝更名」。夫言更名者，以芷陽鄉爲霸陵。然將相名臣年表則云：「孝文九年以芷陽鄉爲霸陵」。與志傳皆不同，當是表譌言也。讀齋印譜載有秦「芷陽少內印」，亦可証芷陽非漢世始置者。清一統志二二八：「霸陵故城在（西安府）咸寧縣東」。案咸寧今已併入長安。錢坫曰：「在今西安府城東北二十五里」。（新斠注地理志二）

杜

秦本紀：「武公十一年，初縣杜鄭」。集解：「地理志，京兆有鄭縣杜縣」。正義引括地志：「下杜故城在今雍州長安縣東南九里」。李斯傳：「十公主矺死於杜」。樊噲傳：「賜食杜之樊鄉」。灌嬰傳：「食杜平鄉」。地理志：「杜陵，故杜伯國，宣帝更名」。漢書宣帝紀：「元康元年，春，以杜東原上爲初陵，更名杜縣爲杜陵」。水經渭水注：「川水又北逕杜陵東，元帝初元元年葬宣帝杜陵，北去長安五十里，陵之西北有杜縣故城，秦武公十一年縣之」。清一統志二二八：「杜陵故城在咸寧縣東南」。錢坫曰：「在今西安府城東南二十里」。（新斠注地理志二）

高陵

元和郡縣志二：「高陵縣，本秦舊縣，孝公置」。太平寰宇記二十六同。碧葭精舍印存載有秦「高陵司馬印」，亦可証其地爲秦地邑也。吳卓信曰：「高陵爲秦孝公所置，昭王封其同母弟顯爲高陵君，范睢說秦王曰，高陵進退不請，並即此」。（漢書地理志補注三）清一統志二二八：「高陵故城在（西安府）高陵縣西南」。案魏策三：「秦之葉陽昆陽與舞陽高陵鄰」。所言之高陵當別爲一地，非此高陵也。 5

櫟陽

秦本紀：「獻公二年城櫟陽」。六國表：「秦獻公二年，城櫟陽，十一年縣櫟陽」。魏世家：「魏武侯十三年，秦獻公縣櫟陽」。項羽紀：「項梁嘗有櫟陽逮捕」。又云：「立司馬欣爲塞王，王咸陽以東，至河，都櫟陽」。正義引括地志云：「櫟陽故城一名萬年城，在雍州櫟陽東北二十五里，秦獻公之城櫟陽即此也」。清一統志二二八：「櫟陽故城在（西安府）臨潼縣東北七十里」。錢坫曰：「考(臨潼)縣有櫟陽鎮，非漢城也。括地志，故城在今縣東北，所稱今縣即鎮是也。鎮在臨潼縣東北五十里」。（新斠注地理志二）

夏陽

秦本紀：「靈公六年，晉城少梁，秦擊之」。魏世家：「惠王九年，與秦戰少梁。……十七年，秦取我少梁」。秦本紀又曰：「惠文王十一年，更名少陽曰夏陽」。地理志：「夏陽，故少梁，秦惠文王十一年更名」。清一統志二四四：「夏陽故城在（同州府）韓城縣南。……縣志，夏陽故城在縣南二十里芝川鎮北，基址猶存，其地曰西少梁里。又東少梁里在縣東南澽水東，即故少梁也」。

衙

始皇紀：「憲公享國十二年，居西新邑，死，葬衙。……出子享國六年……葬衙」。衙蓋秦時舊縣。清一統志二四四：「衙縣故城在（同州府）白水縣東北。縣志云，今縣東北四十里有彭衙堡」。案漢蒼頡廟碑衙作衙阝。

鄜

秦本紀：「文公十年初爲鄜畤」。集解引徐廣曰：「鄜縣屬馮翊」。說文：「鄜，左馮翊縣，从邑，麃聲」。錢大昭曰：「俗作鄌，非是」。（漢書辨疑十四）錢坫曰：「秦始皇本紀有麃公。應劭曰，秦邑，秦邑別無名麃者，當此耳。古字鄜麃同用」。（新斠注地理志二）清一統志二四九：「鄜城故城在（鄜州）洛川縣東南」。

頻陽

秦本紀：「厲共公二十一年，初縣頻陽」。正義引括地志云：「頻陽故城在雍州同官縣界，古頻陽縣城也」。地理志：「頻陽，秦厲公置」。秦將王翦即此縣人也。清一統志二二八：「頻陽故城在（西安府）富平縣東北五十里」。

臨晉

秦本紀：「（惠文君後）十二年，王與梁王會臨晉」。又云：「武王元年，與魏惠王（表云哀王）會臨晉」。又云：「三年，與韓襄王會臨晉外」。魏世家：「文侯十六年，伐秦，築臨晉元里」。似臨晉之名起於文侯之時，然秦本紀又謂：「厲共公十六年伐大荔，取其王城」。集解引徐廣曰：「今之臨晉也」。地理志亦言：「臨晉，故大荔，秦獲之，更名」。是臨晉之始非自魏也。應劭曰：「臨晉水，故曰臨晉」。臣瓚曰：「晉水在河之間，（官本考証曰，河之間應作河之東）。此縣在河之西，不得臨晉水也。舊說秦築高壘以臨晉國，故名臨晉也」。師古曰：「瓚說是也。說者或以爲魏文侯伐秦始置臨晉，非也。文侯箽城之耳，豈始置乎」！案臨晉之名遠始於秦未統一天下之前，而吳卓信曰：「臨晉爲縣始于漢景二年」。（漢書地理志補注二）未知何所據而云。若然，則高祖二年從臨晉渡河攻魏，將何以釋之耶？清一統志二四四：「馮翊故城今同州府治，本古臨晉也」。案同州府治即今大荔縣。

重泉

秦本紀：「簡公六年塹洛城重泉」。正義引括地志云：「重泉故城在同州蒲城縣東南四十五里也」。灌嬰傳：「漢乃擇軍中可爲軍騎將者，皆推故秦騎士重泉人李必駱甲習騎兵」。元和郡縣志一：「奉先縣本秦重泉縣」。太平寰宇記：「蒲城縣本漢重泉縣地。史記秦簡公城重泉，即今縣南五十里重泉故城也」。秦金文錄收有秦「重泉量」，即此重泉也。清一統志二四四：「重泉故城在（同州府）蒲城縣東南。……縣志云，今曰重泉里」。

郃陽

魏世家：「文侯十七年，西攻秦，至鄭而還，築雒陰郃陽」。正義引括地志云：「郃陽故城在同州河西縣南三里」。水經河水注：「河水又東逕郃陽城東，周烈王十七年，魏文侯伐秦至鄭，還築汾陰郃陽，即此城也」。清一統志二二四：「郃陽故城在（同州府）郃陽縣東南。……舊州志，郃陽故城在今縣東四十里。縣志云，今縣東南西河鄉有洽陽里」。

武城

秦本紀：「厲共公二十一年，晉取武城」。酈商傳：「賜食邑武成六千戶」。正義：「縣在華州鄭縣東十三里」。清一統志二二四：「武城故城在（同州府）華州東北。舊州志，武平（即武城）故城在華州東十七里」。

懷德

絳侯周勃世家：「還定三秦，至秦，賜食邑懷德」。正義引括地志云：「懷德故城在同州朝邑縣西南四十三里」。水經渭水注：「渭水又東逕平舒城北，……渭水之陽，即懷德縣界也。城在渭水之北，沙苑之南，即懷德縣故城也。世謂之高陽城，非也」。吳卓信曰：「漢之懷德縣城，據水經注括地志之說，則在今朝邑縣無疑。至富平縣亦有懷德縣城者，通典謂晉自彭原移富平于今縣西南懷德城；寰宇記謂後漢末及三國時因漢舊名于此立縣，今有廢城存是也。是與西漢舊縣無涉，而隋志誤載荊山于富平縣，李吉甫宋敏求並因之，後人遂沿其謬耳」。（漢書地理志補注二）錢坫曰：「懷德在今西安府富平縣西南十里」。並謂今朝邑縣界無荊山荊渠。徐松曰：「懷德所在當以閻氏若璩及胡氏渭說在朝邑縣西南者爲正。閻氏若璩親至朝邑縣，縣治在強梁原上，爲荊山北麓，即水經注所云朝坂也。然則錢氏謂朝邑無荊山，誤矣」。（新斠注地理志集釋二）

雲陽

秦始皇紀：「十四年，韓非使秦，秦用李斯謀留非，非死雲陽。……三十五年，除道道九原，抵雲陽。……因徙五萬家雲陽，皆復，不事十歲」。正義引括地志云：「雲陽城在雍州雲陽縣西八十里」。清一統志二四八：「在（邠州）淳化縣西北」。錢坫曰：「雲陽縣在今邠州淳化縣西北五十里。……考今涇陽縣西北七十里有雲陽鎮，唐縣也。漢縣更在西北」。（新斠注地理志二）

咸陽

秦本紀；「孝公十二年，作爲咸陽」。正義引括地志：「咸陽故城亦名渭城，在雍州咸陽縣東十五里，京城北四十五里，即秦公徙都之者」。始皇紀：「（孝公）十三年始都咸陽」。正義：「本紀云十二年作咸陽，築冀闕，是十三年始都之」。地理志：「渭城，故咸陽，高帝元年更年新城，七年罷屬長安」。漢興以來將相名臣年表：「高皇帝六年，更名咸陽曰長安」。考曹相國世家：「東取咸陽，更名新城」。則地理志高帝元年更名之說，誠非虛語。且地理志於長安下云：「高帝五年置」。則年表所云當是罷咸陽入長安之譌也。讀史方輿紀要五十三：「

渭城故城在（咸陽）縣東北十七里」。清一統志二二八：「渭城故城在（西安府）咸陽縣東，即秦所都咸陽也」。

廢丘

地理志：「槐里，周曰犬丘，懿王都之；秦更名廢丘；高祖三年更名」。秦本紀：「非子居犬丘」。其改稱廢丘之時，已莫可考矣。漢書高紀：「章邯爲雍王，都廢丘」。孟康曰：「縣名，今槐里是」。章昭曰：「即周時犬丘，懿王所都，秦欲廢之，更名廢丘」。高祖紀：「二年，引水灌廢丘，廢丘降，章邯自殺。更名廢丘爲槐里」。所言與地志略同。然考絳侯周勃世家：「攻槐里好畤，最；……圍章邯廢丘」。樊噲傳：「攻趙賁，下郿槐里柳中咸陽，灌廢丘，最」。皆以槐里與廢丘並言，疑二者或非一地，亦非前後更名者也。小司馬索隱於世家則注云：「此云槐里，據後而書之；又云廢丘者，以章邯本都廢丘而亡，亦據舊書之」。於傳又云：「攻趙賁下郿槐里柳中咸陽，總言所攻陷之邑；別言以水灌廢丘，其功特最也。何者，初言槐里，稱其新名；後言功最，是重舉不欲再見其文，故因舊稱廢丘也」。意者，蓋以帝紀及地志皆有改廢丘爲槐里之文，故爲此說，以期前後附合耶？集古遺文收有秦廢邱𠚍，十鐘山房印舉載有「廢邱左尉印」，皆爲秦有廢邱之証。清一統志二六：「槐里故城在（西安府）興平縣東南」。

鄠

元和郡縣志二：「鄠，夏之扈國，……扈至秦改爲鄠邑，漢屬右扶風」。案秦改扈爲鄠邑，出於帝王世紀，李氏蓋因其說耳。清一統志二二八：「鄠縣故在城今（西安府）鄠縣治北」。

斄

曹相國世家：「從還定三秦，初攻下辯故道雍斄」。樊噲傳：「從攻雍斄城，先登」。清一統志二四七：「斄縣故城在（乾州）武功縣西南」。案康海武功縣志一：「古斄城在（今武功）縣南八里，古有斄氏之國也。今縣南三十里亦有斄城者，前漢徙置之爾」。則秦氏故城亦當在縣南，而不在其西南也。

美陽

讀史方輿紀要五十四：「美陽城在（武功）縣西南二十五里，秦孝公所置縣」。愙齋集古錄有秦「美陽權」，可証紀要所云非虛也。錢坫曰：「在今鳳翔府扶風縣北二十五里，地名崇正鎭。後漢書注，故城在武功縣北七里。太平寰宇記在西四十里。考今武功縣西北七里有美陽城者，乃後漢徙置之縣，非漢縣也。寰宇記作四十里，或字誤，無所據」。（新斠注地理志二）。

郿

白起傳：「白起者，郿人也」。絳侯周勃世家：「還下郿頻陽」。樊噲傳：「趙趙賁，下郿槐里柳中咸陽」。元和郡縣志二：「郿縣本秦縣名，……在今縣東一十五里，有故城」。清一統志二三六：「郿縣故城在今（鳳翔府）郿縣東北」。

雍

秦本紀：「德公元年，初居雍城大鄭宮」。曹相國世家：「初攻下辯故道雍縈」。元和郡縣志二：「天興縣，本秦雍縣，秦國都也」。地理志：「雍，秦惠公都之」。惠公當爲德公之誤。清一統志二三六：「雍縣故城在（鳳翔府）鳳翔縣南」。

漆

絳侯周勃世家：「北攻漆」。索隱：「地理志漆縣在右扶風」。正義引括地志：「今豳州新平縣古漆縣也」。清一統志二四八：「新平故城今（邠）州治，古漆縣也」。案邠州即今邠縣。

栒邑

酈商傳：「周類軍栒邑」。秦金石刻辭載有秦「栒邑權」，則栒邑固秦氏舊縣也。清一統志二四八：「栒邑故城在（邠州）三水縣東北」。案三水縣今爲栒邑縣。

陳倉

高祖紀：「還襲雍王章邯，邯迎擊漢陳倉」。淮陰侯傳：「漢王舉兵東出陳倉」。秦本紀正義引晉太康地志云：「秦文公時陳倉人獵得獸若彘，不知其名」。元和郡縣志二：「寶雞縣，本秦陳倉縣，秦文公所築，因山以爲名」。陳倉之爲秦縣，明見史公紀傳，而吳卓信乃曰：「秦名陳倉，漢始爲縣」。（漢書地理志補注三）何也？清一統志二三六：「陳倉故城在（鳳翔府）寶雞縣東」。

杜陽

甘茂傳：「封令尹於杜陽」。索隱：「杜陽，秦之地」。清一統志二三六：「杜陽故城在（鳳翔府）麟游縣西北」。

汧

絳侯周勃世家：「西定汧」。水經渭水注：「川水東逕汧縣故城北，史記秦文公東獵汧田，因遂都其地是也」。清一統志二三六：「汧縣故城在（鳳翔府）隴州南」。案隴州今爲隴縣。

好畤

呂不韋傳：「（嫪）毒敗走，追斬之好畤」。高祖紀：「雍兵敗，還走，止好畤，戰又復敗」。曹相國世家：「擊章平軍於好畤南，破之」。絳侯周勃世家：「攻槐里好畤最」。樊噲傳：「擊章平軍好畤，攻城先登，陷陣，斬縣令丞各一人」。清一統志二四七：「好畤故城在（乾）州東北。……州志云，今州東十里有村名好畤，即漢縣所在」。案乾州今爲乾縣。

虢

秦本紀：「武公十一年滅小虢」。元和郡縣志二：「虢縣，古虢國，周文王弟虢叔所封，是曰西虢。後秦武公滅爲縣」。清一統志二三六：「虢縣故城在（鳳翔府）寶雞縣東」。

武功

元和郡縣志二：「武功，漢舊縣，古有邰國。……周平王東遷，以賜秦襄公；孝公作四十一縣，斄美陽武功各其一也。……武功蓋在渭水南，今郿縣地是也」。清一統志二三六：「武功故城在（鳳翔府）郿縣東」。

陝

六國表：「秦惠公十年，與晉戰武城，縣陝」。秦本紀：「孝公元年，東圍陝城」。又云：「惠文王十三年，使張儀伐取陝，出其人與魏」。高祖紀：「二年正月，漢王之出關，至陝」。清一統志二二〇：「陝縣廢縣今（陝）州治」。案陝州今爲陝縣。

宜陽

秦本紀：「武王三年，使甘茂庶長封伐宜陽。四年，拔宜陽」。正義：「在河南府福昌縣東，故韓城是也。此韓之大郡，伐取之，三川路乃通也」。案宜陽爲縣，非郡也，張氏說非是。秦策二：「甘茂曰，宜陽大縣也，上黨南陽積之久矣。名爲縣，其實郡也」。蓋韓國舊縣，秦取之也。清一統志二〇六：「宜陽故城在今（河南府）宜陽縣西」。

黽池

商君傳：「秦發兵攻商君，殺之於鄭黽池」。索隱：「鄭黽池者，時黽池屬鄭故也。而徐廣云，黽或作彭，按鹽鐵論云，商君困於彭池故也」。正義：「黽池去鄭三百里，蓋秦兵至鄭，破商邑兵，而商君東走至黽，乃擒殺之」。案黽池在函谷之東，而鄭在函谷以西，鄭縣之地恐不能東及於黽池；張說是也。其後秦趙二王會於黽池，趙王鼓瑟而秦王鼓缶，卽斯地也。陳涉世家：「周文敗走出關，止次曹陽，……章邯追敗之，復走次黽池」。其名已舊矣。而地理志乃曰：「黽池，高帝八年復黽池中鄉民；景帝中二年初城，徙萬家爲縣」。酈氏水經穀水注即引此文，似黽池之爲縣，自景帝時始也。上文已言黽池中鄉，則黽池固已爲縣矣。景帝之時，城中鄉之地，而移黽池理於其處，非其時始置縣也。段玉裁曰：「地志之復黽池，常作復宜陽，初復宜陽之中鄉民，後乃城中鄉，又徙他民足萬家，而爲黽池縣，宜陽始分爲二縣也。（經韻樓集五）案：宜陽黽池本爲二縣，不必由宜陽分出，段說非是。水經：「（洛水）又東北過蠡城邑之南」。注：「城西有塢水，出北四里山上，原高二十五丈，故黽池縣治，南對金門塢，水南五里，舊宜陽縣治也」。蓋自塢水發源之原上，移治中鄉也。清一統志二〇六：「澠池故城在今（河南府）澠池縣西」。

丹水

高祖紀：「引兵西，無不下者，至丹水」。正義引括地志云：「故丹城在鄧州內鄉縣西南百三十里，南去丹水二百步」。又引輿地志云：「秦爲丹水縣也」。清一統志二一一：「丹水故城在（南陽府）淅川縣西」。

新安

項羽紀：「楚軍夜擊坑秦卒二十餘萬人新安城南」。清一統志二〇六：「新安故城在（河南府）澠池縣東，今改爲搭泥鎭」。

商

左傳：文十年，楚使子西爲商公。杜注：商楚邑，今上雒商縣。商君傳：「商鞅既破魏還，秦封之於商十五邑，號爲商君」。是商本楚縣，後乃入秦耳。清一統志二四六：「商縣故城在今（商）州東，志云，在州東八十里」。案商州今爲商縣。

析

左傳：僖二十五年，秦人過析隈。杜注：楚邑，一名白羽，今南鄉析縣。又，昭十八年，楚使王子勝遷許于析，實白羽。楚世家：「大敗楚軍，斬首五萬，取析十五城而去」。正義引括地志云：「鄧州內鄉縣城，本楚析邑，一名丑，漢置析縣，因析水爲名也」。高祖紀：「遇番君梅鋗與皆降析酈」。則析之爲縣非自漢始也。清一統志二一一：「析縣故城在（南陽府）內鄉縣西北。……府志，內鄉有舊縣城，在今縣西北二百二十里內鄉保，卽析縣城也」。

安邑

魏世家：「魏絳……徙治安邑。……武侯二年，城安邑王垣。……惠王三十一年，安邑近秦，於是徙治大梁」。秦本紀：「孝公二十年，衞鞅爲大良造，將兵圍魏安邑，降之。……昭襄王十一年，錯攻河內，魏獻安邑」。淮陰侯傳：「襲安邑」。正義：「安邑故城在絳州夏縣東北十五里」。清一統志一五四：「安邑故城在夏縣北。……縣志謂之夏王城，據鳴條岡，周三十里，西南遺址尙存」。

蒲坂

秦本紀：「昭襄王四年，取蒲坂。……五年，復與魏蒲坂」。正義引括地志云：「蒲坂故城在蒲州河東縣南」。楚策一：「蒲反平陽相去百里，秦人一夜而攻之，安邑不知」。甘茂傳：「茂懼，輟伐魏蒲坂亡去」。淮陰侯傳：「魏王盛兵蒲坂，塞臨晉」。地理志：「蒲坂，故曰蒲，秦更名」。應劭曰：「秦始皇東巡，見長坂，故加反云」。孟康曰：「本蒲也，晉文公以賂秦，後秦人還蒲，魏人喜曰，蒲反矣，謂秦名之非也」。臣瓚曰：「秦世家云，以垣爲蒲反，然則本非蒲也」。師古曰：「應說是」。王先謙曰：「秦紀以垣爲蒲反，索隱云，爲字作易，是。瓚說沿史記譌字立解。秦紀魏世家稱蒲坂在秦始皇前，則應說亦未是也。求之經傳，既無蒲名，魏地秦名，更於何世，班氏所本，無以明之」。然其地於秦時爲縣，則無可疑也。清一統志一四〇：「蒲反故城在蒲州城東南。……舊志云，今蒲州城外東南隅有虞都故城，與州城相連，周九里一百三十步，卽故蒲反城」。蒲州府治卽今永濟縣。

左邑

水經涑水注：「涑水又南逕左邑縣故城南，故曲沃也。晉武公自晉陽徙此，秦改爲左邑縣」。清一統志一五五：「左邑故城今（絳州）聞喜縣治」。

汾陰

秦本紀：「惠文君九年，渡河，取汾陰皮氏」。水經河水注：「周烈王十七年，魏文侯伐秦，至鄭，還築汾陰郃陽」。正義引括地志：「汾陰故城俗名殷湯城，在蒲州汾陰縣北也」。清一統志一四〇：「汾陰故城在（蒲州府）榮河縣北」。

垣

秦本紀：「昭襄王十五年，大良造白起攻魏，取垣，復予之。……十七年，秦以垣爲蒲坂皮氏。……十八年，錯攻垣」。張氏正義於十五年下注曰：「前秦取蒲坂，復以蒲坂與魏，魏以爲垣，今又取魏垣，復予之」。於十八年事注曰：「蓋蒲坂皮氏又歸魏，魏復以爲垣，今重攻取之也」。張氏非不知蒲坂皮氏與垣爲三地，特以本紀有秦以垣爲蒲坂皮氏一語而致誤，殊不知此語本爲訛文也。索隱曰：「爲當爲易，蓋字訛也」。始皇紀：「九年攻魏蒲垣陽」。魏世家：「武侯二年，城安邑王垣」。索隱：「紀年，十一年，城洛陽及安邑王垣。徐廣曰：垣縣有王屋山，故曰王垣」。正義引括地志：「故城漢垣縣，本魏王垣也。在絳州垣縣西北三十里」。清一統志一五五：「垣縣故城今（絳州）垣曲縣西」。

皮氏

秦本紀：「惠文君九年，渡河，取汾陰皮氏」。樗里子傳：「還擊皮氏，皮氏來降」。河渠書正義引括地志：「皮氏故城在絳州龍門縣西百三十步，自秦漢魏晉皮氏縣皆治此」。清一統志一五五：「皮氏故城在（絳州）河津縣西二里」。

平陽

左傳：昭二十八年，晉分羊舌氏之田以爲三縣，趙朝爲平陽大夫。平陽之爲縣，當始於此。趙世家：「惠文王二十七年，封趙豹爲平陽君」。楚策一：「蒲反平陽相去百里，秦人一夜而襲之，安邑不知」。項羽紀：「徙魏王豹爲西魏王，王河東，都平陽」。曹丞相世家：「生得魏王豹，取平陽」。……賜食邑平陽。清一統志一三八：「平陽故城在（平陽府）臨汾縣西南」。案始皇本紀：「十三年，桓齮攻趙平陽。……十四年，攻趙軍於平陽，取宜安。……桓齮定平陽武城」。正義引括地志云：「平陽故城在相州臨漳縣西二十五里」。此當別爲一平陽也。灌嬰傳：「擊破楚騎於平陽」。師古曰：「此平陽在東郡」。是又一平陽也。

襄陵

秦本紀：「昭襄王二十九年，王與楚王會襄陵」。集解：「河東有襄陵縣」。正義引括地志：「襄陵在晉州臨汾縣東南三十五里」。又引闞駰十三州志云：「襄陵，晉大夫犨邑也」。清一統志一三八：「襄陵故城在（平陽府）襄陵縣東南十五里」。魏世家：「文侯二十五年，齊伐我，取襄陵」。集解引徐廣曰：「今在南平陽縣」。蓋別一襄陵也。楚世家：「懷王六年，楚使柱國昭陽將兵而攻魏，破之於襄陵」。索隱：「縣名，在河東」。胡三省通鑑注亦以班志河東縣當之，然其時楚兵不能至於河東，亦別一襄陵也。

楊

左傳：昭二十八年，晉分羊舌氏之田爲三縣，僚安爲楊氏大夫。杜注：平陽楊氏縣。此縣蓋始於春秋之時。清一統志一三八：「楊氏故城在（平陽府）洪洞縣東南十五里。縣志云，楊城在縣東南范村」。酷吏郅都傳正義引括地志：「故楊城本秦楊國，漢楊縣城也。今晉州洪洞縣也。……秦及漢皆屬河東郡」。案：秦縣無以國名之者，括地志楊國之言或誤。

絳

齊策一：「秦欲攻梁絳安邑，秦得絳安邑以東下河，必表裏河，而東攻齊」。穰侯傳：「削晉國，秦兵不攻而魏必效絳安邑，又爲陶開道」。夫以安邑與絳共言，則絳其時爲縣明矣。清一統志一三八：「絳邑故城在（平陽府）曲沃縣西南」。

晉楊

趙世家：「趙孝成王二十年，秦拔我晉陽」。韓王信傳：「徙韓王信王太原，……都晉陽」。水經：「（汾水）東南過晉陽縣東」。注：「太原郡治晉陽城，秦莊襄王三年立」。清一統志一三六：「晉陽故城今（太原府）太原縣治」。

界休

元和郡縣志十六：「介休縣，本秦漢之舊邑，在介山西，因名之」。清一統志一四四：「介休故城在（汾州府）介休縣東南。……舊志云，在縣東南十五里」。

榆次

秦本紀：「莊襄王三年，蒙驁……攻趙榆次新城狼孟，取三十七城」。趙世家：「秦拔我榆次」。清一統志一三六：「榆次故城在（太原府）榆次縣西北。……舊州志云，漢縣城後魏時徙」。

茲氏

夏侯嬰傳：「至陳，卒定楚，至魯，益食茲氏」。水經文水注：「原公水出茲氏縣西羊頭山，東過其縣北，縣故秦置也」。清一統志一四四：「茲氏故城今（汾州府）汾陽縣治」。

狼孟

秦本紀：「莊襄王三年，蒙驁……攻趙榆次新城狼孟，取三十七城」。始皇本紀：「十五年，大興兵，……一軍至太原，取狼孟」。元和郡縣志十六：「狼孟故城在陽曲縣東北三十六里」。太平寰宇記四十同。清一統志一三六：「狼孟故城在（太原府）陽曲縣東北。……縣志，在縣東北六十里」。

鄔

曹相國世家：「從韓信擊趙相國夏說軍於鄔東，大破之」。地理志：「晉大夫司馬彌牟邑」。案左傳昭二十八年，晉分祁氏之田爲七縣，司馬彌牟爲鄔大夫。杜注，今太原鄔縣，則秦前已有此縣矣。清一統志一四四：「鄔縣故城在（汾州府）介休縣東北。……舊志，在縣北二十七里，今爲鄔城店」。

盂

左傳：昭二十八年，晉分祁氏之田爲七縣，孟丙爲盂大夫。杜注：今太原盂縣。地理志：「盂，晉大夫孟丙邑」。元和郡縣志十六：「故盂城，漢盂縣也。……在（陽曲）縣東北十里」。太平寰宇記四十同。清一統志一三六：「盂縣故城在（太原府）陽曲縣東北八十里」。

祁

左傳：襄二十一年，叔向曰，必祁大夫。杜注：祁奚食邑于祁，因以爲氏，祁縣屬太原。又昭二十八年，晉分祁氏之田爲七縣，賈辛爲祁大夫。東周策二：「敗韓魏，殺犀武，攻趙，取藺離石祁者，皆白起」。清一統志一三六：「祁縣故城在（太原府）祁縣東南」。

長子

趙策：「趙襄子出亡，問所之，曰長子城厚且完」。齊策五：「日者中山起兵而迎燕趙，南戰于長子，敗趙氏」。趙世家：「韓與我長子」。

水經濁漳水注：「（堯水）又東逕長子縣故城南，周史辛甲所封邑也。春秋襄公十八年，晉人執衞行人石買于長子，即是縣也；秦置上黨郡治此」。清一統志一四二：「長子故城在（潞安府）長子縣西」。

銅鞮

左傳：昭二十八年，分羊舌氏之田爲三縣，樂霄爲銅鞮大夫。杜注：上黨銅鞮縣。絳侯周勃世家正義引括地志云：「銅鞮故城在潞州銅鞮縣東十五里」。清一統志一五八：「銅鞮故城在（沁）州南」。沁州即今沁縣。

襄垣

漢書地理志補注七引寰宇通志：「襄垣縣在潞州城北九十里。本晉地，秦始置縣，以趙襄子所居，故名」。清一統志一四二：「襄垣故城在（潞安府）襄垣縣北。……縣志云，有故縣中里在縣西北四十里，故縣東里在縣北三十里」。

壺關

魏書地形志：「秦置上黨郡治壺關。前漢治長子」。清一統志一四二：「壺關故城在（潞安府）長治縣東南」。魏志所言與酈注水經異。當從水經注爲正。

高都

秦本紀：「莊襄王三年，蒙驁攻魏高都汲」。正義引括地志云：「高都故城今澤州是」。清一統志一四五：「高都故城在（澤州府）鳳台縣東北」。鳳台縣今爲晉城縣。西周策：『蘇代曰：「……代能爲君令韓不徵甲與粟於周，又能爲君得高都」。高注：「高都，韓邑，今屬上黨』。案代所云之高都，乃在河南，非上黨也，高注實誤。司馬彪郡國志，河南尹新城有高都城。水經伊水注：『伊水又北逕高都城東。徐廣史記音義曰：「今河南新城縣有高都城」。竹書紀年：「梁惠成王十七年，東周與鄭高都利」者也』。皆非蒙驁所取之高都也。

懷

秦本紀：「昭襄王四十一年，伐魏取邢丘懷」。集解引徐廣曰：「邢丘在平皋」。又引韓詩外傳：「武王伐紂，到于邢丘，勒兵于寗，更名邢丘曰懷，寗曰修武」。正義引括地志云：「平皋故城本邢丘邑，漢置平皋縣，在懷州武德縣東南二十里；故懷城，周之懷邑，在懷州武陟縣西十一里」。則懷與邢丘本非一地，外傳稱武王更名邢丘曰懷者，謬也。趙世家：「成侯五年，魏取我懷」。魏世家：「惠王二年，敗趙于懷」。范雎傳：「使五大夫綰伐魏，拔懷」。蓋懷於戰國時嘗屬趙魏，而後入秦也。傅寬傳：「從擊項籍，待懷」。清一統志二〇三：「懷縣故城在（懷慶府）武陟縣西南」。

汲

秦本紀：「莊襄王三年，蒙驁攻魏高都汲，拔之」。始皇紀：「七年，還兵攻汲」。魏世家：「無忌謂魏王曰，……城垝津，以臨河內，河內共汲必危」。清一統志二〇〇：「汲縣故城在（衞輝府）汲縣西南」。

武德

地理志，孟康注曰：「始皇東巡置，自以武德定天下」。清一統志二〇三：「武德故城在（懷慶府）武陟縣東南」。

山陽

始皇紀：「將軍鶩攻魏……山陽城」。又云：「嫪毐封爲長信侯，予之山陽地」。正義引括地志云：「山陽故城在懷州修武縣西北，大行山東南」。淸一統志二〇三：「山陽故城在（懷慶府）修武縣西北三十五里」。

河雍

太平寰宇記五十二：「孟州河陽縣，本周蘇忿生之邑，其城西臨黃河，即古盟津之地。秦爲河雍縣，漢爲河陽縣，以其在河之北爲名。……今縣西北三十里有古城，即漢理所。汲冢紀年，魏襄王二十四年，改宜陽曰河雍」。地理志，弘農郡有宜陽縣。然其地屬韓，魏王所更名者當非此地。寰宇記亦謂「河陽……後屬魏，魏襄王改爲河雍，至漢又爲河陽縣，蓋亦本紀年之說。若然，則紀年之宜陽或爲大河以北之河陽也。惟檢趙世家：「惠文王十一年，董叔與魏氏伐宋，得河陽於魏」。惠文王之時後於魏哀王，若河雍於哀王時已更名，則趙人所得者不當復曰河陽，疑莫能明也。淸一統志二〇三：「河陽故城在（懷慶府）孟縣西三十里」。

共

魏世家：「無忌謂魏王曰，城垝津，以臨河內，河內共汲必危」。田敬仲世家：「秦虜王建，遷之共」。淸一統志二〇〇：「共縣故城今（衞輝府）輝縣治」。

邢丘

秦本紀：「昭襄王四十一年，夏，攻魏取邢丘懷」。白起傳：「秦嘗攻韓，圍邢丘」。秦策三：「於是舉兵而攻邢丘，邢丘拔，而魏請附」。魏世家：「無忌謂魏王曰，秦固有懷茅邢丘」。則邢丘先屬韓魏而後歸秦。秦紀集解引徐廣曰：「邢丘在平皋」。似邢丘原非縣也。正義引括地志云：「平皋故城本邢丘邑，漢置平皋縣，在懷州武德縣東南二十里」。是平皋乃由邢丘所更名，徐氏之言非也。淸一統志二〇三：「平皋故城在（懷慶府）溫縣東，……府志，縣東二十里」。 15

朝歌

魏世家：「景湣王二年，秦拔我朝歌」。項羽紀：「立司馬卬爲殷王，王河內，都朝歌」。靳歙傳：「別之河內，擊趙將賁郝軍朝歌」。淸一統志二〇〇：「朝歌故城在（衞輝府）淇縣東北」。

脩武

地理志，河內郡屬縣第十一曰脩武。應劭曰：「晉始啓南陽，今南陽城是也；秦改曰脩武」。臣瓚曰：「韓非書，秦昭王越趙長平，西伐脩武，時秦未兼天下，脩武之名久矣」。師古曰：「瓚說是也」。項羽紀：「漢王逃，……渡河，走脩武」。曹相國世家：「至河內，下脩武」。正義：「今懷州獲嘉縣，古脩武也」。淸一統志二〇〇：「脩武故城今（衞輝府）獲嘉縣治。……縣志云，故城在縣城外西北」。

野王

白起傳：「昭襄王四十五年，伐韓之野王，野王降秦，上黨道絕」。始皇紀：「六年，拔衞，迫東郡，其君角率其支屬，徙居野王，阻其山以保魏之河內」。衞康叔世家：「元君十四年，秦拔魏東地，……更徙衞野王縣而并滎陽爲東郡」。清一統志二〇三：「野王故城今（懷慶府）河內縣治」。

軹

秦本紀：「昭襄王十六年，左更錯伐魏，取軹及鄧」。呂后紀正義引括地志云：「故軹城在懷州絳原縣東南十三里；七國時魏邑」。刺客聶政傳：「軹深井里人」。正義：「在懷州濟原縣南三十里」。清一統志二〇三：「軹縣故城在（懷慶府）濟源縣南十三里」。

蕩陰

魯仲連傳：「晉鄙救趙，畏秦止於蕩陰不進」。清一統志一九七：「蕩陰故城在今（彰德府）湯陰縣西南」。

雒陽

項羽本紀：「立申陽爲河南王，都雒陽」。正義引括地志云：「洛陽故城在洛州洛陽縣東二十六里，周公所築，即成周城也」。又引輿地志云：「成周之地，秦莊襄王以爲洛陽縣，三川守理之」。通鑒秦紀李由爲三川守，守滎陽。胡三省曰：「秦滅周，置三川郡，其治所當在洛陽，由蓋守滎陽以扞楚」。宋白曰：「秦立三川郡，初理洛陽，後徙滎陽」。全祖望曰：「予謂二家之言皆有誤，秦莊襄王元年，取韓滎陽，已置三川郡矣，不治滎陽而安治乎？其後或徙洛陽耳」。（漢書地理志稽疑三）案：韓世家：「桓惠王二十四年，秦拔我成皋滎陽」。桓惠王二十四年即秦莊襄王元年，秦於是年始置三川郡。據秦本紀則東周君先於是年盡入其地於秦。周本紀集解引徐廣曰：「周比亡之時，凡七縣，河南洛陽穀城平陰偃師鞏緱氏」。則洛陽已先入秦，不必待得滎陽始置郡也。此郡名三川，以有河洛伊三川也，若周地不得，則郡名尙不能立，遑論郡治。李由之守滎陽，正如胡氏所云爲扞禦楚兵，不得謂郡治即在其地。郡守得離郡治駐於屬縣，秦時非無此例，陳涉世家：「攻陳，陳守令皆不在」，即其証也。曹相國世家：「與南陽守齮戰陽城郭東」，而南陽郡治即不在陽城。宋白所謂初理洛陽，後徙滎陽，其說已屬牽强；全氏乃以復徙治洛陽，殆於理不可通。蓋沛公略地西行，殺李由於雍丘，由死後未久，秦祚即卒，何暇復改移郡治？宋白誠誤，全氏復致此謬，惟胡身之之說能得其實也。其字原作雒，後始改爲洛，師古曰：「魚豢云，漢火行忌水，故去洛水而加佳，如魚氏說，則光武以後改爲雒字也」。此蓋魚豢魏略之說，裴松之採之以注魏志，師古又承其說。然禹貢職方於豫州之川，皆作雒，魚氏附會其說，裴顏因而誤採，不可據也。清一統志二〇六：「洛陽故城在今（河南府）洛陽縣東北二十里」。

滎陽

韓世家：「桓惠王二十四年，秦拔我城皋滎陽」。陳涉世家：「吳廣圍滎陽，李由爲三川守，守滎陽」。項羽紀：「常乘勝逐北，與漢戰滎陽南京索間」。高祖紀：「楚騎走之滎陽」。又云：「漢王稍收士卒，……是以兵大振滎陽」。清一統志一八七：「滎陽故城在今（開封府）滎澤縣西南」。

京

申不害傳：「申不害者，京人也」。索隱：「按別錄云，今河南京縣」。項羽紀正義引括地志云：「京縣城在鄭州滎陽縣東南二十里，鄭之京邑也」。楚漢嘗苦戰於此。清一統志一八七：「京縣故城在今（開封府）滎陽縣東南」。

平陰

高祖紀：「沛公乃北攻平陰」。又云：「南渡平陰津，至河南新城」。樊噲傳：「噲遂至滎陽，益食平陰二千戶」。酈成侯傳：「東絕甬道，從出度平陰」。清一統志二〇六：「平陰故城在今(河南府)孟津縣東。……舊志云，有古城在縣西牛莊，……其北面崩於河，或是其處」。

陽武

始皇紀：「二十九年，始皇東游，至陽武博浪沙中，爲盜所驚」。曹相國世家：「從攻陽武」。陳丞相世家：「陳丞相平者，陽武戶牖鄉人也」。張丞相傳：「張丞相蒼者，陽武人也」。清一統志二〇三：「陽武故城在今（懷慶府）陽武縣東南，秦縣」。

緱氏

秦策一：「親魏善楚，下兵三川，塞轘轅緱氏之口」。白起傳：「昭襄王四十六年，秦攻韓緱氏藺」。曹相國世家：「下轘轅緱氏，絕河津」。絳侯周勃世家：「攻潁陽緱氏」。酈商傳：「攻緱氏」。元和郡縣志六：「緱氏縣……古滑國，其後屬晉，至秦漢爲縣。因山爲名」。清一統志二〇六：「緱氏故城在今（河南府）偃師縣南二十里。……舊志云，有故縣村，在今偃師縣西南十五里」。

卷

魏策一：「北有河外卷衍酸棗」。秦本紀：「昭襄王三十三年，客卿胡傷攻魏卷蔡陽長社取之」。始皇紀：「二年，麃公將卒攻卷」。絳侯周勃世家：「絳侯周勃者，沛人也，其先卷人。……以前至卷，破之」。正義引括地志云：「故卷城在鄭州原武縣西北七里。釋例地名云，卷縣所理雍垣城也」。清一統志二〇三：「卷縣故城在今（懷慶府）原武縣西北」。

鞏

韓策一：「韓北有鞏洛成臯之固」。秦本紀：「莊襄王元年，……使蒙驁伐韓，獻成臯鞏」。清一統志二〇六：「鞏縣故城在今（河南府）鞏縣西南。……舊志，故城在今縣西南三十里，周五里餘，城尙存」。

開封

韓世家：「釐王二十一年，使暴鳶救魏，爲秦所敗，鳶走開封」。高祖紀：「酈商爲將，將陳留兵，與偕攻開封，開封未拔」。曹相國世家：「西至開封，擊趙賁軍，破之，圍趙賁開封城中」。絳侯周勃世家：「攻開封，先至城下，爲多」。清一統志一八七：「開封故城在今（開封府）祥符縣南五十里」。案祥符今改爲開封。

宛陵

樊噲傳：「從攻宛陵，先登」。魏世家正義引括地志云：「宛陵故城在鄭州新鄭縣東北三十八里，本鄭萑縣也」。地理志作苑陵。郡國志作菀陵。清一統志一八七：「苑陵故城在今（開封府）新鄭縣東北。秦置縣。……案苑陵城新鄭及尉氏洧川三縣志並載，今以地度之，新鄭東北即洧川西北。漢以來之苑陵本在于此；唐武德四年，始移置於尉氏界」。

梁

水經汝水注：「（三里水）北出梁縣西北而東南流，逕其縣故城西、故罴狐聚也。地理志，秦滅西周，徙其君於此，因乃縣之。杜預曰，河南縣西南有梁城，即是縣也」。周本紀正義引括地志云：「汝州外古梁城即罴狐聚也」。是梁縣即因罴狐而置。清一統志二二五：「梁縣故城在（汝）州西」。又云：「罴狐聚在今汝州西北四十里」。誤分一地為二矣。

新鄭

始皇紀：「二十一年，新鄭反」。地理志：「新鄭，詩鄭國，鄭桓公之子武公所國；後為韓所滅，韓自平陽徙都之」。案新鄭前後為二國都城，秦人取其地，常無不置縣之理。清一統志一八七：「新鄭故城在今（開封府）新鄭縣北」。

濮陽

秦策五：「濮陽人呂不韋賈於邯鄲」。刺客傳：「濮陽嚴仲子」。衞康叔世家：「元君十四年，秦拔魏東郡。秦初置東郡，更徙衞野王縣，而并濮陽為東郡」。項羽紀：「西破秦軍濮陽東」。曹相國世家：「追至濮陽」。季布傳：「季布匿濮陽周氏」。水經瓠子河注：「河水舊東決逕濮陽城東北。……秦始皇徙衞君角于野王，置東郡治濮陽縣。濮水逕其南，故曰濮陽也。章邯守濮陽，環之以水」。清一統志二一五：「濮陽故城在今（大名府）開州西南二十里」。案開州今為濮陽縣。

聊城

魯仲連傳：「燕將攻下聊城，聊城人或讒之燕，燕將懼誅，或保守聊城，不敢歸。齊田單攻聊城，歲餘，士卒多死，而聊城不下。……聊城亂，田單遂屠聊城」。高祖紀：「擊聊城」。正義引括地志云：「故聊城在博州聊城縣西二十里，……秦漢皆為東郡之聊城也」。清一統志一六八：「聊城故城在今（東昌府）聊城縣西南五十里」。

茌平

元和郡縣志十一：「濟州治碻磝城，本秦東郡之茌平縣地」。清一統志一六八：「茌平故城在今（東昌府）茌平縣西。……縣志云，在縣西二十里」。

阿

田敬仲完世家：「威王……烹阿大夫」。項羽紀：「與齊田榮司馬龍且軍救東阿」。正義引括地志云：「東阿故城在濟州東阿縣西南二十五里，漢東阿縣城，秦時齊之阿地」。曹相國世家：「北救東阿」。王念孫曰：「阿上本無東字，此後人依漢書加之也。東阿故城在今穀陽縣東北，本戰國時齊邑。……漢時置東阿縣，故史記中或謂之阿或謂之東阿，索隱本出北救阿三字，注云，阿即東阿也。……正文內無東字甚明。……絳侯世家，擊秦軍阿下，亦不稱東阿」。（讀書雜志二史記第三）蓋秦時本名阿也。王先謙據項羽傳大破秦軍東阿，謂秦時已加東字，而以周勃傳之阿下為仍沿舊稱，殊非是。清一統志一六六：「東阿廢縣在（兗州府）陽穀縣東北五十里」。

須昌

水經濟水注：「濟水又北逕須句城西，城臨側濟水，故須句國也。……又北過須昌縣西，京相璠曰，須朐一國二城兩名，蓋遷都須昌，朐是其本。秦以爲縣」。清一統志一七九：「須昌故城在今（泰安府）東平州西北」。案東平州今爲東平縣。

白馬

灌嬰傳：「擊王武別將桓嬰白馬下」。高祖紀：「與秦將楊熊戰白馬」。正義引括地志云：「白馬故城在滑州衛南縣西南二十四里」。清一統志二〇〇：「白馬故城在今（衛輝府）滑縣東二十里」。

燕

秦策：「王又舉甲而攻魏，杜大梁之門，舉河內，拔燕酸棗虛桃人」。高注，燕，南燕也。始皇紀：「五年，將軍驁攻魏，定酸棗燕虛，皆拔之」。高祖紀：「與彭越復擊楚地燕郭西」。索隱：「故南燕國也，在東郡，秦以爲縣」。曹相國世家：「程處反於燕」。灌嬰傳：「擊破王武軍於燕西」。案地理志曰，東郡南燕，南燕國。王念孫曰：「上南字涉下南字而衍，國有南北燕，而縣無南北燕，可言南燕國，不可言南燕縣」。（讀書雜志四之六）是不惟秦地不曰南燕，卽漢時亦不以「南」稱也。清一統志二〇〇：「南燕故城在（衛輝府）延津縣北，故胙城東。……縣志，故址在縣東三十五里，俗呼爲城上」。

陳留

項羽紀：「沛公項羽去外黃，攻陳留，陳留堅守不能下」。酈食其傳：「夫陳留天下之衝，四通五達之郊也；今其城又多積粟；臣善其令，請得使之，令下足下。……遂下陳留」。太平寰宇記一：「秦始皇二十六年，置陳留縣」。清一統志一八七：「陳留故城今（開封府）陳留縣治」。

雍丘

六國表：「韓景侯虔元年，伐鄭取雍丘。」始皇紀：「五年，將軍驁攻魏，定酸棗……雍丘山陽城，皆拔之」。項羽紀：「西略地雍丘，大破秦軍，斬李由」。曹相國世家：「南救雍丘，擊李由軍，破之」。絳侯周勃世家：「擊李由軍雍丘下」。水經睢水注：「睢水又東逕雍丘縣故城北，……秦以爲縣。圈稱曰，縣有五陵之名，故以氏縣矣。城內有夏后祠，昔在二代，享祀不輟，秦始皇因築其表爲大城而以縣焉。」清一統志一八七：「雍丘故城今（開封府）杞縣治」。

酸棗

秦策：「杜大梁之門，舉河內，拔燕酸棗」。魏策：「北有河外卷衍酸棗」。魏世家：「文侯三十二年，伐鄭，城酸棗」。秦本紀：「五年，將軍驁攻魏，定酸棗，……拔之」。正義引括地志云：「酸棗故城在滑州酸棗縣北十五里，古酸棗城南」。通典一八〇州郡十：「秦拔魏置（酸棗）縣，漢因，以其地多酸棗，因以爲名」。清一統志二〇〇：「酸棗故城在（衛輝府）延津縣北十五里」。

襄邑

地理志，襄邑，師古注引圈稱云：「襄邑，宋地，本承匡襄陵鄉也。宋襄公所葬，故曰襄陵。秦始皇以承匡卑濕，故徙縣於襄陵，謂之襄邑縣」。灌嬰傳：「起陽武，至襄邑，擊項羽之將項冠於魯下」。靳歙傳：「起滎陽，至襄邑」。清一統志一九四：「襄邑故城在（歸德府）睢州西一里」。案睢州今爲睢縣。

外黃

項羽紀：「還攻外黃，外黃未下」。又云：「外黃令舍人兒往說項羽」。正義引括地志云：「故周城卽外黃之地，在雍丘縣東」。張耳傳：「嘗亡命外黃，外黃富人女甚美，……嫁之張耳，……張耳以故致千里客，乃宦魏爲外黃令」。彭越傳：「將其兵三萬餘人歸漢於外黃，……攻下睢陽外黃十七城」。樊噲傳：「擊破王武程處軍於外黃」。清一統志一八七：「外黃故城在（開封府）杞縣東」。

尉氏

太平寰宇記一：「秦始皇二年置尉氏縣」。清一統志一八七：「尉氏故城今（開封府）尉氏縣治」。

長垣

趙世家：「肅侯七年，公子刻攻魏首垣」。正義：「蓋在河北也」。春申君傳：「又幷蒲衍首垣以臨仁平邱」。水經濟水注：「濮渠東絕馳道，東逕長垣縣故城北，衞地也。故首垣矣。秦更從今名。……陳留風俗傳曰，縣有防垣，故縣氏之」。太平寰宇記二：「長羅縣城在（長垣）縣東北四十里，地理志秦滅魏以爲長垣縣。又武帝立兗州於滑台，置長垣縣」。誠如樂氏所言，則秦之長垣縣卽漢之長羅縣，而非長垣縣矣。清一統志三十五：「長垣故城在今（大名府）長垣縣東北。……明統志，秦長垣縣城在今縣西南三十五里，誤」。

平邱

春申君傳：「又幷蒲衍首垣以臨仁平邱」。索隱：「仁及平邱二縣名。……平邱屬陳留，仁闕」。清一統志三十五：「平邱故城在（大名府）長垣縣西南五十里」。

濟陽

蘇秦傳：「決白馬之口，魏無外黃濟陽」。春申君傳：「以臨仁平邱黃濟陽嬰城」。正義：「濟陽故城在曹州宛句縣西南」。夏侯嬰傳：「攻濟陽」。靳歙傳：「起宛朐，攻濟陽。……擊項悍濟陽下」。水經濟水注：「濟水東逕濟陽縣故城北。圈稱陳留風俗傳曰，縣故宋地也。竹書紀年，梁惠成王三十年城濟陽」。清一統志一八七：「濟陽故城在（開封府）儀封廳北。……舊志，在廳北五十里」。

大梁

地理志：「浚儀，故大梁，魏惠王自安邑徙此」。陳餘張耳皆此縣人也。水經渠水注：「（渠水）又東逕大梁城南，本春秋之陽武高陽鄉也；于戰國爲大梁。……後魏惠王自安邑徙都之，故曰梁耳。……秦滅魏以爲縣」。其改爲浚儀，當在梁孝王徙睢陽之後。清一統志一八七：「浚儀故城在今（開封府）祥符縣西北」。

陽翟

地理志：「陽翟，……周末韓景侯自新鄭徙此」。王先謙曰：「此景字誤也，哀侯之後，有懿侯昭侯，更後則稱王，或懿昭有徙都之事，班氏晉之字誤爲景耳」。項羽紀：「韓王成因故都，都陽翟」。則陽翟卽韓國末年之都。始皇紀：「十七年，內史騰攻韓，得韓王安，盡納其地，以其地爲郡，命曰潁川」。秦氏之潁川必因韓故都，而治於陽翟，則陽翟於其時亦必置縣矣。清一統志一八七：「陽翟故城今（開封府）禹州治」。案禹州今改禹縣。

昆陽

魏策一：「蘇子說魏王曰：大王之地，……南有許鄢昆陽邵陵舞陽新郪」。策三：「秦之葉陽昆陽與舞陽高陵鄰」。魏世家正義引括地志云：「昆陽故城在葉縣北二十五里」。曹相國世家：「擊羽嬰於昆陽」。

清一統志二一一：「昆陽故城卽今（南陽府）葉縣治」。

潁陽

高祖紀：「南攻潁陽，屠之」。（漢書本紀作潁川，非。潁川爲郡，漢兵不能盡屠之也。始皇紀亦作潁陽，是也）。絳侯周勃世家：「攻潁陽緱氏，絕河津」。清一統志二一八：「潁陽故城在（許）州城西」。許州今許昌縣。

長社

秦本紀：「昭襄王三十三年，客卿胡傷攻魏卷蔡陽長社，取之」。正義引括地志云：「長社故城在許州長社縣西一里」。絳侯周勃世家：「攻長社，先登」。樊噲傳：「從攻長社轘轅，絕河津」。清一統志二一八：「長社故城在今（許州）長葛縣西」。

襄城

秦本紀：「昭襄王七年，拔新城」。六國表：「楚懷王二十九年，秦取我襄城，殺景缺」。正義引括地志云：「許州襄城縣卽古新城縣也」。項羽紀：「項梁前使項羽攻襄城，襄城堅守不下，已拔，皆坑之」。元和郡縣志七：「汝州襄城縣，本秦舊縣，漢因之」。又云：「汝水逕縣南，……縣理廢汝州城，卽古襄城，楚靈王所築」。則此縣不始於秦矣。清一統志二一八：「襄城故城在今（許州）襄城縣西。……舊志，古城在今縣西墉外，遺蹟迤亙，達於城隅」。

舞陽

魏策一：「南有許鄢昆陽邵陵舞陽新郪」。策三：「秦之葉陽昆陽與舞陽高陵鄰」。清一統志二一一：「舞陽故城在今（南陽府）舞陽縣西」。

許

秦策四：「梁氏寒心，許鄢陵嬰城，上蔡召陵不往來也」。魏策一：「蘇子說魏王曰，大王之地，……南有許鄢昆陽邵陵舞陽新郪」。陳涉世家：「銍人徐伍將兵居許，章邯擊破之」。讀史方輿紀要四十七：「許昌城在許州東三十里，秦許縣，屬潁川，……漢仍曰許縣」。清一統志二一八：「許昌故城在今（許）州城西南」。

父城

太平寰宇記八：「葉縣，古應侯之國，後爲楚地，秦爲父城縣，屬南陽郡」。清一統志二二五：「父城故城在今（汝州）寶豐縣東四十里。……縣志，今縣東有父城保」。

陽城

高祖紀：「絕河津南，戰雒陽東，軍不利，還至陽城」。韓王信傳：「沛公引兵擊陽城」。又云：「韓信急擊韓王昌陽城」。陳涉世家：「陳勝者，陽城人也」。又云：「陽城人鄧說將兵居郯」。地理志汝南潁川皆有陽城，而在汝南者爲侯國，此當爲潁川之陽城也。樊噲傳：「破南陽守齮於陽城」。曹相國世家：「戰陽城郭東，陷陳」。集解引徐廣曰：「陽城在南陽」。又引應劭曰：「今堵陽」。檢地理志，堵陽，莽曰陽城。徐應二氏蓋以秦之陽城即莽所改堵陽之新名，因有此誤。而吳卓信則謂「堵陽本秦陽城縣，漢始改名，莽復故也」。（漢書地理志補注十四）則又因徐應之誤而謬爲之說也。錢坫曰：「在今登封縣東南二十八里。通典，告成縣漢陽城縣也」。（新斠注地理志四）

平輿

始皇紀：「二十三年，秦王復召王翦，彊起之，使將擊荊，取陳以南至平輿，虜荊王」。王翦傳：「李信攻平輿」。水經汝水注：「（黃陵陂）又東逕平輿縣故城南。……後楚以爲縣」。清一統志二一六：「平輿故城在今（汝寧府）汝陽縣東南六十里」。案汝陽縣今改汝南縣。

汝陰

陳涉世家：「令汝陰人鄧宗徇九江郡」。清統一志一二八：「汝陰故城今（潁州）府治」。潁州府治今爲阜陽縣。

期思

水經淮水注：「（淮水）又東逕期思縣北，縣故蔣國，周公之後也。春秋文公十年，楚滅之以爲縣」。清一統志二二二：「期思故城在今（光州）固始縣西北」。

召陵

秦策四：「王以十成鄭，梁氏寒心，許鄢陵嬰城，上蔡召陵不往來也」。魏策三：「若道河外，背大梁而右上蔡召陵，以與楚兵決於陳郊」。秦本紀：「惠文王十四年，伐楚取召陵」。清一統志二一八：「召陵故城在（許州）郾城縣東三十五里」。

上蔡

楚策四：「秦果舉鄢郢巫上蔡陳之地」。李斯傳：「楚上蔡人也」。陳涉世家：「以上蔡人房君賜爲上柱國」。清一統志二一六：「上蔡故城在（汝寧府）上蔡縣西」。

寢

王翦傳：「蒙恬攻寢，大破荊軍」。集解引徐廣曰：「今固始寢丘」。索隱：「固始縣屬淮陽，寢丘，地名也」。案寢即地志汝南之寢縣。清一統志一九一：「寢邱故城在（陳州府）沈邱縣東南。……縣志曰，故城在縣東南三十里」。

項

項羽紀：「項氏世世爲楚將，封於項」。正義引括地志：「今陳州項城縣即古項子國也」。元和郡縣志九：「項城縣，……楚襄王徙都陳，以項爲別都，按此城即楚築」。則項之爲縣，遠在戰國時矣。清一統志一九一：「項縣故城在（陳州府）項城縣東北」。

新陽

陳涉世家：「陳王故涓人將軍呂臣爲倉頭軍，起新陽」。正義引括地志云：「新陽故城在豫州眞陽縣西南四十二里漢新陽縣城」。應劭曰，「在新水之陽」。高祖六年以新陽封呂靑，則新陽當爲秦時故縣。清一統志二二八：「新陽故城在（潁州府）太和縣西北。……縣志云，有信陽城，在縣西北六十里，即古新陽之訛也」。

宛

西周策：「韓慶爲西周謂薛公曰，君以齊爲韓魏攻楚，九年而取宛葉以北，以强韓魏」。魏策四：「君攻楚得宛穰以廣陶」。秦本紀：「昭襄王十五年，攻楚取宛。……十六年，封公子市宛。……二十一年，涇陽君封宛。……二十二年，與楚王會宛」。韓世家：「釐王五年，秦拔我宛」。水經淯水注：「淯水又南逕宛城東，其城故申伯之都，楚文王滅申以爲縣也。秦昭襄王使白起爲將伐楚，取郢，即以此地爲南陽郡，改縣曰宛」。酈氏謂此縣始於楚，其說誠是；第謂至秦而後改名爲宛，則似非矣。楚策三：「蔡厲謂宛公昭鼠曰，王欲昭雎之乘秦也，必分公兵以益之」。楚之縣令爲公，策文旣著宛公之姓氏，則不惟其地爲縣，且知楚時已有宛名，非秦所更也。清一統志二一一「宛縣故城即今南陽縣治」。

犨

高祖紀：「與南陽守齮戰犨東」。曹相國世家：「從南攻犨」。樊噲傳：「攻秦軍於犨」。清一統志二二五：「犨縣故城在（汝州）魯山縣東南五十里」。

山都

水經：「沔水又東過山都縣東北」。注：「沔南有故城，城側沔川，即新野山都縣治也。舊南陽之赤鄉也。秦以爲縣」。清一統志三四七：「山都故城在（襄陽府）棗陽縣西北，秦置縣」。

蔡陽

秦本紀：「昭襄王三十三年，客卿胡傷攻魏卷蔡陽長社，取之」。正義引括地志云：「蔡陽，今豫州上蔡水之陽，古城在豫州北七十里」。清一統志三四七：「蔡陽故城在（襄陽府）棗陽縣西南」。

筑陽

水經沔水注：「筑水又東逕筑陽縣故城南，縣故楚附庸也，秦平鄢郢，立以爲縣」。清一統志三四七：「筑陽故城在（襄陽府）穀城縣東」。

穰

秦本紀：「昭襄王二十四年，與楚王會鄢，又會穰」。韓世家：「襄王十一年，秦伐我，取穰」。正義引郭仲產南雍州記：「楚之別邑，秦初侵楚，封公子悝爲穰侯，後屬韓，秦昭王取之也」。案秦本紀，公子悝封於鄧，郭氏葢誤引之矣。穰侯傳：「乃封魏冉於穰，復益封陶，號曰穰侯」。酈商傳：「從攻下宛穰，定十七縣」。漢書韓王信傳：「項籍之封諸王，皆就國，韓王成以不從無功，不遣之國，更封爲穰侯」。水經淯水注：「朝水又東南逕穰縣故城南，楚別邑也。秦拔鄢郢，即以爲縣，秦昭王封相魏冉爲侯邑」。清一統志二一一：「穰縣故城在（南陽府）鄧州外東南隅」。鄧州今爲鄧縣。

酇

高祖紀：「過番君別將梅鋗，與皆降析酇」。師古曰：「析酇，二縣名……酇即菊潭縣也」。樊噲傳：「攻宛城，先登；西至酇」。正義：「在鄧州新城縣西北四十里」。清一統志二一一：「酇縣故城在（南陽府）內鄉縣東北。……縣志，今縣北十里有栗城，即酇城之譌」。

隨

水經：「溳水東南過隨縣西」。注：「縣故隨國矣。春秋所謂漢東之國隨爲大者也。楚滅之，以爲縣」。清一統志三四三：「隨縣故城今隨州治」。隨州今隨縣。

鄧

秦策四：「韓魏聞楚之困，乃南襲至鄧」。秦本紀：「昭襄王二十八年，大良造白起攻楚，取鄢鄧，赦罪人遷之」。水經淯水注：「（淯水）南過鄧縣東，縣故鄧侯吾離之國，楚文王滅之，秦以爲縣」。清一統志三四七：「鄧縣故城在（襄陽府）襄陽縣北」。

魯陽

左傳，昭公二十九年，蔡墨曰，劉累學擾龍，夏后使求之，懼而遷於魯縣」。杜注，今魯陽縣也。地理志亦曰，「魯陽……古魯縣，御龍氏所遷」。當因左氏之舊說。惟此魯縣始置之時已不可考矣。魯陽之名，戰國之時即已有之，故楚世家謂：「魏取我魯陽」也。正義引括地志云：「汝州魯山，本漢魯陽縣也」。呂氏春秋及淮南子皆載有魯陽公與韓搆戰之事，案楚之縣令稱公，故知戰國之時魯陽已爲縣矣。秦漢二代當仍楚人之舊。清一統志二二五「魯陽故城即今（汝州）魯山縣治」。

湖陽

高祖紀：「還攻胡陽」。索隱引韋昭曰：「南陽縣也」。地理志作湖陽，湖胡通用。清一統志二一一：「湖陽故城在今南陽府唐縣南八十里……秦置湖陽縣」。唐縣今爲唐山縣。

江陵

地理志：「江陵，故楚郢都，楚文王自丹陽徙此；後九世，平王城之；後十世，秦拔我郢，徙東（陳）」。秦本紀：「昭襄王二十九年，大良造白起攻楚，取郢爲南郡」。則秦未得郢之前，其地尚無江陵之稱，秦人拔取之後，始錫以新名。故項羽紀：「立(共)敖爲臨江王，都江陵」。太平寰宇記一二六：「江陵縣，漢舊縣，屬南郡。史記曰，江陵故郢都。……秦昭王二十五年，白起攻楚取郢都，置南郡，分爲江陵縣」。惟水經江水注則云：「江水又東逕江陵縣故城南。……漢景帝二年改爲江陵縣」。與史文異矣。全祖望曰：「秦置南郡，即治江陵，高帝元年改郡曰名臨江，以封共敖，而本表曰都江陵，高帝五年復曰南郡。景帝二年又曰臨江郡，以封子榮，中二年復爲南郡。蓋郡名有更易，縣名無改移，注非是」。清一統志二四四：「江陵故城即今荆州府治」。荆州府治今江陵縣。

夷陵

秦策三：「白起率數萬之師，以與楚戰，一戰舉鄢郢，戰再燒夷陵」。策四：「頃襄王二十年，秦白起拔楚西陵，或拔鄢郢夷陵」。白起傳：「攻楚拔郢，燒夷陵」。正義：「夷陵，今硤州郭下縣」。清一統志三五〇：「夷陵故城在今宜昌府東湖縣東，按夷陵故城有四，此晉宋以前故城也」。東湖縣今宜昌縣。

鄢

地理志：「宜城，故鄢，惠帝三年更名」。案：鄢爲楚舊縣，秦本紀：「昭襄王二十四年，與楚王會鄢」。又云：「二十八年，大良造白起攻楚，取鄢鄧」。水經沔水注：「（鄢水）自新陂東入城，城故鄢郢之舊都，秦以爲縣」。清一統志三四七：「宜城故城在今襄陽府宜城縣，本楚鄢地，秦置鄢縣」。

邔

水經：「沔水又南過邔縣東北」。注：「縣故楚邑也，秦以爲縣」。清一統志三四七：「邔縣故城在今襄陽府宜城縣東北，本楚邑，秦置縣」。

鄀

楚世家：「昭王十二年，吳復伐楚，取番，楚恐，去郢，北徙都鄀」。水經沔水注：「沔水又逕鄀縣故城南，古鄀子之國也……楚滅之以爲縣邑，……秦以爲縣」。清一統志三四七：「若縣故城在今（襄陽府）宜城縣東南。……秦置縣」。

巫

秦本紀：「昭襄王三十年，蜀守若伐取巫郡及江南爲黔中郡」。水經沔水注：「江水又東逕巫縣故城南，縣故楚之巫郡也；秦省郡立縣，以隸南郡」。清一統志三九八：「巫縣故城在今夔州府巫山縣東」。

竟陵

楚策一：「張儀爲秦破從連橫，說楚王曰，……扞關驚，則從竟陵以東盡城守矣」。六國表：「秦昭王二十九年，白起擊楚，拔郢，更東至竟陵以爲南郡」。水經沔水注：「巾水又西逕竟陵縣北，西注揚水，謂之巾口。水西有古竟陵大城，……昔白起拔郢，東至竟陵，卽此也。秦以爲縣」。清一統志三四二：「竟陵故城在今安陸府天門縣西北，本楚地，秦置縣」。

邾

地理志：「邾，衡山王吳芮都」。水經沔水注：「江水又東逕邾縣故城南。楚宣王滅邾，徙居於此，故曰邾也」。清一統志三四〇：「邾縣故城在今黃州府治」。黃州府治今黃岡縣。

居巢

項羽紀：「居鄛人范增」。清一統志一二三：「居巢故城在今廬州府巢縣東北五里……秦爲居巢縣」。

壽春

地理志：「壽春邑，楚考烈王自陳徙此」。項羽紀：「劉賈軍從壽春並行，屠城父」。荊燕世家：「劉賈南渡淮，圍壽春」。水經淮水注：「（淮水）又東北流逕壽春縣故城西，縣卽楚考烈王自陳徙此。秦始皇立九江郡治此，兼得廬江豫章之地，故以九江名郡」。太平寰宇記一二九：「壽春縣，本楚縣也。戰國時屬楚。……爲秦所滅，以壽春爲縣，屬九江郡」。淸一統志一二六：「壽春故城今（鳳陽府）壽州治，本楚邑，秦置縣。」壽州今爲壽縣。

陰陵

項羽紀：「項羽自垓下夜馳渡淮，至陰陵，迷失道，左陷大澤」。正義引括地志云：「陰陵縣故城在濠州定遠縣西北六十里」。淸一統志一二六：「陰陵故城在（鳳陽府）定遠縣西北，故秦縣。」

歷陽

項羽紀：「歷陽侯范增曰，漢易與耳，今釋弗取，後必悔之」。灌嬰傳：「盡得其軍將吏，下東城歷陽」。淸一統志一三一：「歷陽故城卽今和州治，秦置」。和州今爲和縣。

鍾離

絳侯周勃世家：「賜與潁陽侯共食鍾離」。水經淮水注：「（淮水）又東過鍾離縣北。……應劭曰，縣故鍾離子國也，楚滅之，以爲縣」。淸一統志一二六：「鍾離故城在今鳳陽府鳳陽縣」。

東城

項羽紀：「項羽乃復引兵而東，至東城」。正義引括地志云：「東城縣故城在濠州定遠縣東南五十里」。陳涉世家：「葛嬰至東城，立襄彊爲楚王」。灌嬰傳：「將車騎別追項籍至東城」。淸一統志一二六：「東城故城在今鳳陽府定遠縣東南，秦置縣」。

昌邑

高祖紀：「沛公引兵西，遇彭越昌邑，……幷攻昌邑」。彭越卽此縣之人，見越本傳。元和郡縣志十一：「昌邑故城在（金鄉）縣西北四十二里」。淸一統志一八三：「昌邑故城在（濟寧州）金鄉縣西北四十里，本秦縣」。

成武

曹相國世家：「從攻東郡尉軍，破之成武南」。絳侯周勃世家：「定魏地，攻東郡尉於城武，破之」。城武卽成武，城成字通。淸一統志一八一：「曹州府城武縣，……秦置成武縣」。

胡陵

秦策四：「魏氏將出兵而攻留方與銍胡陵碭蕭相。故宋必盡」。項羽紀：「秦嘉軍敗走，追至胡陵」。又云：「項王聞之，……南從魯出胡陵」。曹相國世家：「將擊胡陵方與」。樊噲傳：「從攻胡陵方與，…屠胡陵」。地理志胡陵作湖陵。太平寰宇記十四：「湖陵故城，秦漢爲縣，今廢城在（魚臺）縣東南一里，湖陵蓋字偏傍誤爾」。淸一統志一八三：「湖陵故城在（濟寧州）魚臺縣東南六十里，與江南沛縣接界。戰國時，宋湖陵邑，秦置縣」。

東緡

絳侯周勃世家：「定魏地，攻爰戚東緡」。清一統志一八三：「東緡故城在今（濟寧州）金鄉縣東北二十里」。

方與

秦策四：「魏氏將出兵而攻留方與……」。楚世家：「魏之東外棄而大宋方與二郡者舉矣」。高祖紀：「沛公還軍亢父，至方與。周市來攻方與」。陳涉世家：「（秦嘉）引兵至方與，欲擊秦軍定陶下」。曹相國世家：「將擊胡陵方與」。樊噲傳：「從攻胡陵方與」。清一統志一八三：「方與故城在今（濟寧州）魚臺縣北，春秋時宋之方與邑，……秦置方與縣」。

單父

高祖紀：「單父人呂公善沛令」。絳侯周勃世家：「得單父令」。清一統志一八一：「單父故城在（曹州府）單縣南一里：秦置單父縣」。

都關

絳侯周勃世家：「追至濮陽，下甄城，攻都關」。清一統志一八一：「都關故城在今（曹州府）濮州東南。秦置縣」。濮州今爲濮縣。

爰戚

曹相國世家：「擊章邯車騎，攻爰戚，及亢父」。索隱：「蘇林云，爰戚，縣名，屬山陽」。正義：「今在兗州南，近亢父縣」。漢書參傳作轅戚。絳侯周勃世家：「定魏地，攻爰戚東緡」。清一統志一三八：「爰戚故城在今（濟寧州）嘉祥縣西南，秦縣也」。

瑕丘

項羽紀：「瑕邱申陽者，張耳嬖臣也」。案：漢書羽傳作瑕邱公申陽，則申陽乃瑕邱之縣令也。文穎以瑕邱爲姓，申陽爲名，殊非是。樊噲傳：「攻鄒魯瑕邱薛」，固明示瑕邱爲縣矣。錢坫曰：「瑕邱在今兗州府城西二十五里」。（新斠注地理志六）

定陶

穰侯傳：「乃封魏冉於穰，復益封陶」。索隱：「陶即定陶也」。始皇紀：「破項梁定陶」。項羽紀：「沛公項羽乃攻定陶，定陶未下。……項梁起東阿，西北至定陶，再破秦軍。……秦果悉起兵益章邯，擊楚軍，大破之定陶」。正義：「定陶，曹州城也」。高祖紀：「立建成侯彭越爲梁王，都定陶」。清一統志一八一：「定陶故城在（曹州府）定陶縣西北四里」。

宛朐

絳侯周勃世家：「襲取宛朐」。靳歙傳：「以中涓從，起宛朐」。盧綰傳：「陳豨者，宛朐人也」。正義：「宛朐曹州縣也。太史公云，豨，梁人。按，宛朐六國時屬梁」。地理志作冤句。吳卓信曰：「古通用也」。（漢書地理志補注二十）清一統志一八一：「冤朐故城在（曹州府）菏澤縣西南」。

成陽

項羽紀：「項梁使沛公及項羽別攻城陽」。高祖紀：「乃道碭至成陽杠里」。集解：「駰案漢書音義曰，道由碭也。成陽杠里二縣名」。索濮：「成陽，縣名，在濟陰。韋昭云，在潁川，非也」。錢大昕曰：「成陽，漢書作陽城，故韋昭以陽城當之，當從史記作成陽爲是」。又云：「（項羽紀）城陽當作成陽，縣名，屬濟陰，非齊之城陽國也」。（廿二史考異一）

相

秦策四：「魏氏將出兵而攻……蕭相，故宋必盡」。高祖紀：「別將司馬尼將兵北定楚地，屠相，至碭」。正義引括地志云：「故相城在徐州符離縣西北九十里」。灌嬰傳：「降留薛沛酇蕭相」。水經睢水注：「（睢水）又東過相縣南。……相縣故宋地也。秦始皇二十三年以爲泗水郡，漢高祖四年改曰沛郡，治此」。清一統志一二六：「相縣故城在今鳳陽府宿州西北，秦置相縣」。宿州今宿縣。

竹邑

曹相國世家：「還定竹邑相蕭留」。正義引括地志云：「徐州符離縣城，漢竹邑城也」。靳歙傳：「南至蘄竹邑」。地理志作竹，當爲漢世所改。清一統志一二六：「竹邑故城在（鳳陽府）宿州北」。

蕭

項羽紀：「項王乃西從蕭晨擊漢軍」。高祖紀：「沛公引兵西，與戰蕭西」。彭越傳：「楚命蕭公角將兵擊越」。清一統志一〇一：「蕭縣故城在今徐州府蕭縣西北。……秦置蕭縣」。

銍

陳涉世家：「乃令符離人葛嬰將兵徇蘄以東，攻銍酇苦柘譙，皆下之。……銍人伍許將兵居許。……銍人董緤……等皆特起將兵圍東海。……初陳王至陳，令銍人宋留將兵定南陽」。清一統志一二六：「臨渙故城，在（鳳陽府）宿州西南。春秋時，宋銍邑，秦置銍縣」。

下蔡

甘茂傳：「甘茂者，下蔡人也。事下蔡史舉先生」。又云：「夫史舉下蔡之監門也」。清一統志一二六：「下蔡故城在（鳳陽府）鳳臺縣北三十里」。

譙

陳涉世家：「乃令……葛嬰將兵徇蘄以東，攻銍酇苦柘譙，皆下之」。灌嬰傳：「攻苦譙」。清一統志一二八：「譙縣故城今（潁州府）亳州治，秦置譙縣」。亳州今亳縣。

蘄

陳涉世家：「收而攻蘄，蘄下」。項羽紀：「乃請蘄獄掾曹告書抵櫟陽掾司馬欣，以故事得已」。靳歙傳：「至蘄竹邑」。元和郡縣志十：「蘄縣，本秦舊縣，漢屬沛」。清一統志一二六：「蘄縣故城在（鳳陽府）宿州南，本楚邑，秦置縣」。

滕

夏侯嬰傳：「賜爵封轉爲滕公」。正義：「滕即公丘故城是，在徐州滕縣西南十五里」。地理志公丘故滕國。水經泗水注：「公丘（滕）縣故城在滕西北，城周二十里，內有子城。按地理志即滕也。……秦以爲縣」。元和郡縣志十：「公丘故城在（滕）縣西南十五里，夏侯嬰初爲滕令，故號滕公。按此時高祖未立屬縣，故滕爲秦縣，至武帝改爲公丘縣」。清一統志一六六：「滕國舊城在（兗州府）滕縣西南十四里。……秦爲滕縣，漢置公丘縣」。

符離

陳涉世家：「乃令符離人葛嬰將兵徇蘄以東」。又云：「符離人朱雞石」。元和郡縣志十：「符離縣，本秦舊縣，漢屬沛郡」。清一統志一二六：「符離故城今（鳳陽府）宿州治，本楚邑，秦置縣」。

沛

高祖紀：「沛豐邑中陽里人」。又云：「單父人呂公善沛令，避仇，從之客，因家沛焉。沛中豪傑吏聞令有重客，皆往賀。……劉季數讓，衆莫敢爲，乃立季爲沛公」。蕭何曹參王陵周勃樊噲周緤皆此縣人，各見本傳。水經：「（泗水）又東過沛縣東」。注：「于秦爲泗水郡治」。元和郡縣志十：「沛縣，本秦舊縣，泗水郡理于此；蓋取沛澤爲縣名。縣理城即秦沛縣城也」。清一統志一〇一：「沛縣故城在（徐州府）沛縣東，……秦置沛縣」。

芒

高祖紀：「隱於芒碭山澤巖石之間」。元和郡縣志八：「永城縣，因隋舊縣，本秦芒縣地，漢不改」。清一統志一九四：「芒縣故城在（歸德府）永城縣東北，秦縣。……縣志，故芒城俗呼大睢城，在縣東北甫城鄉」。

城父

始皇紀：「二世益遣長史司馬欣董翳佐章邯擊盜，殺陳勝城父」。項羽紀：「劉賈軍從壽春並行，屠城父」。清一統志一二八：「城父故城在（潁州府）亳州東南」。

酇

陳涉世家：「（葛嬰）攻銍酇苦柘譙皆下之」。元和郡縣志八：「酇縣，秦漢舊縣，屬碭郡，漢屬沛郡」。清一統志一九四：「酇縣故城在（歸德府）永城縣西南。……秦置酇縣。……縣志，今爲酇縣鄉」。

栗

項羽紀：「章邯軍至栗」。高祖紀：「遇彭越昌邑，因與俱攻秦軍，戰不利，還至栗」。絳侯周勃世家：「攻爰戚東緡以往至栗，取之」。清一統志一九四：「栗縣故城今（歸德府）夏邑縣治」。

鄴

魏策三：「若道河內，倍鄴朝歌，絕漳滏之水，而以與趙兵決勝於邯鄲之郊」。魏世家：「（文侯）任西門豹守鄴，而河內稱治」。始皇紀：「十一年，王翦桓齮楊端和攻鄴，取九城」。又云：「取鄴安陽」。靳歙傳：「降鄴，從攻朝歌邯鄲」。清一統志一九七：「鄴縣故城在（彰德府）臨漳縣西」。

鉅鹿

始皇紀：「二世二年，章邯北渡河，擊趙王歇等於鉅鹿」。項羽紀：「趙歇爲王，陳餘爲將，張耳爲相，皆走入鉅鹿城，章邯令王離涉間圍鉅鹿」。水經濁漳水注：「衡水又北逕鉅鹿縣故城東，……鉅鹿郡治，秦始皇二十五年，滅趙以爲鉅鹿郡」。清一統志三十：「鉅鹿故城今（順德府）平鄉縣治」。

曲陽

灌嬰傳：「降曲逆盧奴上曲陽安國安平」。水經滱水注：「其水又東逕上曲陽縣故城北。……秦罷井田，因以爲縣。城在山曲之陽，是曰曲陽，有下故此爲上矣」。案讀齋印譜有秦「曲陽左衛印」，則秦時之縣自名曲陽，不加上字也。其加上字者，當爲漢制。清一統志五十五：「上曲陽故城在定州（曲陽縣）西。……舊志，在今縣西四里」。

棘蒲

靳歙傳：「從攻安陽以東至棘蒲，下七縣」。清一統志五十一：「棘蒲故城今（趙）州治」。趙州今趙縣。

鄗

趙策二：「先時中山……引水圍鄗，非社稷之神靈，即鄗幾不守」。燕策三：「王大怒，……令栗腹以四十萬攻鄗，……趙使廉頗以八萬遇栗腹於鄗」。信陵君傳：「趙王以鄗爲公子湯沐邑」。淮陰侯傳：「一旦而失之，軍敗鄗下」。清一統志五十一：「鄗縣故城在（趙州）柏鄉縣北」。

厝

太平寰宇記五十八：「清河縣……秦爲厝縣，漢爲信成縣，屬清河郡。……故城在今縣西北」。案記又云：「厝縣在淸陽縣東南三十里」。是秦漢厝縣本不相同也。清一統志三十三：「信成故城在（廣平府）清河縣西北」。若漢之厝縣則在東昌府清平縣南，未可混爲一也。

范陽

張耳陳餘傳：『引兵東北擊范陽。范陽人蒯通說范陽令曰：「竊聞公之將死，故弔；雖然，賀公得通而生」。范陽令曰：「何以弔之」？對曰：「秦法重，足下爲范陽令十年矣，殺人之父，孤人之子」。……』漢書蒯通傳：「蒯通，范陽人也」。師古曰：「涿郡之縣也，舊屬燕。通本燕人，後游於齊，故高祖云齊辯士蒯通也」。錢大昕曰：「此范陽注家不詳所在，師古以涿郡之范陽實之，因謂通本燕人，後游於齊，此不考地理而妄爲之說也。方武臣等自白馬渡河，纔下十城，安能遠涉燕地？且范陽既降之後，趙地不戰而下者三十餘城，然後乃至邯鄲，武臣乃自立爲趙王，然後命韓廣略燕地，豈容未得邯鄲以前已抵涿郡乎？然則蒯生所居之范陽當屬何地？曰淮陰侯傳稱齊人蒯通，又稱齊辯士，則范陽必齊地矣。漢志東郡有范縣，此卽齊之西境，孟子自范之齊，謂此地也。趙世家云，嬴姓將大敗周人于范魁之西，小司馬謂范魁趙地，然則此范陽蓋在齊趙之界，本齊地亦可屬趙也」。（廿二史考異五）案錢說是也。今以其與涿郡之縣同名，故列於此。元和郡縣志二十二：「范陽故城，秦范陽縣也。在（易縣）東南六十二里」。蓋亦以涿郡漢縣當之矣。

武垣

趙世家：「孝成王七年，武垣令傅豹王容蘇射率燕衆，反燕地」。正義引括地志云：「武垣故城今瀛州城是也」。曹相國世家：「擊魏王於曲陽，追至武垣」。太平寰宇記六十六：「武垣故城在郡（瀛州）西南三十八里，有故城存，即秦所置」。清一統志二十二：「武垣故城在今（河間府）河間縣西南。……府志，在縣西南三十五里肅寧縣境內，去縣東南僅十餘里，有內外二城，外城周四十里，內城可十六里，俗名元城，遺址見在」。

南皮

項羽紀：「成安君陳餘棄將印去，不從入關，然素聞其賢，有功於趙，聞其在南皮，故因環封三縣」。正義引括地志云：「故南皮城在滄州南皮縣北四里」。清一統志二十五：「南皮故城在今（天津府）南皮縣東北，秦置縣」。

平原

項羽紀：「田榮不勝，走至平原，平原民殺之」。曹相國世家：「攻著漯陰平原鬲盧」。正義引括地志云：「平原故城在德州平原縣東南十里」。清一統志一六三：「平原故城在今（濟南府）平原縣南」。吳卓信曰：「平原……秦始置縣，屬齊郡；漢爲平原郡治，水經，河水北逕平原縣故城東是也。今濟南府平原縣南張官店有故城，北距管輅墓十里，南距古高唐城五十里，與魏志十三州記所載道里符合，其爲故平原郡縣之城無疑」。（漢書地理志補注二十八）

鬲

曹相國世家：「攻著漯陰平原鬲盧」。正義引括地志云：「故鬲城，在德州安德縣西北十五里」。清一統志一六三：「鬲縣故城在（濟南府）德州北」。德州今德縣。

漯陰

曹相國世家：「攻著漯陰」。清一統志一六三「漯陰故城在（濟南府）臨邑縣西」。

千乘

田儋傳：「灌嬰破殺齊將田吸於千乘」。正義：「千乘故城在淄州高苑縣北二十五里」。清一統志一七一：「千乘故城在（青州府）高苑縣北二十五里」。

狄

陳涉世家：「周市北徇地至狄，狄人田儋殺狄令，自立爲齊王，以齊反擊周市。」師古注漢書：「（狄），縣名也，後漢安帝時更名臨濟」。田儋傳正義：「淄州高苑縣西北北狄故縣城」。清一統志一七一：「臨濟故城在（青州府）高苑縣西北，本齊之狄邑也。……漢置狄縣，（後漢）改曰臨濟」。惟考始皇紀：「滅魏咎臨濟」。正義：「今齊州縣」。則以唐地爲漢縣矣。曹相國世家：「北救東阿，擊章邯軍，陷陳，追至濮陽，攻定陶，取臨濟」。張氏正義於此復曰：「淄州高宛縣西北二里北狄故城，安帝改曰臨濟」。則與田儋傳相同。又以後漢之縣爲秦末故邑矣。然以東阿濮陽定陶諸縣証之，則於漢時或屬東郡，或隸濟陰，皆距千乘之狄縣過遠，與理不合。絳侯周勃世家：「襲取宛朐，得單父令，夜襲取臨濟，攻張」。又皆濟陰山陽東郡之縣，更非千乘沂鄰。陳丞相世家：「陳涉起而王陳，使周市略定魏地，立魏咎爲魏王，與秦軍相攻於臨濟」。則臨濟魏地也。田儋傳：「秦將章邯圍魏王咎於臨濟，急，魏王請救於齊，齊王田儋將兵救魏，章邯，……大破魏軍，殺田儋於臨濟下。儋弟田榮，收儋餘兵，走東阿」。則臨濟不惟非齊國之地，抑且當在東阿之西。張氏正義所釋曹相國世家之語，蓋非矣。而以臨濟爲唐齊州之縣亦未爲是也。又考項羽紀：「立（田）都爲齊王，都臨菑」。索隱：「按高紀及田儋傳云臨濟，此言臨菑，誤」。然案之紀傳，小司馬所云殆屬虛語。且臨菑爲齊國故都，今立齊王，豈能舍故都而遠就臨濟耶？郡國志陳留郡「平丘，有臨濟亭，田儋死此」。斯爲得之。

著

曹相國世家：「攻著漯陰平原鬲盧」。清一統志一六三：「著縣故城在（濟南府）濟陽縣西南」。

博陽

項羽紀：「立（田）安爲濟北王，都博陽」。正義：「在濟北」。案地理志無濟北，蓋後併入泰山。然泰山有博，而無博陽。田儋傳：「廣東走高密，橫走博」。傅寬傳：「屬相國參，殘博」。即泰山郡之博縣也。全祖望曰：「前志泰山郡之博縣即博陽也」。（漢書地理志稽疑二）惟考灌嬰傳：「追齊相田橫至嬴博，破其騎，……攻下嬴博；破齊將軍田吸於千乘。……擊楚將公杲於魯北，破之。轉南破薛郡長，……攻博陽，前至下相，以東南僮取慮徐，渡淮」。此傳博與博陽並舉，似非一地。且先攻下博而後復攻博陽，若二者爲一城，何勞再用兵力？覽此傳所述，則擊楚將，破薛郡長，然後乃攻博陽，由此而東南行，因以渡淮。似博陽乃在薛郡以南，薛郡即地理志之魯國，而泰山郡乃在魯國之北，相距頗遠，疑莫能明也。清一統志一七九：「博縣故城在（泰安）府泰安縣東南」。若博陽則不可考矣。

盧

曹相國世家：「攻著漯陰平原鬲盧」。正義引括地志云：「盧縣，今濟州理是也」。清一統志一六三：「盧縣故城在（濟南府）長淸縣南。……舊志云，在今縣南二十五里」。

嬴

田儋傳：「嬰敗橫之軍於嬴下」。正義：「故嬴城在兗州博城縣東北百里」。灌嬰傳：「追齊相田橫至嬴博，……攻下嬴博」。清一統志一七九：「嬴縣故城在（泰安府）萊蕪縣西北。……縣志。古城在縣西北四十里，北汶水之北，俗名城子縣，即故嬴地也」。

臨淄

田敬仲完世家：「五國已亡，秦兵卒入臨淄」。項羽紀：「立（田）都爲齊王，都臨淄」。水經淄水注：「秦始皇三十四年（當爲二十六年）滅齊爲郡，治臨淄」。元和郡縣志十一：「臨淄縣，（齊）王建爲秦所滅，秦立爲縣，城臨淄水，故曰臨淄」。清一統志一七一：「臨淄故城在今（靑州府）臨淄縣北八里，亦曰齊城……縣志，今爲古城居」。

腄

始皇紀：「乃並勃海以東，過黃腄」。正義引括地志云：「牟平縣城在黃縣南百三十里」。又引十三州志云：「牟平縣古腄縣也」。主父偃

32

傳：「使天下蜚芻輓粟，起於東𨹧」。集解引徐廣曰：「𨹧在東萊」。清一統志一七三：「𨹧縣故城在（登州府）文登縣西，秦置」。

黃

始皇紀正義引括地志云：「黃縣故城在萊州城以東南二十五里」。清一統志一七三：「黃縣故城在（登州府）黃縣東南……秦置黃縣」。

琅邪

始皇紀：「二十八年，南登琅邪，大樂之，留三月，乃徙黔首三萬戶琅邪臺下。……三十七年，並海北至琅邪」。水經濰水注「濰水出琅邪箕縣濰山。琅邪，山名也。越王句踐之故國也。句踐并吳，欲霸中國，徙都琅邪。秦始皇二十六年滅齊以爲郡，城即秦皇之所築也」。琅邪既爲越王舊都，秦時郡治，則其地設縣實無疑矣。清一統志一七一：「琅邪故城在（青州府）諸城縣東南一百五十里琅邪山下」。

郯

陳涉世家：「……徐人丁疾等皆特起將兵圍東海守慶於郯。陳王聞，乃使武平君畔爲將軍，監郯下軍」。灌嬰傳：「項羽使項聲薛公郯公復定淮北，嬰渡淮北，擊破項聲郯公下邳」。靳歙傳略：「地東至繒郯下邳」。水經沂水注：「（沂水）又屈南過郯縣西。……縣故舊魯也，東海郡治，秦始皇以爲郯郡」。清一統志一七七：「沂州府郯城縣，……春秋郯子國，漢置郯縣」。又云：「舊志有故城址，在縣西二十里，又古縣址在縣西南三十里，蓋其遺址」。案：郯縣非漢始置，一統志所言誤矣。

33

蘭陵

荀卿傳：「荀卿乃適楚，而春申君以爲蘭陵令」。正義：「蘭陵縣，屬東海郡。今沂州承縣有蘭陵山」。元和郡縣志十三：「蘭陵故城在（沂州承）縣東六十里」。太平寰宇記二十三引十三州志：「蘭陵，故魯次室邑，其後楚取之，改爲蘭陵縣，漢因之」。清一統志一六六：「蘭陵故城在（兗州府）嶧縣東五十里」。

下邳

項羽紀：「項梁渡淮，……凡六七萬人，軍下邳」。高紀：「齊王韓信習楚風俗，徙爲楚王，都下邳」。留侯世家：「良乃更姓名，亡匿下邳，良嘗閒從容步游下邳圯上」。灌嬰傳：「擊破項聲郯公下邳，斬薛公，下下邳」。靳歙傳：「略地東至繒郯下邳」。元和郡縣志十：「下邳縣，本夏時邳國。……至秦曰下邳縣」。水經泗水注：「泗水又東南逕下邳縣故城西。……漢徙齊王韓信爲楚王，都之，後乃縣焉」。據酈氏之言，似下邳置縣，乃在韓信徙王之後，然由紀傳諸文，知下邳爲縣，秦世已然，酈氏或稍誤矣。清一統志一〇一：「下邳故城在（徐州府）邳州東。……舊志，在州東三里」。邳州今邳縣。

戚

高祖紀：「泗川守壯敗於薛，走至戚」。正義引括地志云：「沂州臨沂縣有漢戚縣故城」。漢書高紀師古注曰：「東海之戚也」。通鑑胡注：「以地理考之，沛郡之與東海相去頗遠，壯兵敗走，未必能至東海之戚。班志沛郡有廣戚縣，……恐是走至廣戚之戚也」。周壽昌曰：「師古注未失，胡注失也。薛在秦時爲郡，東海之地本屬之，戚亦其屬縣，皆在今山東兗州府境，左右相距並不遠。考曹參傳云，東下擊泗水守薛郭西，徙守方與，還爲戚公，皆不出遠境，壯走死於戚，使參爲戚令也」。（漢書注攷補一）曹相國世家：「還爲戚公」正義：「即受戚縣也，是時屬沛郡」。殊非是。清一統志一六六：「戚縣故城在（兗州府）滕縣南七十里，秦縣也」。

朐

始皇紀：「三十五年，立石東海上朐界，以爲秦東門」。水經淮水注：「（游水）歷朐縣與沭台，又逕朐山西，山側有朐縣故城。秦始皇……于朐縣立石海上，以爲秦東門」。清一統志一〇五：「朐縣故城在（海）州南，秦置」。海州今東海縣。

繒

靳歙傳：「略地東至繒郯下邳」。清一統志一六六：「繒縣故城在（兗州府）嶧縣東八十里」。

徐

陳涉世家：「徐人丁疾等皆特起將兵圍東海守慶於郯」。灌嬰傳：「前至下相以東南僮取慮徐」。清一統志一三四：「徐縣故城在舊（泗）州城西北」。泗州今泗縣。

取慮

陳涉世家：「取慮人鄭布」。清一統志一〇一：「取慮舊城在（徐州府）睢寧縣西南，秦置縣」。

盱眙

項羽紀：「乃求楚懷王孫心民間，……立以爲楚懷王，……陳嬰爲楚上柱國，封五縣，與懷王都盱台」。正義：「盱眙，今楚州，臨淮水，懷王都之」。清一統志一三四：「盱眙故城在今（泗州盱眙）縣東北。…秦置盱眙縣」。

僮

灌嬰傳：「前至下相以東南僮取慮徐」。清一統志一三四：「僮縣故城在今（泗）州治東北，秦縣」。

淮陰

淮陰侯傳：「淮陰侯韓信者，淮陰人也」。讀史方輿紀要二十二：「淮陰城，（淮安）府西北四十里，秦縣，漢仍爲淮陰縣，韓信以楚王改封淮陰侯是也」。清一統志九十四：「淮陰故城在（淮安府）清河縣南，秦縣也……。縣志，在東南五里」。清河縣今淮陰縣。

下相

項羽紀：「項籍者，下相人也」。正義引括地志云：「（下）相故城在泗州宿預縣西北七十里，秦縣」。元和郡縣志十：「下相故城在（宿遷）縣西北七十里，秦故縣也。項羽即下相人也」。清一統志一〇一：「下相故城在（徐州府）宿遷縣西，秦置縣」。

東陽

項羽紀：「陳嬰者，故東陽令史，居縣中，素信謹，稱爲長者。東陽少年殺其令，相聚數千人，欲置長，無適用，乃請陳嬰，嬰謝不能，遂彊立嬰爲長」。正義引括地志云：「東陽故城在楚州盱眙縣東七十里，秦東陽縣也，在淮水東」。淸一統志一三四：「東陽故城在（泗州）天長縣西北，秦置。……新志，在縣西北七十里，故址尙存，俗謂之凮城」。

棠邑

太平寰宇記一二三：「六合縣，本楚棠邑，春秋時，伍尙爲棠邑大夫即此。……秦滅楚，以棠邑爲縣」。淸一統志七十四：「棠邑故城在（江寧府）六合縣北」。

吳

始皇紀：「三十七年，還過吳，從江乘渡」。項羽紀：「乃以故吳令鄭昌爲韓王」。韓王信傳正義：「項籍在吳時，昌爲吳縣令」。灌嬰傳：「渡江，破吳郡長吳下」。元和郡縣志二十六：「吳縣，本闔閭所都，秦置縣，屬會稽郡。故項羽擊殺會稽假守通，而云遂舉吳中兵，是會稽治吳縣也」。淸一統志七十八：「吳城今（蘇州）府治」。蘇州府治今吳縣。

曲阿

通典一八二州郡十二：「潤州丹陽縣，古雲陽也，秦始皇改曰曲阿，漢因之」。淸一統志九十一：「曲阿故城今（鎭江府）丹陽縣治」。

陽羨

太平寰宇記九十二：「宜興縣，本秦陽羨縣」。淸一統志八十七：「陽羨故城在（常州府）宜興縣南五里」。

諸暨

元和郡縣志二十七：「諸暨縣，秦舊縣也，界內有暨浦諸山，因以爲名」。淸一統志二九四「諸暨故城今（紹興府）諸暨縣治」。

35

山陰

外戚世家：「薄太后，吳人，……薄父死山陰，因葬焉」。元和郡縣志二十七：「山陰縣，秦舊縣也，隋改爲會稽」。太平寰宇記九十六：「山陰縣，本秦舊縣，置在會稽山北，龜山西」。淸一統志二九四：「山陰故城今（紹興）府治」。府治今紹興縣。

丹徒

吳太伯世家：「王餘祭三年，齊相慶封有罪，自齊來奔吳，吳予慶封朱方之縣」。集解引吳地記曰：「朱方，秦改曰丹徒」。絳侯周勃世家正義引括地志云：「丹徒故城在潤州丹徒縣東南十八里」。宋書州郡志：「南東海丹徒……古名朱方，後名谷陽，秦改曰丹徒」。元和郡縣志二十六：「丹徒縣，本朱方地，……秦以其地有王氣，始皇遣赭衣徒三千人鑿破長隴，故名丹徒」。淸一統志九十一：「丹徒故城在今（鎭江府丹徒）縣東南，……新志云，即今丹徒鎭，土人稱爲舊縣」。丹徒縣今鎭江縣。

婁

元和郡縣志二十六：「崑山縣，本秦漢婁縣，其城吳子壽夢所築」。淸一統志七十八：「婁縣故城在（蘇州府）崑山縣東北，秦置縣」。

海鹽

水經沔水注：「谷水之右有馬皋城，故司鹽都尉城，吳王濞煮海爲鹽于此縣也。……秦于其地置海鹽縣。地理志曰，縣故武原鄉也」。元和郡縣志四十六：「海鹽縣，本秦縣，漢因之」。太平寰宇記九十五：「海鹽縣，本吳縣武原鄉，秦置縣，漢因之」。清一統志二八七：「海鹽故城在（嘉興府）平湖縣東南」。

由拳

水經沔水注：『谷水出吳小湖，逕由卷縣故城下。神異傳曰：「由卷縣，秦時長水縣也」。……吳記曰「谷中有城，故由卷縣治也，即吳之柴辟亭，故就李鄉檇李之地，秦始皇惡其勢王，令囚徒十萬餘人，汙其土，表以汙名，改曰囚卷，亦曰由卷」』。太平寰宇記九十五：『嘉興縣，本秦由拳縣地。吳錄地理志云：「吳王時，地名長水，秦改曰由拳」』又云：「故由拳縣在今（嘉興）縣南五里，秦始皇見其山有王氣出，使諸囚合死者來鑿此山，其囚倦並逃走，因號為囚倦山，因置囚倦縣，後人語訛，便名為由拳山」。諸書所云，頗涉荒誕，而由拳囚卷由卷囚倦諸名，又各不同，地理志著為由拳，當依以為正。清一統志二八七：「由拳故城在（嘉興府）嘉興縣南，秦置」。

太末

水經漸江水注：「（穀水）源西出太末縣，縣是越之西鄙，姑蔑之地，秦以為縣」。後漢書循吏任延傳李注：「太末縣屬會稽郡，今婺州龍丘縣也。東觀記云，秦時改太末」。太平寰宇記九十七：「龍游縣……秦漢為太末縣地」。清一統志三〇一：「太末故城在（衢州府）龍游縣治」。

烏程

太平寰宇記九十四：「菰城在（湖）州南二十五里，郡國志云。楚春申君立菰城縣……，秦改為烏城」。清一統志二八九：「故菰城在（湖）州南二十五里」。湖州今吳興縣。

句章

會稽三賦注：「句章，縣名，秦漢以來屬會稽郡，今寧波府鄞慈溪地也」。清一統志二九二：「句章故城在（寧波府）慈溪縣界。……秦置句章縣」。

餘杭

水經漸江水注：「漸江又東，逕餘杭故縣南，新縣北，秦始皇南遊會稽，途出斯地，因立為縣」。元和郡縣志二十六：「餘杭縣，本吳地。吳興記云，秦始皇三十七年，將上會稽，途出此地，因立為縣，捨舟航于此，仍以為名」。清一統志六八二「餘杭故城今（杭州府）餘杭縣治。……縣志，舊城在苕溪南」。

鄮

讀史方輿紀要九十二：「鄮城，在（奉化）縣東五十里。……國語云，句踐之地，東至於鄮，此即越之鄮邑矣。秦置縣，屬會稽郡」。清一統志二九二：「鄮縣故城在（寧波府）奉化縣東」。

錢唐

始皇紀：「三十七年，至錢唐，臨浙江」。讀史方輿記要九十：「錢塘縣，……秦縣，屬會稽郡。……本曰錢唐，唐以唐為國號，加土為塘，後因之」。清一統志二八四：「錢唐故城在今（杭州府）錢塘縣西，秦置」。錢塘縣今爲杭縣。

鄮

讀史輿方紀要九十二：「鄮城，在（寧波）府東二十里，志云有秦以來皆置縣於此」。清一統志二九二：「鄮縣故城在（寧波府）鄞縣東。……府志，在縣東三十里」。

江乘

始皇紀：「三十七年，還過吳，從江乘渡」。正義：「江乘故縣，在潤州句容縣北六十里，本秦舊縣也」。清一統志七十四：「江乘故城在（江寧府）句容縣北，秦縣」。

秣陵

郡國志劉注：「秣陵，其地本名金陵，秦始皇改」。元和郡縣志二十六：「上元縣，本金陵地。秦始皇時，望氣者云，五百年後，金陵有都邑之氣，故始皇東遊以厭之，改其地曰秣陵，塹北山以絕其勢」。又云：「秣陵故縣在（上元）縣東南四里」。讀史方輿紀要二十：「秣陵城，在（江寧）府東南五十里，秦縣，屬鄣郡」。（案，秦無鄣郡，此言稍誤。）清一統志七十四：「秣陵舊城在今江寧縣東南，秦置」。

丹陽

始皇紀：「浮江下觀，籍柯渡海渚，過丹陽」。讀史方輿紀要二十：「丹陽城，在（江寧）府西南五十里，又西南至太平府八十五里，本秦縣」。清一統志一二〇：「丹陽故城在（太平府）當塗縣東」。

黟

太平寰宇記一〇四：「黟縣，本秦舊縣，置在黟州，因名之」。清一統志一一二：「黟縣故城在（徽州府）黟縣東」。

歙

元和郡縣志二十九：「歙縣，本秦舊縣，縣南有歙浦，因以爲名。太平寰宇記九十五：「壽昌縣，秦歙縣地，漢爲富春之境」。清一統志一一二：「歙縣故城今（徽州）府治」。府治卽今歙縣。

廬陵

元和郡縣志二十九：「吉州本秦廬陵，屬九江郡」。清一統志三二八：「廬陵故城在（吉安府）廬陵縣南」。

鄱

項羽紀：「鄱君吳芮率百越，佐諸侯，又從入關，故立芮爲衡山王」。集解引韋昭曰：「吳芮爲鄱令，故號曰鄱君，今鄱陽縣是也」。楚世家正義引括地志云：「饒州鄱陽縣，春秋時爲楚東境，秦爲番縣，屬九江郡，今爲鄱陽縣」。惟漢書吳芮傳則謂：「秦時番陽令也」，與史文不符。黥布傳索隱：「番陽，番縣之鄉」。蓋秦爲番縣，漢改爲鄱陽也。清一統志三一二：「鄱陽故城在今（饒州府）鄱陽縣東……舊志云，在今縣東六十里，今爲故縣鎭」。

郴

項羽紀：『項王出之國，使人徙義帝曰：「古之帝者，地方千里，必居上游」。乃使使徙義帝長沙郴縣』。地理志：「郴，項羽所立義帝都此」。清一統志三七八：「郴縣故城今（郴）州治」。

耒陽

元和郡縣志三十：「耒陽縣，本秦縣，因耒水在縣東爲名」。清一統志三六二：「耒陽故城在今（衡州府）耒陽縣東北四十五里」。

臨沅

水經沅水注：「沅水又東逕臨沅縣南。……本楚之黔中郡矣。秦昭襄王二十七年使司馬錯以隴蜀軍攻楚，楚割漢北與秦，至三十年，秦又取楚巫黔中及江南爲黔中郡」。則臨沅固楚秦之黔中郡治矣。清一統志三六五：「臨沅故城在（常德府）武陵縣西」。

零陵

漢書藝文志從橫家著錄秦零陵令信一篇，蓋秦時已置零陵縣也。清一統志四六一：「零陵故城在（桂林府）全州北。州志云，州北三十里曰梅潭，有舊城址，濠塹尚存，俗稱故州」。

南鄭

秦本紀：「躁公二年，南鄭反。……惠公十三年，伐蜀取南鄭」。六國表：「厲共公二十六年，左庶長城南鄭」。項羽紀：「立沛公爲漢王，王巴蜀漢中，都南鄭」。水經沔水注：「（沔水）東過南鄭縣南。……周赧王二年，秦惠王置漢中郡，因水名也。……（南鄭）即漢中郡治」。清一統志二三八：「南鄭故城在（漢中府）南鄭縣東」。

房陵

始皇紀：「其舍人輕者爲鬼薪，及奪爵遷蜀四千餘家，家房陵」。正義引括地志云：「房陵，即今房州房陵縣，古楚漢中郡地也，是巴蜀之境。地理志云，房陵縣屬漢中郡，在益州部接東南一千三百一十里也」。華陽國志二：「新城郡，本漢中房陵縣也。秦始皇徙呂不韋舍人萬家於房陵，以其隘地也」。清一統志三四九：「房陵故城即今（鄖陽府）房縣治」。

成固

漢金文錄著有秦成固戈，疑成固置縣亦自秦始，而爲漢世所因者。清一統志二三八：「成固故城，在（漢中府）成固縣西北」。

上庸

秦本紀：「昭襄王三年與楚上庸。……三十四年，與魏韓上庸地」。秦策二：「張儀西併巴蜀之地，北取西河之外，南取上庸」。楚策二：「資以金玉寶器，奉以上庸六縣爲湯沐邑」。水經沔水注：「堵水又東北逕上庸郡，故庸國也。……（楚）滅之，以爲縣，屬漢中郡」。楊守敬曰：「（上庸）立縣已在秦時，故酈氏言之也。元和志，漢初立上庸縣，未審」。（水經注疏要刪二十八）清一統志三四九：「上庸故城在（鄖陽府）竹山縣東南。……秦置縣」

葭萌

貨殖傳：「秦破趙，遷（其民），諸遷虜少有餘財，爭與吏求近處，處葭萌」。清一統志三九一：「葭萌廢縣，在今（保寧府）昭化縣南」。

成都

華陽國志三：「成都縣，本治赤里街，（張）若徙置少城，內城營廣府舍，……與咸陽同制，……惠王二十七年也」。水經江水注：「江水又東逕成都縣，縣以漢武帝元鼎二年立」。案成都於秦漢二代皆爲蜀郡治所，而蜀郡則置於秦惠文王二十七年（即後十四年），其時當已置有成都縣，而酈氏乃云武帝始置，前後相距殊遠。考元和郡縣志三十二：「成都縣，本南夷蜀侯之所理也。秦……定蜀，因築城而郡縣之。自秦漢至國初以來，前後移徙十餘度，所理不離郡郭」。酈氏所云漢武置縣，或爲遷徙城郭之誤。清一統志三八五：「成都故城即今（成都府成都華陽二縣治，秦置縣」。

郫

華陽國志三：「（秦）惠王二十七年，（張）儀與（張）若城……郫城，周迴七里，高六丈」。元和郡縣志三十二：「郫縣，本郫邑，蜀望帝理，……秦滅蜀，因而縣之」。又云：「故郫城，在（今郫）縣北五十步」。清一統志三八五：「郫縣故城在今（成都府）郫縣北，秦置」。

臨邛

貨殖傳：「（卓氏）乃求遠遷，致之臨邛」。又云：「程鄭，山東遷虜也，……富埒卓氏，俱居臨邛」。華陽國志三：「（秦）惠王二十七年，（張）儀與（張）若城……臨邛城，周迴六里，高五丈」。清一統志四一一：「臨邛故城即今（邛）州治。州志，在州南五里」。邛州今邛崍縣。

嚴道

文帝紀：「羣臣請處（淮南）王蜀嚴道邛郵」。正義引括地志云：「邛僰山在雅州滎經縣界，滎經……本秦嚴地」。元和郡縣志三十三：「嚴道縣，本秦舊縣也」。太平寰宇記七十七：「今（雅）州即秦嚴道縣也」。清一統志四〇三：「嚴道故城在（雅州府）滎經縣治，秦置」。

湔氏

華陽國志三：「秦孝文王以李氷爲蜀守，氷能知天文地理，謂汶山爲天彭門，乃至湔及縣（此據四部叢刊本，疑及當爲氏之誤），見兩山對如闕，因號天彭闕」。水經江水注：「江水自天彭闕東逕汶關而歷氐道縣北，……縣本秦始皇置，後爲昇遷縣也」。案漢志氐道爲隴西郡縣，非江水所能逕，蜀郡有湔氐道，氐道蓋即湔氐道之譌。據常志，則秦人本爲湔氐，漢世始曰湔氐道。清一統志四一九：「古湔氐道在（松潘）廳西北，秦置」。廳今爲縣。

江州

水經江水注：「江州縣，故巴子之都也。……秦惠王遣張儀等救苴侯于巴，儀貪巴苴之富，因執其王以歸，而置巴郡焉，治江州」。清一統志三八八：「江州故城在（重慶府）巴縣西」。

枳

蘇秦傳：「蘇代約燕王曰，楚得枳而國亡」。正義：「今涪州城在（乃）秦枳縣，在江南」。太平寰宇記一二〇：「賓化縣，秦爲枳縣地」。清一統志三八八：「枳縣故城在（重慶府）涪州西」。涪州今涪陵縣。

朐忍

太平寰宇記一三七：「開州，秦漢之代，爲巴郡朐忍縣」。清一統志三九八：「朐忍故城在（夔州府）雲陽縣西」。

故道

高祖紀：「漢王用韓信之計，從故道還襲雍王章邯」。曹相國世家：「從還定三秦，初攻下辯故道」。正義引括地志云：「鳳州兩當縣本漢故道縣，在州西五十里」。秦文錄書有秦「故道量」，亦可証秦時已有故道。清一統志二三八：「故道故城在（漢中府）鳳縣西北，接甘肅秦州兩當縣境」。

下辯

曹相國世家：「從還定三秦，初攻下辯」。正義引括地志云：「成州同谷縣，本漢下辯道」。清一統志二七七：「下辯故城在（階州）成縣西三十里，秦置」。

狄道

水經河水注：「（灕水）又西北逕狄道縣故城東。……漢隴西郡治，秦昭王二十八年置」。太平寰宇記一五一：「狄道縣，本秦舊縣，其地故西戎別種所居，秦取以爲縣」。清一統志二五三：「狄道故城在今（蘭州府）狄道州西南」。狄道州今臨洮縣。

上邽

秦本紀：「武公十年，伐邽冀戎，初縣之」。絳侯周勃世家：「攻上邽」。清一統志二七五：「上邽故城在（秦）州西南」。秦州今天水縣。

臨洮

始皇紀：「王弟長安君成蟜將軍擊趙反死屯留，軍吏皆斬死，遷其民於臨洮」。蒙恬傳：「築長城，因地形，用險制塞，起臨洮」。元和郡縣志三十九：「岷州，在秦爲隴西郡臨洮縣地」。清一統志二五六：「臨洮故城今（鞏昌府）岷州治」。岷州今爲岷縣。

西

絳侯周勃世家：「破西丞」。正義引括地志云：「西縣故城在秦州上邽縣西南九十里，本漢西縣地」。樊噲傳：「還定三秦，別擊西丞白水北」。西丞即西縣之丞。集解引晉灼曰：「地理志無西丞，似秦將名」。其說大誤。清一統志二七五：「西縣故城在（秦）州西南。……州志，在州西南一百二十里」。

楡中

始皇紀：「三十三年，斥逐匈奴，自楡中並河以東屬之陰山，以爲三十四縣」。集解引徐廣曰：「（楡中）在金城」。然紀又言：「還北河楡中三萬家」。正義則謂：「楡中即今勝州楡林縣也」。項羽紀：「蒙恬爲秦將，北逐戎人，開楡中地數千里」。索隱引服虔云：「金城縣所治」。與徐廣說同。又引蘇林云：「在上郡」。則與正義相合。是秦時有二楡中也。案地理志金城郡有縣曰楡中，殆即秦氏故縣。若上郡之楡中，則僅邊地之塞，非縣也。漢時此塞猶存，漢書衛青傳被韓安國諸人傳中所謂之楡塞是也。清一統志二五三：「楡中故城，在（蘭州府）金縣西北」。金縣今爲楡中縣。

枹罕

元和郡縣志三十九：「枹罕縣，本漢舊縣，屬金城郡，故罕羌侯邑，秦滅爲縣，後因之」。清一統志二五三：「枹罕故城今（蘭州府）河州治」。河州今爲臨夏縣。

冀

秦本紀：「武公十年，伐邽冀戎，初縣之」。清一統志二五六：「冀縣古城在（鞏昌府）伏羌縣南」。伏羌今爲甘谷縣。

朝那

匈奴傳：「冒頓……悉復收秦所使蒙恬所奪匈奴地者，與漢關故河南塞，至朝那膚施」。正義：「漢朝那故城在原州百泉縣西七十里」。清一統志二五九：「朝那故城在（平涼府）平涼縣西北」。

涇陽

秦本紀：「涇陽君質於齊」。元和郡縣志二：「京兆府涇陽縣本秦舊縣，漢屬安定郡，惠帝改置涇陽縣，屬左馮翊，故城在今縣西北二里」。太平寰宇記所言亦略同。案：地理志：「池陽，惠帝四年置」。明非因秦涇陽之舊地也。考周緤傳：「賜食邑池陽」，則秦時已有池陽之名，惠帝因而置縣，非改涇陽爲池陽也。又考始皇紀：「肅靈公，昭子子也，居涇陽」。更明示非漢之池陽也。諸書所言或以後世之涇陽爲池陽故地而致誤。清一統志二五九：「涇陽故城在（平涼府）平涼縣西四十里」。

烏氏

匈奴傳：「岐梁山涇漆之北有義渠大荔烏氏朐衍之戎」。正義引括地志云：「烏氏故城在涇州安定縣東三十里，周之故地，後入戎，秦惠王取之，置烏氏縣」。酈商傳：「別將定北地上郡破雍將軍烏氏」。清一統志二五九：「烏氏故城在（平涼府）平涼縣西北」。

陰密

秦本紀：「昭襄王五十年，武安君白起有罪，爲士伍，遷陰密」。正義引括地志云：「陰密故城在涇州鶉觚縣西」。清一統志二七二：「陰密故城在（涇州）靈臺縣西五十里」。

富平

水經河水注：「河水又北逕富平縣故城西，秦置北部都尉治縣城」。清一統志二六四：「富平故城在（寧夏府）靈州西南」。

泥陽

酈商傳：「蘇駔軍於泥陽」。正義：「故城在寧州羅川縣北三十一里」。清一統志二六二：「泥陽故城在（慶陽府）寧州東南。寧州志，有泥陽里，在州東五十里」。寧州今爲寧縣。

義渠

秦本紀：「惠文君十一年，縣義渠」。梁玉繩曰：「縣義渠三字乃羨文。其年義渠爲臣，非爲縣也。其後九年，五國伐秦，義渠襲秦於李帛之下，見犀首傳。又後三年，秦伐義渠取二十五城；至秦武王元年復伐義渠，見本紀及年表。又范睢傳，秦昭王曰，寡人日暮自請太后，今義渠之事已，寡人乃得受命。匈奴傳，昭王時，……伐義渠，蓋是時始縣之」。（史記志疑四）清一統志二六二：「義渠故城在（慶陽府）寧州西北」。

膚施

趙世家：「惠文王二年，滅中山，遷其王於于膚施」。水經河水注：「奢延水又東逕膚施縣南，秦昭王三年置上郡治此」。清一統志二五〇：「膚施故城在（綏德）州東南」。綏德州今爲綏德縣。

陽周

李斯傳：「蒙恬不肯死，使者即以屬吏，繫於陽周」。正義：「陽周，寧州羅川縣之邑也」。水經河水注：「（走馬水）出西南長城北，陽周縣故城南橋山，昔二世賜蒙恬死于此」。清一統志二三四：「陽周故城在（延安府）安定縣北。……舊志，在縣北九十里」。

雕陰

魏世家：「襄王五年，秦敗我龍賈軍四萬五千于雕陰」。正義引括地志云：「雕陰故縣在鄜州洛交縣北三十里，雕陰故城是也」。傅寬傳：「從定三秦，賜食邑雕陰」。清一統志二四九：「雕陰故城在（鄜）州北。鄜州今爲鄜縣。

高奴

項羽紀：「立董翳爲翟王，王上郡，都高奴」。索隱：「今鄜州有高奴城」。正義引括地志云：「延州州城即漢高奴縣」。水經：「（河水）又南過上郡高奴縣東」。注：「清水又東逕高奴縣，合豐林水，地理志謂之洧水也」。考讀史方輿紀要十七：「清水在（延安）府西北廢金明縣境」。金明縣卽唐延州屬縣。故高奴故縣所在當以張說爲是，小司馬鄜州之言未審。清一統志二三四：「高奴故城在（延安府）膚施縣東」。

九原

始皇紀：「三十五年，除道，道九原，抵雲陽」。水經河水注：「（河水）又東逕九原縣故城南，秦始皇置九原郡治此。漢武帝元朔二年更名五原也」。錢坫曰：「九原在今榆林府城東北鄂爾多斯界內，在黃河東北岸」。（新斠注地理志十三）

雲中

水經河水注：「白渠水又西南逕雲中故城南，故趙地。……秦始皇十三年，立雲中郡」。元和郡縣志五：「雲中故城在（榆林）縣東四十七里，趙雲中城，秦雲中郡也」。錢坫曰：「雲中，在今榆林府神木縣東北鄂爾多斯界內，黃河東北岸」。（新斠注地理志十三）

善無

水經河水注：「中陵水又西北流逕善無縣故城西，……十三州志曰，舊定襄郡治，地理志鴈門郡治」。案漢之鴈門，即秦之故郡，漢郡既治善無，則秦郡亦必設於斯地。郡治置縣自爲理之當然，漢之善無或亦因秦之舊。清一統志一四八：「善無故城在（朔平府）右玉縣南」。

樓煩

齊策五：「齊燕戰於桓之曲，燕不勝，十萬之衆盡，胡人襲燕樓煩數縣，取其牛馬」。灌嬰傳：「受詔別降樓煩以北六縣」。絳侯周勃世家：「還攻樓煩三城」。正義引括地志云：「在并州嵐縣界」。太平寰宇記四十一：「嵐州……晉滅後，爲胡樓煩所居，趙惠文王滅樓煩而有其地，以爲縣。其後北境屬燕，秦爲太原郡地」。清一統志一四七：「漢樓煩縣在今寧武府界鴈門關北」。寧武府今爲寧武縣。

高柳

水經㶟水注：「（鴈門水）東南流逕高柳縣故城北，舊代郡治。秦始皇二十三年虜趙王遷，以國爲郡」。清一統志一四六：「高柳故城在（大同府）陽高縣西北」。

班氏

地理志：班氏，秦地圖書班氏。王鳴盛曰：「考秦地圖各郡國下皆無，獨見于此，敘傳自述其先班壹當秦始皇之末，避地于樓煩，以財雄邊，樓煩鴈門屬縣，而代郡與鴈門相連，疑縣名因此而起，故特著之」。（十七史商榷二十一）清一統志一四六：「班氏故城在（大同府）大同縣東南」。

平邑

趙世家：「獻侯十三年，城平邑」。又云：「惠文王二十八年。藺相如伐齊，至平邑」。正義引括地志云：「平邑故城在魏州昌樂縣東北四十里也」。清一統志一四六：「平邑故城在（大同府）陽高縣西南」。

安陽

水經㶟水注：「（㶟水）又東逕東安陽縣故城北，趙惠文王三年，主父封長子章爲代安陽君，此即章封邑。……地理風俗記曰，五原有西安陽，故此加東也」。西安陽爲漢時所置之縣，則秦時代地之安陽當未加東字。清一統志四十：「東安陽故城在（宣化府）蔚州西北」。蔚州今爲蔚縣。

代

蒙恬傳：「胡亥聽而繫蒙毅於代，……遣御史曲宮乘傳之代」。匈奴傳正義：「代郡城，北狄代國，秦漢代縣城也，在蔚州羌胡縣北百五十里」。元和郡縣志十八：「蔚州，趙襄子殺代王有其地，秦爲代郡」。清一統志四十：「代縣故城在（宣化府）蔚州東」。

沮陽

絳侯周勃世家正義引括地志云：「上谷郡故城在嬀州懷戎縣東北百一十里，燕上谷，秦因不改，漢爲沮陽縣」。水經㶟水注：「清夷水又西逕沮陽縣故城北，秦上谷郡治此」。清一統志四十：「沮陽故城在（宣化府）懷柔縣南，秦置縣」。

漁陽

陳涉世家：「二世元年七月，發閭左適戍漁陽九百人」。正義引括地志云：「漁陽故城在檀州密雲縣南十八里，在漁水之陽也」。水經鮑邱水注：「鮑邱水又東南逕漁陽縣故城南，漁陽郡治也，秦始皇二十二年置」。清一統志八：「漁陽故城在(順天府)密雲縣西南三十里」。

無終

項羽紀：「徙燕王韓廣爲遼東王」。集解引徐廣曰：「都無終」。水經鮑邱水注：「（藍水）逕無終縣故城東，……秦始皇二十二年滅燕置右北平郡治此」。清一統志八：「無終故城今（順天府）薊州治」。薊州今薊縣。

令支

水經濡水注：「濡水又東南流逕令支縣故城東，……秦始皇二十二年分燕置遼西郡，令支隸焉」。清一統志十九：「令支故城在（永平府）遷安縣西」。

陽樂

水經濡水注：「地理風俗記曰，陽樂，故燕地，遼西郡治，秦始皇二十二年置」。清一統志十九：「陽樂故城在（永平府）撫寧縣西」。

襄平

匈奴傳：「燕亦築長城自造陽至襄平」。水經大遼水注：「（遼水）屈而南流，逕襄平縣故城西，秦始皇二十二年滅燕置遼東郡治此」。清一統志六十：「襄平故城在（奉天府）遼陽州北」。遼陽州今遼陽縣。

番禺

南越尉佗傳：「南海尉任囂病死，召龍川令趙佗語曰，……番禺負山險，阻南海，東西數千里，頗有中國人相輔，此亦一州之主也」。元和郡縣志三十五：「番禺縣，本秦舊縣，故城在今縣西南二里」。太平寰宇記一五七：「廢禺番縣，（廣）州南五十里，秦漢舊縣，屬南海郡」。清一統志四四二：「番禺故城今（廣州府）南海縣治，秦置」。

龍川

南越尉佗傳：「佗秦時用爲南海龍川令」。師古注漢書云：「龍川，…即今之循州」。清一統志四四五：「龍川故城在今（惠州府）龍川縣西北」。

四會

元和郡縣志三十五：「化蒙縣，本秦四會縣之地」。又云：「四會縣，本秦舊縣也，屬桂林郡」。案清一統志四四七四會即今之四會縣。

象林

水經溫水注引晉書地道記曰：「（日南）郡去盧容浦口二百里，故秦象郡象林縣也」。

邯鄲

地理志：「邯鄲，……趙敬侯自中牟徙此」。趙世家：「幽繆王遷八年十月，邯鄲爲秦」。始皇紀：「十八年，端和圍邯鄲城」。元和郡縣志十九：「邯鄲縣，本衞地，……七國時爲趙都，趙敬侯自立晉陽，始都邯鄲，至幽王遷降秦，遂滅趙以爲邯鄲郡」。清一統志三十三：「邯鄲故城在今（廣平府）邯鄲縣西南。……舊志，在縣西南十里，俗呼爲趙王城，秦漢時，趙俱理此，雉堞猶存」。

信都

項羽紀：「趙相張耳素賢，又從入關，故立耳爲常山王，王趙地，都襄國」。正義引括地志云：「邢州城，本漢襄國縣，秦置三十六郡，於此置信都縣，屬鉅鹿郡，項羽改曰襄國，立張耳爲常山王，理信都也」。張耳陳餘傳：「乃求得趙歇立爲趙王，居信都」。集解引徐廣曰：「後項羽改曰襄國」。漢書張耳陳餘傳：「立耳爲常山王，治信都，信都更名襄國」。清一統志三十：「襄國故城今（順德府）邢臺縣西南。……府志，今有故城在縣南百泉村，遺址尚存」。案地理志信都國屬縣第一曰信都，蓋漢初高帝所置縣，非秦故地也。秦信都縣自經項羽更名，漢即因而不改，即志趙國屬縣第四之襄國。樊噲傳：「擊陳豨與曼丘臣軍，戰襄國，破柏人」。即其証也。

東垣

盧綰傳：「（高祖）十一年十二月，上自擊東垣，東垣不下。……更命東垣爲眞定」。地理志亦言：「眞定，故東垣，高帝十一年更名」。則秦時此縣爲東垣也。清一統志二十八：「東垣故城在（正定府）正定縣南」。

曲逆

陳丞相世家：『高帝南過曲逆，上其城，望見屋室甚大，曰：「壯哉縣！吾行天下獨見洛陽與是耳」。顧問御史曰：「曲逆戶口幾何」？對曰：「始秦時三萬餘戶，間者兵起，多亡匿，今見五千戶」。於是乃詔御史更以陳平爲曲逆侯，盡食之』。清一統志四：「曲逆故城在（保定府）完縣東南」。

觀津

樂毅傳：「西摧三晉於觀津」。又云：「西降趙，趙封樂毅於觀津」。索隱：「地理志，觀津，縣名，屬信都，漢初屬清河也」。正義：「在冀州武邑縣東南二十五里」。外戚世家：「竇太后，趙之清河觀津人也」。正義：「在冀州棗强縣東北二十五里」。疑觀津爲縣始於全趙之時，秦漢皆因其故尙。清一統志四十九：「觀津故城在（冀州）武邑縣東南」。

薊

項羽紀：「燕將臧荼從楚救趙，因從入關，故立荼爲燕王，都薊」。水經㶟水注：「㶟水又東北逕薊縣故城南。……秦始皇二十三年滅燕以爲廣陽郡」。清一統志八：「薊縣故城在（順天府）大興縣西南」。

東安平

田單傳：「燕師長驅平齊，而田單走安平」。集解引徐廣曰：「今之東安平也。在青州臨淄縣東十九里，古紀之酅邑，齊改爲安平，秦滅齊，改爲東安平縣，屬齊郡，以定州有安平，故加東字」。清一統志一七一：「安平故城在（青州府）臨淄縣東十里」。

高密

高祖紀：「齊王烹酈生，東走高密」。灌嬰傳：「東從韓信攻龍且留公於高密。卒斬龍且」。漢書作假密。案高密是也。水經濰水注：「濰水自堰北逕高密縣故城西。……濰水又北，昔韓信與楚將龍且夾濰水而陣于此，……遂斬龍且于是水」，可証也。清一統志一七四：「高密故城在（萊州府）高密縣西南」。

莒

齊策六：「燕攻齊，取七十餘城，惟莒即墨不下」。水經：「（沭水）又東南過莒縣東」。注：「秦始皇縣之」。清一統志一七七：「莒縣故城今（沂州府）莒州治」。莒州今爲莒縣。

陳

楚世家：『惠王十年，滅陳而縣之』。又云：「楚襄王兵敗散，遂不復戰，東北保於陳城」。陳涉世家：「行收兵，北至陳。……攻陳，陳守令皆不在」。張耳陳餘傳：「乃變姓名，俱之陳，爲里門監以自食」。高祖紀：「利幾者，項氏之將，項氏敗，利幾爲陳公，不隨項羽亡，降高祖」。樊噲傳：「圍攻項籍於陳，大破之」。清一統志一九一：「陳縣故城即（陳州府）附郭淮寧縣治」。淮寧縣今爲淮陽縣。

苦

老子傳：「楚苦縣厲鄉曲仁里人也」。陳涉世家：「葛嬰將兵徇蘄以東，攻銍酇苦柘譙皆下之」。清一統志一九四：「苦縣故城在（歸德府）鹿邑縣東十里」。

陽夏

陳涉世家：「吳廣者，陽夏人也」。項羽紀：「漢五年，漢王乃追項王至陽夏南」。正義引括地志云：「陳州太康縣，本漢陽夏縣也」。清一統志一九一：「陽夏故城即今（陳州府）太康縣治，秦縣也」。

柘

陳涉世家：「葛嬰……攻銍酇苦柘譙皆下之」。灌嬰傳：「擊柘公王武軍於燕西」。清一統志一九四：「柘縣故城在（歸德府）柘城縣北，秦置縣」。

碭

高祖紀：「引兵攻碭，三日乃取碭，因收碭兵得六千人」。項羽紀：「沛公軍碭。……以沛公爲碭郡長」。正義引括地志云：「宋州碭山縣本漢碭縣也，在宋州東百五十里」。水經獲水注：「獲水又東逕碭縣故城北，應劭曰，縣有碭山，……秦立碭郡，蓋取山之名也」。清一統志一〇一：「碭縣故城在（徐州府）碭山縣南。……秦置碭縣」。

菑

水經汳水注：「汳水又東逕濟陽考城縣故城南。……陳留風俗傳曰，秦之穀縣也；王莽更名嘉穀」。考靳歙傳：「別將擊邢說軍菑南」。則秦時已有菑縣之名，非自漢始也。趙一清曰：「（道元）蓋因王莽更爲嘉穀而造作是說」。（水經注釋二十三）清一統志二〇〇：「菑縣故城在（衛輝府）考城縣東南」。

蒙

絳侯周勃世家：「攻蒙虞，取之」。清一統志一九四：「蒙縣故城在（歸德府）商邱縣東北」。

虞

高祖紀：「漢王乃西過梁地，至虞，使謁者隨何之九江王布所」。曹相國世家：「又攻下邑以西至虞」。清一統志一九四：「虞縣故城在（歸德府）虞城縣西南」。

下邑

高祖紀：「攻下邑，拔之」。黥布傳：「項王留而攻下邑」。絳侯周勃世家：「下下邑，先登」。項羽紀：「呂后兄周呂侯爲漢將兵居下邑」。正義引括地志云：「宋州碭山縣本下邑縣也，在宋州東一百五十里。按今下邑在宋州東一百一十里」。清一統志一〇一：「下邑故城在（徐州府（碭山縣東，……秦置下邑縣」。

46

睢陽

項羽紀：「東至睢陽」。彭越傳：「攻下外黃睢陽十七城」。灌嬰傳：「灌嬰者，睢陽販繒者也」。正義：「睢陽，宋州宋城縣」。清一統志一九四：「睢陽故城在（歸德府）商邱縣南」。

無鹽

項羽紀：「（宋義）乃遣其子宋襄相齊，身送之至無鹽」。索隱：「在今鄆州之東」。清一統志一七九：「無鹽故城在（泰安府）東平州東二十里」。東平州今東平縣。

亢父

高祖紀：「沛公還軍亢父」。項羽紀：「項梁自號武信君，居數月，引兵攻亢父」。曹相國世家：「攻爰戚及亢父」。正義引括地志：「亢父故城在兖州任城縣南五十一里」。清一統志一八三：「亢父故城在（濟寧）州南五十里。……秦置亢父縣」。濟寧州今濟寧縣。

魯

項羽紀：「項羽爲魯公」。樊噲傳：「攻鄒魯瑕丘薛」。灌嬰傳：「擊項羽之將項冠於魯下」。水經泗水注：「（沂水）流逕魯縣故城南。……秦始皇二十三年，以爲薛郡」。清一統志一六六：「魯國故城今（兖州府）曲阜縣治」。

鄒

樊噲傳：「攻鄒」。地理志作騶，故邾國。鄒騶字同，韋賢傳云魯國鄒人是也。清一統志一六六：「邾國故城在（兖州府）鄒縣東南二十六里」。

薛

項羽紀：「項梁乃引兵入薛」。高祖紀：「以竹皮爲冠，令求盜之薛治」。曹相國世家：「東下薛，擊泗水守薛郭西」。灌嬰傳：「項羽使項聲薛公郯公復定淮北。……斬薛公下邳」。叔孫通即此縣人，見本傳。清一統志一六六：「薛縣故城在（兖州府）滕縣東南四十四里。……秦置薛縣」。

彭城

始皇紀：「二十八年，還過彭城……欲出周鼎泗水」。項羽紀：「乃與呂臣俱引軍而東，呂臣軍彭城東，項羽軍彭城西。……懷王恐，從盱台之彭城」。又云：「項王自立爲西楚霸王，王九郡，都彭城」。清一統志一〇一：「彭城故城即今（徐州）府治……秦置彭城縣」。

留

高祖紀：「聞東陽甯君秦嘉立景駒爲假王，在留」。灌嬰傳：「東從韓信攻龍且留公於高密」。曹相國世家：「還定竹邑相蕭留」。正義引括地志云：「故留城在徐州沛縣東南五十里」。留侯世家：「良曰，始臣起下邳與上會留……願封留足矣」。清一統志一〇一：「留縣故城在（徐州府）沛縣東南。故宋邑，秦置縣」。

淩

陳涉世家：「陳王初立時，陵人秦嘉……皆特起，將兵圍東海」。案陵漢書涉傳作淩，地理志亦作淩。淩即陵也。清一統志一〇一：「淩縣故城在（徐州府）宿遷縣東南，秦置淩縣」。

廣陵

六國表：「楚懷王十年，城廣陵」。項羽紀：「廣陵人召平於是爲陳王徇廣陵」。是秦時已有此縣矣。官本考證杭世駿曰：「按水經注廣陵城楚漢之間爲東陽郡，高祖六年爲荊國，十一年爲吳城，景帝四年更名江都，武帝元狩三年更名廣陵，此紀言廣陵者，蓋史家追書之也」。案杭說非是。紀所言乃縣而非郡，不得以漢世廣陵國論之也。灌嬰傳：「渡淮，盡降其城邑，至廣陵」。更可見廣陵於秦時僅爲縣邑之名，實非郡也。清一統志九十七：「廣陵故城在（揚州）府東北，……秦置廣陵縣」。揚州府治今爲江都縣。

六

黥布傳：「黥布者，六人也。…項羽封諸將，立布爲九江王，都六」。項羽紀正義引括地志云：「故六城在壽州安豐縣南三十二里」。清一統志一三三：「六縣故城在（六安）州北。……秦置六縣」。六安州今爲六安縣。

安豐

太平寰宇記一二九：「古安豐縣在（霍邱）縣西南十三里，北臨淮水。……漢書地理志云，秦時於壽春置九江郡，此縣屬焉」。清一統志一二八：「安豐故城在（潁州府）霍邱縣西南」。

臨湘

高祖紀：「徙衡山王吳芮爲長沙王，都臨湘」。正義引括地志云：「潭州長沙縣本漢臨湘縣」。水經湘水注：「（湘水）又右逕臨湘縣故城西，……秦滅楚，立長沙郡，即靑陽之地也」。清一統志三五五：「臨湘故城在（長沙府）城南，今善化縣界」。善化今併入長沙縣。

羅

屈原傳正義：「故羅縣城在岳州湘陰縣東北六十里。春秋時羅子國；秦置長沙郡而爲縣也」。水經湘水注：「汨水又西逕羅縣北，本羅子國也，……秦立長沙郡，因以爲縣」。清一統志三五五：「羅縣故城在（長沙府）湘陰縣東北」。

海外四經海內四經與大荒四經海內經之比較

侯仁之

一

今本山海經實係三大部份組合而成。首爲南山經三篇，西山經四篇，北山經三篇，東山經四篇，中山經十篇，簡稱山經，凡二十六篇；次爲海外南西北東經各一篇，海內南西北東經各一篇，簡稱海經，凡八篇；末爲大荒東南西北經各一篇，海內經一篇，凡五篇。全書共計三十九篇。今合首部爲五篇，次部爲八篇，末部爲五篇，統爲山海經十八篇。

三部內容各成一體系，而成書時期亦互異。据陸侃如先生考証結果，斷定山經爲戰國時作；海經爲西漢時作；大荒經及海內經爲東漢魏晉時作。歸納其主要理由則爲：

(1)山經各篇中言鐵者極夥，且又言及郡縣。但中國鐵器之用始于春秋戰國（本章鴻釗先生說）而郡縣又係前六世紀以後之制度，故山經出書，不會早在春秋之前。

(2)海外內經篇末均有劉秀校字樣（『建平元年四月丙戌待詔太常屬臣望校治，侍中光祿勳臣龔，侍中奉車都尉光祿大夫臣秀領主省』）爲山經所無。此足証該八篇爲劉秀等所加入，且海內經中漢代地名極多。

(3)畢沅山海經新校正引藏本目錄云：『此海內經及大荒經皆進在外』。是知此五篇係後人加入，原本所無。篇末又無劉秀校字樣。且漢書藝文志稱『山海經十三篇』（山經五篇，海內外八篇）是則大荒與海內爲班固所未見。加之篇中地名多漢以後者，故大荒及海內經係班固以後人續作。（以上俱詳見民國十八年中國文學季刊創刊號，陸侃如：山海經考証。）

所以，根據陸先生考証的結果，我們即可斷定海外經海內經與大荒經海內經比較下的第一個不同之點，便是成書時期的差異。前者較早，而後者晚出。

二

其次，畢沅在其山海經新校正序中稱：

『大荒經四篇釋海外經，海內經一篇釋海內經。』

此非但恰合于大荒經海內經晚出的先証（按此亦係陸先生左

證之一)，且更進一步道破了海外經海內經與大荒經海內經內容上的關係。今就畢沅所示，作兩者內容比較表如下：

海外經	大荒經
(1)海外南經	
羽民國：在其東南，其爲人長頭，身生羽。(一曰『在比翼鳥東南，其爲人長頰』。)——海外南經	有羽民之國，其民皆生毛羽。——大荒南經
讙頭國在其南。其爲人人面，有翼，鳥喙。方捕魚。(一曰『在畢方東』，或曰『讙朱國』。)——同上	大荒之中，有人名曰讙頭。鯀妻士敬。士敬子曰炎融，生讙頭。讙頭人面鳥喙有翼。食海中魚，杖翼而行。維宜芑苣穋楊是食。有讙頭之國。——同上
戴國在其東。其爲人黃，能操射弓蛇。(一曰『戴國在三毛東』。)——同上	有戴民之國。帝舜生無淫，降戴處，是謂巫戴民。巫戴民盼姓。食穀。不績不經服也；不稼不穡食也。爰有歌舞之鳥，鸞鳥自歌，鳳鳥自舞。爰有百獸相羣，爰處百穀所聚。——同上
周饒國在其東。其爲人短小，冠帶。(一曰『焦僥國在三首東』)。——同上	(1)有小人名曰焦僥之國。幾姓。嘉穀是食。——同上 (2)有小人國，名靖人。——大荒東經
不死民在其東。其爲人黑色，壽不死。(一曰『在穿匈國東』。)——同上	有不死之國。阿姓。甘木是食。——大荒南經 (案：海內西經有不死之山。)
『羿與鑿齒戰于壽華之野，羿殺之』，在昆侖虛東。羿持弓矢，鑿齒持盾。(一曰『戈』。)——同上	大荒之中有山名曰融天，海水南入焉。有人曰鑿齒，羿殺之。——同上
狄山，帝堯葬於陽，帝嚳葬於陰。爰有熊、羆、文虎、雌豹、離朱、視肉、吁咽。文王皆葬其所。(一曰『湯山』。一曰『爰有熊、羆、文虎、雌豹、離朱、鴟久、視肉、虖交』。)其范林方三百里。——海外南經	帝堯、帝嚳、帝舜葬於岳山。爰有文貝、離俞、鴟久、鷹賈、延維、視肉、熊、羆、虎、豹、朱木赤枝、青華元實。——大荒南經
(2)海外西經	
大樂之野，夏后啟於此儛九代，乘兩龍，雲蓋三層，左手操翳，右手操環，佩玉璜。在大運山北。(一曰『大遺之野』。)——海外西經	西南海之外，赤水之南，流沙之西。有人珥兩青蛇，乘兩龍，名曰夏后開。開上三嬪於天，得九辯與九歌以下。此大穆之野，高二千仞。開焉得始歌九招。——大荒西經
三身國在夏后啓北。一首而三身。——同上	(1)大荒之中，有山名曰大荒之山。日月所入。有人焉，三面。是顓頊之子；三面一臂。三面之人不死。是謂大荒之野。——大荒西經 (2)大荒之中，有不庭之山。榮水窮焉。有人三身，帝俊妻娥皇生此三身之國。——大荒南經
形天與帝至此爭神。帝斷其首，葬之常羊之山，乃以乳爲目，以臍爲口，操干戚以舞。——同上	大荒之中，有山名曰常之山。日月所入。——大荒西經
女祭女戚在其北，居兩水間。戚操	有寒荒之國，有二人曰女祭女薎。

海外經	大荒經
魚組：祭操俎。——海外西經	——大荒西經
鸗鳥、鶬鳥，其色青黃，所經國亡。在女祭北。鸗鳥人面，居山上。（一曰『維鳥青鳥黃鳥所集』。）——同上	有元丹之山，有五色之鳥，有髮。爰有青鴍、黃鶩、青鳥、黃鳥。其所集者，其國亡。——同上
丈夫國在維鳥北。其爲人衣冠帶劍。——海外西經	有丈夫之國。——同上
女丑之尸生而十日炙殺之。在丈夫北。以右手障其面。十日居上，女尸居山之上。——同上	(1)大荒之中，有龍山，日月所入。……有人衣青以袂蔽面，名曰女丑之尸。——同上 (2)海內有兩人，名曰女丑。女丑有大蟹。——大荒東經
巫咸國在女丑北。右手操青蛇，左手操赤蛇。在登葆山，羣巫所從上下也。——同上	大荒之中，有山名曰豐沮玉門，日月所入。有靈山巫咸。巫即巫肦、巫彭、巫姑、巫眞、巫禮、巫抵、巫謝、巫羅，十巫，從此升降。百藥爰在。——大荒西經
女子國在巫咸北。兩女子居水周之。（一曰『居一門中』。）——同上	有女子之國。——同上
軒轅之國在此窮山之際。其不壽者八百歲。在女子國北。人面，蛇身，尾交首上。——同上	有軒轅之國。江山之南棲爲吉。不壽者乃八百歲。——同上
諸夭之野，鸞鳥自歌，鳳鳥自舞。鳳皇卵，民食之；甘露，民飲之；所欲自從也。百獸相與群居。在四蛇北。其人兩手操卵食之；兩鳥居前導之。——同上	有沃之國。沃民是處。沃之野，鳳鳥之卵是食，甘露是飲；凡其所欲，其味盡存。爰有甘華、甘柤、白柳、視肉、三騅、璇瑰、瑤碧、白木、琅玕、白丹、青丹。多銀鐵。鸞鳥自歌，鳳鳥自舞。

海外經	大荒經
	爰有百獸相羣是處，是謂沃之野。——大荒西經
窮山在其北。不敢西射，畏軒轅之丘。在軒轅國北。其邱方，四蛇相繞。——海外西經	有軒轅之臺射者。不敢西嚮射，畏軒轅之臺。——大荒西經
一臂國在其北。一臂、一目、一鼻孔。有黃馬虎文，一目而一手。——同上	有一臂民。——同上
白民之國在龍魚北。白身被髮。有乘黃，其狀如狐，其背上有角。乘之，壽二千歲。——同上	(1)有大澤之長山，有白民之國。——同上 (2)有白民之國。帝俊生帝鴻。帝鴻生白民。白民銷姓。黍食，使四鳥、虎、豹、熊、羆。——大荒東經
長股之國在雄常北。被髮。（一曰『長腳』。）——同上	西北海之外，赤水之東，有長脛之國。——大荒西經
(3)海外北經	
無脅之國在長股東。爲人無脅。——海外北經	(1)無繼之食魚。——大荒北經 (2)有繼無民。繼無民，任姓。無骨子，食氣魚。——同上
鍾山之神，名曰燭陰，視爲晝，瞑爲夜，吹爲冬，呼爲夏。不飲，不食，不息。息爲風。身長千里。在無脅之東。其爲物，人面，蛇身，赤色，居鍾山下。——同上	西北海之外，赤水之北，有章尾山。有神，人面，蛇身而赤。直目正乘。其瞑乃晦，其視乃明。不食，不寢，不息。風雨是謁。是燭九陰，是謂燭龍。——同上
一目國在其東。一目中其面而居。（一曰『有手足』。）——同上	有人一目，（一曰『是威姓少昊之子，食黍』。）——同上
柔利國在一目東。爲人一手一足，	有牛黎之國。有人無骨，儋耳之子。

反膝曲足居上。（一云『留利之國人足反折』。）——海外北經

共工之臣曰相柳氏，九首以食于九山。相柳之所抵厥爲澤谿。禹殺相柳。其血腥，不可以樹五穀種。禹厥之，三仞三沮；乃以爲衆帝之臺。在昆侖之北，柔利之東。相柳者，九首，人面，蛇身而青；不敢北射，畏共工之臺。臺在其東，臺四方。隅有一蛇，虎色，首衝南方。——同上

深目國在其東。爲人舉一手，一目。（一曰『在共工臺東』。）——同上

無腸之國在深目東。其爲人長而無腸。——同上

聶耳之國在無腸國東。使兩文虎。爲人兩手聶其耳。縣居海水中，及水所出入奇物。兩虎在其東。——同上

夸父與日逐走入日。渴，欲得飲，飲於河渭。河渭不足，北飲大澤。未至，道渴而死。弃其杖，化爲鄧林。——同上

(1)禹所積石之山在其東，河水所

——大荒西經

共工臣名相繇，九首蛇身，自環。食于九土。其所歍所尼，卽爲源澤。不辛乃苦。百獸莫能處。禹湮洪水殺相繇。其血腥臭不可生穀。其地多水，不可居。禹湮之，三仞三沮，乃以爲池。羣帝是因以爲臺。在昆侖之北，有岳之山，尋竹生焉。——同上

有人方食魚，名曰深目民之國。——同上

有無腸之國。是任姓。——同上

有儋耳之國，任姓。——同上

大荒之中有山名曰成都載天，有人珥兩黃蛇，把兩黃蛇，名曰夸父。后土生信，信生夸父。夸父不量力，欲追日景，逮之于禺谷。將飲河而不足也。將走大澤，未至，死于此。應龍已殺蚩尤，又殺夸父。乃去南方處之，故南方多雨。——同上

其西有山，名曰禹所積石。——同

入。——海外北經

(2)河水出東北隅，以行其北。西南又入勃海。又出海外，卽西而北，入禹所導積石山。——海內西經

務隅之山，帝顓頊葬于陽；九嬪葬于陰。（一曰『爰有熊、羆、文虎、離朱、鴟久、視肉』。）——海外北經

北方禺彊，人面鳥身，珥兩青蛇，踐兩青蛇。——同上

(4)海外東經

大人國在其北。爲大人，坐而削船。（一曰『在𧿹邱北』。）——海外東經

奢比之尸在其北。獸身，人面，大耳，珥兩青蛇。（一曰『肝榆之尸在大人北』。）——同上

君子國在其北。衣冠帶劍，食獸，使二大虎在旁。其人好讓不爭，有薰華艸，朝生夕死。（一曰『

4

上

東北海之外，大荒之中，河水之間，附禺之山。帝顓頊與九嬪葬于陽。爰有鴟久，文貝、離俞、鸞鳥、皇鳥、大物、小物。——大荒北經

(1)禺號子食穀北海之渚中。有神，人面，鳥身。珥兩青蛇，踐兩赤蛇，名曰禺彊。——同上

(2)東海之渚中，有神，人面鳥身。珥兩黃蛇，踐兩黃蛇，名曰禺䝞。黃帝生禺䝞。禺䝞生禺京。禺京處北海。禺䝞處東海。是爲海神。——大荒東經

東海之外，大荒之中，有山名曰大言。日月所出。有波谷者，有大人之國。——大荒東經

有神人面，犬耳，獸身。珥兩青蛇，名曰奢比尸。——同上

有東口之山，有君子之國。其人衣冠帶劍。——同上

在肝榆之尸北』。）——海外東經

𨸏邱，爰有遺玉、靑馬，視肉，楊桃，甘柤，甘華，甘果所生。在東海。兩山夾邱，上有樹木。（一曰『嗟邱』。一曰『百果所在』。）——同上

朝陽之谷，神曰天吳，是爲水伯，在䖝䖝北，兩水間。其爲獸也，八首，人面，八足，八尾，皆靑黃。——同上

靑邱國在其北。其狐四足，九尾。（一曰『在朝陽北』。）——同上

黑齒國在其北。爲人黑齒，食稻，啖蛇，一赤一靑在其旁。（一曰『在豎亥北，爲人黑首食稻使蛇，其一赤蛇』。）下有湯谷。——同上

湯谷上有扶桑，十日所浴。在黑齒北，居水中。有大木，九日居下枝，一日居上枝。——同上

玄股之國在其北。其爲人衣魚，食驅，使兩鳥加之。（一曰『在雨師妾北』。）——同上

毛民之國在其北。爲人身生毛。（一曰『在玄股北』。）——同上

東北海外又有三靑馬，三騅，甘華。爰有遺玉，三靑鳥，三騅，視肉，甘華，甘柤，百穀所在。——大荒東經

有夏州之國，有蓋余之國。有神人，八首，人面，虎身，十尾，名曰天吳。——同上

有靑邱之國，有狐九尾。——同上

有黑齒之國。帝俊生黑齒。姜姓。黍食，使四鳥。——同上

有谷曰溫源谷。湯谷上有扶木。一日方至，一日方出，皆戴于烏。——同上

有招搖山，融水出焉。有國曰元股。黍食使四鳥。——同上

有毛民之國，依姓，食黍，使四鳥。禹生均國，均國生役采，役采生修鞈，修鞈殺綽人。帝念之潛爲之國，是此毛民。——大荒北經

（5）海內南經

三天子鄣山，在閩西海北。（一曰『在海中』。）——海內南經

蒼梧之山，帝堯葬于陽、帝丹朱葬于陰。——同上

梟陽國，在北朐之西。其爲人人面，長臂，黑身，有毛，反踵，見人笑亦笑；左手操管。——同上

窫窳，龍首，居弱水中，在『狌狌知人名』之西。其狀如龍首，食人。——同上

有木，其狀如牛，引之有皮若纓黃蛇，其葉如羅，其實如欒，其木若蓲，其名曰建木。在窫窳西，弱水上。——同上

狌狌，知人名，其爲獸如豕而人面。在舜葬西。——同上

氐人國，在建木西。其爲人人面而魚身，無足。——同上

巴蛇食象，三歲而出其骨。君子服之，無心腹之疾。其爲蛇靑黃赤

有山名曰三天子之都。——海內經

（1）南方蒼梧之邱，蒼梧之淵。其中有九疑山。舜之所葬，在長沙零陵界中。——同上

（2）赤水之東，有蒼梧之野。舜與叔均之所葬也。爰有文貝、離俞、鴟久、鷹賈、委維、熊、羆、象、虎、豹、狼、視肉。——大荒南經

南方有贛巨人。人面，長臂，黑身，有毛，反踵，見人笑亦笑。脣蔽其面，因即逃也。——海內經

有窫窳，龍首，是食人。——同上

有木靑葉，紫莖，元華，黃實，名曰建木。百仞無枝。有九欘。下有九枸。其實如麻，其葉如芒。大皞爰過。黃帝所爲。有窫窳龍首是食人。——同上

有靑獸、人面。名曰猩猩——同上

伯夸父生西岳，西岳生先龍，先龍是始生氐羌。氐羌乞姓。——同上

又有朱卷之國，有黑蛇、靑首、食象。——同上

5

黑。(一曰『黑蛇青首』。)在犀牛西。——海內南經 (6)海內西經 大澤方百里，羣鳥所生及所解。在雁門北。——海內西經 流黃酆氏之國，中方三百里，有塗四方，中有山。在『后稷葬』西。——同上	有大澤方千里，羣鳥所解。——大荒北經 有國名曰流黃辛氏。其域中方三百里。其出世塵土。有巴遂山，繩水出焉。——海內經
后稷之葬，山水環之。在氐國西。——海內西經 (7)海內北經 朝鮮，在列陽東，海北山南。列陽屬燕。——海內北經 大人之市，在海中。——同上	西南黑水之閒，有都廣之野。后稷葬焉。其城方三百里，蓋天下之中，素女所出也。——海內北經 東海之內，北海之隅，有國名曰朝鮮。——海內經 有大人之市名曰大人堂。有一大人踆其上，張其兩臂。——同上

讀過此表，其所給予我們的兩個最顯明的印象是：

(1)海外經海內經與大荒經海內經，內容大部相似。

(2)在內容相似的條件下，大荒經海內經的敘述，大部較之海外經海內經增加甚多。這當是畢沅用『釋』字的意思。

關于第一點，無需贅言。

關于第二點，我想再把此等增加部份，分析如下：

此等增加部份，顯然是向兩方面擴展：第一是故事的內容；第二是譜系。前者之造因，乃是基於神話演化的自然原則，即時間愈久，附會愈多，枝節愈歧，夸飾亦愈大。後者的形成，則是緣於人類心理上溯本求全的要求，而且時代愈後，追求已往之心亦愈切。於是本來是一個不知其所自來的單獨的神，愈後反為他造出一大串的家譜，道其來歷，瞭如指掌。此非但古人如是，近人亦何獨不然？故大半的家譜，頗多起于渺茫的追敍，而終於枝節咸備，來去分明。

就表中所示，前者的例子如讙頭國的故事，如夸父逐日的故事……最顯明的如羿與鑿齒之戰的故事。這個故事在海外南經中只不過是：

「『羿與鑿齒戰于壽華之野，羿殺之』，在昆侖虛東。羿持弓，鑿矢持盾。【一曰『戈』。】」

來到海內經的時候，這個故事就不是如此之平淡無奇了。因為羿之來，乃是請得了帝旨，領得了法寶，負着一肩的使命，要完成一番轟轟烈烈除暴安良的豐功偉業，所以海內經上寫着說：

『帝俊賜羿彤弓素矰，以扶下國。羿是始去恤下地之百艱。』

有了來因去果。於是成功了一個美滿生動的故事。

至于後者列舉世系的例子，在大荒經與海內經中，其例之多，殆不勝枚舉。然而在海內外八經中，就只有

6

如下極簡單的記世系的一條：

『舜妻登比氏，生宵明，燭光，處河大澤……』

除此以外，別無他見。而在後篇海內經的末半，又幾乎全是世系的記載，這兒我們選錄連續的一小段作例：

『炎帝之孫伯陵，伯陵同吳權之妻阿女緣婦，緣婦孕三年，是生鼓、延、殳、始爲侯。鼓、延始爲鐘，爲樂風。黃帝生駱明，駱明生白馬，白馬是爲鯀。帝俊生禺號，禺號生淫梁，淫梁生番禺，是始爲舟。番禺生奚仲，奚仲生吉光，吉光是始爲車。少皞生般，般是始爲弓矢。』

這是連續的一段，全由世系寫成。這一段不但足供爲例証，且更提示我們一件很有興趣的事，是在後篇海內經以上諸篇中所從未遇到過的，就是文中所說某人始爲某物的話。在上段所記諸例外，更有：

『帝俊生晏龍，晏龍是始爲琴瑟』

『帝俊有子八人，是始爲歌舞。』

『……義均是始爲巧倕，是始作下民百巧。』

『后稷是播百穀。』

『稷之孫曰叔均，是始作牛耕。』

『大比赤陰，是始爲國。』

因于所載文物享用之大備，又可藉爲斷定其時代較晚之左証。因爲必是文物既盛之後，人們才想到追溯其創始者爲何人。求之既不得，於是平空創造出一些創始者的名字世系。唯其是出自想像的創造，才能道其來歷，瞭如指掌。同時這也是海內經與海經在內容上的一個顯然的區別。

三

此外，海經與大荒經海內經尚有足資比較者一二細端，如左：

在界劃上：海外四經概以四陬分其界劃，如「海外自西南陬至東南陬者」——南經；「海外自西南陬至西北陬者」——西經；「海外自東北陬至西北陬者」——北經；「海外自東南陬至東北陬者」——東經。以此較諸大荒經，則屢用「東海之外」，「南海之外」，「東南海之外」，「西海之外」，「西南海之外」，「西北海之外」，「東北海之外」，以示其方位，大體上亦暗相吻合。其所稍異者，爲前者敘述明白，次第井然；而後者則失之雜亂，排比無章。海內經亦同有此弊。故郝懿行疑其「蓋本諸家記錄，非一手所成故也」，實非無理。顧此非本題範圍所及，請暫置之。且前者敘述次第爲南西北東，而後者則始于東方。

7

至于海內四經與海內經在界劃敘述上的差異，是後者對于邊疆民族的記載，較之前者，未免遜色；且相對于海內東經者，又完全付之闕如。所以在上面海經與大荒經海內經的內容比較表上，覓找不到海內東經的比較材料（——我疑心還是因爲海內經的作者——或諸作者——對于東方的地理知識，較之海內東經的作者，已有了相當的進步，知道大夏月支諸國決沒有在東方的道理，故略而不論。可是對于確在東方的琅邪臺會稽山等，怎麼也都沒有提到呢？）。

在記水源上，也有很大差別：海外四經概不記水源，而大荒經中除西經外，則無一不記水源。海內四經與海內經，雖都各記水源，而所記數目，則有很大的差異（前者多於後者）。

四

總之，以海外經海內經與大荒經海內經比較的結果，我們得到下列幾個主要的簡單事實：

（1）海外經海內經出書年代確是早於大荒經海內經——如陸侃如先生之考証。

（2）如畢沅所說：「大荒經四篇釋海外經，海內經一篇釋海內經」。不過間亦有相混者，如大荒南經蒼梧之野似釋海內南經蒼梧之山。大荒西經禹所積石似釋海內西經禹所導積石山。因此，我們不如把畢沅的話變通一下說：大荒經海內經乃是海外經海內經的「別本」。（尚書研究講義乙種三之二頁六〇上，顧頡剛師案語）

（3）大荒經海內經的內容大部已大加增飾，海經中的神話，至此其性質已漸趨於人間化。

（4）敘述方位，大致吻合，然亦不免有詳略之別。而海內經之相對于海內東經的部份，則付之闕如。

讀周官職方

顧頡剛

一 本文

職方氏：掌天下之圖以掌天下之地，辨其邦國，都鄙，四夷，八蠻，七閩，九貉，五戎，六狄之人民，與其財用，九穀，六畜之數要，周知其利害；乃辨九州之國，使同貫利。

東南曰揚州：其山鎮曰會稽。其澤藪曰具區。其川三江。其浸五湖。其利金，錫，竹，箭。其民二男五女。其畜宜鳥，獸。其穀宜稻。

正南曰荆州：其山鎮曰衡山。其澤藪曰雲瞢。其川江，漢。其浸潁，湛。其利丹，銀，齒，革。其民一男二女。其畜宜鳥，獸。其穀宜稻。

河南曰豫州：其山鎮曰華山。其澤藪曰圃田。其川滎，雒。其浸波，溠。其利林，漆，絲，枲。其民二男三女。其畜宜六擾。其穀宜五種。

正東曰青州：其山鎮曰沂山。其澤藪曰望諸。其川淮，泗。其浸沂，沭。其利蒲，魚。其民二男二女。其畜宜雞，狗。其穀宜稻，麥。

河東曰兗州：其山鎮曰岱山。其澤藪曰大野。其川河，泲。其浸盧，維。其利蒲，魚。其民二男三女。其畜宜六擾。其穀宜四種。

正西曰雍州：其山鎮曰嶽山。其澤藪曰弦蒲。其川涇，汭。其浸渭，洛。其利玉，石。其民三男二女。其畜宜牛，馬。其穀宜黍，稷。

東北曰幽州：其山鎮曰醫無閭。其澤藪曰貕養。其川河，泲。其浸菑，時。其利魚，鹽。其民一男三女。其畜宜四擾。其穀宜三種。

河內曰冀州：其山鎮曰霍山。其澤藪曰楊紆。其川漳。其浸汾，潞。其利松，柏。其民五男三女。其畜宜牛，羊。其穀宜黍，稷。

正北曰并州：其山鎮曰恆山。其澤藪曰昭餘祁。其川虖池，嘔夷。其浸淶，易。其利布，帛。其民二男三女。其畜宜五擾。其穀宜五種。

乃辨九服之邦國：方千里曰王畿。其外方五百里曰侯服。又其外方五百里曰甸服。又其外方五百里曰男服。又其外方五百里曰采服。又其外方五百里曰衞服。又其外方五百里曰蠻服。又其外方五百里曰夷服。又其外方五百里曰鎭服。又其外方五百里曰藩服。

凡邦國：千里，封公以方五百里，則四公；方四百里，則六侯；方三百里，則七伯；方二百里，則二十五子；方百里，則百男：以周知天下。

凡邦國，小大相維，王設其牧。制其職，各以其所能；制其貢，各以其所有。

王將巡守，則戒於四方曰，『各修平乃守，考乃職事！無敢不敬戒！國有大刑！』及王之所行先道，帥其屬而巡戒令。王殷國亦如之。

二　批評

職方之作，不知其時。周禮一書立學於王莽柄政之世（見漢書藝文志），是時劉歆正鼓吹其古文學。賈公彥序周禮廢興云，『周官，孝武之時始出，祕而不傳。……至孝成皇帝，達才通人劉向歆校理秘書，始得列序，著於錄略。……時衆儒並出共排，以爲非是。惟歆獨識，……乃知其周公致太平之迹，迹具在斯』。既曰『祕而不傳』，又曰『惟歆獨識』，其出現之有問題可知矣。是以東漢之世，臨碩以爲『末世瀆亂不驗之書』，何休亦以爲『六國陰謀之書』。賴鄭玄等之表章，爲之作注，乃得列於三禮而不廢。

然其書雖僞，而材料則未必悉由一二人憑肊所構。即如此篇，又見於逸周書第六十二。按漢書藝文志有周書七十一篇，以其不立學官，對尙書中之周書言而曰『逸』，則固漢世固有之書，爲周禮之作者所摭取者耳。（案，今文尙書二十八篇，加晚得泰誓一篇，爲二十九篇；再增逸周書七十一篇，恰成百篇：則逸周書之編輯當在泰誓既得，『百篇尙書』說已起之後，恐亦在西漢晚年。至編輯時所用之材料，自可較早）。

此篇體製，最與禹貢相似。彼有九州，此亦有九州。彼有五服，此乃伸之爲九服。九州之名，與禹貢較，缺徐與梁而增幽與幷。然即其名之相同者，其實亦多違異。荆州云『其浸潁，湛』，則侵於豫；豫州云『其浸波，溠』，又侵於荆；而華山爲豫之鎭，是豫州復侵雍州之疆。青州之山曰沂山，澤曰望諸，川曰淮，泗，浸曰沂，沭，則即禹貢之徐州，兼有豫之東隅，非海岱閒之青矣。兗州之山爲岱，澤爲大野，則亦兼有徐之北部，青之南部，非以濟爲南界之兗矣。兗州曰『其川河，泲』，幽州亦曰『其川河，泲』，則濟河之間爲兗幽二州所共有矣。幽州之山爲遼西之醫無閭，其澤爲琅邪之貕養，而又以河泲爲其川，則此州成一弧形，自遼東半島而至山東半島，包有冀之東北隅與兗之東部，以及故青州大半之地矣。幷州以恒爲鎭山，以虖池爲川，以淶，易爲浸，則冀之東部北部悉爲所有矣。所較少變遷者，揚與雍耳。然揚不言淮，不知北界尙能及淮否；雍不言弱水，又不知得西被於流沙否也。至於梁州，不但無其名，亦無其地，故岷嶓蔡蒙諸名皆不見焉，不如徐州之名亡而實存也。

九州廣狹，縮於西南而舒於東北，以較禹貢之幅隕，尙不至有大差池。若九服則駭人矣！禹貢五服，與九州疊合，北方猶僅有甸服，無以掩其虧缺，何以職方同此面積，竟得更展拓四服耶？何以九服之內尙容有方千里之王畿耶？至此九服之名，侯服，甸服，與禹貢同；而侯服在甸服之內，與禹貢異。若男服采服，即禹貢侯服中之『百里采；二百里男邦』也，乃亦倒之，使采在男外。若衛服，當即取自禹貢綏服之『奮武衛』。至蠻服之取自荒服『三百里蠻』，夷服之取自要服『三百里夷』，更爲明顯；而又倒之，使夷後於蠻。藉此可知職方之作者實已讀得禹貢，特故意離合其文以示異，遂創此九服之新制；不知封建之世，王官之邑曰采（卿大夫之邑亦曰采），必在王畿附近，不容遠於侯服尙千餘里也。且甸服云者，即王畿耳；玆別而二之，又置之於侯服之外，則此甸服者將爲天子之田乎？抑爲諸侯之田乎？其最後之二服曰鎭曰藩，夫封建諸侯本以屏藩王室，鎭撫社稷，蠻夷之服固已在中國外矣，又設此二服於蠻夷之外何爲乎？禹貢作者以甸，侯，綏三服爲中國，要，荒二服爲四夷，故於綏服中而『奮武衛』焉，所以爲邊防也；此既有衛服矣，何爲而又立鎭服乎？故知禹貢五服雖非事實，而條理井然，義無牴牾，此則但有誇大，無一義之可通也。後世之學者不敢懷疑，以其在周禮與周書中也，則定之爲周制；以其云九服也，則又謂周域廣於夏。噫，人果若是其易欺耶！

職方勦襲禹貢而改變其面目，固不足道，然亦有進步者存焉。蓋古人之智識無以剖別神話與事實，故易作怪誕之言。如山海經，以後世之智識評論之，竟是搜神述異之流，然在當日固一部地理書也。禹貢之作者知徵實矣，舉凡神秘性之地理傳說皆棄去之，然猶不免有弱水黑水等好高騖遠之記載；其果如所載與否，則亦聽之而已。至於職方，乃並此而無之；其所道之山川藪澤，皆彼時中國以內者也。夫淮南王集賓客爲墬形篇時，猶以山海經之觀念爲其觀念，而職方之作者乃能如此，是亦足以豪矣！

禹貢記九州山川，其文常參差而不整，其所舉之名亦多寡逈異。此篇不然，先之以山鎭，次之以澤藪，又次之以川與浸，釐然秩然，不相亂也。山鎭與澤藪爲一名，川與浸爲二名（惟揚州以還就三江五湖之名而特異），數亦有定也。其次舉州之生產，謂之利，有類於禹貢所道之貢物。又其次舉人民男女之比例與六畜之所宜，爲禹貢所未有。最後爲穀宜，與禹貢之舉土與田者略相類。至於賦之等次及其達於京師之道路，則未有言焉。蓋彼以貢爲主，此則自道職方氏所掌之地圖，及所辨之人民，財用，九穀，六畜之數要，故其言有異。夫彼所陳諸端之信實與否乃別一問題，而思致清晰，貽人以實際調查統計之暗示，固甚可取也。

禹貢以名山大川爲州界，書二名爲通例。此改以方向爲主：故靑曰『正東』，荊曰『正南』，雍曰『正西』，幷曰『正北』，揚曰『東南』，幽曰『東北』，八方之中得其六。又佐之以河：冀曰『河內』，豫曰『河南』，兗曰『河東』，兗州冀州旣爲幽幷所蔽，不得達於海瀕與塞外，則此三州皆位於中央者也。禹貢次序，自北（冀）而東（兗，靑，徐）而南（揚，荊）而中（豫）而西（梁，雍）。此則不然，始於東南之揚，而正南之荊，而中之豫，而正東之靑，而中之兗，而正西之雍，而東北之幽，又中之冀，至正北之幷而止。以形相較，彼若不中規之圓，此則作螺旋形，三繞中央焉。然禹貢作者豈不欲其中規，徒以欲達於中央之豫，故不得於荊州之後逕次以梁州耳

職方一篇，其最爲後出之證據者曰『閩』。此名不見於故籍。史記越世家云，『楚威王……盡取故吳地至浙江，北破齊於徐州，而越以此散。諸族子爭立，或爲王，或爲君，濱於江南海上，服朝於楚』。又東越列傳云，『閩越王無諸及越東海王搖者，其先皆越王勾踐之後也』。是知閩越之建國在楚威王滅越而越人散處於海上之後。威王立於周顯王三十年（西元前三三九年），卒於

顯王四十年（前三二九），是閩之名國爲西元前四世紀事明甚。職方之記，更在其後。鄭玄作注，必欲列其書於西周，則曰，『閩，蠻之別也；國語曰，「閩芊，蠻矣」』，以示其有徵。然按之國語原文，乃爲『蠻芊，蠻矣』，彼蓋杜撰典故僞改書文以掩飾之也！

堯典言『肇十有二州，封十有二山』，每州立一山以爲之主，此不能索之於禹貢而可以索之於職方者。意者堯典之作更在職方後乎？抑作職方者乃襲堯典也？無論其先後如何，此二者必當有關涉，又必皆在禹貢之後，此可以斷言者。至於開方計里以封國，又與王制絕肖。王制爲漢文帝時所作，其時封建侯國爲一大問題，故所以籌畫之者甚細。此篇旣與類同，斯亦不能甚早矣。

予嘗疑幽幷二州之得建立於分州之學說中，由於燕趙二國之拓地。史記匈奴列傳云，『燕有賢將秦開爲質於胡，胡甚信之。歸而襲破東胡，東胡卻千餘里。燕亦築長城，自造陽至襄平，置上谷，漁陽，右北平，遼西，遼東郡，以拒胡』。此事爲燕世家及六國表所未載；據本傳中序之於趙武靈王破林胡樓煩之後，李牧守邊之前，當在燕昭王或惠王時（西元前三一一——二七二）。此幽州所由來也。史記趙世家云，『武靈王二十六年（前三〇〇），復攻中山，攘地北至燕，代，西至雲中，九原』。又云，『惠文王三年（前二九六），滅中山』。匈奴列傳云，『趙武靈王亦變俗，胡服習騎射，北破林胡，樓煩，築長城，自代竝陰山下至高闕爲塞，而置雲中，鴈門，代郡』。此幷州所由來也。燕趙二國於禹貢皆屬冀，及其拓地寖廣，則一州不足以容之，故別於東北置幽，正北置幷。此豈周公之制哉，乃以戰國之武功爲其背景者耳。

今案，有始覽言『北方爲幽州，燕也』，釋地言『燕曰幽州』，而職方幽州之山鎭爲遼西之醫無閭，是此州爲燕國及其新拓之五郡，實可無疑。所不解者，何以職方之幽州乃包有山東半島？或當時視渤海灣爲一區域耶？抑樂毅伐齊，下其七十餘城，作者遂謂燕齊當爲一區耶？至於幷州，其山鎭之恆山在中山，其川之虖池，嘔夷皆出於代，此與趙世家所言拓地亦相合。惟鴈門，雲中，九原，陰山，高闕皆未一言：意者作者不之知耶？抑以爲王者不勤遠略，得中山與代爲已足耶？又有不可

5

解者，淶與易皆燕國之水，而并州有之，將以武靈王攘地至燕故云然耶？抑作職方者自有其分州之見解，以爲燕之本國當歸於并，而幽州則但得秦開新闢之地耶？此則我儕皆未敢遽作斷語者也。

燕趙闢地在西元前三世紀，則職方之作不容更早於此。加以上述之七閩，山鎮，封國諸端，綜而論之，其出於西漢之初乎？觀漢武帝立十三州，自以爲兼夏周之制而有幽，并，則此篇在武帝時已爲人所共見。又此之并州在冀州之北與東，而武帝之并州在冀州之西，即此可知此篇非出武帝後人贋造，故不以當代之制度竄之。然司馬遷作夏本紀全載禹貢，而不錄職方於周本紀，將偶有不照耶？抑不信爲周制耶？其故亦未易求也。

水經注析歸引言

鍾鳳年

水經注一書爲歷來考證古代水流及其他地理問題者所必備；惟以流傳散亂已久，其最初究是何種體例，今已莫由攷見。度以事理，其所敘者設非與每一水流之源委有直接關係之文字，似不應若全趙以前各本之經注混淆，及諸水與雜說籠統直下，忽彼忽此，令人讀之于各部分俱不能卒得其完全之綫索者。蓋倘然如此，則在讀者固感困難，而酈氏當時亦將無從落墨。是以原著要必涇渭分明，各有定序；特後世寫者不察，陷于紊亂爾。逮乎全趙，加以整理，雖較其前諸校勘本已有顯著之進步，第以終未能盡革舊籍之體式，故于歧而復歧之水仍不能分別羅列，使人一望而便知其源委。職是之故，吾人實有重事變更，詳爲離析之必要；今本斯旨，一一依其層次，爲之區別部居，條分縷析，俾得各有釐然不紊之統系。惟用此等結構，多所割裂，矯枉過正，將不免貽誚于守古之士。然此書久無定程，董理之者倘能使其次第愈加清晰，切乎實用，儘可獨出心裁，各行其是；斯則吾人今日爲分析工作以餉一般讀者之緣起，諒海內通達當不以此舉爲孟浪耳。

凡例

（一）今書係就王先謙校本加以分析，卷第及原文一仍其舊。但爲求經注格外分明，特將所附諸家校評提出，另成一單行本，而編一總號以便檢尋。

（一）酈注展轉所出諸水，如第一水部份或納次水，次又如是引出第三水，竟有牽連至五六重者，其間率復羼有敘事文或他說，故今欲一覽便知通篇中某部分之起迄，殊非易易。本書係將每頁橫分爲五格，自上依次分別列入各重要水源及其他文字，俾逐項見其畫一之範圍。但每卷起首第一行錄『水經注卷幾，北魏酈道元撰，長沙王氏校本……』等，第二行錄某水或某幾水，俱不分格。

（一）吾人平素對水之主脈羣曰經流，附于其水者曰枝流，沿用已久，業成習慣上之定稱。今既將酈書分析，而水之層次復甚繁，故舊日賅括之名詞已因不能使其逐層顯有區別而弗適于用，勢須另定多量之專稱，方能隨便提出一代名詞，俾立知其爲第幾重水；玆擬即以『甲，乙』等字名之，似較爲第分明，兼有互相關合之統系。

（一）今書所分之五格，一至四備分錄循環而生諸水之用，即于每卷每一篇起始之前一行依次標以『甲，乙，丙，丁』字樣，使之易于辨別。

第一格專錄經注敍某一甲水之源委，及注糾正經文舉地之失當者。經用大號字，以清眉目。每一經文之上端各冠以號數，俾得不相牽混。

二至四格各錄自甲水以下銜接所出或所入之水，如乙水置第二格，丙水置第三格之類。至戊水究不經見，己則絕無僅有，且俱行文簡略；似不宜因少數而特闢一格，致全體多一重無用之篇幅，故遇此類之水亦將其盡附入第四格，戊水置在此格之丁水下低一字，并于文之起首冠一『戊』字以便判別。己則冠『己』，較戊水文再低一字。又每一篇所附乙至丁諸水，大致俱甚繁，今各于每種同類而異流者之起首，循序冠以號數字，用期次第顯明，并藉以略見自甲以下各統若干水。——此層間有數水並列于一處，或上文云納某水而繼則未敍其源委者，故偶有不能因今所編號便認爲每篇某一種水共有幾何。對於是點，擬別製一統系表補救之。

第五格專錄注所引證成說，及與水流無重要關係之文字，又或與甲以下了不相涉之水，——此類遇有行文及所附之小注較繁或附有枝津者，則將敍水部分置入第四格，于起首冠一『○』以示別。——又附見之他說，并依趙本因關係之重輕，兼用大小兩種字；惟今多別爲改定，不一一仍趙氏之舊。又大字，凡遇有注中注時，則二者兼用，以大字爲主，小字爲副。又如同係小字而遇注中注時，則用夾號『——』離次之。此格所錄文統名曰雜注，亦于每一篇開端之前一行對照『丁』字下標入二字；又于每一不同文逐卷（或篇）編以總號，使各有別。——此層因時經時注，注又忽而甲，忽而乙以下重復至甲，不能各守一顯有區畫之範圍，故今亦難分別編號。

玆舉約略與上所定諸條件相當之聖水文爲例如下：

（此乃假以略見其概，故于雜注之繁者多有刪節。）

水經注卷十二　聖水　巨馬水　後魏酈道元撰　長沙王氏校本　○○○重校并析

甲

聖水出上谷1。

水出郡之西南聖水谷，東南流逕大防嶺之東首。

乙

(1)山下有石穴，穴中有水。

是水東北流入聖

丙

丁

雜注

(1)故燕地2，秦始皇二十三年置上谷郡——王隱晉書地道志曰：『郡在谷之頭，故因以上谷名焉』。——王莽更名朔調也3。

(2)東北洞開，高廣四五丈，入穴轉更崇深。

(3)耆舊傳言：『昔有沙門釋惠彌者，好精物隱，嘗篝4火尋之，……不測其窮深。其水夏冷冬溫，春秋有白魚出穴，數日而返。……』蓋亦丙穴嘉魚之類也5。

聖水又東逕玉石山，謂之玉石口。

其水伏流里餘，潛源東出，又東頹波瀉澗，一丈有餘，屈而南流也[6]。

東過良鄉縣南。

聖水南流，歷縣西轉，又逕良鄉縣故城西，有防水注之。

水（全趙均視此上二語為小注，殊誤；因如彼則『是水』云云，豈不為無因而生者乎？二本此類文多，今為改正。）

（2）水出縣西北大防山南，而東南流，逕羊頭阜下，俗謂

（4）山多珉玉燕石，故以『玉石』名之。

（5）王莽之廣陽也。

4

聖水又南，與樂水合。

聖水又東逕其縣故城南[9]，又東逕聖聚南[10]，又東與俠河合[11]。

之羊頭溪[7]，其水又東南流至縣，東入聖水。

(3)水出縣西北大防山南[8]，東南流歷縣西，而東南流注聖水。

(4)水出良鄉縣西甘泉原東谷，東逕西鄉縣故城北。

又東逕良鄉城南，又東北注聖水；世

(5)蓋藉水而懷稱也。（此語乃指聖聚而發，趙作大字亦誤。）

(7)王莽之移風也；世謂之都鄉城，……非也。

5

謂之俠活河[12]，又名之曰非理之溝也。

又東過陽鄉縣北。

聖水自涿縣東與桃水合。

(5)水首受淶水于徐城東南良鄉，西分垣水，世謂之南沙溝，即桃水也；(同卷巨馬水注：「淶水東逕徐城北，故瀆出焉，世謂之沙溝水」。)東逕遒縣北，又東逕涿縣故城下，與涿水合。

(1)世以爲涿水，又亦謂之桃水：出涿縣故城西南奇溝東八里大坎下，數

7

桃水又東逕涿縣故城北。

泉同發，東逕桃仁墟北。

又東北與樂堆泉合。

涿水又東北逕涿縣故城西，注于桃。

(1)水出堆東，東南流注于涿水。

(8)或曰：『因水以名墟』，則是桃水也；或曰：『終仁之故居，非桃仁也』；余案地理志桃水上承淶水，此水所發不與志同，謂『終』爲是。

(9)應劭曰：『涿郡故燕，漢高帝六年置，其南有涿水，郡蓋氏焉』。……

應劭又云：『涿水出上谷涿鹿縣』。……

(10)王莽更名垣翰，晉太始元年改曰范陽郡，今郡理涿縣故城。

城內東北角有晉康王碑。……

桃水又東北與垣水會。

(2)水上承涑水于良鄉縣，分桃水，世謂之北沙溝。東逕垣縣故城北。又東逕頃，世名之頃前河；又東，洛水注之。

(1)水上承鳴澤渚。

(戊)堵方十五里，西則獨樹水注之。

(己)水出遒縣北山，東入渚。北有甘泉水注之。

(己)水出良鄉西山，東南逕西

(11)故應劭曰：『垣水出良鄉』。

(12)史記音義曰：『河間有武垣縣』。涿有垣縣，……世謂之頃城，非也。

(13)亦地名也，故有頃上言。

(14)漢武帝元封四年行幸鳴澤者也。……

8

聖水又東，廣陽水注之。

桃水東逕陽鄉，東注聖水。(6)水出小廣陽西

垣水又東逕涿縣北，東流注于桃。(按巨馬水注未見此水，只云：督亢水承淶水于淶谷，至涿縣故城東南北屈注桃。)

鄉城西，而南注鳴澤渚。渚水東出爲洛水。又東逕西鄉城南，又東逕垣縣而南入垣水。

(15)故應劭曰：『垣水東入桃』。……

9

聖水又東南逕陽鄉城西，不逕其北矣。

聖水又東逕長興城南，又東逕方城縣故城北。

聖水又東，左會白祀溝。

山，東逕廣陽縣故城北，又東，福祿水注焉。

亂流東南至陽鄉縣，右注聖水。

(7)溝水出廣陽縣之婁城東，東南流左合婁城水。

(1)水出西山，東南逕廣陽縣故城南，東入廣陽水。

(1)水出平地，導

(16)縣故涿之陽亭也。……

(17)李牧伐燕取方城是也；魏封劉放爲侯國。

10

源東南流，右注白祀水。

亂流東南逕常道城西。

(18)故鄉亭也，西去長鄉城四十里，魏少帝髦甘露三年所封也。 11

又東南入聖水。

聖水又東南逕韓城東。

(19)詩韓奕章曰：『溥彼韓城，燕師所完；王錫韓侯，其追其貊，奄受北國』。

聖水又東南流，右會清淀水。

(8)水發西淀，東流注聖水，謂之劉公口也。

又東過安次縣南，東入于海。

聖水又東逕勃海安次縣故城南。

(20)漢靈帝中平三年封荊州刺史王敏爲侯國。

又東南流注于巨馬河，而不達于海也。（巨馬水注未言納此。）

（註1）朱箋曰：『孫云：「聖水今琉璃河」』……（註2）官本曰：『案近刻訛作「也」』。案朱訛趙改，刊誤曰：『也當作地』。（註3）官本曰：『案「更」近刻作「改」』，案朱趙作『改』。（註4）趙作『𤃩』。（註5）官本曰：『案「類」上近刻衍「流」字』，案朱趙有。（註6）官本曰：『案近刻脫「南」字』，案朱脫趙增，刊誤曰：『「而」下落「南」字』。（註7）官本曰：『案「謂」近刻訛作「爲」』，案朱同趙改，刊誤曰：『爲當作謂』。（註8）官本曰：『案「山南」近刻訛作「南山」』，案朱訛，趙乙刊誤曰：『「南山」當倒互，孫潛校改』。（註9）朱趙不重『聖水』二字。（註10）官本曰：『案「聖聚」近刻訛作「聚聖」』，案朱訛，趙乙刊誤曰：『聚聖二字當倒互』。（註11）朱作『挾』，箋曰：『宋本作俠』，趙改『俠』。（註12）朱作『挾』，箋曰：『「挾」，宋本作「挾」』，趙改『挾』。（註13）朱趙作『非漯』，刊誤曰：『箋曰：「漯一作理」，案「漯」、「理」音同，傳寫之譌。漯水即濕水，注云：「涿水自涿鹿縣東注濕水」，此云：「非漯之瀆」，蓋未與濕水合也』。……

（例二）與甲以下諸水俱無通注關係之水

卷二十六　巨洋水

巨洋水出朱虛縣泰山，北過其縣西。

泰山，即東小泰山也。

巨洋水即國語所謂具水矣，袁宏之謂之巨昧，王韶之以爲朐瀰，亦或曰巨蔑，皆一水也，而廣其目焉。其水北流逕朱虛縣故城西。

漢惠帝二年封齊悼惠王子劉章爲侯國。

○地理風俗記曰：『丹山在西南，丹水所出，東入海』。丹水由朱虛丘阜矣。

故言朱虛城西長坂遠峻，名爲破車峴。…

丹水有二源：各導一山，世謂之東丹水西丹水也。

西丹水自凡山北流，逕劇縣故城東，東丹水注

13

之。

水出方山，山有二水：一水即東丹水也，北逕縣合西丹水而亂流。

又東北出逕渏薄澗北。

渏水亦出方山，流入平壽縣，積而爲渚；水盛則北注，東南流屈而東北流，逕平壽縣故城西，而北入丹水，謂之魚合口。

丹水又東北逕望海臺東，東北注

14

海。

(一)凡遇水之始源有二以上，于未合流部分較已合者低一字，例如上所引之丹水。

(一)凡不同篇之水發生經注之言互有關係時，今並節彼文或別註明錄于此文之下，以各見其是否相符；例如上所舉聖水篇附錄之巨馬水文等是。

(一)一水中道分爲二水繼復合者，則同晉一格，較尋常低一字；例如下：

卷二 河水

河水又北屈，而爲南河出焉。

河水又北。……

河水又屈而東流爲北河（按自上文『南河出焉』以下便應爲北河之起始。）……北河又南合南河。（此不過略以見例，故不徒注有删節，即其間之經文亦略去。）

南河上承西河，

……東會于河。

河水又南逕馬陰山西。……

(二)水之中道雖分而復合，然迹近枝津，或明言爲枝津者，均分置上下兩格，字不低減；例如下：

(例一)卷十八　渭水

渭水東分爲二水：

廣雅曰：『水自渭出爲溭』，其猶河之有雍也。

此瀆東北流，……又東南合一水，……又東……注渭水。

渭水又東。……

(例二)卷三　河水

又東過臨沃縣南。

16

河水又東，枝津出焉。

河水又東，……又東南，枝津注焉。

水上承大河于臨沃縣，東流七十里，北……注于河。

(一)水之中道分爲二，其枝津注入他一甲水者，則正流只于發生關係處減低一字，餘者則否；例如下：

卷二十 洧水

洧水又東南，分爲二水：

其枝分東北流注沙；

一水東逕許昌縣。

洧水又東入汶倉城。

(一)水雖分爲二，而繼則只敘一水者，字不低減；例如下：

卷三十　淮水

淮水又東與申陂水合。

水上承申陂于新息縣北，東南流分爲二水：

一水逕深丘西，……

又屈逕其南，……

南流注于淮。

淮水又左迤，……

(二)水至尾閭而分爲二者，則同置一格而低一字；例如下：

卷五　河水

河水又東，分爲二水：

枝津東逕甲下邑南，東南歷馬常𣿅注于濟。……

河水自枝津東北流逕甲下邑

北，又東北流入于海。

1 9

(一)雜注似因錯簡而與所承之上文無相切之關係者，則向後移一行，以示彼此義弗相屬；例如下：

卷十一　易水

易水又東逕武陽城南，左得濡水枝津故瀆。

蓋易自寬中歷武夫關東出，是兼武水之稱，故燕之下都擅武陽之名。

武陽大城東南小城，即故安縣之故城也。漢文帝封丞相申屠嘉爲侯國；城東西二里，南北一里半。（試觀此節實與上文毫無關係，原未必卽在此，恐乃下文『高誘云：「易水逕故安城南城外東流」，……今水被城東南隅，世又謂易水爲故安河』下之脫簡，因所叙係故安事也。）

(一)酈氏于所引成文下或附以評議或否，玆期格式一律，于起始俱不低字。

(一)古人引用成書率好删節改竄，酈氏諸所徵引，就今尙可考者校之，亦不免此病；又如所引今已佚諸書，因無可旁證，多有莫能知其究止于何處者。今遇此二類，前者仍各參酌原文標以引號，後者則審度辭義于約成尾聲處或標以虛綫之引號（⌐）以示別。——以上二條閱者不難了解，故弗舉例。

（一）今所分析之內容，大致如上列諸例；但原著行文間有變格，茲因爲文勢所限，于細微處爲求逐部各辭義通達而小有出入，亦所不免，是在閱者隨地體會之矣。

（一）今書橫讀之可不煩釐剔便立得逐一水流之源委；豎讀之依然始終如原次之舊，而無諸通行本夾雜不淸之弊。

禹貢山水澤地所在篇中之熊耳山

孟森

戴校水經第四十卷末一篇，是篇標題爲『禹貢山水澤地所在』。中有經文云，『熊耳山，在弘農盧氏縣東』。注云，『穀水出其北，林也』。戴校，『熊耳山』下云，『案近刻訛作「嶓冢山」』。『盧氏縣東』下校云，『「東」，案近刻訛作「南」』。戴所自言得之於大典校正近本之訛者如是。

及讀趙氏水經注釋，則果同所謂近刻；而有釋云：『全氏曰，案嶓冢山當作嶓冢林，見山海經；且穀水出弘農黽池，與盧氏無涉。桑經酈注於穀水篇悉本山經之舊，至此寧遂忘之？此篇專釋禹貢山水澤地所在，嶓冢林非禹貢之所有，篇中獨失去熊耳山，則「嶓冢」二字即「熊耳」二字，簡策零斷，行間失次，後人率意填寫，云，「注文以附會之，未可知也。漢志弘農郡盧氏縣下又假作熊耳山在東」，東近於南，不至相懸，說地理者當以班志爲據』。

據趙釋，乃謂全謝山以經注之難通，遂緣盧氏縣而推及班志，其縣之東惟有熊耳山，又以南字爲近于東，謂南稍偏即東，不至如南與北之不可牽合，故南字可以不改；而熊耳二字亦不敢遝改，但用全說載入釋中。又以在經則有改字之一法，注仍無法通解，則云後人所假作以附會混改之經文，則直謂此注當删，或另有注文乃可；又着一『未可知也』云云，則亦不以全說爲定論。蓋經注澈底推翻，又無舊本異同可校，祇能姑存此說耳。

又考全氏結埼亭集，有水經注嶓冢山帖子東潛一首，文云，『水經之末，歷數禹貢山川澤地所在，其第四十五條曰「嶓冢山在弘農盧氏縣南」，道元注曰，「穀水出其北林」，是自亂其例之言。禹貢之山，未有所謂嶓冢也（書業案，嶓冢山禹貢有之，如云，『岷嶓既藝』，『導嶓冢』，『嶓冢導漾』，特與此嶓冢非一山耳）；禹貢之水，未有所謂穀也。朱中尉解之曰，「是蓋引山經之文也」。吾亦固知其爲山經之文，然豈可以充禹貢之乏乎！且山經何獨引此一條也？既而思之曰，是非舊本之文也。太史公作禹本紀，然不敢稍以之攙入禹貢一語，而謂作水經者乃補綴一至此乎？夫經文當云，「熊耳山在弘農盧氏縣南」，注文當云，「洛水出其西」，如是則合乎禹貢矣。或曰，據漢志則洛水出上洛；其出熊耳者，伊水也。曰，禹貢繫熊耳於洛，必非苟然，殆猶導河之於積石也。況地說以熊耳之山爲地門，其望尊矣，固不必以漢志疑禹貢也。且是卷於禹貢所導之水，河濟淮江漢黑弱渭，已志其八，不應獨遺熊耳之洛明矣。是必舊本脫去「熊耳」「洛」數字，好事之人偶讀山經，自以爲博，因奮筆以有此誤也。然而元祐重行開雕，以至於今，竟未有言及之者，則校讎之疏甚矣哉！』

據全氏本意，不但改經，幷須易注。蓋從禹貢『導洛自熊耳』一語，旣改經文，即用所改經文之熊耳生出洛水，如此則經注相應。趙氏亦覺其兒戲武斷，祇可託諸理想，存一空言。不謂戴竟有大典爲作根據，成全氏之異說也。所不解者，大典經文同全氏理想，注又不同，然則經注不相應，仍爲不通之大典也。今大典出矣，急讀其文，乃云『嶓冢山在弘農盧氏縣南』，與戴所謂近刻之訛文同。戴之傾倒全趙，至於如此：全趙理想武斷之說，竟託爲大典以曲成之。段茂堂謂戴不見趙本，試問此武斷之念何從而來？但僅見趙本，未見全帖，故改經仍不改注。蓋全氏集之問世遠在戴之歿後多年也。

山海經中山經中次六經傳山下云，『其西有林焉，名曰嶓冢，穀水出焉，而東流注于洛』，此朱氏全氏所指爲出於山經者也。水經穀水篇則云，『穀水出弘農黽池縣南嶓冢林穀陽谷』，以此兩經文比對，水經實未嘗與山經異。注云『穀水出其北』，當爲一句，『林也』，當自爲一句，即所以鉤通山經者。經但言嶓冢山，未言嶓冢林，故以『林也』句通之，明其非與上文第二十一條之嶓冢山爲一事也。惟穀水在水經不出盧氏，爲一可疑。穀水不見禹貢，嶓冢林亦不見禹貢，而本篇之篇名爲禹貢山水澤地所在，爲二可疑。全氏以此兩疑，遂從禹貢覓可見於本篇之山水，則以『導洛自熊耳』一文未有歸宿，遂用禹貢所有之文，代禹貢所無之文，竟欲將水經注之經注換去一條。若僅作理論觀，不失爲能讀禹貢與水經注者；若竟改寫古書，以就我理論，即成妄人。故趙氏載其說於釋中，未嘗改寫一字。不謂戴氏竟冒充大典以助全趙，向天下後世造此大誑，又留其注文不改，如狐幻爲人，仍留其尾，竟不復自知破綻。或者校水經畢工在卽，益有迫不暇詳之故，遂慌

2

張至此耶？百餘年尊戴氏爲學人，奈何令人失望如此！

孫淵如先生學問之名不下於戴，然於酈學亦非專家，其手校水經注，除尊信戴之永樂大典外，心得無幾。於此一條，亦求其說而不得，乃謂嶓冢即熊耳之異名，不嫌同名異實；以此作調停之詞，亦無根據。至楊惺吾則根本不信戴據大典，凡戴所冒充大典而改正者，祇問其合理與否，並不以爲古本如是；雖生平未見大典，而絕去盲從，有開徑自行之樂：於前人之說酈書，皆有詆斥，於戴之竊趙，尤見之甚確，可謂此學中豪傑之士矣。其於禹貢山水澤地所在篇，全篇皆在懷疑之列，故於熊耳嶓冢之辨，並不置詞，而總括之曰，『此標題專釋禹貢山水澤地，而不釋水（惟有菏水一條），以各水已見水經也。然太原覃懷大陸九河滎播蔡蒙原隰孟津醴，皆不載；而隴山霍山，不見禹貢者，乃竄入之。嵩高與外方兩載。以華山爲惇物，又別出惇物在扶風武功縣西南。以荆山爲東條，與馬融王肅大異。以九江在下雋縣西北，與漢志大異。以穀水出嶓冢，可云傳抄之誤。而以開明之所鑿，李冰之所堰，亦屬禹貢之沱，酈氏豈皆熟睹不辨一辭？其他名稱不合，方位差池，不可枚舉，與舊說多異，此必非出著水經者一人一時之手。其注詳略殊甚，大抵已見水經者畧之；然不見水經，注亦多不著一字。如下雋之九江，有山海經楚地記可證，而亦不載。而已見水經者，如朱圉山石鼓事，已見渭水注；衡山血馬事，已見湘水注；羽山鯀化黃熊事，已見淮水注；大邳引爾雅山一成謂之邳，已見河水注：而皆複載之。又如內方注云，「禹貢立章山也」，此鄭康成引地理志說也，何以不注所出？積石山注引山海經郭璞以爲水經之文，則尤非酈氏所及知矣。此當是「積石在鄧林，河所入也」，爲經原文。後人見鄧林無可考，故以漢志河關易之：又以鄧林之文出山海經，遂移之以爲注。不然，郭氏何能引酈注！戴氏以郭此注爲後人所僞託，是也』。

楊氏此說，根本不視禹貢山水澤地所在篇爲酈書所有，舉證詳明，識高於以前各家。則全趙之改熊耳山爲多事，戴之冒大典以竊全趙爲無恥，皆可以一笑置之矣！

禹貢山水澤地第二十一條，『嶓冢山在隴西氐道縣之南』，注『南條山也』，有此又知嶓冢林非

3

嶓冢山，卽非禹貢所有。

又第二十三條，『積石在隴西河關縣西南』，注『山海經云，「山在鄧林東，河所入也」』。戴校，『案山海經郭璞注，引此爲水經之文，其注乃後人所託，不足據證』，此楊氏所獨賞戴說。蓋『山在鄧林東，河所入也』二語若爲水經，郭氏可引；若爲酈注，則郭在酈前，何由引之？此亦本篇之糾繆也。

4

臨淄小記

丁稼民 1

小引

書稱「濰淄其道」，周禮職方亦言「淄時」，淄之見於記載如此其古。周初定鼎，太公就封，東至海，西至河，南至穆陵，北至無棣，修政興利，簡禮因俗，通商惠工，冠帶衣履，被於天下，始都營邱；胡公徙居薄姑；獻公再徙臨淄。降及春秋，戰國，桓景之伯業，管晏之政術，孫武田單之用兵，稷下學士之文教，足與曲阜并稱，而其實跡之完備又疑過之。及秦統一，爲齊郡治；漢晉因之。其間田何轅固胡母生之於經，鄒陽左思左芬司空圖之於文，倉公之醫，晏模之博，房玄齡之相業，段志玄之武功，均名傳百世；而李唐一代，段氏一姓文物斐然。宋代則稍稍替矣，但賈同王闢之諸人尚不失爲魯殿靈光。合而計之，其爲文化中心者，蓋兩千餘年。太史公謂其爲海岱間一大都會，誠非虛語也。予家北海之濱，兩地所距不二百里，鐵道公路相接，僅半日程。前年旣謁孔林，登泰山，而此密邇之古都未一往遊，甚爲憾事。適日照王獻青兄赴彼調查古跡，因與三兄叔言同往觀光，爲時二日，益智良多。爰就所見及者爲之小記，以與世之研究山東文化者共商榷之。

古城

臨淄古城，在今城北；子城爲齊營丘故城，齊獻公所築，非太公所築。臨淄志云，「作正方形，周可十里：營邱在其中：北門二；東南門各一；西門在西南隅」。楊守敬水經注圖以爲申門爲子城南門；西面三門，曰陽，曰雍，曰稷；北有北門：則又與志不同。其大城周四十里，乃齊之外郭舊址，殘留者尚多。青州府志云，「外城十三門：城西雍門，韓娥鬻歌之地；西南稷門，宣王時文學遊說之士所聚；南面西第一門，曰申門，門外申池，左太冲謂之照華，郡國志謂之左右池；北曰章華門，史記蘇代自燕入齊，相見處也。又楊門，齊西門；東閭門，齊東門；鹿門，亦齊城門名：并見左傳。其六不載何名」。臨淄志則云，「尚有雪門，雪宮由是得名。又有廣門，晏子春秋，『蚤歲淄水至，入廣門』，近淄水，疑亦齊東門也」。又引舊志云，「『樂毅伐齊，公孫差格門死於龍門』，不知係何門」。則是以上十門外，尚有三門之名不得而知。城之外郭，臨於淄水上者，予曾登之，版築之跡極爲顯然；工程之良甚非後人所及。民國十九年內戰，兩方依壁作戰，半月有餘，屹立如故。晏子墓南，相傳有一大石，或即古代子城之北門，及古殿基礎。墓西有地名花柳巷，疑即管仲所設女閭之地。

石獅

石師二，藏臨淄民衆教育館，一殘，一項背斜刻字一行曰「雒陽中東門外劉漢所作師子一雙」。臨淄學士咸以劉漢於孝平元始元年封西安侯，石師若爲西安侯所作，當是西漢物云云。田按刻文「雒陽」即洛陽，顏籀引魚豢說，後漢以火行忌水，故去水加隹，則是洛陽之改雒陽當在建武元年定都之始，其時去元始元年已二十五年矣。此其不可定爲西漢物者一。李尤曾爲中東門撰銘曰，「中東處仲，月位當卯」。又古今注，「建武十四年開平城門，尤亦有銘；其他有銘者十，共十二門，銘皆尤筆」。范書云，「順帝初，尤年八十三卒」。尤蓋生光武建武十九年，其撰城門銘當在中元永平中，則是西漢洛陽無中東門之確証。此不可定爲西漢物者二。

按劉漢，漢書王子侯年表云，「西安，元始元年二月丙辰侯，漢以東平思王孫封，八年免」。「免」或作「薨」，非。又元始無八年，此八年迺以漢受封之年計，即新莽始建國之元年也，去建武紀元才十八年耳。越明年，光武始詔復宗室列侯爲王莽所廢者。然漢爲莽建言褒賞宗室時封，或不在詔復之列，其題曰「中東門外某」，蓋誌其所居之邸第，不欲以故侯示人也。又范書云，「章帝章和元年，月氏國獻師子」，所以特書者，紀其始也。計章和元年去建元二年已六十餘年，去漢始封西安之年蓋八十年矣。意漢必童年受封，至是耄老，見異域之貢瑞獸，鐫二師以誌休嘉，藉寓其失國之感焉。不然，胡爲以列侯而不稱其爵秩，乃僅誌其僑居所在，下同於匹庶也耶？

漢畫石

民教館有漢畫數石，北伐以來，多有摧殘。其一大者，昔年曾浼人拓之。吾師陳鶴儕先生曾有跋云，「臨淄志稱石得之縣治西永平倉土中，列爲石刻漢畫之五。按此刻當是演奇技者。諸技雖散見列子王子年拾遺記諸書，而其後莫盛於漢武時。漢書西域傳贊云，「武帝作巴渝都盧海中碭極漫延魚龍角抵之戲」，注，「漫延，獸名，似貍而小，假作獸以戲也」。攀延樹上，象獼猴一，後隨一小者，又一登屋，餘半身及尾者，疑即漫延戲。樹杪鳥一，又巢一，巢上雛一，點綴景致耳，無須考。樹下繫馬一，馬前人一，女子裝，疑即蹀馬戲之演罷者。一人伸右手，承四球，起右足，足承兩球，曲左手，手納一球，蹴鞠也。一人持刀者，演呑刀技者也。持刀人下方，一人倒舞，即杯盤舞也，漢謂之橦末技。都盧尋橦，自上躍下之倒立形也。中一人持兩繩舞，或即巴渝舞與？下方三人，一人坐執柎，前類鼓，是鼓工；二人坐擁樂器，類琴筑，是琴筑工。緣邊刻三合繩紋，左方殘缺。疑此石尙多，當係漢王侯冢墓或饗堂中石壁。今北方習此技以謀生者多矣，不逮官家逢塲作戲；然當漢代，非王公百官不得與於斯會也。漢書載「武帝時演此，縱民觀之，來觀者傾百里內人」，盛矣哉！

楊守敬臨淄城圖訂誤

宜都楊守敬氏之水經注圖，除總圖用清輿地圖爲底本，其後所附十三城皆出臆造，絕無根據，臨淄其一也。臨淄小城不在正中，四距外郭均等；實在外郭南西隅，佔其十分之一。晏冢在小城正北，約當外郭西面南北之中，亦不在外郭之內北面正中。外郭逼近淄岸，何得淄郭之間又有澠水？臨淄志云，「澠水與系水同源，自王青莊南與系分流，北逕許家屯等莊，……又西北入廣饒界」。又云，「營城址已無考」。酈意「王青」「營城」音近，地望亦合，「王青」當即「營城」之訛。

三士冢

三士冢在蕩陰里，里在淄水東，梁父吟所謂「步出齊東門，遙望蕩陰里」者是也。臨淄城南關外，今有冢，一基三坟。臨淄志云，「即古三士葬處」。其說出於太平寰宇記，改「東門」爲「城門」。不知梁父吟之「東」字可改爲「城」字，水經注淄水，「又東北逕蕩陰里西，水東有冢」二句，又將如何改之？今水東有燈籠村，揆其位置，味其音讀，其爲蕩陰里無疑。村西南堐付村，有冢無名，在淄水東，其古之三士冢歟？予於遊淄之日先至今所謂三士冢下，在其冢南檢得殘陶鬲足，獻唐云，「商器也」。又予聞其地人云，「民國十九年，晉軍東來，曾在冢上作壕，掘得古兵甚多，皆周以前物，又可証三士冢之所在矣。伏生墓在東朝陽，今人以爲在梁鄒；鄭玄墓在濰西，今人指爲蓋公墓：與此而三，同一可笑。

雜事

臨淄城內，東西大街，即古南城基。城中多隙地，所植洋槐成林，空氣極佳，商業不盛；西關昔較繁盛，近年辛店於業發達，漸次衰落。

西關西首道左，有一石羊，製作與臨沂漢東海徐氏遺物相似，石質亦甚好。胸前疑有字跡，惜殘毀莫辨。齊乘言，「南郭天齊觀，有石羊」。天齊觀即今天齊廟，石羊在此，或爲後人所移置歟？

泥封，周秦者出東關迤北，西漢者出北門外近劉家寨王氏田中。王氏居城內西大街道北，能倣製，頗不易辨。王獻唐云，「東關迤北，當爲周秦縣府；王氏田，則兩漢縣府」。

張默生告予，「女水出二王冢西北，桓公愛妃冢下，時隱時見，猶女性然，故名」。然臨淄志云是桓公女冢，與張說不同。欲判二者之說當否，是非開發，掘得古物，不能決斷。

雪宮在淄水東，其在益都者乃後人假託。

葛家莊馬氏，其父，清同光間營古董業；江蘇吳清卿，吾邑陳簠齋，皆與之善。輯古器拓本數册，馬氏以爲奇品，曾用藍紙影曬一二分，不輕示人。

馬氏莊，外臨淄水，其東南即齊東門，斷壁深溝，尙可追想。

縣長益堂馮公謙光，河北霸縣人；治盜有方，始至萑苻遍地，數月之間，全境肅清；道路極清潔。

民衆教育館有舊文昌閣，榱題斗栱悉以磚造，爲他邑所罕見。

西關迤北，石佛高丈餘，係南北朝時作品。其南有碑，臨淄志不載，紀年爲大朝某甲子，蓋宋元之際李全時所立。

南關某廟有漢殘碑，傳云，有字已殘。

西關縣立小學內有八面石塔，甚巨，浮雕極工，題名無慮千百，似唐宋時建。僅餘下層，猶高丈餘；中層棄置其旁，每面造精美佛象七八層；上層存邑人吳成安先生家。縣志謂字皆隸書，無年月可攷，當爲石虎阿育王塔，未見。田按齊乘引金李餘慶齊記補云，「唐太和中建寺，五代無棣僧道圓居之，與宋太祖有舊，加號蓋國大師，僧塔爲十二級；祥符中，更名廣化寺」。又載黃康弼詩云，「齊野非吳渚，支郎是子陵；釣臺千古月，寶塔萬年燈」，當即此也。

今縣政府基甚高，多古甓；俗傳爲無鹽冢所在，未必即是，然其爲古人遺跡甚明。

顧頡剛先生長沮桀溺古蹟辨跋云，他「曾遊過齊都臨淄，在齊故城中，就不稱爲臺而稱爲冢，於是有齊桓公冢，齊景公冢，管仲冢，晏子冢，還有一個大的叫點數冢，三個相連的土阜叫三士冢」。以上諸冢雖是均有，但除晏子冢在古城內，其他皆不在一處，想是先生錯誤。

晏子冢據方志所載有三：一在高密，一在濰縣，一在臨淄子城之北。惟臨淄者見於水經注，其他皆無據。

5

中國國際聯盟同志會主編

世界政治

第一卷第五期

二十六年五月十五日出版

專著

分配世界資源與自由貿易問題……馬寅初

西班牙各黨的爭政……陳清晨

捷克之復興及其『索高爾』之組織……林繼庸

國聯運動先驅者聖庇耶的學說……楊晉豪

評述

德意志能懸崖勒馬麼？……趙海金

法國的遠東外交政策……潘樹藩

世界人物誌

印度民族運動領袖甘地的生平……應遠濤

選錄

中國代表團出席國聯遠東禁販婦孺會議報告……熊希齡等

一月來世界大事述評……周書楷

日內瓦簡訊……呂浦

定價：每本大洋一角二分 全年十册一元

發行者：南京河北路正中書局雜誌推廣所

出版者：南京成賢街四十八號中國國際聯盟同志會

日本評論

第十卷第四期

二十六年五月十五日出版

插圖（日本時事畫報十一幅）

民衆裁判下之日本法西政權……高臨渡

日本議會解散後之政局……符燦炎

擾攘中之日本政局……王德昭

日本之議會總選與新黨運動……杉原正巳 林思超譯

日本金融改革問題……周伯棣

中日經濟提攜之歷史觀……趙紀彬

日本摧殘中國棉業之面面觀……張一凡

五年來東北之奴化教育……鮑澄極

日本鋼鐵饑饉問題……郭葆光

日本準戰時體制下之勞働階級……張兆榮

日事輯要

定價：全年十册國幣三元 半年五册一元五角

發行者：南京石鼓路一〇九號日本研究會

二十五史補編 全書出齊 發售特價

本編全書凡九千頁，分爲六册，用中國布面精裝，樸素美觀。所收各史補表補志凡二百四十六種，七百五十六卷，附錄一卷。其中未刊稿本計有五十四種一百五十二卷之多，皆爲從前所未經發見者。自着手編校以來，逾時兩載，現在全書業經告成，特再發售特價，每部祗收國幣四十八元。倘與本店縮印之二十五史合購，僅售八十元。特價期定本年六月底截止。印有樣本，函索卽寄。

發行所 上海 各省 開明書店

國內地理界消息

古蹟與古物（二六，一，九——五，一一）

葛啟揚 欒植新 輯 1

從安特生博士說到『北京猿人』

瑞典國的著名鑛物學家兼考古學家安特生博士（Dr. J. G. Anderson），已經於本月一日再度來華到南京了。他是於一九二八年（中華民國十七年）在北平周口店地方，考古發掘發現『北京猿人』的學者；他這次決定在南京各處作科學演講一個月。

『北京人』，或者『北京猿人』，是地質、人類、考古學上的一個專門名詞。大家看到這個專門名詞，或者有點費解，我且在此略述當年發現『北京猿人』的經過，和科學上的解釋，作爲安特生博士來京的報導。

我們溯北平周口店發現的古代人類遺骨，在世界各國科學上的確定名稱，是 Sinathropus Pekiuensis；而譯者把這個名詞，却譯做『中國猿人』，『北京人』，『北京猿人』，『古北京人』等等。所謂『北京人』者，自是從英人 Pekin man 一名詞譯來的；於是許多學者，就覺着這個譯名不妥，而從 Sinathropus 的意譯，改譯做『震旦人』（按：Sinan 卽支那），比較上確當一點。

周口店古人類遺骨的發現，種因很早：距今三十年前，有個德國醫學博士哈白勒（Dr. Haberer），在北平藥舖裏買了許多龍骨，寄回德國去教朋友試作科學化驗；據化驗的結果，中國人當做龍骨的藥品，却是古代的化石，而這些化石裏，竟發現一隻古人類的牙齒。

於是歐洲各國的科學家，就注意到中國的北部，以爲在地層裏面，一定有古代人類遺骨的化石在；并且把這個牙齒，和印度古猿類的遺齒比較，是很相近的，於是鼓勵一些學者，從事於中國第三紀『更新統』人類化石的尋覓。

後來日本遊歷家，又在中國河南省採取化石，而覓得人類的古骨殖；民國二年，農商部在北京創辦地質調查所時，更注意到古生物的調查；而北京協和醫學校，後來又聘了解剖學家步達生博士（Dr. Davidson Black）來華，在灤河流域搜尋人類化石；最後，地質調查所才聘請瑞典的地質考古家安特生博士來華，和德日進神父，桑志華神父，聯絡作科學搜尋發掘。

周口店是在北平附近的西山麓，屬於房山縣境；當一八九八年（光緒二十四年）築盧漢鐵路時，就在琉璃河造了一條支線，直達周口店，爲的是採運鐵路需要的石料。因爲在周口店採掘石料，把山岩鑿開，於一九一八年（中華民國七年）的春天，安特生博士到周口店考察地質時，在開掘的石蕩裏，得到多量的古代動物化石。

於是自一九二一年（民國十年）至一九二六年（民國十五年）間，安特生博士屢次有組織的到周口店，從事於化石採集；於許多化石裏，發現古人類的臼齒。又于一九二七年（民國十六年），在周口店發掘，至一九二八年（民國十七年）爲止，發現古震旦人牙齒，下顎，頭蓋骨等等化石；經整理拼合以後，才從科學上證明，中國北部在古代時赫然有介於『猿』和『人』間的古人類存在，於是世界上科學界——生物學，人類學——，開了一個破天荒的創紀。（犀牛）

（二六，三，四，中央日報）

寶雞鬥雞台發現上古遺物

有仰韶期灰坑數處

掘出陶器陶片甚夥

【中央社西安二十二日電】陝考古會，最近在寶雞鬥雞台附近，發現仰韶期（在新石器時代末期）灰坑數處，並在坑內掘出陶器陶片甚夥，質色至爲簡素，帶有白色彩紋，當爲仰韶前期之物，足證門雞台自新石器時期以來，至仰韶以後，直至漢魏，歷有人住，至爲明確。按仰韶期灰坑，數年前在豫曾有發現，今門雞台續有發現，於考古學上爲極有研究價值之材料。

殷墟發掘團

掘得殷朝人骨

【開封通訊】中央殷墟發掘團，月來在彰德一帶發掘。茲據該團委員（係豫省府派）王慶宣談，最近掘得殷朝人骨四五十架，其體之大小和結構，與現代人無甚出入，並掘出古代銅器多種云。（十二日、星）

（二六，一，一五，晨報）

殷墟發掘團又掘出大批古物

玉器陶器等共一百餘件
價值約在五百萬元以上

【鄭州快訊】豫北安陽縣屬小屯村殷墟遺址，自經國立中央研究院在該縣設立殷墟發掘團，連年派員赴彰（即安陽），招覓夫役，在殷墟遺址發掘，每挖必有奇獲，此種工作極爲中外人士所重視。該團爲加緊工作，及追取三代時之遺物，以便研究古代之歷史文化計，特聘素有挖掘古物常識之石璋如君，於今春主持殷墟發掘團一切進行事務。石君於今春三月初在彰招工百名，開始工作。開工以來，對於發掘工作，頗稱順利。石君率工於本月初，新在小屯村後地（即洹河南岸），農民霍金鏡（霍係殷墟附近小莊村人）地內開掘十餘土坑，連日加緊工作，果於前日發現殷墟遺室二個，每坑約十二市尺見方，深十尺許，坑底（即殷墟遺室之地）俱是土紋花磚鋪成，坑底中央現出狗骨一架，週圍發現商銅鼎大小五只，彝器大小五個，銅爐大小五個，提梁卣兩件，花鼓墩一件，銅觚十餘件，及名目不詳之銅古物達一百五十餘件，共裝八大簏筐。此項商代銅器古物均有極細緻花紋，殊爲名貴。該坑中挖出商代金鑲玉戈四件，長約一尺二寸，碧玉鴿子兩對，碧玉拱璧一件，玉麒麟一對，玉獅子一對，玉石龜一件，玉鳳凰一對，玉貓一對，玉瓶三件，玉馬一對，白陶罐一件，及名目不詳之玉器古物共一百八十餘件。該發掘團此次在彰發掘之三代古物，據考古學者之研究，係商朝第一等最有價值之遺物，爲十餘年發掘殷墟僅有之發現。聞此批古物價值在五百萬元以上，乃歷來未有之珍貴發現云。

（二六，四，三〇，中央日報）

日東亞考古學會調查蒙古民族遺跡

調查團由原田助教率領
定今夏赴綏遠從事發掘

【東京九日同盟電】關於蒙古民族活動之遺跡，自赤峯西北，至察哈爾蒙古綏遠省，今夏有大規模學術探險計劃，由東亞考古學會着手進行。該學會於大正十五年，由東大池內宏教授，原田淑人助教授，慶大狩野直喜名譽教授，濱田耕作教授等，考古學界權威所組織。成立以來，每年繼續滿蒙古代文化遺跡之發掘。以東大原田助教授爲中心，以兩大學助手十數名，自赤峯向綏遠從事踏查。動員苦力數百名，從事發掘之計劃。此地方有三千年前斯其泰薩馬托兩民族形成之金屬文化之遺跡，且有東西文明交流之事實。探險之結果，爲世界學界所大屬望。

（二六，二，一〇，晨報）

登封周公測景臺

修復工程異常繁雜
余青松等正設計中

【洛陽通訊】登封周公測景臺，爲我國最古研究天文建築；登封志載臺在縣東南古陽城縣內，周公定此地爲中土，立土圭測日，以驗四時之氣。迄唐儀鳳四年，曾加重修，并依古法立八尺表測日景；後中原迭遭變亂，年久失修，遂爲國人遺忘。客歲蔣委員長駐節洛陽，曾登嵩山遊其地，對此珍貴古蹟之荒廢，殊深惋惜，當電中央古物保管委員會派該會委員董作賓涖登調查，設計修復。月前政院會議并通過以一萬元作修復該臺費用。廿一日中央大文研究所長余靑松，特偕董氏及古物保管會專門委員劉敦楨，基泰工程司建築師楊廷寶等一行十二人由京抵洛，旋乘汽車赴登封設計修復事宜，并聞以該項工程繁雜，將常川留駐登封一部人員主持進行云。

（二六，五，二五，中央日報）

西湖發現戰國慶忌塔址

塔圮時距今三百年

【杭州通訊】西湖下湖九蓮村後，近發現一春秋戰國時古跡，為吳王僚公子慶忌塔墓，其南不數十步，為黃季寬（紹竑）之柏廬。蔣委員長曾駐此小住。墓東為桃花港，北為棋盤山彌陀等，西為蓮花涼亭，數年前轟動全國之劉陶慘案發生於此。鄰近即昭慶寺後院。元代杭州路總管達魯花赤哇哇，於此鑿石築城焉。據昭慶寺志，塔圮於淸康熙三年，中有小塔數千，及瓦棺細人數千。自圮迄今，近三百年，久被湮沒於荒草祟石之間，近始發現。以事涉兩千年歷史文化，故已引起杭市史地家之注意，正在研究考證中。慶忌為吳公子，被要離刺中要害而死，其舊居在杭之仁和倉橋云。（十六日）

（二六，一，一九，申報）

北平研究院史學研究會派員調查戰國遺跡

吳世昌等組織調查團

六月初赴邯鄲等處調查

國立北平研究院歷史組，近以燕下都，趙王城為戰國遺跡，城郭宛然，足資為研究文化上之幫助。特派吳世昌，劉厚滋，蘇秉琦，黃秉謙，劉裕國，王振鐸等六人，組織調查團，赴邯鄲、定縣、易縣等處調查，定六月初由平出發，調查期間規定三星期。燕下都在易縣，趙王城在邯鄲，為戰國時代燕趙兩國都城，均在河北省之西南部。北平研究院史學研究會特派員前往調查，原定本月底前往，嗣以歷史上之材料搜集工作未畢，因改於六月初旬出發。調查工作分配，以吳世昌，劉厚滋，蘇秉琦三人負責調查，黃秉謙，劉裕國二人測繪，王振鐸君從事攝影。行程擬定先至邯鄲調查趙王城，次至定縣調查漢中山王陵寢，就便擬至定縣附近之「盧奴」古城作一視察，最後至易縣燕下都，為期約需三週。記者昨晤調查員吳世昌，據談：本人奉派從事出外調查工作，此次尙為首次，將來成績須視事實而定，不過本人對此興趣異常濃厚，此去團員共六人，擬分三部工作。出發路線當以邯鄲趙王城起始，次及於定縣中山王陵，盧奴古城，易縣燕下都。關於定縣之盧奴古城，據水經注載，傳為管仲所築。至於遺蹟尙否存在，現在尙屬疑問，須俟調查後始能決定。本會此次調查之意義，因以上所談古蹟，歷史上之記載，因往返刊印，恐有錯誤不實之處，故特實地測繪調查，得有結果，再與歷史之記載參較，而改正錯誤不實之處云。（二六，五，二五，晨報）

談壽縣土中埋沒的史蹟

最近知道上海市立博物館，本京金陵大學，安徽省立圖書館，和安徽大學等學術團體，決定在本月（五月）內，實行聯合到安徽壽縣去，發掘從前該縣朱家集地方，曾經出土大批銅器的『李三孤堆』—又名『離散孤堆』。

朱家集在壽縣的東南鄉，離縣城約四十五里，李三孤堆又在距朱家集的三四里，在朱家郢子和夏家郢子之間。我們考戰國時代的楚考烈王二十二年（公曆紀元前二四八年），從『陳』地遷都到『壽春』。朱家集的李三孤堆，是楚國某一君主的葬墓，於民國二十一年七月，被當地居民有組織的盜掘過，因此壽縣的楚國銅器就轟動了國內與國外。盜掘的起因是：民國二十年大水之後，又加上民國二十一年淮河流域的大旱，以致當地鄉民，幾乎要絕食，他們看到淮河流域，近幾年來常常有古物出土，賣給古物商人，每每得到善價；因此他們在荒年無聊之際，作非分的思想，約集了附近大帮鄉民，稍加組織，從事大規模的盜掘李三孤堆——他們并且延聘了豫籍的盜墓專工作為指導。

結果是掘出古銅器，和玉石等雜器，不下一千餘件的鉅數量，出土以後，他們逐批運賣，得價朋分，因此聞傳遠近，而登載於報紙。又因分欵不勻，劣紳染指，而互控到縣城，事聞於安徽第四區行政專員公署，由査辦而勒令停止，更追繳掘出土的古器物（據發掘工人說，尚有三分之一古器，未曾掘出）。

擾攘多時，幾經曲折，一千多件古器物中，得以保存在安徽省立圖書館裏的，僅有七百十二件，保存在壽縣縣政府裏的，僅六十四件（中央古物保管會，也追繳得兩件）；其餘大批精美無價的古物，都被盜賣了——有些已經出國，有些收藏在國內私人家裏，還有些是被人隱匿掉了。而對於墓葬的制度，出土的情形，和多數古物上的鐫刻文字，學術界中人，一絲一毫的沒有親眼看到；這種損失是無從估計的。

至於李三孤堆這個地方，因爲裏面埋藏古器物的多（據發掘工人言掘出土後可堆五六間屋子），在當時頗有人斷定它是一個楚國禮器的窖藏（安徽圖書館調查員的報告，亦如此說），但是事後經中央研究院，古物保管會，金陵大學等學術機關團體派人精密調查察看，知仍屬楚國末年的君主葬墓——其規模的大，形式制度的完備，比朝鮮樂浪郡發掘的漢墓還要增加好幾倍。

幷且，據出土古銅器物上，鐫有『楚王酓章』，『酓志』，『酓肯』等人的名：據考釋『酓』即『熊』字，『酓章』即楚惠王『熊璋』，『酓志』（或作忓）即楚幽王『熊悍』；而『酓肯』一名，有些人釋做楚文王『熊貲』，還有人釋做楚考烈王『熊完』，倒底是楚國某一國君的墓葬，除再事發掘，續得史料外，此時還無從斷定。

淮河南岸一個荒村上的土堆裏，有如許的古代史蹟，的確是出乎意料的。所望此番的各學術團體，努力發掘，來完成這極不易的史料整理工作。（犀牛）

（二六，五，三，中央日報）

中央研究院及北平圖書館將發掘漢太學遺址

發掘執照已由中央發下

一俟經費確定即行動工

【特訊】國立中央研究院，北平圖書館，近以洛陽之漢太學遺址，爲漢朝政治文化中心，埋藏於地下之珍貴古物，定不在少，爲切實研究漢代文化起見，該兩機關擬聯合組織發掘團，前往發掘。國立故宮博物院古物館長徐鴻寶，日前曾親赴洛陽勘查，現已返平。漢太學遺址共有二：西漢時之太學，係設於長安西北七里，創立在漢武帝建元以後（公元前一四零年）；東漢之太學，係於建武五年（公元二九年）重建。因東漢定都洛陽，故太學亦設洛陽。國立中央研究院及北平圖書館現擬發掘者，即爲東漢之太學遺址。據漢書，洛陽記，水經注等書上載：當時之太學，爲最高之學校，設有內外講堂，長十丈，寬三丈，堂長巖石經四部，附建有博士（即太學之敎授）舍，後漸毀壞。至順帝陽嘉元年（公元一三二年）重行修繕，計共建築二百四十房，一千八百五十室。目前該太學遺址，在洛陽城東南三十餘里洛水南岸朱疙疸村太郊寺，四週面積甚廣，墳墓甚多，發掘工作較爲困難，工程亦屬浩繁，惟將來之收獲亦在意中。中央研究院及北平圖書館現止詳細計劃，發掘執照已由政府發下，一俟經費確定，來春即可開始動工。

（二六，一，一四，晨報）

雲南昭通縣發現大批漢代古物

該地接受中原文化最早

歷年出土古物均極名貴

【昭通通信】昭通爲雲南迤東大縣，其北毗連四川，接受中原文化最早，故其地於前清光緒年間發現漢孟孝琚碑，爲海內有數古刻，數年前考古家張希魯，又發現東漢順帝時「陽嘉二年邛都造」雙魚洗及漢鐵等，「邛都」載於史記西南夷列傳中，足見該地文化之早。

緣張希魯漫游全國，於古物頗有認識，今春到昭通，常言古物關係文化匪輕，應隨時蒐羅保存，發揚地方文物。該地民衆敎育館，有園工林發貴一名，聞張之言，歸其莊上曹家老包（村名，距昭通城八里），梁堆遺址上發掘，掘下數尺，得石一方，整塊塗有朱色，洗出走告張氏，面呈懊惱之態，自言本欲挖幾文古泉奉贈，不料一文不名。張氏謂泉既無獲，石頭亦要，因雇人取來，乃漢代造像畫刻，背面刻鶴，左刻龜蛇，右刻鳳凰，前面刻「建初九年三月戊子造」九字，字徑一寸，體爲漢隸，「年」字已剝蝕過半。按漢章帝「建初」僅至八年，次年改「元和」，用後漢書「章帝紀」元和元年二月與四月間干支推之，三月確有「戊子」，殆地遠聞遲，故章帝改元「元和」，雲南尚未傳到；小爨碑記晉代年號，亦同此誤。畫刻係正方立體斜上，高營造尺六寸五分，每邊八寸五分。字三行，每行三字。頂鑿一孔，據該園工自述，數年前曾於該地掘獲銅佛一尊，下有柄，恰可插入此石孔中，則此刻乃漢代佛像座子，足證佛教傳入中國，雲南早已波及，或由印度經雲南方入中國，亦未可知，待以後繼出古物證明。

張氏考訂後，即親往曹家老包視查，命園工繼續掘下尺許，又於漢代花磚牆下，發現漢代銖花樹泉一枝，莖葉間所結果實，悉爲五銖泉形，銅質已成通體翠綠，間有腐蝕脫落處，然古香古色，煞是可愛，爲金石家從未著錄之古物，由此可想雲南漢代工藝，已至精巧。此物出土，一時驚動全城人士，咸來借觀。張氏又在曹家老包，竭其存餘，以資研究，先後又發現漢建初朱提雙魚器與蟲魚器，兩器重約二十餘斤，形極奇古，係同時同穴出土，有欵一器爲「建初……朱提造作」等字，篆書陽文，考「朱提」即昭通古郡名，已見於前後兩漢書水經注各書中，「建初」亦漢章帝年號，與前一石均占雲南古物第一位，打破雲南過去所有一切古物的紀錄，實足爲雲南文化增光。無欵一器，中爲兩魚夾一蟲，形較大，與前一器同穴出土，當爲建初物無疑，且其銅質及制作亦極相近。餘又發現漢代大小銅器多件，「漢南邑長」印一顆，漢魚洗一件，均屬名貴之品。曹家老包之漢代花磚牆，縱橫約數百塊，張氏勸導村民，不可再動原狀，應保存以待中外人士參觀研究，至零星古物破磚等，則運入城內昭通省立中學內，以備將來籌欵陳設。至於此項古物照片或拓片，倘有徵求者，可函雲南昭通中學張氏接洽也。

（二六，五，九，晨報）

地圖底本甲種分幅表

（比例尺：每幅均爲二百萬分之一）

	68°–76°	76°–84°	84°–92°	92°–100°	100°–108°	108°–116°	116°–124°	124°–132°	132°–140°
54°–50°			6 加達	5 烏梁海	4 買賣城	3 赤塔	2 漢河	1 呼瑪	
50°–46°		56 塔城	13 科布多	12 烏里雅蘇台	11 庫倫	10 克魯倫	9 龍江	8 海倫	7 伯利
46°–42°		21 伊寧	20 迪化	19 哈密	18 居延	17 烏得	16 赤峯	15 永吉	14 虎林
42°–38°	29 烏魯克恰提	28 溫宿	27 婼羌	26 敦煌	25 寧夏	24 歸綏	23 北平	22 平壤	
38°–34°	37 蒲犂	36 和闐	35 甘森	34 都蘭	33 皋蘭	32 長安	31 歷城	30 京城	
34°–30°		43 噶大克	42 章塘	41 昌都	40 成都	39 武昌	38 南京		
30°–26°		49 德里	48 拉薩	47 鹽井	46 貴筑	45 長沙	44 閩侯		
26°–22°				53 騰衝	52 昆明	51 番禺	05 廈門		
22°–18°					55 車里	54 瓊山			

5

地圖底本甲種地圖已全部出版

顧頡剛，鄭德坤編纂　侯仁之，郭敬輝校訂　吳志順，趙琁繪製

甲種地圖底本，現在已竟全部印齊了，你研究哪個地方，或調查哪個地方，你就可儘買哪地方的圖去使用；單買也可，合購也可。我們的價錢定的很低廉，如同你買一張草稿紙一樣。

這圖對於用者說，可以有下列幾種的方便：

（一）用經緯綫分幅，比例同大，這張和那張，分得開，合得攏，要大要小都隨着使用者的心意規定。

（二）每幅皆分印黑色，淺紅，淺綠，及黑版套色四種，使用者可以按着自己添繪文字和符號應用之色斟酌採購，免得靠色不顯。例如研究地理沿革的就可把古代地名及路線記上，研究經濟的就可把各地人口，物產，賦稅記上，研究氣象的就可把各地雨量，溫度之類記上，要作統計圖的就可把比例數畫上；不必費大氣力，就可有想象中的一幅地圖出現。凡購紅綠單色圖者，如更購黑版套色圖以作對照，便可一目了然。

（三）每幅於裏圖廓邊，將經緯度每度之分度，每十分畫一分劃，以便使用者根據此分劃，精密的計算經緯度而添繪各種事物。

（四）爲免除地物繁密礙及添繪畫線之清顯，及預備使用者之多量添繪起見，本圖除將天然地物及有關行政之界綫，城，市，關隘……列入外，他如道路，鐵道……概從省略。

至於製圖方面，也有幾種特點可說：

（一）經緯度皆依據圓錐投影法作標繪製。

（二）山脈用暈滃線法繪製，使脈絡顯明；但仍參考多種地圖，不加臆斷。

（三）河流，湖泊，島嶼，海岸綫等皆依據投影原理，依照光綫的射入而分畫綫的粗細，使其易于識別。

（四）所用字體及其大小各有分別，例如：國都用四米粒等綫字，縣治用二米粒五等綫字，省會用三米粒五倣宋字，市鎮用一米粒五等綫字，河流用斜體宋字，湖泊用斜體等綫字，山脈用聳肩字，務使一目了然。

（五）參考材料，除中外最近出版地圖數十種外，又由本會設法搜羅各非賣品及政治機關實測調查的圖書多種，用爲依據。並對於民國十七年以來，新置和改名的縣治，盡量採錄，就是不當它底本用，也是一部最新的地圖。

（六）本圖對於行政區分註記務求詳明，普通地圖，對於省會而兼市，且爲縣治所在地，或既爲縣治所在地，又爲省隸市……諸地方，皆僅註一名，而不備註其行政上不同性之諸名。本圖則對於一地而兼數治之地方，或以圖式之區分，或按字體之不同，舉凡該地行政上應有之名稱，俱各備註，以便參考。

定　　價　一色版黑色，淺紅，淺綠三種每幅售洋一角　黑版套色每幅售洋一角二分

批發簡章　凡寄售者一律七五折，現款批發七折，現款一百張以上者六五折，現款二百張以上者六折，現款三百張以上者五五折，本會會員無論零整一律六折。

發 行 所　北平成府蔣家胡同三號禹貢學會

附　　記　本圖每幅是取一個最重要的地名作爲圖名，以便記憶。這次全部地圖出版，凡圖名之不甚切合適當者，皆經改訂，故分幅表內之各幅圖名有許多已與前列之表不同。

通訊一束

一五六

肖甫先生著席：

久疏通候，想潛心造述，遠志愈宏，爲頌。頃承惠賜禹貢三週年紀念特刊，名作如林，爲自來言地理考證者另闢蹊徑。所取證之金文甲骨，尤多昔賢所希覩，宜其突過前人也。惟錢賓四先生主張湘江地域非此時湘水，以沅爲湞，以汨羅爲羅，均發昔人所未發。無論地望懸殊，而今沅湘汨羅洞庭北渚諸地固在長沙郡中，豈盡闇合？抑因推重屈原而將諸水悉易以諸名耶？皆於理未合。方君駁正之文極爲欽服。以弟往來沅湘流域至久，故注意及之。黃河釋名補一文，先生信筆補其缺略，具徵抉擇之精；然文中未引爾雅，或因其時代未能確定耶？

匆匆拜讀，拉雜報謝，不盡。即請著安！

弟邢端頓首。四月十九日。

一五七

冕之先生尊鑒：

辱賜書對於禹貢特刊頗加贊許，至深感幸！錢方二先生之文，先生以方作爲是，信因對此問題素無研究，故未能定其曲直。黃河釋名補文末之附識係補白性質，爲地位所限，故未能多所論列。爾雅釋水之『河出崐崙虛，色白；所渠幷千七百一川，色黃』之說初非不憶及，但因其僅云『色黃』，而未云『名黃』，又無『黃河』二字之聯文，故不采用，非因其書之時代未能確定也。鄭鶴聲先生引史記高祖本紀田肯賀『夫齊……西有濁河之限』之語及晉灼『孟津號黃河，故曰濁河』之注證黃河亦名濁河，信案戰國策秦策一及燕策一已有『清濟濁河』之說：

齊……詔令天下，濟清河濁足以爲限。（秦策一。姚本註云，『一作「詔令天下，齊清濟濁河」』。鮑本吳氏補云，『韓作「齊之清濟濁河」，與下文協，語勝』。）

王曰，『吾聞齊有清濟濁河可以爲固』。……對曰，『天時不與，雖有清濟濁河何足以爲固』。（燕策一。史記卷六十九蘇代傳語同。）

而晉灼以齊濁河爲孟津，胡三省已駁之：

余謂孟津在河內，去平原甚遠，晉說失之拘。蓋河流渾濁，故謂之濁河也。（資治通鑑卷十一注）

鄭先生引漢書高惠高后文功臣表『使黃河如帶，泰山若厲』之語，謂『黃河二字之發現當在二千一百餘年前矣』。此說亦有問題，讀書雜志三黃河條下云：

念孫案：『黃』字乃後人所加，欲以黃河對泰山耳，不知西漢以前無謂河爲黃河者；且此誓皆以四字爲句也。北堂書鈔藝文類聚封爵部引此皆有『黃』字，則所見本已誤。漢志及吳志周瑜傳有『黃』字，亦後人依誤本漢書加之。史表無『黃』字。如淳注高紀引功臣表誓詞云，『使河如帶，大山若厲』，此引漢表，非引史表也（史表作『如厲』，漢表作『若厲』），而亦無『黃』字，則『黃』字爲後人所加甚明。此言而信，則『黃河之名始於西漢之初』之說不能成立矣。

敝會因感檢查書籍中地名之困難，特於今歲一月間設立索引組，由信司其事。惟因經費支絀，故不能多用人員，工作稍覺緩慢。一俟諸種重要書籍之地名均列出索引，則對於研究沿革地理者當有莫大之幫助，若黃河名稱起源等問題，將不難立爲夠稽解決矣。

專覆，敬請台安！

晚學趙貞信拜上。四月二十八日。

一五八

頡剛先生：

去年親炙教言，指導實多，竊以先生誨人不倦，用敢再以問題請正於先生，想先生或樂予以指導也。

九州之說，唐疑爲與洪水傳說有密切關係之歷史神話，與洪水同爲後人所誇大所神話化者，故曾推定其爲原始人所居住之九個河川之水洲。聞先生於此問題已曾有精密之論證，極欲一讀，以釋疑惑，而終於未查出，時已離平，至今常以爲憾。近於此說彌覺其合理，且已有片段之証據，今將唐所見者略述於後。

說文第十一下云：「州，水中可居曰州，周繞其旁，從重川。昔堯遭洪水，民居水中高土，故曰九州。詩曰在河之洲。一曰：州，疇也，各疇其土而生之」。許氏之說究何所本，唐於此尙無所知，然即此已足證明漢時於「九州」曾有兩種解釋，一爲大九州，即禹貢之說；一爲小九州，乃某處之九條河川之九洲。依許氏則州爲洪水時人民所居之九處，唐則疑爲於初期農業時此九州之居民感受河流定期泛濫之侵襲而乃誇張爲洪水也。

成蓉鏡禹貢班義述曰：「師古曰：水中可居者曰州。洪水滔天，各就高陸，人之所居凡十二處，是洪水襄山襄陵，天下分絕爲十二州之義也」。顏師古之意，略與說文同，彼雖未嘗以九州爲九條河川之洲，然此中誠含有此等因子。爾雅亦有「水中可居曰州」之文。推其所以分中國爲九洲者，當多爲後人誇大之辭。

日知錄云：「州有二名：舜典肇十有二州，禹貢九州，大名也。周禮大司徒五黨爲州，州長註二千五百家爲州，左傳僖十五年晉作州兵，宣十一年楚子入陳鄉取一人焉以歸謂之夏州，昭二十二年晉籍談荀躒率九州之戎，十七年衞侯登城以望見戎州，國語謝西之九州何如，並小名也」。是顧炎武氏已發見九州說之不一矣。顧氏之意，與左傳疏同，蓋將以小九州之說與州里鄉黨等戶籍法之州相附會也。而實則左傳中所見九州之戎之九州，乃古傳說中之眞九州；大九州乃後人所造，非洪水時代之九州也。

左傳昭公四年，司馬侯云：「四嶽，三塗，陽城，大室，荊山，中南，九州之險也」。司馬侯語，意在誇張此爲歷代帝王所爭奪之九州之天險，無德則不能守，非作爲戶籍法名辭之州解者甚明。然此九州究在何地？杜註云：四嶽，「東嶽岱，西嶽華，南嶽衡，北嶽恒」。三塗，「在河南陸渾縣南」。陽城，「在陽城縣北」。太室，「在河南陽城縣西北」。荊山，「在新城沶鄉縣南」。中南，「在始平武功縣南」。

2

主要者在河南西部一帶，惟四岳則出此範圍之外。如再以他文証之，則四岳應爲後人之誤解。襄四年傳云：「士蔑乃致九州之戎」，杜註云：「九州戎在晉陰地陸渾者」。昭二十二年註云：「九州戎，陸渾戎，十七年滅，屬晉」。陸渾亦在河南之西部伊川一帶，是知「九州戎」之九州，與「九州之險」之九州並非二名也。

至於九州之如何由小而大，唐意於左傳孔穎達疏中稍可窺其端。譬如衡山之爲南嶽，始自漢武帝之移南嶽神於此，是知古代之四岳，當以民族活動區域之開拓而時有變動，初非有定所也。四岳之所以被增爲五岳者，亦未嘗不以此。依此則杜註之所謂四岳，當係杜以後日之五嶽釋古代之四岳，非原始之所謂四岳者甚明。大九州之說，當亦或係此四岳之移動與民族活動區域之擴大而爲後人所附會者。

總之，依唐現在之認識，九州將不至全爲漢人之僞造，不過古代之九州決非漢代之大九州，乃古代中華民族開化最早之伊川一帶而已。未識尊意如何？倘蒙指導，幸甚！

肅此，敬請撰安。

後學劉興唐敬上。四月三十日。

頡剛案：劉先生來函所言，即剛數年來蘊之於心者，異地同符，曷勝欣幸。剛四年前在燕大史學年報所發表之州與嶽的演變，本刊本期所發表之九州之戎與戎禹，均乞劉先生檢覽賜正，盼甚盼甚！

一五九

頡剛師：

3

前交下之蔣大沂先生吳縣相門外漢建築遺跡遷置記一文，命生編入地理界消息，生以此文既未經發表，不如刊入通訊欄內爲宜。我師以爲然否？且吳縣相門外漢建築遺跡遷置記刊印後，或將引起關心是項問題者之注意，所謂「考古爲徵實之學」，相門外是否吳王濞宗廟所在，或將有解決之望乎？

肅此，即頌箸安。

學生鍾植新謹上。五月三日。

吳縣相門外漢建築遺址遷置記

二十五年九月，余歸自滬瀆，期與二三同好，藉休沐之暇，爲邑中古文化之探索，乃有星期考古之約。是月二十日，與曹華丹張子祺二兄始爲田野調查。出葑門，登蘇嘉鐵道，迤邐北行。道旁因築路取土，坎陷相屬。至相門站南里許，獲見古塼瓦之顯露土表者甚夥，遂生探覓先民建築殘迹之思。二十七日，與子祺兄復至其地，徘徊永日，卒於更北半里而近，地名陸家村，道東路界內坎中，得此古址，瓦當具四分之紋，瓦身有繩索之印，而塼面圖案，尤極繁縟。其伴存遺物，則有：土鼎足；瓦登骰；幾何紋或素紋，灰黑色或赤色，不塗釉或塗釉之陶器殘片。合而觀之，則此爲漢時人所遺留者，蓋無疑也。

於是國立暨南大學考古學教授張師天方，上海市博物館胡館長匽安，聞訊後，咸來考察。胡館長且得路局同意，自十一月二十五日至三十日，令館中練習生來此作古迹清理之實習焉。

實習期內，蒞場參加工作及參觀工作者，有：上海市博物館葉董事長譽虎，胡館長匽安，陳主任端志，楊幹事寬，曹技師春霆，盛幹事公木，練習生若干人；兩路局陸朱二工程師暨路工若干人；江蘇省立第二圖書館蔣館長吟秋，王主任佩諍，陳主任子彝；吳縣縣立圖書館館長楊師詠裳；此外，則爲天方師，華丹，子祺二兄及余。

清理之結果，得漢建築殘迹南，中，北三行；中行之東，又附斜行一。北行殘毀既多；南，中二行之西端，在坎內，已顯露；東端在坎外，直入農家屋下，在未發掘前，其究竟蓋不可知。

余維進行發掘，非且夕所可集事，然古址暴露荒郊，苟不及時維護，則耕夫之犂鋤，耕牛之蹄角，遺跡固且一觸即毀，而風聞既播，好奇者來此隨意取携，牟利者來此恣情盜竊，遺物亦將不崇朝而盡，他日未暴露者即或顯現，而今之暴露者已先散失，是斯址始終無供學術上詳盡研究之機矣。市博物館實習既竟，以縣立圖書館有維護一縣文物之使命，亟與館長楊詠裳師謀所以維護之道。詠裳師乃請命於敎育局，移留之於圖書館後公園隙地上，將爲藩籬以保障之，而仍邀天方師，華丹，子祺二兄及余負荷其工事。

遺跡之移留，在國內尙屬創舉。工事經始於十二月一日，繪圖，照像，逐物編號，於五日分留二舟，運至園中。然後更按所繪之圖，所照之相，所編號目之次序，規復舊觀。其爲環境所限，不得不略事變更者，凡三點：

一，移南行於北，北行於南，東端於西，西端於東：遺址現時之方向，與未移時方向，適成相反。

二，南行至中行之距離，本爲五公尺二十四，而今易爲二公尺六十八。中行至北行之距離，本爲六公尺四十七，而今易爲三公尺五十。北行則移西一公尺四十六。

三，塼面圖案較精緻，塼身較完整，須保存於室內，及已陳列於上海市博物館，江蘇省立第二圖書館者，皆以鋼骨水泥所製之模型代之。

捨此以外，則無論植一塼，砌一瓦，莫不鄭重考慮，務使其不失原來狀況而心始安焉。

是役也，賴詠裳師之主持，天方師之指點，幸未隕越；而子祺兄身兼百役，尤極勞瘁。

茲以工事且竣，奉詠裳師命紀其始末如此。至於是址之研究考證，則考古爲徵實之學，不應立蹈空之論，雖康熙長洲志載匠門外有吳王濞宗廟之說，而今茲實物猶未足直接證明卽是其地，固將有待乎其未暴露部份發掘後，綜合論列，斯無謬焉。

二十六年一月十日，吳縣蔣大沂記。

一六〇

頡剛吾師：

五屬國攷一文方着手整齊材料，昨忽發現陳漢章所著綴學堂初稿內有漢置五屬國攷一文，其訊正與驥所欲言者同，大爲悵恨！今日再四思維，圖於陳文之外別陳新證，而終不可得，度此文必作不成矣。明日已爲四月最後一日，實無法繳卷，失約之罪，千萬請原諒一二，容後効勞贖罪可也。驥胸中並非別無題目可作，惟時間太匆促，決來不及耳。（

汪之昌青學齋集有五屬國攷一文，早已看過，說殊未妥，故欲作此文也。陳有此攷先前亦知，特未見其文耳。）

專此，僅請崇安！ 學生譚制其驤謹上。四月二十九日晚。

一六一

頡剛先生鈞鑒：敬啓者，年前蒞臨西京，曾承面囑作文一篇。嗣以事變突起，心中煩亂，故一時不及復命。延至近日，始勉强成篇。此次所作題目，爲散氏盤石鼓文地理考証。散氏盤三字，本擬改用吳人盤，因不通俗，故仍之。文內說明此兩種器所列地名，東西蜿蜒約有四百里之譜，且又正相銜接，文內所詳又皆爲田獵之事，故愚意爲一時之事，因並考之。吳，西吳也，與散隔虢遙對。其餘皆詳於考內。愚見是否有當，請先生斧正。

手此，敬請道安。 小弟陳子怡上。

一六二

頡剛先生鈞鑒：來示敬聆。此稿寫成，本交一位朋友謄清，因彼小病，祇有以塗鴉獻醜，無法掩蓋也。再者，稿中所提各地，本擬附以詳圖，以清眉目，因路線太長，非小幅所能容，又無人幫忙，一時亦來不及，甚爲抱歉。蓋所有各地，愚雖十之七八皆親身到過，而據實寫出，恐未至其地者閱之仍多茫然也。如何，如何？先生閱後，可敎正者正之，不可者付之一炬，勿令外人取笑也。

手此，敬請道安。 小弟陳子怡上。

頡剛案：陳子怡先生服務西京籌備委員會，秦中故蹟，親歷至多，以作古地理之考證，自較但據書本者不同。本期承賜大作，至感。鄙見與陳先生之說略有違異，蓋散氏盤所記疆界皆封土之事，似不可說爲田獵也。此文本擬附以詳圖，以時間不及而止，甚覺可惜。願陳先生得暇仍能補繪，使讀者有比勘之便爲。

一六三

頡剛師函丈：頃讀禹貢，知爲李晉華徵求紀念文字，學生方在屬稿，月底以前準可寄上，未審能來及否？深念。晉華追悼會，此間已定星期日開。鄭金事，院方已上呈文，尚未聞究竟如何也。

專此，敬叩道安。 學生勞榦敬上。四月二十日。

頡剛案：本刊爲李晉華先生作紀念之明代地理專號現已約得張維華，王崇武，童書業，卜鋭新，陳懋恒諸先生撰文。所有紀念李先生個人學行之文字，現亦收得俞大綱，勞榦，陳槃諸先生之稿。大約本年秋冬間，此專號當可出版。深望與李先生有甚交者，及對于明代地理有研究者，均慨賜鴻文，俾內容益臻充實，而李先生治學苦心得以共垂不朽，無任企盼之至。

一六四

頡剛吾師：前爲禹貢三周年紀念專號所撰天一閣方志目跋，內有「嘉靖建平縣志九卷，姚文燁修，前年馬季明先生參觀天一閣後告訴我，現尚存在，不知馮君（貞群）何以不把他收進去？」等語，今查嘉靖建平縣志已載馮目，乃生一時失檢，深恐讀者對馮君及天一閣執事有所誤會，特此奉函，請登入通訊欄以代更正，無任感激！

專此，敬請教安！

生朱士嘉敬上。五月廿四日。

一六五

壽彝仁兄：

查禹貢七卷四期「半年來的北平成達師範學校」文中，「十一年」誤刊為「三十一年」（一三九頁上欄第二行）；「六千四百元」誤刊為「七千四百元」（一四二頁上欄第二行），請賜更正為禱！

專此，並頌撰祺！

弟艾宜栽。四月三十日。

禹貢半月刊

第五卷　第十一期

◉回教與回族專號◉

顧頡剛　馮家昇同編

廣州學報

羅香林主編　每期實價一元

第一卷　第一期

第一卷　第二期

廣州市立中山圖書館出版

6

北寧鐵路簡明行車時刻表

中華民國廿六年五月一日重訂

1次 平瀋特快 膳臥各等	41次 普通客車 中膳各等	71次 平津客貨 三等慢車	305次 平浦特快 膳臥各等	21次 快車 膳車各等	23次 平唐快車 膳車各等	5次 平津特快 膳車各等	301次 平滬特快 膳臥各等	401次 平津客貨 平滬通貨	3次 平瀋特快 膳臥各等	73次 津唐客貨 三等慢車	75次 唐榆客貨 三等慢車	43次 唐榆慢車 各等	下行車	站名	上行車	22次 快車 膳車各等	6次 津平特快 膳車各等	302次 滬平特快 膳臥各等	72次 津平客貨 三等慢車	42次 普通客車 中膳各等	4次 瀋平特快 膳臥各等	24次 唐平快車 膳車各等	306次 浦平特快 膳臥各等	2次 瀋平特快 膳臥各等	402次 津平客貨 滬平通貨	74次 唐津客貨 三等慢車	76次 榆唐客貨 三等慢車	44次 榆唐慢車 各等
5.50	6.15	7.50	7.08	9.45	12.45	16.15	17.50	21.05	21.55				開	北平前門	到	9.58	11.20	14.00	15.48	17.45	18.40	21.25	23.10	23.27	1.45			
	6.33	8.16			13.01			21.59					開	永定門	開	9.43			15.18	17.28					1.18			
6.13	6.50	9.30	8.16	10.16	13.16		18.15	23.06	21.21				開	豐台	開	9.30		13.36	14.40	17.15	18.15	20.54	22.49	23.06	0.40			
	7.13	10.49			13.39				21.39				開	黃村	開	9.11			12.50	16.48	17.55							
	8.04	13.03	9.10	11.14	14.27			1.40	22.19				開	廊坊	開	8.24			10.30	15.56	17.19	19.58	21.49		20.33			
	8.26	13.52			14.43				22.38				開	落垡	開	8.08			9.26	15.36	16.56							
	8.54	15.20		11.51	15.10			3.20	23.01				開	楊村	開	7.45			8.00	15.09	16.33	19.16			18.29			
8.03	9.41	16.48	10.26	12.32	15.56	18.21	20.16	4.53	23.39				開	天津總站	開	7.05	9.14	11.35	6.05	14.25	15.56	18.40	20.39	21.15	17.00			
8.11	9.50	17.05	10.34	12.40	16.05	18.28	20.25	5.10	23.48				到	天津東站	開	6.55	9.05	11.25	5.30	14.10	15.45	18.30	20.30	21.05	16.05	停		
8.20	10.00	停	11.05	12.55	16.20	停	20.50		24.00				開		到	6.45		11.00		13.55	15.30	18.18	20.00	20.55		12.12		
9.14	10.03		開	13.58	17.28		開		1.04	10.00			開	塘沽	開	5.44		由		12.52	14.36	17.20	由	20.04		10.35		
10.07	12.09		往	15.06	18.33		往		2.09	12.52			開	蘆台	開	4.41		上		11.42	13.41	16.12	浦	19.09		7.55		
	12.59		浦	15.50	19.26		上		2.57	15.17			開	胥各莊	開	3.45		海		10.48	12.57	15.15	口			6.05		
10.59	13.12		口	16.03	19.40		海		3.10	15.40			到	唐山	開	3.30		開		10.30	12.43	15.00	開	18.15		5.00	停	停
11.02	13.17			16.08	停				3.15	停	5.30	7.30	開		到	3.25		來		10.25	12.38		來	18.12			22.35	17.15
11.13	13.31			16.19							6.10	7.45	開	開平	開					10.12	12.27			18.02			22.13	17.02
11.37	14.04			16.44					4.02		7.20	8.14	開	古冶	開	2.49				9.45	12.07			17.45			21.18	16.36
12.09	14.56			17.18					4.53		9.45	9.07	開	灤縣	開	1.52				8.45	11.20			17.04			18.22	15.43
12.50	15.58			18.07					5.58		12.58	10.10	開	昌黎	開	0.51				7.40	10.30			16.23			14.54	14.41
	16.21			18.26					6.23		13.51	10.34	開	留守營	開	0.21				7.12	10.05						13.39	14.13
13.23	16.41			18.44					6.46		14.38	10.54	開	北戴河	開	0.02				6.54	9.50			15.53			12.57	13.56
13.42	17.08			19.07					7.16		15.48	11.23	開	秦皇島	開	23.29				6.25	9.23			15.30			11.30	13.27
14.00	17.30			19.25					7.40		16.25	11.45	到	山海關	開	23.00				6.00	9.00			15.10			10.25	13.00
14.35									8.20				開		到						8.15			14.30				
21.40									15.35				到	瀋陽南滿	開						23.10			7.20				

北戴河海濱支線

85次	87次	91次	93次	95次	97次	下行	站名	上行	86次	88次	92次	94次	96次	98次
7.00	9.50	13.30	16.00	18.50	0.05	開	北戴河	到	6.35	9.30	13.10	15.35	18.35	23.40
7.20	10.10	13.50	16.20	19.10	0.25	到	北戴河海濱	開	6.15	9.10	12.50	15.15	18.15	23.20

通縣支綫

51次 客車	501次 輕油車	503次 輕油車	81次 客貨車	505次 輕油車	507次 輕油車	53次 客車	509次 輕油車	55次 客車	511次 輕油車	513次 輕油車	83次 客貨車	下行	站名	上行	52次 客車	502次 輕油車	504次 輕油車	82次 客貨車	506次 輕油車	508次 輕油車	54次 客車	510次 輕油車	56次 客車	512次 輕油車	514次 輕油車	84次 客貨車
6.30	7.30	8.30	9.30	10.30	11.30	13.00	14.02	15.15	16.05	17.10	17.30	開	北平前門	到	8.18	9.17	10.23	12.25	12.56	13.50	14.50	16.03	16.55	18.24	19.16	20.30
6.36	7.35	8.35	9.38	10.35	11.35	13.06	14.07	15.21	16.10	17.15	17.37	到	東便門	開	8.12	9.12	10.18	12.17	12.51	13.45	14.44	15.58	16.49	18.19	19.11	20.22
6.37	7.36	8.36	9.40	10.36	11.37	13.08	14.08	15.22	16.12	17.17	17.39	開		到	8.10	9.10	10.16	12.15	12.49	13.43	14.42	15.56	16.47	18.17	19.09	20.20
6.54	7.52	8.52	9.59	10.52	11.53	13.25	14.24	15.39	16.28	17.33	17.59	到	雙橋	開	7.53	8.54	10.00	11.56	12.33	13.27	14.25	15.40	16.30	18.00	18.53	20.01
6.55	7.53	8.54	10.01	10.53	11.55	13.27	14.25	15.40	16.30	17.34	18.01	開		到	7.51	8.53	9.58	11.54	12.32	13.26	14.23	15.38	16.29	17.58	18.52	19.59
7.07	8.03	9.04	10.15	11.03	11.05	13.39	14.35	15.52	16.40	17.44	18.15	到	通縣南	開	7.38	8.42	9.47	11.40	12.22	13.16	14.10	15.27	16.17	17.47	18.42	19.45
7.09	8.05	9.06	10.23	11.05	11.07	13.41	14.37	15.54	16.42	17.46	18.23	開		到	7.36	8.40	9.45	11.32	12.20	13.15	14.08	15.25	16.16	17.45	18.40	19.37
7.15	8.10	9.11	10.30	11.10	11.12	13.47	14.42	16.00	16.47	17.51	18.30	到	通縣東	開	7.30	8.35	9.40	11.25	12.15	13.10	14.02	15.20	16.10	17.40	18.35	19.30

禹貢學會邊疆叢書 新出兩種

甲集之五 敦煌雜鈔 二卷 一册 定價壹元

葉河常鈞輯自清季莫高窟發現寶藏以來中外人士往天山南北路者蹤趾相接而敦煌之名亦遂震於天下昔在唐代與西域往來頻繁文化稱盛元明之世西徼荒遐視爲甌脫人蹟亦疏故文字載記流傳絕少滿清入主中原奮其兵威邊裔賓服設官置常加以經理乾隆初年通志邑乘均有纂修然猶未能蒸詳也乾隆四年常氏觀察是邦遂就見聞銳意補苴凡肅州新志各地舊志以及當地人士之言談身所經歷之事狀咸加采摭哈密巴里坤及吐魯番屹然爲甘肅襟要今皆新疆地而當時均直隸安西道故敘述亦多其於沿革建置山川城堡諸端著錄完備道光間蘇履吉志無此詳也

甲集之六 敦煌隨筆 二卷 一册 定價壹元

葉河常鈞纂鈞於乾隆四年任安西道服官數載勵精圖治詳察地方情形先就舊聞新見輯爲敦煌雜鈔雖多采自他著然至今皆爲不易得之本矣復以轍迹所經諮諏所及按之圖說徵之輿論成此隨筆一書所記者若積糧屯田開渠諸端爲民生之大計治邊之急務而皆出鈞之所擘辦者他若添築東關護牆酌給城內隙地蓋建民房添設要站引墩等項則亦身歷之事紀述原委足資故實凡形勢疆域道里風俗雜鈔所未及者萃于是矣新通志及道光志均不及其詳是則兩書者可稗補志乘之闕失亦實常氏治績之紀略也

北平成府禹貢學會發行　北平隆福寺文奎堂總代售

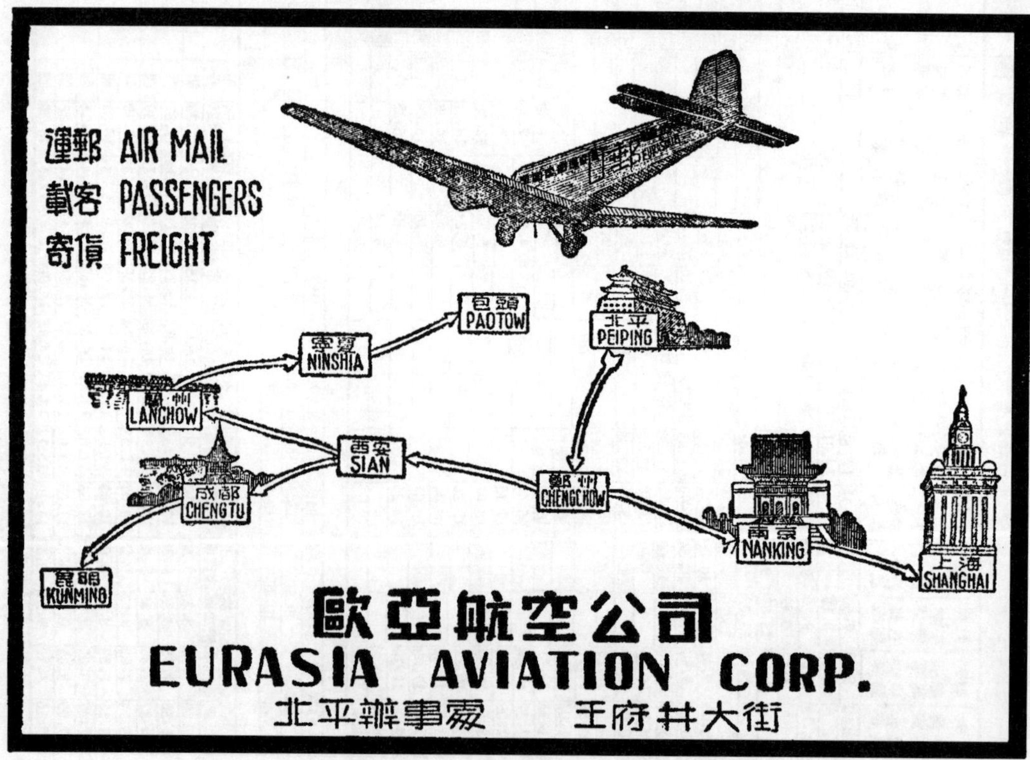

出版及發行者：北平西四牌樓小紅羅廠八號禹貢學會。
編輯者：顧頡剛，馮家昇。
出版日期：每月一日，十六日。
印刷者：北平成府引得校印所。

禹貢

半月刊

價目：每期零售法幣貳角。豫定半年十二期，法幣壹圓伍角，郵費貳角伍分；全年二十四期，法幣叁圓，郵費伍角。歐美各國全年美金叁圓，郵費在內。

本期零售定價法幣伍角
歐美各國 美金伍角

The Chinese Historical Geography

Semi-monthly Magazine

Vol. VII, No. 8-9, Total No. 81, July, 1st. 1937.

Address: 8 Hsiao Hung Lo Ch'ang, Si Ssu P'ai Lou, Peiping, China

第七卷 第八九合期（察綏專號）

民國二十六年七月一日出版

（總數第八十一期）

內政部登記證警字第叁肆陸壹號　中華郵政特准掛號認爲第一類新聞紙類

本會啓事（一）

本會原在成府蔣家胡同三號之發行部分，茲爲辦事便利計，已於六月二十五號移於城內西四北小紅羅廠八號本會內辦公此啓。

贈書誌謝

本會最近收到各方贈書，茲誌於次，幷鳴謝忱。

贈送者	書名	册數	著者	版本
貴州省政府民政廳	貴州省苗民概況	一册	貴州省民政廳	民國二十六年貴州省民政廳出版
仝前	貴州省保甲概況	一册	仝前	仝前
仝前	貴州省衞生行政概況	一册	仝前	仝前
崔敬伯先生	當前中國財政問題	一册	崔敬伯	民國二十六年國立北平研究院經濟研究會版
仝前	中國財政的新階段	一册	仝前	仝前
仝前	戰時財政與中國	一册	仝前	仝前
仝前	輿論與財政公開	一册	仝前	仝前
仝前	中國財政中的金融統制	一册	仝前	仝前
仝前	中國財政的經濟基礎	一册	仝前	仝前
李士厚先生	鄭和家譜考釋	一册	李士厚	民國二十六年雲南正中書局版
莊崧甫先生	水利實驗談	一册	莊崧甫	民國二十五年上海新學會社版
國立北平故宮博物院文獻館	文獻叢編第三，四輯	二册	故宮博物院文獻館	民國二十六年版
江西省政府中正橋工程監督處	江西省中正橋通車紀念刊	一册	江西省政府中正橋工程監督處	民國二十六年版
方豪先生	李我存研究	一册	方豪	民國二十六年浙江我存雜誌社版
北平科學印書館	Ming Tombs	一幅	北平濬聽	民國二十六年北平科學印書館版

本刊第七卷第十期目錄預告

本刊總經售處：北平景山東街十七號景山書社

本刊代售處

全國郵政局（均代定）
北平北京大學研究院王崇武先生
北平燕京大學史學系侯仁之先生
北平輔仁大學史學系馬兆[illegible]先生
北平清華大學史學系吳春晗先生
北平隆福寺街文奎堂書舖
北平隆福寺街文殿閣書舖
北平琉璃廠來薰閣書舖
北平琉璃廠新生命書局
北平琉璃廠人文書店
北平東安市場佩文齋書舖
北平東安市場新智書局
北平東安市場岐山書社
北平西單北大街知行書局
北平成府競進分社
天津法界國民飯店旁智識書店
天津法租界二十六號路世界圖書局
天津南開中學前會友書局
濟南濟南雜誌社
濟南西門大街東方書社
大連青年書局
太原樓兒底覺民書報社
開封河南大學汪大鐵先生
南京中央大學門前鍾山書局
南京太平路正中書局
南京太平街新生命書局
上海四馬路開明書店
上海四馬路亞東圖書館
上海四馬路上海雜誌公司
上海四馬路生活書店
安慶安徽大學李貫英先生
厦門思明路生活書店
漢口湖北街華中圖書公司
南昌中山路南昌書局
武昌橫街頭新生命書局
武昌察院坡亞新地書社
長沙府正街金城圖學文具公司
重慶售珠市北新書局
重慶天主堂街重慶書店
重慶商業場西二街今日出版合作社
萬縣環城一馬路世界書局
成都少城祠堂街開明書店
成都華西大學鄭德坤先生
廣州中山大學董紹良先生
廣州中山大學楊成志先生
廣州文德路廣東省立編印局
廣州永漢路上海雜誌公司廣州支店
西安大公報西安分館
綏遠楊家巷十二號綏遠新聞社
日本京都中京區彙文堂書店

察綏之歷史地理概觀

陳增敏 1

一 歷史概要及其觀察

自經濟形態言之，我國西北爲游牧區域，東南爲農耕區域，二者之間則有一過渡區域或半耕半牧地帶，此即所謂内蒙是也，察綏二省即爲其重要部份。以生活方式與需要之不同，二大集團乃不免於戰爭、衝突、互市以及同化等種種接觸，過渡區域遂爲其接觸地帶，故察綏歷史頗自有其特色，謂之爲我國耕牧二集團之鬥爭史亦無不可。

古代歷史幾沿一公式而演變，即游牧集團常侵略文化較高、武力較弱之農耕集團，戰勝之後，則爲被征服者所同化，失去其原有剛勁而爲另一游牧集團所侵略。我國古代歷史之演變，殆亦難逃此公式，『古之患在北方』，良有以也。

『黄帝戰蚩尤於涿鹿』，幾爲人人皆知之故事，黄帝陵蚩尤墓因常爲展拜或憑弔之所在。黄帝與蚩尤是否有其人之存在抑係部落或其他代名詞？此誠不無疑問，然其爲歷史上之偉大的戰爭或二大集團之生死存亡的衝突，殆屬毫無疑義，是則察綏地帶，其爲我國農牧集團之接觸地帶，固不自有文字以後之歷史始矣。

以後察綏二地究爲何族所有？史書語焉不詳，且多傳聞之語，故莫可究詰。大致古之『山戎』，『獯鬻』，『玁狁』等游牧集團即嘗出沒於察綏二地，爲華夏之大患。

春秋之世，戎狄侵凌，史不絶書。秦晉卧榻之旁，燕趙黄河以北，殆皆有其足跡，侵邢伐衛，勢不可侮。以齊桓之强，管仲之智，亦未能止其跳梁。賴霸者不絶興起，尊王攘夷，游牧集團之鋒乃戢，尤其晉國，功不可沒。即後來宛轉於晉楚二霸之間之鄭國，亦有相當功績，然亦只能驅出於華北平原而已，察綏二地則仍爲戎狄休養生息之地也。

洎乎戰國，趙北有林胡樓煩，燕北有東胡山戎，趙武靈王變胡服，習騎射，北破林胡樓煩，置代、雁門、雲中、九原諸郡。燕將秦開亦曾襲破東胡，却地千餘里，置上谷、漁陽、右北平、遼西、遼東諸郡。並各築長城，以固防守。其後復經趙將李牧北破匈奴，塞南地帶又得數十年之安寧，此時游牧集團殆盡移牧陰山山脈以北矣。

『亡秦者胡』，始皇惑之，乃遣蒙恬帶甲數十萬，北擊匈奴，悉逐出塞，盡收河南地，並渡河以陰山爲塞，築萬里長城，則陰山山脈以南已無胡踪，後套歸綏盡爲秦有。

胡亥無道，蒙恬被殺，羣雄並起，謫戍盡去，匈奴乃得稍稍渡河，界於故塞。冒頓繼之，勢益強大，有控弦之士三十餘萬，橫行北荒。舉凡河套肥美形勝之地以及陰山山脈以北盡入其掌握，察綏二地所餘者殆只陰山山脈以南之察南盆地而已。漢初疲於兵革，力不能征服匈奴，乃取和親政策，並通關市不絕以中之。然和親屢絕屢興，邊境騷擾不寧，雲中上郡尤受其害，長安左近亦復不安，此爲匈奴之鼎盛時期。

漢武帝好大喜功，累歲窮討，終至收復漠南，威振漠北。察綏二地殆盡入漢人手中，並收今之寧夏以及甘涼水草地之所謂河西地，於是羌胡交通爲所遮斷。

漢宣之世，匈奴爭立，呼韓邪來降，於是復得安居漠南，陰山以北。漢恩隆重，匈奴誓保塞不渝，乃罷邊塞吏卒，有數十年之安甯。以後匈奴勢力又漸強盛，王莽之亂，光武初年，即曾勾結烏桓，屢爲邊患。後南北分庭，南匈奴內附，光武旨在息事寧人，聽其入居雲中，並開北鄙地，擇肥美之地，量水草以處之，於是察綏大部又爲匈奴所居。

漢武之時，曾徙烏桓於上谷等地塞外，助漢偵察匈奴，今之熱河察北即爲所居。光武年間亦曾勾結匈奴，時寇邊地，後亦向內。

東漢末年，匈奴生聚日蕃，曹操乃別之爲五部，山西大部亦爲所居，察綏地帶更無論矣。因有五胡之亂，迭有中夏，胡之爲同化者甚衆。

南北朝時，突厥即雄據漠北，控弦數十萬。値中夏混亂，舉足輕重，周齊憚之，爭與交歡，盡府庫以事之。隋煬無道，羣雄並起，稱帝稱王，亦尊榮矣，然皆北面事之，即唐高祖亦曾借重其勢力，引爲外援，此時綏省殆全在突厥勢力之下。勢力之雄厚，冒頓以來所未有焉。

唐太宗高宗相繼破滅東西突厥，收復察綏。然唐太宗用溫彥博議，置頡利突厥降戶於今之綏遠地帶，致釀成唐季藩鎮之禍與五季之亂，與東漢處置匈奴之失策如出一轍。

契丹本世居潢水之源，今之熱河地帶之一小部落，好與奚爭。唐季之亂，勢始坐大，至阿保機益雄武有為，今之東四省殆全入其掌握，並西取突厥地，大致察北，綏遠，盡為其有。五代之亂，舉足重輕，所獲尤多，曾公然出兵，輔助石晉，以爭中國，取燕雲十六州而返，於是察綏二省盡為其版圖之一部，為宋室之大患。

遼亦文弱，金人乘之，代遼而興，益為中國患，造成南宋偏安之局。昔之患在西北，至於遼金則來自東北，所蹂躪於農牧集團者更為慘痛，是宜深思猛省者也。

蒙古崛出漠北，侵凌西夏，盡有河西地，引軍東向，又奪河套，自茲以後，勢益強大。繼續攻城爭地，盡有山後諸州，而察哈爾又入其掌握。聲威所及，遼東景從，於是一路越紫荊，入居庸，以取今之河北地，一路沿渭水，過潼關，奪今之河南省。金人亡國，南宋隨之。農耕集團歷代受游牧集團之痛苦誠深且鉅，但其大亡國，有史以來，此尚為第一次。元人既與漢族曾有君臣關係，成吉思汗在世界史上所造成之光榮的一頁，至今國人猶樂道不衰，此種感情之形成，殊為我中華大民族構成之基礎。

惜乎元主耽於逸樂，昧於民治，致天下大亂，羣雄蜂起。明太祖光復華夏，察綏二地乃完全收回，並有九邊之設，邊防之固，近所未有，比美漢唐。石晉以後，察綏地帶之淪於游牧集團之手者，蓋四四〇年於茲矣，致農耕集團始則南遷，偏安一隅，終至完全淪陷，萬刧不復，敬塘之肉，其可食乎!?

洪武偉績，惜只曇花一現，既崩之後，燕王爭位，刧大寧衛兵南下，今之熱河地帶遂棄為兀良哈諸部落所居。興和既徙，東勝復棄，而綏遠遂失。開平孤懸，移於獨石，而察北又不守，所餘者只今之內外長城之間，而其間西部之大同盆地則又屬於山西，察綏土地之蹙，於茲可謂甚矣。自此以後，邊境不寧，一日數驚，尤其宣化大同一帶，慘痛最烈，非于謙精忠，明室早忘矣。嘉靖年間，俺答向化，貢馬市興，農牧集團間經濟上遂無隔閡，政治上乃少磨擦，於是安謐多時。

明末多故，清又坐大，始則統有東北，繼則佔有熱河，乘林丹汗之衆叛親離，又奄有長城以北以及綏遠地帶，於是常犯宣化大同，擾山海關。吳三桂出，明室覆亡，農耕集團於是有第二次大亡國。

總括察綏歷史，自漢以來，可得四大循環。第一循環與第二循環相似，第三循環又與第四循環相似。

第一循環，自漢代起，至南北朝時止。第二循環自隋唐起至南宋止。方其始也，察綏爲游牧集團擾亂之地，與農耕集團頗多磨擦，痛苦甚深。如漢代初年之與匈奴，隋唐之與突厥是也。繼則農耕集團屢獲勝利，奄有察綏，威振漠北，如漢武帝與唐太宗是也。復以安置降戶之失策，往往置降戶於察綏地帶，而又不能有大中華民族之完成，如漢室之於南匈奴，唐代之於突厥是也。以察綏環境宜於游牧集團之發展，於是羽毛漸豐，勢力日強，種族之見未泯，對農耕集團乃仍有大規模之騷擾，五胡亂華，五代擾攘，推其原因，皆降胡爲厲之階也。終至農耕集團偏安一隅，南北對峙，如宋齊梁陳時之南北朝，遼金與宋室之抗禮，即其例也，際斯時也，北朝常佔察綏之形勢之地，武力往往較強，非俟其文弱之後，不能驅而去之。

至第三循環與第四循環相似之點，在農耕集團始有一次大亡國，察綏首受其禍，爲戰爭之場，如元與清即其例也。隨而有農耕集團之光復，收回察綏，如明太祖與孫中山是也。所異者，元自西北而來，清則來自東北，而其亡國則一也。但此等亡國，只朝代變更而已，與今之亡人國而劇滅人種者絕不相同。

茲再將察綏歷史作橫的觀察，則有下列數特色可得而言：

第一，察綏地帶自古以來即爲農牧集團接觸之地。此二集團，社會經濟，組織不同，生活習慣，迥異其趣，故接觸也，每多痛苦，所謂接觸，至少分三方面言之，即戰爭，互市與雜處或同化是也。蓋牧族物產種品簡單，絕不能閉關自守，以獨立經營其滿足的生活，勢須輸出剩餘，換取不足，如衣料鐵器等，即牧族之所必需而最感缺乏者，茶爲消耗品，然其重要幾過於衣料，而亦爲牧族之所不產。故嗜漢之財物，殆成天性。惟以種種複雜性，迄無正常的貿易關係，爾詐我虞，更難有公平之可言。慾望所迫，於是小則偸竊盜邊，大則南下牧馬，視其力量與機會如何而定，大規模之戰爭，往往即由此而起，釀成生死存亡之大衝突。有時牧族向化或者農族懷柔，察綏地帶於是又成雜處或同化之地。

第二，有史以來，察綏地帶，即未經過任何民族之長期開發。石晋以後，察綏地帶之淪於牧族者，幾四百五十年，時期不爲不長，然亦屢易其主，如其間之遼金與元是也。蓋既爲不同文化集團之接觸地帶，斯不免於生存鬥爭，各欲據爲已有，以資遂行所是。復以地理理由，察綏地帶又爲各方所必爭，則欲察綏之長期開發，不亦難乎!?

第三：遇有中原多故，或有朝代變代，牧畜集團往往坐大，察綏不爲所擾，即爲所佔有，且常參與內爭，益使生靈塗炭。如戎狄之於周末，匈奴之於劉項，王莽之世，西晋末年，皆其例也。至於五代，更無論矣。新朝代奠鼎之後，力能將其征服，逐出察綏，則必強盛，如漢唐即其一例。否則該代必弱。明初未嘗不赫然而盛也，惜因忙於爭位，以致未能守其成耳。

第四，如陰山山脈以北，爲牧族所有，察綏南部，常不能高枕，如更益以河套歸綏等地，則其勢力必不可侮，山西察南，必將危殆。其由西北侵入諸族，率先佔據河套歸綏，即自東北侵入諸族，亦常佔據此區，再圖南侵。如察綏完全失去（在此情形之下，大同盆地如古之雁門等郡常連帶失去），則農耕集團輕則南徙，成偏安之局，重則亡國。

二　察綏歷史之地理背景

（1）位置關係——察綏之位置關係(Space Relationship)爲位置(location)與交通二者所連帶發生者。蓋察綏爲東西長形地帶，其北營游牧生活，其南營耕種經濟，二者物產不同，需要有無調濟，於是交易互市，來往頻繁，察綏位於其間，勢爲必經之地或爲接觸地帶。以習俗不同，各有成見，最易引起戰爭，一旦有事，察綏勢在必爭。牧不得此，其勢力固難強大，南下牧馬之企圖，將更難以實現。耕族不得此，固難威振漠北，即求苟全，亦殊費事，利害相關如此，安得不奮起而爭之乎？

以交通而論，則更重要。察綏南北以陰山山脈之阻隔，交通至感困難，偶有較易通行之交通路線，勢必趨之若騖。昔之察綏交通，其焦點凡二，東爲張家口，西爲歸綏。張家口位蒙古高地與察南盆地之間，對蒙古高地之交通路線凡三：一沿清水河谷，過喇嘛廟，攀蒙古高地之側坡地帶，以入蒙古高地。一沿正溝；過南天門，爬漢諾壩以入蒙古高地。此二者皆自張家口大境門外出發。另一則在大境門內出發，繞萬全舊城東面，過膳房堡，越野狐嶺，萬全壩以入蒙古高地，此三者會於張北，然後再輻射而出。如通多倫承德，通庫倫，通唐努烏梁海等地，此處皆有道路可循。整個的蒙古高地，皆可連結於張家口。自張家口向東南可由居庸雄關，紫荊險塞以通華北平原；西向亦可過左衛，沿紅塘河以通懷安，西出李信屯以與大同一帶發生關係，或即過柴溝堡沿南洋河以通大同盆地。至於歸綏，向北可由紅格爾圖以通蒙古高地之西北部，如唐努烏梁海以及科布多等地。西向可沿黃河通後套平原，然後再南向通寧夏，西折通甘涼水草地及西域諸地以與昔之氐羌發生關係。東向或通興和，或東南向過殺虎口等地以通大同，南向路線甚多，可通古之河南地，與古之秦晉亦易發生關係。

凡此諸線，在平綏鐵路未完成以前，皆游牧集團與農耕集團間交通之動脈也。語云『桃李無言，下自成蹊』，況有道路可循乎？位置勢所必爭，路線勢所必循，則察綏位置關係之重要可想而知矣。

（2）地文與氣候——察綏二省之地文，簡略言之，凡四大區。其北部據袁復禮先生之意見，可稱爲蒙古侵蝕高平原(Mongolian High Peneplain)，常被稱爲蒙古高原或蒙古高地；中爲陰山山脈側坡地帶(Escarpmentand Fault-line Scarp)，南爲山間盆地區(Intermountain Basines)，及河套高原。此四大區原係一事，後因斷層陷落等作用，北部地盤升高，南則陷成許多盆地，蒙古高地之緣邊則爲側坡地帶。山間盆地中以歸綏盆地爲最重要，盆地平原(Basin-plain)成三角形，海拔約一千公尺，爲大黑河冲積而成，地面略有起伏，土壤頗爲肥美，與察綏歷史，關係綦深，常爲游牧集團發展之重要根據地，其詳後當述之：

歸綏盆地之東爲豐鎮高原，殆即所謂蒙古高地之一部，惟非內陸流域耳。地勢甚高，約近一五〇〇公尺，爲歸綏盆地與察南盆地間之分水嶺，東爲洋河流域，西為大黑河流域。周圍亦有山地，亦成山間盆地。地盤殆全為太古界之片麻岩與花崗岩所成，洋河之沙即與此有關。土壤為礫石砂壤土，鹼性甚強，其肥性較諸歸綏盆地，察南盆地以及後套平原俱相差甚遠。地勢既高，又為大黑河洋河等諸上游之大小細谷溪溝切割甚深，故東西側亦頗險峻，為軍事要地。得失之間，頗有關歸綏盆地，察南盆地以及山西省大同盆地之安危，匪偽屢欲侵擾之綏東，即此地也。

豐鎮高原東南，即吾所謂之察南盆地也，亦稱宣化盆地。其間包括三山間盆地：西北部為洋河盆地，為洋河橫谷地帶，張家口宣化在焉，野狐嶺廣台嶺等險要地帶在其北。東部為懷來盆地，係媯水流域，殆為一地塹(Graben)，獨石口枕其北，居庸關塞於南。此二盆地即古之上谷郡地帶，古之燕國或燕朝者多以此為重要根據地。西南部有桑乾盆地，紫荊關倒馬關在其南；此盆地合洋河盆地中之東洋河以西以及大同盆地之一部，約當秦漢之代郡。此三盆地昔皆湖沼，故以湖沉積為主，其上間有河流或洪水冲積層，山邊又常有扇形冲積地(Alluvial Fans)。除少數黃沙或飛沙地帶外，類多肥沃土壤。三山間盆地間，山嶺重疊，頗稱險要，為易守難攻之地。石晉以後，尤稱重要，為各方所不能忘懷，所謂山後諸州，即此地也。史書常有『居庸，吾背也；紫荊，吾吭也』之語，是其得失，對華北平原之安危，頗有關係矣。

鄂爾多斯高原，在綏遠南部，仍可分成三自然區，即東部草原，西部沙漠，與西北部黃河以北之後套平原是也。東部為烏蘭木倫河及無定河流域，皆通黃河，略有灌溉之利，氣候略濕，水草較佳，大部伸入陝晉境內。古之所謂河南地，此乃其最重要部份，游牧集團之侵略農耕集團者多由是路以入陝西或山西地帶。西部氣候乾燥，為內陸流域，地面甚平，淵湖甚多。西北部黃河以北之後套平原，為黃河流灌之地，故其冲積層已多黃河冲積物成分。土壤肥沃，灌溉便利，與歸綏盆地東西相望，生產力頗強，常為游牧集團之優良根據地。秦趙之九原郡或漢之五原郡即以此為重要地盤。

陰山山脈以北，戈壁以南，即所謂漠南高地是也。為侵蝕高地，原係侵蝕平原，地盤上升以成今之形式，海拔靠近二千公尺。地面略有起伏，頗多和緩岡阜，彼此形式大致相同，河流淺緩而少，故入此者，常有迷失方向之虞，古時之以迷路而貽誤軍機者甚多，漢時李廣其最不幸者也。地面之起伏，以察北爲較和緩，綏遠北部即較參差。地面沉積層以察北都蘭山以南爲較厚，都蘭山以北次之，多細沙礫以及粗壤土，綏遠較薄，岩石有時暴露而出。至察綏北部交界處則爲戈壁流沙之地，地理環境，最爲惡劣。

蒙古高地南面緣邊之側坡地帶，自南視之，皆爲高山，各地名稱，頗不一致，詳加細述，則非本文範圍，可總稱之曰陰山山脈，拔海常在一九〇〇公尺左右。爲花崗岩片麻岩等所搆成，有時上面尚覆有玄武岩一層。質地堅硬，頗難風化，經溝谷細溪之長期切割，地面崎嶇，山地複雜，自南望之，勢極嵯峨。東西綿亘不絕，由盆地平原以入蒙古高地，頗爲困難，只賴少數深入之溝谷，以爲交通路線，如張家口外之東溝西溝是也。至漢諾壩、萬全壩、紅格爾圖等地，率爲此類溝谷伸入高原之盡端處，平時交通所必經，戰時軍事所必爭之地也。岩石巉巉，蓄水困難，固無農業之發展，即樹木亦至稀少，只歸綏盆地北面之大青山有林木之利，對蟠踞此處之牧畜集團；頗有帮助，弓矢所需，取給於是焉。

至察綏之氣候，一言以蔽之曰大陸性草原氣候。據涂長望先生之中國氣候分區，則陰山山脈，後套平原，豐鎮高原，以及漠南地帶，概爲游牧草原氣候。雨水約二百公厘左右，後套平原雨水或較高。臨近戈壁沙漠地帶，以及察北都蘭山脈以北之地，則約當砂磧草原氣候，雨水較前者爲少，可有稀疏之游牧。戈壁部份以及前套沙漠，自屬沙漠氣候，雨水最少。其餘如歸綏盆地，察南盆地概屬諸墾殖草原氣候，雨水約三百至三五〇公厘，堪資農墾。但雨水變率太大，至不可靠，以發展農墾，則非賴灌溉即不足以談保障。至於温度，變化極端，一年中殆只有冬夏二季之可言。冬季非常寒冷，塞外寒威，無庸介紹。氷期之長，達五閲月以上，春季日光熱，銷耗於融氷成水者極多，故凍甫解，而春已逝，而夏至矣。故無霜季甚短。夏季既短，日夜温差復大，日間午後，炙膚欲焚，夜則又須棉被。所謂『早穿皮袍午穿紗，懷抱火爐吃西瓜』，即此夏景寫照也。故是地之嚴寒酷熱，飢渴疲勞，非生於是地者，勢難充分活動。

地形氣候爲自然環境之最重要的要素，其情形已如上述，對經濟發展之影響如何？陰山山脈以南，多山間盆地，或沖積平原，土壤肥沃，雨水較多，除前套沙漠外，俱堪資農墾。然土壤雖佳，生長季則太短，以發展農業，年只有一收。且雨水不足，變率又太大，雖年只一收，亦無永恒的保障之可言。今日之耕種於此者，類須牧羊以爲補助，但其生活之困難，固未低過於華北平原也。至游牧草原地帶，如陰山山脈以北之漠南地帶，豐鎮高原，鄂爾多斯高原之東部草地，其地理環境猶不及墾殖草原，現在雖有耕種，產量亦殊微少。即使天公作美，風調雨順，每畝產量普通年只百餘斤，土地差者五十斤而已。故在察綏，以言發展農業，實無保障可言，而唯以耗費甚大之灌溉是賴。然在牧者視之，頗覺水草豐盈矣。使其有此，頓可六畜蕃息，蔚成雄厚勢力，如有控弦之士數十萬，即可問鼎中原。故游牧集團，常出其全力，以爭此地盤。農耕集團爲軍事政治見地又不能不有此，且其農業，亦非不可能，於是察綏乃成農牧爭奪之目標，而察綏殆矣。

所不幸者，陰山山脈以北，曠衍無垠，丘岡阻礙，爲難攻難守之地，歷代君王雖有威振漠北者，即以此故爲時甚暫。蓋既不能沿戈壁憑險以守，又不能廣墾殖以資屯戍，且氣候寒冷，運輸困難，勢又不能久屯大軍以爲之備，於是只有凱旋而南。大軍既去，牧族則又逐漸南徙，休養生聚，與陰山以南之農墾集團，又成一牆之隔。登蒙古高地之緣邊，覩盆地水草之豐美，牧馬之念，油然而生，小則盜邊，大則入寇矣。

經濟生活不同，人民習俗自異。生於牧者，率勇敢好戰，種族成見極深，行踪飄忽，土地觀念薄弱。故其戰也，頗難捉摸，原野廣漠，難握咽喉，因常能以少敵衆，極難防範。鼂錯有言曰：『胡人衣食之業，不著於地，其勢易於擾亂邊境。何以明之？胡人食肉飲酪，衣皮毛，非有城郭田宅之歸，居如飛鳥走獸，於廣野美草甘水則止，草盡水竭則移，以是觀之，往來轉徙，時至時去，此胡人之生業，而中國之所以離南畝也。今使胡人數處轉牧行獵於塞下，或當燕代，或當上郡北地（即今之後套平原）隴西以候備塞之卒。卒少則入，陛下不救，則邊民絕望，而有降敵之心。救之，少發則不足，多發，遠縣纔至則胡又已去。聚而不罷，爲費甚大，罷之則胡復入，如此連年，則中國貧苦而民不安矣』。此經驗之談也。莽將嚴尤言尤具體，其言曰：『……今天下遭陽九之厄，比年飢饉，西北邊尤甚。發三十萬衆，具三百日糧，東援海岱，南取江淮，然後乃備。計其道里，一年尚未集合，兵先至者，聚居暴露，師老械敝，勢不可用，此一難也。邊既空虛，不能奉軍糧，內調郡國不相及屬，此二難也。計一人三百日糧，用糒十八斛，非牛力不能勝，牛又當自賫食，加二十斛重矣。胡地沙鹵多，乏水草，以往事揆之，軍出未滿百日，牛必物故且盡，餘糧尚多，人不能負，此三難也。胡地秋冬甚寒，春夏甚風，多齎鬴鍑薪炭，重不可勝。食糒飲水，以歷四時，師有疾疫之憂。是故前世伐胡不過百日，非不欲久，勢力不能也，此四難也。輜重自隨，則輕銳者少，不得疾行，虜徐遁逃，勢不能及。幸而逢虜，又累輜重，如遇險阻，銜尾相隨，虜要遮前後，危殆不測，此五難也。……』以經濟生活之不同，戰爭之便利與否，乃大相逕庭，宜其胡人雖少，亦可爲大患。

地形方面，對軍事運用，尤關重要。蓋察綏南部，多斷層掩逆諸現象，故山地複雜，盆地甚多。岩石堅硬，巍然高聳，又以長期侵蝕，溪谷縱橫，山極崎嶇，此即所謂壯年期山地也。地多傾側，交通困難，對軍事影響，主要者有二：一在山地戰鬥，利於胡人，一在形勢險要，易守難攻。鼂錯有言曰：『……今匈奴地形技藝，與中國異：上下山坂，出入谿澗，中國之馬弗與也；險道傾側，且馳且射，中國之騎弗與也；風雨疲勞，飢渴不困，中國之人弗與也。……』觀於此，則察綏地形，實利於游牧集團之活動，故牧族之擾邊也，常能以少寇多，使漢族疲於奔命。夫地勢既險，交通困難，此自爲易守難攻之地，爲各方所必爭，爭則察綏多事矣。

（3）歸綏盆地與中心區域——張印堂先生曾謂在廣漠之蒙古區域中，頗難得一最適宜之中心區域（Area of Characterization），只歸綏盆地差可當其選等語。推其理由，其重要者可有下列數端：

一，在廣漠之蒙古區域中，內蒙則爲邊防地帶，最多戰爭，因其爲農牧之接觸地帶也。而在內蒙言之，歸綏盆地位置比較適中，以之爲根據地，指揮即較方便。

二，中心地帶，必能容大量人口方可。此處土壤肥沃，氣候較佳，與後套平原同爲水草豐盈之地，爲游牧集團之最佳放牧地帶，堪容大量人口，以成偉大力量。

三，中心區域，最須講求安全保障。以位置論，此處距農耕集團之根據地較遠，漢人馬鞭，較難伸及。察南盆地，其地理環境不亞於歸綏盆地，但位置太接近華北平原，一有失誤，輒危全局，歸綏盆地則無此短處。且東有豐鎭高原，大同盆地，更東有察南盆地，北有陰山，南有黃河，而河南地亦非易於用武者。農耕集團欲攻擊此處，勢須越重重山地，關山阻隔，已非易事。即攻至此，而山地戰鬥，利於胡人，勝負亦未可期。且北有陰山，爲陰山山脈中之最複雜處，有前山後山之分，雄偉險峻，頗多草木，常爲古代戰爭之地。東漢郎中侯應曾謂『臣聞邊塞至遼東外有陰山，東西千餘里，草木茂盛，多禽獸，本冒頓單于依阻其中，治作弓矢，來出爲寇，是其園囿也……』，按現在實地情形言之，陰山山脈中只此處多草木禽獸。故此處陰山山地險阻，易守難攻，山地馳騁，農不如牧，草地茂盛，六畜所賴，山多樹木，弓矢所資。故即使胡人在歸綏盆地或河南地戰敗，尙可依阻山中，作困獸之鬥。此處之安全，環顧內蒙無出其右者。

四，交通便利，爲中心區域之最要條件。察綏交通，歸綏爲其二大焦點之一，前已述之。論對外貿易，此遜於張家口，論氐羌連絡，此又勝過之，其對內（指蒙古區域而言）溝通，更較高一籌。如此則人馬徵調，號令施行，殊甚便利，有統一指揮之效，無彼此懸絕之虞。一俟羽毛豐滿，即可向外侵略。

五，且其四週，如豐鎭高原，河南之地，較不適農，勢不能久耕。後套平原，較適於農，但嫌僻遠，且有所阻，與漠南地帶同爲耕族所難移至。則佔歸綏平原者即易舉而有之，益增放牧之地，六畜之蕃息，安得不強盛。

有以上五大理由，游牧集團之首領，不有野心則已，如有野心，勢必出其全力以爭以守。而農耕集團之求安全者，其不積極則已，苟其積極，亦必傾其全力，搗此巢穴。古之牧族之有此而發生嚴重之效果者甚多，如戎狄，匈奴，突厥，契丹，女眞，蒙古，滿清等，皆曾佔有此區而發生重大影響者。其得失也，殊有關農牧勢力之消長。有牧族中心區域之歸綏盆地在此，而欲察綏之無事難矣。

總結其地理背景，論其位置，則介農牧之間；論其經濟發展，未絕望於耕，而最適於牧；論其地形，則易守難攻，且進可以攻，退可以守；至歸綏盆地，更爲牧族之中心區域，向外發展之根據地；有此數因，察綏之成爲農牧之接觸與鬥爭之地宜也。故牧族有此，自不難南下牧馬，問鼎中原；農人有此，自亦可威振漠北，國勢昌隆。春秋之時，爲戎狄所居，南向侵凌，雖霸者迭起，亦只驅出於華北平原黃土高原而已，尚未能深入察綏，非土地無可爭也，實以地利尚在狄手。戰國之世，燕趙曾大破胡人，却地千餘里，即以燕趙已深入察綏南部，地利與胡共之。秦始皇，漢武帝，唐太宗，明太祖等輩，曾威震漠北，即以曾奪得察綏，而陰山山脈以南尤加意防備。遼金之弱宋，五胡之亂華，元清之入主，皆以察綏地帶，盡在其手，農耕集團不易收復故也。宋太宗嘗力圖自強，兩窺山後諸州，而未成者，非兵弱將寡，實地利所限。如農牧集團同在陰山以南，或各佔察綏之一部，則地利相同，勢均力敵，既相接觸，斯多鬥爭，察綏將爲其拉鋸或推磨地帶，糜爛不堪矣。拉鋸之最慘烈者，當爲漢初之與匈奴，明代之與俺答。平城之圍，土木之變，先後相映，總其成敗，與領袖才能以及漢奸活動自有相當關係，而地理因素亦未可忽視之也。

三　農牧鬥爭之終了

過去農牧之以察綏爲衝突地帶，自以地理爲基本因素，然以環境變遷，在清代初年，此種鬥爭即已終止。蓋過去農牧之長期衝突，有二大原因，一爲種族之偏見，一爲經濟之不合作，前者爲農牧衝突之感情的因素，後者則爲物質的因素，試申論之：

古者以文化水準較低，眼界較小，種族偏見，常有存在。感情作用，於焉滋甚，猜忌疑慮，時能以小忿而興大亂。譬如封建時代大家庭之子孫，常有嫡出庶出之分，子孫而不肖，或愚不可及，則嫡庶鴻溝，殊難泯除。至能以小孩之爭，引起妯娌之爭，男子和之，鬩門以起，甚至逞其血氣，發生家庭大慘劇，不唯和諧是務，縱分爨析居，亦嫌隙不已。古代番漢或戎狄華夏之觀念不泯，種族嫌隙甚深，而不能有大中華民族之完成者，其情形殊與此相似。

游牧集團以物產種類簡單，生活迄難滿足，俺答所謂『我北番饑無釜，衣無帛』，殆成游牧集團之傳統的困苦。故自古以來，以物質上的需要，牧人即嗜漢財物，樂漢關市。但以習俗不同，誤會滋多，每有互市，迄難圓滿，種族的感情作用乘之而生，衝突乃起。以文化階段關係，農牧未感經濟合作之互利，農耕集團之生活輒能自足自給，除馬以外殆無所求於胡。於是不惜禁錮關市以制胡虜，且以世仇嫌隙，雅不願通關市以資仇寇。牧以生活之難自足，不甘於心，乃多直接行動，故昔之農牧衝突，謂之由於經濟之不合作亦無不可。苟能經濟合作，設有關市，或茶馬市，或貢馬市，則農牧衝突，亦可和緩，如漢代初年，即以關市和親以為緩兵之計。匈奴呼韓耶之事漢唯謹者，即以漢宣帝曾屢有物質的接濟。明代之患，以俺答為最烈，後以俺答向化，與貢馬市，於是有長期之和平。此皆成過去之事，時至今日，種族成見，經濟隔絕，已無復存在，農牧之生死存亡大衝突，亦已告終止。試述其故：

蓋所謂種族者原指血統而言，以國內諸族彼此接觸之頻繁，血統方面，早經混雜，而另成統系，絕不能僅根據血統以彼疆我界。即以血統之近似者而言，國內諸族相較，究竟近似多多，絕不能與外人相較。如寬頤黃膚直髮之蒙古同胞與長頭白膚波髮之俄人相較，雖三尺騃童，一望亦知非同其族類者。即以東鄰日本人而論，膚同黃矣，然日人有種種理由，自謂其有馬來血統，試問國內諸族孰有之乎？

且種族與民族不同，而民族之構成，種族條件，亦非必要，此點齊思和先生在其種族與民族一文內論之綦詳（文載本刊三周年紀念號）。蓋民族之成，基於民族意識，而種族則成於血統者也。同一地內，彼此血統，容或略有出入，如一家庭之子孫容有嫡庶之分，且不免於內爭。然一遇外侮逼來，往往奮袂而起，共同禦侮，所謂『兄弟鬩於牆，外禦其侮』是也。此在我國，尤不乏先例，如清聖祖時，俄人以追擊蒙人而虔劉我邊陲（按俄人東侵，原因甚多，外人有證明追擊蒙人亦為動機之一，記不清文載何處），殺戮甚慘。清聖祖至不惜發大兵往援，轉戰於冰天雪地之西伯利亞，訂尼布楚條約而返。同年蒙古王公會議多倫，一致公決永久臣服中國，合而為一，此皆民族意識之所致，非矯揉做作可致之者也，更非所謂『滿洲國』可比。然苟非俄人之侮於我，蒙漢鬩牆之終止，或未能如是其速也。

至經濟之合作，自俺答內向以來，即已厚植基礎，康熙以後，農牧貿易更臻於發達，因而有張家口歸綏二大都市之繁榮。張家口大境門外之駱駝市，曾盛極一時，農牧經濟之相依，于此可見一斑。且我國不欲自足則已，苟欲自足，新式工業勢必大肆發展，而畜產品類原料品勢必仰求於西北，則農牧經濟更將不可分，農牧之關係自日益密切，農牧之生死存亡大衝突，將永不復現於察綏。

或謂農牧鬥爭之終止，主要原因乃清代宗教政策與爵位羈縻之結果。蓋（1）首腦者安富尊榮，靜不思動；（2）人口不但不增加，且有減少之勢，故生活易於維持。此自持之有故。然苟非農牧貿易之頻繁，有無之調劑，使得以其過剩，換取其所不足，則『爨無釜，衣無帛』之不便，人口雖少，又孰能保其能長此忍受之乎？以大中華民族之立場言之，蒙人之日趨減少，殊非吾人所願聞，必思有以補救之。然全國人口之量的限制，質的提高，與夫生產之增進，生活水準之提高，將仍為我國政府努力之目標之一，游牧地帶，自亦未能例外，此又提倡人口增加者所不可不知者也。

以國內諸族接觸之頻繁，血統區別，早無客觀的標準，以外侮之日亟，民族意識又日益堅強，復以民族工業之需要，農牧經濟更非至於相依相賴，打成一片不可。則農牧之爭銷滅於無形，而察綏之為農牧鬥爭地帶之意義亦必盡失，此誠我國歷史演變之一大關鍵。如欲劃定時代，則西曆一六八九年尚焉，蓋以俄人東侵而有之多倫會議即在於是年也。

四　察綏之將來

過去之內部磨擦已矣，未來之外來隱憂方深。九一八以來，某國即不斷在察綏有所活動。佔東北後，始則進窺熱河，繼則驅取察北，嚴守長城各口。部署既定，乃指揮匪偽，侵擾綏遠，冀依棣熱河察北之葫蘆，一舉而下歸綏後套之平原，以據昔日游牧集團之中心區域。今其戰事，尚未結束。果爾成功，即可進而蠶食全部察綏，寧夏以及古之河西地，以與冀東取得連絡。跡其用意，不外下列數端：

（一）察綏地形複雜，易守難攻，且有煤鐵之利，某國得之，自以爲可以防遏中國人之衝動，保障東北之安全。

（二）察綏爲我國通西北較便捷之路線，平綏鐵路過焉，某國得之，既可開我之西北，又可遮斷中俄二大民族之可能的携手，以便在中國爲所欲爲。

（三）某國既厲行其大陸政策，全部中國皆爲其『講求自衛』之對象。先發動於華中華南，則恐樹敵太多，力有未逮，如能得他國尤其英國之諒解，餌以勢力範圍，以求承認其在華北之所謂『特殊地位』，X在華北即可着手進行其國策。然山西表裏山河，形勢險要，食粮，煤，鐵，食鹽，俱自有之，退守不畏封鎖，進攻有倘未所依據，X不有之，則佔領華北將感覺困難。由河北賴完成之滄石路以攻山西，則太行高聳，仰攻甚難，勢必犧牲甚大，而勝利又未可期。如由察綏由大同雁門以攻山西，則較易着手，故在某國視之，察綏有必佔之理由，某國特務機關之伸入山西，即預爲之備也。

（四）某國之大陸政策之所最顧慮者厥爲蘇俄在遠東之雄厚勢力。如不將蘇俄驅出亞洲或至少驅出貝加爾區（爲蘇俄遠東根據地），則不但大陸政策難以實行，即所謂『帝國生命線』之東北，亦不能高枕無憂。某國而不顧在遠東造成均衡局面，以維和平，則未來X俄大戰勢所難免，但在未來中X大戰以前抑在其後？其權操在X手，中俄二大國皆不能逆料。惟X不能乘九一八攻俄之不備，此後欲由俄屬東三省以進攻蘇俄，則困難殊多。其他可能的途徑有二，一爲利用新式交通，由察綏，北跨戈壁，攻外蒙，以直搗蘇俄之遠東根據地——貝加爾區；一爲延長平綏線通新疆以擾俄之背。自察北綏東事件發生以來，俄人於此，即有所備，鈎心鬥角，可見一斑。然此種嘗試，某國又不可不有，於是察綏又有姑且佔之之必要。好在可以華制華，所犧牲者中國人耳。

某國於察綏有必先佔之理由，中俄二大國又同爲侵略之對象，早遲必被迫而出於携手，且中國亦絕非毫無決心毫無自信之民族，則察綏未來，遲早要成爲中X俄三國鬥爭之地，中X二國尤其如此，現已開其端矣。

一六八九年以前，察綏爲農牧二大集團衝突之地，九一八後，察綏即爲國際的鬥爭之地。此種鬥爭絕非鬩牆可比，亦非所謂『經濟提携』所能解決。蓋現代的國家，產業必求獨立，某國之所謂『經濟提携』，絕非農牧經濟相依相賴之可比，而在於強迫我永為純粹的農業國家，聽其予取予求，以永為其經濟的殖民地。果應其要求，則不但國內民生問題，不能解決，即立國問題，亦陷於絕境。則某國之不戰而勝或一戰而勝之策略即可圓滿成功，此不可不深思猛省者也。

察綏二省之自然地理鳥瞰

葛啓揚[1]

一 位置與面積

察哈爾與綏遠二省，南以內長城與河北山西陝西三省爲界，北以大戈壁與蒙古地方毗連，西接寧夏省，東以大興安嶺與熱河遼寧黑龍江三省爲鄰。其極北在北緯四十八度，極南在北緯三十八度，南北共跨緯度十度；極東在東經一百二十一度，極西在東經一百零五度，東西共佔經度十六度。

以言面積，察哈爾省有二十五萬八千八百十五方公里，約佔全國面積百分之二[1]；綏遠省有三十萬四千零五十八方公里，約佔全國面積百分之三。二省面積合計，爲五十六萬二千八百七十三方公里，約佔全國面積百分之五，比江蘇省面積約大五倍。

二 地形[2]

察綏二省，地勢甚高，由西北向東南級級低降；然詳察之，則此地帶，實可分爲三高原及二盆地。此三高原爲（1）蒙古高原，（2）鄂爾多斯高原和（3）豐鎮高原。

（1）蒙古高原　蒙古高原，南包陰山山脈，北有大戈壁橫亘，地勢坦蕩，略有低微之起伏，傾向北下，漸沒於磽确之大戈壁內，拔海由一千餘公尺至二千餘公尺[3]。大戈壁地面，滿被砂礫及石塊，大者如拳，細者如豆。砂礫之厚度，則隨地而異，厚者可達三五尺或數丈，薄者僅數寸。砂礫較厚之處，常爲交通障碍，每當暴風起時，砂石撲面，塵土蔽天，旅人行動，深感不便。此種情形，以春夏及夏秋之交爲最甚[4]。

（2）鄂爾多斯高原　通常所謂鄂爾多斯，只包括「冂」字式之河套以內之地；但就地形上觀之，鄂爾多斯高原之邊境，除東面一邊，只及黃河河道，其餘實皆達於河谷以外——西抵賀蘭山，北抵狼山與大青山，南約略以長城爲界，俱有天然界線。鄂爾多斯高原，自西南向東北傾斜，大部爲沙丘間以草場[5]。其地沙漠，似應與阿拉善沙漠連成一氣，然以黃河流經其地，歷代均重視其地墾植灌溉，故至今後套一帶，尚稱沃壤，此殆人力戰勝沙漠之一例也[6]。

(3)豐鎮高原　豐鎮高原，爲豐鎮周圍之一片高地，拔海一千三百七十餘公尺，爲察綏陰山以南之東西總分水嶺，其東部地勢向宣化盆地傾斜，西部地勢向歸綏盆地傾斜。

察綏之二盆地爲(1)宣化盆地和(2)歸綏盆地。

(1)宣化盆地　宣化盆地爲察南內外長城間之山間盆地地帶，拔海在七百公尺左右，地勢由西向東傾斜，故河流即循此方向從西向東流。灌溉便利，爲察省富庶之區。

(2)歸綏盆地　歸綏盆地，爲綏省最富之區，形成三角式，北界大青山，東南界豐鎮高原，西南界鄂爾多斯高原，地勢在綏省爲最低，拔海在一千公尺左右。

察綏之山脈，以陰山山脈爲骨幹。陰山山脈，橫亘察綏中部，西承賀蘭山脈，東北遙接大興安嶺，其間山嶺，隨地異名，如後套北面之狼山，安北以東之色爾騰山，包頭西北之烏拉山，歸綏以北之大青山等，皆其最著者也。狼山自安北設治局東北之小佘太起，沿蒙古高原而西，至於五原臨河，嶄巖峭壁，拔海約由一千五百公尺至一千九百公尺，其山頂大致齊平。色爾騰山與狼山之間，僅有一小佘太平地之隔，其脈自安北綿亘而東，至固陽之正東，峯巒聳立，山勢陡峻，其山頂高出海面約由一千八百公尺至二千二百公尺。烏拉山東接大青山，西沒於平地，層巒疊嶂，嵯峨叢生，巍立於綏北與包頭兩平地之間，其最高峯高於海面一千九百餘公尺。大青山自歸綏東之旗下營而西，綿亘至於包頭，山勢突然中斷，自陷落之平地北望高原，則懸崖絕壁，形勢險峻，但賴亘溝急澗，破山而出，爲北通蒙古之孔道。大青山高出海面約在二千公尺以上[7]。

三　水系

察綏陰山以北，爲內陸區域，河流不入海，而注於湖泊或沙漠中。平時其地因氣候乾燥，雨水缺乏，河床乾涸無水，僅少數湖泊之最低處，存有極小之水量；及至夏季雨水多時，乾河成爲河流，下流注於湖泊中，因而水量大增。河流較大者，在察省有錫林郭勒河，雞林河，烏里勒吉河及哈魯河等；在綏省有塔爾紅河，錫拉木倫河及德基飲河等。湖泊較大者，在察省有達爾泊及庫爾察汗泊等；在綏省有照哈湖及察罕泊等[8]。凡流水所及之處，田草豐美，爲天然牧場。又其地湖泊中，常有多量之食鹽，蘇達及石膏等，沉積於湖底。此種湖泊，即所謂「鹽湖」者是也。食鹽之產量，甚為豐富。

陰山以南，水系分佈甚為簡單，循流溯源，可分二系：在豐鎮高原以西者為黃河系，在豐鎮高原以東者為永定河上流系，而以豐鎮高原為其分水嶺。

(1)黃河水系　黃河自寧夏北流，至綏省臨河縣境，分南北二支，北支為舊河道，行將就淤，南支為新河道，水流較暢；兩河道走向形如弓背，至烏拉山之西相會，東南流至托克托縣，轉向南流出省。凡陰山南坡豐鎮高原西坡以及賀蘭山東坡之水皆注之，其中尤以歸綏盆地內之黑河為最大。

(2)永定河上流水系　永定河上流有二支：一為桑乾河，有二源，一出山西北部，一出綏遠集寧縣，名曰玉河(即御河)；一為洋河，上源有三，東曰東洋河，西曰西洋河，南曰南洋河，三源合於柴溝堡之東，始名洋河。蜿蜒東流，至涿鹿縣之東，與桑乾河相會，始稱渾河，或稱永定河。

此外察省有上都河，發源於獨石口外，東流經熱河入河北，為灤河之上源；又有黑河白河，亦皆源出獨石口外，為白河之上源。

四　氣候

(1)溫度　察綏二省之溫度，極端表現其大陸性質：夏季酷熱，冬季嚴寒；晝夜溫差，亦極懸殊。此種情形，尤以察綏北部及鄂爾多斯之沙漠地為最甚。察綏北部及鄂爾多斯之沙漠地，溫度年差每達攝氏表四十度，日差亦常至三十度。較差過大，以致人畜之生活，頗為艱困[9]。至于張家口溫度，一月為攝氏表零下七．六度，七月升至二三．一度，年差為三〇．七度[10]；二十四頃地(薩拉齊附近)溫度，一月為攝氏表零下一五．一度，七月升至二二．七度，年差為三七．八度[11]，則較諸沙漠高原地帶為溫和多矣。

如根據張寶堃之研究，以每候(五日為一候)平均溫度十度至二十二度為春秋二季之界限，即以每候平均溫度在十度以下者為冬季，二十二度以上者為夏季[12]，則察綏二省四季之分配，冬季最長，夏季最短：如二十四頃地月平均溫度在冰點以下者，計有四月，其冬季之長，達一百九十五日，計自十月八日至次年四月二日，佔全年日數之半數以上，其夏季之長，僅有三十日，計自七月十五日至八月十三日，其餘春季約八十五日，秋季約五十五日；又如西灣子（張家口附近），冬季之長，達一百八十五日，計自十月十三日至次年四月十五日，亦佔全年日數之半數以上，其夏季之長，亦僅三十日，計自七月五日至八月三日，其餘春季約八十日，秋季約七十日[13]。

（2）雨量　察綏之沙漠地方，雨量最少，年平均尚不足一百公釐，是以植物頗難生長[14]。至于歸綏盆地豐鎮高原宣化盆地以及陰山山坡，年雨量在二百五十公釐至四百公釐之間[15]，無須人工灌溉，平地上即可種植耐旱之穀物如小米，高粱，小麥之類。其餘地方，雨量多在一百至二百五十公釐之間，或爲遊牧草原，或爲賴人工灌溉而發達之農墾區域。如後套地方，是即賴人工灌溉而發達之一農墾區域也。

（3）風　察綏之風向，冬季多自北來，夏季多自東來。冬季風冷而乾燥，夏季風熱而較濕。

如依蒲福氏之風級，以風力在第八級以上，即每秒鐘風速在十七公尺以上時，稱曰大風，則察綏大風發生之次數，以冬半年爲多，夏半年較少；各月之中，以三四月間發生之次數爲最多。其地因氣候乾燥，每値大風，則飛沙揚塵，天色昏暗，有時因塵灰過多，天空往往作銀白色[16]。

五　土壤

察綏土壤，包有「黑土」，「栗土」，灰色「漠境土」，「沙丘」和「鹽土」等五種，而皆屬於「鈣層土」。沿陰山一帶爲「黑土」，土中富含植物質，最爲肥沃[17]。此「黑土帶」包括大面積之變質黑土，此種變質黑土，其炭酸鈣均已大部或全部濾失。張家口與歸綏以北，多爲暗色「栗土」，漸次向北，土色亦漸淺，至極北與蒙古地方毗連處，入於大戈壁，則爲灰色「漠境土」。「栗土」尚肥，若「漠境土」，則頗不利於農業。鄂爾多斯西部亦爲灰色「漠境土」，東部「沙丘」間以草場，其能灌溉者，則爲肥田，其不能灌溉者，則爲「沙丘」。後套一帶土壤，爲含鹽冲積土[13]。

六　野生動植物

（1）野生植物

野草——野草爲牛羊等牲畜生活要素，牛羊等牲畜不可一日無之。察綏二省隨地皆有野草，尤以陰山以北 4

及鄂爾多斯之遊牧區域爲最繁盛[19]。在昔陰山以南亦多草地，後以漢人移入開墾，至今已大部成爲農業區域。

「口蘑」——察省察哈爾部出產蘑菇，稱「口外蘑菇」，爲察省名產。

藥材——綏省藥材出產甚富，如烏拉山中產大黃及甘草，稱爲綏省特產[20]。又如鄂爾多斯亦產甘草，所產甘草，俗名「西草」，品質佳良，頗有輸出。

木材——烏拉山中有天然森林，林木多屬松，柏，楊，樺之類，繁殖甚盛[21]。

(2)野生動物　察綏地廣人稀，野生動物甚多。察北多羚羊及狐，狼之類[22]。綏省烏拉山林中多狐，狼，獾，兔，貂鼠，獺鼠，盤羊，野山羊等，附近蒙民，有終年獵此，恃以爲生者[23]。

七　重要礦物[24]

察省礦物，以煤，鐵，食鹽，城等爲最重要。煤之儲藏量爲五〇四兆噸，在蔚縣及宣化懷來等縣，已有開採，惟產量甚微，除供該省銷用外，輸出無多。鐵之儲藏量爲九千一百六十餘萬噸，主要鑛區在宣化烟筒山及龍關縣，是爲「龍烟鐵鑛」。食鹽以烏珠穆沁鹽池產出者爲最馳名，號曰「大青鹽」。城產於張家口者，號曰「口城」。「口城」係由綏遠蒙古及晉北（陽高）輸入，而在張家口精製者。

綏省礦物，亦以煤，鐵，食鹽，城等爲最重要。煤之儲藏量爲四七六兆噸，以大青山及鄂爾多斯爲主要產地。大青山煤田分佈甚廣，以固陽東南約五十二公里之石拐鎭煤田爲最大，惟用土法開採，產量有限；鄂爾多斯煤田較大青山煤田猶廣，但尙未開採。鐵產於白雲鄂博[25]及固陽淸水河等縣。食鹽產於鄂爾多斯諸鹽池中，尤以西南隅與寧夏陝西交界處產出爲最著。城產於鄂爾多斯諸鹽湖中。此外該省又以產石綿著名。石綿分佈於大青山一帶，以武川縣爲主要產地。

附註：

1　按全國面積爲一千一百一十七萬三千五百五十八方公里。據曾世英中國各省區的面積，載民國二十一年八月十五日申報月刊第一卷第二期。

2　據丁翁曾三氏編繪之中華民國新地圖。

3　見孫健初綏遠及察哈爾西南部地質誌，載地質專報甲種第十二號。

4　見張席禔內蒙古之地形及地質構造概要，載二十三年二月一日方志月刊第七卷第二期。

5 見張印堂內蒙經濟地理輯要，載地學雜誌民國二十年第三期。

6 見程伯羣中國北方沙漠之擴張，載二十三年六月科學第十八卷第六期。

7 同3。

8 同4。

9 見涂長望中國氣候區域，載二十五年九月地理學報第三卷第三期。

10 同9。

11 見胡煥庸黃河上流之氣候，載二十五年三月地理學報第三卷第一期。

12 見張資𡍷中國四季之分配，載地理學報創刊號。

13 同11。

14 同9。

15 如西灣子年雨量爲三五〇・一公釐，二十四頃地年雨量爲三三六公釐，薩拉齊年雨量爲三五一公釐。同11。

16 同11。

17 見翁文灝中國的土壤與其相關的人生問題，載二十四年八月一日方志月刊第八卷第七八合期。

18 見李慶逵中國土壤之概述附圖，載二十三年十二月地理學報第一卷第二期。又見周昌藝中國土壤概述，載二十六年三月一日地理教育第二卷第三期。

19 漢人移墾，沂已達於陰山北麓。

20 見竇寰寰綏遠烏拉山物產調查概要，載邊事研究第二卷第三期。

21 同20。

22 參觀楊鍾健西北的剖面，民國二十一年北平地質圖書館出版。

23 同20。

24 詳見第五次中國鑛業紀要。

25 白雲鄂博在百靈廟西北約百里，距包頭約三百餘里。

察哈爾省農業區之自然環境

楊寔 1

年來侈談開發西北之聲浪，日囂塵上，但多人云亦云，而莫根究其是否有開發之價值，故言易近浮誇，而不切於寔際。蓋西北邊疆，遼闊荒僻，以往不甚爲國人所重視，任其廢棄不顧，是以一切調查資料，胥感稀缺。今一旦遽言開發，於其眞象尙不明晰，安知應自何方着手。若僅憑揣臆，妄擬方策，是猶築屋沙上，閉戶造車，於寔際有何裨益！

即以察哈爾省而論，其改省已有七八年之歷史，而國人於其疆域與前此特別區時之異同處，尙有未認清者。且該省幅員廣大，其全面積據曾世英先生之測計[1]，約二五八•八一五平方公里，爲大省區之一。但大多未經墾闢，迄今仍在遊牧狀態之下。僅其南部置縣設治，截至現時不過二十縣局，約當全省面積六分之一而已。是以談開發察哈爾者每以北部遊牧區有墾闢之可能，而估定其價值。寔則設區自有其特殊之重要性，但非在農業方面[2]。其堪稱爲農業區者，僅限於此二十縣局境內，而又因受自然環境之影響，全區面積雖有四萬五千弱平方公里，而其耕地，據張心一氏之平常年估計[3]，不過一六•八三六•〇〇〇畝。此尙就其耕地而言，至若其作物畝數，據張氏數字，約當耕地百分之九十六，似有外誤。據愚估計，則約當百分之六十一，因宣化縣之調查數字有遺落，致百分比較低。但全農業區作物面積對耕地之比例，約當其四分之三，似尙近是。

其所以如此者，固人事方面尙有種種原因，但自然環境之限制，寔爲其重要因素之一。故談該省農業建設者，若對於其自然環境不能認識，而妄言建設，寔不知其將何所適從！

一　地形——政治區域與自然區域

察省農業區，依政治沿革及習慣上之區分，多以外長城爲界而劃爲兩區：前直隸省口北道之十縣，居外長城之內，通常名之曰口內[4]；前察哈爾特別區之興和道東部六縣——近又增設四縣局，共爲十縣局，居外長城之外，通常名之曰口外[5]。口內區域，墾闢已久，敷縣設治，歷有年所；口外區域，則原爲游牧草地，其開發不過近三數十年之事[6]，並以氣候關係，荒地尚多，仍在半農半牧狀態之下。

此等政治區劃，與自然區域略有軒輊，然大同而小異。若依自然地勢，亦可劃分之爲二區，而以內蒙高原南部之斷層邊緣爲界——本省內之外長城即大半建於此邊緣之上。斷層之上——約自北緯四十一度以北，爲高原區，口外各縣局除沽源縣之南部（包容新源縣）及張北縣之東南部（崇禮設治局即在此區內）外，餘均屬之；而口內萬全龍關赤城三縣之北部亦大都位於此斷層之上。高原區之南——約佔北緯四十至四十一度之間，惟其西南部則有突出在四十度之下者——爲山間盆地區，口內十縣及口外張沽二縣之局部，大都屬之。

高原區之境界，以南沿最爲顯明。斷層之上，悉爲拔海一千至千五百公尺高度之侵蝕平原，俯臨其南部之山間盆地，較之高出三百餘公尺而劃然分野[8]。其北部與察哈爾左翼四旗及各牧廠同屬於一高原上，壤界相錯，地勢平衍，無何顯明之自然分野。概略言之，縣區多在北緯四十二度以下——惟其北境間有在此上者，其北則爲蒙民游牧之區，尙無農業聚落。而東西兩面，亦以與隣接地方同處一高原上，各邊界僅局部略有較平地高出二三百公尺之邱陵，但坡度極緩，頗難作爲自然分野。若就政治區域而言，本區東界熱河，西隣綏遠，南臨口內，北連蒙旗。其內部則廣漠坦蕩，一望平曠，無高山峻嶺之險阻，雖間有岡阜起伏，但坡度不大，宛若平地[9]。表面地質構造，較盆地區爲單簡。腹部多數地方悉爲更新期之黃土層所掩覆，惟多倫縣城附近有一小塊現世期之風成砂及黃土。四界邊部，以原生代古生代之片麻岩及其他變質岩層——如玄武岩，花岡岩，粗面岩等分佈最盛[10]。

本區河流甚少，多爲無出口之旱河。僅東部之上都河，源出沽源縣，北流經寶昌縣及鑲白旗察哈爾，折而東入多倫縣境內，繞縣城南下入熱河省，爲灤河之上游。然其平日流量亦甚淺微，無何灌溉之利。除此而外，是區南端尙有沽河及淸水河之上源，自高原邊緣流入盆地區，均係源頭，更無足論。至若湖沼之屬則頗多（蒙古名湖爲諾爾），但以蒸發關係，多數乾涸，存者寥寥無幾，且具鹽碱性，不宜灌溉。惟地下潛水，尙不甚深，然爲量甚微，祇可供飲用，難助農事。

2

山間盆地區爲內蒙高原與北平平原間之階級斷層，北與高原區劃然分野，南及東南以燕山斷層與平原相界，殆若高原之與本區。西與山西省東北部，東與熱河省西南部，均同處一邱陵區內，無顯明之自然界限。本區大別又可分爲高山及盆地二部。盆地分別錯處於群山之間，南部較低，北部較高——如懷來涿鹿等盆地拔海約五百公尺，其北之宣化盆地則爲六百公尺餘，他如蔚州盆地西寧盆地（包括陽原懷安一帶）等等，確數不詳，但均在四百至七百公尺之間。僅洋河及白河在本區之下游——出長城下注平原處，略有四百公尺以下之低地。至若各山如軍都，大海陀，燕然，小五台，黃羊，熊耳及八盤等，多作東北西南之平行走向，將各低地間隔爲若干盆地。各山都在海拔一千公尺以上，其高峯且有達二三千公尺者[11]。

洋河爲本區之最大河流，亦即全省中之最大最重要者。其上源出綏遠省之興和縣，東南流入本省，至宣化合清水河；至懷來，先後有桑乾河挾其支流壺流河自西，嬀水自東來與之相會；越長城下注入河北省境，爲永定河之上游。是河自西北向東南斜貫群山而過，其幹支流之灌域，在本區內，除赤城龍關兩縣外，包括其餘 3
八縣。前述各主要盆地，俱在此河流域灌區之內。據察哈爾建設廳二十三年之統計[12]，沿河七縣（因延慶之記錄缺）引渠溉田之畝數共約三四九，一〇〇畝，於農業上不無補益。惟是河之流量，尚嫌未宏，時有供不抵求之事[13]；且挾沙石甚多，河身高淺，易滋氾濫。此蓋爲西北諸省河流之通病，本區幸居上游，受害尚輕。洋河而外，赤城龍關及口外之沽源二四兩區（今新源縣）俱屬沽河流域。沽河源出沽源縣，共分二支：一曰白河，東南流入獨石口，過赤城縣而東（龍關縣即屬斯河支流灌域），出長城，入熱河省與黑河會；一曰黑河，亦東南流，在長城外，經今新源縣，與白河會；共爲沽河之上游。亦略有灌溉之利，惟流域不廣，難與洋河相抗衡。

本區表面地質構造，較高原爲複雜。洋河河谷一帶，除有更新期之黃土層覆掩外，中間或其側際並合有現世期之沙礫粘土。張家口附近，有粗面岩層之分佈。萬全宣化懷來延慶陽原蔚等縣均有侏羅紀之頁岩砂岩層，而萬宣二縣且略有白堊侏羅紀之礫岩，砂岩，凝灰岩層之分佈。寒武奧陶紀之石灰岩，粘板岩層，則僅見於蔚縣之南部，陽蔚之間並有寒武紀之粘板岩，砂岩，石灰岩層。新期原生代之千枚岩，硅岩層分佈最廣，尤以東部及中部爲盛。原生代古生代之片麻岩層則多見於東北及西北部，揆其位置，多在高原邊緣之附近及其上。至若高原區盛見之玄武岩層，在本區則甚少，幾於無有；而高原區所無之石英斑岩及玢岩，本區略見——前者分佈於蔚縣之東部，後者則在下花園附近。花岡岩，閃長岩層略見於本區東南部之內長城附近。

本區各盆地，夾處群山之間，峰巒環繞，河流中貫，因水流急湍，不利舟楫，是以交通極感不便。而可耕之地並不甚多，除河谷區域外，山坡傾斜緩弛之處，多經墾種闢作梯田。雖全區面積與高原區相若[14]，然山地佔其大半，故耕地面積較之高原寔相形而見絀。此蓋地勢所限，亦莫如之何也。惟氣候則較高原略優，耕種方法亦尚能盡地利，不似高原區之歲多歉地[15]，致作物面積低減甚多。但因自然環境所限，一般多屬小農制，與高原區之大地主情形，頗不相同。故地形與農業之關係，於此可見一斑。

二　氣候土壤與自然植物

本省縣區內之各縣局，殆皆在口外草原氣候區域[16]。冬季——九至四月半年中，受西伯利亞高氣壓之影響，造成乾寒之區[17]。復以地勢及緯度關係，純爲大陸性氣候——不徒一年間各月氣溫變遷甚大，即一晝夜之差亦甚劇烈[18]。全年平均溫度，盆地區南部約爲8°c，高原區約爲4°c，兩區隣接處如萬全一帶約爲6°c[19]。南部較暖，愈北則愈寒。惜本省各地氣溫記錄不全，玆姑摘錄Chapman氏關於張家口及西灣子二地之每月平均溫度[20]，以窺其一斑。惟此二地均位於盆地區之北端，特前者在外長城之內，後者則在其外，似略可代表二區氣溫之概況。

地名	每月平均溫度(°c) 一月	二月	三月	四月	五月	六月	七月	八月	九月	十月	十一月	十二月	最高 °c	最高 日/月	最低 °c	最低 日/月	寒暑相差 °c	始霜日	終霜日	平均無霜日	植物生長期	附記
張家口	−7.6	−7.8	−7.0	11.2	20.0	22.6	23.1	22.6	18.2	8.7	−2.0	−7.2	缺		缺		30.7	缺	缺	缺	缺	所在地拔海八五六公尺
西灣子	−11.3	−9.3	−3.8	8.8	16.0	21.7	22.6	20.4	15.4	8.4	−4.4	−11.2	35.6	9/7	−34.5	7/1	33.9	19/9	9/5	132	192	所在地拔海一一一六七公尺

4

據上表可知西灣子之氣溫變差，較張家口為大；一月之溫度亦較低。此尚在高原之邊際，已然如此，若愈北當愈強，而作物之生長期乃愈短；愈南則反是。而其氣溫變差，亦以高原區為強，如前表西灣子某年最高與最低之氣溫相差竟達七十度，最高為七月九日之35.6°c，最低為一月七日之-34.6°c。盆地區雖缺記錄，然尚未聞有如此者。試旅行口外，雖夏季亦須攜帶棉皮衣物，否則氣候驟變即難適應。口內尚不至如此。

植物生長期，各地不一。據前表，西灣子雖有百九十二日，然平均無霜期，不過百三十二日。察哈爾建設廳二十三年調查各縣主要農作物之種植及收穫時期[21]，雖僅限於各主要作物，但包容甚廣，如——小麥，大麥，莜麥，蕎麥，稻，穀，黍，稷，豌豆，大豆，胡麻，及馬鈴薯等，俱經列入，故亦差可以其最初種植至最終收穫時日之間，為植物生長期，以覘二區各地氣溫之差異。惟記錄均以節令計，且間有加前或後之字樣者，故礙難合成準確日數，是以作為約計。茲據該項材料，作下表（該項調查仍限原有之十六縣，且多偏以特種情形，記錄暫缺，此註）：

縣別	最始種植期	最終收穫期	約合成月日數	附記
延慶	(?)驚蟄（三月初五，六）	寒露 十月初八，九	七餘月，或二百一十餘日	此似誤，因僅係小麥始於驚蟄而立夏即收穫，才二閱月，不甚當。
懷來	清明（四月初五，六）前	秋分（九月廿三，四）後	六個月，或一百八九十日	
涿鹿	春分（三月廿一，二）	秋分	同前	
宣化	清明前	寒露	六餘月，或一百九十餘日	
陽原	同前	秋分後	同懷來	
寶安	同前	同前	同前	
赤城	清明	同前	六個月，或一百八十日左右	
蔚縣	清明前	白露（九月初八，九）後	五個半月，或一百六十餘日	此似誤，蓋收穫期或不如是之早。
萬全	清明後	秋分後	五個半月，或一百七十日左右	

沽源	清明前	白露後	五個半月，或一百六十餘日	
康保	同前	同前	同前	此似誤，查該地似不能在清明前佈種
龍關	穀雨（四月廿，廿一）	秋分後	五個月，或一百五六十日	
寶昌	清明前	白露前	五個月，或一百五十餘日	此與康保之誤同
商都	穀雨	秋分	同前	
張北	同前	白露	約五個月，或一百四五十日	

前表，口內各縣除萬全龍關蔚縣外，餘者之種植期均在六個月或以上。龍萬二縣雖在口內，但已近高原區；而蔚縣之記錄或似有缺誤。至若口外各縣，最長者不過五個半月，然沽源之二四兩區原屬山間盆地，康保之始植期似不應在清明前。其他則都在五個月以下。於此可見二區之氣溫與農事關係之一斑，故高原區絕無輪種之機會，年只可一熟。秋分時，農事即畢；通常且多在白露前後即須收割，較盆地區約早一月，而種植則較遲[22]。因生長期促，作物產量自亦受此影響而低減。

至若雨量，全省似均在半乾燥區內。各地之有五年以上平均記錄者僅有四站，即蔚縣懷來張家口及西灣子（詳附表）。前二站可代表盆地區之南部，後二站則居該區北端，已近高原帶。自附表視之，南部實較北部略豐，但相差亦無幾。高原區之記錄，甚感缺乏，西張二站似勉堪代表之。此外若袁勃氏察綏之農業[23]一文內載：民國二十一年時，商都總雨雪量爲三五〇公厘，獨石口則爲三一七公厘。惜僅是一年之記錄，未可以爲標準。但以地勢及緯度測之，高原全年雨量當較盆地區略低。且冬季雪量較大，致夏季或暖季所佔全年總雨雪量之百分數較低（詳後文），而蒸發作用因地勢關係又較盆地區爲速，是以效率較低。（附雨量統計表於後）

站名	蔚縣			懷來			張家口				西灣子	
記錄來源	（1）	（2）	（3）	（1）	（2）	（3）	（1）	（2）	（3）	（4）	（1）	（2）
所歷年數	10	7	6	8	6	6	14	10	10	?	19	18
歷年各月平均雨量（公厘）一月	2.8	—	—	3.1	4	—	2.4	3	—	0.7	3.2	3
二月	2.0	—	—	3.4	2	—	2.8	2	—	4.1	2.7	3
三月	8.8	—	—	5.5	7	—	4.5	5	—	5.5	8.6	9
四月	18.9	—	—	9.8	10	—	5.5	6	—	3.5	10.0	10
五月	33.5	—	—	20.5	17	—	31.1	33	—	44.1	52.8	53
六月	46.1	—	—	49.1	46	—	42.8	45	—	46.3	55.7	55
七月	128.8	—	—	139.4	153	—	118.9	124	—	139.6	91.4	91
八月	78.1	—	—	97.4	107	—	78.6	79	—	92.0	60.3	53
九月	37.9	—	—	25.8	28	—	40.0	28	—	30.1	39.6	38
十月	15.9	—	—	11.0	8	—	13.2	12	—	15.7	17.4	18
十一月	5.7	—	—	7.3	8	—	3.6	3	—	2.5	7.0	7
十二月	2.2	—	—	3.1	4	—	2.5	3	—	1.6	4.0	4
全年平均雨量	280.7	405	423	375.4	399	392	345.9	344	345	385.7	352.7	345
暖季（四至九月）雨量	343.2	—	—	342	366	—	316.9	316	—	355.6	321.2	301
暖季（四至九月）對全年%	90%	—	—	91%	92%	—	91%	92%	—	92%	91%	87%
夏季（六至八月）雨量	252.9	—	284	285.9	311	310	240.3	249	257	277.9	218.8	200
夏季（六至八月）對全年%	66%	—	67%	76%	78%	79%	69%	72%	75%	70%	62%	58%

（附記）記錄來源一欄內之（1）爲徐世大華北雨量之研究，頁十三，載華北水利月刊第七卷第十一二期合刊，廿三年十二月；（2）爲Chapman,pp. 23（詳註五）；（3）同一，頁三，係另一記錄；（4）Ghe[illegible]i: Etude

Sur la pluie en Chine. 1928, Zekawei, Shanghai.（張印堂西北經濟地理（英文本，商務），頁十三，參引）

降雨時期，各地以均受東南季風之影響，全年雨量大多在夏季三個月內降落，約當總數五分之三至四。惟夏初六月時，雨澤尙少，不如秋初之九月（詳前附表）。若以四至九月爲暖季，則此期內：盆地區之雨量，竟佔全年百分之九十以上；高原區亦逾百分之八十（係據袁文內雨量記錄求出：商都爲百分之八十一，獨石口爲八十八）。故本省各地之雨量，雖均不足全年五百公厘，然以大多數適在作物需要灌溉之暖季降落，故於農事不無補益。但每歲雨量之變率甚大，據竺可楨氏之研究24，約達百分之三十至三十五。下表所列懷來等四站所記錄之旱潦年比例，以西灣子爲最大，張家口次之，懷蔚二處則較小。可見盆地北部之雨量變率，實較南部爲大，甚符『雨量愈稀少者，其每年變率愈大』25之公律。故高原區之變率實常較盆地北部尤甚，是以口外有『十年九旱』之諺。蓋該區河流稀缺——縱有亦少灌溉之利，端恃雨澤，而平時已以氣候及雨量之關係，多種旱農作物，如莜麥油菜等是。設再遇旱年，農民惟有束手待斃而已。

茲附錄下列各站每月，全年，及夏季平均之最大最小雨量比較表於後（據錄自徐世大華北雨量之研究一文內附表）：

站名	類別	各月平均雨量（公厘）												全年	年份	夏季	旱年與潦年之比例	附記
		一月	二月	三月	四月	五月	六月	七月	八月	九月	十月	十一月	十二月					
蔚縣	最大	13	6	30.5	34.5	79.5	89.5	218	152	135.5	53	19	8.5	577.5	民十三年	345	2.41	表內全年雨量欄之數字並非上欄各月平均雨量總數之合，係指某年其雨量之最大或
	最小				4	2	19	32	15.5					240	民十九年	137		
懷來	最大	15	15	17	26	44	93	301	185	62	40	30	9	625	民十三年	510	2.51	
	最小				2		9	58	55					249	民十七年	171		

8

9

	張家口 最大	張家口 最小	西灣子 最大	西灣子 最小
	13.1		21	
	13.6		8.3	
	12.7		32	
	15.4	1.2	27.1	
	74.9	7.5	396.3	
	83.8	20.3	313.5	
	272.5	9.3	230.7	21.3
	147.6	30.1	171.3	9.8
	58.6	6.7	63.2	11
	56.7		37.4	.8
	11.2		15.9	
	7.1		15	
	544	132.9	917.5	163.3
	民十四年	民九年	民十四年	民國前廿七年
	386.8	83.7	453.2	80.4
	4.09		5.62	

最小記錄。

關於土壤方面，本省均屬黃土層地帶。據棱頗氏之研究[26]，其中國土壤概圖載：省內高原南部邊緣，有一狹條黑土，作西北東南走向。黑土帶之北，爲暗色栗土。更北至察哈爾左翼四旗牧區，色漸淺淡。暗色栗土區內，約在張家口北面三十至八十英里之間，有衍進爲鹽土及柱狀鹽土之混合區，視其位置，當在張北商都康保三縣境內。黑土帶之南，盆地東北部——約當沽源（今新源縣境）赤城龍關三縣境內，有變質黑土，其炭酸鈣均已大部或全部濾失。至若其餘盆地區內，均係淺色栗土。總之，本省土壤均屬鈣質土，甚肥沃，宜農耕，若雨澤調和，收穫當甚良佳。尤以高原區，舊係游牧草地，墾殖不久，地力未盡；故領荒耕種之第一年，收穫必甚豐多，是以土諺有『一年收，三年足』之謠。惟氣候較寒冷，今口外縣區內尚無大礙，若更向北進展，據棱頗氏之推測，恐爲氣候所限而不適於農耕。再者，高原區以燃料缺乏，多以糞乾代薪，而作施肥培田之用：又以乾旱多風，每將地上細土吹去，只餘巨礫，不適耕種。墾戶恆多領種一地，三數年後以其產量遞減，遂棄置之不顧，任其復荒，是曰歇地[27]。故是區之作物面積對耕地之百分比，較耕地爲小[28]，蓋職是之故。且高原區之土壤，含城質甚多，尤以前述之鹽土及柱狀鹽土混合區爲甚，如張北縣西北部之安古里淖爾一帶，民二十年該省建設廳技正劉崇光氏曾往調查，其報告書內述此帶之情形，云：『……村落星稀，絕無樹木，以地盡沙磧，兼含鹽鹹，加以氣候寒冷，不適宜於樹木之生長。地面略生短草，可供游牧……』[29]。時爲五月，而地面僅略生短草，蓋以不宜稼穡，故任其荒置。但含有鹽質之草原，頗宜畜牧，是以高原區向爲游牧部落之天然高草地，清初於此置各牧廠，除羊羣外，兼牧牛馬。吾人已知大凡馬牛牧地，恆須擇草原之豐厚者，斯區既爲馬牛牧廠，設若灌溉問題可能解決，亦未始不能易作肥沃之良田也。

縣區內之自然植物，以蘑菇及葯材等爲最。蘑菇產於口外，沽源所出頗負盛名，惟爲量不多。至若葯材則更普遍。玆據林公際氏之記述[30]，摘錄氏文附表於後：

葯名	年產量	產……地	栽培及採集法	附記
甘草	三萬斤	宣化保安龍關赤城	野產，春秋兩季採取	案：保安即涿鹿舊名
赤芍	三萬斤	宣化保安龍關懷安	仝前	
麻黃	十萬斤	萬全等縣	野產，秋季採集	案，產地太攏統，似各地都有
防風	二萬斤	沽源寶昌張北	野產，秋季白露後採集	
黃芪	五萬斤	商都寶昌	野產，春秋兩季採集	

葯材而外，在康保寶昌一帶，產馬帶草甚多，『根柢蟠亘，遠視墳起，如伏巨石』[31]，雖於耕作有礙，然其有機質腐化後，蘊藏土中，足可增進其肥沃也。

附註：

1 「中國省區的面積」，申報月刊一卷二期。

2 詳拙著：「開墾察哈爾省遊牧區之可能性」，天津益世報農邨周刊一二九期，廿五年八月廿九日。

3 詳下文第二節註十三。

4 口內十縣爲——萬全，宣化，懷安，陽原，蔚，涿鹿，懷來，延慶，赤城，龍關。口內云者，指外長城諸口以內而言（口外即指此諸口之外），與口北之指內長城諸口以北，雖名異而口北十縣即是此。

5 口外在初改省時原爲六縣，即——張北，沽源，多倫，寶昌，康保，商都是。二十二年冬，自沽源析其二四兩區置新源縣，治喜峯砦。翌年，自張北縣析置崇禮設治局，治太平莊；自商都縣析置尙義設治局，治大清溝；自康保商都等縣析置化德設治局，治加卜寺。位置詳附圖。李炳衞等編，中華民國省縣地名三彙（民社印行，廿四年八月）內載：『新源（縣），在省會（張家口）東。東界熱河省，南界河北省，西北界沽源。舊爲沽源縣二四兩區地。二十二年十二月設縣，治喜峯砦。』又：『崇禮設治局，在省會北。東界沽源，南界河北省（此誤，應作外長城），西界張北，北界寶昌。舊爲張北縣二四兩區地。二十三年四月設，治太平莊』。又：『尙義設治局……東北界康保，南界張北（似張北縣之東北部亦經劃歸局轄），西界商都。舊爲商都二區地，二十三年四月劃三五兩區各一部置，治

10

大清溝。』又：『化德設治局，民二十三年三月，在正白旗加卜寺設治。』案：加卜寺近已改爲德化縣，百靈廟蒙政會以此爲新會址。

6 詳拙著「近三百年來開發察哈爾部八旗及各牧廠」一文，載大公報史地周刊第四十期，廿四年六月廿一日。

7 可參閱申報館中國新地圖，暨王維民察哈爾省旗縣新圖（亞新輿地學社，廿四年）。

8 此斷層邊緣，舊日呼之爲壩，如張家口外之漢諾壩即是其一部；淸通考所謂『壩內爲農田，壩外（上）爲各牧廠（卷二百七十），即是以此邊緣爲限。自盆地區遠望此壩，巍然若高山；比自盤道迂迴上登，抵達其顚，則一望平坦，不見有山，蓋已置身高原之上矣。凡旅行過漢諾壩者，當能領會此種情景。

9 本刊第三卷第八期，明成祖北征紀行初編，帝駐蹕興和時告金幼孜等語，如『汝觀地勢遠見似高阜，至即又平也』之句（頁十七），寔堪作爲本區地形之代表。

10 可參閱東亞地質圖第七幅，日本東京地學協會印行；暨地質調查所之察綏地質圖。

11 詳中國新地圖。

12 參察省建設事業概况統計，水利類。

13 如歷年來懷來涿鹿二縣沿桑乾河兩岸之農民，時有爭水情事，甚至發生械鬥，是其一例。蓋察省河流，當大雨時行，山洪暴發，則水驟漲，洪濤奔赴；無雨之時，細流涓涓，爲量甚微，而用之者衆，遂時感供不抵求之痛苦。

14 據吾人廿年份之調查，口外縣區之面積爲一三〇•五八二方里，口內則爲八九•〇三九方里（詳察哈爾經濟調查錄，頁三）。去春嘗取量積儀粗量中國新地圖所載察省各縣之面積，計口外爲二四•一二〇平方公里（合七八•三一二方里），口內爲二〇•八二〇平方公里（合六七•五九七方里）。此二種數字，當以後者較近似。惟以量時或有粗疏之處，距準確尙遠；但藉此可窺口內外二區之面積近相若也。

15 詳下章及其註十二。

16 根據竺可楨氏畫分之氣候區域。

17 參引竺氏華北之乾旱及其前因後果文，李良騏譯，地理學報一卷二期。

18 晝夜之溫差雖缺記錄，但夏日旅行口外者時見有正午赤背犂田，而夜間則衣着老羊皮裘之農民，屢見不鮮。大同舊有『早穿皮襖午穿紗』之諺，可移作高原區之氣溫變差寫景妙文。即如張家口宣化懷來等地，雖盛暑，夜間亦頗涼爽，惟不如高原區之甚耳。

19 根據中國新地圖，氣候幅。

20 Chapman: The Climatic Regions of China, 1931, College of Agriculture and Forestry, University of Nanking.

21 開發西北之察綏專號內，袁勃著察綏之農業一文引述，廿四年一月出版。

22 通常每歲植樹節時，口內各縣勉能栽植樹苗，口外則須展後一月，於此亦可助證其種植期之較遲。

23 同註六。

24 同註二，

25 同註二。

26 James Thorp: "Notes on Soils and Human Geography in China", 北平地質調查所出版。

27 可參閱中國經濟年鑑，第七章，頁二六七。

28 據張心一氏之察省農業概況估計報告（載立法院統計月報，第三卷三期，廿年三月），口內外二區之作物對耕地面積比例甚相彷彿，似不甚當，前嘗專文論之，詳大公報史地周刊第四十六期，察哈爾省口內外之農業，廿四年八月二日。

29 該報告書全文，初載察省建設月刊第二期，後經愚等錄入察哈爾經濟調查錄，頁六五至六六。

30 察綏醫藥衛生概況：載於開發西北之察綏專號。

31 引趙世瑮調查察哈爾羊羣大馬羣墾務日記，載於東方雜誌第十三卷第十號，民國五年十月。

釋陰山

李秀潔 1

按通常情形言之，地文演化，非常遲緩，所謂滄海桑田之變換，絕非短時期內所可能見到之事例。故地質史上之年代，常以千百萬年計。在有史時代以內，除在平原地帶之河道改流，或火山區域之火山噴發，地震區域之山崩地裂等事實，可使山川面目稍有局部之變化外，至山川之佈置大勢，實難見其有若何差異。

山嶺之固定性質，比之河流尤爲可靠，故歷史上所提出之山嶺，若非古人故作誑語，則吾人今日總能尋得其所在。第以考証工作，未臻完善，或使吾人過眼不識耳。吾人今日之考釋工作，即僅辨証其所言之爲何山何嶺而已。惟初步工作，需先明瞭山嶺之羅列形勢，然後進考史實，互相參証，始克有清楚之頭緒，與確實之根據，而不致陷於空談無歸。

山嶺爲自然界固有之現象，而山嶺之名字，乃人類所給予之表識。惟其如此，故同一山同一嶺，可以由命名時代之不同，或命名人之改換，而有許多不同名號；而同一名號，又可以並給許多不同地位之山嶺，翻閱圖籍，此類例証不勝縷舉。更或有同一名稱，同一山嶺，而其所指之範圍，又往往不能一致。而根據前人之命名，而錯指命名之對象者，更筆不勝書。凡此皆爲歷史地理上之龐煩問題，而本文所討論之對象，備具以上所提出之煩難。

綏遠省中部，有橫亘東西千餘里之長嶺，地理學家稱之爲陰山山脉。在此山脉以南之地，爲歸綏平原與後套平原兩大沃野，兩區之間，黃河貫之。其原生植物分區屬於豐茂之草地，故爲優美之牧塲，遊牧民族之最好根據地也。略事整理，即可有農業之發展。爲古往今來生民麕集之區，亦各民族間互爭之地。得之則敵寇窮蹙，邊塞鞏固，失之則強隣滋昌，備受欺侮。故爲南北民族間興衰之命脉所繫，各民族爲生存而掙扎所必爭之地域。然而平原之本身，廣野千里，無險可守，在此民族競爭劇烈之區，欲保安全，不得不向邊緣地方之山嶺區設防爲固。而綿亘千里之陰山山脉，即爲此兩大沃野之北方屏障，自平原北望，儼然若天設長籬，以障朔風強胡也者。

山之北，即爲蒙古高原，屬於剝蝕地面，土壤磽瘠；又以地近沙漠，雨量稀少，在經濟上，除有限之特殊地帶，若經慘淡之經營，可以略有農業生產外，其他大部，僅可營牧畜生活。其地形略呈緩和之起伏。有許多人認爲高原之地，當一望無際。實則反是，經行其地，每覺眼界之備受限制。故云「遠望似高阜，至則又平矣」[1]。因而在軍事上很難找到某一特定地點，爲其險要，故極不利於防守。在歷史上之戰爭事蹟，僅有所謂遭遇戰爭[2]，可証其地無固定之防守線，因而定居民族之生計乃難保安全。

自然景象既如上述，故在漢蒙交惡時代，農業之發展乃甚難越過陰山山脉，而陰山山脉亦即成爲政治軍事以及經濟等各方面之自然分界線。故在歷史上乃有其重要意義。歷代漢蒙分界之長城，在綏遠部分多沿此山脉修建者，蓋非偶然也。

山地交通，多沿河谷，已成爲人文地理上之重要定律。此等民族關係複雜之區，乃將其糾葛焦點集中於各大河谷隘路上，而隘路附近之山峯嶺脊，乃特爲一般人士所注意，故往往以山嶺之總名，名此特受注意之部分。而特殊名稱，亦僅爲此等部分所獨有。

陰山之名，始見於史記。訓詁家即名思義，謂山在黃河之南，故云陰山[3]。蓋意謂黃河古從五加河東過烏拉山北而東流，所謂河南之山，當然即指烏拉山言。惟黃河故道是否曾過烏拉山北，尚成疑問，據以爲陰山命名之源，更不能即認爲不移之論。但捨此而外，則黃河以南，更無其他相當山嶺可以當陰山之名。故此名稱之來源，尚爲待考之問題。

訓詁家對於此等問題，常多附會，關於陰山之誤會解釋，本會張維華君於其「古代河套與中國之關係[4]」一文中嘗辨正之。今僅就史籍本文，推求其言之所指。

史記所稱陰山，雖未明指其廣袤距離等問題，亦可從其文中見其確爲現在之陰山山脉，而絕非限定某一特殊山峯。當時地理知識，雖未能如晚近之完密，然已確知其爲兩大自然區域之界嶺。據西北史蹟探險專家之報告，謂漢代經營西北之軍事家，確具有宏大之眼光，其一切軍事佈置，即今日之軍事名宿，亦難出其右。蓋非洞明其自然地理與經濟政治軍事各種關係者，莫克臻此。史遷之著述，亦絕非後日舉一不能反三的訓詁家所能了解。匈奴傳：

「趙武靈王亦變俗胡服，習騎射，北破林胡樓煩，築長城，自代並陰山下，至高闕爲塞」。

又秦本紀始皇二十六年：

「北據河爲塞，並陰山至遼東」。

並，傍也。此可從其字裏行間，見其所謂陰山，絕非單指某一山峯而言者。若目陰山爲東西長脈，則史遷所言自易洞曉。若更証以內蒙地勢，則其所云東西延綿之山嶺，非現在通稱之陰山山脈莫屬。蓋其南爲廣漠之平原本無山，而其北又爲波狀之高原，不能得連綿之長脈也。以此着想，則盡舉史記中所言陰山以校証之，蓋無不通處也。

然而後套以北之狼山山脈，史稱陽山，或稱陶山，故不能云謂陰山之一部[5]。

漢書中，乃明標陰山爲東西千餘里之長嶺，並附述其自然環境及其與漢蒙關係之重要。匈奴傳：

「元帝以後宮良家子王嬙，字昭君，賜單于，單于歡喜，上書，願保塞，上谷以西至燉煌，請罷邊備，以休天下人民。帝下有司議，郎中侯應，習邊事，以爲不可，曰：「周秦以來，匈奴

3

暴桀，寇侵邊境，漢興，尤被其害。臣聞北境塞之遼東，外有陰山，東西千餘里，草木茂盛，多禽獸。本冒頓依阻其中，治作弓矢，來出爲寇，是其苑囿也。至孝武出師征伐，斥奪此地，攘之於幕北。建塞徼，起亭隧，築外城，設屯戍以守之，然後邊境得用少安。幕北地平，少草木，多大沙，匈奴來寇，少所隱蔽。從塞以南，徑深山谷，往來差難。邊長老言，匈奴失陰山之後，過之未嘗不哭也」。

此段所述，完全指現在通稱之陰山山脈，毫無疑問。蓋其所描寫之自然現象，舍陰山山脈外，莫可當之者也。而狼山部分，尚不能在陰山名稱之下。

晉書言陰山，亦指陰山山脈言。苻堅載記：

「堅既平涼州，又遣其安北將軍幽州刺史苻洛爲北討大都督，率幽州兵十萬討代王涉翼犍。又遣後將軍俱難與鄧羌等，率步騎二十萬，東出和龍，西出上郡，與洛會於涉翼犍庭。翼犍戰敗，遁於弱水，苻洛逐之，勢窘迫，退還陰山。其子翼圭，縛父請降，洛等振旅而還」。

又云：

「堅嘗之太學，召涉翼犍問曰：『中國以學養性而人壽考，漠北啖牛羊而人不壽，何也？』翼犍不能答。又問：『卿種人有堪將者，可召爲國家用』。對曰：『漠北人能捕六畜，善馳走，逐水草而已，何堪爲將？』」

涉翼犍庭所在地不可考，然據想當在山西北部或綏遠東部地。苻秦來侵，被迫而西竄，旋又被迫而回陰山，欲

據險以自守，是則陰山當爲有險可守之地。又苻堅所問於翼犍者，多爲漠北情形，則翼犍先者居陰山山脉，亦屬正當之推測。故知晉書之陰山，即現陰山山脉也。

北魏時，蠕蠕爲患，置六鎮以備邊警。六鎮位置皆在陰山下。魏書與北史中所提到之陰山，亦總不出陰山山脉之範圍。然其所言，似無固定某一地域之觀念。昭成帝紀三十九年，苻堅來寇：

「乃率國人避於陰山之北。高車雜種盡叛，四面寇鈔，不得芻牧，復度漠南。堅軍稍退，乃還」。

昭成帝時，都盛樂，在今托克托縣境。寇自南來，自當北竄。故所云陰山，狹言之，爲今之蜈蚣壩坍近一帶；廣言之，則謂其指整個陰山山脉言，即漢書中所言陰山之範圍，亦未爲悖理。又世祖紀始光四年：

「赫連昌遣其弟平原公定，率衆二萬向長安，帝聞之，乃遣就陰山伐木，大造攻具」。

此陰山仍指歸綏平原以北之大青山一帶言。又魏有廣德宮，建於陰山之北，自世祖，高宗，顯祖，以至高祖之世，幾每年皆有行幸陰山之記載。其所指亦當爲大青山一帶。又高祖紀太和十八年八月。

「甲辰，行幸陰山，觀雲川。丁未，幸閱武台，臨觀講武。癸丑，幸懷朔鎮。己未，幸武川鎮。辛酉，幸撫冥鎮。甲子，幸柔元鎮。乙丑而還」。

此所云陰山，無疑爲在歸綏平原之北。蓋四鎮皆在此平原附近，而在二十日內，由陰山而懷朔，而武川，而撫冥，柔元，廣宣德意。其雲川與閱武台不知現在何處，惟自陰山至懷朔不十日間耳，而當中復有閱兵撫民等工作，知其距離當不甚遠也。總觀上述，陰山當爲歸綏平原北邊之大青山部分。然而世祖紀始光三年六月，

「幸雲中舊宮，謁陵廟，西至五原，畋於陰山，東至和兜山」。

此陰山似應爲大青山之西部烏拉山附近地帶。又神䴥二年十月，

「列置新民於漠南，東至濡源，西暨五原陰山，竟三千里」。

此則明指現陰山之西部無疑。就此兩段言，與前所言雖皆屬陰山山脉之一部，而所指之段落又各不同。惟有極易解釋之道，即整個之大青山脉，在當時人皆以陰山目之，故任何部分之史事，皆稱其地爲陰山。

吾人於魏書中對於陰山一名所指之範圍，更有進步之認識。即其時後套北邊之狼山山脉，尚未附於陰山名辭之下。換言之，即陰山之西端仍至烏拉前山而止。魏書蠕蠕傳：

「太祖親襲高車，大破其諸部。後太祖復度弱洛水西行，至鹿渾海停駕，簡輕騎西北行百餘里，襲破之。虜獲生口馬牛羊二十餘萬。復討其餘種於狼山，大破之。」

狼山即史記始皇三十三年本紀蒙恬所取之陶山，蒙恬傳與匈奴傳之陽山也[6]。

隋書中，乃有秦山之名。其命名之起源與用意已皆不可考，惟其所指則為大青山。趙仲卿傳：

隋文帝開皇十七年「從高頴指白道以擊達頭。仲卿率兵三千為前鋒，至族蠡山與虜相遇，交戰七日，大破之。追奔至乞伏泊，復破之。虜千餘口，雜畜萬計。突厥悉衆而至，仲卿為方陣，四面拒戰。經五日，會高頴大兵至，合擊之，虜乃敗走。追度白道，踰秦山七百餘里。」

按白道即今之壩溝，秦山即大青山也。云秦山而不言陰山者，即命名者之不同耳。

唐書中關於此山之名稱更為紛亂。舊唐書突厥傳：

「貞觀元年，陰山以北薛延陁，廻紇，拔也古等部相率背叛，出走其欲谷設。頡利遣突利討之。」

新唐書太宗本紀：

「貞觀四年，李靖及突厥戰於陰山，敗之。」

又舊唐書突厥傳：

「李靖進屯惡陽嶺，夜襲定襄，頡利驚擾，因徙牙於磧口。胡酋康蘇密等遂以隋蕭后及楊政道來降。二月，頡利計窘於鐵山，兵尚數萬，使執失思力入朝謝罪，請舉國內附。太宗遣鴻臚卿唐儉，將軍安修仁持節安撫之，頡利稍自安。靖乘間襲出，大破之，滅其國。」

又李靖傳：

「選精騎一萬，齎二十日糧，引兵自白道襲之。師至陰山，遇其斥候千餘帳，皆俘以隨軍。」

又廻紇傳：

「顯慶元年，賀魯又犯邊。詔程知節蘇定方任雅相蕭嗣業領兵幷廻紇大破賀魯於陰山，再破於金牙山，盡收所據之地，西逐至耶羅川。」

以上記錄皆稱陰山。張仁愿傳：

「於河北築三受降城，相去各四百餘里，皆據津濟，遙相應接。北拓地三百餘里，於牛頭朝那山設烽候一千八百。自是突厥不得度山放牧，朔方無復寇掠。」

按牛頭朝那山有數種解釋，今學者多以為即烏拉前山。

李勣傳：

「薛延陁遣其子大度設率騎八萬南侵李思摩部落。命李勣為朔州行軍總管，率輕騎三千追及延陁於青山，擊大破之。」

牛頭朝那山青山等名，皆為陰山之別名，並非其某一部之特稱。

「芒干水出塞外，南經鍾山。鍾山即陰山。」

考芒干水所經流之地，所謂鍾山即當係指陰山一部言。

蓋經白道南谷口，則鍾山當為陰山壩溝附近之某一部

5

分，不應即目為陰山。

至明人王士性，總論中國山脉，謂統屬於崑崙三龍，而陰山則屬於北龍之一部。其言曰：

「崑崙據地之中，四旁山麓各入大荒。入中國者，東南支也。其支又於塞外分三支，左支環陰山賀蘭入山西，起太行數千里，出為醫巫閭，渡海而止，為北龍。」

此文陰山應與賀蘭相顛倒言之。陰山云者，指其脉之全部言也。自是之後，陰山之範疇，又增入狼山之脉，自西徂東，凡千餘里。然而東部山脉龐雜，頗難循其脈絡之聯繫。故或以為陰山與內興安嶺接脈。魏源葱嶺三幹考云[7]：

「中幹自闐南起祖，經青海，由三危積石，繞套外為賀蘭山陰山，歷歸化城宣府至獨石口外之多倫湖而起內興安嶺。」

更或以為陰山之脈，應只限陶林以西，東部則以脈絡龐雜，故未列於陰山之下。貽穀土默特旗志：

「西自河套之北，起烏拉特西境，綿亘而東，至歸化城東北，巑巒峻嶺，共五百餘里。其間土名不一，如白雲哲特虎太白拜洪戈爾牛心諸山，以至蟠羊山五達蘇爾哲哈朗烏諸谷，皆陰山支體。崔巍屏擁，勢最高峻。」

此外對陰山之特異意見，亦屢見諸載籍。李誠萬山綱目：

「噶札爾山，在烏拉特三旗北，喀喇木倫河出其南麓，兩源東南流而合，折南流，合蘇拉木倫河為坤都倫河而涸。」

按噶札爾即陰山之蒙名。此謂其在烏拉特三旗之北，顯係別有所指，不知何所根據。意者或亦異山而同名者歟？惟陰山之名，在萬山綱目中始終未見，而僅有大青山，蓋此書之敘述方法，不採山脈之總名，而分列各山，以表示其位置關係；陰山並無特殊之某一山峯為其代表，故不能列入也。

又河套圖攷謂唐太宗貞觀四年，李靖破突厥頡利可汗於鐵山，註謂鐵山史作陰山。唐書中僅為頡利可汗退守鐵山，不知圖攷有無其他根據。

近來地學權威，多主山脈之異同，須視其構造以為定。惟陰山之地質構造，尚未完全測量，故其範圍尚不能確為界說。茲惟將各時代於陰山之觀念，與陰山一名所指地域之變化，略述如前，以為史地各界之參攷。

附註：

1 見北征錄

2 遭遇戰即非在一定攻守地點內，兩軍相遇而發生之衝突。史籍上漢蒙等族在此區所有之戰爭多屬此類。

3 史記匈奴傳徐廣註

4 見禹貢第六卷第五期後套水利調查專號

5 參攷前文

6 參攷前文

7 見小方壺齋輿地叢鈔

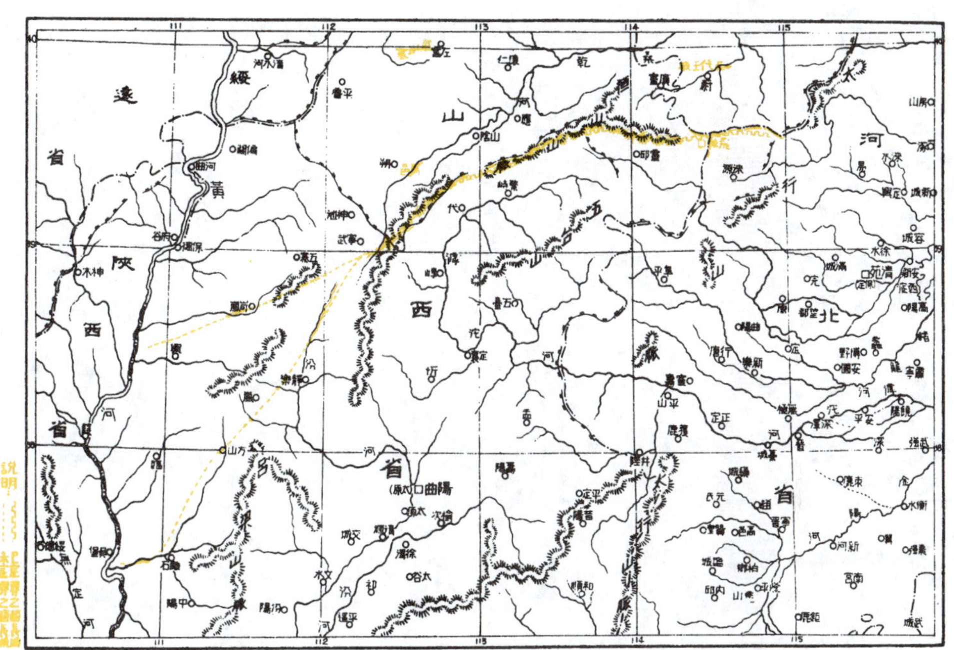

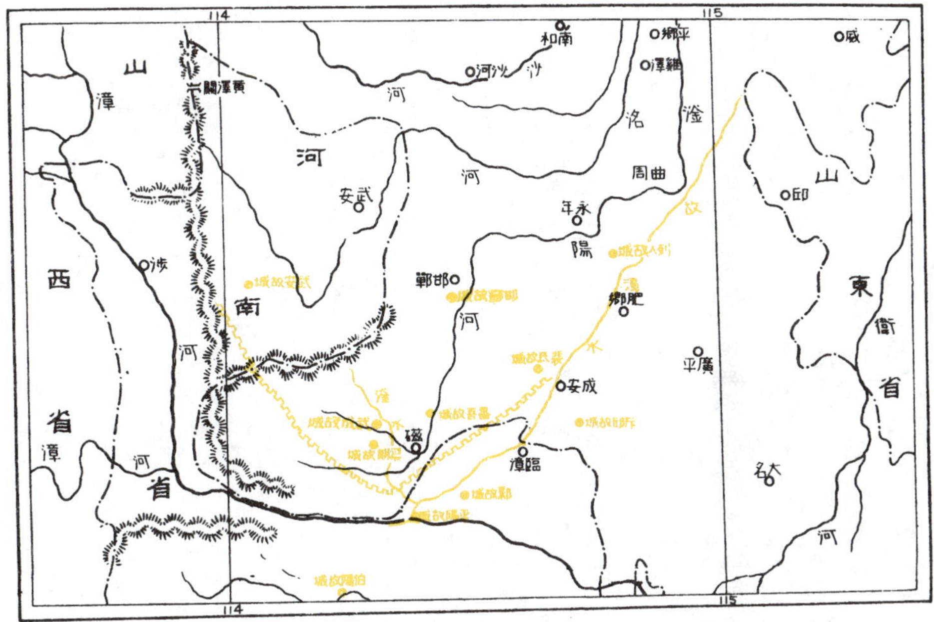

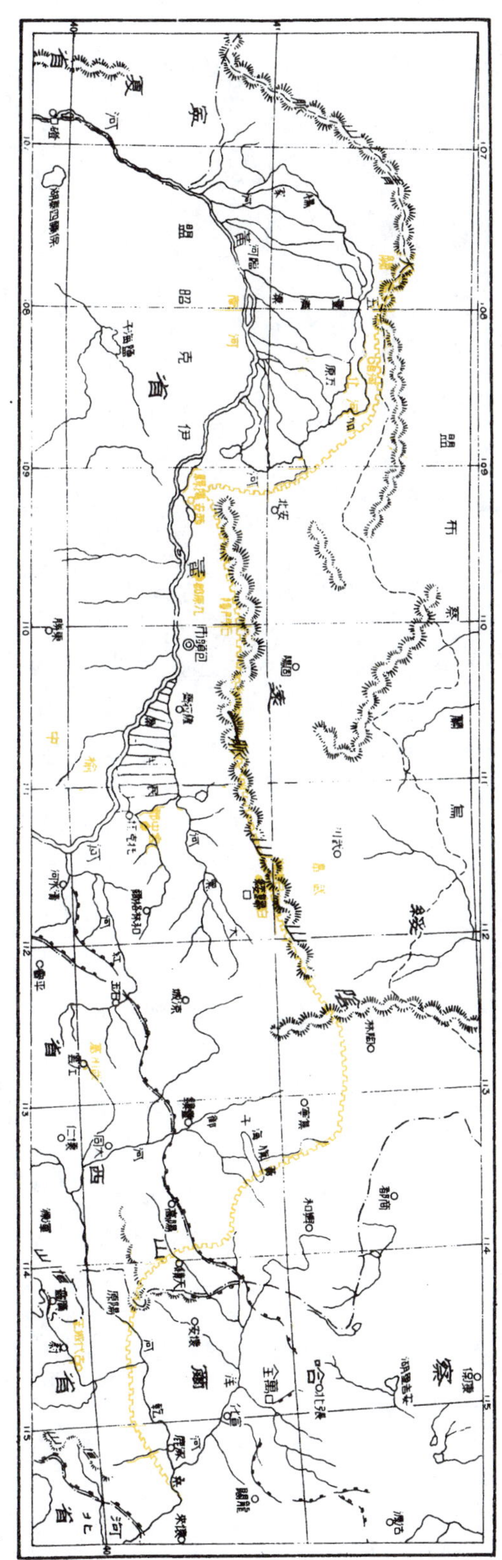

趙長城考

張維華 1

趙築長城，始自肅侯，至武靈王破林胡樓煩，更築長城於陰山之下，東起於代，西至高闕，綿亘近二千里。後世或稱趙簡子時已築長城，備胡狄（見天下圖書記），然徵之古籍，未有此說，不可爲據。且簡子所築長城，圖書記不詳其址，當時胡狄雜處內地，不易據此以求。史記趙世家及匈奴列傳，凡三言趙築長城事，而不及簡子，則其事固屬可疑。又史記趙世家載趙武靈王語，云：「且昔者簡王不塞晉陽以及上黨，而襄王幷戎取代以攘諸胡，此愚智所明也」。此亦言簡子無築塞事。大抵簡子築塞之事，乃爲後人之謬想，實未可據，置之不論可也。茲試將肅侯武靈所築長城，分別論之於後。

一　趙肅侯所築長城

趙肅侯築長城事，見史記趙世家，云：

（肅侯）十七年，圍魏黃，不克，築長城。

正義云：

劉伯莊云：「蓋從雲中以北至代」。按趙長城從蔚州北，西至嵐州，北盡趙界。又疑此長城在漳水（此據圖書集成本，漳當爲滏字之誤）之北，趙南界。

按劉伯莊之語殊不易解，從其文義觀之，似代在雲中之北；然代境遠出雲中之東，稍識地理者即能知之，伯莊當不至誤至於此。如從「雲中以北東至於代」之意解之，則又與肅侯所築不合。蓋雲中之郡，始建武靈，而在武靈之前，雲中故地尚爲異族所盤據，肅侯何得築城此地？正義引伯莊語，有無錯誤，不可得知，如實得其旨，則是伯莊誤以武靈所築爲肅侯所築，先後倒置矣。

正義既言在趙北，又疑在趙南，未有定解。余考肅侯所築，其在南界者，史記已言及之，固無可惑；其在北界者，古人之記載失詳，然徵諸後人之載籍，參以肅侯時疆域之形勢，亦大體可定。試詳論之。

（甲）趙肅侯所築趙南界之長城　按肅侯所築趙南界之長城，後人或不能詳，實則在漳滏之流域。史記趙世家云：

（趙武靈王）十九年春正月，大朝信宮，召肥義與議天下，五日而畢。王北略中山之地，至於房子，遂之代北，至於無窮。西至河，登黃華之上，召樓緩謀曰：「我先王因世之變，以長南藩之地，屬阻漳滏之險，立長城。又取藺郭狼，敗林人於荏，而功未遂」。……

此所言之長城，即肅侯所築者也。肅侯十七年，圍魏黃不克，退而築長城以爲守，史公固言之甚晰。黃之故城，當在今河南內黃縣境，漢因其地置縣，屬魏郡（趙世家，敬侯八年「拔魏黃城」。集解引杜預說，云：「陳留外黃縣東有黃城」。正義云：「括地志云：『故黃城在魏州冠氏縣南，因黃溝得名』。按陳留外黃城非，隨所別也」。田敬仲完世家，宣公四十三年，「伐晉毀黃城」。正義引括地志語，同趙世家。是言魏之黃城，一在外黃，一在冠氏，各不相同。漢書地理志魏郡內黃縣，注云：「淸河水所出。應劭曰：『春秋吳子晉侯會于黃池，今黃澤在西，陳留有外黃，故加內云』。臣瓚曰：『國語曰：吳子會諸侯於黃池，掘溝於齊魯之間。今陳外黃有黃溝是也。史記曰：伐宋取黃池，然則不得在魏郡明矣』。師古曰：『瓚說是也，應說失之』」。從此說，則黃溝在外黃，括地志言黃城在冠氏，因黃溝得名，與此不同。國策齊策五蘇秦說齊湣王章，「楚人救趙而伐魏，戰於州西，出梁門，軍舍林中，馬飲於大河。趙得是藉也，亦襲魏之河北，燒棘溝，隊黃城」。方輿紀要卷三十四東昌府冠縣黃城條：謂蘇秦所言之黃，即今內黃。按漢志山陽郡有黃縣，爲侯國，戰國時或爲魏地。然戰國時趙魏秦諸國之爭，常在大河之北，漳水之南，內黃適當其衝，決爲魏地無疑。且武靈言先王長南藩之地，屬阻漳滏之險，立長城，其意固在防魏。內黃與鄴，爲魏在漳南主要之地，肅侯欲圍克之，以斷其東侵之路，亦屬自然之勢。既不能克，則緣漳滏築長城以障之，亦極合當時之情勢。根據以上推斷，故吾疑肅侯所圍之黃，當在今內黃縣地）。此地與鄴均爲魏近漳之要地，逾漳滏而北，即爲趙之邯鄲。趙之都城，迫近邊境，稍一失愼，即有亡國之險。史記蘇秦列傳載秦說趙肅侯之語，云：「秦欲已得乎山東，則必舉兵而嚮趙矣。秦甲渡河踰漳，據番吾，則兵必戰於邯鄲之下矣」。又張儀列傳載儀說趙王之語，云：「今秦有敝甲凋兵，軍於澠池，願渡河踰漳，據番吾，會邯鄲之下，願以甲子合戰，以正殷紂之事」（按番吾故城，舊說在今河北平山縣，平山在邯鄲北三百餘里，秦渡河逾漳徑邯鄲，不當遠出兵至此。程恩澤國策地名考卷九趙疆域番吾條，從顧氏方輿紀要說，謂在今磁縣境，南去邯鄲僅七十里，其說可據）。邯鄲所處之形勢，由此可見。然邯鄲受秦人之迫脅，尙屬後事，而其先則受魏人之迫，邯鄲幾不可保者凡數見。魏自文侯遣西門豹守鄴，趙之南鄙即陷不安，蓋鄴治則邯鄲危，其勢實不容並存。魏世家稱武侯元年，與公子朝襲邯鄲，不勝而去。惠成王七年，圍邯鄲，十八年拔之。趙求救於齊，齊使

2

田忌孫臏救趙，敗魏桂陵。二十年，歸趙邯鄲，與盟漳水上。又水經濁漳水注（卷十）引竹書紀年，稱：「梁惠成王元年，鄴師敗邯鄲師於平陽」。又云：「梁惠成王八年，惠成王伐邯鄲，取列人」。又云：「梁惠成王八年伐邯鄲，取肥」。平陽、列人、肥，均近漳之地，各去邯鄲不遠。是當魏惠王之初年，邯鄲之地，所受魏人之迫脅至重。蓋惠成王有圖霸之意，其時魯宋衞鄭已均來朝，如再服趙，則中原之形勢成，可西與秦，南與楚，東與齊相對抗，故謀邯鄲之意甚切。惜桂陵之戰，魏人大敗，由是惠成之霸業不得成，而趙南鄙所受魏之迫脅，亦漸減殺。其後秦人之勢力東移，魏河西之地不能保，漸注意其東方勢力之保存。而趙自肅侯即位後（肅侯即位在魏惠成王之二十二年），亦知奮發圖強，七年攻魏首垣，十七年，又圍魏黃（見趙世家），至不能克，始阻漳滏以立長城。鄴與邯鄲對抗之形勢前後若此。則知肅侯於此立長城，不特與武靈之言相合，亦與當時之情勢無大違也。

肅侯既阻漳滏立長城，然則，此段長城究何在耶？

考此段長城經行之地，前人不詳，後世多不能解。余意邯鄲之地，西阻太行，東近漳水，肅侯既據險立城，自當依太行漳水以為形勢；故此城當西起太行之下，而東止漳水之濱。如明古代漳滏流經之地域，及邯鄲與鄴間趙魏分守之情勢，則此城所經之地，大體可推知矣。

漳水見水經注（卷十）濁漳水，其出太行東流經鄴與邯鄲一帶地域之狀況如下：

> 濁漳水出上黨長子縣西發鳩山。……又東過武安縣，又東出山，過鄴縣西。……漳水又東逕武城南。……漳水又東北逕西門豹祠前。……漳水又北滏水入焉。……漳水又東逕梁期城南。地理風俗記曰：「鄴北五十里有梁期城，故縣也」。……又逕平陽城北。……司馬彪郡國志曰：「鄴有平陽城」，即此地也。……漳水又東，右逕斥邱縣北，即裴縣故城南。……地理風俗記曰：「列人縣西南六十里，有邦，裴城故縣也。漳水又東北，逕列人縣故城南。……又東北過曲周縣南。……又東北過曲周縣東。又東北過鉅鹿縣東。

滏水為漳水之支脈，今傳水經注有脫文，故於滏水不詳。據趙補引御覽所引水經注文，云：

> 滏水發源出石鼓山南巖下，泉源奮涌，若滏之揚湯矣。……又東流注于漳，謂之合河。

又引劉昭郡國志補注引水經文云：

> 鄴西北滏水熱，故名滏口。

從以上所引水經注之文，則漳滏流經之地，可以推知。武安故城，在今武安縣西南五十里，鄴之故城，在今臨漳縣西二十里，梁期故城，在今磁縣西南，平陽故城，在今臨漳縣西二十五里，斥邱故城在今成安縣東南十三里，列人故城在今肥鄉縣北三十里，斥漳故城在今威縣西南（以上據讀史方輿紀要）。武城故城或言即梁期城，或言在梁期之西未遠，未有定說。余意酈注既以武城與梁期分舉，自非一地；且注文述漳流次第，先舉武城，後舉梁期，則武城自在梁期之西，似武城在梁期之西之說爲可從。裴氏故城，以酈注之文推之，似在今成安以西或稍北之地。至於曲周鉅鹿，今其縣俱在，不復述。由此以言，則漳水於太行以東流經之地，可以考見。大體言之，當自今陟縣之南境，跨今磁縣之西南境，東行經臨漳之北界。由此折向東北，經今成安縣之西境，而入肥鄉縣之東南境。再東北行，經今肥鄉之東北境，而入曲周縣境。

滏水流道較短。趙補謂發源石鼓山南巖下，此石鼓山在今武安縣東南二十里，亦稱滏山，亦稱鼓山。其所以稱滏山者，以其爲滏水之發源地也。其所以稱鼓山者，以山有二石如鼓，南北相當，俗傳鼓鳴則兵起，故以鼓山名也。其地昔屬鄴，後書郡國志魏郡鄴下，補注云：「縣西北有鼓山，時時自鳴，鳴則兵」，此鼓山即石鼓山也。石鼓山有徑名滏口，爲太行山之第四徑，西北通晉陽，號稱險途。此水自石鼓山東南流，大抵於梁期故城之西，即入於漳。其流長不過數十里，本不能與漳並舉，以其跨趙魏之邊地，故稱險要。

漳滏經行之地，略如上述，玆再述趙魏在此對立之情勢。一曰趙之疆域：

（一）邯鄲　故城在今縣西南五里（據方輿紀要卷十五廣平府邯鄲縣條謂在今縣西南二十五里，實則僅五里。）

（二）武安　史記（卷八十一）趙奢傳：「秦軍軍武安西。秦軍鼓譟勒兵，武安屋瓦盡振，軍中侯有一人，言急救武安，趙奢立斬之」。又秦本紀：「（昭王）四十八年，……王齕將伐趙武安，皮牢拔之」。

（三）番吾　見前引張儀蘇秦語。

（四）平陽　見前引竹書紀年語。又始皇本紀：「十三年，桓齮攻趙平陽」。又：「十四年，攻趙，軍於平陽。……桓齮定平陽……。」正義引括地志云：「平陽故城，在相州臨漳縣西二十五里」。

（五）列人　見前引竹書紀年語。

（六）肥　見前引竹書紀年語。故城在今肥鄉縣南二十里（據方輿紀要卷十五廣平府肥鄉縣條）。

二曰魏之疆域：

（一）鄴

（二）伯陽　史記趙世家：「（趙惠文王）十七年，樂毅將趙師，攻魏伯陽」。正義引括地志云：「伯陽故城，一名邯會城，在相州鄴縣西五十五里，七國時魏邑，漢邯會城」。按邯會城亦見水經注，云：「漳水又東北逕西門豹祠前。……漳水右與枝水合。其水上承漳水于邯會西，而東別與邯水合。水發源邯山，東北逕邯會縣故城西，北注枝水，故曰邯會也」。今從此說，似邯會在鄴之西南。今安陽縣西北有邯會故城，則邯會在鄴西南之說尤確。括地志言在鄴西，當即指西南境言。方輿紀要（卷四十九）彰德府臨漳縣條，言伯陽在縣西北，引括地志語爲證；又於廣平府肥鄉縣條（卷十五），稱邯會城在縣西南二十里；似非確。

漳滏流道及趙魏領屬之分佈，既如上述，然於此所當問者，即酈注所述漳滏流道，是否可以代表戰國時之流道？與以上所述各地域，是否可以代表肅侯時趙魏領屬分佈之情勢？余意酈注所述，似與七國時之漳滏流道略合。酈注載漳水經西門豹祠前，又經祭陌西，爲鄴人爲河伯娶婦處，是漳水經鄴城之下，後魏時與七國同。史記魏世家載武靈王語云：「吾國東有河薄洛之水」。集解引徐廣語云：「安平經縣西有漳水津名薄洛津」。後書郡國志安平國經縣下，亦云：「西有漳水津，名薄洛津」。酈注濁漳水注（卷十），亦稱：「漳水又歷經縣故城西，水有故津，謂之薄落津」。是酈注載漳水自鄴經斥漳，曲周，鉅鹿而東北行之流道，亦與七國時略合。至於下游入海之一段，河道交錯，易於移徙，自不能無古今之別（趙世家稱趙惠文王二十一年，趙徙漳水武平西。又稱二十七年，徙漳水武平南。武平，正義引括地志云：「武平亭今名渭城，在瀛州文安縣北七十二里。似此言漳水下游之流道，不與水經注同）。趙魏領屬之分佈，鄴與伯陽，嘗肅侯時自屬於魏（鄴於趙悼襄王六年歸趙，見趙世家），列人與肥，雖在魏惠成王八年，爲魏所取，然魏似不能長保其地，不久當即復歸於趙。武安、番吾、平陽、各去邯鄲未遠，爲趙南界之要地，當肅侯時，未聞爲他國所據有。列人與肥，肅侯時，似亦屬趙。趙策（三）說張相國曰章，稱趙「前漳滏，右常山，左河間，北有代」，蓋以漳滏爲趙南境之界地，其南歸魏，其北歸趙，惟平陽之地，在漳水南，且距鄴僅數里，似與當時之情勢不合，不審酈注之文有無誤謬，括地志所云可盡據否耶？

漳滏流道及趙魏領屬在此分佈之情勢，既略如上述，則趙長城所經之地，以意度之，其西首當起武安故城南太行山下，緣漳而東南行，約至番吾之西南，踰滏而東，經武城梁期之南，復緣漳東北行，約經裴氏故城之南，而東抵於漳。此種推想，一則與武靈所言「屬阻漳滏之險，立長城」之文相合，二則與趙魏在此對抗之情勢，亦無大違，雖無古代遺留之基址爲證，然綜各方面之情勢論之，似屬可信，非盡臆度言也。

（乙）趙肅侯所築趙北界之長城　肅侯十七年起築長城，見於史記，而其所築又當在漳滏之地，不當在趙之北界，已詳上文。伯莊稱肅侯所築，「蓋從雲中以北至代」，本不可據，而後世或從其說。清一統志（卷一百四十六）載大同府長城，云：

在大同縣北一百四十里。亘天鎮陽高二縣者，東接直隸宣化府界，西接朔平府界。史記趙世家肅侯十七年，築長城，從雲中以北至代。魏書太宗紀泰常八年，築長城于長川之南，起自赤城，西至五原，延袤二千餘里。

此所言大同縣北之長城，原爲明人所築，而其末竟附以肅侯及泰常中所築之長城，推其意蓋以肅侯與魏人所築之舊址，當去明之長城不遠。此乃誤從伯莊之言，而又不能考其城之所在，故爲此牽強之說耳。

又大同府志（卷六）載豐鎮廳之長城云：

古長城：廳治北察哈爾界有古城址。相傳秦蒙恬築，土色皆紫，故曰紫塞。……按史記趙肅侯築長城，自雲中以北至代；武靈王自代並陰山下，至高闕爲塞；秦併天下，使蒙恬北築長城，起臨洮至遼東，延袤萬餘里；是長城始于戰國，而亘萬里以爲限者，特因其舊而增拓之。……大率秦趙洎北魏舊蹟，俱在明邊垣之外，其在內三關者，疑齊隋以後所築，或北宋時遺址，緣宋時

6

跨忻、代、應等州爲界耳。

此言秦趙長城俱在明邊垣之外，實屬不妥。以趙而論，武靈所築固在邊垣之外，而肅侯所築，實則不及於此，蓋肅侯時之疆域，尚未拓展至此也。至於秦之長城，其在今晉綏之地者，原非一邊，明邊垣外之長城多因武靈之舊，而在邊垣之內，尚有其新築之一邊（此說另有專文論之），未可均言在今長城外也。府志舉肅侯所築長城，亦從伯莊之說，因疑其在明邊垣之外，其誤同於一統志，而立說則相異矣。

肅侯所築長城之遺址，除伯莊說外，正義亦有其說，謂從蔚州北，西至嵐州，北盡趙界。此蓋從肅侯時疆域之情勢論之，未必確有所據，雖較劉說爲近於理，然亦不可盡從。後世所論，或有類其說者，明尹耕九宮私記（蔚州志卷四古蹟條引）云：

余嘗至雁門，抵岢石，見諸山多有剷削之處，迤邐而來，隱見不常。大約自雁門抵應州，至蔚東山三澗口，諸處亦然。問之父老，則曰：古長城蹟也。夫長城始於燕昭趙武靈、而極於秦始皇。燕昭所築者，自造陽至襄平；武靈所築者，自代並陰山至高闕；始皇所築者，起臨洮，歷九原雲中，至遼東；皆非雁門岢石應蔚之迹也。及讀史顯王二十六年，有趙肅侯築長城事，乃悟。蓋是時三胡並强，樓煩未斥，趙之守境，東爲蔚應，西則雁門，故趙肅侯特築之。則父老所謂長城者，乃肅侯之城，非始皇之城也。

按尹氏之說，亦與趙肅侯時趙疆域之形勢略合，頗類正義之說，然從父老之傳說，以爲此帶長城之遺址，即肅侯所築，實未必然。余考晉北飛狐句注諸山險要之處，前人建築至繁，未可概言爲趙人所築之遺跡。漢書武帝本紀，稱元光五年，「夏，發巴蜀治南夷道；又發卒萬人，治鴈門阻險」。注師古曰：「所以爲固，用止匈奴之寇」。劉攽曰：「予謂治險阻者，通道令平易，以便伐匈奴耳」。余意顏說不如劉說之爲可從：一則紀文治鴈門險阻與治南夷道並舉，治南夷道所以便轉輸以通南夷，治鴈門險阻，又何以非塹山湮谷，通道路以伐匈奴乎？二則元光二年，單于入武州塞，遇漢伏走，六年，伐匈奴，衛青出上谷，公孫賀出雲中，李廣出雁門（俱見武帝紀），似武帝欲伐匈奴，故先治道路以便運輸。王念孫讀書雜記卷三漢書第一治雁門阻險條，亦同師古之說，余意以爲未必。姑無論顏劉之說孰可從違，即任從一家之說，則知武帝時已於鴈門一帶塹削山險，所謂「諸山多有剷削之處」者，何以知非武帝時之遺跡耶？且史載後魏分裂之後，齊周數在晉北築城立防，北齊書太祖本紀，稱武定元年，神武於肆州築長城，西自馬陵戍，東至土嶝。以今地言之，此城起於今靜樂縣而東至崞。又文宣本紀，稱天保三年築長城，南起黃櫨嶺，北至社平戍，即自今離石縣境而北至朔縣之地。又稱天保六年，築長城，自幽州北夏口起，西至恒州。又稱天保八年，築重城，西自庫洛拔起，東止塢紇戍。北周書（卷三〇）于翼傳亦載翼築長城事，西自鴈門，東至碣石。齊周而後，隋人建築尤繁，唐宋兩代，亦或間有。凡此所築雖不易考，然鴈門東西一帶之地，有秦漢後所築長城之遺址，當可斷言，父老所謂「古長城遺蹟」者，又何以斷言必爲肅侯之舊築也。蓋尹氏對於歷代長城之建置不詳，故以史記肅侯築城之事合之於此，不知史記所載乃另有所指耳。至於言長城之築，始於燕昭武靈，尤屬不確，姑不論之。

又天下郡國利病書（上海涵芬樓影印顧氏稿本，卷十七）云：

> 漢元光二年，匈奴入武州塞。夫秦塞遠矣，大抵陰山高闕之間也。史記曰：「蒙恬斥逐匈奴，收河南地爲四十四縣，築長城，起臨洮，至遼東，延袤萬餘里」，蓋是時雲中五原皆爲郡，故長城在其北也。關志曰：「秦并趙，築長城于嵐州紫塞，則是以秦塞爲岢嵐偏頭間矣。夫秦之所備者大，起臨洮則西境全，歷雲中五原則咸陽以後安，至遼東則宣大之南鴈門寧武偏頭之北俱爲內境矣，必不復於嵐州別爲塞也。然則，何以曰嵐州紫塞？曰：趙肅侯備三胡築長城矣，嵐州之塞，或肅侯之故而漢所謂武州塞也。

此言嵐州之塞爲肅侯所築。

又綏遠通志（所見爲稿本）古蹟門長城條，云：

> 案戰國時趙所築長城，初不始於武靈王，當趙肅侯時，已嘗於北界起長城，特爾時尚未闢地至雲中九原，故所築僅限於古武州塞。天下郡國利病書云：「讀史顯王二十六年，有趙肅侯築長城事，蓋是時樓煩未斥，境守猶狹，迨武靈破胡，始並陰山至高闕」。按此文，則不惟歸綏之北有趙長城，則清水河之南，亦有趙長城也。

按郡國利病書以爲秦之所備者大，其長城不當在岢嵐偏頭之間，而以嵐州紫塞爲肅侯所築，且以紫塞即武州塞。通志亦從其說，而謂肅侯所築在清水河南，北以古武州塞爲限。考秦人築城不止一邊，嵐州紫塞不得因處於內即謂非秦所築。趙西北之邊境，在武靈北破林胡之前，尚爲樓煩林胡所盤據（此說詳於後），清水河之地，當非趙肅侯時轄境所及。至武州塞實有長城之築，然亦非肅侯時轄境所及。史記韓長儒列傳（卷一〇八）云：「

于是單于入漢長城武州塞，未至馬邑百餘里」。索隱引崔浩語，云：「今平城直西百里，有武州城是也」。是武州塞當在馬邑百數十里之外。馬邑之城始築於秦，見漢書地理志，肅侯時之疆域，當未能及於此也。

考肅侯於北界築長城事，古人載籍不詳，後人讀史遷之言而失其旨，因爲不同之解說。然則，武靈攘胡之先，趙之北界果有長城之建築否耶？余曰：當有之。鹽鐵論險固篇云：

趙結飛狐、句注、孟門，以存荊代。

飛狐在今察哈爾蔚縣之南界，句注在山西代縣之西北，即今雁門，孟門在今離石縣西濱河之地。此三地者，均爲趙邊地衝要之關口，實有設防之必要，似桓寬所謂「結」者，乃含有置城固守之意。又考隋書地理志載鴈門郡繁時縣鴈門縣、樓煩郡靜樂縣，俱有長城，崞縣有土城。元和郡縣志蔚州靈丘縣條（卷十八），稱：「開皇長城，西自繁時縣經縣北七十里，東入飛狐縣界」。又嵐州合河縣條（卷十七），稱：「隋長城起縣北四十里，東經幽州，延袤千餘里，開皇十六年因古蹟修築」。又太平寰宇記蔚州縣（卷五十一）云：「長城：按邢子勵云：

9

『飛狐界古長城也』」。又嵐州靜樂縣條（卷四十一），云：「長城：隋圖經云：『因古蹟修築長城，起合河北四十里，東經幽州，延袤千里』」。按隋圖經一書，著錄於隋書經籍志，原稱隋諸州圖經集，共一百卷，隋郎茂字蔚之撰。郡縣志及寰宇記言開皇中築長城事，即依據此書。晉北飛狐雁門一帶橫貫東西起築長城事，兩漢晉魏無聞，北齊所築，曾涉及此，然亦與此不侔。北周大象初，于翼曾於雁門築長城，而東至碣石，似與隋人所築略合，而爲隋人所因假，然蔚之去大象未久，不得謂古，殊與「因古蹟修築」之語不合。且于翼所築，亦非盡屬新創。于翼傳云：「大象初，……詔翼巡長城，立亭障，西自鴈門，東至碣石，創新改舊，咸得其要害云」。夫既稱「巡長城」，則長城必先已有之；既稱「創新改舊」，則乃依因舊築；由此可知鴈門之地，當于翼未築城之先，已有完備之長城，則愈信圖經所稱，非周人之舊。又寰宇記引邢子勵語，謂飛狐界有古長城，此所謂古，亦當非齊周之舊。大抵前人言古，當在秦漢而前，秦漢而後，歷次其朝代可也，不得以「古」字概之。總上所言，則知晉北鴈門東西之地；必有漢以前所築長城之故址，而此故址，非爲趙築，又當誰屬耶？如屬趙築，則又必在武靈開邊之前矣。

何以言在武靈開邊之前？蓋以其與武靈未置雁門雲中代三郡時之疆域情勢相合。考趙之疆域，自立國之初，其北境即以飛狐句注夏屋等地爲險。代自襄子之元年雖已屬趙，然仍自爲一國，不與內地之領屬同。且自敬侯立都邯鄲之後（此據史記趙世家說），趙國勢之發展，不重於北，而在於東南。故當成肅兩世之際，南擯魏，東伐齊，其所注意者乃在中原之爭逐，而不及邊疆之發展。代處邊外，與胡戎接，雖視之爲藩屬，然趙人未嘗深注意之。及至武靈即位，知中原難與爭衡，而胡地似易開拓，因秉簡襄之遺志，致力於北邊之經營，由此趙人之注視力，復由南而轉向於北。當趙人爭衡中原之時，對於北部之邊防，自取因險爲守之態度，如能守飛狐句注之險，即已爲足，無待拓展代之北地。古長城路線，經代之南，推其原因，殆因此耳。

趙之西境，當以藺、離石、皐狼諸地，與林胡樓煩爲界。藺見史記趙世家，云：成侯三年，「魏敗我藺」，二十四年，「秦攻我藺」，肅侯二十二年，「取藺」。漢志西河郡有藺縣。方輿紀要（卷四十二）永甯州稱：「藺城在州西，戰國時趙藺邑也」。永甯州即今離石縣治，藺在其西。離石，亦見趙世家，稱趙肅侯二十二年秦取離石。又見國策（卷二）西周策蘇厲謂周君語，稱白起攻趙離石。高注，「石本屬西河」。漢志有西河郡離石縣。紀要永甯州離石廢縣條，稱：「今州治，戰國時趙邑也」。皐狼，見國策趙策一（卷八），稱知伯使人之趙請蔡皐狼之地（「蔡」字吳補謂爲「藺」字之誤）。漢志西河郡有皐狼縣。紀要永甯州藺城條，稱：「皐狼城在州西北」。皐狼又或作郭狼，趙世家載武靈王與樓緩語，云：「我先王，……又取藺郭狼，敗林人於荏」。王應麟曰：「郭狼疑是皐狼」。當肅侯武靈之際，藺、離石、皐狼之地，西隔河與秦爲鄰，南近韓屬，北則爲林胡盤據之地。趙世家載武靈語云：「今中山在我心腹，北有燕，東有胡，西有林胡樓煩秦韓之邊」。又云：「自常山以至代上黨，東有燕東胡之境，而西有樓煩秦韓之邊」。正義云：「林胡樓煩，即嵐勝之北也，嵐勝以南石州、離石、藺等，七國時趙邑也；秦隔河也，晉洺潞澤等州，皆七國時韓地；爲並趙西境也」。由此以言，

10

則趙在武靈未闢地林胡時之西北境界，當去離石、皐狼、藺三地未遠，此種情勢，蓋亦與前述古長城合。是此段長城，不在武靈闢地置郡之後，而必在易服習射之前，當可斷言。

晉北雁門之地，當有七國時趙築之長城，略如上述，然則，此長城經行之地又當如何以言也。按此段長城毀沒已久，且多與後人所起築者相亂，而前人又無詳確之記載，其經行之地，實不易詳述。茲就前所稱引，約略論次於後：此城當東起淶源北界蔚縣南界之飛狐口以東之地，西行，入今靈丘縣北境，復西行，入繁時之北界。前引元和郡縣志，稱自繁時經靈丘北七十里，東入飛狐縣界（飛狐縣即今淶源縣）之隋長城，當即因趙城之舊址。又寰宇記引邢子勵語，謂飛狐界有古長城，亦當指此段之趙長城言。趙城自今繁時之北境，至今代縣西北之雁門，即古之句注。又由代縣之西北轉向西南行，入今寧武縣之東南境（大淸一統志卷一百四十七寧武：「古長城：在寧武縣東南樓子山上，有古長城遺跡。府志：『明正德中，兵備張鳳翮立石山下，曰棠寨長城，或疑爲六國時所築之舊』」。按此段長城遺跡，與趙長城合，似可據）。至於自寧武至大河之一段，抑至今興縣即古合河縣境爲止，抑經今靜樂、嵐方山、而至今離石縣境爲止，則未敢定。蓋從元和郡縣志說，似河合縣北有古長城遺址，而從鹽鐵論說，又似趙以孟門爲險。遠事難徵，異說分歧，如無確證，未可妄言也。 11

二　趙武靈王所築之長城

趙武靈王築長城事，見史記匈奴列傳，云：

而趙武靈王亦變俗，胡服，習騎射，北破林胡，樓煩，築長城，自代並陰山下，至高闕爲塞。

按此段歷史上之重要事實，其見諸載籍者，僅此簡短之數語，餘均闕焉不詳。吾國北部邊地之史實，古人記載殊疏，一則荒遠之地，爲載筆之士所不及，一則事關蠻夷，亦爲儒生所羞稱也。遷著史記，適當武帝開邊之際，戎馬連年，征戍勞苦，故對於北邊史實，深加注意，述古言今，記載甚詳。且遷嘗北巡塞地，觀覽長城亭障（見史記蒙恬傳），對于邊塞之建置，亦所素悉。如是，則遷所稱武靈築長城事，雖不見於他書之記載，亦不得視爲虛妄也。

遷述武靈築長城事，未有確定之年代。按史記趙世家之記載，武靈王十九年定易服之議，二十年，略胡地，至榆中，二十六年，攘地北至燕代，西至雲中，九原。惠文王元年，武靈傳國其子，自號主父，將士大夫西北略胡地，而欲從雲中九原，直南襲秦；二年，行新地，出代西，遇樓煩王於西河，而致其兵。是自武靈之十九年至惠文王之二年，前後十四年間，闢地拓邊，降服諸胡，厥功至偉。又水經河水注（卷三）引竹書紀年語云：「魏襄王十七年，邯鄲命吏大夫奴遷于九原；又命將軍大夫適子戍吏皆貉服」。按史記六國年表襄王至十六年止，無十七年，魏襄王繼其後，哀王元年，當武靈之八年。錢穆繫年考辨合襄哀爲一人，以魏襄哀之十七年，當武靈之二十四年（見通表第三）。紀年史記諸多不合，錢氏從紀年以爲說，以史實言之，頗近於理。從紀年及錢考說，知當武靈之二十四年，九原之地已服，且遷吏奴以實其地，以爲經營之創始。取此說以與世家之文相証，雖事之先後難於辨析，然九原雲中之經營，當武靈二十五、六年之際，似已略具規模，則武靈長城之建，必在二十五、六年之後，蓋可知矣。

武靈長城之建置，其年代雖難爲準確之斷定，然就史記之文論之，知爲武靈末年之事，當無可疑。至於其經行之地，則因史記之文過簡，而後人之記述又不詳，故難於確定。史記稱自代並陰山下至高闕爲塞，知此城乃起於代，中經陰山，以達高闕。代爲古國，其領屬難於確定，陰山、高闕，後人又無確定之解釋，茲試首先論之。

1代　按遷著史記而前，代之地非一：一曰古代國，其故城在今察哈爾蔚縣境內，即趙襄子元年所滅之代國也。楚漢之際，項羽徙越王歇爲代王，歇又立陳餘爲代王，高祖定天下後，立其兄劉仲爲代王，其地皆在古代城，此一代也。高祖十年，陳豨反，十一年，破豨，立子恒爲代王，都晉陽，此又一代。文帝又立其子武爲代王，都中都，此又一代。晉陽中都皆在內部，且與武靈無關，自非史遷所言，則史遷所言者必古代國也。考古代國爲北狄之一種，立國甚古，趙襄子元年，殺代王取其國，其地始隸中朝。春秋之際，戎狄雜處內地，遷徙無常，數分數合，惟代始終保其國境，襄子而後，雖淪喪爲趙之藩屬，然仍得保其國號，成爲一分立之國家。以意斷之，當是其國文化，進步較諸狄爲先，政治禮教，均已立有基礎，故能爲一不可遷移之國家。

前蒙文通先生著赤狄白狄東侵考（見禹貢七卷，一、二、三合期，三週年紀念專號），稱墨翟爲孤竹之後，其學盛行於代，「代之有墨，猶魯之有儒」，其說雖近新異，然代之文化必高出於諸狄之上，蓋可斷言。代既具有較高之文化，而爲北方戎翟中之一大國，則其對於國土之開拓，蓋久已重視，其所領屬必不限於蔚縣一隅之地。代之領域，當肅侯武靈之時，究以何地爲限，今不易考。國策趙策二王破原陽以爲騎邑章，稱：「昔者先君襄王與代交地，城境封之，名曰無窮之門」。史記趙世家稱武靈十九年，「遂之代，北至無窮」，似無窮爲代之北境。無窮之名，通鑑胡三省注，以爲自代北出塞外，大漠數千里，故曰無窮。程氏國策地名考（卷九無窮之門條）以爲無窮即無終，亦山戎之國，且從顧炎武江永之說，以爲無終原居雲中代郡之間，其後東徙而至今河北省之玉田縣。赤狄白狄東侵考亦主無窮爲無終之說。從上諸說，則是武靈之時，代之北境，乃爲無終之故地，然無終之地，亦無可確定。至於代之西境，古代異族散居其地，尤不易斷。太平寰宇記（卷五十一）蔚州飛狐縣條，稱：「按代地本狄姜姓之國，周末強大，在七國前稱王，

13

今雲中馬邑五原安邊定襄皆爲代國之北地焉」。疑代國不若是大，所言恐不可據。以義斷之，代之南境以飛狐恒山與趙之本部爲鄰，東及東北則與燕之上谷爲鄰，其西及西北則爲林胡樓煩等戎狄之境矣。其所轄域雖難確定，然其爲北邊戎狄之一大國，當可想見。如是，史公所言武靈長城之起自代者，究起於代之何地，實爲研究此問題者所當注意者也。

2陰山　遷稱武靈長城「並陰山下」，索隱引徐廣語云：「西安陽縣北有陰山，陰山在河南，陽山在河北」。郡國志五原郡，稱西安陽北有陰山。水經河水注（卷三）：「河水又南逕馬陰山西，漢書音義曰『陽山在河北，陰山在河南』，謂是山也；而其實不在河南。史記音義曰『五原安陽縣北有馬陰山，今山在縣北，言陰山在河南，又傳疑之非也』。余按南河北河及安陽縣以南，悉沙阜耳，無佗異山，故廣志曰『朔方郡北，移沙七所，而無山以擬之』，是義志之僻也，陰山在河東南則可矣」。民國二十三年新刊歸綏縣志云：「後漢書郡國志徐廣曰：『陰山在河南，陽山在河北』。山西通志謂河南即今河套，無此高大之山，綏乘謂大青山分爲二

歧：一歧向西北，是爲狼山，一名烏拉後山，以其在河北，故古謂之陽山；一歧向西南，是爲烏拉山，土人對後山而言，因謂之烏拉前山。古黃河本由此山之北東注，行至石門障，由山之斷峽處南流於今南河，遂將烏拉前山包於河南，故古人謂陰山在河南。古所謂陰山陽山者，指山之分歧處言，非指大青山之全部」。此言陰山爲包頭以西之烏拉山。又史記秦始皇三十三年本紀，稱；「又使蒙恬渡河，取高闕，陶山，北假中」。陶山，王念孫讀書雜記（陶山條）稱爲陰山之誤，云：「念孫按：陶山之名，不見於各史志，「陶」當爲陰，隸書「陶」字或作陰，「陰」字或作陰，二形相似，故陰譌爲陶。……集解引徐廣曰：『陰山在五原北』；又引晉灼曰：『王莽傳云，五原北假，膏壤殖穀，北假地名也』。……史記匈奴傳曰：『趙武靈王築長城，自代並陰山下，至高闕爲塞』。是高闕陰山北假，地皆相連，故此云渡河取高闕陰山北假中也」。此言陰山爲今後套烏拉河以北之狼山。余意史記「並陰山下」一語，實指今綏境之大青山言，烏拉前山及狼山二支，雖屬陰山之一部，亦可具陰山之名，然非史公之初意也。秦始皇三十三年本紀，云：「西北斥逐匈奴，自榆中並河以東，屬之陰山，以爲三十四縣」。此陰山似非專指烏拉前山一支或狼山一支而言。此可言者一。漢書匈奴傳（卷九十四下）載郎中侯應語，稱：「臣聞北邊塞，至遼東，外有陰山，東西千餘里，……邊長老言，匈奴失陰山之後，過之未嘗不哭也」。似大青山之名陰山，漢時已爲通稱，遷所言之陰山自亦當指今大青山言。此可言者二。水經河水注（卷三）載白道嶺有武靈王所築之長城，白道嶺即今歸化北之蜈蚣壩，其地爲大青山之一主要路口，由此可證「並陰山下」一語爲不虛，此可言者三。綜上所言，知史記所舉之陰山，大體言之，乃指今橫貫綏境之大青山言，非專指其西部之一支派，前人注解，於義似有未洽。

3高闕　高闕之地，後人或不得其解，畿輔通志（卷一五八）載喬重禧宣鎮二長城說，稱高闕在今宣化界，云：「又史記趙武靈王北破林胡樓煩，築長城，自代並陰山下，至高闕爲塞。……余以圖經考之，當在今北高嚴梁兩墩（兩墩在宣化北）之間，屬雲州界，山高林密，舊爲朶顏支部部落游牧所者是也」。其說極爲支離。王國良長城考（頁二十八）則將高闕置於鄂爾多斯西北濱河之地，逾河則當爲寧夏之磴口，其說亦極荒唐。考高闕之名，亦見秦始皇三十三年本紀，云：「又使蒙恬渡河取高闕，陶山，北假中。」……正義云：「山名，在五原北，兩山相對若闕，甚高，故言高闕」。又見衛青傳（卷一百十一）云：「靑出雲中以西，至高闕」。又云：「令車騎將軍靑度西河，至高闕」。又云：「漢令車騎將軍靑將三萬騎出高闕」。索隱云：「高闕，山名，小顏云，一曰塞名，在朔方之北也」。匈奴列傳正義引地理志云：「朔方臨戎縣北有連山，險於長城，其山中斷，兩峰俱峻，俗名爲高闕也」。又水經河水注（卷三）云：「河水又屈而東北流，爲北河，……東逕高闕南。史記趙武靈王既襲胡服，自代並陰山下，至高闕爲塞，山下有長城。長城之際，連山刺天，其山中斷，兩岸雙闕，善能雲舉（王氏校本，稱大事記注引此作峩然雲舉，按峩然雲舉，近於理），望若闕焉，即狀表目，故有高闕之名也」。按高闕在今後套臨河縣北百餘里，爲狼山之一隘口，南帶烏拉河，即秦漢時之北河。往年至西北調查，曾親至其地，見兩峯對峙，中間陷落，其狀與水經注所言適合。而其所在之位置，與史記水經注及正義索隱所述，亦無不合。是其地固在今後套之狼山，秦漢間爲北通匈奴之要道。

史記所舉代陰山及高闕之名，既略述如上，茲再進而論此城所經行之路綫。武靈長城以起自代之一段爲最不易考，一則古書記載不詳，難於推斷，一則後人之建置繁複，易於混亂。至於緣屬陰山之一段，則較易明，蓋山無變易，而城址亦多存也。余考此城之東段，當起古代之北境，水經灢水注云：

祁夷水又東北流，逕代城西，……趙滅代，漢封孝文爲代王，梅福上事曰代谷者。恒山在其南，北塞在其北，谷中之地，上谷在東，代郡在西，是其地也。

酈氏以梅福所言之代谷，即指古代城之地言，此說是否有誤，姑不具論，然自「恒山在其南，北塞在其北」一語，知代南臨恒山，北臨長城，蓋所謂北塞，即指長城言也。此段長城，遺址多沒，起迄之地，未可詳言。然既在代北，殊有爲趙築之可能。又史記匈奴傳（卷一〇〇）云：

是後韓王信爲匈奴將，及趙利王黃等數倍約，侵盜代雲中。居無何，陳豨反，又與韓信合謀擊代，漢使樊噲往擊之，復拔代鴈門雲中郡縣，不出塞。

讀此，知代雲中之外有塞。三郡爲趙之故地，此塞亦當爲趙築而秦因之以繕修者也。代北有塞，既可求之古書，而以勢推之，又有爲趙築之可能，如是，則武靈之長城，殆或起於今涿鹿蔚縣之間而西及原陽之境乎？惜武靈時代之疆域無可詳考，而又古蹟亂散無以爲證，爲深憾耳。

陰山之長城，古書記載，較爲明晰，水經河水注云：

又有芒干水，出塞外，南逕鍾山，山即陰山。……其水西南逕武皋縣，……又南逕原陽縣故城西。……又西南逕白道南谷口，有城在右，縈帶長城，背山面澤，謂之白道城。自城北出，有高阪，謂之白道嶺。沿路惟土穴出泉，挹之不窮。余每讀琴操，見琴愼相和雅歌錄云：「飲馬長城窟」，及跋涉斯途，遠懷古事，始知信矣，非虛言也。顧瞻左右，山椒之上，有垣若頹基焉，沿溪亘嶺，東西無極，疑趙武靈王之所築也。

按酈注之白道嶺，或謂即今歸綏北之蜈蚣壩，以水經注之文推之，似不爲虛。漢書地理志（卷二十八下）定襄郡武皋縣有「荒干水出塞外，西至沙陵入河」，荒干水即芒干水也。武皋故城，說者謂在今武川縣境，合之酈注之文，亦無大逆。若是，則白道嶺在今歸綏北蜈蚣壩之說，自屬可信。至於城之遺址猶有存者，張相文先生長城考（見地學雜誌五年九期）云：

（民國）三年春，薄遊塞外，登陰山而望之，則頹垣廢址，東西橫亘，不見其端；而谿谷要衝之地，又時有古城錯列，泥石雖已剝落，而遺蹟則隱然可辨。問之土人，曰：「此二道邊也」。……乃知土人所謂二道邊者，確爲秦之長城。

此所謂秦長城，即秦人因趙之長城而修築者也。又今修綏遠通志（稿本）云：

戰國趙長城在今歸綏縣北，沿大青山自綏東起迤邐西行，至烏喇特旗之狼山口爲止，遺蹟頗有可尋者，惟甚少耳。

按通志之文，係根據修志時採訪人之報告，其言亦近可靠。徵之前人之記載，證之時人之考察，知陰山之地，確有武靈長城，史記「並陰山下」之文，蓋有所據。

考陰山在今綏遠境者，自陶林而西，沿平綏路綫之北，歷歸綏薩拉齊而至包頭，東西橫列，形成一天然之屏障。因山之險，立城爲固，其勢至便，知趙武靈王築城其地，實得形勢之要害。然陰山之脈，東在陶林之境，漸失其東西橫列整齊之狀，崗巒散佈隨勢起伏，而在包頭而西，又歧爲兩支：一由包頭沿黃河之北而西，直達烏加河入黃河處之西山嘴子，名曰烏拉前山；一自包頭西北行，經安北，外繞今烏加河之北岸，紆曲而西南與賀蘭山相銜，此名之曰烏拉後山，亦名之曰狼山。則自陶林境而東南至蔚北之一段，及自包頭西至高闕之一段，其所經行之地當如何以斷耶？茲試分別論之。

代北之城，既難詳其地址，如上所述，而自代至陰山之段，亦因無載籍可徵，難於斷定。前引大同府志記豐鎮廳北察哈爾界有古長城，今綏東興和集寧等地，前歸察哈爾轄領，豐鎮廳與之毗連，則所謂察哈爾界者，當指今興和集寧境地言也。按此地去古代不過三四百里，武靈闢地驅胡，其勢力當能推展及此，雖未敢斷定必無後人之城築，然武靈之城此，亦屬可能之事。余疑武靈而前，雁門以北大同一帶之地，早在代人勢力範圍之內，豐鎮廳與大同接境，武靈據代以經營西北，則其勢力之得達於豐鎮之北，似乃無可惑者。又府志（卷六）稱天鎮縣北四十里廢樺門堡有飲馬長城窟碑，似前人傳說，此地亦有古長城之遺址。酈注稱白道嶺之地勢，與古人所詠「飲馬長城窟」之語相合，然北邊地勢大抵相同，不僅白道嶺一地爲然。天鎮之有此碑，固與酈語無衝突也。前人於北邊之事，多記載失詳，晚近開縣設治，對於地方之掌故，漸知注意，此亦研求歷史者之一助也。如以上所述爲非虛，則武靈長城自代至陰山之一段，似自今蔚縣以北之地起，經陽原天鎮西北行，約跨興和集寧間，而達陶林以西之陰山。此雖近於揣想，然據武靈時之情勢及遷述史記之文論之，似無不合。倘後日能以實際之調查及發掘所得，以證實此問題，則幸事矣。

包頭以西之長城，據近綏遠通志館訪查所得，謂烏拉前山確有長城之遺蹟，其稿本云：

又據最近采訪錄載包頭縣境內有古長城，東自什拉淖起，沿大青山及烏喇山之麓西行，至西山嘴子而止，長凡二百六十餘里。爲土石所築，高二三尺以至六尺不等，或斷或續，尚多存在，而以什拉淖至城塔汗之一段爲較完整云。

是此長城東接大青山主幹之長城，而西循烏拉前山以行，直至盡處爲止，其意甚確。綏志稱此爲魏之長城，余疑爲未確，說見魏長城考。今此城既通貫綏境陰山之南緣，聯續無間，尤可證明爲武靈所築。

陰山西北出之一支，即所謂烏拉後山或稱狼山者，其長城之遺址，古人既未能詳，時人亦無記載，不易盡考。然高闕之地實有長城之遺址，則無可疑；蓋酈注稱高闕之地，「下有長城」（見前引河水注文），與史記「至高闕爲塞」之文正相合也。始皇之時，秦人亦城此地，此又因趙人之舊矣。今人行經其地者，往往得見其地長城之遺址。是蓋前人所築尚未盡泯，古人城築之形式當可據此以推也。

高闕有武靈之城，固無可惑，然高闕在臨河轄境烏加河之北，而烏拉前山西盡處之西山嘴子，適在烏加河入黃河正流之地，屬安北境，兩地遙相對峙，作東南西北方面，相距在三百里左右，則武靈又如何相聯接耶？抑或分地爲守，原非聯接者耶？水經河水注（卷三）引虞氏記云：

趙武侯自五原河曲築長城，東至陰山。

余疑此所言之長城，即自古高闕至今烏拉前山西端之一段長城。所言武侯亦係武靈王之誤，非武靈前之武侯。五原河曲之地，似指漢河目一帶之地言，即今烏加河沿狼山東流南曲之地，其地西北去高闕不遠，秦屬九原郡，兩漢及晉屬五原郡。自此築城沿河東南行，可直至今烏拉前山之西端。說者謂五原河曲當在今托克托黃河南折之地，余意非確。一則托克托南北之地，秦、漢、魏、晉間屬雲中郡，不屬五原；一則虞氏記下述雲中城築事，有陰山河曲之名，與五原河曲對立，似所指各異。虞氏記述雲中城築事近於神話，如「晝見羣鵠遊于雲中，徘徊經日，見大光在地下」等語，均不足據；然所謂城築之事，則固有之，不得視爲誣妄也。虞氏記一書，今不得見，如此說爲可從，則是趙長城之西端爲自高闕至於烏拉前山之西端，可以言矣。

右述武靈長城，徵諸古書之記載，證之近人之論述，其經行之地，大抵若斯，或以武靈時趙人勢力之遠及於此以爲驚異不可盡信，此乃昧於前人之武功矣。武靈自變胡服，習騎射，國勢驟強；滅中山，遷其王於膚施，侵地代北，西驅林胡樓煩，闢地楡中；又徙吏大夫奴於九原，以立經營之基礎；又欲從九原雲中直南襲秦，國勢之強，一時無與比倫。闢地楡中，則黃河右岸之地，大都歸其所有，故遷中山之王於膚施，其南蓋跨有秦上郡之地矣。徙吏大夫奴九原，則是已以今綏西之地爲經營之對象矣。如是則築塞高闕又何足怪？前人以汗馬之勞所闢之地，而後人不能保守，曷勝慨惜。

又或謂武靈之時，西北之地已闢，林胡樓煩已相率歸服，則用羈縻之術，使之不叛，已爲足矣，又何用築城邊外乎？蓋北方民族，叛服無常，胡族之北徙者，固伺機待釁謀得復返，而匈奴之勢，時已大張陰山之北，屢萌南下之念，故築城實爲當時之急需。試觀武靈而後，不數傳而匈奴侵至鴈門之外，窮李牧之力，其勢始稍抑遏，李牧能後，趙之北地即悉陷於胡，匈奴勢力之熾張，可以想見。武靈驅胡而北，胡遂與陰山以北之匈奴相勾連，其勢本不可侮，當時如無武靈其人者，不特西北之地不可闢，而趙之北境亦將先後淪陷於匈奴，其勢蓋亦險矣！

跋

草萊初開，洪荒始用的時期，人類的活動，最易受自然環境的限制；所以古代政治區域的劃分及軍事設備的佈置，往往與自然地理區域的分界線互相吻合。

戰國時代與胡族關係最密切的首推趙國。趙武靈王胡服騎射，武功甚盛，其領土的擴展有急劇的進步。在武靈王以前，趙人文化勢力是否已經在武靈王政治勢力所及之地有了相當的根基，暫置勿論；武靈王勢力之發展，無論是有趙人文化發展爲其前驅，抑或單憑其胡服騎射的蠻橫武力以爭奪佔領外族的土地，在他修長城衞疆土時，其發展地域，一定已經到達某一個界限上，而造成其領土內的完整勢力了。這種推測，是不容置疑的。

趙國北部的版圖，究竟是劃到甚麼地方，現在尚不能有確切的解答；然而現在的山西北部，綏遠南部，以及察哈爾西南部，確屬趙國之領土是無疑問的；而現在地理上大青山脈又是趙與胡人接觸的最重要的界線，也有很多可靠的證據。吾人有了這點概念，便可據現在地理的情形，以推斷當時的史事了。

現在所謂陰山山脉的南北兩面，其自然地理迴乎不同，陰山以南爲聯續的幾個平原沃野，陰山以北則爲起伏和緩的波狀高原，其對於人類活動的影響，有很大的差別。而陰山山脉的本身，則爲分隔此兩大不同地域的明顯界限。

在兩個戰爭劇烈的民族之間，假若有天然的防守疆界，這疆界往往便成了兩民族爭奪的焦點。任何一方能佔據了這防守線，便很容易自保安全，而使他方受很大的威脅。趙武靈王築長城以自衞的時候，他的勢力絕不會止於陰山以南的平原上，而至少須要到達陰山，而把住了陰山上的幾個重要隘口。史遷稱趙武靈王北破匈奴樓煩，築長城，自代並陰山下至高闕爲塞，可知當時趙國的勢力，至少可以操縱現在所謂陰山的防守線。

然則史遷所稱之陰山，是否尚在大青山之北？趙武靈王的長城，是否築在蒙古高原上的另一帶山脈上面呢？試就其形勢言之：在蒙古波狀高原上面是極不利於防守的，北征錄有云：「蒙古地勢，遠望似高阜，至則又平矣」。到過所謂「壩上」的人，都有這種感覺。在這種地形區域內，眼界備受限制，很少有特別高出的地方可以向遠處瞭望，所以軍事設防，非常困難。武靈王築長城所以防胡，那他就不應該去築到防守困難的蒙古高原上面，這也是合理的推測。

由以上的推斷，覺得張先生的考證以史遷之陰山即現在大青山的說法，已無可置疑。

北面一段的長城，是東起於代，西至高闕，其間距離不下千餘里，武靈王果眞要在一條爬山越谷崎嶇上下的山嶺上面建一道接續不斷的長城，其工程之浩大實堪驚人。秦始皇以統一全國之後的力量，修葺舊有的長城，鬧的舉國鼎沸，造成敗亡的一種重要原因。武靈王的勢力，無論如何，怕不能與秦始皇比擬，一件大工程的興建，必有其充裕的經濟能力，當時趙國的經濟生產，是否可以供給這樣大工程的需要，不能不令人懷疑；況就陰山的形勢看來，已足可爲歸綏盆地後套平原等肥沃區之天然屏障，更何勞興建偌大的工程？意者，武靈王之長城，或專在要隘之地，如白道嶺，高闕，以及山嶺平緩可以自由通行的區域略事修築，以便防守而已。若此着想，不但趙長城之興建無可懷疑，烏拉山與狼山間之長城接聯問題，亦有充分的理由可以解答。蓋長城之修築，正需在此等山嶺不相銜接之處也。不然，則是武靈王之勢力尚不及此，高闕之地，應另有其位置。若云分地爲守，留此通衢，則敵人何必單找難攻的地方去碰釘子呢？

有許多史地問題，非經實地考察不能有完滿之解決。有史以來才不過幾千年工夫，在地文發育史上看來僅爲短短的階段，其地文變化，絕不至把人類遺蹟完全湮沒。即便長城的遺址完全頹廢，其築城物料，亦必有所存留，與天然沖積物之陳列方式絕不相侔。若能考得故蹟的證據，較之理論之推敲，故紙之翻檢，其結論乃更進一步。

張先生致力於長城之考證有年，對於史籍之記述，已有系統之詳明整理，指示將來作實地考察工作者以重要之線索，初步工作已獲成效，最後考證，尙希其能底於完成，今其趙長城考初脫稿，因略紓管見以爲之跋。

李秀潔　五，十四，一九三七

西漢燕代二國考

——思桐室西漢地理札記之二——

史念海 1

漢書地理志：「代郡，秦置，……屬幽州。縣十八：桑乾，道人，當城，高柳，馬城，班氏，延陵，狋氏，且如，平邑，陽原，東安陽，參合，平舒，代，靈丘，廣昌，鹵城」。又云：「廣陽國，高帝燕國，昭帝元鳳元年爲廣陽郡，宣帝本始元年更爲國。縣四：薊，方城，廣陽，陰鄉」。此班氏依元始二年簿籍所載代郡廣陽之區劃，是時代郡屬縣十八，尚不失爲大郡之一，而廣陽則僅四縣，與眞定河間甾川廣陵同爲最小之封國。然太史公序漢興以來諸侯年表謂漢氏初興，衆建諸侯「自鴈門太原以東至遼陽爲燕代國」。遼陽爲遼東屬縣，漢初實爲極邊之地，以地理志案之，其間郡國已至十餘，與元始制度大異，百餘年中，割隸增損，以至於此，誠爲治漢地理者所不能或略者也。今據史漢紀傳，究其變遷沿革，作西漢燕代二國考。

燕

西漢一代，燕地封國凡七次：臧荼，盧綰，高帝子建，呂通，故琅邪王劉澤，武帝子旦，及旦子建。至建之後裔嘉時，王莽篡漢，貶爵爲公，尋奪爵爲庶民，燕國之祀乃斬。

臧荼雖首封於斯土，然初王其地者則爲韓廣，非荼也。陳涉世家：「（趙王）遣故上谷卒使韓廣將兵北徇燕地。燕故貴人豪傑謂韓廣曰，楚已立王，趙又已立王，燕雖小，亦萬乘之國也，願將軍立爲燕王。……韓廣以爲然，乃自立爲燕王」。韓廣所王之地，當爲全燕之舊域。故秦楚之際月表：「二世元年九月，韓廣爲趙王略地，至薊，自立爲燕王」。燕國之基實自此始。是時距武臣王趙僅一月，距陳涉稱王亦不過二閱月，蓋與沛公起兵之時相差無幾。月表索隱：「項羽後分燕爲二，臧荼爲燕王，廣爲遼東王，後韓信殺廣」。案廣爲臧荼所滅，非死於韓信之手，月表：「義帝元年八月，臧荼擊殺廣無終，滅之，屬燕」，可證也。韓信破趙，斬陳餘，爲漢三年初事，月表張耳陳餘傳及淮陰侯傳所載皆同，斷無未破趙而先下燕之理，更何能遠至遼東殺王廣，而況廣於是時已早授首？蓋小司馬誤以韓信殺齊王田廣之事爲遼東王矣。

項羽本紀：「徙燕王韓廣爲遼東王。燕將臧荼從楚救趙，因從入關，故立荼爲燕王」。於是燕分爲二。及荼襲殺廣，取遼東地爲己有，而燕地復合爲一。楚漢相爭，燕王荼遠居北僻，未能參與其間。及韓信破趙，荼乃稱臣於漢。淮陰侯傳：「發使使燕，燕從風而靡」。是爲臧荼降漢之始。臧荼入漢仍王燕地，漢書高帝紀載漢五年諸侯所上之疏中即列有燕王臧荼之名，知燕地仍爲荼所有。史記高祖紀：「五年十月，燕王臧荼反，攻下代地，高祖自將擊之，得燕王臧荼」。然漢書本紀則言：「五年秋七月，燕王臧荼反，上自將征之，九月虜荼」。漢諸侯王表作「四年九月」，月表作「五年九月」。索隱：「漢書作四年九月，誤也」。荀悅漢紀又作八月。溫公通鑑則依班氏本紀。檢史諸侯王表：「高祖五年九月壬子，初王盧綰元年」。漢書本紀亦作「九月，王盧綰」。則臧荼反時當依漢書本紀爲正。史記盧綰傳：「七月，還從擊燕王臧荼」，亦可爲旁證。惟綰傳：「漢五年八月，迺立盧綰爲燕王」，又與史表及漢書本紀異矣。然史表漢紀俱云九月，表且舉其立王之日，則應以表爲是，此傳孤文實未能以爲根據也。

史記年表：「盧綰十一年亡入匈奴」。集解引徐廣曰：「一云十月亡入於匈奴」。漢書年表亦云：「十一年，綰反降匈奴」。高祖紀：「十二年十二月陳豨降將言，豨反時，燕王盧綰使人之豨所與陰謀，上使辟陽侯迎綰，綰稱病。辟陽侯歸具言綰有反端矣。二月使樊噲周勃將兵擊燕王綰，赦燕吏民與反者。……盧綰與數千騎居塞下候伺，幸上病愈，自入謝。……聞高祖崩，遂亡入匈奴」。綰傳所言與本紀同。考綰之入匈奴，在陳豨授首之後，陳豨傳（附盧綰傳後）：「高祖十二年冬，樊噲軍卒追斬豨於靈丘」。則史漢二年表之言皆未可信。且盧綰之入匈奴，以高帝崩不能自白其罪，若在十一年，則此言無由而發矣。徐廣引或說更不足據。漢書高五王傳：「十一年，燕王盧綰亡入匈奴」。蓋亦承表之誤。

月表，燕王都薊，遼東王都無終。地理志薊屬廣陽國，無終隸右北平，則此二郡於楚漢之間乃故燕國之地。考全燕之時，舊郡之見於史者，有上谷漁陽右北平遼西遼東五郡。匈奴傳：「燕亦築長城，自造陽至襄平，置上谷漁陽右北平遼西遼東以拒胡」者是也。秦人滅燕，此五郡仍舊。五郡乃北邊之地所置，非燕國僅此五郡。全祖望曰：「燕之五郡皆燕所舊置以防邊也。漁陽四郡在東，上谷在西，而其國都不豫焉。自薊至涿三十餘城，始皇無不置郡之理。且始皇之併六王也，其國都如趙之邯鄲，魏之碭，楚之江陵，陳，九江，齊之臨淄，無不置郡者，何以燕獨無之？水經注，始皇二十三年置廣陽郡，高帝改曰燕，又分燕置涿郡。酈道元之言當必有據，則前志以爲昭帝始改廣陽者，殆考之未詳」（漢書地理志稽疑一）。是全燕之時蓋有六郡之地（廣陽非燕舊郡，此處姑幷言之）。楚漢之際，韓廣奉趙王武臣之命北略燕地，亦指全燕之故地而言，則韓廣王燕，實得燕之六郡。及項羽分燕爲二，燕居其西部，而遼東居其東部，廣陽以西屬燕，右北平之東屬遼東國，此由二國之都薊及無終知之。清劉文淇著楚漢諸侯疆域志以右北平遼東遼西三郡屬遼東國，上谷漁陽屬燕國（劉志卷三），不言廣陽郡所屬，蓋想當然之言也。

楚漢間燕國疆域既明，試進而論盧綰之封國，綰所封即承臧氏之舊也。綰傳不著其國屬郡，惟考絳侯世家：「燕王盧綰反，勃以相國代樊噲將，擊下薊，……屠渾都，破綰軍上蘭，復擊破綰軍沮陽，追至長城，定上谷十一縣，右北平十六縣，遼西遼東二十九縣，漁陽二十二縣」。樊噲傳：「燕王盧綰反，噲以相國擊盧綰，破其丞相，抵薊南，定燕地，凡縣十八，鄉邑五十一」。以地理志案之，諸郡屬縣往往與傳不同，蓋後來時有分析增損也。又案酈商傳：「燕王臧荼反，商以將軍從擊荼，戰龍脫，先登陷陣，破荼軍易下」。易，涿郡縣；龍脫，地志不載。集解引徐廣曰：「在燕趙之界」。沈欽韓曰：「趙世家，孝成王十九年，趙以龍兌汾門與燕。龍兌即龍脫也。紀要，龍迹山在易州西南三十里。即龍兌」（前漢書疏證）。蓋亦涿郡之地。地理志：「涿郡，高帝置」。全祖望曰：「當云故屬秦漁陽郡，楚漢之間屬燕國，高帝六年分置，分屬燕國」（漢書地理志稽疑二）。則元始時之涿郡亦故燕國之地也。

漢書高五王傳：「燕靈王建，（十二）年立建爲燕王，十五年薨，有美人子，太后使人殺之，絕後」。建國僅十五年，即自高帝十二年始封，至高后七年復除也。史記呂后紀：「七年九月，燕靈王薨，……國除。八年十月，立呂肅子東平侯呂通爲燕王」。然外戚傳作呂台子呂通，不作肅。考漢書外戚恩澤侯表呂台謚曰肅，史記年表亦作肅王，本紀蓋以其謚爲名矣。漢書年表：「高后七年，初置燕國；八年七月癸丑王呂通，八月，漢大臣共誅通」。自燕王建薨後，未久即王呂通於其故地，不得言初建燕國，表言稍誤。史記呂后紀：「封通弟呂莊爲東平侯」。蓋通以東平侯爲王，復以其弟爲東平侯也。史記惠景間侯表及漢書恩澤侯表皆載東平侯莊（漢書莊作庄，避明帝諱）八年五月封。若呂通以八年七月爲王，其弟豈能豫以五月代之爲侯？知史記年表八年十月之說爲是。至史表所謂八年九月誅呂通亦有誤，漢大臣既以八月誅諸呂，不能遲一月始誅通也，自以漢表爲正。王建王通二國，史無增損明文，當仍因盧綰時之舊。

史記孝文本紀：「元年十月庚戌徙立故琅邪王澤爲燕王」。年表所言與此同。漢書文紀則云：「元年十二月徙」。疑史記爲是。諸侯王年表序：「吳楚時，前後諸侯或以適削地，是以燕代無北邊郡，吳淮南長沙無南邊郡」。集解引如淳曰：「長沙之南更置郡，燕代之北更置緣邊郡，其所以饒利兵馬器械三國皆失之也」。正義：「景帝時，漢境北至燕代，燕代之北未列爲郡」。經此次之削地，燕國北邊與匈奴接壤之漁陽上谷右北平遼東遼西五郡皆以邊地被收，國土大蹙。然削後尙有涿郡爲其支郡，直至元朔初，燕國國除，涿郡乃內屬於漢。

燕國除後爲郡，史無明文，惟漢書徐樂傳云：「燕郡無終人」。全祖望曰：「廣陽國，武帝元朔二年爲燕郡」（漢書地理志稽疑二），即據傳而言。然史記主父偃傳又作趙人徐樂，則此傳亦未敢驟信。顧炎武曰：「地理志無燕郡，而無終屬右北平。考燕王定國以元朔二年秋有罪自殺，國除，而元始元年夏四月，始立皇子旦爲燕王，而其間爲燕郡者十年，而志佚之也。徐樂上書當在此時，而無終以其時屬燕，後改屬右北平耳」（日知錄三十一徐樂傳條）。王念孫曰：「景祐本及文選別賦注並引此作燕無終人也，羣書治要引作燕人也，皆無郡字。顧據俗本漢書作燕郡，謂徐樂上書在元朔二年改國爲郡之後，非也。主父偃傳云，元光元年……是時徐樂嚴安亦俱上書言世務……。是樂之上書，即在元光元年之後，故漢紀列其事於元光二年，在元朔二年前，凡六年，其時燕國尚未改爲郡也。郡字乃後人所加」（讀書雜志六之十一燕郡條）。錢大昕曰：「地理志所載郡縣，以元始初版籍爲斷，一代沿革不能悉書，徐樂武帝時人，其時無終屬燕郡，當得其實，未可斷以爲誤」（廿二史考異八）。案之實際，徐樂傳所載樂之籍貫容或有疑，然燕國除後爲郡之事，殆理所當然。考燕王後裔定國之失國，在元朔元年，而武帝子旦之封則在元狩六年，其間十有餘歲，燕地果何所屬？更無倂於他郡之文，則國除之後，仍自爲郡也。漢時王國除後多因其故名改之爲郡，則燕國之改稱燕郡，容何疑乎？固不待徐樂傳之言已可知矣。

燕王旦封時，故燕支郡盡爲漢廷所收，即燕王劉澤後裔所保之涿郡亦不可得。全祖望曰：「涿郡，元狩三年復屬燕國，昭帝元鳳元年復故」（漢書地理志稽疑二）。未知所據。細覈紀傳，昭帝時無削燕國涿郡之事，疑全氏之說有誤。武五子傳：「及衛太子敗，齊懷王又薨，旦自以次第當立，……後坐臧亡命，削良鄉安次文安三縣」。衛太子之敗爲征和二年事，則燕國削縣當在征和三年至後元初之間。地理志良鄉屬涿郡，安次文安屬勃海，蓋削後所隸。由此亦可證涿郡是時之不屬燕也。傳下文又云：「發民會圍大獵文安縣」，似與上文削縣之語相衝突。顧炎武曰：「其上云武帝時，旦坐臧匿亡命，削良鄉安次文安三縣，是文安已削不屬燕。又云，昭帝立，大將軍霍光秉政，褒賜燕王錢三千萬，益封萬三千戶。……然則文安之仍屬燕必在益封萬三千戶之後也。此皆史文之互見者，可以參考而得之也」。（日知錄三十一漢書二燕王傳條）文安之仍屬燕，固如顧氏所云，然此縣再爲漢廷所削，地理志屬於勃海，當知終非燕國所能有，第未審再削之時耳。

吾人由上文所引之徐樂傳，可知燕國屬地中尚有無終一縣，而地理志無終別屬右北平，此無終之改隸，史亦無明文，所可以推知者，當在燕王旦之時，因故燕王定國失國之後，無終仍爲燕土，武帝再以燕封其子旦時，既已削其涿郡，自無再削其本國中之屬縣之理。旦既就國，所爲每多不法，故削縣之事曾不少見，文安之再削，即其例也。意者無終當亦其時所削者。右北平雖與燕國（此指削後之燕國，即志文之廣陽國也）比鄰，然無終則非接壤之處，疑削時非僅無終一縣也。

武五子傳：「旦立三十八年而誅，國除；後六年，宣帝即位，……立太子建，是爲廣陽頃王」。王旦國除之後改爲廣陽郡，頃王所食者即此。頃王承歷代累次削土之後，所封國土至小，即地理志廣陽國中之薊方城廣陽陰鄉四縣也。

代

代於戰國末葉爲趙國地。及諸侯亡秦，武臣趙歇等先後據有其地，項羽分封王侯，乃析趙爲二，項羽本紀：「徙趙王歇爲代王，趙相張耳素賢，又從入關，故立耳爲常山王，王趙地，都襄國」。西漢代國之名當自此始。趙歇後藉陳餘之力，復王故趙，乃以代地賜陳餘。及韓信北伐，陳餘授首，代地入漢爲太原郡。

史記高祖紀：「二年，更立韓太尉信爲韓王。……六年，徙韓王信太原」。韓王信傳：「漢二年，韓信略定韓十餘城，漢王至河南，韓信急擊韓王昌陽城，漢王乃立韓信爲韓王。……五年春，遂剖符爲韓王，王潁川。明年春，上以韓信材武，所王北近鞏洛，南迫宛葉，東有淮陽，皆天下勁兵處，迺詔韓王信王太原，以北備禦胡，都晉陽。信上書曰，國被邊，匈奴數入，晉陽去塞遠，請治馬邑。上許之」。是韓王信之徙國，乃六年春之事，紀與傳所言相合。月表以徙國時爲五年正月，韓王信傳集解引徐廣說爲五年二月，皆未審。五年初，韓王始就國潁川，何能匆匆復徙之耶？年表：「高祖二年，十一月，初韓王信元年，都馬邑」。是則表之舛訛。考高祖紀：「三年，遂定魏地，置三郡，曰河東，太原，上黨。漢王乃令張耳與韓王信遂東下井陘，擊趙，斬陳餘，趙王歇」。則漢二年之時，陳餘趙歇魏豹諸人尚分有代地太原，而韓王信尚無封土，何能即王代地？年表既以韓王徙國移於二年，因於五年欄中又載「降匈奴，國除爲郡」。五年信尚在潁川，不得即豫降於匈奴也。案信之降匈奴乃六年事，信傳：「（六年）秋，匈奴冒頓大圍信，信數使使胡求和解，……因與匈奴約共攻漢，反以馬邑降胡，擊太原」。是年表之言又誤。

漢書高帝紀：「以太原郡三十一縣爲韓國，徙韓王信都晉陽」。史記韓王信傳：「信乃徙治馬邑」。地理志馬邑屬鴈門郡。胡三省通鑑注：「班志太原郡領二十一縣，今以三十一縣爲韓國，蓋定襄未置郡，故太原之境北被邊，並兼有雁門郡之馬邑也」。王先謙曰：「信以太原郡爲韓國，本都晉陽，自請徙治馬邑，則馬邑是時屬韓國」（漢書補注）。故韓王信之國實得太原全郡及雁門郡與後來之定襄郡各一部。

漢書高帝紀：「六年，以雲中雁門代郡五十三縣立兄宜信侯喜爲代王。七年，十二月，匈奴攻代，代王喜棄國，自歸雒陽，赦爲合陽侯」。然史記高紀則謂封於七年而廢於八年；楚元王世家集解引徐廣之說則謂封於六年，是年即罷；而吳王濞傳又謂：「高帝已定天下，七年立劉仲爲代王」。其載代王封除之時各不相同。考漢書楚元王傳：「漢六年，……復封次兄仲爲代王。……初高祖微時，常避事，時時與賓客過其丘嫂食。嫂厭叔與客來。……由是怨嫂，及立齊代王，而伯子獨不得侯，太上皇以爲言，……七年十月封其子信爲羹頡侯」。史記高祖功臣表及漢書王子侯表皆謂羹頡封於七年，羹頡既封於齊代二王之後，則齊代二王不封於七年也。齊王既封於六年，則代王亦必封於六年矣。侯表又謂：「八年九月丙午，（合陽）侯劉仲元年」。則仲當於八年始失代國，六年七年之說皆不足據。

地理志雲中郡屬縣十一，鴈門郡屬縣十四，代郡屬縣十八，合之得四十三縣，較高紀所云代國初封時之疆域尚差十縣。然韓王信徙國太原之時，其國土尚有雁門郡之一部，則地志所載縣邑相差更多，由此亦可知漢時北邊郡縣損益之情形。（絳侯周勃世家：「定鴈門郡十七縣，雲中郡十二縣，……代郡九縣」。合之爲三十八縣。此三十八縣當爲漢初三郡屬縣之實數，然與代王國土所差更多，疑代王所食者非僅此三郡也。）

漢書高帝紀：「七年十二月辛卯，立子如意爲代王。九年春正月，廢趙王張敖爲宣平侯，徙代王如意爲趙王」。朱一新曰：「如意爲代王，本傳及諸侯王表皆不書，蓋以其年幼未之國也」（漢書管見二）。史記陳豨傳（附盧綰傳後）：「高祖七年冬，韓王信反入匈奴，上至平城還，迺封豨爲列侯，以趙相國將監趙代邊兵」。高祖紀：「十年八月趙相國陳豨反代地」。則高祖七年至十年，陳豨以趙相而監代地。果代尚爲王國，豈用趙相代監其地？如意之封代王僅一見於漢書本紀，他處皆無可證明，疑班氏之言不足據。漢書高紀：「代相國陳豨反」。韓信傳：「陳豨爲代相」。似陳豨曾爲代相矣。然證以史記本紀，則代相殆爲趙相之誤。淮陰侯傳：「

陳豨拜爲鉅鹿守」，亦不言爲代相也。史漢侯表皆言「豨以趙相國將兵守代」。則陳豨之爲趙相，實無可疑。王國維曰：「漢初屬趙者六（郡），曰邯鄲，曰鉅鹿，曰常山；曰清河，曰河間，曰中山；中間益郡三，曰代，曰雁門，曰雲中」（觀堂集林十二漢郡考下）。趙國益三郡之時，王氏未明言，然以陳豨事考之，則三郡之屬趙，或在此時。然三郡隸趙之時甚短，觀文帝王代統有雁門代郡，即可知矣。

漢書高帝紀：「十一年，詔曰，代地居常山之北，與夷狄邊；趙乃從山南有之，遠，數有胡寇，難以爲國。頗取山南太原地益屬代，代之雲中以西爲雲中郡，則代受邊寇益少矣。王相國通侯吏二千石……皆曰子恆賢知溫良，請立爲代王，都晉陽」。恆即文帝。文帝初爲代王之時，代國故地僅存雁門代郡，其雲中已爲漢廷收去，惟新益以太原，仍爲三郡耳。文帝紀：「立爲代王都中都」。史記盧綰傳亦云：「立子恆爲代王，都中都，代鴈門皆屬代」。與高紀之都晉陽不同。如淳曰：「文紀言……文帝過太原，復晉陽中都二歲，似遷都於中都也」。其說蓋是。

梁孝王世家：「孝文帝即位二年，以（子）武爲代王，以（子）參爲太原王。……二歲，徙代王爲淮陽王，以代盡與太原王，號爲代王。……漢廣關，以常山爲限，而徙代王王淸河，淸河王徙以元鼎三年也」。太原王雖徙號代王，仍治晉陽，兼治代雁門二郡。其雁門於景帝時以邊郡爲漢所收，及元鼎中徙王於淸河，而代郡太原皆爲漢郡矣。

六月二十日寫於北莧清源醫院十六號病室。

兩漢征伐匈奴之影響

高珮

漢初，匈奴正強，聚衆南犯，高祖威加四海，而猶窘平城之圍。是時天下初定，民力凋弊，乃用劉敬之言，結約和親，賂遺單于，冀獲一時之安。孝惠高后時，遵而不遂，匈奴侵邊，不爲衰止，而單于反益驕倨。逮至孝文，與通關市，妻以漢女，增厚賂遺，歲以千金，然匈奴亦不遵約束，邊境屢被其害。是以文帝中年，赫然發憤，親御鞍馬，從六郡良家材力之士，馳射上林，講習戰陳，聚天下之精兵，軍於廣武。景帝嗣位，因之未改，廣設苑馬，以備軍用。逮及孝武，天下乂安，府庫充裕，武備脩整，於是亟與邊略，首謀匈奴，赫然命將，戎旗星屬，候郊列甸，火通甘泉，而猶鳴鏑揚塵，出入畿內，至於窮竭武力，殫用天財，曆紀歲以攘之，匈奴雖頗傷損，而漢之疲耗，略相當矣。至孝宣之世，承武帝奮擊之威，直匈奴百年之運，因其壞亂幾亡之阸，權時施宜，覆以威德，然後單于稽首，呼韓來臣，遣子入侍，三世稱藩，賓於漢庭。是時邊城晏閉，牛馬布野，三世無犬吠之警，黎庶無干戈之役。後六十餘年，王莽篡位，擾動鄰族，復開邊釁，單于由是歸怨自絕，莽遂斬其侍子，而邊境之禍起矣。是後繼以更始之亂，中原幅裂，自是匈奴得志，野心復生，乘間侵佚，害流傍境。及光武中興，更通舊好，報命連屬，金幣載道，而單于驕踞益橫，內暴滋深；光武方用事國內，未遑沙塞之外，忍愧思難，徒報謝而已，因徙幽幷之民，增邊屯之卒。及關東稍定，隴蜀已清，猛夫悍將，莫不頓足攘手，爭言衛霍之事。時朝廷厭亂，方欲偃文修武，未之許也。其後，匈奴爭立，日逐來奔，願脩呼韓之好，以禦北狄之衝，奉藩稱臣，永爲外扞，天子總攬群策，和而納焉。乃詔有司，開北鄙，擇肥美之地，量水草以處之，馳中郎之使，盡法度以臨之，制衣裳，備文物，頒璽綬，以正單于之名。於是匈奴分破，始有南北二庭焉。讎釁既深，互伺便隙，控弦抗戈，覘望風塵，雲屯鳥散，更相馳突，至於陷潰創傷者，靡歲或寧，而漢之塞地晏然矣。後亦頗爲出師，並兵窮討，命竇憲耿夔之徒，前後並進，皆用果譎，設奇計，異道同會，究掩其窟穴，躡北逐奔，三千餘里。遂破龍祠，焚罽幕，阬十角，梏閼氏，銘功封石，倡呼而還。於是單于震懾，屏氣蒙氈，遁走於烏孫之地，一部更遷於歐陸，而漠北空矣。然竇憲矜三捷之效，忽經世之規，遂復更立北單于，反其故庭，遂使滋蔓，坐樹大梗，寧不傷哉。東漢末葉，經綸失方，畔服不一，漢胡雜處，險塞化夷。曹操以其內居者衆，懼必為寇，乃分設五部以監臨之，然而源不清而流濁，亦僅治標而已。及乎劉元海為首畔亂，而中夏為丘墟，嗟夫！（以上據兩漢書匈奴傳贊論，及文獻通考四裔考）兩漢征伐匈奴之情況既明，茲分述其影響如次。

〔一〕南匈奴內居，漢胡雜處，伏五胡亂華之機

西漢五鳳三年，南匈奴移居於塞內。

五鳳三年，置西河北地屬國，以處匈奴降者，（前漢書卷八宣帝紀）

珮案，蓬萊軒漢書地理志考證：西河即今黃河以西，陝西東界地，北地即今甘肅慶陽縣，皆漢之塞內地。

其後日漸繁衍，時為禍亂，漢以警備有方，卒無大害。

初使命常通：而匈奴與盧方共侵北邊。九年（光武建武九年）遣大司馬吳漢等擊之，經歲無功，而匈奴轉盛，鈔暴日增，十三年，遂寇河東，州郡不能禁，於是漸徙幽并邊人於常山關居庸關以東，匈奴左部遂復轉居塞內，朝廷患之，增緣邊兵，郡數千人，大築亭障，脩烽火。（後漢書卷一一九南匈奴傳）

東漢建武廿六年，南單于不堪北匈奴之襲擊，詔令徙居西河。單于既居西河，分佈爪牙，遂植其潛勢於緣邊諸郡。

北單于使騎追擊，……南單于遣兵拒之，逆戰不利，於是復詔單于徙居西河美稷。……南單于既居西河，亦列置諸部王助為扞戍：使韓氏骨都侯屯北地，右賢王屯朔方，當于骨都侯屯五原，呼衍骨都侯屯雲中，郎氏骨都侯屯定襄，左南將軍屯雁門，栗籍骨都侯屯代郡，皆領部衆為郡縣偵羅耳目。（後漢書卷一一九南匈奴傳）

東漢末葉，胡人內居者衆，曹操懼其為患，始分其衆為五部，設帥選以監督之。

（建安）二十一年，……七月，南單于呼廚泉將其名王來朝，待以客禮，遂留魏，使右賢王去卑監其國。（魏志一武帝本紀）

後漢末，天下騷動，羣臣竊冒胡人猥多，懼必為寇，宜先為其防。建安中，魏武帝始分其衆為五部，部立其當貴者為帥，選漢人為司馬以監督之。魏末復改帥為都尉，其左部都尉所統可萬餘落，居於太原故泫氏縣，右部都尉可六千餘落，居祁陽；南部都尉可三千餘落，居蒲子縣，北部都尉可四千餘落，居新興縣，中部都尉可六千餘落，居太陵縣。（晉書九十七匈奴傳）

2

晉武初，塞外匈奴大水塞泥黑難等內降，使居河西故宜陽城下，由是匈奴愈與漢人雜處。

武帝踐阼，塞外匈奴大水塞泥黑難等二萬餘落歸化，帝復納之，使居河西故宜陽城下，後復與晉人雜居，由是平陽，西河，太原，新興，上黨，樂平諸郡，靡不有焉。（晉書卷九十七匈奴傳）

泰始七年，單于猛叛亂，婁侯何楨討平之。是後，漸為邊患，侍御史郭欽上疏諫，請備邊，不聽。

泰始七年，單于猛叛，屯孔邪城，武帝遣婁侯何楨持節討之。……其後，稍因忿恨，殺害長吏，漸為邊患。侍御史西河郭欽上疏曰：「戎狄強獷，歷古為患，魏初人寡，西北諸郡皆為戎居，今雖服從，若百年後有風塵之警，胡騎自平陽上黨，不三日至孟津，北地西河太原馮翊安定上郡盡為狄庭矣。宜及平吳之威，謀臣猛將之略，出北地西河安定，復上郡，實馮翊，於平陽以北諸縣，募取死罪，徙三河三魏見士四萬家以充之。裔不亂華，漸徙平陽弘農魏郡京兆上黨雜胡，峻四夷出入之防，明先王荒服之制，萬世之長策也」。帝不納。（晉書卷九十七匈奴傳）

太康中，匈奴十餘萬口，內降，並撫納之。

太康五年，復有匈奴胡太阿厚率其部落二萬九千三百人歸化。七年，又有匈奴胡都大博及萎莎胡等，各率種類大小凡十萬餘口，詣雍州刺史扶風王駿降附。明年匈奴都督大豆得一育鞠等，復率其種落大小萬一千五百口，牛二萬二千頭，羊十萬五千口，車廬什物不可勝紀，來降，並貢其方物。帝並撫納之。（晉書卷九十七匈奴傳）

是後，匈奴移居邊郡者愈衆，其勢亦愈大，及晉惠元康末，劉元海為首倡亂，而五胡亂華之禍起，蓋其由來者漸矣。

惠帝元康中，匈奴郝散攻上黨，殺長吏，入守上郡。明年，散弟度元又率馮翊北地羌胡，攻破二郡。自此以後，北狄漸盛，中原亂矣。（晉書卷九十七匈奴傳）

〔二〕漢武時征伐頻繁，社會經濟破產

漢之大舉征伐匈奴，始自武帝。武帝前文景之世，國泰民安，財富充裕。

孝景……屢敕有司以農為務，民遂樂業。至武帝之初，七十年間，國家亡事，非遇水旱，則民人給家足。都鄙廩庾盡滿，而府庫餘財，京師之錢累百鉅萬，貫朽而不可校；太倉之粟，陳陳相因，充溢露積於外，腐敗不可食。衆庶街巷有馬，仟伯之間成羣，乘牸牝者，擯而不得會聚。守閭閻者食粱肉，為吏者長子孫，居官者以為姓號，人人自愛而重犯法，先行誼而黜媿辱焉。（前漢書卷二四食貨志上）

自王恢馬邑失策後，匈奴絕和親。於是武帝亟興邊略，有志匈奴，大張撻伐，冀一鼓而平定外患。乃自征伐後，連年用兵，費用浩繁，士馬物故者衆，人民不堪其

擾。

武帝因文景之畜，忿胡粵之害。……及王恢謀馬邑，匈奴絕和親，侵擾北邊，兵連而不解，天下共其勞。干戈日滋，行者齎，居者送，中外騷擾相奉，百姓抗敝以巧法，財賂衰耗而不贍，入物者補官，出貨者除罪，選舉陵夷，廉耻相冒，武力進用，法嚴令具，興利之臣，自此而始。（前漢書卷二四食貨志下）

仲舒死後，功費愈甚，天下虛耗，人復相食。（前漢書卷二四食貨志上）

其後衞青歲以數萬騎出擊匈奴，遂取河南地。……又興十餘萬人，築衞朔方，轉漕甚遠，自山東咸被其勞，費數十百鉅萬，府庫並虛。……此後四年，衞青比歲十餘萬衆擊胡，斬捕首虜之士，受賜黃金二十餘萬斤。而漢軍士馬死者十餘萬，兵甲轉漕之費不與焉。於是大司農陳臧錢經用，賦稅既竭，不足以奉戰士，有司請令民得買爵及贖禁錮免減罪。請置賞官，名曰武功爵。

明年，票騎仍再出擊胡，大克獲，渾邪王率數萬衆來降，於是漢發車三萬兩迎之，既至，受賞賜及有功之士。是歲費凡百餘鉅萬。

其明年，大將軍票騎大出擊胡，賞賜五十萬金，軍馬死者十餘萬匹，轉漕車甲之費不與焉。是時財匱，戰士頗不得祿矣。（以上前漢書食貨志卷二四下）

是時農村基礎，呈動搖之勢，國民經濟崩潰，險象橫生，於是郡國騷動，群盜蠭起。

往者未伐胡越之時，繇役省而民富足，溫衣飽食，藏新食陳，布帛充用，牛馬成群，農夫以馬耕載，而民莫不騎乘。當此之時，却走馬以糞。其後師旅數發，戎馬不足，牸牝入陣，故駒犢生於戰地，六畜不育於家，五穀不殖於野。民不足以糟糠，何橘柚之所厭？傳曰：「大軍之後，累世不復」，方今郡國田野有隴而不墾，城郭有宇而不實，邊郡何饒之有乎？（鹽鐵論未通篇）

二年（天漢），……泰山琅邪郡盜徐勃等阻山攻城，道路不通，遣直使者暴勝之等，衣繡衣，杖斧，分部逐捕，刺史郡守以下皆伏誅。冬十一月，詔關都尉曰：「今豪傑多遠交依東方羣盜，其謹察出入者」。（前漢書卷六武帝紀）

是後武帝頗悔征伐，迺以丞相田千秋爲富民侯，趙過爲搜粟都尉，除租稅，勸農桑，與民更始。

武帝末年，悔征伐之事，迺封丞相爲富民侯。下詔曰：「方今之務，在于力農」。以趙過爲搜粟都尉。（前漢書卷二四食貨志上）

五年（元封）……夏四月，詔曰：「……其赦天下所幸縣，毋出今年租賦，賜鰥寡孤獨帛，貧窮者粟。（前漢書卷六武帝紀）

武帝既崩，昭帝嗣位，是時匈奴衰耗，漢亦疲敝，不復大舉征伐。宣元平哀之世，單于內服，以和親爲羈縻之政策，故鮮戰爭之事，除賞賜金帛外，匈奴對漢經濟上之影響甚少。王莽時，復開邊隙，欲大擊匈奴，徵集輸送，勞動天下，人民顛沛，郡國疲困。新莽覆亡，東漢繼興，明章和三朝，雖數擊匈奴，然戰必勝，攻必克，南匈奴內服，北匈奴逃亡，每次出征，爲時甚短，故東漢之社會經濟，亦未受重大影響。是以統觀兩漢之征伐匈奴，其影響於國計民生者，以武帝時爲最巨。

（三）開中西交通之途，西域文物，印度佛教，輸入於中國。

漢武時，聞西方有月氏，仇匈奴，因遣張騫通使結納之，遂開中西交通之途。

時匈奴降者言，匈奴破月氏王，以其頭爲飲器，月氏遁而怨匈奴，無與共擊之。漢方欲事滅胡，聞此言，欲通使道，必逕匈奴中。迺募能使者，騫以郎應募，使月氏。……匈奴得之，……留騫十餘歲，……騫因與其屬亡鄉月氏，……至大宛，……抵康居。康居傳致大月氏，……騫從月氏至大夏，竟不能得月氏要領。留歲餘還。

天子數問騫大夏之屬，騫既失侯，因言：「……今單于新困於漢，而昆莫地空，蠻夷戀故地，又貪漢物，誠以此時厚賂烏孫，招以東居故地，……則是斷匈奴右臂也。既連烏孫，自其西大夏之屬，皆可招來，而爲外臣」。天子以爲然。拜騫爲中郎將，將三百人，馬各二匹，牛羊以萬數，齎金幣帛，直數千鉅萬。多持節副使。……騫既至烏孫，致賜諭指，未能得其決。……即分遣副使，使大宛，康居，月氏，大夏。烏孫發譯道送騫，與烏孫使數十人，馬數十匹報謝。騫卒後歲餘，其所遣副使通大夏之屬者，皆頗與其人俱來，於是西北國始通於漢矣。（以上見前漢書卷六十一張騫傳）

自是後，西域諸國，遂來朝貢於漢，漢與西域各國之交通，逐漸增繁。

至於西域之文化亦由是輸入中國，其中約分數項：

（甲）西域各國之戶口，兵實，風俗，物產，及道路距離之遠近，皆由張騫之出使，始傳於中國。

其事詳史記卷一二三大宛傳，不具述。

（乙）西域植物之輸入，如葡萄，石榴，紅藍，胡豆，胡瓜，苜蓿，大蒜，胡荽，胡桃，胡麻，胡葱，酒杯藤等，均藉張騫西行，傳於中國。

宛左右以蒲陶（葡萄舊作蒲陶，或作蒲桃，亦稱曰蒲萄）爲酒，富人藏酒至萬餘石，久者數十歲不敗。俗嗜酒。馬嗜苜蓿，（或作目宿，亦稱牧宿，木粟等），漢使取其實來，於是天子始種苜蓿蒲陶肥饒地。及天馬多，外國使來衆，則離宮別觀旁，盡種蒲陶苜蓿極望。（史記卷一二三大宛傳大夏傳）

張騫使大夏，得石榴。（西晉張華博物志）

漢遣張騫奉使大月氏，往返一億三萬里，得葡萄林安石榴，植之中國。（唐李穴獨異志）

張騫爲漢，使外國十八年（按十八年誤），得塗林安石榴也。（見全上古三代秦漢三國六朝文，陸機與弟雲書）

張騫使西域還，乃得胡桃種。（西晉張華博物志卷六）

胡麻直是今油麻，更無他說。……中國之麻，今謂之大麻是

也。……張騫始自大宛得麻油（油麻？）之種，亦謂之麻，故以胡麻別之，別謂漢麻爲大麻也。（沈括夢溪筆談卷二六）

本草，紅藍花，堪作燕脂，……一名黃藍。博物志云，「黃藍張騫所得」。……近世人多種之，收其花，俟乾以染帛，色鮮於茜，謂之眞紅，亦曰乾紅。目其草曰紅花。以染帛之餘爲燕支。乾草初漬則色黃，故又爲黃藍也。（雲麓漫抄卷之一）

本草經云，「張騫使外國得胡豆」。（齊民要術卷二，大豆第六註引）

博物志曰，「張騫使西域，所得蒲桃，胡葱，苜蓿」。（太平御覽卷九九〇所引）

李時珍曰，「張騫使西域得種，故名胡瓜」。（本草綱目卷二八）

博物志曰，「張騫使西域，得大蒜，胡荽」。（齊民要術卷三，種蒜第十九註引）

蒜有大小，大蒜爲葫，小蒜爲蒜，……故又稱胡蒜。陸法言切韻曰，「張騫使西域，得大蒜胡荽。則此物漢始有之，以自胡中來，故名胡蒜」。（宋羅願爾雅翼卷五）

酒杯藤出西域，藤大如臂，葉似葛，花實如梧桐。實花堅，皆可以酌酒，自有文章，映徹可愛。實大如指，味如荳蔻，香美消酒。士人提酒來，至藤下，摘花酌酒，仍以實銷酲，國人寶之，不傳中土，張騫出大宛得之。事出張騫出關志。（古今注卷下）

（丙）西域音樂之輸入，有橫吹樂等。

胡角者，本以應胡笳之聲，後漸用之，橫吹有雙角，卽胡樂也。張博望入西域，傳其法於西京（長安），惟得摩訶兜勒一曲。李延年因胡曲，更造新聲廿八解……以爲武樂，後漢以給邊。（晉書卷二三樂志）

（丁）佛教之輸入。

佛教傳佈於匈奴及西域諸國久矣，而其流傳於中夏，則自征匈奴通西域始。

案漢武元狩中，遣霍去病討匈奴，至皐蘭，過居延，斬首大獲，昆邪王殺休屠王，將其衆五萬來降，獲其金人，帝以爲大神，列於甘泉宮。金人率長丈餘，不祭祀，但燒香禮拜而已，此乃佛道流通之漸也。及開西域，遣張騫使大夏，還，傳其旁有身毒國，一名天竺，始聞有浮屠之敎。哀帝元壽元年，博士弟子秦景憲受大月氏王使伊，口授浮屠經，中土聞之，未之信了也。後孝明帝夜夢金人，項有白光，飛行殿庭，乃訪羣臣，傅毅始以佛對。帝遣郎中蔡愔，博士弟子秦景等使於天竺，寫浮屠遺範，愔仍與沙門攝摩騰竺法蘭東還洛陽，中國有沙門及跪拜之法，自此始也。愔又得佛經四十二章，及釋迦立像。明帝令畫工圖佛像置清涼臺及顯節陵上，經緘於蘭臺石室。愔之還也，以白馬負經而至漢，因立白馬寺於洛城雍關西。摩騰法蘭咸卒於此寺。（魏書卷一一四釋老志）

〔四〕北匈奴西遷，引起中古歐洲日爾曼民族之大遷徙。

東漢建武二十四年，匈奴始分爲南北二部。

二十四年春，八部大人共議立比爲呼韓邪單于……於是欵五原塞，願永爲藩蔽，扞禦北虜。……其冬，比自立爲呼韓單于。（後漢書南匈奴傳）（東觀記曰，十二月癸丑，匈奴始分爲南北單于。）

是後，漢對南北匈奴，兩施羈縻之策，然常助南以抑北，由是北單于怨恨，時寇邊。永元元年，漢遣竇憲大破之於稽落山。二年，南單于復破之於河雲北。三年，再遣竇憲大破之於金微山，北單于逃亡。

永元元年，夏六月，車騎將軍竇憲出雞鹿塞，……與北匈奴戰於稽落山，大破之，追至私渠北鞮海。

二年，南單于遣左谷蠡王師子，出雞鹿塞，擊北匈奴於河雲北，大破之。（後漢書和帝紀）

明年（三年），復遣校尉耿夔，司馬任尚趙博等，將兵擊北虜於金微山，大破之，克獲甚衆，北單于逃走，不知所在。（後漢書卷五三竇憲傳）

三年，北單于……逃亡，……其弟右谷蠡王於除鞬，自立爲單于，……止蒲類海。（後漢書南匈奴傳）

北單于既敗，遁走烏孫，更度金微山，西走康居，一部往龜茲北，建悅般國。

北單于爲耿夔所破，遁走烏孫，塞外地空，餘部不知所屬。（後漢書卷七五袁安傳）

悅般國在烏孫西北，去代一萬九百三十里，其先匈奴北單于之部落也。爲漢車騎將軍竇憲所誅，北單于度金微山，西走康居，其羸弱不能去者，住龜茲北。地方數千里，衆可二十餘萬，涼州人猶謂之單于王。（北史卷九七，西域傳，悅般國）

是後，北匈奴之一部西趣大秦，嘗輾轉蒲類秦海間，爲西域諸國患。

今之匈牙利，即匈奴音轉。尚考匈奴西徙，在後漢永元之世，……後漢書西域傳亦云：「延光二年，敦煌太守張璫上書陳三策，以爲北虜呼衍王，常展轉蒲類秦海之間，專制西域，共爲寇鈔」（按張璫上書事，見後漢書卷一一八西域傳序）。李賢曰，「大秦國在西海西，故曰秦海也」。是北匈奴種族一出烏孫，一趣大秦，趣大秦者，所謂匈牙利矣。（章氏叢書別錄二匈奴始還歐洲考）

西元後三七五年（晉寧康三年），西徙之匈奴人侵入歐洲多惱河北岸。是地原爲日爾曼民族中之哥德人（Goths）所居，因不勝匈奴侵擾，遂南渡多惱河，移居於羅馬帝國。三七八年，大敗羅馬軍，聲勢大振。四一〇年陷羅馬城。於是引起歐洲中古之大混亂。

三七五年……忽有匈奴，日爾曼蠻族遷入衰微之羅馬帝國中，匈奴本黃種，世居亞洲中部，西向入歐洲，橫掃居於多惱河流域之日爾曼種曰 Goth 者。Goth種人一部分遂渡河而南，入居羅馬帝國中，不久與帝國官吏衝突，於三七八年，大戰於 Adrian-ople，羅馬軍大敗，皇帝 Valens 陣亡。……自是後，西 Goth 種人允羅馬官吏之要求，相安無事，亦有願爲羅馬兵者。

不久，蠻族酋長，名 Alaric 者，頗不滿於羅馬人之待遇，遂募集軍隊，以西 Goth 種人爲中堅，向意大利而進，四一〇年，攻陷羅馬城，大肆刼掠。

五世紀中蠻族往來遷徙之情形，可不多述，總之，歐洲西部一

帶，無不被其蹂躪殆遍。（以上見何炳松中古歐洲史第三章）

是時匈奴王 Attila 率其族西進，羅馬與日爾曼人合禦敗之，乃南轉入意大利，及 Attila 死，匈奴勢衰，不復爲歐洲患。

蠻族遷徙無定，歐洲本已大亂，同時忽又有匈奴人之侵入，歐洲人益惶懼，匈奴王 Attila，羅馬人稱之爲「上帝之鞭」，率其族西向而進，羅馬人與日爾曼種人合力禦之，於四五一年，敗之於 Chalous，匈奴人乃轉而南入意大利，……不期年，Attila 死，匈奴勢遂不復振，自是不再爲歐洲患。（亦見何炳松中古歐洲史第三章）

蠕蠕國號考

馮家昇

1

二十五年初秋，有好幾位朋友說察省蔚縣掘出不少的石刻，其中如蠕蠕文碑女眞文碑，最爲名貴。我聽罷高興得了不的，知道蒙古出過第八世紀的突厥文碑曾轟動世界，今日察省出土第五世紀的蠕蠕文碑，那更是學術上的大發現，於是慫恿學會派人去考察，結果指定西山、增敏、仁之和我一共四人。在未走之前，把魏書裏頭的蠕蠕傳讀了好幾遍，臨行又把它帶上，滿想這一回必予學術上以大的貢獻。及去敎廳，才知蔚縣石刻散在各處，蠕蠕文碑是茹茹造像，女眞文碑是梵文。不過，目的地雖然沒有去，承燕舲先生的指示，我們却去懷安參觀了漢代漆器；目的物雖然沒有見，我們却看了燕舲先生收藏的石刻和塞外出土的些印章。——這篇文章裏的茹茹造像拓片就是他贈的。回平以來，我們打算出一册旅察專號，因爲稿件不齊，一直就擱到現在。我本打算作一篇「蠕蠕國考」，可是出國在即，又遇學期考試，課卷甚多，沒有工夫，姑且把這一短篇作爲旅察紀念吧。

二十六年六月二十六日。

北方民族中，能統一中國北疆者首爲匈奴，次爲鮮卑，再次爲蠕蠕。蠕蠕亦鮮卑種，南朝諸史謂爲『匈奴別種』（宋書卷九十五，梁書卷五十四），『塞外雜胡』（南齊書卷五十七），不可據。魏書卷一百三本傳云：『蠕蠕，東胡之苗裔也』，與阿那瓌云：『臣先世源由出於大魏』可相印證。

蠕蠕始於木骨閭，盛於社崘，衰於醜奴，亡於菴羅辰，盤據漠北幾二百年。其盛時『西則焉耆之地，東則朝鮮之地，北則渡沙漠，窮瀚海，南則臨大磧』，大抵吉林以西，新疆以東，貝加爾湖以南，陰山以北，皆其境域。『其常所會庭，敦煌張掖之北』，丁謙解云：『其庭直張掖北，較漢書匈奴傳單于庭直代雲中爲確，知測量之學精密多矣』（魏書外國傳考証蠕蠕條）。意蠕蠕可汗庭亦在匈奴單于庭故地，說甚諦。

蠕蠕之名昉見魏書，而南北朝諸史所載不一，或云蝚蠕，或云柔然，或云茹茹，或云芮芮。大抵南朝呼芮芮，其餘則爲北朝所稱者也。白鳥庫吉謂蠕蠕原稱柔然，乃車鹿會之所自命，必取嘉好之義，魏世祖改爲蠕蠕，正猶 Hung-nu，秦漢人譯爲匈奴也。宋書索虜傳：『芮芮一號大檀，又號檀檀』，則大檀檀檀亦蠕蠕之異譯。蠕蠕發音爲 Žen-Žen，芮芮發音爲 Žei-Žei，茹茹發音爲 Zŏ-Zŏ，大檀發音爲 ta-tan，檀檀發音爲 tan-tan，尋求蒙古語中爲 tsetsen 之對音，意爲賢明（見史學雜誌第二十三編第十號頁八東胡民族考）。藤田豐八謂柔然即 jiu-jen，與蒙古語 jušun 爲對音。此語有「禮儀」之義，意爲人間行爲之原則。蒙古語五倫曰 ghunal jušun，滿洲語禮儀曰 jukšu，爲肅愼稷愼之轉變，蓋古稱東夷禮讓之國也。至於大檀檀檀當讀爲 ta-tan, dai-dan, tan-tan, dan-dan 即後世韃靼 Tatar, Tartar 之由來（東西交涉史の研究頁二〇八）。

余意二氏之言皆爲鑿空：按大檀晉書（卷一百二十五馮跋載記）作大但，魏書（卷一百三）北史（卷九十八）雖與宋書同，然爲人名，非國號。『大檀者，社崘季父僕渾之子，先統別部，鎭於西界，能得衆心，國人推戴之，號牟汗紇升蓋可汗，魏言制勝也』。白鳥據宋書『芮芮一號大檀，又號檀檀』，以爲三者同名異譯，不知大檀或檀檀固蠕蠕可汗之名，而不爲國號。夫以酋長之名用爲國號，史固不乏其例，然於此事則顯爲誤傳。按大檀爲牟汗紇升蓋可汗，始北魏明元帝神瑞元年，終太武帝神䴥三年，當東晉安帝義熙十年，迄宋文帝元嘉七年，西紀四一四至四三〇年，凡一十六年。其時宋初篡晉，且居江南，所得蠕蠕消息必不正確；兼以大檀勇悍邁衆，與魏太武戰，太武幾不得脫，魏人必盛道其名。魏人稱 Zuei-Zuei，乃指其國號，稱 Ta-tan 乃指其酋名；宋人不察，以爲魏人或稱 Zuei-Zuei，或稱 Tatan 必係一國而二名，故有『芮芮一號大檀，又號檀檀』之誤。白鳥未思及此，而據宋書之誤，則更誤矣。至大檀或檀檀音雖近韃靼，未必爲同名異譯，蓋古來人地部族國號，不惟音聲上相同者甚多，即字面上相同者亦復不少，僅以音聲相同而遽斷某名爲某名之異譯，不免過於武斷。藤田氏嘗引 Parker 語，謂魏書卷一『我歷觀前世匈奴蹋頓之徒』之蹋頓爲 Tatar 名之初見，文見 Asiatic Quart. Review Jan. 1904, p. 141，不知 Parker 又在其 A thansand years of Tartars p.97 謂烏丸大人蹋頓爲 Tartar 之前身矣。按漢書匈奴傳『單于行西南，留闟敦地』，注云闟音蹋，頓又音對』。後漢書馮異傳『又降匈奴于林闟頓王』，章懷注云『匈奴王號，山陽公載記曰「頓字作碓」，前書音義，「闟音蹋，敦音頓，又音碓」』，則前後漢書已見蹋頓之名，三國志魏書均非初見。Parker 以蹋頓爲 Tatar 之前身，藤田以大檀或檀檀爲 Tatar 異譯，殆皆臆度耳。

魏書本傳云：『蠕蠕東胡之苗裔也，姓郁久閭氏……木骨閭死，子車鹿會雄健，始有部衆，自號柔然，而役屬于國。後世祖以其無知，狀類於蟲，故改其號爲蠕蠕』。此言自號柔然，乃自號之音似柔然，非能用「柔然」之字面耳，蓋其時無文紀，社崘時始知刻木爲記也。蠕蠕又爲魏人所改，非其自稱。然則其自稱果用何漢字乎？

余嘗閱北齊書，北周書，隋書作茹茹，初以爲各史之異譯，猶之乎晉書作蝚蠕，宋書南齊書之作芮芮耳。客歲旅察，教育廳長柯燕舲先生出示近獲茹茹造像拓片，首行頂格有『大茹茹國』一辭，以下漫漶不可讀，有可敦，吐谷渾等名。茹茹國上加「大」字，必茹茹人自稱之辭。此石刻原在大同雲崗，或茹茹可敦佞佛，因效塞內造像之俗歟？由是吾人可知茹茹乃其自擇之字面，非柔然蠕蠕蝚蠕芮芮等辭爲他人所稱者可比。北齊書以後各史作茹茹而不作他辭者，或亦有見及此乎？通志氏族略茹氏注下云：『蠕蠕入中國為茹氏』，然則茹茹一名乃北魏以後，蠕蠕進化而自擇之名稱，殆無可疑矣。

茹茹之讀法今為 Žu-Žu，康熙字典引唐韻人諸切，音如。集韻韻會太忍與切，音汝。正韻而遇切，音孺。又云：『按茹字有平上去三聲，皆于字義無係，如易之連茹，王肅音如，易韻讀孺。詩之匪茹來茹，箋音汝，徐音如。前漢董仲舒傳茹字音汝，王莽傳茹字又音如。唯茹蘆茹字，詩箋及爾雅疏皆音如。茹毛茹草茹葷茹字皆音人庶切，餘音或平或仄不可泥也。正字通以連茹不茹茹毛義列于如音，以來茹形茹等茹列于孺，皆非是』。由是知茹字或通如，或通汝，或通孺。何超晉書音義卷下蝚蠕下注云：『上音柔，下而兗反』，通典卷一九六蠕條下云：『而兗反』。蠕當通孺，亦當通茹。古音學家高本漢 Karlgren 之 Analyic dictionary of Chinese and Sino-Japanese 茹茹古音作 ńźi̯wo-ńźi̯wo，柔然作 ńźi̯ǝu-ńźi̯ǎn，芮芮作 ńźi̯wäi-ńźi̯wäi，蠕蠕作 ńźi̯wo-ńźi̯wo，顯音均合 ńi 音，與安南音 ñyi-ñyi，日本音 ñyo-ñyo 均有密切之關係也。

4

綏北的幾個地名

韓儒林[1]

一 蜈蚣壩

大青山為陰山山脈之一部，屏障於歸綏城北，昔為游牧民族與農業民族之界山，其在中國國防上之價值，一千九百七十年前，侯應已暢言之：

『臣聞北邊塞至遼東外有陰山，東西千餘里，草木茂盛，多禽獸，本冒頓單于依阻其中，治作弓矢，來出為寇，是其苑囿也。至孝武世，出師征伐，斥奪此地，攘之於幕北，建塞徼，起亭隧，築外城，設屯戍以守之，然後邊境得用少安。幕北地平，少草木，多大沙，匈奴來寇，少所蔽隱。從塞以南，徑深山谷，往來差難。邊長老言：匈奴失陰山之後，過之未嘗不哭也』（漢書卷九十四下）

此為漢元帝竟寧元年（西歷紀元前三十三年）匈奴呼韓邪單于得王昭君時，侯應反對罷邊備理由之一。就匈奴言，失陰山後，過之誠可痛哭；就中國言，歷代受北方游牧民族之侵暴，甚至亡國破家，民族蒙辱，亦皆因其不能保守此山也。今日外人勢力雖已入我腹地，而陰山仍屹然為我北方最重要之腹地防線，吾苟能堅保此線，則民族之逐日復興，強敵決不能阻止也。

貫通大青山南北之門戶，為歸綏北三十里許之蜈蚣壩，歸綏在歷史上名雖屢易，地望少變，其所以歷代為北方重鎮者，即南據黑河盆地，北扼此大青山之咽喉也。

水經注（河水）云：『自城（白道城）北出，有高坂，謂之白道嶺』白道嶺即今日之蜈蚣壩。清初亦稱得勝關（見蜈蚣壩北坂關帝廟乾隆二十四年碑）。唐太宗貞觀四年李靖滅突厥以洗唐初臣屬突厥之恥，（舊唐書李靖傳：太宗謂侍臣曰：往者國家草創，太上皇以百姓之故，稱臣於突厥，朕未嘗不痛心疾首。）即由此路出兵也。

由壩口至壩底，為路頗遙，昔所謂白道川者，當即此壩前後之壩溝也。南坂壩底至壩頂約五里，北坂壩頂至壩底約三里，兩坂陡峻，車行甚險，前西北軍駐其地時，曾削平不少，然欲『化險爲夷』，猶當加工也。

蜈蚣壩亦作吳公壩，蓋「吳公」，「蜈蚣」，皆爲蒙古語翁袞之音轉。翁袞又作「瓮袞」「翁觀」（見蒙古源流卷六），華言神祇，故蜈蚣壩者，神壩也。金史（卷二十四）地理志豐州富民縣（今綏遠城東三十里白塔村）有黑山神山，然則神山一名，亦不自蒙人始。

壩字本義，爲止水之堰，何故用以名山？而且吾人試展閱熱察綏諸省地圖，見其地名之稱壩者，如萬全壩，漢諾壩等，不勝枚舉，而在他省則不數見。足見此字必有特別意義矣。

儒案蒙古語大壩(daba)，華言「山峽」，「山口」，吳公壩之壩，應爲大壩省稱，然則其全名當爲吳公大壩，華言「神山口」也。張穆蒙古游牧記（卷五）引張文端漠北日記『出歸化城行九里，入祁連山；十五里踰峻嶺，方言都倫大壩；五里下坡。石溝崎嶇，溪壑幽深』。張文端所經之都倫大壩，即今之吳公壩，名雖不同，其稱大壩則一。

二　武川

武川一名，始於北魏獻文帝皇興四年，即公元四百七十年。魏書（卷一百三）蠕蠕傳『皇興四年予成犯塞，車駕北討之……諸將會車駕于女水之濱，獻文親誓衆……乃選精兵五千人挑戰，多設奇兵以惑之，虜衆奔潰，逐北三十餘里，斬首五萬級，降者萬餘人，戎馬器械，不可稱計，旬有九日，往返六千餘里，改女水曰武川，遂作北征頌，刊石紀功』，獻文帝改女水爲武川之水，固不必求其爲今縣境內何水，要其名爲公元四百七十前所無也。

武川在未設治時，原名可鎮，命名之由，似與該地蒙語名稱有關。按武川縣城，蒙古名曰可可以力更，見城內關帝廟大殿廊下嘉慶年間碑文。「可可」華言青，「以力更」華言土坎（見綏乘），舊日漢名之可鎮，殆即「可可以力更」之省稱，此種半蒙半漢之地名，綏遠境內，在在皆是，固不僅此可鎮一地也。

武川城唐代突厥人似名之曰 gara-gum（黑沙城），其說如下：

唐高宗永淳二年（公元六百八十三年）突厥首領骨咄祿

叛，建立北突厥第二王朝，新唐書突厥傳謂其「散保總材山，又名治黑城」。前清末年在外蒙庫倫東那賴哈發見之突厥文暾欲谷碑第一碑西面第七行暾欲谷云「吾人住於 Čughai 山及黑沙 (qara-qum)」，此文與新唐書正合。故德人夏德(Hirth)作暾欲谷碑跋(Nachworte zur Inschrift des Tonjukuk 收於 W. Radloff 之 Die Alttürkischen Inschriften der Mongolei 第二册），以爲總材即 Čughai 之對音，『黑沙無疑的爲突厥文 qara-qum 之對音』。儒案 Čughai 突厥文原意爲「陰影」（見 W. Bang 之 Über die Köktürkische Inschrift 第十二頁）當爲陰山之突厥譯文，至於黑沙之方位，夏德假定黑城之名來自黑沙磧，更根據圖書集成引大同府志黑沙磧在邊振武縣北七十里之文，遂主張：「黑沙磧之邊緣，極近陰山北麓，約在 Kuku Ilikung』（見暾欲谷碑跋）案 Kuku Ilikung 即可可以力更之對音，今武川城也。

惟突厥黑沙之名，似沿用蠕蠕或北魏之舊稱，北史蠕蠕傳記北魏太武帝始光二年（公元四二五年）征蠕蠕「東西五道並進，平陽王長孫翰等從黑漠，汝陰公孫道生從白黑兩漠間」此黑漠係對白漠而言，當即後日突厥之黑沙也。

唐書突厥傳載公元六八一年裴行儉曹懷舜等征伏念時，「諜者紿言伏念溫傳保黑沙，饑甚，可輕騎取也。懷舜獨信之，乃不見虜，得薛延陀餘部降之，引還，至長城，遇溫傳與戰，所殺相當，行儉兵壁代之陘口」。由此吾人可知黑沙距雁門關（新唐書卷三十九地理志代州雁門縣有東陘關西陘關）當不甚遠。太平寰宇記卷三十八謂振武軍北至黑沙磧口七百里，以當時行軍情形度之，七百里太遠，或爲七十里之誤，當如大同府志所引。然則其地自當在武川附近，今武川境內地名「黑沙」者，頗不少，足見其地必有黑色沙磧也。

舊唐書回紇傳「那頡（啜）(Nahir Čur) 戰勝全占赤心下七千帳，東瞰振武大同，據室韋黑沙榆林，東南入幽州雄武軍西北界」王靜安先生觀堂集林卷十四黑車子室韋考據新唐書之文，以爲「黑沙似是部名，蓋即「黑車」之異譯」，予以爲王先生之說似不甚可採，由上文所見，黑沙必爲地名，至于榆林亦爲地名，惟非陝西北部之榆林，當爲參謀十萬分之一地圖殺虎口外之榆林廢城矣。

三　四子部落旗

四子部落命名之由來，據史籍所載，大略如下：成吉思汗同母弟朮赤合撒兒（Joči Kasar）十五世孫諾延泰（Noyantai）爲今熱河阿魯科爾沁（Aru Korčin）部祖之弟，生四子，長僧格，次索諾木，次鄂木，次伊爾札布，四子分牧而處，後遂爲所部稱云。

四子部落蒙文原名爲 Dürban Keüket 屠寄蒙兀兒史記卷二十二，措赤合撒兒傳云「四子部落蒙兀語朵兒別歹」未知有何根據。

此旗命名，亦襲蒙古舊俗，蓋蒙古初期，即有朵兒邊（華言四）姓，與此前後相映照也。元朝秘史第十一節：『朵奔篾兒干（Dobun Mergen）的哥哥都蛙鎖豁兒（Duwa Sokhor）有四子，同住的中間，都蛙鎖豁兒死了。他的四個孩子，將叔叔朵奔篾兒干不做叔叔般看待，撇下了他，自分離起去了，做了朵兒邊（Dorben）姓』四子部落命名之由，與此正同。

波斯拉施德丁(Rašid ed-Din)史集(Jāmi at-tawārīkh)（卷一）部族志亦有朵兒邊姓，波斯文寫作 Dūrbān，惟未言命名之故，僅謂其系出尼倫（Nirun），時與成吉思汗相鬥爭云。（參考一八四一年俄人 Erdmann 德文譯本第一百六十九頁以下）

今四子王府在漢人村落廠黃窪（有郵局）北四五里，王府有兩處，一爲現任札薩克潘王王府，在東，一爲其嗣子 Sarduš 所居，在西。二府皆中國式，四合院，西屋三間，爲正房，南北屋各三間，僅及內地中等農戶。此外有二廟，西藏式，在府南，甚美觀。再南，爲喇嘛住宅，大小二三十院。王府西有房若干間，爲辦公之地。

後山村落，門戶殆一律南向，惟蒙古王府，正門則皆東開（四子王府門東向偏南二十度）。考北族牙帳東開，乃極古之習俗，自匈奴以來，歷代莫不如是。史記匈奴傳「單于朝出營，拜日之始生，夕拜月」，雖未言帳門東向，似頗可能。後漢書烏桓傳則明言「以穹廬爲舍，東開向日」矣。資治通鑑卷一百八十五「柔然送悼后於魏，……遇魏所遣鹵薄儀衞。柔然營幕皆東向，扶風王孚，請正南面，后曰，我未見魏王，固柔然女也，魏仗南面，我自東向。』是柔然門戶亦東向也。魏爲鮮卑，與烏桓同爲東胡餘種，其請后正南面者，蓋受華化也。北史突厥傳謂「牙帳東開，蓋敬日之所出也。」故

4

隋煬帝至突厥庭，遂詠「穹廬向日開」之詩句。唐書回紇傳亦稱其可汗東向坐。

蒙古爲北族後起之秀，故亦有敬日之俗。元朝秘史第一零三節記成吉思汗發誓時，則向日解帶絓項。元史譯文證補（卷九）「蒙古即位之禮，羣臣從新君朝日，皆解帶置於項，向日九叩首」，蒙古既與匈奴烏桓柔然突厥回紇同有敬日之俗，則今日蒙古王府由帳幕變爲住宅後，門仍東向，無足異矣。

四 和屯廟

和屯廟在大廟之西南。大廟原名錫喇穆倫召，華言黃河廟，以濱錫喇穆倫河，故名。在張家口通外蒙之台站大道上，故又有十四台之稱。俗稱大廟子。

大廟西數十里爲達里開，亦稱新開地，乃國人農墾之最北端，其緯度已在百靈廟北，距外蒙邊境，僅二百餘里矣。

一八七三年 N. Elias 著西蒙經行記（Narrative of a Journey through western Mongolia）刊于 Journal of the R.G.S. 1873, p. 117（見夏德暾欽谷碑跋引）尚稱可可以力更（今武川城）爲農民北殖最後村落。迨一八九六年農民始略脫綏北王公苛待，墾至烏蘭花（見烏蘭花關帝廟大殿廊下光緒二十二年碑文）今達里開附近由王振東先生倡導，荒地日闢，農民村落將近大漠矣。

達里開西南數十里有西藏式廟三，環廟皆喇嘛住宅，約十餘所，地名和屯廟，蒙古全名爲 Hoten Gool in sum 華言城河廟，蓋以其地有古城有乾河，故有是稱。所謂城者，在廟南十里許，據予勘察，實金代界壕也。界壕中凹，寬數公尺，兩岸較平地略高，顯爲人工所塹。每公里許，壕中有圓形土阜，殆爲昔日堡壘。該地界壕斷處，並有小方城一座，每邊約三十公尺，城內無版築痕跡，殆爲戍人張幕之處。近於友人處瞥見某外國遊歷家文中插內蒙地圖一，於綏北畫長城兩重，未知何據，如得綏北詳圖而審之，則此地南北兩界壕之起迄接連，不難瞭然矣。

金代界壕，王靜安先生考之甚詳（觀堂集林卷十五金界壕考），吾人所親見者，乃金西南路之界壕也。惟王先生之說，尚有可補正者，茲略述於下。

金史地理志謂淨州天山縣升，北至界八十里。王先生主張「天山以山名縣，自當在陰山中」，故據金史之文，而駁張穆游牧記（卷五）四子部落「旗西北有廢淨州城」之說，以爲「淨州當在四子部落之南，不當在其北也」。儒案金西南路界壕當有新舊二道，趙珙蒙韃備錄征伐條誤界壕爲長城，曰「章宗築新長城，在靜州之北」，可知此新城之外必另有舊長城，與今圖南北二壕正合。南壕由東北走向西南，西端近陰山，或即阻陰山爲固。然則張王二假說，均有成立之價值。質言之，淨州如近北壕，則張說是，如近南壕，則王說是也。但此種問題須待實地考察，非紙上所能解決矣。

金西南路有南北二界壕，於元史阿剌兀思剔吉忽里傳亦得旁證。案汪古部爲金人防禦北族，則其所守之地，按理自當在界壕之南，不當在其北，而元史阿剌兀思傳一則曰「南出界垣」，再則曰「夜遁至界垣，造守者縋城以登，因避地雲中」，足見其所守者爲北壕，所遁者爲南壕矣。

金界壕亦見於波斯拉施德丁史集，惟與趙珙同，亦誤界壕爲長城耳。王先生似未見此文，茲轉譯如下，以供學者參考。

『成吉斯汗時代及成吉斯汗以前，汪古（Ungut）服役於契丹（儒案指中國）主阿勒壇罕（altān Khān 即金主）之軍隊及扈從中。彼等類似蒙古人，由四千家組成，世人以阿勒壇罕徽號相加之諸契丹主，爲防禦蒙古，克烈，乃蠻及此地游牧民族計，曾築一長城，此長城在蒙古文稱爲 Atgu，突厥文稱爲 Buqurquah，起自主兒只（即女眞）海濱，遠達流於契丹秦及摩秦間之哈喇沐漣（Kara muren 華言黑河）河岸。河源在汪古及吐蕃（Tübet）地方，此河無一處可通過。初契丹委任汪古部守此長城，並給傭金。成吉斯汗時，汪古君長名阿剌兀思剔吉忽里（Al-aquš tigin quri）』（Erdmann 德文譯本頁一四八）

五　達爾罕旗

達爾罕一名，來源甚古，北史蠕蠕傳「西魏文帝乃以孝武時舍人元翌女稱爲政公主，妻阿那瓌兄弟塔寒」此塔寒一名，初視之似爲人名，其實爲一官名。北史蠕蠕及突厥傳中以官名爲其人之名者，不可勝數，固不僅此塔寒一名也。突厥之達干（Tarqan）即直接由蠕蠕之塔寒傳來。

隋唐時代突厥之達干一官，即突厥文闕特勒苾伽可汗暾欲谷諸碑中 Tarqan 之對音，他書往往誤爲「達于」。唐書突厥傳中又有「達官」一稱，或爲達干之異譯，亦 Targan 之對音矣。

考十一世紀 Kašghari 之突厥字典有 Tarxan 一字，意爲司令（1928 德國 Brockelmaun 本頁一九八）於中文材料中求之，其意正同。舊唐書突厥傳稱骨咄祿（qutlugh）叛時，有生於中國之突厥人暾欲谷投之，其人爲「深沈有謀，老而益智，李靖徐勣之流」之人物，骨咄祿得之甚喜，『立爲阿波達干，令專統兵馬事』此「傳統兵馬事」正 Kašghari 字典司令之職務也。

達干之上，常加「阿波」「莫賀」等稱，惟已越出此文範圍，不能一一解釋也。

公元第六世紀西突厥會與東羅馬通使，故突厥官名東羅馬亦曾聞之，據東羅馬史家彌南（Menander）殘史第二十八章所載，東羅馬使臣歸時，可汗遣使臣名 Tagma 而有 Tarkhan 之號者偕之歸，此號即 Taqran（達干）之希臘譯法也（參觀馮譯西突厥史料一百七十頁）。

北突厥及西突厥皆有達干之號，厥後回紇人亦沿用之。如新唐書回鶻傳所舉與郭子儀舉杯盟會之數回紇將帥，皆號達干，其例固不勝枚舉也。

北宋時北族中亦有用達干之號者，文獻通考卷三百三十六載王延德西使記有「次至達于于越王子族，此九族達靼（Toquz Tatar）中尤尊者」足見宋代達靼人亦沿用之。九族達靼者何？其說甚長，於此不能贅及也。

降及蒙古時代，軍事貴族，有荅剌罕（Dargan）之號，答剌罕即達干之蒙古讀法也。元史列傳中，賜荅剌罕號者頗多，其特權波斯人志費尼（Juwayni）世界征服者傳中，曾詳言之：『豁免一切賦稅，在戰征中或圍獵中所獲之一切品物，獨自有之；無須特別許准，隨時可入宮禁，九次犯罪之後，始受傳訊，但此種則例之遵行，亦只限於含有死刑之罪。』（見 W. Barthold 之蒙古侵入時之突督吉斯坦 Turkestan down to the mongol Invasion 三百八十五頁多桑蒙古史第一卷第二章，有同樣記載，惟文句稍異，可參看也）。

據多桑引拉施德丁史集，鐵木眞於未稱成吉思汗時，已授 Bougourdji Bourgoul 二人以荅剌罕號。元朝秘史雖不見「荅剌罕」稱號，而鐵木眞於一二〇六年稱成吉斯汗時賞其功臣之特權，頗有與荅剌罕所享受者相同。如孛斡兒出者勒蔑等均享九次犯罪休罰之特權。秘史第二一九節記成吉斯汗對鎖兒罕失剌，巴歹，乞失里黑道：「出征去處得的財物，圍獵時得的野獸，身自要有」亦荅剌罕所享之特權也。

輟耕錄卷一荅剌罕條：『荅剌罕譯言一國之長，得自由之意，非勳戚不與焉』。與志費尼之說略異。

明代韃靼官制，多沿元代之舊，故仍用達干稱號。惟其文作打剌汗（明武備志頭目曰打剌汗）或打兒漢（明史韃靼傳及王士琦三雲籌俎考卷二）。加賞此號之法規，三雲籌俎考封貢考所附夷語解說打兒漢條言之頗詳：『凡部夷因本管台吉陣前失馬，扶救得生，或將台吉陣中救出者，加陞此名；如因救台吉自身陣亡，所遺親子或孫，酬陞此名；亦有各色匠役，手藝精能，造作奇異器具，陞爲此名』。滿清於降服蒙古後，仍多用其舊有之官號以封之，達爾漢即其一也。其所享特權，與前大異，蒙古游牧記（卷一）云「各部蒙古有功加達爾漢號者，增加俸銀二十兩，俸緞四匹，達爾漢者，有勤勞之謂也」。迨及乾隆，復改爲「達爾罕」，要皆現代蒙古語 Darhan 之對音也。

達爾罕旗本名喀爾喀右翼旗，與今熱河境內之喀爾喀左翼旗，同稱內喀爾喀，以別於漠北之外喀爾喀（即外蒙四部）。達爾罕旗始祖曰本塔爾，爲土謝圖汗姪孫，順治十年與土謝圖汗有隙，率千餘戶歸滿清，封札薩克和碩達爾漢親王，駐牧塔爾渾河，是爲喀爾喀右翼旗。所謂右翼旗者，因後有同族袞布伊勒登歸滿清，居喜峯口外，所居地分東西，故本塔爾稱喀爾喀右翼，袞布伊勒登稱左翼云。至稱之曰達爾罕旗者，殆與科爾沁左翼中旗同，以其名稱較長，國人姑以其始祖封號呼之也。

記察綏盟旗

楊向奎 1

第一　盟旗之分劃

察哈爾省本由察哈爾盟而得名，蒙人之發音爲 Jak-har，其意義爲「邊疆民」。即明史之插漢兒部，至清始改爲察哈爾。今日之察哈爾省約百分之七十爲漢人，轄十六縣三設治局及錫林郭勒盟五部十旗，察哈爾部左翼四旗，四牧羣及達里岡厓牧場而成，據曾世英君推算，全省面積凡二十五萬八千八百十五方公里，據二十三年省會公安局調查，人口凡二百六十五萬三千餘人（缺多倫），平均密度每方公里僅得十人強。

蒙古人的社會，據一般社會學家的研究，說它是一種封建色彩加味的亞細亞的生產社會。這並不是典型的封建社會，一些封建色彩是清人給他加上去的。在這種社會制度裏，其單位最小的爲「旗」，以上有「部」有「盟」。「盟」在蒙人讀作 Chigolgan，「部」爲 Aimak，「旗」爲 hoshigu。此等名稱之含義及其來源，今不能細說，特記今日之盟旗組織如次。

1 錫林郭勒盟

錫林郭勒盟蒙名爲 Sil-in Gol，原爲盟內東部河流之名，亦即今日之所謂錫林郭勒河者是。本盟地域佔察哈爾省東北部過半，位於大興安嶺之西北，自北緯四十二度到四十七度，東經百十一度到百二十度之地，爲內蒙最大之旗盟也。其面積約一九八•〇〇〇方里，東北與呼倫貝爾之索倫接界，西南與綏遠省之烏蘭察布盟相接，南與察哈爾部及照烏達盟相接，而北方則隔沙漠以與車臣汗部相接，乃蒙古高原之東南端也。在東南部因興安嶺縱貫南北，緣邊之高度乃至四千呎，西北向沙漠高度減爲三千呎左右。故境內河流除若干例外皆向西北流而沒於沙漠。湖沼之有名者爲達里泊及大布蘇諾爾。

本盟分爲五部十旗，如下：

(1)烏珠穆沁部　二旗

1.烏珠穆沁左翼旗（東——）

2.烏珠穆沁右翼旗（西——）

(2)浩濟特部　二旗

1.浩濟特左翼旗（東——）

2.浩濟特右翼旗（西——）

(3)阿巴哈那爾部　二旗

1.阿巴哈那爾左翼旗（東——）

2.阿巴哈那爾右翼旗（西——）

(4)阿巴噶部　二旗

1.阿巴噶左翼旗（東——，又名阿巴噶大王）

2.阿巴噶右翼旗（西——）

(5)蘇呢特部

1.蘇呢特左翼旗（東——）

2.蘇呢特右翼旗（西——）

以上烏珠穆沁部，浩濟特部，蘇呢特部三部六旗的札薩克（即管旗務之王公）全是元太祖成吉思汗之嫡裔子孫；阿巴噶部，阿巴哈那爾部二部四旗則爲成吉思汗的兄弟布格博格勒圖的裔孫。

烏珠穆沁部分左右兩旗，亦或以東、西名之。其左翼旗在本盟之最東北部，東西約二百里，南北約二百八十里，戶數爲一•五〇〇，人口約八•〇〇〇。現札薩克爲郡王多爾濟。本旗之人口以牧畜爲主業，在去年其所有畜產之數額如下：

牛	四五•〇〇〇頭
馬	八〇•〇〇〇頭
羊	一〇〇•〇〇〇頭
山羊	一二•〇〇〇頭
駱駝	一〇〇頭

而每年產羊毛約十三萬五千斤，在東北方索倫隣界地方又產良好木材。

右翼爲本盟中最大之旗，現札薩克爲索諾木拉布丹，是本盟的盟長。本旗廣袤東西約二百八十里，南北約四百九十里，戶數爲三•五〇〇，人口約二〇•〇〇〇。爲一望千里的廣闊草原，牧草豐美，非其餘所及也。在旗的西北部有著名產鹽池大布蘇諾爾。故本旗以牧畜業佔第一位而採鹽業佔第二位。其畜產數目大略如下：

馬	一二〇•〇〇〇頭
牛	八〇•〇〇〇頭
羊	二〇〇•〇〇〇頭
山羊	三〇•〇〇〇頭
駱駝	二〇〇頭

每年約產二十七萬五千斤之羊毛。本旗之牧畜業實爲內蒙之冠，而飼馬特盛，山後之馬頗爲名高，體秀而力強者也。

浩濟特部亦分兩旗。左翼旗之現札薩克爲松津旺綽克。本旗東西約百十里，南北約四百九十里，戶數爲一•〇〇〇，人口爲六•〇〇〇。本旗因與西烏珠穆沁接界，故大布蘇諾爾鹽池爲二旗所共有，他旗之欲採鹽者須納相當之稅物也。

右翼旗現札薩克爲桑達多爾濟，本旗東西約百里，南北約四百九十里，戶數約一•〇〇〇，人口約五•〇〇〇。兩旗均以牧畜爲主業，以牛馬爲最多，其略數如下：

牛　四〇•〇〇〇頭
馬　六〇•〇〇〇頭
羊　一〇•〇〇〇頭
駱駝　一〇〇頭

每年產羊毛約十一萬斤。在本旗南部尚有自外蒙古及呼倫貝爾方面流亡來的布里亞蒙人約三百五十在此居住，形成一特殊部落也。

阿巴哈那爾亦分兩旗，其左翼旗之面積，東西約百 3
里，南北約四百二十里，占盟中豐沃之地，現札薩克爲阿克棟阿。在本旗有貝子廟，極有名，有喇嘛三千，常住者亦至千五百名之多，將來可成爲內蒙古之經濟中心地。右翼旗東西約七十里，南北約四百二十里，戶數爲一•〇〇〇，人口爲六•〇〇〇。現札薩克爲索特那木諾爾布。兩旗產業均限於牧畜，地味豐饒，牧草繁茂，就中以東阿巴哈那爾王府附近爲旗內最大之牧地。羊毛年產達七萬一千斤左右，其畜產數如下：

牛　三〇•〇〇〇頭
馬　二〇•〇〇〇頭
羊　六〇•〇〇〇頭
駱駝　八〇頭

阿巴噶部亦分兩旗，其左翼旗現札薩克爲佈特伯勒。廣袤東西約百十里，南北約四百二十里，戶數約三•〇〇〇，人口約一〇•〇〇〇。右翼旗現札薩克爲松諾棟魯布，旗地大部分爲沙漠，廣袤東西約七十里，南北約三百五十里，戶數爲一•〇〇〇，人口爲五•〇〇〇。兩旗之唯一產業爲牧畜，其數目如下：

馬	三五•〇〇〇頭
牛	二五•〇〇〇頭
羊	八〇•〇〇〇頭
駱駝	五〇頭
羊毛	八八•〇〇〇斤

蘇呢特亦分兩旗，其左翼旗現札薩克為林沁旺都特。戶數為一•八〇〇，人口約一〇•〇〇〇。廣袤東西約百四十里，南北約三百五十里。右翼旗之現札薩克為德穆楚克棟魯布，乃錫林郭勒盟副盟長，亦即近來稱兵倡亂報紙所常見之德王也。旗之廣袤東西約二百八十里，南北約三百五十里，大半為沙漠。戶數為二•二〇〇，人口一三•〇〇〇。本部兩旗本以牧畜為主業，但近來西蘇呢特旗西南境方面有漢人從事農耕，亦有黍，粟，蔬菜之產。因為多沙漠地帶，所以遊牧也不甚適宜，其牧畜數目如下：

牛	二五•〇〇〇頭
馬	二〇•〇〇〇頭
羊（山羊）	六〇•〇〇〇頭
駱駝	一〇〇頭

此外尚有鹽湖數處產岩鹽曹達等。

2 察哈爾盟

察哈爾盟在錫林郭勒盟的南方，約占察省南部地域三分之一，原來稱內屬蒙古，於民國二十三年改為盟制，因原非盟制，故與錫林郭勒盟等內部構造有多少不同。在明末彼林丹汗自號為插漢兒汗，後其子額爾克孔果爾汗降清，而其地位在內蒙二十四部之上，但於康熙十三年，親王布爾尼因呼應吳三桂之叛，遂被清廷削爵而奪其自治權，乃編為八旗而各置總管，在察哈爾都統下直隸於中央政府。本牧地東為克什克騰，西為歸化土默特，北為錫林郭勒，烏蘭察布兩盟，其南則隔長城而與河北山西相連。又與舊太僕寺左右兩翼及內務府所屬商都明安等牧地相錯綜。其所屬八旗如下：

左翼四旗：

正藍旗　廂白旗　正白旗　廂黃旗

右翼四旗：

正黃旗　正紅旗　廂紅旗　廂藍旗

其位置正藍旗最東，順次而西以至廂藍旗。上述四旗之外又有太僕寺四牧場，於民國十七年亦改為旗，故今為

4

十二旗，其左翼四旗及牧場四旗屬察哈爾省，右翼四旗則爲綏遠所管轄。

察哈爾十二旗群非如錫林郭勒盟之有世襲札薩克，乃于各旗有一總管，管理各旗內行政，教育，警察，財政，軍備，司法等事。各總管皆爲平等。每一旗爲由若干之「佐」所合成，在先時以百五十戶爲一佐，今日已無一定之數目。各旗佐數亦不一定。旗的行政組織如下：

旗總管—┬—正參領—┬—佐領
　　　　└—副參領—┘

各旗總管由省政府任免之，旗總管下有正副參領各一，輔佐總管掌全旗事務。每佐有一佐領，原來本爲軍制，故佐領之下有驍騎校及護軍校等。每佐領率有七十名兵，半爲護軍半爲馬甲（預備兵），各旗平均有十五、六佐，故每旗有兵八百四十以至千四百上下。近來八旗總管及人口如下：

旗名	總管	戶數	人口
左翼正藍旗	音德賀	一•九〇〇	九•一〇〇
左翼廂白旗	貢楚克拉什	九〇〇	七•四〇〇
左翼正白旗	圖勒巴圖	一•五〇〇	八•二〇〇
左翼廂黃旗	穆克登寶	八〇〇	九•一〇〇
右翼正黃旗	達密凌蘇龍	二•一〇〇	九•二〇〇
右翼廂紅旗	巴勒貢札布	六〇〇	八•三〇〇
右翼正紅旗	富齡阿	七〇〇	一〇•〇〇〇
右翼廂藍旗	克鄂齊爾	八〇〇	七•五〇〇

正黃旗之達密凌蘇龍總管即此次抗戰匪僞亂事之最出力者也。

此外有牧場四旗，在清代爲國家的牛，羊，馬等牧場，民國十七年以來亦改編爲旗制，與以上官制八旗同，其組織如下：

（1）太僕寺左翼牧場旗—┬—廂黃旗
　　　　　　　　　　├—正白旗
　　　　　　　　　　├—廂白旗
　　　　　　　　　　├—正藍旗
　　　　　　　　　　└—騸馬群

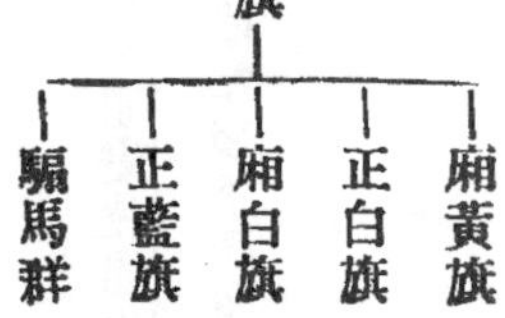

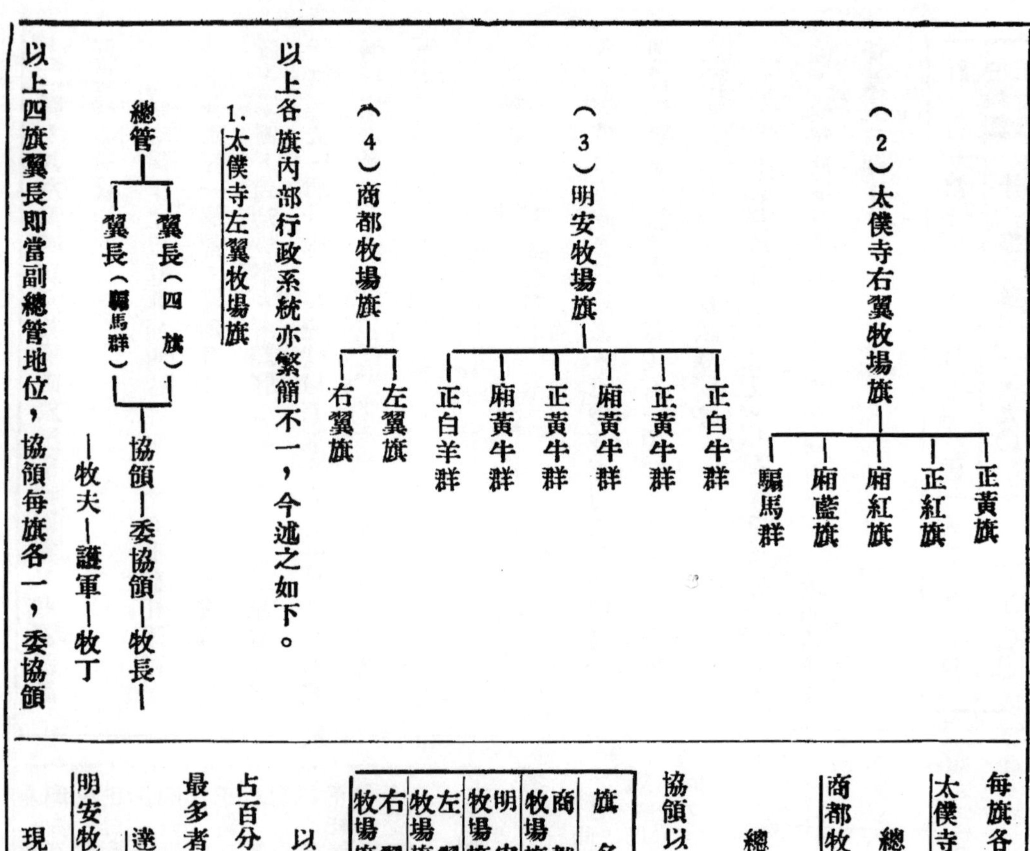

（2）太僕寺右翼牧場旗—正黃旗、正紅旗、廂紅旗、廂藍旗、騸馬群

（3）明安牧場旗—正白牛群、正黃牛群、廂黃牛群、正黃牛群、廂黃牛群、正白羊群

（4）商都牧場旗—左翼旗、右翼旗

以上各旗內部行政系統亦繁簡不一，今述之如下。

1.太僕寺左翼牧場旗

總管—翼長（四旗）、翼長（騸馬群）—協領—委協領—牧長—牧夫—護軍—牧丁

以上四旗翼長即當副總管地位，協領每旗各一，委協領每旗各二。

太僕寺右翼牧場旗組織與上同。明安牧場旗則為：

總管—協領（每旗一名）　協領以下與上同。

商都牧場旗則為：

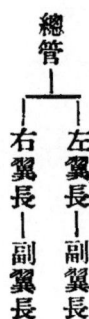

總管—左翼長—副翼長；右翼長—副翼長

協領以下與前者同。以上四牧場旗之總管人口如下：

旗名	總管	戶數	人口
商都牧場旗	特穆爾博羅特	二・〇〇〇	一〇・〇〇〇
明安牧場旗	尼瑪鄂特索爾	三・〇〇〇	九・六〇〇
左翼牧場旗	善濟彌圖普	一・七〇〇	七・七〇〇
右翼牧場旗	色楞那木濟勒	五〇〇	二・二〇〇

以上合計共七・二〇〇戶，二九・五〇〇人，男子占百分之六十，而一半為喇嘛。此四牧場旗為漢人居住最多者。

達里崗崖牧場在察省之最北部，與蒙古為鄰，本為明安牧場旗所管轄也。

現在四牧場旗養官馬約八千，每年以十之一納于政

6

府。在以先尙養牛，羊，駱駝等，民國以來因需馬急，乃全部養馬矣。

以上諸旗乃在察哈爾省境內者，今進而論在綏遠省諸旗如下：綏遠省因清季爲綏遠將軍駐節地而得名，與熱河察哈爾同爲舊內蒙古地，因皆在瀚海沙漠之南，故稱「漠南三省」。綏遠省現轄一市（包頭），十六縣，一設治局及烏蘭察布盟四部六旗，伊克昭盟一部七旗，察哈爾部右翼四旗，歸化土默特旗等。全省面積據曾世英君推算爲三十萬四千零五十八方公里。人口據二十一年民政廳調查爲二百零一萬二千餘人，平均每方公里僅得七人弱。

3烏蘭察布盟

烏蘭察布盟，占綏遠省北部，恰如錫林郭勒盟之在察哈爾省之地位。「烏蘭察布」本爲盟內四子部落旗內地名。爲蒙古語 Ulan Chab 之音譯。本盟分爲四子部落，茂明安，烏喇特，喀爾喀四部，共分爲六旗。今分述之。

（1）四子部落部廣袤東西約二百六十餘里，南北約二百八十里。本部祖先爲元太祖弟哈布圖哈薩爾十五世孫諾延泰。部爲一旗所成，即名四子王旗，現札薩克爲潘弟恭札布，旗由二十佐領而成，旗內烏蘭察布爲會盟之地，此乃盟名之由來也。

（2）茂明安部廣袤東西約百十餘里，南北約二百一十里。本爲元太祖弟哈布圖哈薩爾十四世孫錫喇奇塔特之子孫。部爲一旗所成，現札薩克爲貝齊米特林沁高爾羅。

（3）烏喇特部廣袤東西約二百四十餘里，南北約三百四十里。哈布圖哈薩爾十五世孫布爾海始來此地遊牧，部爲三旗，即：

a.烏特喇中旗（中公旗）現札薩克爲巴寶多爾濟，現爲烏蘭察布盟副盟長。

b.烏喇特前旗（西公旗）

c.烏喇特後旗（東公旗）

三旗之遊牧地與王府相同，布爾海三分其所部，子孫承嗣者也。中旗有佐領十六，前旗十二，後旗六。

（4）喀爾喀右翼部廣袤東西百四十里，南北百五十餘里。本部爲一旗，俗稱達爾漢旗，現王爲雲端旺楚克，乃烏蘭察布盟之盟長，亦即內蒙自治政務委員會之委員長也。

4伊克昭盟

伊克昭爲蒙古語 Yeke joo 之音譯，joo 又爲當于蒙語 Sume（廟）字義之西藏語音譯，即「大廟」之意也。本盟爲鄂爾多斯一部七旗所成，東西北三面皆沿黃河，南隔長城而與寧夏及陝西相接。其七旗如次。

（1）左翼中旗，在中央部東方之地，俗稱郡王府，由佐領十七而成。

（2）右翼中旗，在盟內西南部一帶地，通稱鄂托克旗，有佐領八十四。

（3）左翼前旗在盟內東北端，俗稱準噶爾旗，有佐領四十二。

（4）左翼後旗，在盟內中部的東端，俗稱達拉特旗，有佐領四十。

（5）右翼前旗在盟內東南部，俗稱烏審旗，有佐領四十二，現札薩克阿拉坦鄂齊爾爲本盟副盟長。

（6）右翼後旗在盟內西北部，俗稱杭錦旗，有佐領三十六。

（7）右翼前末旗，原屬于右翼前旗，清乾隆元年因人口增加之故乃別設一旗。俗稱札薩克旗，現札薩克爲沙克都爾札布爲本盟盟長，又內蒙自治政務委員會副委員長。

5土默特部

「土默特」爲蒙古語 Tumet 「一萬」「無數」複數形的漢音譯。本部爲一旗所成，在察哈爾右翼旗西以歸綏爲中心的地方，包括現綏遠省之歸綏，薩拉齊，清水河，托克托，和林等縣，由六佐領所編成，無世襲王公而爲政府任命之官吏，即總管是也。現總管爲榮祥。部民約一萬，大多爲定住營農業者，最近數十年間大部忘掉蒙古語而完全漢化矣。

第二　社會之構成

在蒙人社會裏大約分爲貴族，平民，家奴（奴隸）三階級。其中之貴族概爲博爾濟特及烏梁海兩系統所出，大別如下：

1. 成吉斯汗的子孫，分南北二派。
2. 成吉斯汗弟哈薩爾所出。
3. 成吉斯汗弟別里克臺所出。
4. 成吉斯汗弟斡楚因所出。

5.成吉斯汗功臣濟拉瑪所出。

6.元臣翁汗所出。

7.元臣孛汗所出。

8.稱爲輝特的一族，系統不明。

9.稱爲唐努烏梁海之別一派，屬于噠呾蒙古。

這些貴族，在前清曾封爲親王，郡王，貝勒，貝子，公（鎭國公，輔國公）等爵位，此外又有台吉，塔布囊等身分。此全依當初家系之高下，部衆之多寡，或功勞之大小而分封。以上王公中之支配旗務者稱爲扎薩克，即管旗王公是也。其餘則爲閑散王公。此外因功而賜世襲職者又有子，男，輕車都尉，騎都尉，雲騎尉等五等爵，乃所謂下級貴族也。

以上所謂一般貴族，尙有特殊貴族之喇嘛，此與前者同有支配奴隸之權力者也。此無一定系統，社會地位亦多不如前者之高，這些貴族全屬只知消費而毫不事生產者。

以下爲諸王公台吉等傳世的屬下人阿爾巴圖和台吉之降爲平民者，家奴之獨立者所構成之一階級，即所謂平民是也。有特定的權利義務，關于戶口，婚姻，優䘏，賦役，兵役皆有定制，對於旗長有絕對服從的義務，不許隨意脫離旗籍。雖然說是平民，然而和我們觀念中的平民亦有不同，他們負有牧養札薩克的家畜的義務，女兒到十六七歲得在王府負使役，又或嫁娶、葬祭時有納賦義務，又有當兵的義務；差不多和封建制度下農奴相似，但須認淸此尙非奴隸，是基礎的生產階級也。

所謂奴隸階級者無戶口，無兵役義務，對於札薩克不負絲毫義務，但對自己主人則負有無限義務也。此等多爲戰役之擄獲者，子子孫孫永爲奴隸，生殺之權操之主人，又爲饋送及買賣如物之對象。總而言之，家奴地位與物類無異。

今將此三階級之關系圖表列如下：

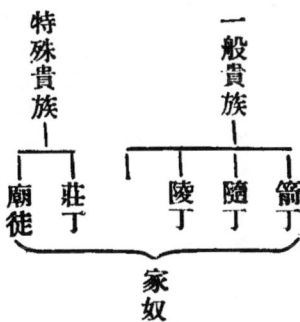

- 一般貴族
  - 箭丁
  - 隨丁
  - 陵丁
  - （空）
- 特殊貴族
  - 莊丁
  - 廟徒

（以上各丁、廟徒統稱）家奴

以上之箭丁，隨丁，陵丁，莊丁，廟徒即平民階級。箭丁可任管旗章京以下小官，隨丁爲貴族的從者，亦可任同上小官，陵丁爲貴族陵墓之看守者，莊丁之地位與陵丁同，比前二者稍低，廟徒於所屬寺院及廟主納一定稅金，服差役，亦得任爲下級官吏。

第三　政治組織

社會構造爲社會本身之內容組織，其表面構造則爲政治組織。如前所述每旗之最高首領爲札薩克，其辦公之地曰印務處，大要分爲二科，科內有科長科員，分任各項職務。二科一管直接行政事務，一管札薩克一家一切事務和王府（印務處）之器具材料，金錢出納，以及雜務，祭典，儀式等。每旗在札薩克之外尚有如下重要職員：

1.管旗章京
2.協理台吉
3.梅倫
4.掌印札蘭或參領
5.管箭章京
6.副管箭章京
7.筆帖式
8.領催

其職務則協理台吉，掌印梅倫，掌印扎蘭，筆帖式等爲直接辦理行政事務者；和碩達，手達，大台吉，副管箭章京，領催等則爲統轄台吉者；旗民之統轄者則爲管旗章京，管旗副章京，札蘭章京，管箭章京，副管箭章京，領催，屯達，什長等。

協理台吉爲札薩克的輔佐人員，因旗之大小而置二人或四人，由旗內王公台吉中選用。而由台吉中選拔總轄旗內台吉者則爲和碩達。其助理此項事務者則稱大台吉。

掌印梅倫（一名）受協理台吉或管旗章京之命而掌旗務，掌印札蘭（一名）則爲其輔佐人員。

筆帖式即書記，掌文簿之事。

領催爲主計人員。

管旗章京，每旗一人，直屬于札薩克，管轄旗民及平民，或與協理台吉同掌旗務，直司法獄及稅關之事，輔佐之者則爲管旗副章京。

札蘭章京古爲軍區上等人員，指揮佐領統轄兵員，每六佐領設一人統率之，又辦理軍區稅租之事。

管箭章京爲一佐領之統率者，直接辦理旗務之地方官，辦理租稅，戶籍，及傳達上司命令等事，位在驍騎校上。副管箭章京即又名驍騎校也。

屯達爲終身官，即村長之類，什長爲十戶之長。

拜生達管理札薩克一家及王府事。其下有哈班包衣達等。

在各旗內一佐領平時有五十名兵，戰時則有百五十名，佐領亦累增。

協理台吉管旗章京等高級職員皆由台吉幹才中選拔，由札薩克申於盟長，再請政府許可。參領和佐領亦由台吉中選補。

盟爲由一旗乃至數旗之集合團體，但並不直接干預旗中之事，關于重大事件則由各札薩克共同處理之。旗有旗長，盟亦有盟長副盟長，但旗雖有札薩克，而不設盟，直轄于政府特命之地方官者，則有青海蒙古西套蒙古等是。

盟長副盟長由札薩克中選拔之，常處于札薩克之監督地位，故其勢力駕于他札薩克上，爲盟內之最有力者也。

邊疆之學向不爲中朝人士注意，淸季以來雖因元史之學而及於西北邊疆地理，然終無大成績，而造成一時之學風。反觀東鄰日本則由所謂滿鮮又至滿蒙，筆之所至，槍亦隨之，由鮮而滿而蒙將底於何處！今幸國之將士，殺敵守土，然我輩讀書之士，猶不能於槍先到處而筆隨之，殊可慨惜！尤令人慚愧者，則筆者之寫此文，因居異域之故，又未得不採日文書，本篇大部取材即在吉村忠三於民國二十四年出版之內蒙古一書內也。

二十五年十二月二十四日

廿六年度第十九次　特價書　二十種之一

計劃全國生產建設之基本資料
經營產銷販賣事業之參考寶典

中國通郵地方物產誌

交通部郵政總局編

採訪物產二千三百餘種
調查地點二千七百餘處
錄入行號八萬六千餘戶

本書由交通部郵政總局，就全國通郵地方，實地調查，彙編而成。蒐羅普遍，取材翔實，全書都五百萬言，依省分編，每編分爲兩部份，一爲物產調查，包有全國物產「農，畜，水產，林，礦，製造」六大類，凡二千三百餘種，將產地，產時，價目，數量，銷行地帶，逐項載列。一爲工商行號調查，共二千七百餘處，八萬五千餘戶。經營業務，亦皆依類歸納，並載明所在地點。復於編首著有概說，將地理交通等，提綱挈領，綜貫敍述。並分插物產照片，共二百四十五幀，大都選取特產影印，足資參證。卷首印有物產分佈圖六大幅，擇要核計，繪製顯明。卷末附載分類索引，地名索引，四角號碼索引，尋檢極便。此書不但可供生產者採購者運銷者之實際應用，且爲研究國內產業狀況計劃全國生產建設之基本參考書。

三開本　布面精裝
一厚册　定價十二元
特價八元四角
郵費掛號費三角〇五
特價九月八日截止

商務印書館發行

各地郵局　均可代購

*D208-26;6

集寧設治與改縣之確實時期

許錫五[1]

前檢商務印書館出版之中國古今地名大辭典集寧縣條，綏遠省政府刊行之綏遠概況，與綏遠民衆教育館編印之綏遠省分縣調查概要，對於集寧設治及改縣，均因根據材料不確，以致輾轉失實。近閱史地周刊近三百年來開發察哈爾部八旗及各牧廠沿革，對集寧設治及改縣時期，一仍舊說。似此若不及早訂正，誠恐眞相湮沒，莫知孰是。錫五雖於百忙之中，不得不爲文以明之，茲先將各原文列下：

（集寧縣）金置。見集寧路條。本豐鎭、涼城、興和三縣地。民國析置集寧招墾設治局，屬察哈爾興和道，設治平地泉。迺北爲元集寧路地，局因以名。十年改置縣。地當京綏鐵路之中樞。有汽車路北通滂江以達庫倫。四周土壤肥沃，廣漠無垠。現擬開闢商場，招集墾戶。地方日臻富庶。（見商務印書館中國古今地名大辭典九六六頁。）

綏遠概況第一編第五頁云：「九年冬，於豐、陶、興之間，設集寧設治局，十一年正式改縣」。

綏遠省分縣調查概要第三五頁云：「集寧即元之集寧路。北魏撫冥鎭，在今縣境之西北。民國九年，劃分豐、涼、興、陶四縣境內地，成立設治局。當民國八年平綏鐵路到達蘇集後，擬在平地泉村鑑築二等站，一切計劃，均已擬妥呈部備案。及開工時，該處教民不明鐵路利益，堅決反對，臨時將已定案之平地泉車站，移建於該村西北二十里之老蛙嘴村，即今縣治也。因已呈部備案，故未更改，遂即以平地泉車站名之。九年成立平泉設治局於此。十一年升爲縣，屬察哈爾省。同年在縣境東南四十里古集寧城，發現古碑一方，遂將擬升之平泉縣改定今名。至十八年一月，劃歸綏遠。本縣東隣商都，爲綏察二省綰樞重鎭，係預擬建築平滂鐵路之起點。將來該路造成，不但綏蒙交通從此便利，邊防上亦有莫大之幫助，其關係固非淺也」。

考集寧現在之城址，原爲察哈爾正紅旗五蘇木地。內墾民戶，原屬豐鎭縣管轄。自民國九年京綏鐵路修達老窩嘴[1]後，即定車站名爲平地泉車站。其時豐鎭縣墾務局在灰騰梁[2]等處丈放荒地，常往來於平地泉車站，對於修建鐵路及當地情形，知之甚稔。該局局長楊葆初遂於民國九年十一月間[3]條陳察哈爾實業廳廳長饒應銘，擬將豐鎭縣墾務局由豐鎭縣城移駐平地泉車站，一面放墾，一面開埠設治，並擬定名爲平地泉招墾設治開埠局[4]。迨十年二月始呈准設立[5]，其間已經過勘測縣城地址三次。當時又以三字名縣似不習見，遂縮爲「平泉」。並於是年（十年）夏移局之一部份於老窩嘴，名曰平泉設治局籌備處。迨十月八日（廢歷八月二十七日）始將全局移出，併爲一起，可謂設治之始。又改名爲平泉設治局。旋楊局長赴省面謁當道，報告移局經過，上以「平泉」與熱河平泉縣同名，不若徵考古名，較爲雅馴[6]。後訪得東南距老窩嘴四十里之正黃旗八蘇木，村名大成店者，其北有古城遺址，內有元皇慶元年「集寧大王廟碑」一座[7]。知爲元集寧路遺址，即以「集寧」呈請，並呈准定名爲集寧招墾設治局[8]。其間經營擘劃，若科長趙廣譽侯善述二君，亦有殊勳焉。迨後於民國十二年十二月十六日奉大總統指令，准予改縣[9]，該局即定於十三年二月十五日，爲集寧縣成立之期[10]。總觀以上史蹟，則知事實乃最雄辯也。

至於集寧轄地，原擬由豐、涼、興、陶四縣劃撥[11]。嗣因陶林轄地狹小，免予劃撥[12]。結果由豐、興、涼三縣先後劃來邊荒製地共計九千一百四十四頃一十六畝三分八釐[13]。其辦理招墾已報升科者，計三百七十五頃零八畝三分七釐；應報升科者，一千四百八十三頃九十一畝三分五釐[14]；共有地一萬一千零零三頃一十六畝一分。實則因民國十七八年西北大旱，土地荒蕪，現可耕地尚不足七成，其餘新闢之邊遠縣份，想有同樣之情形可知也。

1 按老窩嘴即老鴉嘴。當地人讀老鴉爲老嘔，後河北人轉讀爲「老窩」。其時有郵寄代辦所一，戳記即刻爲「老窩嘴」。再老窩嘴係平地泉車站票房東南約半里許十數家之小村落，鐵道經過，即有營小本生意之河北人寓於此村，漸成一街，現名曰九龍。自劃入縣城街市後，即無老窩嘴其村，願知老窩嘴者，覩現在之九龍街可也。

2 按灰騰梁即北距集寧三十里之山梁，係與陰山一脈，其上水草豐美，人多牧畜其上。民國十四年西北邊防督辦曾沒收非法牧放羊隻之和記洋行羊若干頭，即此山梁。再「灰騰」即蒙語寒冷之音譯。

3 『概今擬擇地制邑，宜取殖民主義；如欲殖民，莫善於此。應請以豐局移於老窩嘴，即京綏鐵道新設車站之平地泉是也；可改爲招墾設治局云。上韙其議許之，此民國九年十一月事也』。見楊局長友人吳劍豐者作集寧縣設治記。

4 『局長獻見，擬將職局移駐平地泉，改爲「平地泉招墾設治開埠局」』。見呈實業廳請將豐鎮墾務局改移設治文。

5 『查集寧招墾設治局係於民國十年二月呈准設立』。見內務財政農商三部呈大總統會核察哈爾都統請將集寧招墾設治局暨邊員試署縣缺一案擬請照准文。

2

6 錫五於民國十年十月來集寧，即供職於該局，街衢仍有前三四個月所貼「平泉設治局」字樣之佈告。惟此時已改名「集寧」，同事中曾談及「平泉」改「集寧」之經過，確如文中所述。

7 錫五於民國二十一年冬，因事至正黃旗八蘇木，特至古城遺址，見元碑屹立，色如黃土，高約九尺，寬約四尺，額首篆文曰：「集寧大王廟碑」，碑文字跡亦甚清晰。據云：「係由土中掘出，而又建立者」。遺址內宋龍泉窰、均窰、以及不知朝代之定白底上繪有淡血紅色，淡草綠色，黑銀銹色之三彩甆碎片多枚；並攜回瓦當滴水，已破鎔金之坩鍋等件，想俱係遼金故物。再集寧雖名集寧，然古城遺址，仍屬豐鎮縣第三區集成鄉管轄。集寧所屬，除裕厚鄉土城子村，爲元皇慶時代遺址；縣東南二里之毛不浪村，有宋元瓷碎片外，想大成店之遺墟，當爲金之集寧縣，元之集寧路集寧縣。按情形大成店村之遺址，宋瓷碎片多，元瓷碎片少。前者想係城市，後者想係村落，土城子或爲城堡，且其南山有石樁上書「王大王到此」，且刻有皇慶年字樣，地方之繁劇，實不若大成店村也。民國十七年發現蒙古篆文元印一方，傳言背面刻有年號與集寧路印字樣。錫五除由原收古董商某摹繪印文外，未見原物。因摹時已轉售於某君收藏，珍不示人，現聞亦轉主。甚願現在之收藏家，仿金石索例，將其實物摹繪，並記年月重量，背後刻文，與鈐出之眞實印文，俾修縣志時，載而出之，收藏家與原物同傳，不亦善乎？

8 『查平地泉迤北（撰稿者，想未考得集寧路所轄地帶，故有此語）一帶地方，在元時係爲集寧路，今既在彼籌立設治局，擬即採用「集寧」二字，名爲集寧招墾設治局』。見實業廳呈集寧設治請分別呈咨立案文。

9 『民國十二年十二月十六日奉大總統指令，呈悉，准如所擬辦理。楊葆初並准其試署，此令』。見設治局抄件。

10 『案查前奉都帥呈奉明令核准，將集寧改爲三等縣治，令行遵於本年二月十五日爲改縣成立之期。並另文委任知事試署集寧縣知事』。錫五按本年即民國十三年。第一任試署知事，即原設治局長楊葆初。見集寧呈都統轉咨頒發縣印文。

11 『至平地泉設治，由豐鎮、興和、陶林、涼城四縣劃撥生熟地畝數處，分撥手續尤繁。其由該四縣各應劃撥若干，亦應實地履勘，詳繪圖說』。見察哈爾實業廳廳長饒訓令委員會同辦理設治局文。

12 『職廳查核陶林轄地，較之他縣狹小，地方復甚貧脊，本係實在情形；並前已疊據該縣知事張裕塗，暨紳民苑玉璽等瀝陳困難，請免劃撥地畝，自應免予劃撥，以期兼顧現在』。見實業廳呈集寧設治請分別呈咨立案文。

13 『查職縣現復由豐、興、涼三縣劃來地畝，連同前次劃撥五千餘頃，共計九千一百四十四頃一十六畝三分八釐』。見呈請都統道尹實業廳財政廳請准照二等縣缺開支經費並准由國課項下支領文。

14『加之集屬生荒，經知事派員陸續丈放已報升科者三百七十五頃零八畝三分七釐；應報升科者一千四百八十三頃九十一畝三分五釐』。見仝上。再錫五按全縣所領土地，察哈爾正黃旗居最多數，次正黃旗，次鑲紅旗，再次爲鑲藍旗。

民國二十四年七月廿三日作於平地泉。

集寧設治以來之文卷，經民十五國民軍之西退，全部爲散兵焚燬。現在所取材料，係個人零星抄得者，刻已集成一册，名曰「集寧設治文獻要錄」。

2

宣化縣城文獻述略

紀國宣

宣化，今日察哈爾省最大之縣，昔時邊防衝要之區。自察北鼙鼓聲驚，此地亦早在鷹瞵虎視之下。眺望着那古代的烽燧，危高的望台，實不勝今昔之思。按清一統志云：

「前望京都，後控沙漠，左挹居庸之險，右擁雲中之固（明統志）。飛狐紫荊控其南，長城獨石枕其北（舊鎮志），鷄山環拖於東北，洋河縈繞於西南，居道里之中，爲會要之地」。

可見其形勢之要。以故自元以來，均爲捍衛北藩之衝，而民國初年，亦曾於此設置鎮守使。作者俛仰其間，已有三年。今秋顧頡剛先生率燕大同學來此旅行，囑撮舉故實，寫爲一篇，因捃拾宣化新舊兩志，清一統志，察哈爾通志（新修），畿輔通志諸書，益以聞見，疏略成文。計分沿革，城市，廟宇，學校，衙署，園亭諸項，而以史跡掌故緯於其間。漏誤之處，當不在少；倘望顧先生及讀者有以教正之也。

一 沿革

前漢，幽州上谷郡，女祁，下洛，茹，涿鹿四縣地。（明史金史遼史地理志。又水經河水注）

按，下洛，茹均在縣境，女祁，當在縣東北，今與龍關縣接壤地。涿鹿今縣東南。

後漢，幽州上谷郡，[illegible]涿鹿縣地。

晉，幽州廣寧郡。（晉書地理志）

後魏，燕州廣寧郡廣寧縣。（水經河水注）

北齊，北燕州長寧永豐二郡地。（隋書地理志）

後周，去「北」字，稱燕州。（同上）

隋，涿郡懷戎縣。（隋書，遼史地理志）

唐初，復置北燕州，後改嬀州嬀川郡，末又分置武州文德縣，新州永興縣。（唐書地理志）

石晉，割歸遼。

遼，西京道歸化州，雄武軍刺史，文德縣；奉聖州，武定軍節度使，永興縣。（遼史地理志）

宋，歸化奉聖二州。（按宋史地理志云，宣和五年，始得雲中府，武，應，朔，蔚，奉聖，歸化，儒，嬀等州，所謂山後九州也。然據金史，太祖等歸涿，易等六州，大宗纔歸武，朔二州而已。其餘七州實許而未與。然則終宋之世，謂爲未入版圖可也。）

金，西京路宣德州宣德縣。（金史地理志。按大定七年改歸化爲宣化州，是爲宣化命名之朔。八年，又改爲宣德州。）

元，上都路順寧府，宣德縣。（元史地理志。按元初改宣寧府，中統四年，改宣德府，至元三年以地震改順寧府。）

明，宣府左衛右衛前衛保安州地。（明史地理志。按洪武四年廢縣，名曰宣德或宣府。蓋舊宣德府之名稱之，實非府也。二十六年二月置左右前三衛，【清統志云，屬北平都指揮使司】。二十八年四月，改宣府護衛，屬谷王府。三十五年十一月，罷宣府護衛，復治，徙治保安。永樂七年，直隸京師，又置總兵鎮此，稱宣府鎮總兵，佩鎮朔將軍印，用公侯伯都督等官。頓然成爲邊防最要之區。李自成陷宣府，置僞口北道。官吏則有權將軍制將軍果毅將軍掌旅等名。）

清，宣化府，宣化縣。（清統志：本朝初仍曰宣府鎮，康熙三十二年改置宣化府，領州三縣七。）

民國，口北道宣化縣。道尹公署及口北鎮守使署均設此。十七年，口北道劃歸察哈爾，改屬。

二　城市

縣志：「元時宣德府城，明洪武二十七年（一三九四）展築，方二十四里有奇，南一關，四里（畿輔通志：谷王命所司展築，高二丈四尺，廣如之，門四。今日我們從南門外的車站下車，首先便看到一列頹破的土城，即谷王所築之關也，進關後，始達南門。正式的城尙完好，此關則顯現破蔽之狀）。城門有七，東曰安定，西曰泰新，南曰昌平，曰宣德，曰承安，北曰廣靈，曰高遠。永樂時，只留四門，宣德，永安，高遠三門幷窒。——據明羅亨信宣府鎮城記：「歲次己卯【建文元年（一三九九）】，太宗舉靖難之師，（谷）王遺城還京，時只留四門，其宣德…幷窒之，以愼所守」。則窒城當在永樂以前。——建城樓角樓各四座，舖宇百七十二間。——據羅碑，當在永樂二年甲辰（一四〇四）——正統五年（一四四〇）磚甃，（據羅碑：「今上改元五年，余自內臺奉璽書出巡塞北，…睹其地土不堅，雨輒傾墜，…因封章上聞，特命都指揮使馬昇督屬分兵伐石陶甓，煉石爲灰，以包砌之。」則此次修甃，最爲重要，【鐘鼓二樓，亦此時修築，詳後。】而係由於羅亨信之請。其碑今存本地鼓樓民衆教育館。）…曰門外各環甕城，甕城外又築牆作門，設釣橋，外又有隍塹。隆慶二年（一五六八）加修，崇禎六年（一六三三）築城外四關土垣。七年（一六三四）修四甕城樓。清康熙十五年（一六七六）直隸巡撫金世德重修，……雍正十二年（一七三四）……修建四城門樓，添建四角樓，……乾隆十九年（一七五四）直隸總督

2

方觀承……以地當衝要亟宜修理，……請於朝，發帑興工。……始於乾隆二十年二月，竣於二十二年三月，大城，甕城，月城，關廂，城內外俱修。……共用十一萬兩有奇」。按方氏重修，最關重要，二百年來，絕未大規模動工者，皆方氏之力也。有碑，存鼓樓教育館。今撮抄如下：

宣郡修城碑記

方觀承

京都北出居庸二百餘里爲宣郡，郡西連雲漠，東抗山海，以通道之要言之，爲關塞之咽喉；以擁衛之勢言之，爲神京之項背，言言天設，獨當北門一面，視諸邊爲尤重。漢隸上谷郡，唐立文德縣，有城，元置宣德府，因之，明洪武二十有七年，始增其式廓焉。正統五年甃以磚。內仍土墉，土疏而善潰，地鹻則易頹，又西當沙漠，風挾沙行，止於闉壁，人民乘墉出入，幾忘設險之義矣！余惟國家昇平百餘年，修舉廢墜，畿南百十郡縣，胥核其不治者以次完之。斯城既臨大邊，西北諸部，來享來王，道由是出，日即陊毀，無以爲觀瞻肅，非所以重邊重京師也。乾隆十九年秋，因略城方廣丈尺而計功爲。請於朝，得旨俞允，發帑，擇有司任之。城周二十四里有奇，門四，環以甕城，重以月城，南有關四里許，內外背繕。是役也，甃石補址，陶甓累垣，聚灰如邱，委炭如壑。內墉仍土也，周緣煉石合土以固之。門屬樓櫓，雉堞溝道無不具。去西城積沙、沙去而城立規方，四面如一。覩地築堤植樹以善其後。崇墉仡仡，孔厚孔固，蓋畿輔爲城百數十，規模崇遠，未有與宣埒者。今既完且整，制與形稱，而鎮斯重矣！余嘗巡歷邊圉，行部至郡，崖東山抱，天設之險，而層巒叠巘，纍纍連接皆烽堠，前代之所爲備邊者也。稽諸紀乘，凡所興修，皆爲防禦計，事亟而民勞；本朝則寒帶窮義，盡入版圖，古之邊徼，今內地矣。又以太平無事之時，出內府所餘，從容而經畫之，故能百材皆飭，而兩載告功，有如此者。……」（下略）

按今日西門外仍見沙土壅城，幾與之平，且方觀承當年所植之樹，亦復一株不見。僅平沙一片，河水清淺，茫然起塞外之思而已。又其地舊曾有萬柳亭，搆成一遊賞中心，清張士奇有碑（詳見後），今則暴露禾黍中，與「常開平王薨瘞處」一碑，同供遊人憑弔。至亭園之勝，早已化爲牛羊邱壠矣。

城內街市，只自南門通北門通衢一道，而商店則集中鼓樓前至南門一段，以四牌樓爲繁華中心。說是四牌樓，其實現在只有一個，額曰「承恩」，是光緒時重修的。但據康熙時的舊志，則碻有四個，計：南曰承恩，北曰宣武，東曰同泰，西曰永安。除四牌樓外，縣政府街及米市街（天主堂所在地）房舍均較整飭。城南伏魔宮街，呂祖祠街，爲娼寮所在地。廟底街一帶則多係回教徒。城東北，西北，西南各角隅，則全都變成農田場圃菜園之類，幾與鄉村無別。據新舊縣志均謂崇禎以前，市肆尚極殷繁，後因「崇禎二年己巳（一六二九）十四年辛巳（一六四一）兩次飢荒，世祿闕給，世官遂有行乞者，其屋多毀，復漸更爲菜畦。……」人事滄桑，不禁生感。

舊志建革志論曰：

「考昔鎮城，人煙輻輳，雖僻街小巷，亦似通衢，蓋駐防官軍，不下二萬，而附郭前左右三衞，與和一所之指揮千百戶，鎮撫又八百餘員，合計官軍戶口，殆三萬有奇。於是官有第宅，軍有房屋，又紳衿商民與四方工役雜處，其中氣象鬱葱，眞名區也！迨明啓禎而後，飢饉師旅，前後頻仍，其滿城瓦礫良可哀憫……。」

這頗足說明其盛衰之迹。戰爭與天災之慘禍，吾人今日仍未能免，良可慨嘆！據本地人云，民初此地因經營蒙古貿易，市面頗見繁榮，自中俄邦交斷絕後；不但此地商業一落千丈，即闢爲商埠之張家口，亦覺不可支持！廿二年馮氏同盟軍之役，爲近數年來稀有之打擊，至今商民提起，猶疾首蹙頞。幸而不旋踵間，事成過去，自廿二年迄目下，尚未遭受內戰之摧殘，市面亦稍稍起色；不過也只是維持現狀罷了，發展恐談不到。

商業大約以皮行爲最多，每年出口不下十萬元，舊傳全城有皮行七十餘家，今則不及半數矣。造皮全用舊法，且多粗羊皮，前途甚可慮。此外則園圃多植葡萄，每年行銷平津各埠，獲利亦巨。

由南門到北門的通衢中央，有鼓樓和鐘樓，名曰「鎮朔樓」「淸遠樓」。而西門內又有與鐘樓形似的玉皇閣，據舊志圖，當係已窒閉的承安門（南門）到高遠門（北門）的通衢所在。可惜現在已經看不出一絲痕迹。鐘樓的建築頗美觀，有似故都的皇城角樓，只是殘敗不堪，斜陽枯樹，供人懷古而已。鼓樓則改爲縣立民衆教育館的圖書館，乾隆御書榜額「神京屏翰」及原有「鎮朔樓」「壯觀紫塞」二額均完好。據羅亨信宣府鎮城碑記：

「……今上改元正統之五年，……復即城東偏之中，築重臺，建高樓七間，崇四丈七尺。……上置鼓角漏刻，以司昏曉晝夜十二時之節，俾人知警動而不懈我經理。其檐二級，南扁曰「鎭朔」，北扁曰「麗譙」，蓋取鎭靜高華之義，其規制可謂宏麗周密矣。……」

是此樓與城同時築成，年代在一四四〇年距今約五百年左右。後來，乾隆五年（一七四〇）知府王者輔曾重修一次，有碑云：（淸胡作舟作）

4

「……經始於乾隆庚申七月，越明年辛酉四月落成。爲費三千七十有奇，……樓之南榜曰「鎭朔」，存舊也；其北榜曰「籌邊」，覽勝志新也。規模廣狹如制，而樸樸無華，堅密倍昔，期久遠也。蓋自修復之日，上溯正統庚申，凡閱六庚申，而復重新於公之手。……」

數到乾隆五年自是共有六個庚申，而實際年限，却是五週甲子三百年。此碑今存，且其扁額亦在，唯所謂北面「麗譙」「籌邊」二額，則已易成乾隆十年御賜額「神京屏翰」了。

清遠樓的建築，在鎭朔樓後，但始建時的碑文，新舊志都不載，想是已毀。現在僅存乾隆十年（一七四五）兵備道吳煒的重修碑，幸而那上面也記着初建年月：

「……郡城北有樓名清遠，與鎭朔樓對峙，崇臺三層，倍極宏壯。前明成化壬寅（十八年，一四八二）建自都御史秦紘，至嘉靖丁酉（十六年，一五三七）都御史郭登墉置鐘其上，以司昏曉，巨響鏗然鳴遠，蓋三百年於玆矣。今上龍飛甲子，余忝節是邦，甫下車巡視郡治，是樓屹峙北郭，……而歲久傾圮，丹青剝落，殊非所以壯觀瞻而雄邊鎭也。亟與陞任玉守謀所以新之，……經營三閱月，遂告工竣。都督李公，因樓舊額書懸其南，其東西北三面曰「聳峙嚴疆」，曰「鎭靖邊氛」，曰「聲通天籟」，皆余所題也。……越明年乙丑八月，天子巡幸塞外，狩于木蘭，至多倫諾爾，由宣化回鑾，而是樓適成，旌旗輝映，龍光燕譽，固太平盛事也！……」

則是此樓重修，距今已二百年，無怪坍塌破壞，已有不可支持之勢（西面將崩陷，若不修整，隨時可虞）。昔日猶可登臨，摩挲偉大之銅鐘，今春有人自縊其上，縣府遂泥封其道，僅能從下面仰視模糊難辨的匾額了。

清遠樓的穹窿，構造很別緻，因爲下面是四達的衢道，故四向成門。與南門的鐘形門釘，石刻護門神，均是希奇物事。這是前幾年鄭振鐸曾在西行書簡上提起的。

玉皇閣的建置，新志毫無記載，舊志僅於營建志下著爲一條，下係說明云：

「……其制略如鐘樓，其下洞穴四通，西望太新門，東望鎭朔樓，南距上帝閣（今毀），又南則承安門（今塞），北則……高遠門（今塞）。萬曆四十五年（一六一七）建，有舉人胡守訓纂鐫疏引。」

此樓今已狼狽不堪，又不能登臨，故其上作何狀，終不能悉。

出北門半里左右，有所謂鎭虜臺的，自清人忌諱「虜」字，已改爲眺遠樓。有明嘉靖八年郎中程旦碑文。此碑上覆一亭，故得保存極好，因他與明末外患的文獻有關，今抄錄於下：

「邊郡候望有臺，古也，而今者之舍，所以伺變警衆，預爲之防，戰守皆有資焉者也。宣府爲京師北門，而密爾北虜特甚，歲戊子（當是嘉靖七年一五二八）實我大中丞劉公源清作鎭之明年，春，公乃偕諸寮寀，登北山以覽形勝，諗衆曰：虜果自東西路入，抵鎭皆百餘里，且諸衞宿有重兵，彼懼躡後，其不敢肆焉而長驅也，吾知之矣；唯北距邊一舍許耳，虜茲毀垣而南，頃刻猝至，視二路勢特劇，何距城東西數里，故皆有臺，而柳河之南，扼兩山之隘顧闕焉，茲非前人之所遺以有待者乎？旣乃度地鳩工，諏日庀事，楨幹旣具，畚鍤如雲，並手偕作，不日而成，甃以磚石，緣以陴睨，廣若干尺，高益廣若干尺，四面如之，穴其西爲門而入，左折，穴其北，累石級而登焉。其巔爲樓二層，以楹計者若干。樓之制，下方而規，其上簡卒之壯且健者，俾日夕直而守望焉。顏其額曰「鎭虜」。又以其贏築臺於城南演武場之前，以閱士，制如鎭虜，稍劣而卑焉。於是鎭城防守之制以稱。先是有占地者過宣，曰：亥子丑歲當有兵患，直北門，亟爲浮屠以厭勝之，否且莫測。丁亥（一五二七），我師再失利，宣人歷數往歲被兵，適茲三祀。以方維驗之，柳河正直鎭城，亥子丑三宮山勢，至此爲河所逌抑，若顙若縮，凹然而窮，谺然而空，如人坐密室，而爲隙風薄寒所中，則立以致疾；術者之言，其或然乎？公之意則唯形勝之據，以扼其要衝；令與之稽，以飭我武事，不惟其術以惑衆也。然臺旣成，虜知我有備，不復循柳河深入，宣有所懲以爲防，亦皆作其愾敵之氣；以故是歲北酋領衆六萬騎自大白楊結陣南下，我師迎敵，破其前鋒，乃獸駭胥遁。明年，駐牧北邊，連絡數十里，小抄掠輒挫衂以去，迄春夏莫敢逞焉。蓋名臺之意，於是爲稱，而天人之有待而相際者，亦不偶然矣。於是邦之耄耋，踵部使者之門而請曰：唯玆北山，我材孳之所取給焉，其麓我數世之體魄藏焉，其原膴膴，我所佃而稼焉，昔吾朝出，而事事惴惴焉；未晙而歸，疾行亟顧，而恐其及爲者數矣！繼自今，我窆於墦，我收我薪，築我場圃，吾行而舒，吾舉事而徐徐，吾休諸途而于于，公之賜侈矣！願紀其實，俾後之人知所自惟。……（下略）

按明史及明紀韃靼部小王子在明世宗時入寇次數最多，而宣府大同均係九邊中之要隘，故受害最重。碑中所說丁亥一役，即嘉靖六年事。明史世宗本紀：「六年春二月辛亥，小王子犯宣府，參將王經戰死」。又韃靼傳：「宣府參將王經關山先後戰死」。關山當係關山之誤，在宣府鎭志上記此次戰事特詳。小王子部下騎兵六萬，而關山則只有千餘人，其吃敗仗，自是當然了。又本紀載七年十二月，小王子犯大同，明紀載八年十二月，韃靼寇大同朔州，故碑文云亥子丑三年，連有兵禍。但是當時地方官吏竟用厭勝的方法，想從風水方面解決敵人侵略，明季大事之壞，豈是一朝一夕之故哉！劉源清，附明史詹榮傳後；另有一個劉源清，則是崇禎時人，與此無涉。

6

鎮虜臺上刻下所懸榜額爲「眺遠」二字，並有佛象，當係清初所改；因「虜」字觸忌諱故也（碑文上的「虜」字，一律鑿去，新舊志均代以敵）。其門已窒，此刻不能再行登臨矣。臺之後部，爲龍王廟，亦係明代古剎。其旁大道上，更有一藥王閣，據舊志云：「萬曆四十六年赤脚僧明珠募建」。

三　學校　衙署　廟宇　園亭

在現在，宣化幾乎是察哈爾的文化中心，因爲幾個規模較大的中學校都在此地。歷史最悠久的要算宣化中學，即從前河北省的第十六中學，他的歷史，可與北大相頡頏（光緒二十八年成立，初名宣化府中學，民元，改省立第十六中學）。察省行政界文化界的聞人，年在四十歲左右的，全是此校出身。現在學生九班，內高中三班，約五百人。其前身是柳川書院。考現存碑志及清統志，當是乾隆二十一年（一七五六）建，由知縣黄可潤及知府張志奇主持。地點在皇城街（今稱鐘樓西）張志奇碑說：「……乙亥春（二十年），宣化令黄君可潤至，與予同志，贊決其事。先卜宅，有以皇城街楊氏廢宇告者，予偕黄令往相之，厥地高豁，居城之中，……屬黄令方奉檄治城，以餘材佽之而功成。前闢門，門之內爲講堂五楹，後堂二，規此，四面列舍，堂後有圃，左有射圃，廐一井三，……舍東爲奎閣，……西鑿池。……」是此學院全係剏設。中學在初立時，本僅占此地，後來因班次擴充，又占有了前面的萬壽宮，現今書院故址，只作宿舍，正式課室等，反在萬壽宮了。

又查舊志載嘉靖七年（一五二八）立上谷書院，係因武宗巡幸行宮旁之安樂堂改建而成，不知此書院何時廢去，乃又改建柳川書院。按上谷書院今址，當在中學之西，據舊志圖，在西門內玉皇閣之東，或即今工業職業學校以西之地（縣志載戶部侍郎張璉碑云：「……我武皇居嘗御者（指安樂堂），閱撫按凡幾人矣，戊子（嘉靖七年），劉東圖大中丞李石疊大柱史撫按宣鎮，佑啓斯文，詢謀僉同，建坊立院。……」舊志云：「嘉靖初年，治市行宮材，而堂獨遺焉，權者欲私之，巡撫劉公源清（東圖）李公宗樞（石疊）不可，請作書院，育俊士云」，可見這書院當時還曾經過一番奮鬥）。惜遺址今已無可考者。

宣化中學還保存着舊日方觀承所題的柳川書院匾額，張碑和方觀承的碑。

省立師範學校，在城東北隅，舊址是宣化古剎彌陀

7

寺，其年代大約在元時（詳後）。原係河北省立第五師範，剏於民國五年，全由第一任校長楊欣蘭計畫。據云當時彌陀寺被地方宵小盤據，一旦歸公，心有未甘，乃住持勾結向學校爲難。每日夜間，校中均須請由當地軍警護衛，久之，始稱安。今楊校長已化去，回憶篳路之功亦使人嚮往不置。此校自二十五年起，六班全係高中師範科，爲察省唯一之教育人材養成處所，有學生二百人。

宣化師範還保存着原有銅佛一尊，係嘉靖間塑造。又磚刻九龍壁一座。其餘斷碑殘碣，觸處皆是；惟隨意拋置，毫無保存之法，年湮代久，將使人不識其前身爲誰矣！頃燕大同學來此參觀，教授李榮芳先生並在此發現宋代磁片，更足見其地歷史之久遠。

省立宣化工業職業學校故址爲前清貢院。此校創於民國六年，原名口北道立乙種工業學校，由師範講習所農業學校藝術工廠模範小學合并改組而成。後改甲種工業，十七年改爲察省省立第二職業學校，刻改今名。專辦紡織製皮機械等科。現有學生約百五十人。按貢院前身，係明武宗行宮，名曰鎮國府，故以歷史考之，當以此校爲最有趣味也。（詳後）

省立宣化女子中學，前身是舊縣署。今縣署係前府署。從先是直隸省立第四女子師範，原賃靈官廟街民宅，甚湫隘，二十年左右始遷新址，二十三年改中學，現有學生二百餘人。按舊志載舊縣署「原係明河間行司官署，萬曆十一年（一五八三）建，以居刑官。……康熙二年前衛守備移治焉。康熙三十二年（一六九三），改衛爲縣，即作縣治。康熙三十五年（一六九六），知縣周德榮重修」。不過現在一點舊痕迹也尋出不了！

舊日所設府學，縣學，社學，義學，今則或荒廢不可尋覓，或已改爲初級小學。不具記。

在明代，因此地邊防重要，官吏異常繁猥，據舊志秩官志：「明時以宣居衝要，先設三衛，旋置總兵，又設巡按，又置萬全都指揮與僉同，又設巡撫，置遊擊將軍與分守參議，蓋文武兼理而武重於文；我（清）朝定鼎，文武職多就裁革，近又改衛爲縣（事在康熙三十二年）而文重於武」。明代自以巡撫之權爲最大，以下才數到總兵巡按。清順治二年裁巡撫缺，以順天巡撫代管，故清代文重於武。明代官職既多，衙署遂林立，有：總督府（順治三年毀），巡撫都察院（明成化十九年——一四八三——改建；有碑今存。康熙三十二年——一六九三——重修爲知府署，民國後，改爲縣署，今爲縣政府，在縣城中央），鎭朔府（總兵官衙，制甚宏敞，正統四年——一四三九——建，嘉靖三十年——一五五一——重修，淸仍駐總兵 民國初口北道鎭守使署，今則爲駐軍最高長官的行營，其中亭園頗佳）。巡撫察院（宣德五年建，早廢），戶部行司（宣德年建，又名管糧道，早廢），副總兵府（景泰五年建，淸初毀），以上是最重要的武衙門。此外還有分守藩司，分巡臬司，眞定行司，遊擊署，戶部官廳，萬全都指揮司，宣府前，左，右，各衛指揮司，均已廢置，僅萬曆十一年建的河間行司（以居刑官）淸初改爲縣署，現在又改爲女子中學。

淸代官制較簡，只有知府署（舊巡撫署），知縣署，典史署，儒學署，總鎭署（卽總兵署），遊擊署罷了。

各官府署，現在仍作着官署的，只有巡撫署（今縣署）總兵衙二者，前有照壁，內有大堂，門有崗警，其勢威嚴，還保留着舊日的風光。餘則或淪爲民居，或變爲蔬圃，或改學校，大都不可考矣。

這些全不值得注意，最有歷史風味的要算谷王府和鎭國府！

按宣府鎭志，谷王府「洪武初建，廢垣尚在」云云。明史稿：「谷王橞太祖第十九子，洪武二十四年封，二十八年三月就藩宣府，宣府上谷地，故名谷王」。惠帝建文元年，燕王反，是年七月陷居庸關，進攻懷來，守將宋忠倉卒應敵，兵敗，被執不屈死，谷王橞遂自宣府奔京師（南京）。——（見明紀）——建文四年六月，燕王兵薄南京城，惠帝分遣諸王守城，谷王和李景隆守的是金川門。建文想和燕王講和，先派李景隆，兵部尙書茹瑺都督王佐往，大大的碰了釘子而回。第二次又遣谷王橞安王楹往，燕王卒不奉詔。六月乙丑，攻金川門，「橞景隆……登城望見棣麾蓋，開門迎降」（均見明紀）。這裏，我們知道谷王也是個丑角。但等燕王登了大寶之功，自然要犒賞這許多功狗，故於永樂元年十月壬申，「徙封谷王橞於長沙，增歲祿兩千石，賜樂七奏，衛士三百，賚予甚厚」（明紀卷八）。但是，狡兔既死，走狗終於沒用了，永樂十五年春正月，「周王橚，楚王楨，蜀王椿等，各上議言『橞違祖訓，謀不軌，蹤跡甚著，大逆不道，誅無赦』。帝曰：『諸王羣臣，奉大義國法固爾，吾寧生穗！』二月癸亥，廢穗及二子皆爲庶人，官屬多誅死』（明紀卷十）。這可見谷王之廢，雖係自取，實手足相煎也。以年代計之，谷王自洪武二十八年（一三九五）就藩宣府，至建文元年（一三九九）出走，在宣府停留，僅僅六年，且後又廢爲庶人，自然他的府第也就萬難保存，故荒廢已久。無怪明代所修的鎮志，已云只有廢垣了。

以現在地勢考之，谷王府舊址當在城中偏西所謂皇城橋一帶，唯舊垣既無遺址，碻地極難指出。鎮志云，武宗巡幸，曾於此駐蹕，故又名皇城，然則武宗所另建的鎮國府是否即在此地，抑在此地以西，實是難於斷定的事！（若果二址爲一，則今之職業學校即其故址。但新志却說絕不是一個，谷王府當在鎮國府偏西北些。此地人大都早已忘記了谷王和明武宗的事，因而附會云皇城者，實唐代沙陀種李克用建都之地。按李克用所據，當在今大同一帶，與此無涉，這實是該趕緊辨正的一件訛傳。）

考明史武宗本紀和明紀的武宗紀，這位皇帝非常愛到西北微行，而且駐宣化的時間較之俗傳駐大同的時間尤多。鎮國府乃是他駐蹕的遺蹟。按，武宗即位初，曾調宣大兵入北平，正德八年，改太平倉爲鎮國府以處官軍，事見本紀，則他一生，實曾弄過兩個鎮國府了。明紀武宗十二年：『秋，七月，江彬既心忌錢寧，欲導帝巡幸遠寧，因數言宣府樂工，多美婦人，且可以觀邊釁，瞬息馳千里，何鬱鬱居大內爲廷臣所制！帝然之。巡關御史張欽聞之，上疏諫，……朝臣，初諫，不納。欽復疏言……乘輿不可出……亦不報。八月甲辰朔，帝急裝微服，從速十騎如昌平，報出關甚急。乙巳，梁儲，蔣冕毛紀進及於沙河，請回蹕不聽。欽使指揮孫璽，閉關納門鑰藏之。分守中官劉嵩欲詣昌平朝謁，欽止之曰：「車駕將出關，是我與君死生之會也；關不開車駕不得出，違天子命，當死；關開，車駕得出，天下事不可知，萬一有如土木，我與君亦死。寧坐不開關死，死且不朽！」已而帝召璽，璽曰：「御史在，臣不敢擅離」。乃更召嵩，嵩謂欽曰：「吾主上家奴也，敢不赴！」欽因負敕印手劍坐關門曰：「敢言開關者斬！」夜艸疏曰：「臣聞天子將有親征之事，必先期下詔廷臣集議，其行也，六軍翼衛，百官扈从。……今寂然一不聞，輙云車駕即日過關，此必有假陛下名出關勾賊者！臣請捕其人，明正典刑；若陛下果欲出關，必兩宮用寶，臣乃敢開！不然，

10

萬死不奉詔！」「己酉，使者復來，欽拔劍叱之曰，「此詐也！」使者懼而返，爲帝言：御史幾殺臣！帝大怒，顧左右：「爲我趣捕殺御史！」會梁儲等再疏請帝還京師，……帝不得已，乃還」。這段紀載，很有意思，爲求遊嬉的自由，非到荒漠的塞外不可，而皇帝老官，居然大碰其釘子，豈非今人所想像不及的嗎？武宗既未達到目的，終不死心，明紀：「帝自昌平還，意快快未已，會張欽巡白羊口（在薊州），丙寅，帝微服夜出德勝門，宿羊房民舍，先用谷大用代欽守關；辛未，帝出關幸宣府，……因命大用毋出京朝官，欽聞，急趨居庸，欲再疏諫，不及。江彬爲帝建鎭國府於宣府，悉輦豹房珍玩，女御，實其中。彬從帝數夜入民家索婦女，帝大樂之，忘歸，稱曰家裏」（明史佞倖江彬傳同）。按武宗北巡之事，全由江彬引導。彬本宣府人，初爲大同遊擊，後調赴薊州，誣人爲盜，殺廿餘人（我們的家鄉，也受過他的蹂躪啊！）。後因與江淮賊戰，被三矢，一著面鏃出於耳，拔之更戰，武帝聞而壯之。賊平後，返宣府，過京師，遂被留不遣。他本因錢寧得見，後來終於把錢寧擠下去了。最初導帝微行教坊司的是他，調宣大邊兵入內，橫行街市的也是他，最後，竟成了武宗義子，甚至給他建義子府。其聲勢之煊赫，眞一時無兩！導帝遊宣大，赴榆林，駐太原，後來又導幸江南揚州，所至強取民女，無惡不作，實是武宗朝第一佞臣。武宗崩，被磔死。自武宗在宣府建鎭國府後，遂樂不思蜀。九月，自稱總督軍務威武大將軍總兵官。又輸帑銀一百萬兩於宣府，戶部尙書石玠持不可，帝弗從，乃進其半。到冬十月，因小王子進犯，駐順聖川，帝親禦之。進駐大同，十一月，返宣府，「閏十二月丁亥，迎春於宣府，帝所駐驛稱軍門，中外事無大小，白江彬乃奏。……十三年春正月，帝以郊祀，將回鑾，既而復止；……丙午，帝還自宣府，至居庸關，笑曰：前御史阻我，今我已歸矣！……」這一次他在宣府幾乎住了半年，不曉得那時宣府人民被作踐到何等程度；不過，也許有人乘機登庸吧？但他回京後，不數日，又想起百無禁忌的宣府來了，於是正月「辛酉，帝復如宣府，……二月壬午，帝至自宣府」。這回停留得極短。當時朝臣諫者極多，他終不以爲意，是年四月，又跑到昌平，密雲（江彬掠良家婦女數車以隨。有人反對，或貶或殺）喜峯口。自喜峯口還。「秋七月，從江彬言，將遍遊塞上。傳旨以邊關多警，命總督軍務威武大將軍總兵官朱壽（這是他自己加的封號）統六師往征，令內閣艸敕，閣臣不可，帝復集百官左順門面諭，楊廷和蔣冕……泣諫，……帝意不可回。……丙午，帝復如宣府，江彬爲威武副將軍，……八月乙酉，帝如大同，……冬十月，……帝渡河……次榆林（納總兵官戴欽女），……十二月……帝渡河……次太原（大徵女樂，納晉府樂工楊騰妻），……十四年春正月……壬子（初九）還至宣府。帝東西遊幸，歷數千里，乘馬腰弓矢，涉險阻，冒風雪，從者多道病，帝無倦容。二月壬申，帝至自宣府」。好，這一回他在外放蕩了又有半年多，而宣府的地位，幾取北京而代之矣！直至正德十五年，帝南巡平宸濠亂事歸來，色欲過度，身體憊困不堪。冬十一月，江彬還勸帝幸宣府，十二月，又請幸宣府太醫院，幸而當時朝臣極力攔阻，未得實現。十六年三月，這位行性浪漫奇特的皇帝終于以三十一歲的壯年死在豹房之中了。

武帝死後，世宗即位，廢除一切淫秕之政，而宣府行宮的金寶婦女，也收歸內庫。鎮國府之西，同時曾建處暬御的安樂堂，後來改爲上谷書院。據舊志，載鎮國府嘉靖初曾拆售民家，然何時又假其地爲貢院殊不可考。我們只要略知道現今職業學校的地址，就是牠的遺蹟罷了！

宣化的廟宇太多了，新舊志所載，約在百二三十處，而泰山廟龍王廟關廟尤多。新志建置志：「全縣廟宇寺觀，繁不勝載，如泰山廟，龍王廟，幾於無山不有，無村不有！……」蓋塞外居民，旣無知識，又畏天災（常有水雹），故祠祀之盛，罕所比倫。今擇其中有關勝蹟掌故的稍述一二。

彌陀寺，爲城內最古之寺。新志：「在城內虎溪橋，爲鎮城古刹之一，元丞相安童建，見楊士琦記；或云，創始在唐以前。民國初，零落只剩殘址，會第五師範成立，因就寺址，建築校舍，仍保存偉大莊嚴銅象數尊，留爲紀念」。舊志祠祀志：「康熙元年，重修彌陀寺。按前誌明宣德八年，鎮帥永寧伯譚廣修，見大學士楊士奇記。寺內引水灌溉之餘，從山門下南出，建有一橋，曰虎溪，蓋取廬山遠公送客至橋則止，過橋則嘯之意云。歷年旣久，周垣多頹，人物雜沓，多致傾圮，是雖一切補葺，然工程浩大，非歲時可辦；至二十年後，喂養官馬寺中，復多狠狽，以此寺爲鎭城第一古刹，故書以待來者！」是可見此寺建築極古，而淸初逐漸圮毀，玆將今存楊士奇碑文錄下：

彌陀寺記

大學士楊士奇

宣府古上谷地，今爲國家西北重鎭，所以控制朔漠，屏衛畿甸，故恆宿重兵，而簡勳臣之有才望者蒞之。左都督譚公，佩鎭朔將軍印，總兵於此，城墉益壯，兵甲益脩，士馬益強，而邊境肅然；乃以餘力修彌陀寺，爲國祝釐，爲衆祈福。旣成，上親巡邊，駐驛宣府，予時參扈從，偕禮部尙書金公幼孜，太常卿姚公友直寓寺中。周覽崇臺廣宇，巍焉奐焉，顧二公嘆曰：「佛宮布在四方，不啻千數，觀諸內地，求一盛刹若此，未易多得！而近畿邊壞，乃能有之，豈非難哉！」主僧曰：「是皆都督公之心；上在國家，下有生民而爲也！」明日，其主僧求書寺之成，將勒石垂後。問寺之所始，無所考。寺有勝國時斷碣，僅存其半，所可考者，曰：都功德主金紫光祿大夫右丞相安童建。寺旣毁於元季之兵，僅存彌陀殿，已敝，都督公至，乃修其敝，廓其規而一新之。世謂佛之道以濟利爲用，而利國利民，益其用之大者；大臣秉仁愛之心，唯國家生民是利是圖，苟衆以爲可爲則從之以盡吾心；安童元賢相也，其意非於此乎？都督公今賢將也，其意非同於昔之人乎？……寺中爲三世佛殿，殿之東，觀音殿，次爲寶光堂，西爲地藏殿，次爲普庵堂。三世殿之北爲彌陀殿，殿前四隅爲四壝塲；東西序爲僧寮，西序之西爲禪堂。彌陀殿之北爲毘盧殿，藏經附庋毘盧殿中。殿前左右爲東西方丈，殿後爲法堂。

13 三世之南爲天王殿，殿之前，東爲淸源堂，次爲鐘樓，西爲崇學堂，次爲大悲閣，又前爲山門。庖廩賓客之惣咸備。寺成於宣德八年云」。

按，安童爲相，在元世祖時，其建廟斷碑已不可見。元史本傳，世祖至元十二年（一二七五），詔以安童行中書省樞密院事，從太子北平王出鎭極邊，在邊十年，二十一年三月，從王歸。則此寺之建，或在斯時乎？（畿輔通志一四九金石十二著錄安童斷碑，下附按語云：「謹案，此碑久佚，書撰人名建立年月皆無可稽。唯元史宰相表安童以世祖至元二年爲右丞相，始置中書省卽爲中書右丞相，十二年罷，二十二年復爲右丞相，二十四年復爲中書右丞相，二十七年以後無安童之名，是此碑之立，當在至元間」。）若然，則自始建至今，其歷史已不下六百五十年，在塞外，眞可謂古刹了。楊士奇隨明宣宗北巡洸馬林，事在宣德五年（一四三○，洸馬林，在萬全西北七十里，元時名尋麻林，後訛此名，爲明代防邊要區）及宣德九年（一四三四），以碑文証之，寺成於宣德八年。成後，宣宗巡邊，則當是後一次。又查明史譚廣傳，廣佩鎭朔將軍印鎭宣府，事在仁宗洪熙元年，至宣宗宣德九年死去，年八十二。若証以上碑，亦無不合，唯現在仍存一斷碑年號是弘治十一年戊午，題名勅賜彌陀寺重修記，則云「國朝洪熙年間，大都督譚公廣來鎮，講武之暇，從衆志而仍乎勝國（下缺）……」，洪熙與宣德八年相距幾已十年，何以此寺重修用去如許長時頗是疑問！（也許工程格外浩大麼？）又現存清乾隆二十一年重修彌陀寺前院碑記則分明說：「宣德五年故相楊文貞公金文靖公北巡館於寺因爲之記」云云，若以我所考的年代看來，這碑也許錯了？這也算一個小小的疑問呢。

改爲師範學校的該寺故址，現在還存在着弘治戊午（十一年）的斷碑，下面一半，遍覓不獲。那上面說着正統丙寅（十年）頒藏經六千卷，上距譚廣重修該寺，已二十年，則正該是洪熙年間。倘不以工程浩大來解釋，則楊碑所謂宣德八年告成之說，決難置信也。此斷碑又云，在正統十一年以後六十年，恰當弘治九年丙辰，又重修了一次，這一次工程就直到十一年戊午才完，碑石是住持本俊立的。

原有楊碑，已滅去字跡，改刻了第五師範建設記，眞可惜。另有乾隆二十一年二碑，記載着重修前院及藏經殿的事，都說是由寺僧海訓等募化修成的，撰文的是上谷郡人王興業，想來這或者是最後一次修補了吧？舊志所云康熙元年重修，則不見有若何可證的碑記。而在修舊志的康熙五十年時，寺已傾圮得不可收拾，則雖經乾隆間的部分修葺，怕也迄未恢復舊觀。

又現存嘉靖三年銅佛一尊，刻龍磚壁一堵，大鐘一個，鑄有蒙藏文及八卦，年代不詳。

北嶽廟，俗稱北山寺，在北門外北山上。按北山極低，不過煙筒山之一支，而稱其寺曰北嶽廟，曰恆山寺，殊不可解。據舊志及現存碑，本宏治三年（一四九〇）建，萬曆三十八年（一六一〇）擴修。舊志云：「有赤脚明珠募修，而巡撫薛三才又爲功德主，規制益加壯麗。廟之中層偏西南有軒三楹，憑檻以望，則鎮城樓櫓雉堞，烟樹萬家直視下矣。歲四月朔遊人如蟻，列肆鱗集，至今風景不改云」。按今廟已荒廢不治，終年不見僧道，唯一看廟人白天在那裏守着寂寞的殿堂和永無一人過問的籤筒，夜晚他也不知到何處尋宿。寺中殿凡四進，祀龍王，送子觀音，天王……等神。最前進的天王殿已完全圮毁，最後進的一層佛像很特別，大體如北海之小西天，山雲繚繞中現諸尊者，惜亦廢，僅龍王送子觀音等殿全，且有時開廟會，亦可見愚民信仰之一斑了。

有一個最值得注意的廟，而現在連一點遺迹都沒有了，那就是祠祀明末殉國巡撫朱之馮的忠義祠。據舊志，當建於順治十八年夏（一六六一）。由人民捐資建築，兼祀城破時殉節的文學姚時中。禮部尚書王崇簡碑記云：

「……朱公於崇禎壬午（十五年，一六四二，翌年明亡）受命巡撫，宣鎮之餉闕軍怨，司餉而譁，公多方補足，斬首亂七人，並糾司餽者，亂遂定。鎮帥跋扈，論列其狀，上之司敗，一軍肅然。無何，流寇破潼關，爲綢繆之計具備，而太原寧武大同相繼陷，公遂集文武紳士軍民於城上，申說大義，誓死守。出一篋衣，取紅公服，屬從官曰：『以此殮我！餘悉充犒軍！』衆皆感泣。未幾，監視宦官與鎮帥降賊，復說公降，公念擒之或爲變，乃招鎮帥，伏健卒伺之，未至，而賊聲言監鎮降，巡撫何獨不降，公大罵拒之，激厲將士，相持兩日夜，賊多死傷，監鎮乘間開南門，賊遂入，公守北門（今廣靈門），聞變，命轉火器南向，欲手燃擊賊；左右泣，欲擁公行，公曰：『去此一步，非死所矣！』遂服紅公服登城樓拜遺疏而縊，賊至，嘆其忠，移殮於僧舍。甲申（十六年）三月十一日也。……公諱之馮，字德止，號勉齋，世籍完平，登天啟乙丑進士，時名之裔。……卒年四十有三。著有在疚集。……於其年六月，歸葬祖兆。先是，公遇變，從者懷遺疏間奔京師，始知公死節，褒䘏之命甫下，而都城旋陷！（三月十九日）……姚君，郡人，名時中，城破，肅衣冠，自經於學宮。君篤學知大節，寇至，知監鎮有異謀，嘆曰：『捍大患而以死勤事者，唯朱中丞，吾將從其後矣！』果死，以從祀焉。……」（魏象樞——蔚州人——另有姚義士碑記）關於朱之馮之死，明史二六三本傳記得更慘：「李自成陷大同，之馮集將吏於城樓，設高皇帝位，歃血誓死守，縣賞格，勵將士，而人心已散，監視中官杜勛且與總兵王承允爭先納款矣！見之馮，叩頭請以城下賊，之馮大罵曰：『爾帝所倚信，特遣爾，以封疆屬爾，爾至，即通賊，何面目見帝！』勛不答，笑而去。俄賊且至，勛蟒袍鳴騶郊迎三十里外。將士皆散，之馮登城太息，見大砲，語左右：『爲我發之！』默無應者。自起爇火，則礮孔丁塞。或從後掣其肘，之馮撫膺嘆曰：『不意人心至此！』仰天大哭。賊至城下，承允開門入之，訛言賊不殺人，且免徭役，則舉城譁然皆喜，結采焚香以迎之。左右欲擁之馮出走，之馮叱之，乃南向叩頭草遺表，勸帝收人心厲士節，自縊而死。賊棄屍壕旁，犬日食人屍，獨之馮無損也。同日死者，……諸生姚時中……等又十餘人。……勛既降賊，從攻京師，射書城中。城中初聞勛死宣府，帝為與贈蔭立祠，至是以為鬼。守城監王承恩倚女牆而與語，縋勛入，見帝，盛稱自成，上可自為計！復縋之出，笑語諸守監曰：『吾輩富貴自在也！』」像杜勛這種事，眞不免稀奇之感！雖然，若以今日而論，殷汝耕隨便到天津開會，又與杜勛之乘城入覲相去幾何乎？

查舊志附圖，此廟當在總兵衙旁東嶽廟之東，文廟之西，在城東南隅；但新志圖已根本無此祠，不知何時毀去。像這樣意義嚴重的廟宇，如何能隨意使他埋沒了呢？

舊志又記天啟三年曾建魏忠賢祠，今廢址圈撥旗人，在米市街迤西。

新志清眞寺五處：一在廟底（街名），為南寺，道光間移建（此寺最久，創自永樂初，原在道署西，厥後戶口日繁，地址狹隘，乃於清道光間移建）。一在鐘樓北，為北寺，道光間新建。一在後府街，為中寺，道光二十四年建。一在南關，同治七年建。一在東土關，光緒十七年建。

天主堂在城內米市街原道署西，規模宏偉，為口北教區主教駐地，附設大小修道院。據新志設於同治元年，庚子以後擴充。今則米市街全街，幾皆教民矣。

諸廟宇外，還有一個重要的古蹟，在西門外柳河川東岸邊，有光緒間縣令王立勳立石碑曰：「明常開平王盡瘁處」。按明史一二五本傳，洪武二年常遇春克開平（即上都，今多倫之地），元帝奔和林，遇春還師，次柳河川，暴疾卒，年僅四十。後賜葬鍾山，追封開平王，謚「忠武」。王氏之碑，不知何所據而立於東岸。土人多以為常遇春曾在此與元兵大戰，又云，北山有常氏墓，皆讆談也。

宣府園亭可述者少，塞外風沙漫漫，自不易有景物耳。宣修的亭園，較可紀的為萬柳亭，今其碑仍在禾黍斜陽中，但景色則已一無所有。亭係乾隆中方觀承修郡城時所修，清張志奇碑云：

「宣郡城北二十里山之麓有川焉，源出響泉，匯為清流，沮洳也。宜於柳，居民植之以為利。因名蓴泓，一曲樹影，數行山川，于焉有佳色。塞外少林泉之勝，此足以觀矣！沿北山而下繞郡城。郡，東負山而南帶河，西當朔漠，山低地迥，大風從西來，挾沙以行，如奔雲，如布霾，如燎原之火，捲海之濤，號呼震厲，衝突鼓盪。及與城遇，則風越沙留，壁壘也而沙邱，徒者騎者田者牧者樵者，皆乘其墉以出入，而地失其爲城。宮保總制桐城方公，屏藩畿輔，時思有以去其患。浚城壕，引柳川水入焉，植柳其上，夾壕兩行，水患已滅。乾隆十九年奏請治城，議舉積患而盡去之。郭之西，購民田合官產得千有餘畝，爲廣植計。以宣化黃令任之，令乃聚役闢沙，沙去而城立，慮復至於上，築堤，堤內外植樹，西郭繁衍而及樊圃，然戴稼者疏壕鑿井以灌之，蒙莉沓土以培之，間以桃杏課之，事無不盡。……功竣，……又以地當出塞赴晉之交，行旅驛使踵相接，……攜茶室惠渴者，北築郵舍，備送迎，東構亭，亭下鑿池，柳川至是將入河而順注焉。池外環以堤，雜植花卉，與綠絲黃穗相間。亭成請名於余，余曰：柳囿於斯爲盛也，命之曰萬柳亭。立斯亭以西望：清波瀲灩，翠影新抽，蒼然者與山接，淵然者與河接，非復昔時荒漠景象，蓋柳川之勝，至是而始大也。……」

新志又志其遊覽之盛云：「歲六月十八日有會，遐邇咸集，人各據一柳，憩飲其下，有無限之愉快，爲口北最著稱之盛會。」

張碑的文字寫得很好，你可以閉目想象出這一片荒漠中的青翠顏色來。只是現在柳也沒了，亭也沒了，昔日的盛會更不可見，只有沙子又屯得和城墻一樣高了。但是國家多故，却不容我們有再點景築園的興會了！

介春園，爲王氏別墅，在城西北隅。淸初，順治間爲郡紳王鑑之「墨莊」。王字近微，乙酉（順治二年）舉人，丙戌（三年）進士，由山東恩縣令卓異陞禮部儀制主事員外。甲午（十一年）山東主考，陞郎中，陞陝西西河道參議。休致，徵書重辟未就，崇祀鄉賢（見新舊志選舉志）。今其園尚有墨莊記石刻，順治辛丑八月（十八年，一六六一）蜀人吳允慊撰書，略云藏書甚多，爲王氏吟咏著述之所。乾隆中（約在四十年左右），歸李東升氏，改名「北園」。李氏別署五易主人，查新舊志均不獲其人。據嘉慶二年氏所爲北園記所云，此園在當日已漸圮毀，由他修復，並築山亭（至今仍存），至道光十一年（一八三一）始歸王煥功氏，至今已百餘年矣。王氏郡之回教徒，據自爲重葺介春園記云：「余欽賜世襲雲騎尉，今奉宮保督憲那題補督標前營守備，……」但遍查新志人物選舉二志，均無其人，殊以爲異。王氏至今仍爲宣城大族，但其園亦漸荒廢，僅存山亭及北堂三楹，題曰「觀稼」曰「老圃秋香」。老松三四株，間作濤聲，大可聽。春日芍藥丁香尙盛。唯址過狹小（原來或較大），稍覽即遍，想象起來，總不如萬柳亭有意思罷？

四　結語

宣府爲明九邊之一，故自洪武以來，防務旣重，掌故甚多。終明之世，外族入犯，不下百數十次，當日民生，不難想見。清初，武功甚盛，故康熙北征，數往來於此。乾隆亦曾於此駐驊。自後直至庚子亂作，帝后西狩，始再覩帝王來臨，而清祚亦斬矣。職官中，任巡撫者明如羅亨信，王象乾朱之渭均極有名。學者如李光地曾爲學院，畢拱辰曾爲監儲，薛福成曾爲知府；又如何騰蛟亦曾官口北兵備道於此，皆足以顯示此地過去歷史之榮耀。近頃邊氛日亟，張垣以北三十里已非復我有，則此城在國防上之地位，又重於明之九邊；唯不知來日究將陷於何等情況，撫念昔者，不勝愴懷。鄉邦文獻，要爲地方人士所不可不熟知之事，余爲此文，草草從事，深願拋磚引玉，地方宿學，或有可以校正補充之者，則幸甚矣！若云藉此以引起一般人對於邊疆史地研究之興趣，則潦草如斯，實不敢承。

民國二十五年十月二十五日初稿寫竟

18

後套渠道之開濬沿革

王喆 1

一 永濟渠

永濟渠原名蟬井渠，因漢人初到河套居住時，掘井汲水，見有綠色蝦蟆浮井水內，怪之，農民呼蝦蟆爲蟬，因名其村落爲蟬井。其後濬渠此地，亦襲此稱。至今河套每掘新井取水時，先將白酒倒入井內若干，言醉蟬令死，因而成習。

溯河套興辦水利最早，秦漢之季，縣城之建置於此者頗多，當時水利規模之大，渠道之多，戶口之繁盛，由此可見。迨後歷代屢被北方民族侵奪，屢經漢人開闢，傳至明朝中葉又被蒙人奪去，改爲牧場，紅柳荳芃遍地叢生。

當清朝以前，黃河入套後，北流大而南流小，北河經陰山之前，順東直流，至烏梁素海，經兩山之間（此地段現歸安北縣管轄），沿崑都崙溝（現歸包頭縣管轄），南出烏拉前山仍合入南河；而自烏梁素海南出一支流，經西山嘴亦合流於南河矣。南河在入套境處東南向，靠沙漠漫流至西山嘴，緣烏拉前山東流。別有小河一支自西山嘴分出曰三湖河，流出二百里外又幷入南河。夫河套地形西高而東低，以故前代渠道俱係自西北北河開口，東南向流，以南河爲退水，故水流暢旺，以致渠道縱橫，桑蔴遍野。自河套被蒙人侵奪改爲牧場後，渠地荒廢，野草叢生，前人墾發之功盡棄。

當明清之際，河套荒涼，只有蒙人羊馬，並無漢人蹤跡。惟寧夏一帶之地始終爲回漢統治，爲蒙人勢力所不及，故水利興盛，商賈不衰。回漢與蒙人貿易利市十倍，而尤以米穀之貿易最可獲利，於是不得不思擴充商業農耕。然寧夏地狹，欲擴充而無地，且西邊距內地遙遠，運輸不便，擴充不易，惟寧夏東北河套之地，不但離內地接近，而其商業銷場，北通庫崙，爲南北直線，易於發展。以故，漢人視河套較寧夏尤爲寶貴。在甘寧經商得利之人，遂入套設立分號。以經營蒙古貿易爲目的。然粮米量重，運輸困難，爲數十年無法解決之問題。漢人在套經商日久，人數亦多，遂思在距離居住近處，覓天然河水澆灌之地，以施耕種。當此時蒙王府對漢人禁種地畝之令日久忽視，又因套中無王府設置，其王府皆距套遙遠，商人賄賂本地蒙官私相耕種，相沿日久，遂成爲例，而達拉三公等旂同漢人居住較近，接觸亦多。道光咸同年，雖正式准許漢人在套種地，皆書立契約，然杭錦旗始終不准耕其地畝。自蒙旗允准以後，漢人來套者日衆，耕種地畝亦日廣，惟當時只知築壩距水，而不知濬渠洪水，蓋恐天然水漫淹地內，所種之靑苗被水浸淹，故築壩以抵抗之。至同治年間漢人在套種地者感覺地缺，又因國軍剿除回亂後，防設於河套，由政府約求杭錦旗，借地耕種，以濟軍食，以三年爲期，杭旂允許，所有河套杭錦旂地畝能種者，軍隊招集漢人俱耕種矣。

雖河套內築壩拒水，耕種之地遍套皆有，但爲數終屬有限。適此時王君同春，自河北省到寧夏黃渠橋居住，在渠工作，共五年之久，深知水利講求之不可已；又鑒河套缺少渠道澆灌地畝，遂想整理套內各天然河流，利用灌田，以利農耕。同治末年，遂集合四大股開挖短辮子河口。此時期居住蟬井之商人，鑒王君在短辮子河開渠，亦由寧夏請來熟悉水利者，自蟬井南剛目河向北開挖蟬井小渠，引水澆灌左近地畝。此乃蟬井渠之始也。

初種蟬井之地戶爲楊家河之楊鳳珠，同治年開渠時，又加入協成字號，祥太魁字號，及甄、魏、賀、李、趙、李八家。合夥集資，自剛目河向東北開挖一渠，長十三里餘，寬丈四尺。使用不久，剛目南移，此渠連帶廢弛，無人過問者數年。光緒初年，甄姓又集合崇發公，景太德，祥太玉等四十八家，又將剛目整理；並將該渠自剛目接修卜爾塔拉一帶，分爲二支，一支長三十五六里，劈寬至二丈，深五尺，其東向另出一支，長八里，寬二丈，深四尺。未數年剛目河口上半部淤積，不能進水，該渠乾旱，人民遷移，此後無人經營者若干年。光緒十七八年時，雖該地戶集資修洗，屢修屢廢，左近人民困苦萬分。至光緒二十年後，外人傳教者垂涎該渠左近地畝，以利誘楊姓後人楊安山者，出賣該渠及黃土柆亥河左近地畝。至買賣將成，而蟬井渠地主先後聲明反抗，旋作罷論。至光緒二十九年杭達兩旂地畝報墾，而河套八幹渠及各渠地畝，亦經達旂永租與墾局矣。

2

墾局給各渠地戶渠費，將渠收歸官有。自光緒三十二年委員管理，因蟬井地畝寬闊，水不足用，貽督辦（數）約請王君同春，計劃大動工程，務令水足全渠之用。王君在強油房秀華堂巡視月餘，計劃定一吸水法。將蟬井渠由黃河開口，經德和泉強油房而送入北沙梁內之沙海，以吸引黃河之水；再由沙海北接修穿斷舊剛目河，仍送入舊蟬井渠；並將蟬井渠闢寬，加深，洗挖至二喜渡口，公中廟，景太德，崇發公等處，至烏加河。自黃河口至剛目河，長三十八里，寬四丈，深六尺，由剛目河至烏加河長一百零五里，闢寬四丈，深五尺四尺不等。並自二喜渡口向北歧出一西大渠，經祥太玉，長四十五里，寬二丈四尺，深四尺。又向東歧出一東退水渠，長四十二里，寬二丈二尺。統計此次工程費銀約二十萬兩。自改修之後，此渠為河套幹渠之冠。墾局設立分局，委徐匯泉田喜庭管理。至民國二年，河套各渠皆招商承包，此渠包租最大，為年一萬三千餘兩。包租者為楊滿倉，吳祥等分包楊姓所包之東畔卜爾塔拉等處地畝，添挖東渠，長十八里，寬一丈六尺，深三尺。吳祥開挖樂善堂渠，長四十餘里，寬一丈八尺，深四尺。包租三年，無利可圖，楊吳二姓，俱欠包租銀甚鉅。期滿，由墾局職員李蘭亭，軍人王子良包辦三年，而樂善堂渠則仍歸吳祥分包。此渠之水，除澆灌本渠地畝外，將水流往下游烏拉河澆灌萬和長，烏蘭搗包等處；每頃以十二元征收水租。在此時並經繼榮堂劉姓在同義隆北建築大壩一座，將前後河劃分為二。三年滿後，適蔡楊組織灌田社，總包八渠，蟬井渠亦統包在內，此渠名遂改為永濟渠。管理五年，致將卜爾塔拉一帶淹成水湖，東退水兩岸皆淹成葦草灘。蓋因用人不善，濬疏無方，遂生此弊耳。

至民國十二年，灌田社欠欵太多，以勢抗不交納，地方亦受害過鉅，遂呈請省府救濟。後經省府議決由省府收回，交由地方人包租。此時王同春聯合五臨二縣各士紳，組織匯原公司名義承包，以十五年為期，蟬井分公司則由張君厚田經理，分公司設於公中廟。次年出資五萬元，除將正稍修洗外，並將樂善渠修洗接挖。又自公中廟添和渠背整理後，不但本渠無水淹之患，而下游烏蘭腦包，及安北境內之烏加河兩岸之地畝萬餘頃，亦皆受其益。地方人士經營未滿三年，適遇綏省政變，國民軍執綏政，又將水租收歸官辦，成立水利局管理之，辦理者又三年。

民十七年，建設廳馮公鑒官辦不宜，民辦無力，況自光緒末年至十七年，屢次更改辦法，河套水利不但毫無進步，渠道反較前廢圮，太半不能流水，即能流水之渠，非水不足用，即遭水淹，因在包召集水利會議解決此問題。經大會議決，改爲官督民修。各渠由本渠人民組織水利社，選舉經理，以熟悉水利者充任；而水利局則派員監督，指示辦法，稽查一切。自辦理以來，各渠皆較前大有進步。但蟬井渠廢圮太甚，一時難收成効，又兼工程浩大，欵項支拙，防堵疏濬諸感棘手。十八年本渠因範圍過廣，一社難資管理，除成立總社外，並成立五分社，曰永剛，曰正稍，曰樂善堂，曰四分社，曰五分社。各分社又因距離遙遠，勢難兼顧；又加近年黃水特大，本渠屢被冲刷，渠道洋溢，不但大工以下正稍西大東退水地畝皆受水患，即下游安北境內，烏梁素海以北亦淹成一大湖沼，一片汪洋，淹壞地畝在萬頃以上。二十四年建設廳鑒於水患害大，籌款八萬元，除整理本渠背及正稍外，並在烏梁素海以南，西山嘴開挖退水一道，希退安五境內之水：不意坡度太小，難收大效。本年又在渠口建築閘箱，以資節制進水量，故今年無餘水退入下游也。

永濟渠及所屬永剛烏加河支渠

永濟渠本身現有大小支渠三十三道，其西各支渠：曰中支渠，長五十里，寬二丈，深四尺。樂善堂渠，長八十里，寬二丈二尺，深四尺。公義恆渠，長三十里，寬一丈六尺，深四尺。于相龍渠，長二十里，寬一丈四尺，深三尺。張盛渠，長十五里，寬一丈二尺，深三尺。張三渠，長一千五百丈，寬一丈五。錦屏渠，長一千一百丈，寬一丈。謝四渠，長一千零八十丈，寬一丈。劉拉地渠，長一千三百丈，寬一丈。劉二旦渠，長一千一百丈，寬一丈。呂寶山渠，長一千五百丈，寬一丈。毛羅圪旦渠，長一千二百丈，寬一丈。陳喜渠，長九百丈，寬一丈。王驟旬渠，長八百丈，寬八尺。楊金生渠，長八百丈，寬八尺。杜千云渠，長七百丈，寬八尺。何文義渠，長八百丈，寬八尺。丁保大渠，長八百五十丈，寬八尺。吳紅林渠，長七百八十丈，寬八尺。

其東各支渠：曰百川渠，長七十里，寬二丈四尺，

4

深四尺。楊順保渠，長二千丈，寬一丈。張善洞渠，長一千八百丈，寬一丈。協力堂渠，長二千二百丈，寬一丈二尺。協圡堂南渠，長一千七百丈，寬一丈。牛申渠，長一千六百丈，寬一丈。郝玉堂渠，長一千八百丈，寬一丈。呂寶山渠，長二千丈，寬一丈二尺。周大渠，長一千九百丈，寬一丈二尺。王副官渠，長九百丈，寬八尺。張寡婦渠，長八百丈，寬八尺。陸鴻飛渠，長八百五十丈，寬八尺。

正稍東曰舊東渠，長三十五里，寬二丈，深四尺。新東渠，長二十五里，寬一丈八尺，深三尺。

閘箱有二：一曰永剛渠口，二曰喜渡口。

永剛渠全渠面積千八百餘頃，能澆者不過五百餘頃，全渠長九十餘里，口寬三丈六尺，稍寬二丈二尺，深五尺四尺不等。渠西支渠：曰陸鴻飛渠，長二千丈，寬一丈。強家渠，長一千八百丈，寬一丈。天德源渠，長一千五百丈，寬一丈。趙占元渠，長九百丈，寬八尺。趙秀渠，長八百丈，寬八尺。福源長渠，長八百丈，寬八尺。胥在堂渠，長三千丈，寬一丈二尺。日盛店渠，長一千丈，寬八尺。德成渠，長二千四百丈，寬一丈。胥在堂渠，長一千一百丈，寬八尺。亞麻來渠，長一千八百丈，寬一丈。李紅世渠，長八百丈，寬八尺。史福申渠，長一千零八十丈，寬八尺。楊拴子渠，長五百四十丈，寬六尺。張皂禮渠，長二百丈，寬六尺。同元成渠，長二千一百丈，寬一丈。沈德奎渠，長一千五百丈，寬一丈。

渠東支渠曰于相龍渠，長八百丈，寬八尺。奎寡婦渠，長一千丈，寬八尺。王章定渠，長一千四百丈，寬一丈。王永泉渠，長五百丈，寬八尺。王潤渠，長一千五百丈，寬一丈。張台吉渠，長五百丈，寬八尺。高四老虎渠，長六百丈，寬八尺。李銀保渠，長七百丈，寬八尺。忠錦堂渠，長二千三百丈，寬一丈二尺。楊正業渠，長八百丈，寬八尺。呂寶山渠，長一千四百丈，寬一丈。李在渠，長一千八百丈，寬一丈二尺。孫育才渠，長九百丈，寬八尺五。克卜龍渠，長一千七百丈，寬一丈。屠厚川渠，長一千三百丈，寬一丈五。分子渠，長一千六百丈，寬一丈。

烏加河支渠曰王啫渠，長三千五百丈，寬一丈四尺。若細渠，長二千丈，寬一丈二尺。六大股渠，長一

5

千四百丈，寬一丈。張三馬渠，長三千五百丈，寬一丈二尺。賈居渠，長七百丈，寬八尺。廣生西渠，長三千六百丈，寬一丈二尺。大德堂渠，長二千一百丈，寬一丈。劉蘭渠，長一千丈，寬一丈。哈拉兔渠，長九百丈，寬八尺。五分子渠，長七千丈，寬一丈四尺。戶口地渠，長二千丈，寬一丈。達賴淖渠，長二千丈，寬一丈。

閘箱烏加河內者：一、西壩頭，二、和發長，三、張三馬，四、以肯補弄，五、老四櫃，六、什蘭計，七、天巨公，八、三報補弄。

烏拉河外者：一、繼榮堂，二、萬和長，三、烏鎮，四、同心盛，五、長烏壕，六、白彥淖，七、張高兔，八、銀點補弄。

永濟渠所屬烏加河及烏拉壕支渠

烏加河在五原境內之支渠，曰秋柯鄉支渠，長五千丈，寬一丈八尺。李五擺退水渠，長二千五百丈，寬一丈四尺。張三馬渠，長二千丈，寬一丈。廣生西渠，長三千丈，寬一丈。大德堂渠，長三千二百丈，寬一丈。賈居渠，長七百丈，寬八尺。劉蘭渠，長一千一百丈，寬八尺。哈拉兔渠，長九百丈，寬八尺。五分子渠，長七千二百丈，寬一丈六尺。武陀高渠，長二千三百丈，寬一丈。戶口地渠，長二千五百丈，寬一丈。達賴淖渠，長二千一百丈，寬一丈。波羅河渠，長五千五百丈，寬一丈二尺。

烏拉壕之支渠，曰月義隆渠，長六千丈，寬二丈。繼榮堂渠，長三千五百丈，寬一丈四尺。劉富存渠，長二千五百丈，寬一丈。張兔渠，長二千丈，寬一丈。萬和長渠，長一千三百丈，寬一丈。朝哈渠，長一千八百丈，寬八尺。牧養公司渠，長一千三百丈，寬一丈。天瑞德渠，長三千五百丈，寬一丈四尺。廣生西渠，長二千丈，寬一丈。同心盛渠，長四千丈，寬一丈二尺。若細渠，長二千八百丈，寬一丈。長烏壕內六大股渠，長一千七百丈，寬一丈。白彥淖渠，長一千二百丈，寬八尺。同心永渠，長四千五百丈，寬一丈四尺。又同心永渠，長一千七百丈，寬八尺。

土壩地點：一、勾心廟，二、廣生西，三、三岔口，四、老四櫃，五、達賴淖，六、天巨公，七、三報補弄。波羅以下尚有短期壩，按天澆灌。

二　通濟渠（原名老郭渠）

通濟渠原係天然河流，名短辮子河。當清朝咸同年間，有漢族人在此河流域經營蒙古貿易，居處地或低窪，伏汛起，河水潰溢，低凹地畝漫溢，水退，該處商人，即私同蒙古下級官吏，賄賂耕種。至同治初年，短辮子河被泥沙淤塞不通，此流域地畝遂亦荒廢，無人管理。至同治六年，有郭大義者，商同左近商號萬太公、萬德源兩家出資，並請王同春加入，組織四大股，合共濬疏。由郭大義担任經理，王同春管理渠工，另從黃河起，向短辮子河新開一道，長約十里，寬二丈六尺，深六尺。王君曾在寧夏省磴口渠上作工甚久，並曾在寧渠道管理水利，所以經驗甚富。同治四年，至河套，鑒沃野百里，水利不興，甚屬可惜，適郭大義來邀，遂共開挖短辮子河。當此時也，河套所能耕種之地，皆賴天然河流溢出之水；又恐黃河水漲淹沒青苗，皆築壩拒水，不令漫入。自以此爲最妙之策，而未常注意及開渠事也。因當時漢人來套者少，天然水灌漫之地尚無人耕種，自更無開渠引水灌溉之事。即間有開渠者，亦不過爲退地內存水，引而仍歸入河壕耳。至同治初年，漢人隨軍隊來套者日多，天然水所漫溢之地不足耕種，時四大股亦組織完成，將淤廢之短辮子河，另自黃河尋口開渠引接壕內，而自黃河尋口開渠者，乃自王同春始也。因郭大義爲四大股之經理，故名老郭渠。自郭大義去世，四大股即由王同春充經理。又自務殖堂地內，將舊河取直，經大北渟，德厚成，燕安和，向正東黃腦路板旦，創挖正渠，長二十七里，寬三丈，深五尺，又將新口闊寬至四丈。王同春自下渠濠，親爲工作，胼手胝足，於經濟困苦艱難中，晝夜努力奮鬪，勞苦十二年，始告一段落，此乃有清以來復興河套第一次之大成功也。至光緒五年，王同春辭去四大股經理，而郭大義之子郭敏修，將四大股各股弄爲己有。光緒十年，又自王光政壕，經板旦入哈不太河。至光緒二十年，自北梢接挖六分子渠，始將水退入烏加河內。到光緒二十五年，向東接修，經惠豐昌、恆隆昌、致中和、至三叉口，亦入烏加河內，長四十三里，寬二丈四尺，深四尺，此段工程亦費十年之力。至光緒十六年，方始修通，中間並利用管三壕十一里舊河。老郭南有地商蔡金榮者，十六年自現郞殖堂，開蔡家渠一道，長四十五里，寬一丈六尺，深五尺四尺不等。至光緒二十一年，蔡渠全部告成。到二十七年，自黃腦魯東向，又經賀發財、南粉房、圪旦、楊碾房、蘇鐵圪旦，開退水一道，長三十二里，寬二丈，深四尺。迨至光緒三十一年，渠地歸公，此渠已淤塞廢壞，不能流水，遂行擱置。至民國元年，始由包西墾務局，撥欵將全渠大加修洗，包與地商郭子常經營，訂期五年。至民國四年，又淤廢不能流水。後經本渠衆地戶合夥承包，屢修屢淤，未著成效。後數年淤塞更甚，全渠人民不得耕種，至岌岌不能自活，屢次向五原縣府，及包西水利局籲懇，蒙當道憐念民艱，允爲籌欵修洗。民國十年，全套水利耆宿集臨通渠，各方努力借欵六萬元，將全渠洗挖成功。次年人民因乾旱年久，雖略得滋潤，亦無力歸還此項鉅欵。適有蔡，楊鑒河套水利有利可圖，遂組織灌田公社，承包八大幹渠，此欵即由該社歸還。灌田公社包辦九年，賠累甚鉅，渠又淤塞。至十七年，建設廳鑒河套水利數十年來殊少進步，遂在包召集包西水利會議，會商改革各問題。經大會決定，包西水利改爲官督民修，由地方組織水利社，民選經董管理，諸事皆由水利局監督。並經建廳馮公介紹各渠，公同向銀行借欵，修理各渠。工竣後，水量固較前暢旺；但本渠地畝仍不能全部澆灌。至民二十三年，水利局派員住渠整理，又費欵萬元，將南稍修挖，但因支渠地區缺少較高之地，仍不能耕種。且此渠地勢平坦，渠身坡度較小，以致長有淤塞之虞，必至伏汛起後水量方可足用，而在春秋兩季，則時患水之不足。此乃該渠一大隱患，若無補救之法，亦該渠前途一大障碍也。

全渠面積約三千餘頃，能澆灌可耕種者千七百餘頃。其支渠列後：

渠東之支渠：曰楊鋤勾渠，長三百丈，深尺五。王雨亭渠，長四百丈，深二尺。孔九成渠，長千丈，深三尺。大北淖渠，長千三百丈，深三尺。韓世旺渠，長二千丈，深三尺。陳善忠渠，長二千丈，深三尺。蔡家渠，長四千丈，深三尺五寸。彭花方渠，長千丈，深二尺。魏三渠，長七百丈，深二尺。白家渠，長千八百丈，深三尺。三成永渠，長二千七百丈，深三尺。本支渠，尚有郭祥吳有支渠。東台渠，長三千丈，深三尺。白櫝渠，長千丈，深二尺。鴻農永渠，長二千七百丈，深三尺。三大股渠，長千丈，深三尺。黃腦魯渠，長二

8

千丈，深三尺。張二旦渠，吳四藍四柳匠圪堵，長五百丈，深三尺。白大櫃渠，長二千丈，深三尺。

渠西之支渠：曰燕商人渠，長三百丈。天義成渠，長五百丈。白大櫃渠，長二百丈。王板撓渠，長二百丈。靳三渠，長四百丈。李月明渠，長六百丈。三和長渠，長二千丈。達頭圪卜渠，出口入地。

北梢：渠北惠豐昌渠，長二千丈。力耕堂渠，長一千五百丈。農業堂渠，長一千三百丈。公積堂渠，長一千五百丈（水利局之表爲一百五百丈，錯）。六分子渠，長一千八百丈。恒隆長渠，長四百丈。致中和渠，長一千丈。永豐堂渠，長一千二百丈。

南梢：渠北北俠背渠，出口入地。張進才渠，長八百丈。高八斤渠，長五百丈。甘肖子渠，長五百丈。樊亮渠，長一千丈。樊外撓渠，長九百丈。郭維鏞渠，長八百丈。袁櫃渠，長五百丈。又長一千丈。薄二銀渠，長一千丈。郭滿囤渠，長七百丈。趙四渠，長七百丈。蘇鐵渠，長二千丈。天聚公渠，長一千丈。

南梢：渠南楊滿倉渠，長九百丈。劉板四渠，出口入地。趙熾昌渠，長五百丈。白大櫃渠，長一千丈。以上共支渠六十五道，長七萬零七百丈。

三　楊家河子渠

楊家河子渠，乃係自烏拉河歧出之天然河流，爲綽號老大王楊鳳珠者所管理。楊乃山西省平魯縣人，乾隆末年，至王爺地西廠村經營蒙古生意。其人膂力過大，性好械鬬，且有號召能力，故人送綽號老大王楊鳳珠，因之威鎮黃河、河套沿岸及烏拉河口一帶。當時烏拉河水勢甚大，能剗行船支，常有糧貨船自黃河經烏拉河、烏梁素海、西山嘴，而仍入黃河，運輸交通環行包套。河套本爲荒野，枳芨柳林遍野，沿黃河一帶，窠藏匪類，妨碍交通，故人稱大王。此類人皆與楊鳳珠有關，故人稱老大王。該時西廠一帶，每年至伏汛起，黃河水量最大時，常經烏拉河、楊家河漫溢。西廠左近汪洋似海，水退後，楊鳳珠乘機築壩耕種烏拉河北之地。嗣並墾於烏拉河南地畝，亦常被烏拉河歧出之支流水淹没，楊鳳珠亦乘勢管理耕種之，因楊姓管理，故人名楊家河。此乃河套有清以來開荒耕種之始。因此，西廠烏拉河兩岸之漢民遂日增，聚居集成村落。至道光年烏拉河被西北金絲廟風沙所浸沒，水流斷絕，因此，楊家河亦日漸荒廢，人民遷移。至光緒楊姓後人名楊安山，壅渠道淤廢，人民生計凋弊，遂異想天開，至山西勾結外國天主教教士，到今之滿會陝壩等處，訂立合同，開渠種地。不意地被教會管理後，而楊安山亦被逐無立足之地矣。迨民國六年又有山西河曲縣人楊滿倉者，於包辦沙河渠失敗後，遂變更思想，藉在沙河渠所存之糧食牲畜什物，至楊家河，除向杭錦旗租得蒙地外，並同滿會教堂訂立分地合同，代爲重開楊家河，以資引水澆灌準格爾堂及以東陝壩滿會地畝。乃於六年秋，請王君同春前往爲勘視，標定渠線，往返巡視，費時月餘，決定廢棄舊楊家河口，另自黃河杭錦旗馬廠地新挖渠口四，並自杭錦旗地甲登壩廟至哈拉溝之地，歧爲二支流：一經澄泥圪卜梅閣廟西及三淖退入烏加河內；一支自哈拉溝東北向今之平政村，劉祿圪旦，大高士，白櫃西而入烏加河；水量過大時，並可由陝壩渠，退入沙溝。楊姓於民七年，自黃河挖渠口起，長三十四里，寬六丈，深七尺，接入舊楊家河內，而於舊河則劈寬挖深，共長五十餘里，寬五丈，深五尺；又新挖渠道一段，長三十餘里，寬三丈六尺，深五尺，使退入烏加河內。內歧出之三淖渠，長七十里，寬三丈，深五尺。再東北歧出老謝渠，長六十里，寬二丈四尺，深四尺。又陝壩渠，退入沙溝，長二十四里，深三尺。其兩岸大小支渠數十道，灌溉區域甚廣，總計約三千餘頃。現居河套大渠第二位。此次楊姓重修費銀二十餘萬兩，因重修此渠，楊滿倉及其長子因勞成疾而亡。其次子楊文林亦因勞而致殘廢，創業之難，深可慨也。至民十二年後，楊家河之整理修挖，已告完竣，又增退往烏加河之退水渠二道，長皆三十餘里；大小支渠亦增添甚多。民十四年，該渠地畝除渠西爲杭錦旗蒙地外，渠兩岸及渠東渠梢各處地畝俱已放墾，除由墾局出賣楊姓六百頃外，餘皆由人民分購；但渠西蒙地，尚有千餘頃仍爲楊姓包租。十七年經水利會議決定，渠改由水利社經理，但經理仍由楊姓自任。

近年來該渠水量暢旺，但渠道甚少進步，其原因爲楊姓分居，管理無人，只知取利，而不知修理，以致二十三，四兩年伏汛時，淹沒地畝甚多。解除水患之方法，除原有渠口閘箱外，應再挖一預備新口，並建築閘箱，以備水大時節制使用。

全渠灌溉區域約四千餘頃，現能耕種者三千頃。其支渠之大者曰黃羊木堵渠，長三千四百丈，深三尺。準格爾堂渠，長九千丈，深三尺（此二渠已廢）。老謝渠，長一萬零八百丈，深三尺五寸。東邊渠，長二千七百丈，深三尺。陝壩渠，長六千三百丈，深三尺。豐會渠，長一萬二千六百丈，深四尺（即幹渠東梢），三淖渠，長一萬二千六百丈，深四尺（即幹渠西梢）。西邊渠，長二千七百丈，深三尺。其餘小支渠尚有五十九道，在幹渠者，有：于王留渠，長一千八百丈，深三尺。劉高保渠，長七百二十丈，深二尺五寸。傅藍騾渠，長三百六十丈，深二尺。東邊渠，長一千四百四十丈，深三尺。王根根渠，長七百二十丈，深二尺。小東邊渠，長七百三十丈，深二尺。呂平治渠，長三百六十丈，深二尺。郝二渠，長五百四十丈，深二尺。劉高任渠，長五百四十丈，深二尺。王四渠，長五百四十丈，深二尺。王銀鑑渠，長五百四十丈，深二尺。朱二其渠，長三百六十丈，深二尺。高長林渠，長九百丈，深二尺。劉起世渠，長一千六百丈，深二尺。楊毛匠渠，長七百二十丈，深二尺。田騾旬渠，長三百六十丈，深二尺。郭起世渠，長五百四十丈，深二尺。沈存子渠，長三百六十丈，深二尺。趙拴馬渠，長五百四十丈，深二尺。天主堂渠，長九百丈，深二尺五寸。小天主堂渠，長三百六十丈，深二尺。王外生渠，長三百六十丈，深二尺。塔候仁渠，長一千六百二十丈，深二尺五寸。熱水圪卜渠，長三百六十丈，深二尺。胡達賴渠，長一千四百四十丈，深二尺五寸。白喬保渠，長九百丈，深二尺。李山河渠，長一千四百八十丈，深二尺。王栓如渠，長四百丈，深二尺。共二十八道。

其在幹渠西者，有：西邊渠，長一千二百六十丈，深二尺五寸。大臣渠，長九百丈，深二尺。趙連奎渠，長五百四十丈，深二尺。呂四旦渠，長二百八十丈，深二尺。尹喜渠，長三百六十丈，深二尺。白官保渠，長三百七十丈，深二尺。張大喜渠，長三百七十丈，深二尺。寇桂榮渠，長七百二十丈，深二尺。劉祿渠，長七百二十丈，深二尺。吳金貴渠，長七百二十丈，深二尺。賈八保渠，長一千二百六十丈，深二尺五寸。馬仁子渠，長三百六十丈，深二尺。福茂西渠，長九百丈，深二尺。趙五祿渠，長二千四百丈，深三尺。楊胡拴渠，長五百四十丈，深二尺。馮官鎖渠，長九百丈，深二尺。劉四明眼渠，長五百四十丈，深二尺。同義長渠，長九百丈，深二尺。西渠，長二千一百六十丈，深三尺。樊毛四渠，長五百四十丈，深二尺。蘇黑浪渠，長九百丈，深二尺。魏桂元渠，長一百八十丈，深一尺五寸。宋同渠，長七百二十丈，深二尺。缸房渠，長一千二百六十丈，深三尺。張三方渠，長九百丈，深二尺。六八渠，長九百丈，深二尺。魏鳳岐渠，長九百丈，深二尺。康善人渠，長五百四十丈，深二尺。王善人渠，長一千零八十丈，深二尺。劉喜紅渠，長三百六十丈，深二尺。小支渠，長二百丈，深一尺五寸。

全渠共有土壩六道：一、三淖渠口。二、二道橋。三、大高世圪旦。四、缸房渠口。五、胡達賴渠口。六、白喬保渠口。

閘箱二座：一、划子特拉。二、二道橋。

四　黃土拉亥渠

黃土拉亥渠，原爲天然河流，黃土拉亥即蒙語「黃沙頭」，因該渠在黃河南岸，有沙頭甚多，因以得名。在同治末年，有楊廷棟者，陝北府谷縣人，其先人在河套滿會經營蒙古貿易，因此租到蒙旗地畝，藉黃土拉亥河天然流入之水，澆成地畝。楊姓在河左近築埧拒水，以便耕種。至光緒初年，鑒老郭渠開渠種地，楊姓遂亦請得熟悉者，將黃土拉亥河整理開成渠道，引水種地。此後屢修屢廢，耕作無常。至光緒二十六年，達拉旗因打死教會外國人，交涉和解，遂將該河左近地畝，租與天主教會，作爲賠款。該教會又出資在馬廠地，高二圪旦以上，另挖新口，將黃河引入舊黃土拉亥河內；並將該河從新修洗，以資澆灌滿會及陝壩附近地畝。以故附近地畝皆可開闢耕種，而山陝兩省人民因種該教會地畝不出一費用，亦先後前來，村莊林立。至民國七年八月，有鄧神父者，鑒大發公附近地畝荒廢，又因退水不利，遂由陝壩東向開挖東退水一道，藉此澆灌大發公一帶地畝；並自大順成歧出大支渠一道，東北徑長勝連聖家營子，又開挖退水一道，長三十七里，寬二丈四尺，深五尺。至民國十四年，該教會租種地畝，因各國庚子賠款皆已退回，此渠地畝，遂經臨河設治局局長蕭君振瀛任內交涉收回，全縣人民皆額手稱慶，而河套遂無外人租界地矣。

當時經縣府召集全渠人民開會，公舉熟悉水利者管理。至民國十七年，建設廳馮公改組河套水利，此渠亦組織水利社，由地方人民選舉李皐充任經理。自經水利社管理以來，水量充足，全渠各村莊人民皆成小康；即各村莊樹木亦茂盛可愛。現全渠地畝十九可耕，村落雲集，支渠縱橫，爲河套各渠之模範。該渠自黃河口起，至烏加河止，全長一百三十餘里，連各大退水渠共計一百九十餘里，上游寬六丈，中部亦五丈四丈不等，深有八尺七尺四五尺不等。支渠最多，爲河套之冠。全渠面積地畝三千餘頃，現已耕種者亦有二千餘頃，水量適宜，管理妥善，以故全渠兩岸地畝皆爲良田。惟近年水量過大，大發公一帶亦常有決口之事發生，閘口部亦建築閘箱，以資節制進水量。若河套各渠道之管理皆如黃土拉亥渠，則河套即成西北之天府矣。

該渠共有支渠九十五道，渠西，曰八代屯墾渠，長三千八百丈，寬一丈。趙連玉渠，長六百丈，寬六尺。張全蛇渠，長二千七百丈，寬一丈。烏蘭淖渠，長三千六百丈，寬一丈二尺。新民實業社渠，長三千五百丈，寬一丈二尺。王章定渠，長二千五百丈，寬一丈。二道渠，長三百六十丈，寬六尺。大南渠，長六千丈，寬一丈四尺。郭連生渠，長一千八百丈，寬一丈。小南渠，長四千二百丈，寬一丈二尺。胡櫃渠，長七百丈，寬八尺。白駝羔渠，長五百丈，寬六尺。高招拴渠，長五百丈，寬六尺。園子渠，長四千丈，寬一丈。沙壕渠，長三千八百丈，寬一丈。王良渠，長四千二百丈，寬一丈二尺。劉經理渠，長三百八十丈，寬六尺。李二寡婦渠，長四百八十丈，寬六尺。豐茂盛渠，長九百丈，寬八尺。公義渠，長三千丈，寬一丈。高二銀匠渠，長七百丈，寬六尺。王三仁渠，長九百丈，寬八尺。徐小保渠，長二千一百丈，寬一丈。韓存喜渠，長四百丈，寬六尺。太和堂渠，長三千六百丈，寬一丈二尺。段紅世渠，長一千五百丈，寬一丈。欒會渠（即東稍），長九千丈，寬六丈。西稍渠，長八千五百丈，寬二丈。正稍渠，長七千五百丈，寬二丈。豐茂盛渠，長二千七百丈，寬一丈。都羊官渠，長三百六十丈，寬六尺。陳大渠，長五百四十丈，寬六尺。福興元渠，長二千七百丈，寬一丈。王住和渠，長五百四十丈，寬六尺。蘭如林渠，長四百丈，寬六尺。義全成渠，長三千三百丈，寬一丈二尺。廣盛永渠，長二千七百丈，寬一丈。丁會長渠，長

13

一千丈，寬一丈。孫栓住渠，長九百丈，寬八尺。蔡四渠，長三百二十丈，寬六尺。陳來林渠，長一千四百丈，寬八尺。徐小保渠，長一千三百丈，寬八尺。孫朋閣渠，長九百丈，寬六尺。謝家渠，長三百二十丈，寬六尺。王金兒渠，長五百四十丈，寬六尺。王宏渠，長七百二十丈，寬六尺。杜櫃渠，長一千七百丈，寬一丈。戶口地渠，長四千丈，寬一丈二尺。柴油房渠，長一千一百丈。崔培林渠，長五百四十丈，寬六尺。余生金渠，長四百丈，寬六尺。七大股渠，長五千四百丈，寬一丈二尺。王亮亮渠，長二千六百丈，寬一丈。王憨憨渠，長四百丈，寬六尺。大發公渠，長六千三百丈，寬一丈。二尺塔三明渠，長四百丈，寬六尺。張三渠，長七百二十丈，寬八尺。朱天喜渠，長四百丈，寬六尺。玉隆永渠，長九百丈，寬八尺。王大閏渠，長五百四十丈，寬六尺。郞存存渠，長四百丈，寬六尺。居德爐渠，長五百四十丈，寬六尺。張三渠，長三百八十丈，寬六尺。趙方成渠，長三百六十丈，寬六尺。石主任渠，長五百四十丈，寬六尺。幹渠以東：支渠，曰桃元宮屯墾隊渠，長四千五百丈，寬一丈二尺。德和泉頭道渠，長二千一百丈，寬一丈。二道渠，長一千一百丈，寬八尺。三道渠，長九百丈，寬八尺。四道渠，長八百五十丈，寬八尺。五道渠，長七百二十丈，寬六尺。六道渠，長五百丈，寬六尺。王三頭渠，長二千七百丈，寬一丈。張進才渠，長七百二十丈，寬八尺。劉福申渠，長七百二十丈，寬六尺。王三頭渠，長一千八百丈，寬一丈。李鳳成渠，長一千二百丈，寬八尺。二道渠，長九百丈，寬六尺。張六元渠，長二千一百丈，寬一丈。王四霞生渠，長五百丈，寬六尺。徐盛公渠。長四百五十丈，寬六尺。白喬保渠，長七百丈，寬八尺。吳小桃渠，長三百二十丈，寬六尺。郞七七渠，長六百二十丈，寬六尺。高紅世渠，長三百丈，寬六尺。尙富成渠，長九百丈，寬八尺。楊台吉渠，長一千五百丈，寬一丈。門鳳池渠，長五百四十丈，寬六尺。郞石匠渠，長四百丈，寬六尺。毛維周渠，長三百丈，寬六尺。朱四渠，長四百丈，寬六尺。楊來祥渠，長四百丈，寬六尺。張三渠。長六百五十丈，寬六尺。李三河渠，長一千八百丈，寬一丈。何級三渠，長九百丈，寬七尺。張大其渠，長三百二十丈，寬六尺。李錫九渠，長九百丈，寬八尺。以上共支渠三十二道。

開壩三座：一、計園子渠口。二、豐會渠西渠口。三、大發公渠口

土壩六道：一、園子渠口。二、西渠口。三、大發公渠口。四、門鳳池渠口。五、何級三渠口。六、李錫九渠口。按日照章輪流澆水，近年來毫無錯前錯後之弊。

五　豐濟渠（原名協成渠初名中和渠又名皇渠）

豐濟渠開挖於光緒初年。先是同治初年，有甘肅凌州人賀百萬守明者，以銀三十六萬兩，在祥太魁東，開設協成字號，經營蒙古生意，由趙三鑑爲經理。趙君鑒剛毛河溢出之水，漫溢該號左近，浸佔低凹地畝甚多，遂照楊家河附近耕作法，將剛目河來源築壩切斷，只令水潤一次，不令繼續流入；俟地內之水乾涸，該號仿照內地農作法，耕種附近地畝。如此耕種者凡十數年之久。迨同治末年，因剛毛河口被黃河洪水淤廢，該號附近地畝因無水澆灌，致全部荒廢，而協成字號亦賠累倒閉。至光緒初年，有達旂二官府維君居住剛毛河南，鑒該河淤塞，該地荒涼，甚屬可惜，遂出資銀二千餘兩，自剛毛河向正北協成字號開挖小渠一道，長十二里，寬一丈二尺，深五尺。並開設天吉太商號，經營蒙古生意。不數年剛目河河口及中部淤塞，土地荒廢，商號亦隨而倒閉。延至光緒十六年，維君實不能繼續經營，倩人從中說合，將渠地全部出賣與王君同春。王君於光緒十八年，出資二萬餘兩，重新自黃河黃芥壕開口，經杭旂之馬場地，天吉太，向北截斷剛毛河，送入維君所開之小渠內，計新工長三十二里，寬四丈，深六尺。繼又將協成小渠劈寬至三丈六尺，深五尺，長二十四里，經過五分子同元成東，送入舊剛毛河天然壕內，又費銀三萬二千兩。光緒二十三年，繼向正北開挖退水渠，經銀點兔以送入烏加河內，共長二十八里，寬三丈，深四尺。前後共計修理八年，費銀七萬餘兩。全渠共長九十六里，自黃河至天吉太橋坡度最好，水流迅速，全年各季水量充足，爲河套內最好之幹渠。自開挖至今，水勢暢旺，全渠除沿黃河口部左近，無不能澆灌之田，惟支渠缺少，又無堐堰，渠內之地，未耕種者尚多。至光緒三十一年，渠地被公家強行沒收，墾務督辦委張君霖泉管理

四年，由墾局發銀，自五分子向東，開挖十八圪兎退水一道，長二十二里，寬一丈六尺，深四尺，除溉該渠兩岸地畝以外，並可瀉幹渠之水。至民國初年，墾局因各幹渠管理不善，不但無利可圖，即於各該局之開支亦不能維持；本渠亦隨各渠辦法，招商承包。張君同墾局委員田君喜亭，商人王君在林，私行成立五大股，租得達拉旂十八圪圖地畝，以地商名義承包協成渠，包期四年。此四年內水量充足，全渠地畝除無支渠地外，皆已澆灌耕種得利甚豐。四年滿後，續包一期，此期內又開挖五分子天吉太等支渠三道。至民國九年，由灌田社承包管理四年，水勢過大。該社經理俱係軍閥爪牙，非爲差弁即係護兵，普通常識尚且不足，何能管理水利？以故本渠以西決口數百丈，淹沒甚廣，五分子以下，幹渠亦被淤積；並依勢不交包租。該社所包各幹渠，既因管理不善，水旱頻仍，人民爲生計所迫，群請都府救濟。都署鑒民心激昂，恐釀事端，遂明令准由河套士紳出名承包。令下後，王君同春聯合李增榮，楊春林，崔壽芝，張厚田等，組織匯源水利公司承包。於民國十二年接辦，協成渠分公司，即由李增榮君經理。次年春，出資將本渠西背決口，以柴舖墊，五分子以下又加修渠背。不意未及二年，即遇綏區政變，都署成立包西水利局自辦，辦理三年，毫無成效。時建設廳長改由三晉名士馮公子和充任，以包西水利關係民生至鉅，遂邀請包西水利耆宿，在包召開水利會議。經衆議決，改爲官督民修，由地方各該渠域內人民選舉紳董，組織水利社管理。自十七年至今，雖屢換經理，但渠道日有進步，墾地亦年年增多。復因水量過大，二十三年於渠口並建築閘箱，以便節制入水。此渠水量，除自用外，並可救濟沙河渠，舊皂河渠。若經修理，即義通兩渠亦可沾其惠。全渠面積約有田二千五百頃，現耕種者八百餘頃。其支渠列後：

渠東所有支渠，由上游起，曰四分子支渠，長九丈，寬八尺。老桃氣渠，長八百丈，寬八尺。西商太太渠，長二千七百丈，寬一丈。楊二禿渠，長五千丈，寬一丈二尺。刀勞台渠，長三千六百丈，寬一丈。政蘭淖渠，長二千二百丈，寬一丈。五分子渠，長一千三百丈，寬八尺。堵兒乎渠，長五千四百丈，寬一丈四尺。鉄毛什拉渠，長二千三百丈，寬一丈。什八圪兎渠，長八千五百丈，寬三丈。賈成渠，長六百丈，寬八尺。銀點兔渠，長五千四百丈，寬一丈四尺。安師爺渠，長九百丈，寬一丈。以上共支渠十三道，內十八圪兔爲東退水幹渠。

渠西支渠由上游起，曰二合永渠，長八百丈，寬八尺。忠錦堂渠，長七百丈，寬八尺。馬廠雍家渠，長七百丈，寬六尺。韓威鳳渠，長六百丈，寬六尺。李在渠，長七百丈，寬六尺。白來圪卜渠，長八百丈，寬八尺。楊春林渠，長六百丈，寬六尺。郝元寶渠，長六百丈，寬六尺。韓仁山渠，長六百丈，寬六尺。山東移民渠，長一千三百丈，寬八尺。補隆渠，長一千八百丈，寬一丈。李未換渠，長六百丈，寬六尺。以上渠西支渠十二道。

渠口因水大做有閘箱，天吉太橋有橋閘，十八圪兔渠閘箱一座。

六　義和渠

義和渠原名王同春渠，乃王同春自與郭敏修分手後，於光緒六年，獨自出資，由黃河河岸老郭渠北尋口，創開之渠道。事前，王君西至寧夏，考查該省秦漢各渠渠形，並仿製治水器，俱審其所長，以資借鏡。回套後，並遍歷全套，審視地形，確知西南高，而東北低，黃河流向自西而東，若順其自然形勢開渠灌田，決無不成之理。遂毅然決然，向達拉旂沙花廟拉廠承租荒地，創修渠道，身先工人，率導工作。自土城子北黃河岸開挖，經杭旂馬廠地五頂帳房，計新工長三十餘里，寬四丈，深六尺。又北向揷入哈拉格爾河，次年順河洗修，經苗家圪旦，羊油房，西牛埧，計長十七里，寬四丈，深二尺。八九兩年，又自哈拉格爾河，向東北挖至隆興長北，計長二十里，寬三丈，深四尺。又經曹家圪旦，同心德橋，王善圪堵。光緒十一二兩年，又向正北挖退水城渠一道，經東西城村賈粉房而入烏加河內，計長二十三里，寬二丈，深四尺。十五六兩年，向東北經老趙圪堵，同心泉，士如亥台，銀歲橋，范礙房，長三十里，寬二丈八尺，深四尺，亦送入烏加河內。全渠共長一百零七里，前後經十年之久，用全部精神，始告成功。修挖東北退水渠時，適地方大饑，饑民麕集甚衆，故成功較易。其上游則歷經困難，積十年之辛勞，賴王同春日夜工作督視之功，方至成功。因同郭敏修分渠和解，獨自經營，故初名王同春渠，後改名義和渠，此原始之名也。

其灌漑區域，以隆興長為中心，能灌地畝約計千五百頃。此渠挖成，河套遂以隆興長為中心點矣。蓋隆興長適居河套之中心，以故官廳對全套事務，皆在隆興長處理。而王同春鑒於四方荒涼，亦以隆興長為總號，以便處理各渠事務。即包五交通亦賴此渠作運輸孔道，而成河套總樞紐矣。

光緒三十一年，蒙地招墾渠道，亦收歸官有，經墾務局自辦五年，鮮有成績。至民國初年，遂召商承包，王同春之子王璟，以商人名義承包。管理五年，期滿後，因烏加河下游地畝全賴此渠灌漑，遂組織義和社包辦，辦理數年，不但下游未沾其益，即義和渠本身亦淤塞，水不足用。至民國九年，亦由灌田社接包。管理四年，不但人民未獲水利之益，反更感乾旱之苦，難以居住。民國十二年，全套人民因感水缺，渠道淤塞，地畝荒廢，紛紛請求當道辭退灌田社，由全套人民管理，整修各渠，復興河套。當道順從民意，准由五臨兩縣紳董出名承包。王同春以董事長名義，集合全套紳董，組織匯源公司承包十五年。因籌款大加洗修，遂成今日完善之渠道。管理二年，適遇綏遠政變，未到期而省府收回自辦，成立包西水利局，分渠委人管理。辦理二年，又行淤廢。

民十七年，建廳馮公為採納河套大多數人民意見，在包召集包西水利會議。經大會議決，改為官督民修，由地方組織水利社，選舉經理董事負責管理。馮公並為介紹借欵，從新另挖新口，隆興長南北亦行修洗。近年水流暢旺，地畝較前耕種者倍增。二十三四兩年，又因烏加河水量過大，本渠水不能退入，復自銀歲橋向東順管三壕修挖退水一道，送至通濟渠北稍，以資宣洩義和渠之餘水。惟此渠形成南北線，坡度較小，伏汛時，水量有餘，春秋兩季間有不足之時。如無補救之法，亦該渠前途一大缺點也。全渠面積約二千頃，現在耕種者，約千三百。其支渠列後：

渠西支渠曰劉千渠，長七百二十丈，寬八尺。李秀榮渠，長五百四十丈，寬八尺。公積堂渠，長三百六十丈，寬八尺。苗篤渠，長五百四十丈，寬八尺。牛縣生渠，長三百六十丈。李秀榮渠，長三百六十丈，寬六尺。楊油卜渠，長三百六十丈，寬八尺。朱根渠，長三百六十丈，寬八尺。白三渠，長三百八十丈，寬七尺。朱根渠，長五百四十丈，寬八尺。補紅渠，長一千二百六十丈，寬一丈。仁和永渠，長一百八十丈，寬六尺。許煥炳渠，長一百八十丈，寬六尺。張厚田渠，長三百六十丈。小城渠，長三千二百四十丈，寬一丈。王老忠渠，長九百丈，寬一丈。王明午渠，長一千零八十丈，寬一丈。北牛犋渠，長四千五百丈，寬一丈二尺。老趙圪堵渠，長三千二百四十丈，寬一丈。同心泉渠，長二千七百丈，寬一丈。又同心泉渠，長七百二十丈，寬八尺。小台九渠，長五百四十丈，寬六尺。達子渠，長一千二百四十丈，寬一丈。高三渠，長七百二十丈，寬八尺。渠東劉盛世渠，長一百八十丈，寬六尺。尹盛世渠，長一百八十丈，寬六尺。彭化芳渠，長一千零八十丈，寬一丈。劉二旦渠，長三百六十丈，寬六尺。王有中渠，長四百丈，寬八尺。石來才渠，長三百八十丈，寬八尺。段保成渠，長五百五十丈，寬八尺。王三滿渠，長三千丈，寬一丈。公盛渠，長三千八百丈，寬一丈二尺。楊櫃渠，長九百丈，寬一丈。崔雲程渠，長二千一百丈，寬一丈六尺。陳二渠，長一百八十丈，寬六尺。三存子渠，長二百丈，寬六尺。王海龍渠，長二百丈，寬六尺。王兆蘭渠，長四百丈，寬八尺。王同拴渠，長一百八十丈，寬六尺。呂鳳鳴渠，長九百丈，寬一丈。二分子渠，長五千四百丈，寬一丈八尺。王來生渠，長三千丈，寬一丈二。邵局長渠，長三百四十丈，寬八尺。武勇渠，長七百三十丈，寬八尺。王同春渠，長四百丈，寬八尺。南大渠，長三千丈，寬一丈二尺。韓萬才渠，長一千二百丈，寬一丈。張映奎渠，長五百五十丈，寬八尺。王紅渠，長二百丈，寬六尺。王羊渠，長六百丈，寬八尺。孔銘漢渠，長二千五百丈，寬一丈二尺。石兒渠，長五百八十丈，寬八尺。東牛犋渠，長三千丈，寬一丈四尺。李六宅渠，長一千五百丈，寬一丈二尺。什拉庫俞渠，長六百丈，寬八尺。十一股渠，長三千八百丈，寬一丈四尺。趙大圪旦渠，長八百丈，寬八尺。鄧金渠，長六百丈，寬八尺。屯墾渠，長二千丈，寬一丈二尺。瓦窰渠，長三千丈，寬一丈四尺。三櫃圪旦渠，長二千二百丈，寬一丈三尺。義和遠渠，長二千三百丈，寬丈二尺。孫金環渠，長二千丈，寬一丈二尺。全渠共支渠六十九道，計長八萬三千七百餘丈。

閘箱共七座：一、西牛犋。二、二分子口。三、老趙圪堵。四、義貞吉。五、鄧金房後。六、管三壕。七、義和遠。

七　沙河渠

沙河渠係王同春於光緒十七年開挖。事前因達拉旗發生內爭，王同春親爲調解，費月餘之力，消毫銀二千餘兩，始告解決。達旗感念王君之德，遂將隆興長以西地畝，租與耕種。王君因感有地無水，遂興意動工，夙興夜寐，奔勞辛勤，日無暇晷，親率工人開挖，因渠口附近數里皆爲沙漠，故名曰沙河渠，又名王同春渠。

此渠自杭錦旗、馬廠地、沿黃河岸，惠德成閘口，經十大股而入哈拉格爾河，長十七里，寬三丈六尺，深六尺。十八年春，順哈拉格爾河，經柴生地，而至黑金橋之地，計經修洗者長二十四里，寬三丈六尺，深四尺。十九年，自黑金，經鴨子兔，一畝樹，至補紅之地，計長十九里，寬三丈四尺，深五尺。二十一年開挖正稍，經梅令廟，馬面，煥圪旦，繼榮堂，而入烏加河，計長三十二里，寬二丈二尺，深四尺，以資退沙河渠內之水。二十二年，又自補紅向東北接挖，經後補紅，通玉德；又開東稍，亦引水退入烏加河內；共長三十里，寬二丈，深四尺。自口至烏加河，全共長九十里，工程費銀九萬餘兩。修挖此渠時，正值西北大饑，工人甚易，工資亦低，實含以工代賑性質，故前後不出四年，全部大工告竣。此渠灌漑區域，約二千二百頃，能耕種者千一百頃，水勢盛衰不定，雖不能全部澆灌，但終無完全廢棄之時。自光緒二十年，至二十七年，該渠添挖支渠計十道，長短不等。

光緒三十一年，地畝經蒙旗放墾，都統府組織墾務局，定價出賣。而綏遠都統，兼辦西盟墾務，貽穀利祿薰心，竟公然集合私黨，組織東西陸墾牧公司，包賣官地，從中取利。西盟墾務總辦，即兼西陸公司經理，如此假公濟私，爲所欲爲，而西盟墾務總辦姚仁山，到套後，鑒王同春渠多地廣，恐妨碍其放墾，禀呈貽穀陷害王君，加王君以假借放賑爲名，以收買人心，意圖造亂之罪，將王君渠地收歸官有。事前將王君請到墾局，出以預定之條件，強令王君簽字。王君覩情形惡劣，不得已遂行簽字，一生事業即由此斷送無遺！

墾務局自辦三年，毫無効果。至民國初年，王璟以地商名義，承包五年，委楊滿倉經理。王璟以老父一生辛勞所得，一旦被貽姚攫去，囚繫囹圄，外痛產業之被沒收，內痛老父獄中之苦，於民元心痛病死。王君之三四五六子俱在年幼，楊滿倉見有機可乘，遂將所包據爲己有。五年滿後，楊某繼包五年，雖無利可圖，而已藉此創開一楊家河矣。至民九灌田公社承包管理四年，渠道淤塞，無水灌田，人民咸感無地耕種之痛苦。各幹渠人民聯絡顧請當道，辭退灌田社，設法整理修洗渠道，救民於水火。省府鑒覈情難拂，遂准河套地方紳董出名承包。王同春糾集地方士紳，於民十二年，組織匯源公司包租，以十五年爲期。次年即大興土工，整修各渠。辦理二年，即遇綏區政變，省府收回自辦，成立包西水利局，委人管理，辦理成効毫無。

適綏建設廳馮公到任，遂在包召集包西水利會議，磋商河套水政。經大會議決，認官辦不甚相宜，改爲官督民修，組織水利社，規定章程，選舉經理董事，負渠道管理之責。施行以來，雖初辦時略感隔膜，然旋即就序，人民稱善。水利局又常派員莅社檢查，令好爲修洗渠口，渠政日有進步，水流亦源源不絕，在五原境內堪稱完善幹渠。春秋兩季水亦足用，伏汛時水量有餘。雖有東退水向烏加河退洩，但渠身仍不斷發生決口情事，察其情形實係正梢淤積之弊。如能將正稍修洗，此渠不但年年增添地畝，並可救濟義通兩渠水量之不足。全渠面積地畝約千七百頃，能耕種者約八百頃。其支渠列後：

查本渠支渠總共七十七道，在幹渠西者計二十二道：即劉招子渠，長五百四十丈。辛存倉渠，長五百四十丈。三義泉渠，長七百二十丈。退耕堂渠，長五百四十丈。又退耕堂渠，長四百八十丈。又退耕堂渠，長三百六十丈。楊威世渠，長七百八十丈。袁韓留柱渠，長四百二十丈。牛朝貴渠，長三百六十丈。張二攙渠，長五百四十丈。溥利堂渠，長九百八十丈。譚疤子渠，長三百六十丈。楊連長渠，長七百丈。又楊連長渠，長五百二十丈。柳科舉渠，長三百六十丈。屯墾十連渠，長七百五十丈。又十連渠，長五百二十丈。九連渠，長五百四十丈。又九連渠，長八百丈。又九連渠，長九百八十丈。洋人渠，長一千零八十丈。八字渠，長九百二十丈。

在幹渠東者計五十五道，即張銀淮渠，長三百二十丈。小沙河渠，長二千七百丈。五福堂渠，長一千八百丈。又五福堂渠，長七百二十丈。又五福堂渠，長九百丈。辛根深渠，長五百四十丈。又辛根深渠，長三百二十丈。陳起堂渠，長九百丈。和合源渠，長兩千一百丈。張三小渠，長九百丈。呂平安渠，長三百二十丈。塔比兒壕渠，長二千二百丈。龍文龍堂渠，長七百丈。才生渠，長一千三百丈。日盛店渠，長九百丈。李四老虎渠，長七百丈。苗如宗渠，長五百五十丈。實業廳渠，長五百丈。又實業廳渠，長七百二十丈。張大櫃渠，長二千五百丈。郝毛渠，長三百丈。金三存渠，長五百二十丈。譚櫃渠，長三百丈。六合堂渠，長七百五十丈。集股渠，長九百六十丈。南牛壩渠，長五百丈。張腮如渠，長七百四十丈。五大股渠，長二千一百丈。楊四禿渠，長三百丈。長工渠，長八百八十丈。集股渠，長九百丈。又集股渠，長九百二十丈。王樂山渠，長一千一百丈。孫花生渠，長五百丈。劉子俊渠，長五百丈。補紅渠，長一千五百丈。張老根渠，長九百五十丈。劉得魁渠，長一千一百丈。景慶永渠，長三百五十丈。楊毛兔渠，長五百三十丈。趙二貨渠，長五百丈。舊城渠，長二千四百丈。劉文渠，長一千丈。魏九如渠，長一千丈。郝羊拴渠，長五百三十丈。王白彥渠，長三百二十丈。傅板頭渠，長三百丈。王建寅渠，長五百四十丈。蘭寬林渠，長三百五十丈。電報局渠，長九百二十丈。李桂成渠，長三百丈。蘭櫃渠，長五百丈。又蘭櫃渠，長五百二十丈。團部渠，長一千八百丈。同義德渠，長一千二百丈。

查全渠閘壩共三道，所築地點：一、圪殿橋。二、張大櫃。三、火燒橋。

八　塔布河渠

塔布河乃天然之河流，塔布即蒙語「五」字之意。該河在河套第五道河流，其名或由此起也，此河口，在伊盟杭錦旂地，沿黃河馬塲地，十頂帳房，北經同心堂，北工哈姚什圪旦，南不楞圪旦，小召子，柳匠圪旦，三富子店，鷄爾滿太，北張寶，劉二，公中，大召灘，鄧行店，塔布，木塇，葛蛇芥，莫淖海，生上達，拉兔橋灣，東南流而入烏梁素海；別有一支則向東北什拉胡蘆，素二分子一帶地方氾流。

咸豐中年，何里花者，在烏梁素海左近，營蒙古手

22

工業，見附近地畝可耕，遂築壩禦水，在達拉兔地方耕種。緣塔布河水，常有氾濫之虞；附近可耕之地，時爲河水所淹，何某遂在烏梁素海西築一南北約十里長之大壩，以堵水東流，而免水患。至同治末年，塔布河上游被洪水淤澱，迨洪水退消烏梁素海附近，及二分子等處乾涸之地內，留落魚蚌等死物，沃肥無比。何某後人及田姓，在此耕種，收獲量最豐，每畝俱收二石餘。同治十一年，經何某之孫，及四橫樊姓，蒙人吉爾古慶戌順昌高和娃等，邀請王同春爲其視察指導。王囑伊等將塔布河口北移，並令向東南開長三十二里，寬二丈四尺，深四尺，退水一道，退至烏梁素海。再向東北開長二十五里，寬二丈，深五尺之渠一道，澆灌地畝，水大時可由南退至烏梁素海。然工雖不大，而經濟困難，屢修屢止。至光緒七，八年，方將此工程修竣。此後又將何里花壩拆開，又澆扒子補弄一帶地畝。以後逐年又將河淤澱修洗，澆灌區域日形擴大，至千七百頃之多。佘太西南二分子等處，後歸烏加河水澆灌，塔布渠水遂不能向二分子一帶流水矣。那林河亦至淤積不能進水，渠稍地畝久遭乾旱年。至光緒末年，渠地歸公。國家因內地人口繁盛，生活艱苦，定移民實邊政策，開放西北荒田，以移內地之民。時貽穀督辦墾務，依貴族之勢，樹立私黨，檢拔滑吏姚仁山，擢委東西兩盟墾務總辦，並兼東西路公司經理，以墾務爲私物，公然將人民熟田假揑荒地，呈報朦弄上官。當道不察，竟被貽等蒙蔽。後有人參劾，當道派鹿傳林尚書樊山調查，証據確鑿，指參貽等下於刑部監內治罪。民國成立大赦，貽等方釋出，而姚已死監中。貽姚雖因誤放熟田懼罪，但以後仍未能恢復原狀。河套地渠經放墾後，渠道由墾局委員管理，辦理二年毫無成效，該渠亦淤廢不能用。遂又委分局長張霖泉接辦，並撥欵修理，除將全渠疏濬外，並自康小圪堵向東南行，開挖退水一道，經海生達拉圖鷄爾烏太，入烏梁素海。長三十四里餘，寬二丈，深四尺。又將舊那林桃爾河修洗，長二十餘里，寬二丈四尺，深二尺，以便退水，而防淤積。

至民國二年，公家管理有損無益，遂招商承包。有墾局舊職員于自信者，見長塔兩渠墾局方修理完竣，有利可圖，勾通墾局職員，假揑名義包辦。辦理四年，因不諳水利，結局不但未得利益，反債務累累，包租亦未

23

交足，以致染病而亡。後由地方村社代墾局管理三年，亦無成效，而渠身亦淤廢不堪使用。至民九灌田公社承包八渠，此渠亦在其內。接包後曾修理一次，因此渠坡度微小，黃河南移使用倒仰渠水，全渠地畝，所澆耕種者，不過十之二三。民國十五年，國民軍轄綏政，擬大加整理河套水利，遂廢棄包約，成立水利局，將各渠道收回自辦，委人管理，擬派兵修渠，並先行派員測量各渠，以作整理根本計劃。施行未及六年，國民軍西進，此計劃未能實現，只張維藩旅長將烏加河修理一段，然亦未能全行。

民國十七年，此渠乾旱年久，民怨沸騰，建設廳馮公從綏遠計劃改為官督民修。當年在包召集包西水利會議，會商究以如何辦理相宜。經大會議決，皆認官督民修辦法最善。大會並決定成立水利社，訂定章程。各渠皆因水量不足，並請馮公介紹借款，以資修洗。後馮公為介紹山西省銀行，綏平市官錢局，貸洋十餘萬元，遂將此渠大加修理。近年來水勢暢旺，耕種之地倍增，人民皆額手稱慶。此渠身長凡一百十餘里，口寬四丈餘，深六尺五尺不等，退水稍亦寬三丈餘。此渠自馬廠地開口，經姚家河頭，同心堂，十頃帳房，蘇大圪旦，宿充淖，塔布，木堵葛舍，康小圪堵，海生上下，達拉圖鷄爾，素太，而入烏梁素海。所灌域內地形平坦，因渠道流速，坡度微小，仍不合水渠之標準，以後水量恐難足用。現伏汛時水可足用，而春秋兩季仍患不足。若無其他救濟法，亦該渠前途最大困難。渠全面積約五千餘頃，現能耕種者二千頃左右。其支渠列後：

渠北有支渠四十道：賈銀河渠，長千八百丈，深三尺。墾殖隊渠，長二百七十丈，深二尺。喬才渠，長百八十丈，深尺五寸。王儀子渠，長三百六十丈。深二尺。霍滿紅渠，長四百五十丈，深二尺。劉餘撓渠，長四百五十丈，深二尺。楊白花渠，長七百二十丈，深二尺。彭承先渠，長五百四十丈，深二尺。又彭承先渠，長五百丈，深二尺。又彭承先渠，長五百二十丈，深二尺。于占海渠，長八百五十丈，深二尺。齊公布渠，長二百二十丈，深尺五寸。劉鳳梧渠，長二百二十丈，深二尺。六大股渠，長百二十丈，深一尺。張禿子渠，長七百三十丈，深二尺。張小禿渠，長百八十丈，深尺五寸。又張小禿渠，長八百丈，深二尺。韓鎖子渠，長百七十丈，深一尺五寸。左貴渠，長百二十丈，深一尺五寸。閻王信渠，長二百二十丈，深二尺。韓三順渠，長二百二十丈，深二尺。蘇明珠渠，長三百三十丈，深二尺。劉存仁渠，長百二十丈，深尺五。賈連登渠，長三百四十丈，深二尺。馬迎喜渠，長八十丈，深一尺。天成公渠，長二百七十丈，深二尺。馬貴來渠，長二百四十丈，深二尺。馬貴才渠，長二百八十丈，深二尺。盧茂林渠，長千九百丈，深三尺。劉得標渠，長百八十丈，深二尺。李祿合渠，長二百四十丈，深二尺。陳秃子渠，長百八十丈，深一尺五寸。盧茂林渠，長三百六十丈，深二尺。周玉興渠，長二百三十丈，深二尺。葛三渠，長七十丈，深一尺。葛二楞渠，長二百四十丈，深尺五寸。馬得海渠，長百九十丈，深尺五。胡根保渠，長三百六十丈，深二尺。三大股渠，長二百五十丈，深尺五。

渠南支渠四十二道：曰墾殖隊渠，長五百四十丈，深二尺。藍甲壩廟渠，長七百二十丈，深二尺。王滿清渠，長千二百丈，深三尺。王保子渠，長四十丈。蘇口保渠，長百八十丈，深尺五。李二渠，長四十丈。魏三渠，長百三十丈，深尺三寸。蒙古召渠，長千一百丈，深三尺。力個報渠，長二百七十丈，深二尺。蒙古召渠，長八百二十丈，深二尺。王蒙古召渠，長三百四十丈，深二尺。郭宣殿渠，長三百六十丈，深二尺。魏鳳岐渠，長二百二十丈，深二尺。又渠長二百四十丈，深二尺。韓世旺渠，長九百四十丈，深三尺。學堂渠，長一千一百丈，深三尺。天盛玉渠，長七百二十丈，深二尺。又渠長百六十丈，深尺五。又渠長八百五十丈，深二尺五寸。又渠長二百五十丈，深二尺。又渠長五百四十丈，深二尺。袁番渠，長三百二十丈，深二尺。又渠長三百五十丈，深二尺。袁和尚渠，長百二十丈，深尺五寸。又渠長九十丈。周二羊渠，長七十丈。郞成仁渠，長百五十丈，深尺五。郞雙成渠，長百五十丈，深一尺。辛潤目渠，長二百四十丈，深二尺。周榮山渠，長四百七十丈，深二尺。馬明旺渠，長二千一百丈，深三尺。王世堂渠，長二百五十丈，深二尺。葛三渠，長百五十丈，深尺五寸。正風中學渠，長二百四十丈，深二尺。王子義渠，長千五百丈，深三尺。燕海中渠，長千四百丈，深三尺。又渠長二百三十丈，深二尺。六大股渠，長百四十丈，深尺五寸。又渠長五百二十丈，深二尺。高馬勾渠，長四百五十丈，深二尺。安禮渠，長百八十丈，深尺五寸。

正梢渠北十六道：曰耿營長渠，長三百五十丈，深二尺。李雙馬渠，長三百五十丈，深二尺。張存祥渠，長三百八十丈，深二尺。周二羊渠，長二百三十丈，深尺五寸。高大禿渠，長百二十丈，深一尺。劉孟栓渠，長二百四十丈，深尺五寸。黃四岐渠，長三百丈，深二尺。秦大渠，長四百丈，深三尺。劉萬志渠，長三百五十丈，深二尺。李水旦渠，長四百丈，深二尺。穆梅令渠，長三百六十丈，深二尺。柴拉嗎學校渠，長五百四十丈，深二尺。趙子昌渠，長千一百丈，深三尺。候升崇渠，長九百丈，深三尺。吳四撓渠，長二百十丈，深尺五寸。趙德普渠，長七百二十丈，深二尺。渠南十一道，曰鷄鴨渠，長百七十丈，深尺五寸。八布甲渠，長二百三十丈，深二尺。玉莽太渠，長百五十丈，深一尺。周二羊渠，長百三十丈，深一尺。台官府渠，長二百十丈，深尺五寸。管銀羅渠，長三百三十丈，深二尺。安禮渠，長二百丈，深一尺。劉海二渠，長百八十丈，深尺三寸。山堂渠，長三百丈，深二尺。高世花渠，長二百丈，深一尺。靳永之渠，長四百丈，深二尺。

南梢渠北七道：曰雞拉拉渠，長百三十丈，深尺八。布甲渠，長百八十丈，深一尺。墨氣渠，長百丈。召官府渠，長百二十丈，深一尺。王正東渠，長百八十丈，深一尺。忠和堂渠，長百八十丈，深尺五寸。安禮渠，長三百丈，深二尺。

渠南七道：韓玉渠，長百四十丈，深一尺。周二羊渠，長四百八十丈，深二尺。畔老婆渠，長三百三十丈，深二尺。必勝號渠，長二百五十丈，深一尺。召官府渠，長百八十丈，深尺五。恩圪力渠，長二百七十丈，深二尺。董榮渠，長三百丈，深二尺。總計一百二十三道。

本渠自渠口至梢共分九壩，以空地及青苗地畝為定。

九　長濟渠（原名長勝渠）

長勝渠，由侯毛驟鄭和於同治十一年創挖，自塔布河開口。侯鄭二君塋，王君同春，開成老郭、義和兩渠，遂想在以前自己用天然水溢漫耕種之地內開渠澆灌，請王君同春爲之計畫。王君遂循舊塔布河天生壕開口，經今之大北淖鷄爾滿太司楞開灣至東西槐木村，長五十二里，寬三丈四尺，深五尺。竭七年苦勞，始將此段修通，而侯毛騾亦因勞致疾。嗣其姪侯應奎紹繼叔業，再向東北接修。經大有公，塔拉補弄，常汗淖，以肯補弄，三義口而入烏加河，長三十二里，寬二丈八尺，深四尺，又費時八年，工程方告一段落。迄光緒二十三年，有商號德恒永者，自蒙古樹林子北接挖，經二小圪堵，二道堰子，宿亥淖，亦送入烏加河，共長三十里，寬二丈二尺，深四尺。侯應奎旋見長勝渠退水不利，又請王同春代爲察看。又自圪生壕下向東修洗，至舊那林格爾河轉退水入烏梁素海，長二十八里，寬三丈，深三尺二尺不等。至光緒末年，渠口淤塞，水不足用。適此時蒙地放墾，渠亦歸公。由墾務局接續承辦。承辦後廢棄塔布河上游之口不用，由公家撥款，另自黃河，馬廠地開挖新口，經東土城子，三合永，宿亥灘，而仍入長勝渠。長三十二里，寬四丈，深六尺五尺。兩段由分局長張霖泉管理四年。至民國初年，隨同各渠招商承包。有墾局舊委員于志信者，以商人名義承包。于某於民國五年又將舊德恒永所修退水渠加寬闢深，重新修洗，經八拜水道而入烏加河內，費銀三千餘兩。于某本係一貪贓枉法小人，所用當無善類，公私各款虧欠甚鉅。宮款私債交相逼迫，無法應付，染病而亡。渠道因而失修，漸歸淤廢，墾局無法，遂暫委人管理。至民國九年，有駐綏第一師旅長楊某，聞河套地畝甚廣，渠道通暢，認有利可圖，遂組織灌田公社，將全套八大幹渠承包，並於包到之後，即令其部下栽種鴉片；且令各該渠人民亦盡量栽種。種烟三年，而各渠地畝荒廢大半，長勝渠爲尤甚，蓋其目的在圖得利益，故對渠道之整理，未嘗注意，故渠道太半淤廢。本渠除伏汛能流水幾日外，水量甚缺，人民因無可耕種，大半遷移他去，包租亦不交納。都署遂亦想仿義通各渠辦法，收回另包，不意蔡楊在江西軍職再三函電交涉，仍想把持。結果，因官官相護，仍爲留包通長塔三渠。至民十四年，綏區政變，省當局成立包西水利局收回自辦，管理三年，亦無成効可言。

民十七，建設廳馮公以包西水利關係全省民食甚爲重要，遂在包召集包西水利會議。經大會議決，改爲官督民修。大會起草訂定章程，組織水利社，選舉經理，管理本渠。人民選出素有水利經驗之劉存義充任經理。馮公並代為介紹向山西省銀行借款整修全套各渠。本渠因淤塞過甚，遂借款二萬元，將全渠自口至梢大加修洗。水利局委員住渠監督，費時三月之久，本渠始復舊觀。水量之大近數年來所未有，全渠人民皆額手慶幸，而各支渠亦間有整理者。本渠全長一百十餘里，口身均寬四丈餘，梢亦寬三丈多，上游深在五尺以上，下游亦深三尺餘。惟此渠所灌地域，地形平坦，坡度較小，故流速略緩，伏汛水量有餘，春秋兩季長患不足。若無救濟之法，亦該渠前途一大障礙也。全渠面積約三千餘頃，現耕種者八百餘頃，其能耕尚未澆灌者千餘頃。其支渠列後：

渠北有支渠二十六道：劉增氣渠，長二百五十丈，深二尺。楊六渠，長一百五十丈，深二尺。公積堂渠，長二百七十丈，深二尺。趙喜元渠，長三百六十丈，深二尺。務殖堂渠，長一千八百丈，深三尺。務殖堂渠，長六百丈，深二尺。張台吉渠，長一百八十丈，深一尺五寸。劉虎什渠，長一千三百丈，深三尺。杜二撓渠，長千八百丈，深三尺。劉徐保渠，長七百五十丈，深二尺。秦三渠，長二百二十丈，深二尺。張丑爾渠，長百八十丈，深一尺五寸。李德行渠，長一千三百丈，深三尺。高地渠，長千八百丈，深三尺。田旅長渠，長二百三十丈，深二尺。東大壕渠，長千四百丈，深三尺。甲道子渠，長千四百丈，深三尺，天和渠，長千七百丈，深三尺。和勝渠，長二千三百丈，深三尺。張金牛渠，長二百三十丈，深二尺。梁園長渠，長千八百丈，深三尺。張副官渠，長六百丈，深二尺。譚旅長渠，長八百丈，深二尺。侯丙旺渠，長千五百丈，深三尺。吳貴渠，長一百八十丈，深尺五寸。高拉柱渠，長二百二十丈，深尺五寸。

渠南支渠二十三道：白銀圪什渠，長四百五十丈，深二尺。丹桂堂渠，長七百五十丈，深二尺。公積堂渠，長五百丈，深二尺。六大股渠，長七百五十丈，深二尺。金龍渠，長七百五十丈，深二尺。于喜渠，長百五十丈，深尺五。李六有存渠，長三百三十丈，深二尺。蔣級三渠，長千三百丈，深三尺。老官渠，長千八百丈，深三尺。賈三渠，長一百八十丈，深尺五寸。南大渠，長三千三百丈，深三尺。柴八渠，長三百七十丈，深二尺。西懷木渠，長五百丈，深二尺。梁善人渠，長八百丈，深二尺。陳二滿渠，長三百丈，深二尺。納林伯渠，長千八百丈，深三尺。曹大渠，長千七百丈，深三尺。吳史有渠，長三百丈，深二尺。生蓋渠，長二百二十丈，深二尺。楊存權渠，長三百三十丈，深二尺。新渠，長五百丈，深二尺。公慶渠，長二百三十丈，深尺五寸。索不氣淖渠，長七百五十丈，深三尺。

正稍渠北七道：孫禿子渠，長二百二十丈，深尺五寸。弓子元渠，長百八十丈，深尺五寸。王三渠，長二百二十丈，深尺五寸。武會長渠，長二百二十丈，深尺五寸。國振山渠，長七百五十丈，深二尺。管二開渠，長二百二十丈，深尺五寸。冀和堂渠，長二百五十丈，深尺五寸。

渠南四道：管大橫渠，長三百六十丈，深二尺。王來喜渠，長百八十丈，深尺五寸。鎖撓子渠，長六百丈，深二尺。劉占年渠，長三百六十丈，深二尺。

東稍渠北九道：管二疤渠，長二百五十丈，深尺五寸。逍林太渠，長二百丈，深尺五寸。李長清渠，長五百五十丈，深二尺。焦二撓渠，長百八十丈，深尺五寸。王子義渠，長五百五十丈，深二尺。龐三圪堵渠，長七百五十丈，深二尺。五花元官渠，長三百六十丈，深二尺。二道堰子渠，長六百丈，深二尺。維圪兔渠，長六百丈，深二尺。

渠南八道：元占元渠，長百八十丈，深尺五寸。張銀爐渠，長百八十丈，深尺五寸。管地渠，長二百五十丈，深二尺。陳小地渠，長二百六十丈，深二尺。郭上萬渠，長三百丈，深二尺。劉得標渠，長二百丈，深尺五寸。新地渠，長二百三十丈，深二尺。梁居壕渠，長千五百丈，深三尺。總計七十七道。

本渠澆水，全部分渠南北，平口澆水，如遇水小，南北兩岸輪流澆灌。南岸澆水，北岸閉口；北岸澆水，南岸閉口。每輪十天。南北稍部每輪十五天；不準築壩澆水。

察綏郵驛述畧

樓祖詒 1

目次

一 小引

祖詒濫竽本會會員，自維學殖荒落，了無貢獻。顧會中每出專號，輒蒙通知徵稿，均坐因循。茲將出版察綏專號，復承下徵，未敢長此疎懶，勉成茲稿。其中資料，大部分係採自拙著中國郵驛交通史料，暨學編之中國通郵地方物產誌，並參攷中華郵政輿圖及郵政局所彙編等，大致尚稱翔實。惟草草屬稿，疏漏舛謬之處，尚希教正。

二 古代郵驛

察綏兩省比較，綏省郵驛設置爲早，此蓋以二地見諸中國史册者，綏在察前。綏省在漢代爲定襄雲中二郡地，後漢屬雲中郡。漢驛所通，遍於國內，尤其漢與匈奴，勢不兩立，定襄雲中，均係漢代北邊要地，郵驛設置，自所不免。漢書匈奴傳：「漢使光祿徐自爲出五原塞數百里，遠者千里，築城障列亭。……其秋匈奴大入雲中定襄五原朔方，……行壞光祿所築亭障」。亭即郵亭，漢承秦制，十里一亭。邊疆郵亭，爲交通利器。漢武壹意對付匈奴，因通西域，欲斷匈奴右臂，尙不惜于甘新一道，遍列郵亭。西域傳：「漢亭障至玉門矣。……於是自敦煌西至鹽澤（新疆羅布泊），往往起亭」。則於正面衝突之北邊，無論攻守，均極重要，自更關心。徐自爲出塞列亭，即無殊現代佈置軍事郵遞。匈奴入寇，毀壞亭障，亦足見其重視。又漢書衛霍列傳：「李息得渾邪王使，即馳傳以聞，……去病獨遣渾邪王乘傳先詣行在所」。按馳傳乘傳，在漢驛制度，略有不同。漢書高祖紀「田橫乘傳詣洛陽」句，如淳注：「律，四馬中足爲馳傳，四馬下足爲乘傳」。章太炎檢論漢律考引此條曰「漢律有驛傳法式也」。後漢書王霸傳：「是時盧芳與匈奴烏相連兵，寇盜尤數，緣邊愁苦，詔霸將弛刑徒六千餘人與杜茂治飛狐道，堆石布土，築起亭障，自代至平城三百餘里」。又馬成傳：「以備北邊，……皆築堡壁，起烽燧，十里一堠」。可知漢備匈奴，歷久不衰，綏察一帶，漢驛亭堠，雖史册無專載，其設置情形，亦可推想而知。元魏初建都於歸化，號盛樂城，後置雲州領盛樂雲中等郡。隋置定襄郡，唐置單于大都護府。唐驛制度，極稱完備。依元和郡縣圖志所載，由上都達單于都護府之驛路：「上都二百五十里至同州，六十七里至河中府。自河中府北行二百六十里至絳州，又百四十里至晉州，又東北行三百六十里至汾州，又一百八十里至忻州，又一百六十里至代州，又西北行一百二十里至朔州，通單于都護府」。唐六典三府督護州縣官吏，兵曹參軍事，「掌……烽候傳驛之事，凡驛馬以驛字印印項右，遞字印印項左」。可見一斑。遼有五京，設西京於大同，綏境置豐州天德軍節度使。遼史地理志：「設大同驛以待宋使」。金屬西京路。金史：「設急遞鋪，以勅遞省遞牌子入鋪」。元屬大同路。元之上都開平即察省之多倫。元之站赤，最稱雄偉。由開平入長城，察綏爲必經要道。元史：「由大都至上都，每站除設驛令丞外，並設提領三員，司吏三員」。又自元世祖時，自燕京至上都，驗地理遠近，人數多寡，立急遞站鋪，每十里或十五里，設一鋪，有鋪司鋪兵鋪丁等，傳遞官文書。茲依永樂大典卷一九四二二引元經世大典站赤門所載上都路及大同路兩條如次：

一、上都路：轄陸站十八處，馬一千九百三十六匹，車六百輛，驢二千二十頭，牛一千三百四十隻。

站名：桓州站，李陵台站，察罕腦兒站，牛羣頭站，獨石站，赤城站，洪贊站，榆林站，雷家站，宣德站，湧泉站，辛店站，凌雲站。儀道土(蒙)站，七箇嶺(蒙)站，尖山寨(蒙)站。

二、大同路：轄站二十六處，陸站一十九處，馬二千四十六匹，車八十輛，牛四百五十隻。水站五處，船五十隻，馬百匹，牛二百隻，羊五百口。牛站二處，牛三百六隻，車六十輛。

陸站名：徙道子站，窟堝村站，吳鸞村站，上泉站，廣武站，安艮子站，西安莊站，六十戶村站，淨州七里村站，鄧草站，馬四寨站，永定寨站，楡林村站，常樂站，相公寨站，曳剌眞站。

水站名：只達溫站，白崖子站，九花站，怯竹里站，梧桐站。

牛站名：下水站，白登站。

按元上都開平，即今察省之多倫，上都路所轄各站赤，大致均在察境，至大同路所轄各站赤，則晉綏兩省均散見也。察哈爾明時曰插漢，本元裔小王子後，嘉靖間布希駐牧察哈爾之地，因以名部。綏省在宣德初棄玉林雲州等城，嘉靖間諳達居此，是爲西土默特，隆慶間封爲順義王，名其城曰歸化，是爲老城，其新城即今省會綏遠。淸代驛傳有鋪遞驛遞，在內地各省均稱驛，而由京師北出張家口，赴蒙古庫倫者，則曰軍台而以戍員管理。淸驛經費奏銷册，各省由驛巡道申報督撫達部，但張家口則由司驛官員經行報部。淸嘉慶重修一統志內載宣化大同兩府各驛，有述及明代建置者。茲先依淸會典將由京師皇華驛，分達察綏兩省垣之驛程列下，然後再述其簡略沿革：

一、由皇華驛至萬全（張家口）驛程：「自皇華驛至張家口共四百三十里。二百五十里至懷來縣土木驛，六十里至宣化縣雞鳴驛，六十里至宣化府宣化驛，六十里至張家口。由張家口分道六十里至萬全縣夏堡站，三十里至宣化府楡林堡站。

二、由皇華驛至綏遠城驛程：「自皇華驛至綏遠城，共一千一百四十五里。三百七十里至宣化府宣化驛，一百二十里至懷安縣驛，六十里至天鎭縣站，六十里至陽高縣站，六十里至聚樂堡驛，六十里至大同縣站，六十里至左雲縣高山站，六十里至左雲站，六十里至右玉縣站，二十里至殺虎口站，一百里至和林格爾站，五十里至薩爾沁站，六十里至歸化城站，五里至綏遠城。

宣化驛：舊名宣府驛，淸康熙三十二年改。

雞鳴驛：明永樂十六年置。

赤城驛：明永樂中置，舊曰雲門驛。

萬全驛：舊名東門驛，明成化二十年改置。淸康熙三十二年改名。

甕城驛：明洪武初置，淸雍正七年裁。

西安驛：明萬曆中移。

上盤驛：明洪武初置。

安銀子驛：明洪武中置。

山陰驛：明景泰中置。萬曆中移。

又清朝續文獻通考：「獨石口一道，除獨石口內地所設一站外，設蒙古站，其第一站奎屯布拉克，在察哈爾境內。……張家口一道，除張家口內地所設一站外，設蒙古站，是爲阿爾泰軍台，其第一站察漢托羅蓋，以及第九站沁岱，皆在察哈爾境內。……殺虎口一道，除殺虎口內地所設一站外，設蒙古站十一，北路四站：曰八十一家站，曰二十家站，曰薩喇齊站，曰歸化城，皆在土默特（綏省）境內」。清末裁驛歸郵，綏察兩地郵務，分歸北京太原兩郵界管轄。民國初元，因仍其舊。民三年將郵界改革，使與省區一致。察綏分歸北京郵區及山西郵區管理。嗣兩省悉歸北平郵區，迄今未改。

三　郵政局所現況

甲、察哈爾省

本省郵政局所，歸北平郵區管轄，計有一等郵局一處，二等郵局三處，三等郵局十五處，郵政代辦所四十九處，其餘信櫃，郵站等不計。茲依郵政局所彙編，將本省郵政局所列表于次，其支局則附于本局之後，代辦所之管轄局則用括號註明，以資識別。

一等郵局	二等郵局	三等郵局	郵政代辦所
萬全	宣化	赤城	寧遠堡（宣化）
大享店巷支局	懷來	獨石口	賈家營（仝）
玉帶橋大街支局	多倫	張北	武家溝（仝）
		沙城堡	寧　遠（仝）
		新保安	下花園（仝）
		蔚縣	沙嶺子（仝）
		西合營	深井堡（仝）
		陽原	崞村堡（仝）
		懷安	化稍營（仝）
		柴溝堡	文德鎮（萬全）
		延慶	郭磊莊（仝）
		南口	孔家莊（仝）
		康莊	洗馬林（仝）
		涿鹿	龍　關（仝）
		商都	雕川堡（龍關）

鵰鶚鎮（仝）			
龍門所（赤城）			
土木路（張北）			
西灣子（仝）			
南壕塹（仝）			
喇嘛廟（仝）			
公會村（仝）			
加普寺（仝）			
大囫圇（仝）			
礬山堡（懷來）			
桑園堡（仝）			
土木堡（仝）			
保岱鎮（仝）			
楡林堡（仝）			
雙樹村（仝）			
水泉（蔚縣）			
大王城（仝）			
吉家莊（仝）			
暖泉鎮（仝）			
桃花堡（仝）			
白樂堡（仝）			
東城（陽原）			
揣骨疃（仝）			
西灣堡（懷安）			
永寧城（延慶）			
岔道（仝）			
沽源			
平定堡（沽源）			
寶昌			
大青溝（商都）			
二號鎮（多倫）			
康堡			
土城子（康堡）			
崇禮			

乙、綏遠省

本省郵政局所歸北平郵區管轄，計有一等郵局二處，二等郵局三處，三等郵局九處，郵政代辦所四十六處，其餘信櫃，郵站等不計。茲依郵政局所彙編將本省郵政局所列表于次，其支局則附于本局之後，代辦所之管轄局則用括號註明，以資識別。

一等郵局	二等郵局	三等郵局	郵政代辦所
歸綏	豐鎮	武川	畢克齊鎮（歸綏）
綏遠支局	薩拉齊	隆盛莊	察素齊鎮（仝）
車站支局	集寧	隆興長	大灘鎮（武川）
包頭市		涼城	河子市（仝）
		陶林	旗下營（仝）
		臨河	烏蘭花（仝）
		卓資山	玫瑰營（豐鎮）
		陝壩	蘇集車站（仝）
		興和	官村（仝）
			十八台（仝）
			平地泉（仝）
			張皋鎮（仝）
			八集板車站（薩拉齊）
			陶思浩車站（仝）
			新村（仝）
			麥達召（仝）
			巴拉蓋（仝）
			沙爾沁村（仝）
			鄂爾格遜（仝）
			二十四頃地（仝）
			固陽
			新民堡（包頭）
			麻池（仝）
			小淖村（仝）
			清水河
			托克托
			河口鎮（托克托）
			和林格爾
			五原
			百川堡（五原）
			鄔家地（仝）

6

烏蘭腦包（仝）			
扒子補隆（仝）			
得勝窰（涼城）			
天成府（仝）			
新堂村（仝）			
三道營（仝）			
廠漢營（仝）			
土牧爾台（陶林）			
紅格圖（仝）			
三原井（仝）			
大六號（集寧）			
楊家河（臨河）			
豐會（仝）			
東勝（興和）			

察綏兩省郵路就其運輸工具言，可分火車郵路，汽車郵路，自行車郵路，馬差郵路，驢差郵路，郵差郵路等六種。而就郵運班期言，計有逐日班，逐日晝夜兼程班，間日班，三日班，三日兩次班，四日班，等等班。茲依運輸工具分路爲經，並以郵運班期爲緯，附以郵路里數。漢書所謂于今郵行有程矣，蓋師其意云爾。

甲、火車郵路

平綏鐵路　由豐台，北平西直門，清華園，至南口入察境；出長城經懷來宣化而達萬全；更經柴溝堡西灣堡入山西境。……更由山西大同北出長城（得勝口西），經豐鎮集寧等而達歸綏，更西經薩拉齊抵包頭。計在察省境內火車郵路全長一千六百三十二里，在綏省境內火車郵路全長二百八十五里。係屬逐日郵班。

乙、汽車郵路

察綏兩省汽車郵路，近來漸臻發達，綏新汽車路最長，但不定期。其餘均較短，茲列表于次：

四、郵路現況

路　線	郵　班	全年郵路里數
涿鹿—下花園	逐日班	一三•四一九（公里）

張家口—萬全—張北公會村	逐日班	六二・八九九
包頭—麻池—扒子補隆—燕安河橋—隆興長	逐日班	一三四・一八五
歸綏—凉城	每星期兩次	一五・五七五
歸綏—三兩鎮—什力鄧—托克托	每星期三次	二八・七五九
歸綏—上土城—和林格爾	每星期兩次	一一・八六一
丙、自行車郵路		
康莊—延慶—永寧城	逐日班	二七・二五六
臨河—陝壩—蠻會—楊家河（往返程不同）	逐日班	四一・九三三
包頭—枳機壕—後口子—台梁—大佘太	間日班	五〇・三一九
隆盛莊—官村	逐日班	一六・七七三
包頭—後店子—固陽	逐日班	二九・一八〇
陽高—大白登—陳官屯—侯官屯—上五旗—古城堡—安家皂—馬家皂—東井集	間日班	二四・一一一
丁、馬差郵路（亦名騎差）		
隆興長—臨河—三盛公	逐日晝夜兼程	一五五・一五一
歸綏—武川—百靈廟	間日班	七九・六七二
獨石口—沽源—寶昌	逐日班	九六・四四五
合窖鎮—茂明安鎮—東公旗	六日一班	一四・六七六
大樹灣—杭錦旗	五日一班	三〇・一九二

9

路線	班期	里程
宣化—赤城—獨石口	逐日晝夜兼程	一〇九・二〇五
宣化—蟳村堡—深井堡—化稍營—水泉—西合營—大王城—蔚縣	逐日晝夜兼程	一二二・八六三

戊、驢差郵路（亦名騎差）

路線	班期	里程
小淖村—新民堡—東勝—郡王旗—札薩克旗	間日班	六九・八一八

己、郵差郵路

路線	班期	里程
柴溝堡—興和—（西陽河堡 新平堡）（往返程不同）	逐日班	五四・五一三
柴溝堡—洗馬林—土木路—南壕塹	間日班	四一・九三三
懷安—西灣堡	逐日班	一二・五八〇
陽原—東城—化稍營	逐日晝夜兼程	三五・六四三
西寧—揣骨疃	間日班	四・五五〇
西合營—白樂堡—桃花堡—吉家莊	逐日班	一八・二〇〇
懷來—桑園堡—礬山堡	逐日班	三三・五四六
礬山堡—謝家堡	五日一次	五・八七一
淶源—蔚縣	三日一次	一九・五六九
張北—康保—寶昌	間日班	五六・六〇九
達拉特旗—大樹灣	間日班	七・三三八
張家口—西灣子	逐日班	二一・八四〇
赤城—龍門所	逐日班	一二・五八〇

路線	班期	里程
包頭—石拐鎮—五當召	三日班	一二・八七〇
涼城—得勝窰	四日一班	八・九一一
張家口—喎喇廟	間日班	三・六四〇
涿鹿—辛莊—保岱—桃花堡	間日班	一八・八七〇
天鎮—陽原	逐日班	三七・七四〇
歸綏—武川	間日班	二〇・九六六
隆盛莊—張皋鎮	四日班	一四・六七六
卓資山—陶林	逐日班	三七・七四〇
公會村—加普寺	間日班	三五・六四二
公會村—大青溝	間日班	一六・七七三
集寧—黃家村—大六號—賁紅—商都	間日班	三五・六四三
豐鎮—天成村—新堂村—涼城	四日三次班	六四・四七二
武川—河子市—烏蘭花—四子王旗	間日班	三四・五九五
集寧—土城子—陶林	逐日班	五〇・三一九
薩拉齊—二十四頃地—準噶爾旗	逐日班	三三・五四六
和林格爾—下喇嘛蓋—清水河	三日兩次班	三九・一三七
包頭—大樹灣—小淖村—南海子	間日班	一四・一五二
和林格爾—古城營子—涼城	逐日班	三七・一六四
隆興長—義和源—烏蘭腦包—柝桂鄉	三日班	一四・六七六

10

大同—左雲—右玉—殺虎口—涼城
豐鎮—得勝口
陶林—大灘鎮—三原井—烏蘭花
隆興長—新公中—塔兒呼—百川堡

五　物產概況

甲、察哈爾

農產

產名	產地	備考
米	懷來，新保安，蔚縣，西合營	穀附
麥	龍關，延慶，康莊，沽源，商都	包括小麥巨麥
豆	懷安，柴溝堡	包括蚕豆，大豆，黃豆
蓖蔴	龍關，柴溝堡，商都	
小米	龍關，懷來，柴溝堡，延慶•康莊	
高粱	懷來，柴溝堡，延慶，康莊	
粗糧	新保安	
玉米	延慶，康莊	
蘑菰	萬全，赤城，獨石口，張北，沽源，商都，康保	

逐日晝夜兼程班　一二一・六〇五
間日班　八・三八七
六日班　一八・一七一
三日班　一六・七七三

11

產名	產地	備考
栗子	懷安，商都	
水果	懷來，沙城堡，懷安，柴溝堡，延慶，南口	包括葡萄，白葡萄，核桃，香果，柿，栗等。
蓖蔴油	懷安，柴溝堡	
蔴	蔚縣，西合營，懷安，柴溝堡，涿鹿	包括線蔴
藥材	赤城，龍關，懷來，新保安，蔚縣，西合營，懷安，柴溝堡，延慶，南口，康莊，商都	甜甘草，山大黃，赤芍，黃芩，桔梗，柴胡，升蔴，蔴黃，知母，防風，地骨皮，黃芝，蔴蒿，石花，藁本，白頭翁，李仁，桃仁，杏仁，及草藥等。

畜產

產名	產地	備考
鴨	懷安，柴溝堡	
百靈鳥	沽源	

產名	產地	備考
牲口	蔚縣，西和營，懷安，柴溝堡，商都，萬全，張家口，張北，懷來，新保安，懷安，康保	牛，羊，猪，騾，駒，馬，及猪羊腸腿。
蛋乳及油	萬全，懷安，柴溝堡，寶昌，商都，康保	牛奶皮，乳皮，牛奶油，乳油，鷄蛋。
皮革	萬全，宣化，龍關，張北，懷安，柴溝堡，沽源，寶昌，商都，康保	狐皮，羊皮，山羊皮，猞猁皮，灰鼠皮，黃鼠皮，狗皮，及牛革，羊革。
毛絨	萬全，赤城，獨石口，張北，寶安，延慶，寶昌，商都，康保	駝毛，羊毛，羊絨及猪鬃。

林產

產名	產地	備考
蒼竹	懷來，新保安	

礦產

產名	產地	備考
火石	陽原	
煤	蔚縣，西和營	

製造品

產名	產地	備考
毯	萬全，張北	羊毛毯
氈帽	萬全，宣化，龍關，懷來，新保安，蔚縣，懷安	氈帽，氈鞋，及氈帽頭。
餅	懷來	牛乳餅
酒	懷來，柴溝堡	
蓆		葦蓆

乙、綏遠

農產

產名	產地	備考
麥	陶林，集寧，臨河	包括蕎麥，小麥
葫麻	集寧	
糜子	臨河	
髮菜	包頭市	
葱，蒜，韮菜	薩拉齊，清水河，陶林	菜子附
蘑菰	集寧，卓資山	
山桃仁	薩拉齊，集寧	
瓜子	臨河	
藥材	包頭市，歸綏，武川，豐鎮，薩拉齊，清水河，托克托，和林格爾，陶社，臨河	甘草，蓯蓉，枸杞，黃芪，欵冬花，小茴香，大黃，黃芩，黨參，知母，防風，馬皮卜，蒼朮，柴胡，赤芍，苦參，黃金，口芪。

12

畜產

產名	產地	備考
牲口	百靈廟，豐鎮，隆盛莊，陶林，集寧，卓資山，興和	牛，羊，馬及猪羊腸。
乳油	陶林	奶皮，黃油。
皮革	包頭市，歸綏，豐鎮，隆盛莊，薩拉齊，固陽，清水河，托克托，和林格爾，五原，隆興長，安北，涼城，陶林，集寧，卓資山，臨河，興和	掃雪皮，牺牲皮，狐皮，貉子皮，羔皮，綿羊皮，青山羊皮，狗皮，猫皮，狼皮，駱駝皮，牛皮，騾皮，馬皮，驢皮等。
毛絨	包頭市，歸綏，豐鎮，隆盛莊，薩拉齊，固陽，清水河，托克托，和林格爾，五原，隆興長，安北，涼城，陶林，集寧，卓資山，臨河，興和	駝毛，羊毛，猪毛，綿羊抓毛，毛絨，山羊絨，山羊紫絨，及猪鬃，馬尾。

水產

產名	產地	備考
魚	包頭市	

礦產

產名	產地	備考
磁土	清水河	粉土，白磁，黑磁
煤	清水河	
鹼	臨河	天然鹼

製造品

產名	產地	備考
毡毯	歸綏，豐鎮，薩拉齊，陶林，集寧	栽絨毯，毛毡，及毛布。
帽	清水河	絨毛毡帽。
繩	興和	皮繩

【注】兩省物產，係就原有調查重行綜合排列，其詳請參看中國通郵地方物產誌，上海商務印書館新近出版。

內政公報

第十卷第四期要目

【總務】

公布事項

一 制定全國建倉積穀查驗實施辦法

任免事項

一 委派

二 敍俸

考查內政事項

一 咨湘黔滇粵桂等省政府 派本部科長楊君勱等前赴湘黔滇粵桂等省考查各該地方行政實施狀況及社會各種情形請查照

二 咨川陝甘甯青等省政府 派本部視查顧福漕等前赴川甘甯青等省考察各該地方行政實施狀況及社會各種情形請查照

三 咨冀察綏晉豫省北平天津市政府 派本部視察王粹民等赴冀察綏晉豫等省北平天津兩市考察各該地方行政實施狀況及社會各種情形咨請查照

四 咨江浙閩贛鄂皖魯省上海青島市政府 派本部視察蔣天擊等前赴江浙閩贛鄂皖魯等省上海青島兩市暨威海衛行政區考察該地方行政實施狀況及社會各種情形咨請查照

蒙藏邊區人員任用事項

一 訓令直轄各機關 奉令公布蒙藏邊區人員任用條例定自二十六年四月一日起施行通飭知照等因令仰知照

【地政】

考察地政事項

一 咨江西等省政府 咨派本部科長駱力學視察地政請轉飭主管機關妥為接洽咨請查照

印信頒發暨啓用事項

一 呈行政院 准上海市政府咨請轉呈上海市地政局繳銷舊印啓用新印日期呈請鑒核轉呈

二 咨湖北省政府 奉院令湖北省地政局啓用新印章日期業經轉呈備案咨行查照

三 咨廣東省政府 奉院令轉頒廣州市地政局銅質印章咨請查照轉飭遵辦並將該局組織情形併案轉咨核辦

四 呈行政院 准綏遠省政府咨送該省地政局印模並啓用日期呈請核鑒

土地陳報事項

一 指令威海衛管理公署 據呈遵令繕送土地陳報籌備處組織章程准予備查指令知照

二 咨財政部 准貴州省政府咨送土地陳報處查丈員服務規則等三項章則請予備案一案經核尚無不合咨請查核會辦

三 咨財政部 准綏遠省政府咨以據財政廳地政局會呈本省土地陳報糾紛調解章則擬於舉辦土地陳報時再行一併擬訂呈轉一案轉咨查照

土地測量事項

一 咨上海市政府 准咨據上海市地政局轉報分區實施測量計劃一案咨復查照

土地徵收事項

一 咨四川省政府 奉院令以本部呈送四川省政府建設成都新村徵地規則應准備案等因抄同原發規則咨達查照

城市改良地區特別徵費事項

一 咨湖北省政府 奉行政院令為轉送漢口市政府辦理土地給價徵費規則應准備案咨達查照

地價稅事項

一 批漢口歆生路商辦既濟水電公司代理董事長汪書成 據呈以依照部頒規則對於商辦自來水公司用地地價稅應予豁免請核示等情經咨准財政部核復合行批仰知照

訴願決定事項

一 甘墨垣再訴願決定書

二 張于山訴願決定書

三 曾憲亭訴願決定書

土地行政報告事項

一 呈行政院 編具二十四年度全國土地行政報告書件呈請核轉

二 咨廣東省政府 准咨送廣州市二十四年度土地行政報告書件存備查核咨復轉知

【禮俗】

各級上將制服事項

一 訓令本部直轄各機關 奉行政院令轉發修正各級上將大禮服袖章圖說一案令仰知照

風俗改良事項

一 咨天津市政府 准咨以據警察局呈送本年二月份婢女登記表請鑒核等情檢同原表一份囑查照等由復請查照

二 公函行政院秘書處 准函以奉諭交核安徽省政府呈送安徽省婚喪儀仗暫行辦法施行細則一案復請查照

公墓事項

一 咨河南省政府 准咨送河南省各縣設置公墓補充辦法囑查照備案等由除將原件備案外復請查照

二 咨江蘇省政府 准咨轉送嘉定縣私立萬安公墓設計詳圖及各項章則請核復一案復請轉飭遵照

三 咨江蘇省政府 准咨以據民政廳呈為鄞縣縣長電請解釋公墓暫行條例實施疑義一案轉囑核復等由咨復查照轉飭遵照

四 咨江蘇省政府 准咨送修正江蘇省公墓暫行條例補充辦法一份囑查照等由咨復查照

定報價目　每月一册四角　預定半年六册二元　全年十二册四元

發行者　首都瞻園路內政部公報處

從察哈爾省的疆域談到察哈爾省的危機

劉恩

察哈爾省位於東經一百一十度許，至東經一百一十九度許；北緯三十九度許，至北緯四十七度許的中間；東接熱河省，東北界遼寧省，北連外蒙古，西鄰綏遠，南抵河北，山西；面積有八十萬方里；人口有一百九十九萬餘人。作者是在察省長大的，近數年來雖然負笈首都，可是時刻沒有忘掉這已經破碎了的故鄉！「九一八」以後，國內學者，雖然都努力研究邊疆問題，可是社會內層的痛苦，非身歷其境的人，是不會感覺到的；所以本文是一個事實的報告，並沒有精闢的宏論；祇是把察省建省的疆域情形，加以敘述，而從這裏面看出察省最大的危機來，請國內關心邊疆的人士們注意。

察哈爾建省以前的疆域概況

察哈爾，是蒙古語「近邊」的意思。先是明嘉靖間，布希駐牧此地，康熙時，又以來降的喀爾喀厄魯特部落，編為佐領隸屬于下；至其鑲黃，正黃，鑲紅，正紅四旗，駐在張家口外；正白，鑲白，正藍三旗，駐在獨石口外；鑲藍一旗，駐在殺虎口外；皆統治在察哈爾都統以下。民國二年，改為察哈爾特別區，領十一縣，即張北，多倫，沽源，商都，寶昌，康保，興和，陶林，集寧，豐鎮，涼城。民國十七年，南北統一，遂改區為省，將興和，陶林，集寧，豐鎮，涼城五縣，劃入綏遠省，即現在的綏東五縣。把原屬的張北，多倫，沽源，商都，寶昌，康保六縣——即現在被蹂躪的察北六縣——和內蒙古錫林郭勒盟暨左右翼八旗，更益以原屬河北省的口北十縣——即蔚縣，延慶，陽原，懷安，涿鹿，宣化，赤城，萬全，龍關，懷來；而改建為察哈爾省。

察哈爾建省的糾紛

當察哈爾建省的時候，生了不少的糾紛，大概有三派意見：第一派人的意見，是反對把原屬河北省的口北十縣劃入察省，他們的理由是察省管轄的疆域太狹小，特別區的十縣，又劃給綏遠五縣，內蒙古的錫林郭勒盟，名義上是察省的領土，而實際上恐怕于稅收，政治等各方面毫無所補，建省之後，一切的組織，要和別省相同，狹小的十六縣，怎能負起這一省的重担呢！所以主張仍屬河北省，以減除人民的痛苦。第二派人的意見，主張口北十縣可以劃入察省，但是原有的十一縣要仍舊（即現在的綏東五縣仍隸察省），並且把現屬山西省的天鎮，陽高，廣靈，靈邱，大同五縣劃入察省，那麼察省的疆域，共有二十六縣暨錫林郭勒盟和左右翼八旗之地；如山西省能夠多劃出四縣共成三十縣更好。還有一派人的意見，便是依照中央的原定計劃實行。爭吵了多時，結果；因爲有些人得了省委或其他的地位而作罷，便是現在我們所談的察哈爾省。

民國二十二年喜峯口抗戰終了，宋哲元氏繼長察政，于人事上稍有更動。當時察省教育人士，深感于歷來外省人士長本省教政，因不諳情形，諸多隔閡，以致教育事業未能有長足進步，于是乘機請將教育廳長一席，委本省德高望重于教育富有經驗者掌理。准請以後，便派代表往北平敦請呂復先生回省任教育廳長之職。據聞當時呂先生不但堅辭不就，且又提出察省疆域重劃的意見（便是上面所述的第二派意見），並且主張改爲「宜大省」（因有宣化和大同的原故），于是有趙伯陶先生出掌教育廳的實現。這是察哈爾建省的糾紛經過。

察哈爾疆域的現狀

察哈爾的疆域，上面已經述過，原來便很狹小，可是「九一八」以後，更日形蹙隘，現在分二方面來說：

（1）所屬的內蒙古方面——當察哈爾建省的時候，便有明眼識者，已經見到內蒙的屬地，是有名無實的。果然不出所料，察省政府雖然加了幾個蒙古籍的省委，可是他們并不按時出席省府會議，省令也難達到他們的範圍，當然對于省內一切，毫無裨益；因爲蒙古同胞自有他們的風俗，習慣，長官，主管機關。可是要眞能互相諒解，使感情融洽，蒙漢界限化除，將來自不難達到理想境地，不料「九一八」霹靂一聲，東北被敵人無理侵佔！繼續着熱河淪喪；在民國二十二年敵人便嗾使錫林郭勒盟獨立，後來雖然中央允許設立了蒙古政務委員會，因爲得寸進尺的慾望難以滿足；便于民國二十四年一月四日侵佔了察北六縣，那麼，不但錫林郭勒盟暨左右翼八旗失去，連察北六縣也同歸于盡了。這是如何慘痛的血跡啊！

（2）所屬的各縣方面——察北六縣被侵以後，李逆守信「僞蒙軍」曾一度佔至張家口大境門，察省南部，也

2

岌岌可危：後來雖然敵人的目標轉向綏遠，察省表面上暫告平靜，可是察省的疆域僅有原屬河北省的口北十縣了。茲將十縣的疆域面積，分錄如下：

縣名	面積	人口
萬全縣	七千餘方里	一十七萬二千餘人
蔚縣	一萬六千二百餘方里	卅一萬八千九百餘人
宣化縣	一萬〇六百二十五方里	二十一萬〇三百餘人
延慶縣	六百三十五方里	九萬二千五百餘人
懷來縣	一萬一千餘方里	十四萬五千三百餘人
陽原縣	六千六百餘方里	九萬九千二百餘人
懷安縣	九千五百餘方里	十一萬九千六百餘人
龍關縣	七千三百餘方里	六萬七千七百餘人
赤城縣	一萬餘方里	七萬〇三百餘人
總計	共八萬五千七百四十四方里	共一百三十八萬四千五百人

那麽，察哈爾實際上已是等于滅亡了，或者有些人為了紀念中國疆域的廣大，不忍聽到繼續東北亡掉的還有察哈爾，所以仍然保留着牠的名字，而且以小小十縣的疆域，仍然擁有察哈爾省的美名；可是事實上連口北十縣亦殘缺不完了！赤城的二三兩區，因為靠近沽源（察北六縣之一），已經是敵人的勢力範圍，縣令久已不達；延慶縣的二區，同樣在耍把戲，借了中國土匪的軀殼，實行敵人侵略的內容，良民搬逃一空，省縣不敢過問；提起察哈爾的疆域，真使人椎心泣血，言之痛心了。

從疆域和負担上來看察省的危機

（1）從疆域上來看——上面已經詳細述明，本省的疆域面積，實際上祇有八萬五千餘方里，人口祇剩一百三十八萬餘的貧苦同胞，而且在這碩果僅存的十縣之中，還有二縣是殘缺不完，要和國內其他各省相較，那簡直是天淵相差，不可以道里計了。可是「麻雀雖小，五臟俱全。」察省的組織，仍然和他省一樣的龐大，府，廳，處，局，所，應有盡有。省政府和各廳，名義上是合署辦公，實際上仍然是分衙理事，一切費用上幷未見減少至若何程度。現在更加上省政府以上的「冀察政務委員會」，不用說也要許多政費，察省少不得要分担一部份。省的組織，已壓得人民喘不過氣來，再加上冀察政委會的開支，在這小小的十縣當中，加上數年來的天災人禍，怎能不演成少壯走之四方，老弱塡于溝壑的悲劇呢？

（2）從人民負担上來看——我們最好舉例來說：每年除過正稅交銀納糧及屯糧以外，其他稅捐名目繁多（如牲牙稅，米粟稅，婚書費，狀紙費，木料捐，電話局，清鄉費，毛職工廠開辦費，度量衡費，縣農會費，公安局增加員薪及赴省補習費，長警補習所費，公安局春季服裝費，政務警費，民衆學校費，公共體育場會，催騾夫費，供應過往要差，公安隊費，商號附担警捐，其中正費之外更有許多項目有附加稅——見龍關縣誌），以察省疆域的狹小，地土的磽瘠，生計的艱難，人口的稀少，再加以兵災匪禍，水旱連年，怎能當此重担呢！再以龍關縣爲例：據查民國初年，全縣養羊數百羣，騾馬數千頭，牛驢的數目超出騾馬數倍，現在羊不足百羣：其他牲畜也不及民元的十分之一了。再據該縣建設局調查：全縣農戶共一萬一千五百九十五戶，種地百畝以上的，有一千一百三十五戶，約佔十分之一；其餘種十畝地左右的，佔十分之三；種地三十畝及五十畝左右的，共佔十分之六，就全縣地畝出產的價值來說，每畝平均收穫，不過值洋兩元，而每畝負担捐項一元有奇；然自察北淪喪後，省府仰給，僅賴此十縣，更有加重的可能。固然，濶裕的富老，每縣可見，但是貧苦農民，嗷嗷待哺；觸目皆是；納稅捐而外，生活即很難維持，當此國步艱難之秋，而欲此輩頭腦簡單的邊地同胞，對國家民族有深厚的感情，未免太奢望了；故這不僅是邊地的民生問題，謂之爲國防問題也無不可，此誠一重大的危機也。

結語

最後，我引證馬鈴梆先生的邊塞集（文學八卷一期）的幾句詩，來結束我的文：

「……『我夢見無籽種的田園已荒，雜草裹走着黃羊野兎，依舊有人催捐欵催債催上粮，你逼得上吊，我逼得吞「大煙土」，全家都在哭聲裏，什物被人搜光，還鋸斷幾根屋樑；從此遲早等死。……』」

由這首詩裡，我們可以看出邊疆各地的縮影，尤其是當我去年暑假歸家的時候，蟄居鄉中，每天祇見催捐的警察，或衙役，來來去去，隔二三日不來，已經是很稀奇了。

我們從察省疆域變遷的迅速當中，看出人民的痛苦，感覺着莫大的危機的隱存，我是正在讀書的小孩子，當然不敢妄作主張，但是希望研究邊疆的學者和國家負責諸公，尤其是察省當局，深切的注意這個問題，而且速謀解決，這是作者在十分悲痛中的一點熱望。

二六，二，二二完于首都。

察北概況

楊塞生 1

在一般人的心目中，以爲察北便是指口外（張家口）六縣，其實除六縣外，還有很多的其他的行政單位，全部察北差不多佔了全察的十分之九還強。那麼它的行政區分怎樣呢？

行政區分：察北包有一盟六縣八旗羣，八旗即：右翼，左翼，商都，明安等四牧場，和正藍，正白，鑲黃，鑲白等四旗，合稱察哈爾部八旗。察北六縣即張北，沽源，多倫，寶昌，康保，商都。一盟即錫林郭勒盟，這盟的面積最大，不過與察哈爾省府的關係不很密切，誠屬憾事。

民衆生活：察北六縣境內差不多全是漢民居住，雖有少數蒙民，事實上已完全漢化了。這六縣的漢民大部分是由晉北和察南遷來的，他們都是被生活壓迫着，而流浪到這裏，以謀求餬口。起初誰也沒打算在這裏安居樂業，長久過下去，所以大家常是春來冬去，而所到的範圍也很小。民國成立以來，一方面因政府的提倡（駐兵墾荒），一方面人們也漸覺得口外物產的豐饒，於是漢民遷入的人口大增，而墾地的面積也隨之擴大。雖然人民的生活頗苦，但較之人口稠密，耕地嫌少的內地，餬口的機會，究竟要多些，故并不因此而減少努力。誰想他們正在慘淡經營，向外發展的時候，忽然不知因何緣故，一槍也沒放，便無聲無息地拱手讓人了。

至於察省八旗羣，蒙民們以畜牧爲主業，但在墾地一天天發展的情形下，牧場便一天天縮小起來，所以他們現在差不多都退到六縣轄境以外，而盡量向北移動。可是他們的生活也一天天漢化了，並且每年不斷的派遣學生到內地來求學，以造就改良蒙民生活的人材。尤其近幾年來，趨向漢化尤爲積極，不只派學生求學內地，而各旗羣也設立小學了。

最後談到錫盟，這部分是位置察省最北部，與內地相隔較遠，而且交通不便，所以人民生活更爲簡單，可謂爲純係原始時代的畜牧生活，對於漢人尚抱着一種敵視的心理，雖畫在察省地圖裏，而與察省行政可謂毫無關係。但不論錫盟或八旗，蒙民因受喇嘛教的迷醉，生殖率銳減，醫藥法太幼稚，不但人數日減，而且健康日差，此誠我蒙古同胞前途之絕大的隱憂，政府當局，應有以善其後。

重要物產：牧畜——「風吹草低見牛羊」，因爲察北是一片水草豐富的草原，所以牧畜業特別發達：(1)有名的口馬，就出產在這裏。不論錫盟，八旗，張北等六縣，到處都產良馬。不過因爲沒有政府的提倡(例如綏遠的賽馬會)，所以在報紙上看不到「口馬」這兩字，實際國內騎兵的官馬，大部由此而來。(2)綿羊：因爲綿羊的價值較廉，豢養較易，所以綿羊的豢養在察北不單是蒙民的主業，亦爲漢民的主要副業，不論貧富，每家都要養幾隻或幾百隻。目前因外蒙新疆，已遭封鎖，內地大批的羊毛羊皮羊肉，便多半出自此處。(3)黃牛：被稱爲短腿的沙漠舟的黃牛的用途，在蒙民可以取乳供食料，可以拉車運鹼鹽；在漢民因爲有大批騾馬的使用，故很少用於耕作上的。但近來因常遭匪患，騾馬早被搶掠一空，所以現在不論耕田運糧，都要用牛了。晉冀兩省的耕牛，也多由這裏來的。

農業——察北既是一片大好的牧場，同時也是一塊可耕的農田，雨水雖苦不可靠，土壤雖也未見肥沃，但未經過長期的開發，地力頗爲有餘，堪以發展乾旱農業。自察哈爾建省以來，隨着漢民的增多，而農田的面積也一天天在擴大，把牛羊羣慢慢移向北邊去了。這裏主要的農產品是莜麥，這是察綏一帶的特產，在關裏提出莜麥這個名詞，大家都聽不懂，那裏想到這正是察北三寶之一(按察哈爾三寶是莜麥，山藥蛋，羊皮襖)。莜麥不單爲本地人的主要食品，也是晉北察南以及陝寧一帶的主要食糧，自從去冬察北被侵佔後，這一帶的食糧便大感恐慌。莜麥除了人食之外，還是良好的喂馬料。其次察北的山藥蛋(即馬鈴薯)，不但是日常的食料，並且還能造酒，如能好好培植，將爲工業上必要的原料之一，酒精工業尤富有希望。酒精不但爲化學工業等之所需，將來酒精代油爐汽車改良完成後，對西北公路交通，尤有莫大的幫助。小麥的產量也很可觀，因爲察北的氣候和土壤，還可勉強適合小麥的生產，如能加以改良，不難成爲我國重要的小麥產區。

礦產——假如你初到察北，舉眼一看，眞是童山濯濯，滿目荒涼，到處的山上只有石頭，連一顆小樹也見不着。但在這平凡的童山之下，有着大量的寶藏呢：(1)泥煤和碎煤：在察北的每個山脚下，都可以掘出泥煤(亦名紅煤)，這是一種價値最廉的燃料。現在主要的開採地在張北。碎煤和大同所產的質料相同，可惜因了交通不便，採法陳舊，所以迄難發展。(2)鹽：誰都知道，鹽不單是我們日常生活離不開的東西，而且還是工業上主要的原料，尤其是近來，列強努力擴張軍備，鹽更被視爲極重要的原料。當蘆鹽被強圈和被強買之後，我們大家都很氣忿；那知道這與蘆鹽不相上下的察北灘鹽——池鹽，也被人隨手拿去了呢！在察北的每一個角落，只要四週有一圈土山，中間必有一塊鹽池。錫盟烏珠木沁的大青鹽尤爲有名。它的銷路，遠達東北及華北各省，堪爲察綏晉陝的食鹽供給地。但從前年日佔察北起，口鹽的輸入，便受了不少的限制，人們大感食鹽的缺乏！恐怕將來還有更大的限制哩。

當地現狀及其重要性：誰都知道中蘇間的交通，除了由東北乘火車外，陸路交通，則張庫(由張家口到庫倫)路是獨一無二的交通線。雖然自中蘇斷絕通商關係後，此路曾一度失其重要性，但在今日中蘇關係日趨好轉時，將來它在軍事交通上，佔有怎樣大的價値，是不言而喻的了。察北對整個西北是佔着居高臨下之勢的，地面向西北傾斜入戈壁盆地，向西無天險可守。以察北爲根據地，向西進兵，有如銀河下瀉，毫無阻隔。我們千萬不要以爲去年綏東的抗戰是靠了地理的優勢而勝的，這乃是由於我軍英勇的抵抗所致。最後我們特別提出來的是，察北居民性多強悍，驍勇善戰，尤精騎術，若把這些同胞給以相當的軍事訓練，則不難成爲衞國的勁旅。

當我們概括的知道了被強佔的察北，在國防上佔着如何重要的位置後，我們來討論是不是用政治手段可以收回呢？自被強佔迄現在，察北實際沒有來過多少日本兵，在日本以華制華的策略之下，僅爲少數的僞軍所統制。雖然有去冬的綏戰，而參戰的僞軍，大都是由各地現招的乞丐化子之流，還有一部分是本地的土匪。最近因爲匪僞的反正，以及綏東的抗戰，使得日寇對僞軍，大懷疑慮，故將大部僞軍由前綫紛紛撤回。這並非日本表示親善，而要還給我們的察北，相反的，正表示着暴日要用強力來鞏固他的統制。我們知道日本永不會以實惠和中國做交換條件，何況察北在軍事上經濟上，又佔着那樣重要的地位呢。所以我們的結論是：用政治方式是不會收回察北的，用『經濟提攜』決不能把察北換回來，唯有我們乘着敵人內部不穩的時候，調動全國大軍進駐察北，逐彼醜類，然後被蹂躪了的領土才有恢復的希望。

河北月刊

第五卷第四期

民國廿六年四月十五日出版

定價
每月一册定價三角（郵費三分）
全年十二册三元六角（郵費三角六分）
編輯者
河北省政府河北月刊社
發行者
河北省政府河北月刊社

漢鋒月刊

（復刊號）

民國二十六年六月十日出版

本期目次

編輯處：張家口師範學校漢鋒月刊社

4

懷安漢墓發掘訪問記

張維華 1

在去年的下半年，禹貢學會共有兩次調查：一次是到綏遠後套去，一次是到察哈爾張家口懷安，宣化等地方去。我們第二次去察哈爾調查的動機，是因爲本會陳增敏先生要想考查張家口一帶的自然地形，同時也聽說蔚縣境內發現了很多古碑，有的是茄茹文字的，有的是女眞文字的，對於研究邊疆民族很有關係，所以禹貢學會就派了四個人去，而我是其中的一個。我們這個小團體是十一月三日出發的，滿懷着熱望要得些新發現的史料，想不到一到張家口就知道這些史料是一時得不到手的。我們到了張家口之後，就到教育廳拜見柯燕舲（昌泗）廳長，探問這些古碑發現的事。據他說蔚縣的古碑是有的，可是不容易尋得見，因爲不知道一定是在些甚麼地方，現在教育廳已在開始調查了，不如等調查好了，知道這些古碑確切所在的地方，而後再去考查，可以事半功倍。我們聽了柯廳長的話，覺的他說的很有理，因此就打斷了去蔚縣考查的念頭。不過我們抱着熱烈的希望而來，怎能毫無所收獲而回，一時我們覺的很喪氣。正在這個時候，我們又聽到了柯廳長的新啓示。他說懷安縣曾發現了四個古塚，內中有幾件漆器，在藝術的研究上很有價值。是値得去看看的。我們一想古代漆器是很少見的，雖則我們不是研究藝術的人，不妨順便去參觀一下，於是我們又決定到懷安去了。

我們到了懷安，很受地方人們的歡迎和招待，他們把古塚發掘的經過詳詳細細的告訴了我們，又把發掘出的一切東西，一件一件的給我們看了。據他們說懷安縣城東南五里的地方有四個古塚，以前的人喚做「假粮堆」，只看作是平常的荒塚，不會有人理會它。在民國十八年的時候，有幾個打獵的人追着一隻貛，這隻貛一折身鑽進了這四個古塚的一塚，捕貛的人一心要得這隻貛，於是就把這個古塚挖掘了，等不到挖掘了幾尺深，就挖進墓壙的內部。他們正在追踪這隻貛的所在，無意中發見了殉葬的器物，一件一件的擺在裏面，他們一見就認爲這都是些無價之寶，於是就把這些東西暗暗的收藏起來，反到把要捕的那隻貛置之不顧。

他們得到了寶貝，恐怕被官府裏知道了要收沒，就暗暗跑到張家口賣給了古董販子，至於所賣的究竟是些甚麽東西，却無從知道。這件事發生了不久就被官府裏知道了，立刻派人去勘查，勘查的結果，是這個被挖的古塚只剩了幾片木板和幾個古錢，其餘的東西都被捕獵的人拿走了。自從這事發生了之後，這幾個荒凉不爲人所理會的古塚，一變而爲人認爲是貯藏重寶之地，人人看着眼發紅，所以不到一個月之後，另一個古塚又被人盗挖了。這次盗挖的人到底得到多少東西，而且這東西都是些甚麽，亦無人知道。四個古塚已竟有兩個古塚被挖了，其餘的兩個也一定是保不住的，地方上負責的人認爲既然保不住，不如索性通挖掘了，把所挖掘的東西由公家保存起來，或可免得損毁或消失了。他們拿定了主意之後，就開始發掘，第一天所發掘的是後面偏東的一塚，因爲入手的錯誤，還沒有挖到裏面，墓壙忽然傾陷了，墓裏的東西損毁了不少。最後的結果，只尋得了些殘破瓦罐大小共十五件，和古錢數十枚而已。第二天又發掘後面偏西的另一塚，這一次仔細了，整個的墓壙和裏面的東西都被發見了。這個古塚的壙穴是長方形，周圍上下皆用香杉木板架成，板外均襯以木炭，木炭是可以防止腐朽的，這個方法已被古人發見了。壙前有屏，可以開闔。壙內停柩有二，皆用杉木作成。柩前陳列着很多的冥器，並且還舖着一件拜墊。柩旁又豎着類似旗傘的一件東西，顏色是黄色的。柩內屍身著黄色長袍，袍上繡有藻文，很像是一個地位很高的人的遺塚。可惜此塚開掘之後，一經風化作用，這些存留的衣冠之類，霎時間化爲灰燼，無法收拾。至於其他不易腐爛的器物，却全部保存起來了。現在這一切發掘的東西，都存在懷安縣縣立的初級小學，封藏在一個很嚴密的地方，地方人們組織了一個保管委員會共負保管之責。如果外邊的人想到那裏去參觀，必須各個委員都到齊了，纔能開封取出，缺一人也不成，保管的人可算很負責任。

現在把他們所保存的幾件重要的東西列在下面，其他零碎的小東西，也有研究的價值，容我在後面敘述一下：

漆圓筒匣一件　直徑十二公分五厘，底圓直徑十二公分七厘，高九公分一厘，圍圓四十公分九厘。

小漆方匣一件　横寬五公分三厘，縱寬四公分三厘，高七公分三厘。

長方漆匣一件　橫寬八公分八厘，縱寬四公分九厘，高七公分三厘。

又長方漆匣一件　橫寬九公分，縱寬三公分六厘，高一公分。

小四方漆匣一件　直橫寬均四公分四厘，高一公分。

銅洗一件　口徑十六公分八厘，底寬八公分九厘，高六公分一厘。圍圓四十四公分五厘。

博山爐一件　直徑十九公分八厘，高二十三公分二厘。

銅鏡一件　直徑十六公分。

又一件　直徑十三公分三厘。

又一件　直徑十一公分。

又一件　直徑九公分九厘。

以上這個單子，是懷安縣立初級小學的一位先生抄給我們的，內中的數目字有無錯誤不得而知。我們本想自己計量一下，可惜時間來不及，因爲這幾位保管委員不能長時間等着我們。除了這個單子上開的之外，還有十幾件陶器，大的小的都有，也有帶彩色的。還有六件玳瑁小櫛，形狀像馬蹄形，作的很細緻。又有六寸長的玳瑁插髮簪一支，束髮圈數個，祇可惜都破碎了。又有一串子小東西，串着些小巧玲瓏的小玩藝，如松綠石，銀晶，藍晶，瑪瑙，琥珀等雕刻小品共計二十六件。雕刻的很細緻，或成禽形，或成獸形，極稱美觀。除了上述的各種器物以外，還有一件值得注意的，就是一顆印章的發現。這顆印章是龜紐，七分見方大，上刻着「五鹿充印」四個字。

這次調查是中途變更的一種計畫，事前不曾有適當的準備，不容易使我們得到精密的觀察。不過我們看了這些東西究竟得到些甚麼印象呢？第一點我們當該問的，究竟這四個古塚是甚麼時候的呢？又是誰的遺塚呢？關於第一點的答覆，一般人都說是漢墓，大概這話是對的。除了一般的器物可以作証明以外，從這四個古塚裏所發見的帶有文字的東西，也可作証明。第一是幾件銅鏡背面上都有些篆形的文字，可是模糊的辨不出字形來了。第二是在一件較大的漆匣裏，署着「安陽侯家」四個字，字體是用硃筆隸體寫的。第三是壙壁的杉木板上，寫着「上一」或「下二」，「左一」或「右二」等字，字體是用墨筆隸體寫的，可惜寫的太草率了。大概這些杉板上的字，是當時修墓工人隨便寫的，用以記木板方位的，說明某一片板是在墓的某一地方。再一件有文字的就是這顆印章。從「安陽侯家」和杉板上所寫的這些字看來，其字體同近來發見的漢代木簡上的字體很相像，確是漢人寫的。尤其是杉板上的字體可以證明，因爲修墓的工人多半是沒有甚麼學問，如果是漢以後或以前的墓，在那時的工人決不會用當時不流行的字體寫的。至於第二點的證明，似乎是很容易，因爲既然從墓裏發見了一顆印章，無疑的這顆印章是死者自己的，哪嗎，死者的名字是叫五鹿充了。這如同一九二五年日本在朝鮮發見了古樂浪郡王盱墓，是由於得到王盱自己的一顆印章纔知道的，是一樣的。漆匣裏又署着「安陽侯家」四字，似乎他先世是封過安陽侯的。不過在歷史上沒有找到這麼一個人，究竟他的事蹟怎樣，他是屬於某一個皇帝的時代，這却無從斷定。

第二點當該注意的，是這幾件漆器的製造。有幾件漆器是大匣裏又套小匣，小匣裏面裝着一種類似海棉一類的東西，不知道是藥材，還是可吃的東西。漆器的作法，似乎是先用一種粗布作成模型，布外敷上很細而又很薄的一層膠泥，泥的外面就塗漆了。漆器的外面又均畫着很細緻而又很鮮亮的花彩。這些花彩的形式也不一致，有的是作雲龍之狀，有的是虎豹之狀，有的是作飛禽，有的也畫着這時代的人。因爲我們沒有帶着很好的照像機，不能彀把具體的形式表示出來，僅只得了一點膚淺的印像。據我看，這些漆器的花彩，有好多地方很像樂浪王盱墓裏面所發見的漆器的花彩。希望以後能彀把懷安所藏的漆器攝幾幅很好的照片，拿它同王盱墓裡所發見的作一番精密的比較，我想總有幾點可以啓發我們的。

第三點當該注意的，是這幾件玳瑁櫛和束髮圈。玳瑁櫛的形式均作半圓形，同王盱墓裏所發見的櫛是一樣的，不過那是用木製作的。古樂浪地去今懷安彀遠了，而所發見的櫛却同是一種形式，可見當時文化上彼此相連貫的關係。束髮圈據一個親自監督發掘的人說，原來是竹筒形式的，套着死人的頭髮，一面一個，很像現在蒙古婦人頭上的兩隻辮子。這些竹圈是可以拿得開合得起，拿開了就是一些小竹圈，合起來就是一個長竹筒，雕刻的線紋細緻極了。這一種束髮的風俗不曾聽說過，不知道專門考古的人曾遇見過這樣情形否？

第四點所當注意的，是這一串的小玩藝。每一件都很小，可是均是用的很寶貴的東西作的，大概是帶在頸上或手上的裝飾品。這些小東西差不多全作鳥獸之形，有人說這是受異邦文化的影響，對不對呢？

粗粗的舉出這四點，至於其他陶器銅鏡銅洗等，那都是些常見的東西，沒有甚麼特別奇異的可說。我們一同去調查的這幾個人，都不曾作過地下實際挖掘的工作，對於古物的鑒定也是外行，不過這是一點意外的收獲，也是很榮幸的。

5

二十五史補編總目（三）

開明書店印行

（僞成將相大臣年表一卷）　同上
（僞趙將相大臣年表一卷）　同上
（僞燕將相大臣年表一卷）　同上
（僞秦將相大臣年表一卷）　同上
（僞後秦將相大臣年表一卷）　同上
（僞後燕將相大臣年表一卷）　同上
（僞南燕將相大臣年表一卷）　同上
（西秦百官表一卷）　清練恕撰　多識錄本
（後涼百官表一卷）　繆荃孫撰　藝風堂續集本
（南涼百官表一卷）　同上
（西涼百官表一卷）　同上
（北涼百官表一卷）　同上
（夏百官表一卷）　同上
（北燕百官表一卷）　同上
（十六國疆域志十六卷）　清洪亮吉撰　卷施閣集本

六　宋書部分

（宋書補表四卷）　清益大士撰　南京龍蟠里國學圖書館寫本
（宋諸王世表一卷）　清萬斯同撰　歷代史表本
（補宋書宗室世系表一卷）　羅振玉撰　永豐鄉人雜著續編本
（宋將相大臣年表一卷）　清萬斯同撰　歷代史表本
（宋方鎮年表一卷）　同上
（補宋書刑法志一卷）　清郝懿行撰　郝氏遺書本
（補宋書食貨志一卷）　同上
（宋州郡志校勘記一卷）　清成孺撰　廣雅書局刊本
（補宋書藝文志一卷）　聶崇岐撰　稿本

七　南齊書部分

（齊諸王世表一卷）　清萬斯同撰　歷代史表本
（齊將相大臣年表一卷）　同上
（齊方鎮年表一卷）　同上
（補南齊書藝文志四卷）　陳述撰　稿本

八　梁書部分

（梁諸王世表一卷）　清萬斯同撰　歷代史表本
（梁將相大臣年表一卷）　同上
（補梁疆域志四卷）　清洪齮孫撰　廣雅本

九　陳書部分

（陳諸王世表一卷）　清萬斯同撰　歷代史表本
（陳將相大臣年表一卷）　同上
（補陳疆域志四卷）　臧勵龢撰　稿本

十　魏書部分

（魏諸帝統系圖一卷）　清萬斯同撰　歷代史表本
（魏諸王世表一卷）　同上
（魏異姓諸王世表一卷）　同上
（魏外戚諸王世表一卷）　同上
（魏將相大臣年表一卷）　同上
（西魏將相大臣年表一卷）　同上
（東魏將相大臣年表一卷）　同上
（元魏方鎮年表二卷）　吳廷燮撰　排印本
（魏書地形志校錄三卷）　清溫曰鑑撰　適園叢書本
（魏書禮志校補一卷）　清盧文弨撰　抱經堂刊羣書拾補本
（魏書官氏志疏證一卷）　清陳毅撰　光緒二十三年刊本
（補魏書兵志一卷）　谷霽光撰　稿本

十一　北齊書部分

（北齊諸王世表一卷）　清萬斯同撰　歷代史表本
（北齊異姓諸王世表一卷）　同上
（北齊將相大臣年表一卷）　同上

十二　周書部分

（周諸王世表一卷）　清萬斯同撰　歷代史表本
（周公卿年表一卷）　同上
（北周公卿表一卷）　清練恕撰　多識錄本

十三　隋書部分

（隋諸王世表一卷）　清萬斯同撰　歷代史表本
（隋大臣年表一卷）　同上
（隋唐之際月表一卷）　清黃大華撰　稿本
（隋書地理志考證附補遺九卷）　楊守敬撰　光緒戊戌觀海堂刻本

關於察綏問題的圖籍與論文索引

許輯五
吳玉年 合輯 1

按：察綏已成我國的國防最前線了，凡我國人對此二省俱有一知或研究的必要，所謂『知己知彼，百戰百勝』是也。如能親臨其境，作實地的考察，所知道的自然要較從書本上所得來的為親切而可靠。但在未旅行察綏之前或根本就不能到察綏旅行的情形之下，人們親身調查或研究有素所發表的文字，自然也有參考的價值。本刊有鑒於此，故事先即請許輯五吳玉年二先生寫關於察綏問題的圖籍與論文索引，以應此需要。許先生交來的稿子為『關於綏遠問題的圖籍與論文索引』（地理教育二卷二期載有綏遠省文獻目錄，與許先生所輯圖籍，多不相同，讀者可參閱之。），吳先生交來的為『察哈爾書目舉要』。為讀者參閱便利起見，編者爰將此二篇合在一處，但仍保存其原有的格式，請作者諒之。二位先生於百忙中能代本刊寫成此文，實深感荷！

——編者——

一 綏遠及內蒙

許輯五

（甲） 重要書籍

1 綏遠概況　二十三年本　綏遠省政府秘書處

2 綏遠省分縣調查概要　二十三年本　綏遠民衆教育館

3 河套調查記　楊梅圃　仝前

4 綏遠省政府年刊　民國十八至二十一年　綏遠省政府秘書處

5 綏遠省分縣地圖　二十三年本　綏遠省社會教育所

6 綏遠省物產概要　二十三年本　仝前

7 綏遠省鄉村調查紀實　二十四年本　綏遠省教育會

8 綏遠省財政年刊　綏遠省財政廳

9 綏區屯墾工作報告書　二十二至二十四年本　綏遠屯墾督辦辦事處

10 綏遠歌謠集　二十四年　綏遠民衆教育館

11 綏遠調查報告書　張愷等　太原經濟委員會綏遠調查團出版

12 綏遠通志采訪要點　二十年　綏遠省通志館

13 綏遠產馬比賽報告書　周晉熙　綏遠建設廳

14 綏遠歷屆農產比賽特刊　仝前

15 綏遠省地方自治講義　樊庫　綏遠省社會教育所

16 農圃　二十三年　綏遠省立職業學校

17 綏遠省建設季刊　綏遠省建設廳

18 綏遠省民政概要　二十三年　綏遠省民政廳

19 綏遠省鄉村建設委員會會刊（季刊）　鄉村建設委員會

20綏遠省教育公報　綏遠省教育廳
21綏遠省教育廳整理教育計劃書　仝前
22綏遠河套十大幹渠暨烏加河退水圖表計劃書　周晉熙　綏遠建設廳
23綏遠歷屆合作講習所彙刊　綏遠農村合作事業指導委員會
24長城季刊　綏遠長城社出版
25新農村與西北　綏遠各書局代售
26綏遠省教育會月刊　綏遠省教育會
27新農村月刊　綏遠省農學會
28綏遠農學會會刊　北平大學農學院
29綏遠旅平學會會刊　北平綏遠旅平學會
30綏鋒月刊　南京綏遠旅京學會
31後套形勢一覽圖　二十二年　屯墾處測量隊
32河套五原調查記　王陶
33新綏公路圖　新綏長途汽車公司
34七十萬分之一綏遠地形圖　前綏遠都統署測繪所
35政治調查報告　十八年　綏遠政治實察所
36賑災紀略　綏遠蒙政會
37蒙綏雹災賑務報告　仝前
38綏遠市政公報　綏遠省政府
39綏遠公路建設計劃　綏遠建設廳
40綏遠薩托民生渠概況　華洋義賑會
41綏遠教育廳各項章則表册彙編　綏遠教育廳

42清水河縣志稿　喬紀廷　民二十二年
43綏遠城志略　銀瑞同
44豐化廳志採訪稿　劉鴻逵
45五原廳志
46豐鎮廳志　德溥　光緒七年抄　民五刊印
47歸綏道志　高賡恩
48土默特旗志略
49綏遠旗志　高賡恩　光緒三十四年
50歸化紀畧叢語　韓鳳樓
51歸綏識略　張曾
52臨河縣志　王文墀　民國廿年
53河套志　陳履中　乾隆七年
54綏遠土默特職官記　文哲琿
55寧遠廳古蹟誌　喬桐陰
56托克托採訪錄　任秉鈞
57陶林廳志略　賈栩
58興和新廳志稿　陳時儁
59集寧縣志　楊葆初　民國十三年
60薩拉齊包頭鎮志略　包頭紳民等輯
61薩拉齊鄉土志　屠義恒
62和林格爾圖志略艸　張煥
63清水河廳志略　文秀修　盧夢蘭纂　光緒九年　2

64土默特志　高賡恩
65寧遠廳志略　寧存校
66綏乘　張卅彝　民國九年
67歸綏縣志　鄭裕孚纂　鄭植昌修　民國廿四年
68山西通志　雍正本　巡撫覺羅石麟修
69山西通志　光緒本　巡撫張煦修
70大同府志　乾隆本　知府吳輔宏修
71朔平府志　雍正本　知府劉士銘修
72綏遠志　沉紹谷　光緒三十四年
73集寧設治文獻要錄　許錫五
74綏遠農墾專刊　農學第二卷第一號
75新綏遠月刊（停刊）　綏遠省黨部

（乙）次要書籍

1塞北紀遊　張相文　北平中國地學會
2長征記　斯文哈定著　李述禮譯　商務
3中華民國省區全誌綏遠篇　白眉初　建設圖書館
4百萬分之一平綏鐵路區域圖　平綏路局
5理想中之新綏遠　崔濟蒼　疾呼旬刊社
6察綏蒙民經濟之解剖　賀揚靈　商務
7平綏鐵路旅行指南　第四期　平綏鐵路局
8平綏沿綫旅行記　冰心　仝前
9平綏沿綫之天主教　雷潔瓊　仝前
10西北勝跡　鄭振鐸　仝前
11王同春開發河套記　顧頡剛　仝前
12平綏鐵路沿綫特產調查　仝前
13平綏鐵路概況　仝前
14綏遠　二十五年　邊疆教育實業考察團報告書　中央政治學校附設蒙藏學校刊行
15綏遠交通概要　仝前　仝前
16視察綏遠教育報告　教育部
17包寧綫包臨段經濟調查報告書　鐵道部
18包寧鐵路建設與計劃　卓宏謀　直隸書局
19包寧鐵路工程圖說　仝前　仝前
20百靈廟巡禮　黃奮生　生活書店代售
21方志學　李泰棻　商務
22蒙古概況與內蒙自治運動　方範九　商務
23內蒙之今昔　譚惕吾　仝前
24西北經濟地理　張印堂　仝前
25元朝秘史　陳彬龢選注　仝前
26蒙古與新六省　陸爲震等　仝前
27多桑蒙古史　馮承鈞譯　仝前
28蒙古問題　謝彬　仝前
29中國西北部之經濟狀況　王正旺譯　仝前

3

30蒙古鑑　卓宏謀　直隸書局
31蒙古游牧記　張穆　華文書局
32蒙古逸史　陳籙
33蒙古概觀　何健民　民智書局
34內外蒙古考察記　馬鶴天　新亞細亞學會
35新遊記彙刊　中華
36小方壺齋輿地叢鈔
37開發西北實業計劃　張人鑑　著者書店
38西北叢編　林競　神州國光社
39西北地理　王金紱　立達書局
40西北的剖面　楔鍾健　地質圖書館
41西北隨軺記　高良佐　建國月刊社
42西北地理　王公亮　正中書局
43西北墾殖計劃　張人鑑　香山慈幼院
44蒙古遊牧記附補註　張穆
45綏遠五百萬分之一詳圖　參謀本部測量局
46清代邊政通考　蒙藏委員會
47西北墾殖論　安漢　大公報館代售
48墾務會議彙編　農礦部
49蒙古會議彙編　蒙藏委員會
50出塞紀略　錢良擇
51朔方備乘　何秋濤
52邊疆政報名詞譯義初集　蒙藏委員會
53古今遊記叢鈔　勞亦安　中華
54蒙古問題　王勤堉　商務
55蒙事臆筆　陳籙
56中國長城沿革考　王國良　商務
57內蒙地質誌　兩廣地質調查所
58西北之地文與人文　王金紱　商務
59蒙古地誌　王宗炎
60西北視察日記　薛桂輪　申報館
61內蒙古紀要　花楞　北京經緯書局
62綏遠　傅煥光著　綏遠墾務局
63塞程別紀　清余寀著
64塞北小鈔　清高士奇著
65察哈爾與綏遠　紀鑑士著　文化建設月刊社
66西北視察記　陳賡雅著　申報館
67內蒙古紀要　李生薇著　民智書局
68蒙古志　姚明煇著　中國圖書公司
69綏遠河套治要　周頌堯著　綏遠實業廳
70後套實業調查記　樸學齋　西北協會
71內蒙黃教調查記　天純者　南昌德昌印書館
72綏遠墾務計劃　綏遠墾務局二十年版
73綏遠民生渠報告書　綏遠省政府三十年出版

74屯兵熱察綏計劃書　趙伯屏　裁兵屯邊促成會

75歸綏墾務調查記　甘鵬雲　晉北鎮守使署

76蒙墾陳訴事略及供狀　貽穀著　綏遠將軍署

77內蒙民族自治運動紀實　黃奮生著　中華書局

78豐州（綏遠日報副刊）　綏遠中山學院出版

（丙）論文

1綏遠大青山煤田地質　王竹泉　地質彙報第十號

2綏遠地質礦產報告　翁文灝　地質彙報第一號

3西北地文地理簡編綏遠之部　魏文譯　新亞細亞八卷一期

4綏遠的農業與水利　胡鳴龍　新亞細亞八卷五期

5內蒙自治運動之經過　佘貽澤　新亞細亞七卷二期

6綏遠墾區調查記　米舜青　西北問題第一期

7開發西北聲中綏遠產業之狀況　王天覺　邊鐸二卷一期

8綏遠羊毛市場狀況調查　霍世昌　開發西北一卷五期

9西北墾殖的重要　何天西　中國經濟二卷七期

10綏遠藥材統計　賀　邊鐸一卷二期

11沿邊改建行省私議　影蓉　東方雜誌五卷一期

12開發河套之計劃　郭皋　新亞細亞二卷四期

13綏遠省形勢概論　胡海晨　地理教育二卷一期

14綏遠省之軍事地理　張其昀　仝前

15綏遠戰事之嚴重性　胡煥庸　地理教育一卷九期

16綏省資源在國防經濟之重要性　沈仲龍　邊疆一卷七八合期

17從綏遠戰事談到西北國防之重要　何擐　仝前

18綏遠省集寧縣志略　許輯五　西北芻議二卷一期至四期

19綏遠農業之展望　沈仲龍　邊疆一卷九期

20綏東形勢概觀及其社會經濟之現狀　許輯五　仝前

21安北設治局調查記　陳佑誠　蒙藏月報第五卷各期

22綏境蒙政會指導長官署行政工作概況　中央日報一月八日

23綏遠考察記　黨設月刊二十二年四月

24綏遠的農業　韓德彰　農業周報二十年七月

25綏遠白雲鄂博鐵礦報告　丁道衡　地質彙報二十三號

26綏遠畜牧業　中行月刊二十一年四月

27綏遠的沿革　郭鎔伋　中央日報一月六七兩日

28綏遠薩托民生渠之概況　水利月刊二十年九月

29集寧設治及改縣之確實時期　許輯五　大公報史地周刊二十四年九月

30晉綏關係及其蒙旗對策　邊衡　大公報二十五年六月

31鄂爾多斯遊記　甘永龍譯

32綏遠之土壤　謝宗榮

33烏伊兩盟政治概況及其今後整理之芻議　孔祥哲　邊事研究一卷六期

34綏境蒙政會自治區域現狀之檢討　邊衡　邊事研究五卷四期

35內蒙前後套之水利及其改革討論　金濤　仝前

36綏遠經濟概論　丁逢白　邊事研究四卷一期

37綏東問題之前前後後　巴文峻　仝前四卷四期

38內蒙產鹽之近況　北明　邊事研究四卷六期

39河套戶口逐年激增　竇震寰　仝前

40河套水利與其墾務辦法　郭舉　西北

41河套之交通建設與林墾建設　郭舉　西北

42綏遠礦產誌略　黃伯逵　開發西北三卷一二合刊

43綏遠行會制度　霍世昌　仝前

44民生渠前途之展望　張仲伊　水利月刊八卷三期

45烏蘭察布盟橫渡記　徐近之　國風七月六號

46河套教育調查記　李棠蔭　教育雜誌二十五卷一號

47西北旅行記　張其昀　國風八卷一期至八期

48錫林郭勒盟鳥瞰　中央日報二十五年二十四五日

49包頭之經濟狀況　中外經濟周刊一百六十號

50綏遠地理沿革　吳億　西北論衡五卷一期至二期

51綏遠的屯墾　趙一恆　仝前

52綏遠烏伊西盟概況　劉蒸亭　仝前

53綏行日記　曾昭掄　大公報二五年一月份

一九三七，二，十於首都。

吳玉年

二　察哈爾

察哈爾省通志二十八卷，卷首一卷

宋哲元等修，梁建章等纂　民國二十四年鉛印本

宣府鎮志四十二卷　北平圖書館藏

明孫世芳纂修　明嘉靖四十年刻本

新獲宣府誌不分卷　北平圖書館藏

清姜際龍纂　舊抄康熙十二年本

宣化府志四十卷　北平圖書館藏

清王畹纂修　乾隆八年刻本殘

宣化府志四十二卷，卷首一卷　北平圖書館藏

清王者輔等修，吳廷華等纂，張志奇等續增　清乾隆二十二修，乾隆八年刻本。

宣化縣志三十卷　北平圖書館藏

清陳坦修，林盛纂　清康熙五十年刻本

宣化縣志十八卷　北平研究院史學研究會藏

陳繼曾等修，郭維城纂　民國十一年鉛印本

宣鎮西路誌四卷　北平圖書館藏

清劉先衡等纂　舊鈔康熙本

萬全縣志十卷，卷首一卷　北平圖書館藏

清左承業纂修　清乾隆十年刻本

萬全縣志一卷，卷首一卷　北平圖書館藏

清左承業原修，施彥士訂正　清道光十四年修訂重刊　乾隆十年本

民國十九年重刊本

萬全縣志十二卷，卷首一卷　附張家口概要一卷

路聯逵等修，任守恭等纂　民國二十二年鉛印本

赤城縣志八卷，卷首一卷　北平圖書館藏

清孟思誼修，張曾炳纂　清乾隆二十四年補訂十二年本

赤城縣續志十卷　北平圖書館藏

6

清林平貽等修，彭世翰等纂　清光緒九年重訂七年刻本

宣鎮下北路誌十卷　北平圖書館藏

清王治國等纂　舊鈔康熙間本

龍門縣志十六卷，卷首一卷　北平研究院史學研究會藏

清章焞纂修　清康熙五十一年刻本

懷來縣志十八卷，卷首一卷　北平圖書館藏

清許隆遠纂修　清康熙五十一年刻本

懷來縣志十八卷　北平研究院史學研究會藏

清朱乃恭修，席之瓚纂　清光緒八年刻本

蔚州志四卷　東方文化委員會藏

明來臨纂修　明崇禎八年刊本

蔚州志二卷　北平圖書館藏

清李英纂修　清順治十六年刻本

蔚縣志三十一卷　北平圖書館藏

清王育榞修，李舜臣等纂　清乾隆四年刻本

清楊世昌修，吳廷華纂　清乾隆十年刻本

蔚州志補十二卷　北平圖書館藏

蔚州志二十卷　北平研究院史學研究會藏

清慶之金修，楊篤纂　清光緒三年刻本

西寧縣志八卷，卷首一卷　北平圖書館藏

清張充國等修，潘嘉猷等纂　清康熙五十一年刻本

西寧縣新志十卷，卷首一卷　北平圖書館藏

清賓褒等修，楊篤纂　清同治十一年刻本

懷安縣志二十四卷　北平圖書館藏

清楊大崑修，錢戢曾纂　清乾隆六年刻本

懷安縣志八卷，卷首一卷，卷終一卷　北平圖書館藏

清陰祿修，程樊年纂　清光緒二年刻本

延慶州誌十卷　北平圖書館藏

清謝日暸修，程光祖等纂，袁遠于嘉楨等續補　清康熙十九年增補順

治十年刻本

延慶州志十卷，卷首一卷　北平圖書館藏

清李鍾俾修，穆元肇等纂　清乾隆七年刻本

延慶州志十二卷，卷首一卷，卷末一卷　北平圖書館藏

清何道增修，張惇德纂　清光緒六年刻本

延慶衛志略不分卷　北平圖書館藏

清李士宣修，周碩勳等纂　清乾隆十年鈔本

重修居庸關志十卷　北平圖書館藏

明王士翹纂，張紹魁增纂　明萬曆四十年增嘉靖二十七年刻本殘

永寧縣志六卷　北平圖書館藏

明李體嚴修，張士科纂　明萬曆三十年刻本殘

保安州誌十卷　北平圖書館藏

清寧完福修，朱光等纂　清康熙十一年刻本

保安州志十二卷　北平圖書館藏

清梁永祚修，張永曙等纂　清康熙五十年刻本

保安州志八卷　北平圖書館藏

清楊桂森纂修　清光緒三年重印道光十五年刻本

保安州續志四卷　北平圖書館藏
清鄧鑾晉等纂修　清光緒三年刻本
口北三廳志十六卷，卷首一卷　北平圖書館藏
清黃可潤纂修　清乾隆二十三年刻本
張北縣志八卷，卷首一卷　北平圖書館藏
陳繼淹修，許聞詩等纂　民國二十四年鉛印本
陽原縣志十八卷
劉志鴻等修，李泰棻等纂　民國二十四年鉛印本
察哈爾地略一卷
清馬冠羣著　小方壺齋輿地叢鈔再補本
宣化鄉土志　故宮博物院圖書館藏
不著撰人姓名
保安州鄉土志　故宮博物院圖書館藏
不著撰人姓名
平定察哈爾方略二卷　故宮博物院文獻館藏
清康熙朝敕編　朱格寫本
察省建設事業概況統計
察哈爾建設廳編　民國二十三年鉛印本
察哈爾經濟調查錄
李延墀楊實著　新中國建設學會叢書本
宣化一帶地質構造研究
孫健初王日倫著　地質彙報第十五號
墾政輯覽附圖
察哈爾全區墾務總局編　民國六年排印本
察哈爾抗日實錄
趙蓮三編　排印本
察哈爾區辦苗圃報告書　排印本
察哈爾口北六縣調查記
楊溥輯　民國二十二年刊本
偵察張多經兵站路線報告附圖　石印本
現在之張家口
閻寶森編　民國十四年排印本
大成張庫汽車公司痛史
景學鈐編　排印本
張家口概要
見萬全縣志
張家口庚子年拳匪日記　北平圖書館藏
清桂豐撰　原稿本
張家口附近地質誌
巴爾博（G. B. Borbour）著，侯德封評　地質調查所印行
張垣日記　東方文化委員會藏
清懷塔布撰　稿本
張家口遊記
匡熙民著　見新遊記彙刊續編卷三十三　中華書局出版
廓軒竹枝詞一卷
清志銳撰　石印本

國內地理界消息（察綏部分民二五，一二，二五——二六，五，九）

葛啟揚
樂植新 輯

察省部分

公路

察東鎖陽關

當局計劃修關公路

【張垣通訊】察東龍關縣屬鎖陽關，向稱天險，乃察省西南各縣入察東必經要道。行旅經過，惟恐發生意外，茲龍關縣長張丁陽氏，以地方連年遭災，民生凋敝，擬實行以工代賑，由本省賑務會賑欵項下，撥洋五萬五千元，修建鎖陽關公路。既利交通，復濟災黎，一舉兩得。現該縣長已擬具預算及計劃書，呈請省政府核示，一俟邀准，當可興工云。

（二六，二，一〇，大公報）

察北運輸將有變更

關於察北運輸，向由張家口東營、文林兩汽車行包辦代運，即察北與內地商旅之往來，亦多乘坐該行汽車。日前曾有某方將禁止東營、文林兩行汽車通行之醞釀，現在已距事實不遠，據確息謂自三月二十一日起，東營、文林車行，均停止營業，另由張多及滿鐵兩汽車行代替察北運輸。

（二六，二，二〇，大公報）

二十五年度察省建設計劃

已成公路切實保養　未完者力促其成

【張垣通訊】察省地處邊陲，交通阻塞，非但民智不開，一切生產尤形落後；交通建設事業，更待啓發。察省建設廳有鑒於此，爰本察省財力人力之所能者，特擬定察省二十五年度，建設行政計劃，認準目標，逐步實施，以期於成。對於全省公路之整理，其已經完成者，如宣赤、赤沽、張多、張平、張庫、張貝等公路，則切實修養。其已經計劃施工尚未完成者，如陽原至懷安，懷來至蔚縣等公路，則力促其完成，以發揮其交通上應有之功效。茲探誌其計劃於後：

（甲）完成陽懷公路工程：陽原至懷安一段公路，關係察省西南交通最爲重要，尤宜從速興修，以期發展商業，而利行旅。前曾飭派技術員勘定路線，全長一百五十餘華里，路面寬度二丈四尺，兩旁淺水溝三尺，溝之坡度爲一三比例。惟中經新寧嶺一段，計長十三里，崇山對峙，深溝狹隘，非沿山闢路，取道於大溝之中，莫能通車。雖石工炸藥，需費較多，而關於本省經濟發展至鉅，勢難視爲緩圖。業經督飭陽懷兩縣按照本廳勘定全部工程計劃，籌備興修，定於本年度內分段完成，以利交通。（乙）修建懷蔚公路永久橋梁：懷蔚公路爲本省交通孔道，貿易往來，素稱繁夥，惟懷來轄境桑園東五里許，必經永定河上游之渾河，水流湍急，河面最寬闊時，竟達百二十餘丈，非修築永久橋梁，不能以利通車。茲擬於本年度內，飭派技術工程人員勘估，計興修洋灰或片石墩橋梁，以期永久而利交通。（丙）切實修養：已完成各公路之修養，較諸興建尤關重要，所有已完成之宣赤、赤龍、赤沽等線，均按照上年度修養辦法，令飭沿路各縣，組織養路隊，分段修養，並由本廳隨時派員查勘指導，以保久遠，而利通車。（丁）督飭各縣修築縣鄉道路：本省各縣，地多環山，道路崎嶇，除省公路幹線已由本廳整個計劃進行外，所有縣鄉道路均依照規定路面寬度，責成各縣分期督飭各區鄉切實興修，並由本廳隨時嚴加考核，期早完成。（戊）整頓汽車運輸業務：本省汽車向來分路運輸，不無畸重畸輕之虞。茲爲發達商業、勻配運輸起見，已擬飭各路謀平均之發展。

（二六，二，二五，晨報）

桑乾河大橋積極興修

【張垣通訊】宣（化）蔚（縣）公路，道經桑乾河及洋河，兩河河面寬廠，水勢激湍，汽車往返，殊感不便。建設廳爲便利全路交通起見，前已在洋河築成「宣洋大橋」，至桑乾河橋樑尙付缺如。茲經該廳派員往赴桑乾河流域詳查結果，决在宣（化）陽（原）交界之大渡口村建築「桑乾河大橋」一座，由總工程師趙恕堂訂購木料、河石、石碴、沙土等材料，切實指導，並招募挖地脚工二百餘人，計劃於河水未至大汛以前告竣，俾便通車云。（十六日寶）

（二六，三，二，晨報）

電話

察省建廳擬定電政計劃

【張垣通訊】察省建廳本察省財力人力之所能及者，特擬定二十五年度建設行政計劃。關于電政者，探誌於下：

（甲）安設各縣聯線電話：長途電話，關係軍事行政極爲重要，本省電話與縣雖已通訊，而縣與縣多未銜接，一旦有事，不無遲鈍貽誤之處。茲擬飭各縣會同電話局，於本年度內從速安設各縣聯線電話，以期消息靈敏，而利通訊。（乙）繼續籌設地方村鎭電話，各縣地方廣袤、村鎭繁夥，上年度安設村鎭長途電話，均係擇要裝置，茲擬在本年度內，於次要村鎭繼續籌設地方電話。

（二六，二，二五，晨報）

水利

華北水利會決議冀察治河工作

通過各項計劃全文

【本市消息】華北水利委員會，月前召開全體委員會議，決定興辦水利工程進行計劃十餘項，已具呈全國經濟委員會核示，一俟令准，即逐步實施。茲分錄各計劃原文如次：

各大河源建壩蓄水

河北省平原千里，河道縱橫，而源多出自太行山脈，平時涓涓細流，一遇大雨，各山之水即沿溝下注，匯於河內，流至平原，奔騰千里，泛濫爲災，不一而足。是春秋不得河流之益，伏夏偏受河流之害也。現時治河者，又往往注意中流築堤嚴束，疏濬無方，結果仍是崩潰，至爲可慮。查各河上源田流山內，沿山雨水均注入之，若將入河各山溝下口，用石建壩，壩之高度寬厚，均因地勢之大小以酌定之，使雨期山水下注入河時，經壩攔阻，稍緩其勢，並將水中泥土，藉資沈澱，支流如是，幹流亦如是，節節攔阻，節節緩衝，行之日久，大小山溝，均成梯田。夏時可蓄水，春秋用之，蓄水若多，並可引至平原，則水害少，而水利生矣。至建壩工程，應就地取石，就地燒灰，用中國土法，參以新意，督率民工，用欵自少，成功自易，是將永定河太子庫官廳建水庫之意，化整爲零耳。可先擇小河流試辦，俟有成效，再推行各河，至可否試辦之處，仍請大會公决。委員長王乘矞提。

開桑乾河並築河堤

爲提請事，案查前以察省河流，多爲永定河之上游，每屆夏季，山洪暴發，各河之水狂奔怒吼，直貫而下，多含泥沙，洩入永定河淤塞河底，致夏秋之季，永定河時有氾濫之患。因鑒于此，前經提出于各河流，沿岸開渠，以減水害，並利農田一案，業經大會決議原則通過，由會列入二十五年度測量工作大綱，並積極進行調查在案。茲查本省桑乾河水量爲各河之冠，尤宜儘先設法，早開大渠，以分水勢，並築攔沙壩，俾沉泥沙，以利農田。且桑乾河上游，西尋其源，位在晉境者，已由大會實施淤灌工程，本省直接永定，兼以桑乾河流會各河，山洪水勢極大，實與永定河安危所關至鉅，似應提前開鑿，完成全河工程，俾利下游，是否有當，請公决。察建設廳長張勵生提。

陽原縣境建築水渠

爲提請事，案據陽原縣呈稱：南北多山，每至夏雨，山洪暴發，橫流無阻，附近田畝，冲沒毁壞者不可勝數，亟應策應，以資防範。擬利

2

用南山大龍口峪，娘子城峪，及北山虎溝峪，水峪口峪之山洪，開渠引水澆灌田畝，除原能利用澆灌者不計外，計可新增灌域數百頃，如此既可防除水患，又可增加生產，一舉兩得，利莫大焉等情。據此，查該縣山洪極大，夏季暴發，時將田畝沖塌，爲患堪虞，亟應開渠，以分水勢，並利農田，擬請大會派員勘測設計撥欵開鑿，藉除水患。是否有當，敬請公決。察省建廳長張勵生提。

赤城白河開渠灌田

爲提請事，據本省赤城縣縣長王芳圃呈，以白河上游，縱貫赤城全境，向來裨益農田，厚利民生。惟格于民力財力之不足，以致無法興辦，間有工小易于開鑿之處，均已先後築成外，尚有大段農田，雖有灌漑之可能，第限于渠工較大，實屬力有未逮，擬懇提請華北水利委員會力予補助，派員蒞縣查勘，計劃開鑿，以資灌漑而利農田等情。據此，查該縣地居邊徼，素稱疾苦，實屬力有未逮，理合提請大會俯准派員勘測，計劃撥欵籌築，以興水利而裨農田，是否有當，敢請公决。察省建設廳長張勵生提。

開鑿察省壺流河源

爲提請事，案據蔚縣呈稱，查本縣壺流河發源於山西廣靈縣，本爲潺潺細流，至本縣境內，水量增加，流勢尤甚湍急，河身雖低於地表，然每遇山洪暴發，水勢突漲，遂向兩岸流溢，農田多被沖刷，損失奇重。近年以還，屢經修治，始稍就範，設能鑿大規模之水渠，利用私水，灌漑農田，使水有所用，不致流散四方，此不僅免去氾濫之患，且能增加生產，則全縣農民獲其益實莫大焉等情。據此，查該河每屆夏季暴漲，水量高出河岸，洪水四溢，冲刷農田，誠屬堪慮，且該河爲本省桑乾河之上游，水流注於桑乾，與河北之永定河水量發生重大關係，亟應開鑿大渠，以分水勢，並利用農田，理合提請大會派員勘測撥欵開鑿，是否有當，敬請公决，察省建設廳長張勵生提。

（二六，一，一八，大公報）

涿鹿河工糾紛省府令確查

【張垣特訊】察南河流縱橫，居民多開渠壩，灌漑淤地，因利益關係，彼此常生齟齬。前此涿鹿縣城士紳，擬築壩淤地，並防治城水患，引起懷來民衆不滿，齟齬竟達半載，去年十二月間，始經建設廳派員調停妥當。詎一波甫平，一波又起，涿鹿縣居民，又生河工糾紛。緣該縣第三區民衆，康錫侯、孫繼業等呈請省府，擬在桑乾河南開築新渠，自懷來縣站莊子起，至涿鹿縣辮家莊止，長達四十五華里，能灌田千餘頃。省府當令該縣調查最低水量，能否敷用，再爲核奪，同時該縣各渠水利公所及地方士紳籲請開鑿，免致有碍各渠水利。省府當令該縣政府確查具報。現涿鹿縣府，已開始進行云。（十六日寶）

（二六，一，一九，晨報）

察省陽原縣開發水利

利用桑乾河水開渠灌田

所需欵項約二萬元左右

【張家口通訊】察哈爾省陽原縣，位於本省西南，山嶺較多，地薄民貧，荒旱之災，時難幸免，以至全縣民衆終年陷於災黎之境。該縣蕭縣長以爲長此以往，農民生活日窘，地方治安堪虞，特於上月來省，出席省政府政務會議，提議該縣地瘠民貧，擬利用桑乾河水，開渠灌田，救濟農村。當經議决通過，由建設廳督促估計，從速辦理。建設廳以開發水利爲救濟農村之要圖，亟應迅速辦理，特派委員張子英，前往該縣督飭進行。該委員抵縣後，連日召集地方士紳等，迭經會議，詳加討論，當以該縣原有水利委員會八人，殊與委員組織不合，旋經改組並增加人數，當推定李健侯、龔顯庸、周漢興等三人爲常務委員，並指定李健侯爲主任常務委員，分股辦事，積極進行。至開渠佔地築閘諸問題，均經次第解决，結果極爲圓滿，大致均已商有具體辦法。惟所需欵項約在二萬元左右，决由水利委員會呈縣轉廳，再呈省府核示，向銀行息借，分期歸還。將來該渠築成後，可灌田五百餘頃，行見地瘠民貧之陽原縣，將一變而爲物阜民豐之區域矣。並聞建廳委員張子英昨已由該縣返省，

將辦理情形向建廳報告經過云。（十六日）（二六，二，一九，大公報）

察省發展各項建設　建廳擬定計劃

關于水利擬按步就班促其及時完成

（甲）整理全省灌溉舊渠開挖新渠：本省地處高原，氣候亢旱，雨水缺乏，所賴灌溉農田者，厥爲桑洋兩河之舊有分渠，但年久失修，對於灌田不無阻碍，茲擬挖掘渠身，培高兩岸，栽植楊柳，以固堤防。其沿桑洋兩河下游，以及壺流河十字河等流域，尙有應行開挖新渠各若干，茲擬飭沿河各縣，於本年度內測勘設計，籌備開挖，以資灌溉而利農田。（乙）繼續鑿井：前以本省地多礫石，故本廳購置鑿井機器，於上年度組隊分發各縣從事開鑿，祇以地質關係，需費時日，尙未獲完全效果。茲擬於本年度繼續進行，以竟全功。

（二六，二，二六，晨報）

勘測洋河

水利會派員工作　察省府飭屬保護

【宣化通訊】洋河橫貫察南，流域廣袤。華北水利委員會爲利用該河水利，便利農事計，乃派該會水利設計測量隊長耿瑞芝，率領全隊人員，携帶測量儀器，及一切物品，前來萬全、涿鹿、懷來、宣化、懷安等縣，測量該河流域地形，以資設計與辦。察省府前已發給護照，以利進行，嗣以華北水委會因海河放淤區地形變易，亟待測勘，乃令該隊先往塌河淀放淤區施測地形。現在塌河淀業已測完，茲擬來察，前往洋河工作，省政府已令各該縣軍警機關，俟該隊到達後，妥爲保護。又該隊隊長耿瑞芝，因事辭職，改委穆苓園爲隊長，率隊前來施測云。（三月二日）

（二六，三，四，大公報）

冀察人民引水灌田規則

政委會制定通飭施行

【北平通訊】冀察政委會，前據建設委員會呈送冀察人民引水灌田規則，經提交第十六次會議議決，以不設機關，不收費用爲原則，交建設委員會重行擬訂，呈候核奪。茲據該會聲請復修訂前項規則，經核尙無不合，除令知該會外，並分令冀察兩省政府遵照辦理，錄誌規則於左：第一條，本規則爲促進水利事業，增進農村經濟起見製定之。第二條，凡冀察兩省人民或合法之水利團體，對於境內之大小河流及泉水，皆得呈請主管官府准予利用，以興辦各種農林事業。第三條，人民或法團呈請開渠使水時，必須將其渠線之起源，終點，全渠面積，淤灌區域，工程計劃，資本數目，詳具圖說，呈請核准後，方爲有效。第四條，呈准後之河流泉水，開渠引水人（以下簡稱引水人）有自由使用權，如其水量確有餘裕，方得再准他人利用。第五條，同一河流或泉水有數人呈請利用時，應認在先呈請者有優先權。第六條，對於取得使用權或優先權之河流泉水，在有效期間，他人不得截奪，主管官府有隨時保護之責。第七條，佔有優先權之引水人，自核准日起，在六個月內必須備具工料，確定興修，如逾期不辦，即取消其優先權及使用權。第八條，引用之河流泉水，如須佔他人之土地爲渠線時，得適用本規則第九第十條之規定通過佔用之。第九條，因水渠經過佔用他人之地段，須按公平時價收買或租用，原業主不得故抬高價藉詞阻撓。第十條，水渠經過之處，如遇有墳墓古蹟及溝渠要路不可以價買時，得呈請主管官府，審奪情形辦理之。第十一條，水渠開成後，其他農戶引本渠水以灌田者，皆有交納水費之義務。第十二條，每年交納水費之數目、日期、方法，得由開渠引水人斟酌農產情形酌擬概略，呈請核定之。第十三、條在淤灌區域內之公私荒出，如可用水以改良其土質時，引水人得擬具租地或租水之計劃，呈請主管官府核准開闢之。第十四條，渠成使水時，如引水人因工務繫懈損害他人之農產，經證明確定後，須酌認相當之賠償。第十五條，本規則自呈請冀察政務委員會批准之日施行。

（二六，四，三〇，益世報）

察省引畀工程

招標承辦月內開工

【中央社天津四日電】華北水利委員會在察哈爾省舉辦畀河淤灌工

4

程，引昇河之水，淤灌萬全及懷安等縣農田，已擬具計劃，呈經委會核准。此項工程計劃，初期爲修築渠首，經召商投標結果，由德盛公司承包，已簽訂合同，工欵十餘萬元，本月內開工。

（二六，五，五，晨報）

宣化縣籌組水委會正草擬章則

【宣化通訊】察省山脈層巒，河流縱橫，惟是各縣民間，關於水利方面，向無相當機關之組織，遂致河流未能盡量利用，故一遇天時旱魃，即演成不可收拾之災象。建設廳爲發達水利，振興農事起見，曾通令各縣，迅速組織水利委員會，專責進行。舉凡水利需欵，統由各縣自籌，如有不足，則由該廳代向商業錢局息借，以利工務發展。又宣化縣府奉令後，第三科長馬在中氏，以本省巨流桑乾河、洋河、清水河均道經縣內，較諸他縣得益獨厚，亟應對於各河水利加以開發，以裕民生。爰提請縣政會議，將水委會組成，俾次第實施。縣府已責由該科先行擬定章則，然後進行組織云。

（二六，六，七，晨報）

墾牧

察省建廳擬定施政計劃

關于墾牧擬按步就班促其及時完成

（甲）繼續實行荒地登記：查近數年來禍亂頻仍，農村破產，各墾民多遷徙他處，墾務隨行停頓。致現時民欠荒價，催收迄無起色。茲爲澈底整頓起見，已定於上年十一月起至十二月底止，將口外五縣及設置局所屬荒地，劃爲登記區，實行荒地登記。而以彼時情形驟變，迄未正式進行，故本年仍擬切實推行，以裕荒收。（乙）改良羊種：令省立種畜場，將上年抽借各縣之羊，加意飼養，切實試驗交配，以資繁殖；並添購各項優良種畜，依法飼養繁殖，期備推廣。

（二六，二，二七，晨報）

礦務

日技師赴龍烟礦區調查

【本市消息】籌辦龍烟鐵礦事宜之陸宗輿，于前晚由平返津後，即積極着手籌劃一切。聞中日雙方對開採事宜，雖積極籌劃，但尚無具體方法實現。日方渴望即早開採，日本工商省及製鐵會社，前派遣來華調查龍烟礦產技師鵜瀞等一行十餘人，已於日前全部抵津，並向駐津龍烟鐵礦辦事處疊有接洽，陸宗輿復赴平謁宋委員長請示，結果該鵜瀞等一行，已於前日由駐津龍烟鐵礦辦事處職員秦遠輝陪同赴平轉石景山烟筒山一帶礦區調查，預計年底可返津。昨據龍烟鐵礦高級職員談稱：關於籌辦龍烟鑛事，現距離開採期間尚遠，因龍烟鑛區迄今尚未接收，仍由該股東保管，陸督辦決對保護股東利益，日方派技師調查鑛產事，全爲友誼協助，並未有任何協定。龍烟鑛津分處，現尚未正式辦公，僅將各處佈置竣事，分處經費亦未批准云云。

（二五，一二，二五，大公報）

龍烟鐵礦恢復在商洽中

【天津】龍烟鐵礦恢復事，頃所待商者，爲舊股如何清理，連日由陸宗輿召各舊股東洽商中。

（二六 一，二三，申報）

龍烟礦藏鐵九千萬噸

日技術人員調查報告
開工費需千四百萬元

【天津電話】督辦龍烟礦事宜陸宗輿到津後，曾訪津日方各要人商開發龍烟礦事。今日對記者談：龍烟礦自經日技師人員再度測量後，判明原有之鐵爐尚完好如初，僅工人宿舍房屋塌倒。現有鐵爐重二百五十噸，將來再設一同重之鐵爐及調和爐一具即可敷用。統計開工費，需一千四百萬元，但償還舊股尚未在內。現正籌擬投資辦法中，將來因工業

需要，決先提煉鋼。據此次日方測量本礦，共蘊藏鐵九千萬噸。（二六，一，二九，晨報）

龍烟鐵礦

資本確定一千萬　春季後即可開採

【本市消息】關於籌辦龍烟鐵礦事，經積極進行策劃，業臻具體化。陸宗輿等在平曾開會兩次，茲已決定資本需一千萬元，中日各半，由我方徵集華股，由日方供給一切材料及技術人才。第一步先恢復石景山之煉鋼廠。昨據津事務所息，龍烟鐵鑛已決定春節後實行開採云。（二六，二，二，益世報）

龍烟鐵礦整理舊股

【天津】龍烟鐵礦復活，將先籌千萬元開工。陸宗輿二日在津，訪舊股東徐世昌等接洽外債及舊股整理事，該礦有於三月初開工望。（二六，二，一二，申報）

察省請求加入龍烟鐵礦董事

撥分紅利辦理地方建設

【宣化通訊】龍烟鐵鑛，當局計劃復工，已委督辦專員負責籌備，積極進行。茲宣化全縣公民賀虎臣、趙盤甫、劉季崙、張位天等四十七人，以該鑛規模宏大，將來開工，收利必宏，擬請開工後分配紅利，配給當地若干，用充教育建設公益慈善等事宜之所需。並請仿照天津電車電燈公司先例，聘用地方公正幹練人員，充任董事，藉資臂助。今日（六日）已分別呈請冀察政委會宋委員長，建設委員會門致中，察省主席劉汝明等酌辦，同時聯名具呈各當軸，請求准由本省當局，加入董事，酌分紅利，以便充裕建設經費云。（二六，二，八，大公報）

龍烟鐵鑛恢復開採

應撥一部利益辦理慈善事業

察省公民代表賀甯强等，因龍烟鐵鑛，昔日開辦之時，曾擬定每年撥純利百分之幾，作爲該省辦理建設教育慈善之用。現該鑛又着手恢復，日前特呈政委會請援前擬辦法，撥款若干，作爲辦理前項事業之用。（二六，二，七，晨報）

宣化煤產調查

計寶興等四大礦場　每日產量二九零噸

【宣化通訊】察省位居塞上，山脈層巒，而本縣藏煤尤爲豐饒，比年經商民紛紛開採，煤炭礦及其產額冠于全省，運銷察南諸縣，贏利至厚，成爲此間大宗出產。頃據縣政當局之調查，除小規模之礦場不計外，計有寶興等礦場四處，每日產量平均二百九十噸，共傭礦工八百七十二人，純係商辦，並無外資，開採方法，中西參半。將來各礦擬純用電力掘採，以增產額。茲將各礦近況分述如次：

寶興　礦場有一號井及二號井兩處。場址在縣屬下花園西玉常山及榆樹一帶，經理周琳，礦區面積一九九四三·四二公畝，出產硬煤及煙煤兩種，每日產量平均一百八十噸，資本八〇〇〇〇元，純係商資，傭工四百人，冬季產銷最多時，雇工尤衆。

鼎新　礦場在縣屬韓家梁，經理盛世卿，礦區面積一〇五八六·二公畝，出產蓄火炭，每日產量平均二十噸，資本一〇〇〇〇元，純係商辦，傭工九十二人，現已籌備鍋爐，以增生產。

興華　該礦係前天興華北兩公司合併，與冰窖溝礦區同一礦床，礦場分第一場及第二場，共計兩處，場址在縣屬武家溝及太平山一帶，經理馬德剛，礦區面積二五八八九·九公畝，出產蓄火炭，每日產額平均五十噸，資本五〇〇〇〇元，純係商辦。傭工二四〇人，冬令產銷暢旺，雇工極夥。

厚豐　該礦與康家溝礦區爲同一礦床，礦場在縣屬上花園紅砂石山，經理朱杞，礦區面積八二六一·四四公畝，出產煙煤，每日產額平均四十噸，資本二〇〇〇〇元，純係商資，傭工一四〇人，刻正計劃擴充中。

停工各礦調查

除以上所述四大煤礦外，尙有著名煤礦七處，或因積欠礦稅而被查封，或因與他礦合併而停工，特述於次：(甲)南北溝煤礦：民國十六年以前，呈准開採，經理朱汝楷，面積六・三二六六里，民國十九年停工，將收歸省營辦理。(乙)蠻子營煤礦：民國十五年前呈准開採，經理常作霖，面積未詳，民國十七年停工。(丙)槐樹溝煤礦：民國十年以前呈准開採，經理賈寶山，面積未詳，民國十二年停工。(丁)小寺溝煤礦：民國二十一年六月呈准開採，經理趙繼堯，面積一八・四公畝，二十一年八月停工。(戊)上花園康家溝煤礦：民國二十一年十一月呈准開採，經理朱杞，面積三四六八・三五公畝，與紅砂山礦區同一礦床，已合併一處。(己)冰窖溝煤礦：民國十三年七月呈准開採，經理周琳，面積九五九九公畝，已歸併於興華煤礦。(庚)東溝門煤礦：民國二十一年七月，呈准開採，經理盛世卿，面積一八一・四公畝，已與鼎新礦合併。

（二六，一，一，華北日報）

察南煤礦

撥一萬元開採　組花園煤礦局

【張垣通訊】察南宣化縣屬下花園屈家嘴煤礦，舊爲鑛商杜馬玉岐承領開採，嗣因故被撤銷礦權後，許久未經他商承領。察建廳以該礦面積寬廣，所出煤質甚佳，產量亦頗豐富，長久荒棄，殊屬可惜，遂據情呈准實業部由建設廳官辦。但遷延年餘，終未着手籌備。茲該廳爲增加生產，俾資救濟煤荒計，特呈准省府飭由財廳撥給開辦費一萬元。該鑛定名爲「花園煤礦局」，並委民政廳視查員王國棟爲經理，現正積極進行籌備中云（一月十四日）

（二六，一，一六，大公報）

察南寶興煤礦採掘新煤井

【宣化通訊】察南大煤鑛寶興煤鑛，產有烟及無烟煤兩種，銷路遍及全省。該鑛首次開採時掘有「第三井」煤井一處，嗣因產煤不佳，乃行廢置，另掘「新井」及「舊井」兩處。最近該鑛復發現「第三井」附近下層煤質優美，遂即鳩工進行挖採，聞礦井現已掘下四十餘丈。（十三日）

（二六，二，一五，大公報）

劃界

劃分縣界同時積極進行

宣化成立清賦處

【宣化通訊】本省宣（化）懷（來）萬（全）涿（鹿）蔚（縣）五縣劃分縣界事宜，宣傳已久，迄未實行。茲催方催辦甚急，縣政府茲已成立「宣化劃界清賦處」，專責進行，一方面辦理縣界劃割事宜，一方面清理劃出村莊之積賦，以裕國課。惟此次宣化劃出村莊，達一百餘村，劃入者僅一二十村，民衆有無反響，尙難逆料。（十五日實）

（二六，三，一七，晨報）

綏省部分

鐵路

平綏鐵路整頓計劃

抽換枕木修理橋梁一部路軌裝防爬器

【北平通訊】平綏鐵路局局長張維藩爲視察該路狀況，於前日上午偕同該路車工機營四處處長搭車西上，視察北平至南口一段路務，當晚返平。張等此行目的，除視察沿路狀況外，並藉以明瞭沿路路軌橋梁各項工程實況以及南口機廠車廠之實際情形。各處處長偕行，隨時對各工段應興應革事項，加以說明。此次出發視察，結果極爲滿意，尤其沿路員工，於綏遠剿匪戰事激烈時，仍能鎭定從公，毫無慌亂。張等在南口機廠召集員工訓話時，曾面致慰勉之詞，並準備於廢曆春節後再度出發，至南口以西各段視察，據悉該路今年修理工程，因限於經費關係，雖需要修整處甚多，而不能同時着手進行，僅能擇其重要者四五項逐漸辦理。第一，爲抽換枕木：該路近已訂購枕木六萬根，現已陸續運到，仍感不敷分配，擬續購六萬根，於本年內運到敷設；此部工作僅材料一項，共需四十餘萬元。第二，修理橋梁：沿線六十孔之橋梁，多已不十分安全，該路工務處亦計劃以二十萬元之經費從事修整。第三，爲預防水患工程：此種工作，進行以來，頗見實效，惟尚未臻十分完善，該路工務處擬繼續舉辦，雖不能期待水患之完全避免，總可減少水患之程度，此種工作亦準備以二十萬元之經費辦理。第四，該路沿線，因路基坡度淌陡，且因畢程貨運關係，路軌敷設過久，有爬行之處（按即路軌離開原敷設地點，逐漸向貨車去向之方向溜下）：路軌因爬行過久，漸成彎形，客貨各車經過時，極易發生危險。此種危險，以該路自購美國舊軌敷設之後愈趨明顯，危險程度最深者，現有三十公里地段。該路爲防止路軌爬行，前曾訂購防爬器三千件，試用之後，成績良好，現擬續購裝置，因限於經費，暫難全部裝置，只得價購一部，將最危險之一段路軌裝設完成，以減少列車出軌之危險。第五，該路沿線各站員工住宅以及辦公房舍，均係二十餘年前之建築物，且多爲灰泥所建成，年來頗有傾圮之虞。該路工務當局擬將各破舊之房舍改建，以房舍過多，約達數千間以上，同時動工恐爲財力所不及，亦擬擇要進行，現正在草擬計劃及編製預算中。

（二六，二，六，大公報）

平綏路防水工程

全部共七十餘項均定雨季前辦竣

【北平通訊】平綏鐵路沿線所經各地，率皆依山傍河，地勢險峻，滐流湍急，土壤且多含沙質，夏秋水漲時期，沿路各險要地帶之路基，每有被水沖刷崩潰之虞。該路當局爲保障行車安全起見，早已注意及此，從事防水工作，惜以經費有限，天時不測，未能完全奏功。該路工務當局以現時春融將屆，此項防水工程，急應進行籌畫，經飭令各工段分別最要次要各工程，列單呈報到處，共估工料用欵二十萬餘元，該處以路欵支絀，不及大舉修繕。本年舉辦程度，以維持行車及逐漸改善爲原則。除將所呈各次要工程概從緩辦外，並派該處工程課課長出發沿綫會同各該管段長實地查勘。其所呈報最要部份，復將其中稍可緩辦者，留待來年，或分兩年辦理，估計工料用欵，共需洋九萬餘元。全部工程，共分七十餘項，其最重要者，爲三道營附近之開鑿山坡及築支土墻一項，工程較鉅，需欵萬餘元。其次則爲卓資山附近趙山壩開山，本年先舉辦一半，亦需洋七千餘元。其他各項工程，均已由工務處方面擬妥方案，呈請管理局核示辦理，經該局局長張維藩審核結果，認爲均係重要工作，當即准如所擬辦理。其施工日期，依照工務處所擬計劃，則於四月初開工。一切防水工程，均於六月杪雨季前一律報竣。其餘零星工程，用欵無多，而爲修養必要之工程，則將儘於本年九月杪大凍以前陸續辦竣。至於該路抽換枕木問題，其原已訂購之枕木六萬根，將於最近期內運到，陸續抽換。此外並已由工務處呈准另行撥欵，續購枕木六萬根，關於該路修理橋梁一項，聞該路工務處亦已請准撥欵二十萬元，從事修整，現正在草擬計劃，不久可望實現云。

（二六，二，一八，大公報）

晉綏交通

籌築歸化朔縣鐵路　架設幷綏長途電話

【太原二十五日下午八時專電】當局以晉綏爲國防第一線，爲發展晉綏交通，計劃修築由歸化至朔縣鐵路。俟九月同蒲全線完工後即動工，經費以同蒲鐵路財產作擔保，向中交農三行幷分行借五百萬元。經平王在京接洽，已有結果。交部亦擬將長途電話由幷展至綏遠，即可動工。由幷至平津長途電話，亦在計劃中。

（二六，三，二六，晨報）

朔綏鐵路開始測量

【太原三日下午九時專電】朔綏鐵路右玉至綏遠段，朔縣至右玉段，築路總指揮部已派陳文生，劉海峯，領隊分別出發測量。

（二六，六，二，益世報）

晉築晉綏路向中交三行借欵五百萬

現完全商定即簽訂合同　財部居担保地位

【南京六日下午十時專電】晉以同蒲路担保向中央中國交通三行借五百萬元，築晉綏路已完全決定。李鴻文薄永濟今赴滬，再度接洽後，即簽正式合同，財部居担保地位。（二六，六，七，益世報）

公路

新綏公路哈蘭線停駛

因地方不靖客貨稀少

【中央社天津三十一日電】新綏汽車公司哈蘭線，近因地方不靖，客貨稀少，近已暫告停駛。（二六，二，二，中央日報）

綏省公路

暫修歸涼等四線　需欵百五十萬元

【南京七日下午十一時專電】經委會派楊梓齋湯維屏赴綏，與傅作義洽商綏公路建築計劃。楊今電呈該會報告，決定暫修歸涼、歸和、歸托、歸武四線，總共需款百五十萬元。（二六，二，八，益世報）

綏新交通月杪恢復

【中央社鄭州十七日電】交通界息：綏遠至新疆公路交通，定本月底恢復。寄新郵件，將由綏遠改用汽車寄遞。（二六，二，一八，大公報）

新綏長途汽車恢復通車

酒泉哈密段仍未通

【中央社天津二十二日電】新綏長途汽車公司綏哈段，前因戰事一度被阻，頃已恢復，運往新疆貨物頗多。蘭哈段由西安至蘭州酒泉段，亦恢復通車，惟酒泉至哈密段，仍未通行。（二六，二，二三，中央日報）

綏遠哈密間交通恢復

【天津】新綏恢復綏遠哈密綫交通，蘭州哈密綫因陝變後地方未靖，尚未恢復。該公司接受中央補助費，一部用以擴充業務，車輛增至百三十部，內地運新省貨物，近日較旺。（二十二日專電）（二六，二，二六，申報）

綏蒙各盟旗將修公路

經費問題將確加商討

【中央社歸綏九日電】綏境各盟旗，地廣人稀，交通素感困難，聞此次大會開幕時，決依去歲大會決議案，在各盟旗修通大規模公路數條。對經費問題，將確加商討，並對推廣各盟旗教育已擬有專案，俟大會通過實行。（二六，三，一〇，晨報）

綏省陶林縣擬定修築公路方針

【歸綏通訊】綏省陶林縣政府最近施政方針，關于公路之計劃，擬定修縣城至土牧爾台，及高家地，黑山子汽車路三道；共長三百七十華里。已奉建設廳核准，現在派員勘查。（二六，四，二八，中央日報）

航空

歐亞平綏綏寧線今日通航

包頭站實行取銷

【歸綏九日下午十時三十分專電】歐亞航空公司包頭站實行取銷。

十日起，平綏線及綏遠至寧夏開始通航。（二六，三，一〇，晨報）

電訊

交部整理西北電信

改組晉綏各代辦處

自綏遠戰事發生後，晉綏各地，軍訊頻繁。原有電信組設，每有過於簡單，難應需要者。交部有鑒於此，特斟酌實際情形，予以改進。所有山西之陽高，崞縣，原平三代辦處，綏遠之隆盛，興和，涼城，懷來，柴溝堡，五代辦處，均分別改組為營業處，由電局派員接辦。又各該處傳遞電報，向用話機，茲一律改裝莫爾斯報機，以利報務云。（二六，二，一，申報）

大廟等地籌設電局

【南京】綏省建設廳為溝通蒙旂消息起見，特派王繼奋赴大廟、百靈廟，烏藍花，烏藍不浪、二分子等地，籌設電報分局。（二十一日中央社電）（二六，二，二二，申報）

綏省陶林縣架設電話

【歸綏通訊】本省陶林縣最近施政方針，關于電話之計劃，已呈奉核准架修縣城至高家地電話，長一百里，現正採購材料，預計四月底完成。又計劃全縣各鄉公所，均架設通縣城電話，四興、安居、福善各鄉已架設完成，其餘均在籌備中。（二六，四，二八，中央日報）

水利

綏防旱災　將掘井三萬眼

【綏遠九日下午十時發專電】綏省府刻電令各縣，獎勵人民掘井，以防旱災。傅作義談，全綏擬鑿新井三萬個，每井一眼，可灌溉田地十五畝。擬由民政廳定掘井比賽辦法，以資激勵，掘井多而有成績者予以獎金，建設廳並積極推行鑿井貸款。河套雖不需要鑿井，但水利方面亟須改善。（二六，一，一〇，大公報）

綏遠包頭縣預防黃水漫溢

春暖徵集民工增修堤壩

建設廳勘查後撥款協助

【包頭通訊】本縣黃河橫貫境內，邇年來迭遭泛溢，三四兩區災情尤重。地方官民為防止水患一勞永逸計，曾於前年秋間，請准建設廳籌撥鉅款，舉行大規模築壩。當時係由水災救濟會，負責經理工程事宜，徵集各鄉災民，實行以工代賑，歷時約達半載，完成堤壩共達二百餘里。凡沿河低窪之處，均築有防水堤壩。惟此項堤壩，工程雖甚堅固，但因附近土質多沙，不耐洪流冲刷，故於去年秋泛期間，各處堤壩之決口者屢有所聞，田禾復被淹沒不少，且當時修築堤壩，因限於經費，壩身多未能築高，倘遇河水大漲，則壩身難免淹沒之虞，故欲圖澈底免除水患，而永保安全，則必須將壩身再為增高，並加以整修。地方官民有見及此，特於日前派員赴綏，向建設廳請求再撥經費，以增修堤壩，建設廳以此項堤壩當時修築不易，應即准予撥款增修俾竟全功，而免虧於一簣，建廳核准後，當飭縣政府建設主任王亞恭，將應加增修之各堤壩，詳為勘查，並擬具計劃，俾便興工。茲悉王氏業經於日前數度前往各鄉勘查，不久即全部勘查竣事，並擬具計劃，俟春暖凍解後，即徵集各鄉人民，並撥給款項興工修築云。（三十一日）（二六，二，三，益世報）

綏整理三大幹渠

計劃書擬就正待進行

【歸綏通訊】綏遠本屬旱農區域，風多雨少，提倡水利為刻不容緩之要圖。當民國十七年以前，全省共有私渠道八十八處，計長一千九百五十餘里，灌田二萬五千三百餘頃；自十七年以後，由官廳督飭提倡，其可興水利者，一由官廳籌款修挖，一由人民集股開鑿，共計新增渠道六十八處，共長三千一百餘里，灌田計六萬零零一十八頃。其舊有渠道，曾經淤廢，十七年後經疏濬通暢者：計長濟渠一百二十里，灌田一千六百頃；豐濟渠九十里，灌田二千頃；義和渠一百一十五里，灌田二千頃；通濟渠一百一十里，灌田一千二百頃，沙河渠八十三里餘，灌田一千五百頃；搭布渠一百二十里，灌田一千五百頃；永濟渠一百五十里，灌田五千頃；以上均係用土法開挖。現建設廳擬採用科學方法整理下列三大幹渠，以利農業，茲將該廳所擬計劃錄誌於次：

一　大黑河

該河發源於卓資山西分水嶺，由旗下營溪流出山，經歸綏陶卜齊，南隨東山溝之水，東循歸綏屬美岱溝，橫貫歸薩托三縣境內，而入黃河；計四百里有奇。沿河農業富饒，實綏省經濟中心。近以河身窄淤，一遇山洪暴發，兩岸五六里一片汪洋，農田受害極慘。本廳業組織測量隊測勘，擬具修治意見，及工程做法，並附送測繪圖表及需款數目清册，及需築堤挖淤等土方工程費六十七萬五千九百二十元五角三分，築木樁工料費三千元，修支渠閘（先修一處）工料費二千七百八十元，三項合計需款六十八萬一千七百元五角八分。爲力求撙節起見，擬徵集沿河壯丁担任築堤挖淤等土方工程，酌給食宿費，以一公方給資二角計，尚需五十五萬餘元，連同築壩修閘等費，共計需款五十五萬五千七百八十餘元。因本省無此財力，曾呈請省政府轉請全國經濟委員會撥補工欵，現經委會函復，以大黑河灌溉業經令飭華北水利委員會查勘，擬具初步計劃送核，已將本廳所送原件併案規劃報會，再行核辦，現華北會已派徐技正邦榮覆勘，擬即來綏。

二　後套十大幹渠

查後套各渠原用土法開挖，雖經本廳逐次疏復日見通暢，而根本整理須用科學方法。二十二年九月間，黃河水利委員會第一次會議，本廳提出開發河套水利案，決議由廳擬具詳細計劃送核，關於黃河測量由會辦理，關於河套十大幹渠，由廳速行測勘。本廳遂呈請省政府核准，組織河套十大幹渠測量隊，延聘專家，於二十三年五月着手測量，十一月竣事，製成十大幹渠之平面剖面橫面以及繼續測勘烏加河退水總分圖說表。按各渠之情形分三期整理：第一期將受水患之處加以防禦保護，共估欵三十四萬四千二百二十二元，第二期疏濬烏加河上下游及尾閭共估欵二百一十八萬八千元，第三期所餘各渠皆分別加以修挖，計共估欵三十七萬一千九百元以上。三期共估欵二百九十萬四千一百二十元，此次測量圖案及計劃，已送交黃河水利委員會審定。

三　民生渠

民國十七年綏省大旱，赤地千里，議定以工代賑，於災民最多之薩托兩縣境內，開一長渠，西起磴口，東迄高家野場，循黑河舊筒入黃河，計長一百九十五華里。預定續挖支渠十四道，可灌田二萬五千餘頃，每年生產糧食二百五十餘萬石，嗣以工程浩大，賑欵不足，復經省政府與中國華洋義賑救災總會，一再磋商合作，訂立辦法，雙方籌欵修挖，其修挖一切事項，由華洋義賑會設立工程處繼續辦理。二十年春，又商由綏陸軍第七第十兩師撥兵士四千人加入，促成工作。遂於是年六月舉行放水典禮，乃因籌挖數載，尚未完成，已耗欵八十餘萬。本省財力已竭，華洋義賑會亦不能冉籌，復請由全國經濟委員會接辦。至二十四年二月經委會宣告民生渠工程以前修治不良，難以進行，並電飭民生渠工務所即日結束。本廳力謀補救，復請省政府於二十五年一月電經委會派員復勘，當經經委會電令華北水利委員會技正高鏡瑩察勘。察勘結果，謂就大致討論尚無重大不是之處，並擬就改進工程概算三十六萬元。今本廳就原概算估計範圍，照水利計劃編製辦法，擬具計劃書送會，以便於審議二十五年度水利事業方案時討論。本廳業經遵照編製計劃送會，已由會將計劃書交華北水利委員會核辦，又經華北會認爲有改正之處，業於十一月三日復派該會徐總工程司帶同技佐前來復察，並將應行修工各處詳加丈量，一俟辦竣當可決定着手動工。刻下本省爲維護原有建築物計，已函商華洋義賑會派來埰工程司李稽核蒞民生渠設法維護，藉資保護，兼放發冬水，並由該會撥欵一萬五千元，以爲臨時開支。

綏省整頓河套水利

計劃疏濬黃土拉亥河渠

經費已有着落月底動工

（二六，三，三—四，益世報）

【綏西通訊】河套自清末辦理放墾以來，先後經私人浚成幹渠，共有十道，長計二千餘里，灌地兩萬餘頃，水利甲於西北，故有「黃河百害，唯富一套」，「南京北京都不收，黃河兩岸報春秋」之諺。唯自民十以後，河套各渠，收歸官辦，因管理不善，浚治失當，致套區年來旱潦頻仍，農村蕩然，反遠遜已往私人經營時代，因之農民有水利變成水害之譏。套境之黃土拉亥河渠，位河套上游，幹支長三百餘里，灌地凡二千八百餘頃，本河套十大幹渠中最優良之渠道。沿渠農村，夙稱富庶。客歲臨河水利局，當放水時，管理失愼，致河水夾沙流入，將渠口全行淤澱，達七里之長，渠底高度，幾與平地相侔，此後河水卽點滴不能流入，沿渠農田兩千餘頃，隨之盡成廢土。兩岸居民，以生計所關，無不惶恐萬狀，乃於月前籲請綏遠建設廳設法救濟，以蘇民困。廳長馮曦氏，對整頓河套水利，夙具決心，此次據悉民衆所請，以臨河水利局長陳令德，辦事不力，當卽將其撤職，另委水利專家白佩華來臨接替，力事改革，以興利源。白氏視事後，特於本月十五日招請套區富有水利經驗之耆紳，及黃土拉亥河渠水利董事，民衆代表等，討論疏浚黃土拉亥渠渠口辦法。代表等僉以春耕在卽，濬口工事，不容遲緩，應卽速行設法醵資，籌備動工。估計共需工款，約一萬三千餘元，先由沿渠兩岸居民，籌集工欵八千元，其餘則由水利局徵收修渠費項下支付。並決定刻日成立工程處，本月杪卽急行鳩工疏濬，最遲須於二十日內竣工，俾兩千八百餘頃良田，不至愆誤春耕云。

（二六，三，二二，中央日報）

移民與開墾

實部管理和碩公中墾務

在綏設管理處

【綏遠社訊】實業部爲指導監督和碩墾區事務，特設該區管理處，并製定管理組織章程，聘請朱委員霽靑爲主任。此項章程，已經令發到綏，茲覓錄其原文於次：

（組織章程）第一條　實業部爲指導監督綏遠和碩公中墾區事務，設綏遠和碩公中墾區管理處。第二條，本處置主任一人，由實業部聘任，綜理本處一切事務。第三條，本處設總務、農墾、工藝三組，其職掌如左：（一）總務組掌理文書、庶務、會計、考核、保管、衞生、敎育，及其他不屬於各組事項；（二）農墾組掌理農業、森林、畜牧、開墾、設計、及工程事項；（三）工藝組掌理被服、鐵工、木工、及其他工藝事項。第四條，本處置秘書一人，總幹事一人，協助主任辦理本處一切事宜，由主任聘任，呈報實業部備案。第五條，本處每組置幹事一人，由主任在墾民人中選派之；助理員二人至五人，由墾民輪流担任，承主任及總幹事之命；辦理各組事宜。第六條，本處得置技術員一人至三人，掌理墾區技術及設計事宜，由主任遴聘呈報實業部備案。第七條，本處職員概爲無給職。第八條，本處一切進行事宜，每三個月須彙報實業部備案。第九條，本處辦事細則另定之。第十條，本規程自公布日施行。

（二六，一，一〇，綏遠西北日報）

綏當局開發荒地

訂定鄉鎮公田辦法藉使田無曠耕人無廢業

【綏西特訊】綏遠省政府鑒於本省地處塞外，墾闢未久，所有省境各縣迄今荒蕪無人耕種之地，仍到處皆是，而各縣貧民雇農無地可耕者，佔全省民戶過半數以上。此種有地無人種，有人無地種之畸形現狀，阻礙邊地開發，影響人民生計，至爲重大。省府當局爲根本消除此種畸形現象，發展農村經濟，促進鄉村建設起見，特製訂綏遠省鄉鎮公田辦法，提交省府會議通過，令飭各縣局政府，先將所有荒地從事調查登

12

記，再飭各鄉鎮組織鄉鎮公田社、將全部荒田取得，强迫徵僱鄉鎮失業遊民，及赤貧農民，悉數耕植公田。如仍有餘田、即依章再分租與本鄉佃農或自耕農。務使人盡其力，地盡其利，使田無曠耕，人無廢業。久之則耕田面積增廣，各項生產增加，農村經濟日趨繁榮、農民生計亦漸寬裕。查綏省土地因過去失於調整統制，已成現際最嚴重之問題，斯項辦法是亦初步救濟貧民，整理地政之善舉也。茲將該項辦法覓誌如次：

鄉鎮公田暫行辦法

第一條，本省爲發展農村經濟，促進鄉村建設起見，特製定本辦法。第二條，鄉鎮公田，由鄉鎮組織公田社經營及管理之（鄉鎮公田社規程另定之）；第三條，應就左列各地，無償取得：（甲）鄉鎮原有公地，（乙）鄉鎮範圍內，繳清荒價或繳一部分荒地之無主荒地，（丙）鄉鎮範圍內，繳清荒價，不在地主之荒地；以上各項地，須一次全數取得，其後每年所出荒地，並應隨時徵取。第四條，鄉鎮公田，均以取得耕作權爲限。第五條，鄉鎮取得之公田，在前三年內，原地主如欲自行使用，於每年耕種前或收穫後，均得聲請收回，但不得於收回後仍任其荒廢，並須將欠繳賦稅及一切公欵繳清，繳驗證據。其地取作公田後，如增加定着物及其他投資時，並須繳納其價值，前項賦稅及公欵，以取作公田欠繳者爲限。第六條，鄉鎮公田，於取得或變更時，除依法呈請主管機關登記外，應即詳細繪具圖說，報由縣局政府，查核轉報省府備案。第七條，鄉鎮公田，須視土地性質及當地實際情形，一律使用，其使用所需資本及勞力依左列之規定：（甲）資本：第一年所須資本，由鄉鎮公田社會同鄉鎮公所呈准後籌借，嗣後均由鄉鎮建設基金項下支出，惟不足或因種種關係，未能及時支用時，亦得由鄉鎮公田社商同鄉鎮公所呈准後籌借之，籌借資本，鄉鎮公田社應於當年收穫項下償還，（乙）勞力僱傭。第八條，鄉鎮公田如過多，無力一次使用時，應呈經縣局政府核准分年開始使用；既經使用，即不得荒廢。第九條，鄉鎮公田只繳納賦稅，其他應攤公欵，一律豁免；遇地方發生災難，有損收穫時，並得呈請免除或減輕賦稅之一部或全部。第十條，鄉鎮公田，每年收穫產品價值，除支付一切耕作用費及賦稅外，所有盈餘，以十分之一爲鄉鎮公田社全體工作人員酬資，以十分之八爲鄉鎮建設基金，須呈由縣局政府、轉報省府備案（鄉鎮建設基金保管及用途辦法另定之）。第十一條，鄉鎮公田，每年所產產品，以全數出售爲原則，但遇必要時，得由省府隨時令飭保存一部或全部；其他費用，亦得由省府查核情形，以命令定之，不適用前條前半段之規定。第十二條，鄉鎮公田不得出售或讓與他人，但因公共事業之需要，政府徵收時，不在此限。第十三條，本辦法如有未盡事宜，得隨時修正之。第十四條，本辦法自公佈之日施行。 13

（二六，六，一〇，中央日報）

五原屯墾會議 自昨日起舉行

【包頭十八日下午十時發專電】王靖國十七日偕田樹梅等抵五原，十八日召開屯墾會議，五原、臨河及駐包屯墾負責人員前往參加者百餘人。按晉綏軍屯墾後套已經四年，成績甚佳，此次會議後將更有所興革，會期約需三日。

（二六，二，一，大公報）

冀民五百餘移綏開墾

定四日搭車前往

【歸綏三十一日下午八時專電】冀深縣肅寧等縣難民百餘戶，計五百餘人，經綏當局之許可，移綏西河套開墾。該項墾民，定四月由石門清苑分別搭車來綏。

（二六，四，一，益世報）

冀深縣農民赴包西屯墾

綏省府派員散食慰問

【中央社歸綏七日電】冀深縣男女農民二百餘人，因農村破產：難以維生，經由北平移民協會主持移來包頭以西屯墾區河北新村屯墾。該項移民等、於七日下午經石家莊北平抵綏。省府據報後，特備大批飲食品、派科員趙敬修等至站散發，並致慰問，各該移民甚表歡忭感激。即於當晚轉赴包西。

（二六，四，八、中央日報）

獻縣災民一批到包頭

扶老携幼情狀悽慘　即赴五原開墾謀生

【包頭通訊】冀省獻縣，土質素瘠，地方貧困，一般人民曩昔逃荒他鄉，春去冬返，幾成風尙。近年以境內滏河，滹沱兩河，每屆伏秋泛溢成災，遂致人民之生活愈陷窘艱。本年春，該縣難民百零一人，以在籍謀生匪易，乃扶老携幼集合來綏，墾殖求生，由獻率領抵平後，即向平綏路次乞求附掛災民車，於昨日到包。綏西保安司令部及縣府分別派員將災民等安置於西腦包，以免流散街頭。該災民等以資斧告罄，枵腹已達竟日，爰由呂佐周、齊占鰲代表災民，持函赴七十師司令部，泣懇王軍長田旅長慨予救助，俾得赴五墾殖。田旅長以災民情殊堪憫，爰由王軍長名下慨助災民五十元，作包五間路費，田氏並派該部王副官會同縣府將災民等妥爲安插，尅日遣往五原。該災民等此來，係老翁壯丁三十名，小男孩二十六名，婦女二十三名，小女孩二十二名，計共百零一名。鶉衣百結，老弱婦孺艱苦情況，殊覺悽慘云。（廿九日）

（二六，五，三，益世報）

冀魯農民紛赴河套開墾

綏省府令各縣妥爲安置

【綏西特訊】山東河北兩省人多地少，在華北各省區中，人口最稱稠密。往昔唯一出路，賴東北四省爲人口過剩之尾閭，自東北淪亡以後，冀魯人民出路，因受日僞限制，無法前往。而居留東北之冀魯籍人民，且以不堪蹂躪壓迫，紛紛返回關內。年來冀魯兩省，民生凋敝，農民來西北各地謀生開墾者，頗形踴躍。除由公家主辦之包頭河北移民新村和碩公中墾區不計外，其他零星散戶，私人自動前來，亦頗不少。故綏省西蒙各地戶口，年來日漸激增。本年入春以來，冀魯農民，以在本省生計窘迫，又値春耕之際，負耜來河套開墾者，肩踵相接，計最近旬日間，來河套臨河縣者，已到有冀魯墾民三百餘人，日昨又有山東膠縣基督教堂馬善麒君，率領魯籍教徒男女一百二十人，由包坐乘汽車，到達臨河百川堡墾區開墾。此間當局又接綏省府電報，有河北獻縣難民，男女老幼共計一百零一人，於艷（一日）晨由包頭出發來河套開墾，並飭河套各縣地方軍政長官，對以上來套墾殖難民妥爲保護，設法安置，俾得就地謀生，不至流離失所云。（二六，五，九，中央日報）

人口

綏省漢蒙居民分佈狀況

地廣人稀每方里平均不足二人

移民實邊爲目前刻不容緩急務

【綏西特訊】綏遠本禹貢冀州之地；漢置定襄、雲中、五原、朔方四郡，轄縣五十有七，隋唐因之，無甚差減，其時情況，與現時內地無殊；五代宋元以降，迭爲異族侵據，漢族漸次遷徙；洎明之末葉，全域遂淪爲蒙族遊牧地；滿清統治以還，純用羈縻政策，以求相安無事，對綏地亦無多改進；民國以來，五族一家，固已無畛域之分，民國改設特區後，經晉綏當局努力擘劃，增闢縣治之慘淡經營之結果，始有今日之成績，漸復漢唐之舊觀。過去數年，因本省僻處塞外，蒙漢雜居，闔城各縣旂交通不便，對戶口調查，極感困難，缺乏可靠統計。年來自察北匪僞軍西犯，綏當局鑒於本省外侮日亟，處境險惡，爲自衛計，乃積極編組保甲，訓練民丁，以資防衛，故各縣局盟旂戶口，乃得有詳確之數。記者茲就各方面探詢所得，將綏遠十八縣局，烏盟六旂、伊盟七旂，綏東四旂，土默特旂，居民戶口確數詳誌如下，以餉國人之關懷邊事者得覘綏遠蒙漢居民分佈之大概。

十八縣局：歸綏縣四萬七千五百四十一戶，二十六萬四千八百三十一人（歸綏市一萬四千一百六十六戶，七萬七千零三十二人在內）；包頭縣二萬九千一百八十三戶，十三萬九千九百五十六人（包頭市區一萬三千八百六十二戶，六萬五千二百二十四人在內）；豐鎮縣五萬三千四百八十戶，二十七萬三千二百五十五人；薩縣三萬三千九百七十七戶，十七萬七千零五十二人；涼城縣三萬八千五百戶，十九萬二千六百人；

武川縣三萬四千一百十四戶，十六萬八千四百三十六人；和林縣一萬七千八百七十三戶，九萬五千二百零一人；集寧縣一萬七千二百三十三戶，八萬九千零四十八人；興和縣二萬二千二百九十二戶，十二萬七千八百四十五人；陶林縣一萬二千四百二十四戶，五萬九千四百十六人；清水河縣一萬二千二百七十戶，六萬三千零九十二人；東勝縣四千八百四十七戶，二萬六千七百七十六人；安北設治局六千七百七十二戶，三萬六千零五十七人；五原縣一萬一千四百七十七戶，五萬七千九百零二人；臨河縣二萬二千二百七十九戶，十一萬零六百二十人；托克托縣一萬八千零八十戶，十二萬九千二百二十四人；固陽縣一萬三千二百十八戶，八萬一千二百八十七人；沃壄設治局三千四百五十戶，一萬七千六百五十人。以上十八縣局均屬漢人，合計凡三十九萬八千九百戶，二百十一萬零二百四十八人。分佈面積五十八萬八千三百四十二方里。

烏盟六旗：四子王旗一千二百四十戶，九千二百人；達爾罕旗八百戶，五千二百五十人；茂明安旗一百九十二戶，九百九十人；東公旗二百六十八戶，一千三百九十五人；中公旗五百零八戶，六千二百五十四人；西公旗一千一百四十戶，六千七百六十人；合計烏盟六旗蒙民四千一百四十八戶，三萬零三百三十九人（喇嘛八千三百九十七名在內）。佔地面積約爲四十五萬三千八百方里，居大靑山之後。六旗境內有經商漢人，一千八百餘人。

伊盟七旗：鄂爾多斯左翼前旗五千四百戶，二萬七千人；鄂爾多斯左翼中旗八百二十戶，四千一百人；鄂爾多斯左翼後旗六千六百二十四戶，三萬三千一百二十人；鄂爾多斯右翼後旗一千七百二十二戶，八千六百十人；鄂爾多斯右翼前旗二千二百二十四戶，一萬一千一百廿人；鄂爾多斯右翼中旗一百零七戶，五千三百五十二人；鄂爾多斯右翼前末旗七百六十六戶，三千八百三十一人。合計伊盟七旗蒙民，凡一萬七千七百六十三戶，九萬三千一百三十二人。又七旗境內有私墾農經商漢人，十五萬三千八百人。伊盟七旗，居內蒙古黃河套之內，長城之北，面積共計四十一萬五千六百方里。

綏東四旗：正黃旗五千二百三十八人；正紅旗二千二百六十九人；鑲紅旗一千九百零三人；鑲藍旗二千一百十八人；綏東四旗蒙民合計約一萬一千五百二十八人。四旗蒙民散居綏東豐鎮、興和、陶林、涼城、集寧五縣境內，蒙漢雜居，同化已久。

土默特旗：左翼六甲五千零二十四戶，三萬零十八人；右翼六甲五千二十五戶，三萬零二百十八人。合計土默特旗蒙民，約爲一萬四十九戶，六萬四百三十六人。散居歸綏、和林、淸水河、托克托、包頭、薩拉齊六縣境內，風尙習慣均已漢化。

以上綏遠十八縣局，十八蒙旗，共有漢人二百二十六萬五千八百四十八人，蒙古十九萬五千四百三十五人；總計蒙漢居民，凡四十三萬七百六十戶，二百四十六萬一千二百三十五人。以全省之面積一百四十五萬七千七百四十二方里言之，每方里平均猶不足二人。較之湖北山東，每方里平均有七十人以上者，固已不啻霄壤之別；而較之吉林每方里六人，察哈爾每方里四人，猶有遜色。大好河山，人稀地廣，移民實邊，誠爲目前刻不容緩之急務云。（二六，三，二七，中央日報）

造林

趙允義等在河套舉辦大規模造林

林場面積廣六千餘畝　已植樹十五萬三千株

【綏西通訊】河套一帶，沃土寬衍，灌漑便利，本爲一良好之農墾區域；唯自清末開闢迄今，所有耕田，十九盡壟斷於少數人地主之手，農民百分之九十，盡爲佃戶雇農。因其田畝宅圍，非屬已有，以無恆產，而無恆心，森林之培育經營一項，在河套幾屬無人問津。而各縣官吏，對省方造林公令，又率多視成具文，敷衍了事。以此河套近年來，森林缺乏，氣候失調，旱潦之災屢迭至，整個之農村經濟崩潰，形成極度之恐慌。近有趙允義暨綏遠省紳潘秀仁、屠義源、姜聯桂等，爲開發河套實業，提倡造林，救濟災荒起見，特發起組辦林業合作社，作大規模之造林運動。由屠姜二君供予坐落河套臨河縣境內九克卜龍地方之上等荒田三千畝，作闢林場。由趙潘二君，投資三千元，充作開辦費用。並委臨河農戶孫育材君爲林場經理，五人合股經營，定名爲綏遠省臨河縣農林合作社，曾於客秋八月，在綏遠簽定合同，即於去年冬廢曆九月初旬，在臨河正式成立合作社，開始鳩工整理，引水灌淤，播植苗木工作，迄今已逾數月。記者以此項私人舉辦大規模製林，在西北各地，尙爲創舉，特於日前由該社經理孫君，導往林場，參觀實地工作情況。該社林場，當河套永濟渠之東岸，北距陰山，約三十餘里，林地所佔面積頗爲廣大，四周築以高約三尺餘之短牆，以防人畜踏損。牆外環掘深約三尺寬約五尺之水溝，與林地內縱橫相間之小渠相通，由大河放進水流，以資澆灌。林地土壤，極屬肥沃，灌漑亦頗便利，林場內一切設備，因在初辦時間，尙覺簡單。孫君對記者談，本社合同，約定林地面積共爲三千畝，原議只造榆柳楊三項樹種；已於客冬九月間，栽植柳樹苗木十五萬三千株，佔林地全面積三分之一；其餘之地，則定於今春開凍後，以一千畝栽植楊樹苗木，以一千畝播種榆籽，刻此項苗木榆籽均已備妥，專俟春暖後，即行賡續工作。現綏省建設廳，以本社在綏爲一初創之大規模林場，對於水租田賦，一應捐稅，特准一律豁免。又本社林地面積，若連高灘沙阜不能上水處合計之，實數達六千畝以上，將來苗木培植，成績優良時，則即逼行移植，以資擴充。查西北森林荒廢，尤以綏西河套一帶爲甚，嘗步行數百里，不見一株樹木，故旅行者，冬受刺膚徹骨之寒風，夏受無蔭無蔽之烈日，沿途備極荒凉。今趙潘諸君在河套興辦大規模之造林，將來河套林業之發展，自必蒸蒸日上云。

（二六，二，一一，中央日報）

百靈廟闢爲林區

【歸綏二十五日下午十一時專電】二十五日綏建廳長馮曦赴百靈廟植樹，百靈廟現已闢爲林區，改稱百林廟，期成事實。

（二六，三，二六，晨報）

綏省府擬在綏北屯墾設縣治

設治與劃界

並重劃縣界以鞏固邊防

【包頭一日下午六時專電】綏省府擬在百靈廟烏蘭花等地屯墾設縣治，並擬重劃縣界，以資鞏固邊防各案，將於二日縣政研究會開會議時提出討論。

（二六，三，二，益世報）

綏省擬重劃縣界

縣政研究委員會開會討論

幷商百靈廟屯墾設治各案

【歸綏通訊】本省縣政研究委員會各委員，第三期縣政視察工作業已完竣，定於今日（一日）上午召開會議，討論重劃全省縣界，增設縣治，暨其他各重要提案。屆時除縣政視察研究會全體委員一律參加外，省府各重要職員亦均將出席參加。會期預定三日（今日）上午，開第一次會議，將先報告第三期視察工作概況，繼報告第一二兩期議决各案及辦理情形。下午三時開第二次會議，正式討論各種案件，其討論案件如下：一，認眞處理貪污，以資澄淸吏治案；二，認眞實行公務員貽悞罪，以增進行政效率案；三，嚴格甄別考訓縣政府佐治人員，歸班輪委，俾專責成，而杜濫竽幸進，以利縣政推進案；四，各徵收機關稽核專員流弊甚多，應改由本省捐稅監理委員會聘用，以符名實而利捐稅案；五，各縣局應設主計員一人，統理省縣財政，以資整頓，而增行政效率案；六，烏蘭花地近蒙邊，商業繁榮，宜速設治，以固國防案；七，百靈廟實行屯墾設治，以固國防案。

（二六，三，四，益世報）

綏縣政研究會商討減輕人民負担

【綏遠四日下午十一時發專電】綏縣政研究委員會，近開第三期討論會，就各縣治實在困難情形多所研討。對于減輕人民負担增進行政效率各項特別注重。外傳在百靈廟等處舉行屯墾，增設縣治，將提會討論，茲查不確，綏省府現正協同雲王設法重修百靈廟，並無在廟舉辦屯墾意。

（二六，三，五，大公報）

16

北寧鐵路簡明行車時刻表

中華民國廿六年五月一日重訂

1次 平瀋 特快 膳臥 各等	41次 普通 客車 中膳 各等	71次 平津 客貨 三等 慢車	305次 平浦 特快 膳臥 各等	21次 快車 膳車 各等	23次 平唐 快車 膳車 各等	5次 平津 特快 膳車 各等	301次 平滬 特快 膳臥 各等	401次 平津 客貨 平滬 通貨	3次 平瀋 特快 膳臥 各等	73次 津唐 客貨 三等 慢車	75次 唐榆 客貨 三等 慢車	43次 唐榆 慢車 各等	下行車	站名	上行車	22次 快車 膳車 各等	6次 津平 特快 膳車 各等	302次 滬平 特快 膳臥 各等	72次 津平 客貨 三等 慢車	42次 普通 客車 中膳 各等	4次 瀋平 特快 膳臥 各等	24次 唐平 快車 膳車 各等	306次 浦平 特快 膳臥 各等	2次 瀋平 特快 膳臥 各等	402次 津平 客貨 滬平 通貨	74次 唐津 客貨 三等 慢車	76次 榆唐 客貨 三等 慢車	44次 榆唐 慢車 各等
5.50	6.15	7.50	7.08	9.45	12.45	16.15	17.50	21.05	21.55				開	北平前門	到	9.58	11.20	14.00	15.48	17.45	18.40	21.25	23.10	23.27	1.45			
	6.33	8.16			13.01			21.59					開	永定門	開	9.43			15.18	17.28					1.18			
6.13	6.50	9.30	8.16	10.16	13.16		18.15	23.06	21.21				開	豐台	開	9.30		13.36	14.40	17.15	18.15	20.54	22.49	23.06	0.40			
	7.13	10.49			13.39				21.39				開	黃村	開	9.11			12.50	16.48	17.55							
	8.04	13.03	9.10	11.14	14.27			1.40	22.19				開	廊坊	開	8.24			10.30	15.56	17.19	19.58	21.49		20.33			
	8.26	13.52			14.43				22.38				開	落垡	開	8.08			9. 6	15.36	16.56							
	8.54	15.20		11.51	15.10			3.20	23.01				開	楊村	開	7.45			8.00	15.09	16.33	19.16			18.29			
8.03	9.41	16.48	10.26	12.32	15.56	18.21	20.16	4.53	23.39				開	天津總站	開	7.05	9.14	11.35	6.05	14.25	15.56	18.40	20.39	21.15	17.00			
8.11	9.50	17.05	10.34	12.40	16.05	18.28	20.25	5.10	23.48				到	天津東站	開	6.55	9.05	11.25	5.30	14.10	15.45	18.30	20.30	21.05	16.08	停		
8.20	10.00	停	11.05	12.55	16.20	停	20.50		24.00				開		到	6.45		11.00		13.55	15.30	18.18	20.00	20.55		12.12		
9.14	10.03		開	13.58	17.28		開		1.04	10.00			開	塘沽	開	5.44		由		12.52	14.36	17.20	由	20.04		10.35		
10.07	12.09		往	15.06	18.33		往		2.09	12.52			開	蘆台	開	4.41		上		11.42	13.41	16.12	浦	19.09		7.55		
	12.59		浦	15.50	19.26		上		2.57	15.17			開	胥各莊	開	3.45		海		10.48	12.57	15.15	口			6.05		
10.59	13.12		口	16.03	19.40		海		3.10	15.40			到	唐山	開	3.30		開		10.30	12.43	15.00	開	18.15		5.00	停	停
11.02	13.17			16.08	停				3.15	停	5.30	7.30	開		到	3.25		來		10.25	12.38		來	18.12			22.35	17.15
11.13	13.31			16.19							6.10	7.45	開	開平	開					10.12	12.27			18.02			22.13	17.02
11.37	14.04			16.44					4.02		7.20	8.14	開	古冶	開	2.49				9.45	12.07			17.45			21.18	16.36
12.09	14.56			17.18					4.53		9.45	9.07	開	灤縣	開	1.52				8.45	11.20			17.04			18.22	15.43
12.50	15.58			18.07					5.58		12.58	10.10	開	昌黎	開	0.51				7.40	10.30			16.23			14.54	14.41
	16.21			18.26					6.23		13.51	10.34	開	留守營	開	0.21				7.12	10.05						13.39	14.13
13.23	16.41			18.44					6.46		14.38	10.54	開	北戴河	開	0.02				6.54	9.50			15.53			12.57	13.56
13.42	17.08			19.07					7.16		15.48	11.23	開	秦皇島	開	23.29				6.25	9.23			15.30			11.30	13.27
14.00	17.30			19.25					7.40		16.25	11.45	到	山海關	開	23.00				6.00	9.00			15.10			10.25	13.00
14.35									8.20				開		到						8.15			14.30				
21.40									15.35				到	瀋陽南滿	開						23.10			7.20				

北戴河海濱支線

85次	87次	91次	93次	95次	97次	下行	站名	上行	86次	88次	92次	94次	96次	98次
7.00	9.50	13.30	16.00	18.50	0.05	開	北戴河	到	6.35	9.30	13.10	15.35	19.35	23.40
7.20	10.10	13.50	16.20	19.10	0.25	到	北戴河海濱	開	6.15	9.10	12.50	15.15	18.15	23.20

通縣支綫

51次 客車	501次 輕油車	503次 輕油車	81次 客貨車	505次 輕油車	507次 輕油車	53次 客車	509次 輕油車	55次 客車	511次 輕油車	513次 輕油車	83次 客貨車	下行	站名	上行	52次 客車	502次 輕油車	504次 輕油車	82次 客貨車	506次 輕油車	508次 輕油車	54次 客車	510次 輕油車	56次 客車	512次 輕油車	514次 輕油車	84次 客貨車
6.30	7.30	8.30	9.30	10.30	11.30	13.00	14.02	15.15	16.05	17.10	17.30	開	北平前門	到	8.18	9.17	10.23	12.25	12.56	13.50	14.50	16.03	16.55	18.24	19.16	20.30
6.36	7.35	8.35	9.38	10.35	11.35	13.06	14.07	15.21	16.10	17.15	17.37	到	東便門	開	8.12	9.12	10.18	12.17	12.51	13.45	14.44	15.58	16.49	18.19	19.11	20.22
6.37	7.36	8.36	9.40	10.36	11.37	13.08	14.08	15.22	16.12	17.17	17.39	開		到	8.10	9.10	10.16	12.15	12.49	13.43	14.42	15.56	16.47	18.17	19.09	20.20
6.54	7.52	8.52	9.59	10.52	11.53	13.25	14.24	15.39	16.28	17.33	17.59	到	雙橋	開	7.53	8.54	10.00	11.5-	12.33	13.27	14.25	15.40	16.30	18.00	18.53	20.01
6.55	7.53	8.54	10.01	10.53	11.55	13.27	14.25	15.40	16.30	17.34	18.01	開		到	7.51	8.53	9.58	11.54	12.32	13.26	14.23	15.38	16.29	17.58	18.52	19.59
7.07	8.03	9.04	10.15	11.03	11.05	13.39	14.35	15.52	16.40	17.44	18.15	到	通縣南	開	7.38	8.42	9.47	11.40	12.22	13.16	14.10	15.27	16.17	17.47	18.42	19.45
7.09	8.05	9.06	10.23	11.05	11.07	13.41	14.37	15.54	16.42	17.46	18.23	開		到	7.36	8.40	9.45	11.32	12.20	13.15	14.08	15.25	16.16	17.45	18.40	19.37
7.15	8.10	9.11	10.30	11.10	11.12	13.47	14.42	16.00	16.47	17.51	18.30	到	通縣東	開	7.30	8.35	9.40	11.25	12.15	13.10	14.02	15.20	16.10	17.40	18.35	19.30

出版及發行者：北平西四牌樓小紅羅廠八號禹貢學會。
編輯者：顧頡剛，馮家昇。
出版日期：每月一日，十六日。
印刷者：北平成府引得校印所。

價目：每期零售法幣貳角。豫定半年十二期，法幣壹圓伍角，郵費貳角伍分；全年二十四期，法幣叁圓，郵費伍角。歐美各國全年美金叁圓，郵費在內。

The Chinese Historical Geography
Semi-monthly Magazine
Vol. VII, No. 10, Total No. 82, July, 16th, 1937.
Address: 8 Hsiao Hung Lo Ch'ang, Si Ssu P'ai Lou, Peiping, China

第七卷 第十期

民國二十六年七月十六日出版
（總數第八十二期）

內政部登記證警字第叁肆陸壹號　中華郵政特准掛號認為第一類新聞紙類

本會紀事（一）

本會承沈成章先生捐助國幣二百元，孔仰蕃先生捐助國幣五十元，除敬致謝忱外，照章敬聘二先生爲贊助會員，並由捐款中提出一部份爲二先生購書存貯學會，藉留紀念。

本會紀事（二）

本會承袁守和先生捐助國幣十五元，卜鋭新先生捐助國幣十二元，汪叔棣先生捐助國幣七元，施大鑿先生捐助國幣五元，葉國慶先生捐助國幣五元，除敬致謝忱外，並提出一部份爲諸先生購書存貯學會，永留紀念。

本會紀事（三）

本會所出版之書籍，半月刊，地圖等，向由景山書社總代售，今因該書社業已停止營業，故特委託史地書店爲總發行所，於七月一日起實行，凡有洽訂購批發本會之出版物者，祈逕向該書店接洽爲荷！

贈書誌謝

本會最近收到各方贈書，茲誌於次，幷鳴謝忱。

贈送者	書名	册數	著者	版本
崔敬伯先生	中國財政中的金融統制	一册	崔敬伯	民國二十六年北平研究院出版
仝前	輿論與財政公開	一册	仝前	仝前
仝前	戰時財政與中國	一册	仝前	仝前
仝前	中國財政的新階段	一册	仝前	仝前
仝前	中國財政的經濟基礎	一册	仝前	仝前
李士厚先生	鄭和家譜考釋	一册	李上厚	民國二十六年雲南正中書局再版
莊崧甫先生	水利實驗談	一册	莊崧甫	民國二十五年上海新學會社版
故宮博物院	文獻叢編	一册	故宮博物院文獻館編	民國二十六年故宮博物院版
江西省中正橋工程監督處	江西省中正橋通車紀念刊	一册	江西省中正橋工程監督處編	民國二十六年版
李我存先生	李我存研究	一册	方豪	民國二十六年浙江我存雜誌社版
顧頡剛先生	達賴事略	一册	阿旺扎巴等	民國二十三年二月印本
顧起潛先生	按[illegible]考査日記	一册	謝汝欽	吉林官書刷印局印本
仝前	宦游紀略	一册	高廷瑤	同治癸酉成都重鋟本
廣西省政府	廣西年鑑第二回	一册	廣西統計局編	民國二十四年廣西統計局印本
沈維鈞先生	洪武京城圖誌	一册	洪武時禮部奉敕撰	民國十八年中社影印本

本刊第七卷第十一期「康藏專號」目錄預告

本刊總發行所：北平西四北小紅羅廠史地書店

本刊代售處

全國郵政局（均代定）
北平北京大學研究院王崇武先生
北平燕京大學史學系侯仁之先生
北平輔仁大學史學系馬兆鈞先生
北平清華大學史學系吳春晗先生
北平隆福寺街文奎堂書舖
北平隆福寺街文殿閣書舖
北平琉璃廠來薰閣書舖
北平琉璃廠新生命書局
北平琉璃廠人文書店
北平東安市場佩文齋書舖
北平東安市場新智書局
北平東安市場岐山書社
北平西單北大街知行書局
北平成府蔣進分社
天津法界國民飯店旁智識書店
天津法租界二十六號路世界圖書局
天津南開中學前會友書局
濟南濟南雜誌社
濟南西門大街東方書社
大連青年書局
太原樓兒底覺民書報社
開封河南大學汪大鐵先生
南京中央大學門前鍾山書局
南京太平路正中書局
南京太平街新生命書局
上海四馬路開明書店
上海四馬路亞東圖書館
上海四馬路上海雜誌公司
上海四馬路生活書店
安慶安徽大學生李貫英先生
厦門思明路生活書店
漢口湖北街華中圖書公司
南昌中山路南昌書局
武昌橫街頭新生命書局
武昌寨院坡亞新地學社
長沙府正街金城圖書文具公司
重慶售珠市北新書局
重慶天主堂街重慶書店
重慶商業場西二街今日出版合作社
萬縣一馬路世界書局
成都少城祠堂街開明書店
成都華西大學鄭德坤先生
廣州中山大學董紹良先生
廣州中山大學楊成志先生
廣州文德路東省立編印局
廣州永漢路上海雜誌公司廣州支店
西安大公報西安分館
綏遠楊家巷十二號綏遠新聞社
日本京都中京區彙文堂書店

洪洞移民傳說之考實

郭豫才

明初戶部郎中劉九皋言：「古狹鄉之民，聽遷寬鄉，欲地無遺利，人無失業也」。况歷朝兵燹之餘，人民流亡尤多，故移民之政，實立國之急務。民國以來，關外西康之移民，亦本是義。官府移民外，復有屯田之制；屯田有軍屯民屯商屯之別，軍屯者，寓兵於農，亦爲善政，軍需以之而足；國儲以之而豐，金元明三朝均實行之，以明朝爲尤盛。屯田既久，耳濡目染，與本地風俗習慣多所融會，雖非移民，其及於人民之影響則一。屯田之外，即爲流徙。兵燹災祲之後，人民爲求生計，逃亡他鄉有至數十萬戶者，與官府之移民亦無別，祗此乃自行移徙耳。

宋承五代浩劫之餘，外撓於強敵；內牽於繁文，供億既多，調度不繼，勢不得已必強徵於民，苛征暴歛，以濟多慾。建炎以來，京都失守，二主蒙塵，中原士民倉皇南渡，以致兩淮良田，盡皆曠土，故開金朝移民之端。金本夷族，專尙爭伐，軍旅所至，人民亦隨之而內徙，勢稍衰後，同化于內地者少，重歸原土者多。中又經有元一代之兵凶踐踏，人民死亡相繼。故明初二帝始有大規模之移民，洪洞移民之傳說，其最著者也。此事流播雖廣，然多道聽途說，未知其詳，河南南陽有金哀宗正大時石刻，記金貞祐正大間，山西平陽民族，爲蒙兵驅逐，轉徙河南之事，其題名有署平陽府洪洞縣皋陶鄉者，是洪洞移民之淵源甚早，並不始於明代。再者此次移民關係華北數省之禮俗語言者甚重，故特本諸正史，旁采遺說，草成此篇。一則作歷史傳說之檢討；二則吾國邊疆日蹙，而內地生齒日繁，亦欲當政者特加注意，早有所謀畫焉。

金

金起東海，風俗純實，太祖以來，減遂税租，規模遠矣；熙宗海陵之世，風氣日開，兼務遠略，君臣講求財用之制甚切。世宗繼之，儲積更殷。迨章宗時，繁文蝟起，邊費亦廣，食貨之議，不容不急。宣宗南遷，國土日蹙，苛征暴歛，不一而足，括粟闌糴一切掊克之政，靡不爲之；加賦數倍，預借數年，法制斁壞，皆不暇顧。食貨志曰：「其弊在於急一時之利，踵久壞之法，及其中葉，鄙遼儉朴，襲宋繁縟之文；懲宋寬柔，加遼操切之政。是棄二國之所長，而併用其所短也。繁縟勝，必至於傷財；操切勝，必至於害民」。故金常有邺民之政，而不能已苛征之令；徒有聚歛之名而不能致富國之實。加以豪民之霸佔良田，猛安謀克之驕縱爲虐，皆足使人民顚沛流離，逃亡他所。在開國之初，兵威所加，人民遷移者尤衆，而軍人遷入內地者亦多。今次第言之於後：

（一）疆域日括，金人移其部屬於內地者

金之舊部，多瘠鹵，入關之後，即移其民於內地。如天輔五年，二月，遣昱及宗雄分諸路猛安謀克之民萬戶，屯泰州。以婆盧火統之（金史太祖本紀）。其居寧江州者，遣拾得查端阿里徒歡奚撻罕等，令謀克挈家屬耕具亦徙于此，六年，旣定山西諸州，以上京爲內地，則移其民實之。又命耶律佛頂以兵護送諸降人于渾河路，以皇弟昂監之，命以便久居。又以山西諸部族，近西北二邊，且遼主未獲，恐陰相結誘，故于天輔七年復命皇弟昂與孛堇稍喝等，以兵四千護送之嶺東。燕京拔取後，本年二月，徙六州氏族富強工技之民於內地。天會元年，徙潤隰等四州之民於潘州。大定二十一年，六月，徙銀山側民於臨潢。二十二年，謀克民徙于河北東路。河間宗室未徙者，令盡徙於平州（以上見金史食貨志田制）。其本部人民受詔遷移外，亦有本其舊屬，今始率部來歸者。如：大定十七年，省奏咸平府路一千六百餘戶，自陳皆長白山星顯禪春河女眞人，遼時簽爲獵戶，號移典部，遂坩契丹，至是首詣軍降，仍居本部（食貨志戶口，皆指金史而言，下不贅錄）。

（二）以連年饑饉，人民苦於賦役而流徙他所者

唐鄧潁蔡宿等處，本水陸膏腴之地，然多被豪民霸佔，良民流移他鄉，即就募令耕，亦乏其人。故大定二十九年，尙書省奏曰：「河東地狹，稍凶荒，則流亡相繼，竊謂河南地廣人稀，若令招集他路流民，量給閒田，則河東饑民減少，河南且無曠土矣」。是河南一帶人口之稀少，由來已久。迨明昌間，又有佛老與他游食諸浮費，人民負荷更艱。加以農歲不登，故流殍相望，中物力戶，有役逃避後，而有司則令以次戶代之，事畢復業，不逃之戶，受害更烈。及衞紹王之時，軍旅不

息，宣宗立而南遷，死徙之餘，所在爲墟，戶口日耗，軍費日急，賦斂繁重，皆仰給於河南，民不堪命，率棄廬田，相繼亡去，雖屢降詔，招復業者，免其歲之租，然以國用乏竭，逃者之租，皆令居者代出，以故多不敢還（參閱本傳）。貞祐四年，泗州被災，道殣相望，人民以草根木皮爲食。五年十月，欲民多種麥，故令所在官吏，貸易麥種，結果實不貸與，而虛立案簿，反收其數，以補不足之租（食貨志戶口）。元光元年，有司以徵稅租之急，民不待熟而刈之以應限（食貨志租賦）。人民之痛苦既如此，其逃避流亡，殆所難免，故興定四年，集慶軍節度使溫迪罕達曾有言曰：「亳州戶舊六萬，自南遷以來，不勝調發，相繼逃亡，所存者曾無十一，碭山下邑野無居民矣」。由以上所舉各條觀之，今之豫東豫南諸縣，受害最深，人民流亡亦最多。

（三）不堪猛安謀克與權豪之驕縱而流移者

夷族一入中原，內地人民即受其虐待，金朝亦然。猛安謀克，本屬豪貴，驕縱異常，酒食遊宴，耗費日多，不得已則以勒索民財爲事。而附焰趣勢者，亦多助紂爲虐，況金又有屯田之制，復枉指民田爲官田。如：大定二十一年三月，上曰：「前參考政納合椿年占地八百頃，又聞山西田亦多爲權要所占，有一家一口至三十頃者，以致小民無田可耕，徙居陰山之惡地，何以自存」。省臣又奏：「椿年猛安三合故太師耨盌溫敦思忠孫長壽等，親屬計七十餘家，所占地三千餘頃」。省臣又曰：「近遣使閱視秋稼，聞猛安謀克人惟酒是務，往往以田租人，而預借三二年租課者，或種而不耘，聽其荒蕪」（以上見食貨志田制）。至其霸占田畝之原因，即宗室遷移後，新田既得，而舊領又不納還。如：大定二十年，上謂宰臣曰：「前徙宗室戶於河間，撥地處之，而不迴納舊地，豈有兩地皆占之理，自今當以一處賜之」（食貨志租賦）。如此情形，當不止此。

（四）苦於軍戶而人民流移者

貞祐三年，參政高汝礪言：「河南官民地相半，又多全佃官家之地，一旦奪之，何以自活，小民易動難安，一時避賦，遂有括田之言。如山東撥地時，腴地盡入富豪，瘠者乃租貧戶，無益於軍，而民有損」（本傳）。是軍人籍地之初，未嘗按閱其實，所以不知其數，考計州縣，又多妄承風旨，追呼究詰以應命，不足其數，則妄指民田以充之。分田不足，復有括地之議，民之塋墓井竈，悉爲軍有，其後括地之議雖未行，倍徵民稅以養軍，其苦實相若。貞祐三年十月，御史田迥秀言：「方今軍國所需，一切責之河南，有司不惜民力，徵調太急，促其期限，產其捶楚，民既罄其所有而不足，遂使奔走旁求於他境，力竭財殫，相踵散亡，禁之不能止也」（宣宗本紀）。四年五月，山東行省僕散安貞言：「邳州戍兵數萬，急徵重役，悉出三縣，官吏酷暴，擅括宿藏，以應一切之命，民皆逋竄」（本傳）。貞祐五年正月，京南行三司石抹幹魯言：「京南東西三路屯軍，老幼四十萬戶，歲費粮百四十餘石，皆坐視民租」（食貨志田制）。朝廷雖招使復業，人民則畏既復之後，生計未定，而賦歛隨之，又往往匿而不出。

（五）以水災而逃亡者

關於水災之記載，金史最詳，今姑舉數條以證之。如：興定三年，河南罹水災，流亡者衆，所種麥不及五萬頃，殆減往年太半。又河南水災，逋戶大半，田野荒蕪，恐賦入少而國用乏，遂命唐鄧裕蔡息壽潁亳及歸德府被水田，已燥者布種，未滲者種稻，復業之戶，免省租，及一切差發，能代耕者如之（食貨志田制）。

按金初居今之吉林北部，地多寒瘠。疆域拓後，漸遣所部南移，所謂泰州渾河路潘州已爲今遼寧境地，此太宗以前事也。洎世宗時，已移至河北東路即今河北中部，以此時連年饑荒，河南人民，多相逃亡，故大定二十九年，已有招集河東流民，開墾河南荒田之議，河東今之山西境也。及衛紹王時，軍旅不息，賦役繁重，亳州下邑之屬，幾致野無居民，故明初大規模之移民，實非偶然。綜觀金之移民範圍，北自泰州，南止邳宿（即今之安徽東部，及河南南部），西至陰山（如山西之民，移于陰山），東至於海（即今之山東沿海各地），所遷之人民，以本部者爲最多，山西之民遷往河南，河南之人多移至兩淮流域，此其大概也。

元

元朝本蒙古民族，逐水草而居，胡馬南下，剽掠中原，日括疆域，不以民生爲念；加以連歲饑饉，水旱頻仍，故人民流亡，荒田多有。其中原因：（一）豪富之家霸占民田。世祖時趙天麟上策言曰：「今王公大人之家，或占民田，近於千頃，不耕不稼，謂之草埸，專放茲畜（元史世祖本紀）。以良田爲牧場，人民受苦，概可想見。續文獻通考曰：「江南豪家，廣占農地，驅役佃戶，無爵邑而有封君之實；無印節而有官府之權，恣縱妄爲，靡所不至，又貧家樂歲終身苦，凶年不免於死亡，荊楚之域，至有雇妻鬻子者，亦衣食不足之所致也，衣食不足，由豪富之兼併故也」。中統四年，秋七月，壬寅，詔阿求戒蒙古軍不得以民田爲牧地。十三年，十二月，庚寅，詔凡管事將校及宗室官吏有以勢力奪民田業者，俾各歸其主，無主則以給附近人民之無生產者。詔令雖頒，以積重難返，此中苛弊，至元朝傾覆止，並未稍殺。（二）水旱災疫之影響。如至元十九年，江南水，眞定旱，發廩振之。眞定民流移江南者，給粮使還，並詔發鈔和糴。二十七年，六月，懷孟路武陟縣，汴梁路祥符縣皆大水。十月，江陰寧國等路大水，民流移者，四十五萬八千四百七十八戶。至大元年，九月，丙辰，江浙饑荒之餘，疫癘大作，死者相枕籍，父賣其子，夫鬻其妻，哭聲震野，有不忍聞（以上見世祖及武宗本紀）。有元一代水旱之記載，不可勝述，此僅舉其大略而已。（三）兵禍之影響。元朝本居朔北，專事戎馬，中原弱懦之民，焉能受此重禍，如貞祐元年，八月，元兵分三道循太行而南，徑抵黃河，掠澤潞遼沁平陽太原吉隰，拔汾石嵐炘代武等州而還。兩河山東數千里，城郭爲墟（五行志）。其他因近侍蒙蔽，賞罰失當，或獄有寃濫，賦役繁重，以致乖和者。如：皇慶二年，御史臣寡之奏請，有以括田迫民至死者。如：延祐三年，張驢之在江浙。又張珪傳所載：以田賜王公之害尤烈。綜此數因，故人民交忿，竊竄相踵，今分二則，次第臚列於下：

（一）人民自動之流移

至元九年，五月，詔安集答里伯所部流民（世祖本紀）。十年，詔諭和州諸城，招集流移之民。二十八年，眞定河間保定平灤饑。平陽太原尤甚。民流移就食者，六萬七千戶。至大元年，江浙流戶百三十三萬九百五十有奇（武宗本紀）。皇慶元年，山東民流至河南境。二年，保定眞定河間民流不止。延祐四年，五月，黃州高郵眞州建寧等處，流民羣聚持兵抄掠，敕所在有司其傷人及盜者，罪之。流民聚夥，則近匪盜，江南受害亦甚大。七年四月，賑大都淨州等處流民，給糧馬遣還北邊。十一月，復檢勘沙淨二州流民，勒還本部（以上見仁宗本紀）。泰定元年七月，賑蒙古流民，給鈔二十九萬錠，遣還，仍禁毋擅離所部，違者斬。二年二月，河間諸郡流民，就食通灤二州，命有司存恤之（泰定帝本紀）。天曆元年，命郡縣招集流亡，貧者賑之，其最甚者，爲明年之災荒，時陝西河東燕南河北河南諸地流民，有至數十萬者，自嵩汝至淮南，死亡枕籍，故監察御史把的于思言：「朝廷自去秋命將出師，戡定禍亂，其供給軍費，賞賚將士，所費不可勝紀，若以歲入經賦較之，則其所出，已過數倍，況今諸王朝會舊制一切供億，俱尙未給，而陝西等處，饑饉薦臻，餓殍枕籍，加以冬春之交，雪雨愆期，麥苗槁死，秋田未種，民庶皇皇，流移者衆」（以上見明宗本紀）。

（二）系統之遷徙

中統二年，以諸路民饑，詔賑恤和糴，又遷貧民就食河南。又遷曳捏郡地貧民就食河南平陽太原（食貨志）。三年，秋七月，詔令西夏避亂之民，還本籍，成都新民，爲豪家所庇者，皆歸之州縣。七年九月，西京饑，勒諸王阿只吉所部就食太原。同年，諸王拜答寒部曲告饑，命有車馬者，徙居黃忽兒玉良之地，計口給糧。無車馬者，就食甘肅沙州。十二年正月，徙襄陽新民七百戶於河北。甲申，於中興路置懷遠盧武二縣，分處新民四千八百餘戶。十三年，秋七月，淮安民流寓邳州者，萬餘口，聽還其家（世祖本紀）。至元二十年，十一月，徙甘肅沙州民戶復業。二十年，崔彧以刑部尙書上疏言時政十八事，十一曰：「內地百姓流移江南避賦役者，已十五萬戶，去家就旅，豈人之情，賦重政繁，驅之致此，乞特降詔旨，招集復業，免其後來。二十七年，春五月，丁卯，高麗國王王賰言：「臣昔宿衛京師，遭林衍之叛，國內大亂，高麗民居大同者，皆籍之，臣願復以還高麗爲民，從之。三十一年，七月，以諸王出伯所部四百餘戶，乏食，徙其家屬就食內郡（以上見世祖本紀）。元貞元年，秋七月，徙甘涼御匠五百餘戶於襄陽（成宗本紀）。

就以上觀之，有元一代，中原既受戎馬踐踏，復以天災荐至，如世祖時，黃河決於太康武陟祥符等地，人民流移，有多至四十五萬八千餘戶者，實空前浩刼。加以賦重役繁，人民不堪其苦，其中受害最烈者，即今日之山東河南河北及安徽西部，江蘇北部諸地。至其遷徙途徑，元初多自北方，遷移內地，如：世祖之遷曳揑郡就食河南平陽；阿只吉部就食太原；拜答寒部徙居黃忽兒玉良之地；或就食甘肅沙州等地者皆是。亦有自東西移此：如高麗人之管營北京界，河朔眞定河間平灤一帶人民之遷於太原。仁宗時人民多流至河南。其地如徙襄陽民于甘州西涼。大同之高麗人民或徙歸原籍。山東人民或徙于河南。有元一代，人民爲飢寒所迫而流亡者多，官府之移民者少。故其遷移動向，均無一定計畫。然綜其大體言之，山東河南河北陝西之民，多流徙至兩淮流域，中州田園，大半荒蕪，故明初始有移民之大舉，非無因也。

明

明承金元浩刼之後，災凶尤加，中州人民，散離無餘，故明初大事移民，以充內地。洪武開其端，永樂承其後。自永樂按畝移民之議行後，則遷徙日鮮矣。今將明初凶荒之記載，略列於後，以見當時社會之眞況，並亦知其遷徙之原因：

（一）被兵燹者

明太祖以淮右布衣，率衆渡江，專事爭伐，十有餘年。江南戡定，命將北征，饋糧給軍，不憚千里，人民厥勞甚矣。迨大軍平燕都，下晉冀，民被兵燹，困征斂，受害更烈。中原旣告一統，而邊烽又起。如洪武九年，三月，己卯，詔曰：「比年西征燉煌，北伐沙漠，軍需甲仗皆資山陝，又以秦晉二府宮殿之役重，因吾民平定以來，閭閻未息，國都始建，土木屢興，畿輔旣極煩勞，外郡疲於轉運」（太祖本紀）。凡每朝創基之初，人民無不被兵燹之苦者，中原經金元二代之蹂躪，元氣已損，復經此長期之戰爭，人民流離，殆所難免。

（二）受河決之患者

黃河決溢，代有所聞，然以明代爲尤甚。如：洪武七年，夏五月，河決開封堤。八年正月，河決開封府大黃寺堤。十一年，十月，開封府蘭陽縣河決。十一月，開封府封邱縣河溢。十四年八月，河決原武祥符中牟。十五年二月，河決河南。十七年八月，丙寅，河決開封。壬申，決杞縣。二十二年，秋七月，河決范陽，漂沒民居。二十三年，二月，癸亥，河決歸德。七月，壬辰，河決開封。二十四年，三月，開封府陳留睢州歸德夏邑寧陵，河水暴溢，被患者千三百七十四戶。未幾，陳州項城亦告河溢。夏五月，河決陽武之黑陽山。二十五年，正月，河決陽武。三十年，河決懷慶。永樂元年，冬十月，丁丑，河決開封。三年，河決馬村堤。五年，七月，丁卯，河溢河南。七年，正月，陳州冲決城垣三百七十六丈，護城堤岸一千餘丈。八年，五月，至八月。黃河泛濫，壞開封舊城二百餘丈，被患者，萬四千一百餘戶，沒田七千五百餘頃。十年，陽武縣河決中鹽堤二百一十餘丈。十三年，黃沁河溢新鄉一帶。十四年，七月，壬寅，河決開封。在明初數十年間，沿河各地，幾無不受河決之害者。人民受流徙之苦，自不待言（參閱河渠黃河）。

（三）受水旱災疫之害者

洪武七年，六月，山西山東北平河南蝗。九年十二月，丁巳，浙江湖廣河南順天揚州水。河南陝西疫。十三年，六月，北京河南山東水災。八月，庚辰，山東河南北京順天州縣饑。三月，壬申，禮部尚書呂震請封禪，帝曰：「今天下雖無事，四方多水旱疾疫，安敢自謂太平」。七月，丁酉，遣使捕北京河南山東州縣蝗。十七年，十月丙子，河南北平大水。十八年八月，河南水災。十九年二月，河南饑。六月丁未，青州鄭州饑。二十二年，廣平順德揚州及湖廣河南郡縣水災。永樂元年，直隸北京山東河南饑。五月，庚寅，山東蝗，丁酉，河南蝗。十一月，癸丑，京師及濟南開封地震。五年夏四月，己酉，順天河南保定饑。明史記載水旱情況甚詳，此僅舉其大略而已（太祖，成祖本紀）。

（四）受皇莊之害者

明初草場甚多，皆占奪民地而爲官田。其中尤甚者，爲皇莊，及皇上賜諸王勳戚官田之制度。太祖賜勳臣公侯丞相以下莊田多者百頃，親王莊田千頃，又賜公侯暨武臣公田，又賜百官公田，以其租入充祿，指揮沒於陣者，皆賜公田。勳臣莊佃，多倚威折禁，上亦無可如何。關明代皇莊之害，近代人考核甚詳，茲不具錄。

綜觀以上所記，明初之天災人禍，已達極點，但亦有數處收穫較豐者。如：山西與江西，永樂十年，江西進嘉禾；十月，丁丑，山西進嘉禾百五十八本。進嘉禾雖取祥瑞之義，然亦足代表該地年熟之象，故明初遷民，山西人民，移出最多。明初移民，皆因人口之不均，榮衰之相懸，故政府勅令各地遵辦，除正式移民外，而有屯田之制。屯田有三：一軍屯，二商屯，三民屯。屯田既久，外籍皆爲土著，其中尤以軍屯商屯爲最盛。太祖初立民萬戶府，寓兵於農，其法甚善，又令諸將屯兵龍江諸處，惟康茂才績最著，乃下令褒之。至其屯田之法，明史食貨志曰：「其制移民就寬鄉，或召募，或罪徙者，爲民屯。皆領之有司，而軍屯則領之衛所，邊地三分守城，七分屯種；內地二分守城，八分屯種，每軍受田五十畝爲一分，給耕牛農具，教樹植，復租賦，遣官勸諭，誅侵暴之例，初畝稅一斗」。於是東自遼左，北抵宣大，西至甘肅，南盡滇蜀，極於交阯，中原則大河南北，在在興屯矣。商屯者，明初曾募鹽商於各邊開中謂之商屯，迨弘治中葉，變法後，而開中始壞，諸淮商悉撤業，歸西北，商家亦多遷移於淮邊，良田爲蕪，米石直銀五兩，而邊儲枵然矣。由此知明代之屯田，遍於全國，屯墾既久，對于風俗習慣，不少沾染，與官府移民之意相同。日知錄曰：「明初承元末大亂之後，山東河南多是無人之地，洪武中，詔有能開墾者，即爲己業，永不起科」。洪武三年，鄭州知州蘇琦上言三事：其一，即爲墾田以實中原之策。其言曰：「自辛卯河南兵起，天下騷然，十年之間，耕桑之地，變爲草莽，宜責之守令，召誥流徙未入籍之民，官給牛種，及時耕耨」。太祖甚嘉其意，故此時徙民亦最多，其見于明史者臚列于下：

洪武三年，徙山西眞定民，屯鳳陽。四年六月，徙山後民二萬五千戶於內地。七年，徙江南民十四萬，詣鳳陽。九年十一月，徙山西民無產者，田鳳陽。二十一年八月，徙澤潞民無業者，墾河南北田。又徙山西澤潞無田民，往彰德眞定等閒曠之地。二十二年，命杭湖諸郡民無田者，往滁和就耕，靑襄諸郡民，往東昌就耕。又諭山西民，願徙河南山東者，驗丁給田。夏四月，再移杭湖溫台蘇松諸郡民無田者，往淮河迤南，滁和等處就耕。二十五年十二月，辛未，山西民徙居彰德衛輝懷慶廣平大名東昌開封，凡五百九十八戶。三十五年九月，乙未，命戶部遣官覈實山西太原平陽二府，澤潞遼沁汾五州丁多田少及無田之家，分其丁口以實北平（以上見太祖本紀）。成祖永樂元年，移山西無田丁耕種河南。三月壬午，移山西澤潞等州縣無田者于河南裕州。八月甲戌，徙直隸蘇州等十郡，浙江等九省富民，實北京。又發流罪以下墾北京田。九月丁卯，徙山西民萬戶，實北京。三年九月，徙山西民萬戶實北京。十年，以青萊諸郡民，耕兗州東昌定陶等縣閒田。十四年十一月，徙山西流民於保德州（以上見成祖本紀及五行志）。

其他見於碑文者，如汲縣郭全村三結義廟，有碑文云：「洪武二十四年，山西澤州建興鄉大陽都爲遷民事，繫汲縣西城南社雙蘭屯居住里長郭全下人戶一百一十一戶。滑縣關帝廟與村皆有洪武年間遷民之碑，字跡清晰，皆可以藉以參考。見於雜記者，如王世禎蠶尾文卷二御史梁晳次先生傳云：先生姓梁氏，其先洪洞人，始祖八公，明初徙河南鄢陵遂家焉。如此等之散見文徵者，不可殫述。

移民之制，金朝已盛，元朝繼之，明初始有大規模之遷移。三代相承，非偶然也。遷移之區域甚廣，北至沙漠，南至嘉杭，東至青萊，西至平陽，方域數萬里，事業之大，亘古無與其比。蘇杭嘉松之民，多移至安徽滁和鳳陽一帶，亦有移至京師者。徐達北征，移沙漠之民屯田北平；山東登州萊州青州諸地，地狹人稠，悉移至兗州東昌，其中移民最多者，當推山西，晉南平陽遼沁汾澤潞諸州之民，皆移往他所，其遷移之途徑：一向北，實北平。二向南，即移至鳳陽一帶，稍近而民移徙最多者，即河南。今河南山東安徽諸地所流行之洪洞移民傳說，即指此也。就今日考覈所得，洪洞移民之時間，不自明始，而始于金；地域不限于洪洞，而指晉南諸郡，移民亦不僅至於河南，移至安徽或北平者亦甚多。又山西臨晉縣志所載方言，如：臨事憒憒曰糊塗蟲，飯曰一頓，受人之物曰賙，霞曰燒，電曰閃，怎麼曰左；寧鄉縣志，罵謂之卷，鈕扣曰圪塔兒，圈曰窟圈，皆與豫省方言相近，此亦人民遷移之力證也。明初移民爲整個之設置，或山西移民時，設總府於洪洞專董其事，而人民相沿成語，皆謂自洪洞來歟？今日之河北河南安徽山東浙江江蘇，在風俗習慣語言上，多有相同之處，實皆此次遷移之所致也。故特錄述之，以備專門研究者之參考。

二十六年四月四日作于開封博物館

夷蠻戎狄與東南西北

童疑 1

普通的讀書人都知道『東夷』，『南蠻』，『西戎』，『北狄』四個名詞，都把這四個名詞認作天經地義，好像『夷』，『蠻』，『戎』，『狄』四個種族與東，南，西，北四個方位有不可分拆的關係似的。這不但普通人如此，就是一般學者名流間，又有幾個人頭腦裏不存着這種荒謬的觀念。大學教授在課堂上講授，大學生在大學裏受了這種知識回到中學裏去教給中學生，中學生又在中學裏受了這種知識回到小學裏去教給小學生。這樣根深蒂固的學說，一般人誰會想得到裏面有很大的問題？

不過，在清代，已經有位大學者崔述在他所著的豐鎬考信別錄（卷三）裏做了一篇很精詳的考証，已經把這種荒謬的觀念根本推翻了。他的考証的結論是：『蠻夷乃四方之總稱，而戎狄則蠻夷種類部落之號，非以四者分四方也』。他的話說得很是明析（雖然有未盡然的地方，參看下文），奇怪一般人仍如不聞不見；時至今日，崔氏考信錄已成家喻戶曉的書，而錯誤的觀念仍舊不受動搖；我真駭異我們貴中國的學者們只會玩公式而沒有腦子至於如此！

我們現在再來寫這篇通俗文字（這確實只是一篇通俗的文字而已），目的便想提醒糾正一般人的迷誤。我們的話如果不錯，請大家此後對於戰國秦漢人以及流俗的話多加懷疑，少加迷信：這於我們並沒有什麼好處，而對於大家卻是有益而無損的！

考『夷』字見於甲骨卜辭。卜辭中常載殷王征夷方的事，如云，『癸巳卜，黃貞：王旬亡猒，在十月又二，正（征）夷方，在滆』（明義士藏片）。殷金文中也載殷王征夷方，可以互証。卜辭中又有『隹夷』（淮夷？），『歸夷』等稱號，如云，『乙巳卜，叀西隹夷』，『叀北隹夷』（殷虛書契後編卷下）。『庚子卜，乎（呼）征歸夷于衖，戋』（庫全英，方法斂藏片）。這些夷不詳其地點所在。周金文中有『東夷』，如云，『東夷大反，伯懋父以殷八𠂤征東夷』（小臣謎𣪘銘）。有『南夷』，如云，『南夷，東夷具見廿又六邦』（宗周寶鐘銘）。有『西門夷』，『熊夷』，『㚇夷』，『京夷』，『畁刀夷』等，如云，『王乎史㽙册命師酉，『嗣乃祖啻官邑人虎臣，西門夷，熊夷，㚇夷，京夷，畁刀夷』（師酉𣪕銘）。西門夷等當在西周王畿附近，因爲師酉是西周的官吏。據此，是西周時東南西三方都有夷族（水經淸水注引竹書紀年，『（武）王率西夷諸侯伐殷』，這也是西方的『夷』）。又詩經中有混夷，串夷（或云二夷爲一種），大雅緜篇，『混夷駾矣』，皇矣篇，『串夷載路』，混夷，串夷都與文王打過交道，自然也是西方的夷族。這証明了『夷』並不限於東方。

『蠻』字見於金文，如虢季子白盤銘云，『搏伐厥𤞷（玁狁），于洛之陽，……賜用戉，用政（征）蠻方』。上稱『玁狁』，下稱『蠻方』，『蠻方』當即指『玁狁』；玁狁是西北的部族，是西北民族可以稱『蠻』。梁伯戈銘云，『抑鬼方蠻』，鬼方就是玁狁，玁狁稱『蠻』，與虢季子白盤銘互証。晉邦盦銘云，『我皇祖鸎（唐）公□受大命，……□□百蠻，廣嗣四方』，秦公鐘，秦公𣪕銘並云，『保業氒秦，虩使蠻夏』。晉在北方，秦在西北，都與蠻打交道，是北方有『蠻』的鐵証（詩大雅抑篇，『用逷蠻方』，以金文互証，蓋亦指西北方的民族）。詩大雅韓奕，『以先祖受命，因時百蠻，王錫韓侯，其追其貊，奄受北國，因以其伯』。韓國所在，有東西兩說，但詩明云『奄受北國』，則韓自在周畿之北。在北方的國家而云『因時百蠻』，則北方有蠻尚有何疑問。又上云『因時百蠻』，下云『其追其貊』，蓋追貊即『蠻』。頗疑『蠻』『貊』一音之轉，所以魯頌稱『淮夷蠻貊』，論語說，『言忠信，行篤敬，雖蠻貊之邦行矣』，都以『蠻』『貊』連稱。其實北方有『蠻』就是在漢人所著的史記裏也有明證：如匈奴傳云，『唐虞以上有山戎，獫狁，葷粥，居於北蠻』，這也可證玁狁稱『蠻』之說。小雅采芑始有『蠻荆』之稱，如云，『蠢爾蠻荆，大邦爲讎』；『征伐玁狁，蠻荆來威』。『荆』就是『楚』，『楚』稱『蠻』，爲南方也有稱蠻之族的證據（左傳也載楚的鄰近有『羣蠻』）。魯頌閟宮云，『至于海邦，淮夷蠻貊，及彼南夷，莫不率從』。『至于海邦』而有『淮夷蠻貊』，是東方民族亦可稱『蠻』。成六年左傳又云，『晉伯宗，……伊雒之戎，陸渾蠻氏侵宋』。『陸渾蠻氏』疑爲一名，陸渾爲戎族，『戎』而稱

『蠻』，所以昭十六年傳說，『楚子，……使然丹誘戎蠻子嘉，殺之，遂取蠻氏』。這明明以『戎』『蠻』連稱，『戎蠻』就是『蠻氏』，這是住在中原的蠻族。據上所考，東，南，西，北，中五方都有所謂『蠻』，『蠻』並不限於南方。

『戎』字也見於甲骨文（『戎』當即是兵戎的意思，凡是文化落後而尚武的民族，都可稱『戎』）。卜辭有『井方戎』的名稱，如云，『三月乙酉，㞢來自東，戔乎㞢告井方戎』（殷虛書契後編下卷），告戎而云『自東』。又有『征戎』的記載，如云，『庚戌卜，王貞，口弗其獲征戎，在東，一月』（殷虛書契前編），『征戎』而亦云『在東』。又有『東戎』之稱，如云『東戎從』（鐵雲藏龜）。在商代東方已有戎族，這根本摧毀了『戎』限於西方的觀念。金文中也有東國戎，如云，『甲戌，王令毛公以邦冢君，土馭域人伐東國瘠戎』（班殷銘）。書費誓又稱徐爲『戎』，如云，『徂茲淮夷徐戎並興』，徐也是東方的國家。以上都是東方民族稱『戎』的證據。再證以春秋經及左氏傳：隱二年，『公會戎于潛，修惠公之好也』。莊二十年，『齊人伐戎』。二十四年，『戎侵曹』。杜預云，『陳留濟陽縣東南有戎城』，是今山東曹縣一帶在春秋時有戎國，所以他能與魯，齊，曹等國發生交涉。春秋時東方有『戎』，這可與甲金文互證。不但東方有『戎』，就是南方也有『戎』：桓十三年左傳，『楚屈瑕伐羅，……羅與盧戎兩軍之。』杜注，『盧戎，南蠻』。文十六年傳，『楚大饑，戎伐其西南』。這也是南方的戎族。不但南方有『戎』，就是北方也有『戎』：隱九年左傳，『北戎侵鄭』。桓六年傳，『北戎伐齊，齊使乞師于鄭』。僖十年經，『齊侯許男伐北戎』。北戎所居近於齊鄭許諸國。證以竹書紀年『晉人敗北戎于汾隰』（後漢書西羌傳）的記載，大約北戎是居大河以北而鄰近諸夏之國。又莊三十年經，『公及齊侯遇于魯濟』，『齊人伐山戎』。傳，『遇于魯濟，謀山戎也，以其病燕故也』。春秋時山戎之居當在齊燕之間。襄四年左傳，『無終子嘉父使孟樂如晉，因魏莊子納虎豹之皮以請和諸戎』。昭六年傳，『晉中行穆子敗無終及羣狄于太原』。山戎無終舊說爲一族，無終當居今河北山西兩省間；是東北方也有戎族。但是西方也並不是沒有戎族的：不嬰殷銘，『女以我車宕伐嚴允于高陵，女多折首執訊，戎大同逖追女，女及戎大臺戰』。是西北的玁狁稱『戎』。詩小雅出車，『赫赫南仲，薄伐西戎』，又云，『赫赫南仲，玁狁于夷』。『西戎』也指玁狁之類，可與金文互證。此外周代又有『犬戎』，居於西方，曾亡周室。犬戎也稱『犬夷』，如後漢書西羌傳用竹書紀年語，『畎夷入居豳岐之間』。『畎』即『犬』，這也是『戎』『夷』可混稱之證。又有『驪戎』，『陸渾之戎』等，並居西方，為王室諸夏之禍，見於左傳史記等書。其居中原的，有揚拒泉臯伊雒之戎，也曾侵犯周室。陸渾之戎後來也遷居中原，是中原也有戎族。所以『戎』也是東南西北四方文化落後的民族的一種通稱，與『蠻』『夷』一樣，並不限於西方。

『狄』字也見於金文。如鼓狄鐘銘云，『侃先王，先王其嚴在帝左右，鼓狄不龔，鼓鼓覺覺，降福無疆』。鼓狄地點不知何在？『狄』字又見於詩經。魯頌閟宮篇云，『戎狄是膺，荊舒是懲』。狄族確是北方最多，山海經竹書紀年載夏商間有有易國，商祖王亥被他所害，據孫之騄說，有易在大河以北。『有易』天問作『有狄』，疑即狄國之先。又高本漢分析字典以為『夷』『狄』音近，吾友吳子臧先生（世昌）作墨子姓氏辨書後（北平研究院史學集刊第二期），考定『夷』『狄』同音通假（『夷』字方音與t聲相通假），是狄族即是夷族。後漢書西羌傳注引竹書紀年，『周王季伐西落鬼戎，俘二十翟（狄）王』，是狄族又即戎族。呂氏春秋，『昭王征荊，辛餘靡振王，乃俟之於西翟』，是狄可稱『西狄』，並不限於北方。成十三年左傳，『晉侯使呂相絕秦，曰，「……白狄與君同州」』，秦在雍州，是白狄居於西方。春秋時狄族自西向東，橫暴諸夏，勢力直達山東，但其竄穴之地大致在北，所以後世有『北狄』之稱（參看蒙文通先生赤狄白狄東侵考，本刊第七卷第一，二，三合期）。但赤狄白狄以外，長狄的勢力則在東方。文十一年左傳，『鄋瞞（即長狄）侵齊，遂伐我，公卜使叔孫得臣追之，吉，……敗狄于鹹，獲長狄僑如。……初，宋武公之世，鄋瞞伐宋，司徒皇父帥師禦之，……以敗狄于長丘，獲長狄緣斯。……晉之滅潞也，獲僑如之弟焚如，齊襄公之二年，鄋瞞伐齊，齊王子成父獲其弟榮如，……衛人獲其季弟簡如。鄋瞞由是遂亡』。長狄所至之國如魯，如齊，如宋，如衛，都是東方的國家，長狄勢衰奔山西之潞，終被晉所

4

夷滅。大約長狄的根據地本在東方（蒙文通先生以爲長狄即魯西之『戎』，見赤狄白狄東侵考），是東方也有狄族。除北，東，西三方外，南方也有稱『狄』之族，如左傳哀四年云，『蠻子赤奔晉陰地，（楚）司馬起豐析與狄戎以臨上雒』，是南方的楚國也有附屬的狄族。據此，狄族也遍布於四方，並不以北方爲限。

上面在最古的文書裏舉出了許多的南夷，西夷；西蠻，北蠻；東戎，南戎，北戎；東狄，西狄，南狄：已足把『夷』『蠻』『戎』『狄』與東南西北的固定關係根本打破了。我們進一步說，就是春秋以來風行一世的『夷，夏』觀念也何嘗正確：我們知道，所謂『諸夏』的中心夏商周三個種族也是從夷戎之族進化來的：如定四年左傳記唐叔封晉，『啟以夏政，疆以戎索』，是夏虛就是戎虛，可証夏亦戎族。所以古書裏有『姒戎』（姒爲夏姓）之稱（見太平御覽引尚書緯帝命驗）。國語鄭語，『申，繒，西戎方強』。史記周本紀，『申侯與繒，西夷，犬戎攻幽王』。韋昭云，『申，姜姓；繒，姒姓；申之與國也。西戎亦黨於申，周衰，故戎狄強』。申與西戎都是戎族（後漢書西羌傳用竹書紀年語，『（宣）王征申戎，破之』），繒與申西戎等黨惡，自然也是戎族無疑。襄二十九年左傳，『杞，夏餘也，而即東夷』，杞鄫並爲夏後姒姓之國，一即東夷，一黨西戎，証以夏虛即戎虛與姒戎之說，夏之起自戎夷可爲定說。至於商族，昭二十四年左傳引太誓云，『紂有億兆夷人』，逸周書明堂篇云，『周公相武王以伐紂夷』，是商爲夷族。書康誥，『殪戎殷』，逸周書世俘篇，『謁戎殷于牧野』，是商又爲戎族。這一方面可証『夷』『戎』混稱，並無東西之別；一方面也可証商並非中原的民族。周人也起自戎狄；國語周語，『我先王不窋……自竄於戎狄之間』。其實周就是西夷之一；周人自稱爲夏（見尚書立政等篇），夏爲西夷。姬姜世通婚姻，據國語晉語，姬姓出於黃帝，姜姓出於炎帝，黃炎二帝又同出於少典，是姬姜本爲一族。姜爲戎種明見左傳等書（參看顧頡剛師九州之戎與戎禹，本刊第七卷第六，七合期），則周之爲戎族自亦更無疑問。所以春秋時還有姬姓之戎，如晉獻公所伐的驪戎，所娶的大戎都是姬姓，可爲明証。據上所考，三代民族既然皆本非中原之人，然則那裏還有『夷，夏』之分。既無『夷，夏』之分，則以『華夏』民族居中央，『夷』『蠻』『

戎』『狄』分居東南西北的觀念，自根本失其依據了。春秋以後，中國本部的四裔種族盡被所謂『諸夏』所併吞，同化，於是人們就漸漸忘了春秋以上的情形。一般人只記得西周爲戎族所滅，而齊魯一帶稱『夷』之族很多，又春秋時『諸夏』懼怕北方狄族的餘影還在，而自從楚國強盛以後，因楚稱『蠻』，人們就把楚代表了『蠻』，這樣一來，『夷』『蠻』『戎』『狄』便漸漸與東南西北發生不可解的因緣了。

把『夷』『蠻』『戎』『狄』分配東南西北的記載，最早的似乎是墨子書。節葬下篇說：

堯北教乎八狄，……舜西教乎七戎，……禹東教乎九夷。……

它把『狄』，『戎』，『夷』分配北，西，東三方，言下自以『蠻』配屬南方。自從戰國人有了這種觀念，於是漢人就照樣抄寫道：

中國戎夷，五方之民皆有性也，不可推移。東方曰『夷』，被髮文身，有不火食者矣。南方曰『蠻』，雕題交趾，有不火食者矣。西方曰『戎』，被髮衣皮，有不粒食者矣。北方曰『狄』，衣羽毛穴居，有不粒食者矣。（禮記王制）

九夷之國東門之外，……八蠻之國南門之外，……六戎之國西門之外，……五狄之國北門之外。……（全上明堂位）

自從漢人這樣一寫，後人也就不假思索，跟着依聲學舌了，那裏知道根本就沒有這麼一回事呢！

附錄　辨夷蠻戎狄（豐鎬考信別錄卷三）

崔述

戴記曲禮篇稱『東夷，北狄，西戎，南蠻』。王制篇云，『東方曰夷；南方曰蠻；西方曰戎；北方曰狄』。明堂位篇亦云，『九夷之國，東門之外，西面北上；八蠻之國，南門之外，北面東上；六戎之國，西門之外，東面南上；五狄之國，北門之外，南面東上』。皆以蠻夷戎狄分屬四方。後世說者沿而不察，皆以爲然。余按，禹貢梁州章云，『和夷底績』，綿之詩云，『昆夷駾矣』，孟子云，『文王事昆夷』，是西亦有夷也。詩韓弈云，『以先祖受命，因時百蠻』，是北亦有蠻也。春秋經傳，『公及戎盟於唐』，『公追戎於濟西』，『齊侯伐山戎』，『無終子使孟樂如晉，請和諸戎』，『楚大饑，戎伐其西南，又伐其東南』，是東與南北亦皆有戎也。安在可以四方分哉！蓋蠻夷乃四方之總稱，而戎狄則蠻夷種類部落之號：非以四者分四方也。故禹貢云，『五百里要服：三百里夷，二百里蔡。五百里荒服：三百里蠻，二百里流』。堯典亦云，『蠻夷猾夏』。則是九州之外皆爲蠻夷，初未嘗分戎與狄也。蓋夷猶裔也，裔猶邊也：以在九州邊上，故附見於九州，在冀揚爲島夷，青爲嵎夷，萊夷，徐爲淮夷，梁爲和夷。謂之要服，則是猶有禮教存焉。故春秋傳稱『用夷禮』，是夷未嘗無禮，但不及中原文物之盛耳。蠻則蠢然無知，故但謂之荒服。然則蠻夷以內外分，不以東南分；四方皆有夷，亦皆有蠻，不得專屬之東南也。蓋唐虞都冀，北近南遠，每服雖約以五百里，然北常狹，南常廣，故蠻在南方爲多。而記禮之家多齊魯之士，地近東夷，遂誤以夷專屬之東，而以蠻專屬之南耳。戎者，西方蠻夷之一，猶其有氐與羌也。狄者，北方蠻夷之一，猶其有追與貊也。其見於經傳者，數者之外復有庸，蜀，髳，彭，微，盧，百濮，百越之屬。然惟戎與狄爲最盛，往往分居四方。故狄或居冀，或居雍，而戎或隣於秦，或鄰於楚，或鄰於晉，於齊，於魯，於燕，猶氐羌之盛於漢晉間也。及戰國之世而戎狄漸微，是以其後無聞。不得以戎屬之西，狄屬之北，而與蠻夷分列而爲四也。故春秋書『公會戎于潛』，『齊人狄人盟于邢』，『公伐戎』，『衞人侵狄』，『戎侵曹』，『狄伐鄭』，『狄侵我西鄙』，『晉人敗狄于箕』，如此者不啻數十事； 7
而從未有直書『夷伐某國，蠻伐某國』，及『會夷，盟蠻，伐夷，侵蠻』者（傳稱『晉武公伐夷』，此夷乃王畿采邑，非蠻夷之夷）。而春秋傳，吳，楚，邾，莒往往稱爲『蠻夷』，亦從未有稱爲戎狄者。然則是『戎狄』爲國名而『蠻夷』乃其通稱，彰彰明矣。大抵戴記諸篇，漢儒所撰，其說多本之傳；然沿而誤者常十之六七。故考三代之事，雖一名一物之微皆當取信於經，其次則參考於傳；不得但據戴記之言，遂信以爲實也。

案，崔氏以『蠻，夷』爲四方之總稱，誠是；然以『戎，狄』爲蠻夷種類部落之號，則尚未達一間。蓋『戎』爲兵戎之意，故狄可稱戎，戎亦可稱狄，凡四方文化落後而尚武之族皆可稱戎，狄與夷同（說詳上文），夷蠻固四方皆有，而戎狄亦遍布於四方，夷蠻戎狄四名之意義實近似，非有大異，崔氏狃於禹貢堯典之名號，故有不達之結論，實則不可信也。

史地書店啓事

一

敬啓者：竊維學術之促進，文化之提高，端賴羣策羣力，合謀共舉：是以其道不祗一端，人人均與有責，簡接之幫助，涓埃之積聚，其功既非不足錄，其用或且頗可尙也。敝店同人均久服務學界，閒嘗思盡其微勞，爲有小補於學人之事，深知今之學人中每有欲購某書者，不知其購買之處；欲購某類書者，不知此類中新有何書；而有書之人又每求售無從，欲推廣無策：供求不相銜接，雙方均感煩苦，其於阻滯學術之進行，障碍文化之提高，爲害於無形中者實非淺尠！倘得有一總聚之機關，供者於此供，求者於此求，則其便利雙方，何可勝言！因此幾度集議，定創設史地書店於北平，以北平爲吾國惟一之文化區域，而史地之範圍包括較廣也。其職專司代讀者搜求欲得之書籍，著者推廣廣遠之銷路，凡何書出版於何處均一一調查登錄，接洽代售；而何書爲何人所需要，即隨時報告其人，請其採購。惟書既不限一類，地又不拘一方，似敝店同人之願奢力棉，才短智拙，當此創辦伊始，必多有未周，全賴各界人士慨賜贊助，惠加指導，使此新萌之芽，日益進長，終臻發育良好之域，不負簡接促進學術提高文化之使命，而有涓埃之助於學人，實不勝其禱幸感盼之至！

二

敬啓者：禹貢學會所出版之半月刊，書籍，及地圖底本，燕京大學歷史學系所出版之史學消息，現均已委託敝店爲總發行所，凡有欲訂購及批發者，敬祈向敝店直接接洽爲荷！

三

敬啓者：開設北平景山東街之景山書社，現已停業，凡素與該書社往來之主顧，如有欲購該書社所出版及經售之書時，祈即向敝店接洽，無不竭誠歡迎，定能使諸君滿意也。

店址：北平西四北小紅羅廠　電話西局一四九三

中國大運河沿革考

——譯自日本地理教育第七卷第六號第八卷第一號及第二號——

日本西山榮久著
祁　蘊　璞譯

一　緒言

北起河北，中經山東江蘇，南抵浙江之中國大運河，世俗多漫然稱隋煬帝所開，然决非如是之單純，不特有相當的種種沿革，實際上隋之大運河與現今之河道大不相同。大略言之，即隋之大運河，僅南北兩部分與現今大運河一致，其中間部分，實元代構成其規模，明清又有改修，致河道發生變遷。換言之，現今大運河之規模，可謂爲元代以後所完成也。予對於該大運河之成立沿革及現狀，思一一介紹，不但於中國地理之教授上有所裨益，即於東洋史之教授上亦有不少之補助，茲就予所研究者簡單敘述之。

二　運河之名稱與其適用

今言及運河，必聯想到蘇彝士巴拿馬之大運河，即專以人工開鑿——一部利用自然之河道與湖沼——者爲例。但中國所謂運河者並不限于人工之河道，即爲自然之河道，凡使用於漕運者，皆可稱運河。運河名稱，大概起自明代，侍郎王恕編漕運志，書中專用運河之名，世人遂沿用此名稱；亦稱漕河，其目的所在，爲輸送各地糧餉——米或雜穀等——於帝都或必要之地（例如戰地等），即以官用爲主要目的，並不以一般民間之商品輸送爲主也。因漢唐都今之陝西，渭水與黃河，亦可稱作運河，東方及東南方之食料品，係由此等河道輸送長安；宋之帝都爲汴京，即今之開封，汴水及淮水皆當時最要的運河；元明清都燕京，即今之北平，遂完成現在之大運河而利用之。

上述大運河，雖以輸送各地方食料於帝都爲其主要目的，而就中國全部言之，大運河以外，尚有小運河頗多；如浙江省之德清運河，及寧波紹興方面之運河等，距離甚短，不勝列舉。然此等運河，不一定以官用爲主要目的，蓋謀地方民間之便利，因而疏通者當不在少數；今對於其成立沿革，姑擱置不論。

三　隋煬帝之開鑿運河

隋之煬帝，與秦之始皇，均爲中國最豪奢之君主，彼二人之性格事業，有種種相類之點，而其大興土木之一點，相類尤著。夫始皇之建宮殿，修馳道通於全國；煬帝亦營宮殿，開鑿大運河。彼等之馳道與大運河，於後世有偉大之影響，兩帝在中國交通史上，實可大筆特書。煬帝之大運河，係由下述四大部分而成，乃縱貫于中國南北者也。

（甲）通濟渠　據隋書所載：文帝時財政豐足，倉廩充溢，竟無所用之；及煬帝繼承其後，大業元年營顯仁宮於東京（後改東都，卽今之河南省洛陽），集海內之奇禽異獸草木等，以充實苑囿，且徙天下富商大賈數百家於東京，此爲煬帝豪華之發端。尋開大運河之一部，所謂通濟渠者，隋書云：

> 辛亥發河南諸郡男女百餘萬，開通濟渠，自西苑引穀洛水達於河，自板渚引河通於淮。（隋書第三）

食貨志所記與上大同小異，所云男女百餘萬者，蓋不獨男子，卽女子亦課徭役，可知煬帝督催工事之速成。就年代言，辛亥在三月，卽由大業元年（西曆六〇五年）三月開工，共用幾何之日月，雖無由判明，然同年開邗溝，帝由通濟渠入邗溝，由水路行幸揚州，或係同年內竣工耶。

其水程經過，就隋書所記，可以考知，蓋由洛陽達於今之江蘇北部。其詳如下：

1從洛陽西苑引穀水（洛水支流）與洛水之水，通於洛水之河道而達黃河。

2從洛水與黃河之會點，利用黃河而達板渚。板渚者據讀史方輿紀要第四所言，在今汜水縣東北二十里，是爲汜水注黃河之地點。往時此地有城，稱曰板城，因城北渡津，名板城渚口（據水經注），故板渚或卽指其渡津而言。板渚之名，屢見於唐書等。

3從板渚引黃河之水以達淮河。達於淮河之地點，大約在今之淸江浦附近，如是長之水程，果係新開鑿與否，隋書雖未詳，然據通典或宋史河渠志，似爲通汴河與泗河，而使其聯絡淮河者，則非新開鑿者可知。至汴水泗水之現狀，則汴水在地圖上已無其名，據大淸一統志，此河發源於滎澤縣，卽禹貢之灉水，秦漢之鴻溝，後稱浪蕩渠。東流經開封睢考城甯陵歸德虞城夏邑諸地而入江蘇碭山界；更東流過蕭縣徐州，遂與泗水相合。泗水今尙存在，上流起自山東，南流入江蘇，從徐州東南經宿遷泗陽諸縣，至淮陰（淸江浦）合於淮河。

隋之運河

現在運河 ——　隋之運河 ----

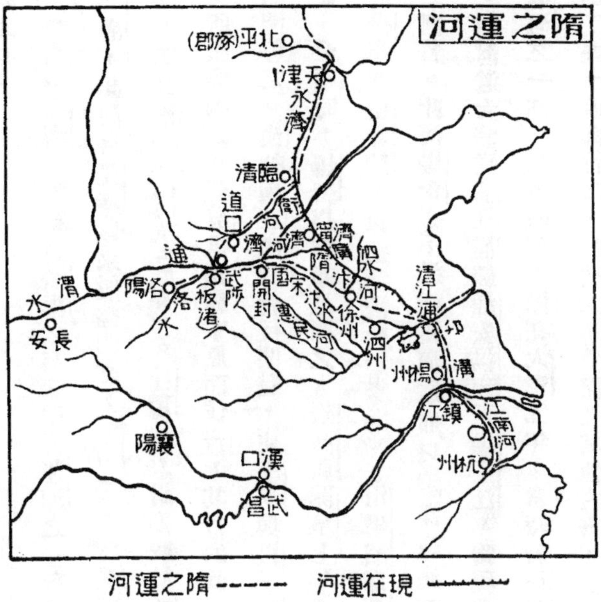

通濟渠既由上述三大部分而成，就中第三部分，何時始不存在？大淸一統志云：『今大河所經，即汴水故道，宋時又導汴蔡以通陳潁之漕』。又該書江蘇省徐州府之條有云：『古汴水一名獲水，自碭山縣入，經蕭縣東北，又東北經銅山縣東，……唐宋以來，汴渠多自夏邑永城達宿州界，又東至泗州入淮，而入泗之流甚少，其後大河決嚙，遂奪汴渠故道爲經流矣』。據此知隋代通濟渠之一部即汴水，至唐代已稍稍改流於南方，從河南入安徽宿州界，至泗州合於淮水，致從來之河道河水大減，因而注於泗河之水量甚少。至元代黃河變流，及明代泰定元年黃河改道，於是汴水之故道，與泗水之流，皆爲黃河經流之地。及咸豐五年，黃河北流而奪大淸河故道，往時汴泗兩河，即隋代通濟渠之一部，在地圖上僅殘留舊黃河淤黃河或黃河故道之名云。

研究通濟渠，不可不言及者，即隋書食貨志敍通濟渠謂『達于淮海，謂之御河，河畔築御道，樹以柳』。蓋此河道從淸江浦附近，更東及黃海（蓋通於地圖上之舊黃河），從而通濟渠若嚴格言之，可謂從洛陽達於黃海，而當時稱曰御河（御者天子所用，故名），河畔築御道，樹以柳，實具相當之設備。今大運河之一部，尙殘留御河之名稱，實起於此云。

更須言及者，即通濟渠之一部之汴河，果係煬帝開鑿疏通否？實則隋以前屢次行之。後漢明帝永平十三年，『汴渠初成，河汴分流，復其舊跡』（大學衍義補）。

晉書宣帝本紀云：『正始三年三月，奏穿廣漕渠，引河入汴』。魏書崔亮傳云：『亮遷度支尚書，議修汴蔡二渠，以通邊運，公私賴焉』。就上所舉：最後汴河之修，爲魏宣武帝時代，因此隋煬帝之運河，祇就舊河道之不通者開鑿之，決不能與蘇彝士巴拿馬兩運河之大工程相比也。

（乙）邗溝　聯絡通濟渠之南而作大運河之一部者爲邗溝，此河自先秦以來屢經開鑿，左傳云：『吳城邗溝，通江淮』（哀公九年之條）。杜預註，謂築城於邗溝，所謂穿溝云。蓋吳欲稱霸中原而伐齊，其目的爲運糧而開鑿之。漢初與三國時皆行開鑿，使淮河與揚子江相通。至隋時，煬帝以前亦已開之，隋高祖開皇七年，『於揚州開山陽瀆，以通運漕』（見帝紀）。山陽瀆即邗溝之別名。此河煬帝亦不過就舊河道加以濬渫疏通而已。而河道大體從清江浦經淮安揚州至揚子江，爲現存大運河之一部。煬帝疏濬，係在大業元年，當時發淮州諸郡丁夫十餘萬行之，見於大業雜記及其他古書。

如斯通濟渠與邗溝聯絡之結果，乃有『大業元年八月壬寅，上御龍舟，幸江都，以左武衛大將軍郭衍爲前軍，右武衛大將軍李景爲後軍，文武官五品以上給樓船，九品以上給黃蔑，舳艫相接二百餘里』（隋書卷三）之事。蓋煬帝是年秋作豪華之行幸，至揚州江都宮，此二河於開工之年即竣工，可知用極短之時日而成功也。

（丙）永濟渠　煬帝更於大業四年開永濟渠，隋書帝紀（卷三）云：『四年春正月乙巳，詔發河北諸郡男女百餘萬開永濟渠，引沁水，南達于河，北通涿郡』。該書食貨志又云：『四年發河北諸郡百餘萬衆，引沁水達于河，北通涿郡，自是以丁男不供，始以婦人從役』。據此則土木繁興，民衆之痛苦可知矣。

據隋書所言，永濟渠實以貫通河南山東河北三省之衛河——清河——爲根幹，與黃河聯絡，引沁水——沁水現在河南武涉之東，入於黃河，不與衛河聯絡。但據大清一統志（一五八），其故道經武涉獲嘉新鄉諸縣，入於汲縣（衛輝），於該縣北方通於衛河。該書引元郭守敬之言，謂『沁之餘水，於武涉之北，流合於御河，灌田，是即沁水入衛之故迹也』。至元代沁衛不相通，而故道尚存，明初因黃河之河道變遷，遂致堙滅。其後萬曆十五年，沁水決於武涉之東，新鄉獲嘉諸縣因此有水災之患。當時擬使沁水再與衛河聯絡，因沁水多沙，不便漕運，遂將此事中止（大清一統志一五八）。

本流之衛河，從河南進於河北南部，至山東臨淸，成現在之大運河，至天津與白河相通，而此永濟渠之北端，隋書謂北通涿郡，當時之涿郡，大體爲今之北平一帶，即前淸之順天府地方，其郡城設於涿縣（今北平之西南），據此則永濟渠以白河——北運河——更與北平方面聯絡。

永濟渠之工事，果須幾何之歲月，雖不易判定，但以通濟渠或邗溝爲例，亦不須極長之時日。其故有二：

1先是隋文帝開皇三年，以京師倉廩尙虛，議爲水旱之備，詔於蒲陝虢熊伊洛等水次十三州置倉庫，於衛州設黎陽倉（據隋書）。據此則當時衛河雖不完全，然亦通漕運也。

2煬帝尋興遼東朝鮮之役，會兵涿郡，其軍糧即係由此水路輸送。

（丁）江南河　煬帝於大業六年勅令開鑿江南河，從京口至餘杭，達八百餘里，京口爲今之鎭江，餘杭郡名，爲今之杭州，是爲現在大運河之南部。

原來江南地方，多爲澤國，屬低濕地，溝渠縱橫相通。先秦時代，吳王夫差修運河，從揚子江通於南方（見史記）。後至六朝時，因京師建康（今之南京）運糧之故，除上述運河外，又修從雲陽（今之丹陽）通都下（今之南京）之運瀆，以避京江（揚子江一部）之險。至隋之都城，移於北方，雖雲陽溝渠堙廢，然鎭江杭州間所謂江南運河，由煬帝疏鑿，並加寬廣。是以此一煬帝所開之運河，亦祇就故渠施工修理，並非新開之河道也。

疏鑿江南河之目的，煬帝原擬御龍舟行幸會稽（今之浙江紹興），後未果行。然唐武德以後，屢濬江南河，遂於江南設水驛，而唐之永泰年間，轉運使劉晏引練湖（在丹陽）之水以注漕河，漕運甚便。宋之天聖慶曆元祐政和乾道嘉定等年代或加浚濼，或施種種之設備；元明淸三朝，又屢次修理浚濼；現時此部分運河，除帆船外，尙能通小汽船。

四　唐宋金時代之大運河利用與改道

著大學衍義補之邱濬，評論煬帝之大運河，謂『臣按隋雖無道，然開此三渠，以通天下漕，雖一時役重民苦，然百世之後，賴以通濟』，實不刋之論。隋煬帝因驕奢而開大運河，彼嘗時禦龍舟於運河，率文武百官，擁後宮多數之嬪妃，耽於游樂，民間之運輸交通，雖不在其目中；然隋以後至唐宋時代，運河實與南北交通以極大之便利焉。

（甲）唐代之漕運　唐以長安（今之陝西西安）爲京師，當時關中之地，並非如今日生產缺乏之邊陲，實以沃野千里著稱於世；但以狹隘之地區，不足養京師百萬住民與多數官吏兵卒，故仰仗江淮方面稻米雜糧之供給。據唐書所言，高祖太宗之際，漕運之數量尚少，年不過二十萬石。高宗以後，至玄宗時代，需要頓加。尋代宗德宗時，劉晏杜佑當漕運之局，尤以劉晏居財政之衝，天寶以來三十餘年，就中關於漕運，在唐代實出類拔萃之手腕家，固無庸贅言也。

然其漕運河道，當時各地相通，就唐書食貨志所言，以江汴河渭四水爲主體，此外當爲江南河與邗溝，設此未包括煬帝運河之全部，但有時亦被其利用可無疑問。此四水內：

1江　當然爲揚子江。

2汴　此汴水與煬帝時之汴水有異，係從河南歸德府界流於東南，從永城界入安徽，經宿州靈璧，於泗州之東南注於淮河。雖其大部分今已淤塞，然在安徽泗州之東南部，流入洪澤湖之一河，今尚遺古汴河之名。想唐代汴河，約爲今之南段河或爲與澮河並行之一河。

3河　係指黃河。

4渭　渭河爲陝西大河，黃河之一支流，隋以前即利用於漕運，今民間尚有運輸交通之利。

（乙）宋代之運河　宋都汴梁，爲今之開封，從各地通漕運於此，固不待言。宋代對於漕運曾有極大之努力，宋史食貨志云：

> 有四河以通漕運，曰汴河，曰黃河，曰惠民河，曰廣濟河，而汴河所漕爲多。太祖起兵間，有天下，懲唐季五代藩鎮之禍，蓄兵京師，以成彊幹弱支之勢，故於兵食爲重。建隆以後，首浚三河，令自今諸州，歲受稅租及筦榷貨利，上供物帛，悉官給舟車，輸送京師。

宋懲唐以後藩鎮之禍，除地方軍閥割據之弊，專集中兵力於中央政府，故軍糧之運輸，特關重要。其漕運河道，當以汴黃惠民廣濟四河爲主，特由汴河輸送江淮糧

6

餉於汴京，須用最大之努力。就其運輸之數量，宋史食貨志云：

汴河歲江淮米三百萬石，菽一百萬石；黄河粟五十萬石，菽三十萬石；惠民河粟四十萬石，菽二十萬石；廣濟渠粟十萬石。

上所言爲太平興國六年定制，然因時代，隨必要，其數量必不能同一，例如食貨志所言，『至道初汴漕運米五百八十萬石，大中祥符初至七百萬石』。汴水不必論，即其他各河，漕運之量亦因時而異。

上言四河，玆將其河道述之如左：

1汴河同於唐代之汴河，不同於隋代之汴河。

2黄河無特說之必要，宋代對於隋之永濟渠，亦多少利用，食貨志及各書均曾載及。

3惠民河即河南之蔡河，一名小黄河，宋代稱曰惠民河。宋初以該河爲主，輸送河南東南部之粟菽於京師，後直通江淮，漕運江淮米直達京師。

4廣濟河爲通於山東方面之一河，宋史河渠志云：『導菏水，自開封歷陳留曹濟鄆，其廣五丈，歲漕上供米六十二萬』，所謂五丈河是也。案五代周顯德四年，疏汴水北入五丈河，齊魯之舟楫皆得達於汴梁；宋開寶六年詔五丈河改稱廣濟河。據大淸一統志，廣濟河自元明以來，河道淤塞，不通舟楫，今已不能作漕運之 7
用云。

(丙)金代之漕運　金都燕京(後改都汴京，譯者識)，爲今之北平，其領土在中國本部內僅限於北部，不能達於中部，故漕運亦多利用北部之河流，從而永濟渠——如衛河——特爲重要之漕運路，金史河渠志亦有記載。

五　元之大運河

上述由隋至宋金之大運河，與現在之大運河比較，其在江蘇之北部，與山東之部分，彼此大不相同。然現在之大運河果係何時成立？蓋實元代大體構成現狀，至明代始大成，至清末始有淤塞之處。以下先就元代之運河略說之。

(甲)元初之漕運　元都燕京，稱曰大都，又名汗城(Cambalic, Kbnba lik)，必須由中國中部方面輸送糧餉於都城。元史食貨志有云：

元都於燕，去江南極遠，而百司庶府之繁，衛士編民之衆，無不仰給於江南。

蓋元代都城之位置，在水路交通上極感不便，在歷史上爲從未支配中國全土之帝都。緣遼金僅領有北方，偏居一隅，且燕京僅爲諸都之一，至元代則爲大帝國之正式都城，所有蓄養百僚臣庶及多數軍隊之糧餉，須煞費苦心。故有元一代，輸送京城之糧米，或行河運，或行海運，或兼行陸運，其方法可謂五花八門矣。

先就元初之運河輸送言之，元史食貨志云：

漕糧則自浙西，涉江入淮，由黃河逆水至中灤，旱站至淇門，入御河，以達於京。

就上文浙西之字句考之，是蓋元代攻陷南宋都城臨安（今之杭州）以後之輸送路徑，即後來一面並行海運，亦暫取此輸送路徑，就散見於元史之記事，可以證明。文中旱站二字，是對水站而言，蓋在陸路上設驛站，徵民夫，由各站逐次陸運，以遞送糧米，可知元代運糧之苦心經營矣。

就上引用文中之地名，與現在名稱比較，所謂浙西者，即今之浙江西部一帶，該地糧米，由隋之江南運河（今之鎮江杭州間）及其他水路而達揚子江，再由隋之邗溝入淮河，溯唐宋之汴河，更進於黃河，由此逆航而達中灤。中灤一書中欒，係鎮名（鎮爲無城郭之都會），爲位於現在河南封邱縣西南三十五里之小都會。大清一統志（一五八）對於中欒鎮有左列之記載：

大河北岸舊有城，元中以運道壅塞，命轉運使歲漕江南米數十萬，由淮入汴，至中欒城，陸運赴淇，仍以舟載送京師，蓋運道以此爲中頓。後以勞費不貲，改從海運，而中欒遂廢。明洪武中嘗設驛及巡司。

元初糧米，先運至中灤鎮，再由旱站實行陸運，以達淇門，從此下航隋之永濟渠（今之衛河），至天津，更溯白河，經通州而達燕京。淇門係一驛，今地圖上尚有其名，明代置巡司（巡檢司）。當元時設立江淮京畿二都漕運司，各要地置分司，江淮都漕運司掌理中灤鎮以南之河運，京畿都漕運司督理中灤至燕京之陸運及御河之河運。中灤淇門間雖僅百八十里之短距離，然勞苦備至，用費太鉅，遂廢止此陸路輸送而專行海運，中灤鎮遂成無用之地。

關於元之海運，後當另述之。元代一面開始海運，同時運河與旱站並未即時廢止，後逐漸廢之，蓋有一時兩者並用之狀態云。

元之新開河

（乙）新開河之開鑿

元代更於山東方面，開新開河，其開鑿理

由，爲江淮之不通。至其開鑿開始之年，諸書中或謂至元十九年，或謂至元二十年，記事殊不一致，茲不必深考。

抑其所謂新開河者，即元史食貨志所云：『後又開濟州泗河，自淮至新開河，由大淸河至利津入海』是也。欽定古今圖書集成（食貨典一九五卷）引東平州志云：

至世祖至元二十年，以江淮水運不通，命兵部尚書李奥魯赤等，自任城開渠，達於須城安民山，凡五百里，北自奉符爲牐，以導汶水入洸，東北自兗州爲牐，以遏泗水會洸，合而出於任城之會源牐，分流南北。其西北流者，至須城之安民山，入淸濟故瀆，至利津入海。後因海口沙壅，又從東阿陸轉二百里，抵臨淸，下御漳，艱難萬狀。

元代之運河

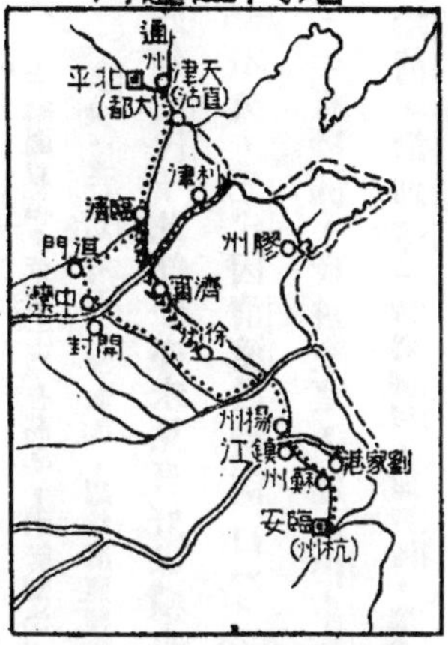

會通河 xxxxx　海運路 ----
元初運路 ......　新開河 >>>>>>

上文有數處地名，與今之名稱比較：任城當時縣名，即今山東之濟寧；須城亦當時縣名，即今山東之東平；安民山一名安山，係位於東平西南三十五里之小山，山下有湖，稱安山湖；奉符仍當時縣名，即今之泰安；其他汶水洸水（汶水支流）等河流，凡稍詳之地圖均載之。當時以任城爲新開河之頂點，設總牐，名會源牐，以此集中由各方面流來之河水，開牐使之南北分流。其南流者，沿舊日泗水故道入江蘇，以通淮河；其西北流者，入該新開河，而通須城安民山下之湖水，從此更入淸濟故瀆（今之黃河）。因此所謂新開河者，僅爲濟寧至黃河百五十里之部分。然黃河以北之情形如何？據上文所示，係從黃河下流之利津出河口，下渤海，由海路直達直沽（今之天津）云。

從任城南流之部分，旣如上述，爲泗水故道，顧祖禹之川瀆同異考，亦有記載，今不暇徵引。但須知與今之運河並不一致（後述之），並利用泗水故道而通淮河之事實，宋代早已實行。宋史河渠志（景德三年之條）云：

內侍趙守倫建議，自京東分廣濟河，由定陶至徐州，入淸河，以達江湖漕路。役旣成，遣使覆視，畫繪來上。帝以地有隆阜，而水勢極淺，雖置堰埭，又歷呂梁灘磧之險，非可漕運，罷之。

以上云云，係失敗之歷史，證明非元人所開始，然任城以北之部分，距離雖僅百五十里，必係元人所開鑿，當無疑義。茲將上文引伸如左：

9

由於內侍趙守倫之議，從京東（河南開封東方）分廣濟渠（已述之），由山東西部之定陶，達江蘇之徐州，以通清河（泗水故道），從此可聯絡江湖之漕運路。工事既成，帝遣使視察，使者繪圖以進。帝謂土地有高阜，水勢極淺，各地雖設堰埭，因有呂梁（在徐州附近）等急流，認爲漕運糧米不便，遂罷之。

由此知元代于此部分亦未見有好成績也。

不久，元代因清濟故瀆海口（今之黃河河口）土砂堆積，生有砂洲，致被壅塞，遂由山東東阿陸運二百里以抵臨清，沿御漳（御爲御河，即衞河，漳爲漳河，係衞河支流，當時必漳與衞相通）而下，經天津，以通漕運於京師。其水陸兩路之困難狀況，輟耕錄有云：

時方輓漕東南，供京師，運河隘淺，不容大舟，不能百里，五十里輒爲堰瀦水，又絕江淮，泝泗水，呂梁彭城古稱險處，會通河未鑿，東阿在平道中，車運三百里，轉輸艱而糜費重。

上文中之呂梁，前已註明，至彭城在徐州東北三里，均爲極險之地，而車運三百里者，前文則謂二百里，兩說孰爲正確？現尙不能判明。

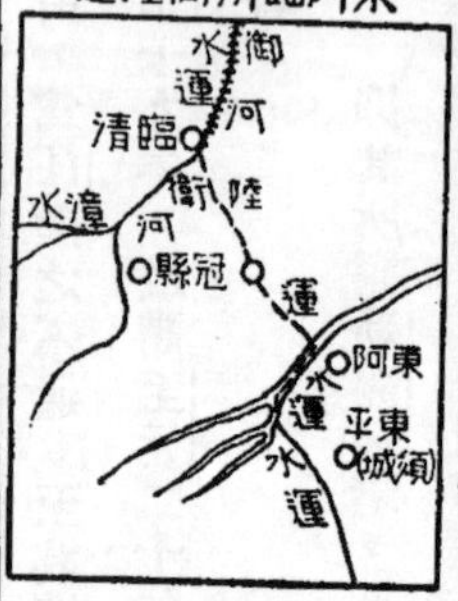

東阿臨清間陸運

（丙）膠萊河與海運

未述會通河以前，須先言及膠萊新河與海運。元初至元十七年（一二八〇年），從萊州人姚演之言，從膠州之陳村等處開鑿膠河（通沽河），與萊州西南之北膠河（亦單稱膠河）相連，以聯絡黃海與渤海，稱爲膠萊新河。由是數年間南來糧米，入膠州灣，沿此新河，出海倉口（膠河通渤海之口），以通渤海，達於直沽（至元二十六年罷此河）。

又於至元十九年（一二八一年）開始海運，實由於伯顏之建議。蓋中國古來夙行海運，唐代特盛，宋代亦間行之。伯顏平定江南時，因有用海賊頭目張瑄朱清運宋之庫藏圖籍由海路達燕京之經驗，於是至元十九年遂實行海運。元代何故拔擢海賊頭目，授以高官，使掌海運？是實宋末以來，無賴之徒，相率橫行海上，或寇掠商船，或出沒海濱而抄掠富戶，如崇明島（揚子江口）特甚，元代寧利用海盜，而免糧船掠奪之害。當時海盜中日本人參加與否，雖未明言，然正當元寇之亂前後，日本人組織海賊團體，所謂倭寇者，殆或無之。元初以後，倭寇漸猖獗，史書已有記載，元明兩朝，均爲所苦，大運河乃益增加其重要。上述元代第一次海運船，因風浪險惡，進行不能如意，由江南出發之翌年，即至元二十年（一二八二年），該糧船始達直沽。元人有見於此，對於海運不能如所豫期，但爾後漸有良好成績，運糧數量雖不免時有消長，但能年達三百餘萬石，比之運河輸送成績良多。因此有元一代，大有海運爲主河運爲輔之狀態云。

（丁）會通河之開鑿　關於會通河開鑿，始於至元二十六年（一二八九年），採納壽張縣尹韓仲暉之建議。其內容謂：引汶水而使之連於御漳，比之陸運利益十百倍。朝廷命禮部尚書張孔孫兵部郎中李處巽都漕副使員外郎馬之貞等主其役。從安民山開河渠，所謂引汶絕濟，過壽張東昌以達臨清，凡二百五十里。其間設牐三十有一，度高低，分遠近，蓄水於牐，開閉之以通舟。及竣工，南起浙江，北達河北之大運河幹綫遂成立。元史世祖本紀（至元二十六年之條）有云：

開魏博之渠，通江淮之運，古所未有，詔賜名會通河。

此河實可稱前古所未有，故有會通河之稱。大學衍義補之著者邱濬，敘元代完成此大事業，有云：

臣惟漕東南粟以實京師，在漢唐宋皆然；然漢唐都關中，宋都汴梁，所漕之河，皆因天地自然之勢。中間雖或少假人力，然多因其勢，而微用人力以濟之。非若會通一河，前所未有，而元代始創爲之。

以上所言，實不愧爲千古不刊之論。

（戊）通惠河之開鑿　元代在北京通州間開鑿通惠河，即今之大通河，其開鑿事迹，詳於元史河渠志及郭守敬傳。蓋從來由南方送於通州之糧米，更從此陸運至北京，勞費頗鉅，大感不便。郭守敬夙注意此河之開鑿，至元三年（一二六六年），因張文謙之推舉，謁見世祖忽必烈，當時面陳開鑿此河之利益，直至至元二十八年，始得實現之機會。守敬奉勅而開此河，水源爲昌平之白浮泉，從大都西門（當時西門）導入城內，而匯於積水潭，出文明門，至通州之高麗莊，以聯絡白河，全長百六十四里，設壩牐二十座，開閉之以通舟運，工事於二十九年春告竣。三十年秋，帝由上都（今之多倫附近）還幸，過積水潭，舳艫連雲，帝見之大悅，賜名通惠河。要之，就此河所需夫丁費用等，元史言之頗詳，不必贅述，所必須言及者，即此河開鑿，並不始自元代，實就金代故道而疏濬之。元史郭守敬傳有舊漕河云云，可以証明，至金史韓玉傳有云：泰和年中，玉建言而開之，更可瞭然矣（參照二十二史劄記第二十八卷通惠河不始於郭守敬之

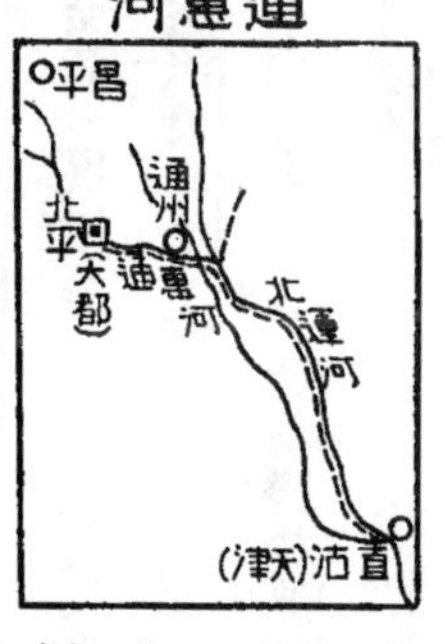

條）。

（己）運河之利用　如上所述，元代有南起杭州北至大都之一貫的大運河，由南而北，其次序爲江南運河邗溝淮河泗水新開河會通河御河（今之臨清天津間）北運河（白河）通惠河，各區域逐次遞送糧米，不需陸運，從此輸送糧米之數量，固不免時有消長，然大體爲數十萬石，比之海運爲少，故元代運糧有海主河從之狀態。然元初在中國之馬哥波羅，目睹此運河而大加驚歎。彼仕於世祖忽必烈，當其回國也，適元之公主嫁於波斯王，以彼爲扈從，由福建之 Zayton（刺桐即泉州）出航，經印度洋而達波斯，完成彼之使命。但彼從北京出發後，南下歷山東江蘇浙江達福建之際，曾至一地名 Sinjumatu，大運河分流於東西（實際爲南北）。船舶輻輳，地方殷富，彼均有記載。惟其所謂 Sinjumatu 者，係指濟寧，與阿多利克旅行記所記之 Sunzumatu 正復相同，蓋 Sinju 與 Sunzu 均爲濟寧古名濟州之寫音，matu 即碼頭。馬哥波羅由泉州出發，正在一二九二年初，彼通過濟寧地方，約在至元二十八年末，新開河不必論，即會通河亦當已開通矣。

六　明清時代之大運河

（甲）明初之漕運　明初洪武建文二帝，正爲建都金陵（南京）時代，大運河之利用，不如元代之著，其輸送遼東北平（北京）之糧餉，多由海運；至洪武二十四年（一三九一年），黃河決於原武（在河南），水勢延及山東，以會通河爲基點之安山湖因之與會通河失其聯絡，並該運河亦部分的漸見堙淤，當時于大運河爲完全置之不顧之狀態。及永樂帝定都北京，漕運河海兼行，而海運因海賊倭寇猖獗，又兼風浪之害，致糧船屢有亡失；河運則會通河已不通。帝乃效元初故智，從長江入淮河，溯其支流沙河而出陳州，轉（一部陸運）入黃河，從陽武陸運於衛輝，再由衛水舟運以達北京。其陸運設有遞運所八處，人夫由山西河南徵調，人民多爲所苦云。

（乙）明代會通河及其他河之改修　永樂九年（一四一一年），濟寧州同知潘叔正建議，舊會通河四百五十里（此會通河包

12

括元之新開河）內，已經堙淤部分，不過三分之一，故淡灤之可通漕運。帝乃命工部尚書宋禮刑部侍郎金純都督周長等督其工役，徵發徐州應天（南京）鎭江等處人民三十萬（一云十六萬五千，或云十數萬）而使役之，僅二十旬竣工。其工程因元代新開河設會源牐於濟寧，玆則擇其西北之南旺爲水脊，導汶水及其他諸水，盡匯注南旺，從其頂點開閘，使之分流南北，南流水量佔十分之四，北流水量佔十分之六，並因地勢而置閘於各地，閉則蓄水，開則舟楫乘流而進。

明代並命金純在汴城（河南開封）之北，從金龍河口開黃河故道（今之黃河），分流河水，而達於魚臺（山東西南部）之塌場口，以增加運河之水量。

其後明代對於大運河各部，亦有改修。而濟寧以南徐州以北之部分，嘉靖隆慶萬曆之間，屢屢改修。及萬曆三十二年，河臣李化龍利用泇河（山東嶧縣東方）之水，開新運河，三十三年（一六〇五年）竣工。於是從夏鎭（近於微山湖北部之地）東南，得直通今之運河河道，經由徐州方面之舊漕河遂廢。

通惠河自明初以來，亦屢屢改修；而嘉靖六年至七年（一五二七年——一五二八年）之改修，於漕運上增加不少便利。

13

明代既如斯改修大運河，或部分的開新運河以代舊運河，大體比之元代，水利頗有進展。及永樂十三年（一四一五年）始罷海運，輸送糧米以大運河爲主，而倭寇之亂，亦爲實行河運原因之一。至糧米輸送之數量，固因時而異，然每年漕運已達三百萬石至四百萬石，故邱濬云：

元人爲之而未至於成，用之而未得其大利，是故開創之功，雖在勝國，修理而擴大之功，則待聖朝焉。前元之所運，歲僅數十萬，而今日極盛之數，則踰四百萬焉，蓋十倍之矣。宋人論汴水，謂大禹疏鑿，隋煬開闢，終爲宋人之用，以爲上天之意。嗚呼！由夏至隋，由隋至宋，中經朝代非一，而謂天意顯在宋，臣不敢以爲然。若夫元之爲此河也，河成而不盡以通漕　蓋天假元人之力以爲我朝，其意彰彰然明矣。

如上所言，大運河全綫之聯絡，大體成於元代，眞正利用通漕，蓋始自明代；而如大運河之現狀，完成其系統者，則爲明之萬曆年間云。

（丙）清代之大運河與現狀　前清一代之大運河，除相當的修理外，亦有數處爲部分的改修，大體仍明之舊，系統上無多大之變動，漕運全由大運河輸送。然及清末，與外國開通商之局，海運大興，汽船之輸送漸盛；同治十一年，因李鴻章倡議，設立輪船招商局，一時對之雖有異論，然卒於同治十三年成立招商局，最初僅有汽船三隻，後來船隻逐漸增加，糧米之輸送，次第改由汽船，大運河遂至廢弛。

現今之大運河，杭州鎮江間通小汽船（帆船不必論），鎮江清江浦間亦通小汽船（冬季減水期不能達清江浦）；清江浦台兒莊間，用大型帆船輸送煤及其他物品；由此至濟寧，通小型帆船；濟寧以北，臨清以南，即元代新開河會通河之部分，有多處不能通船；而黃河臨清間，有化爲田圃者；臨清以北，今尚通帆船；德州天津間，小汽船亦可來往。近時因鐵路發達，小汽船之往來，殆不見隻影；然以天津爲中心之商品輸送，亦由運河往來於天津與山東河南之間，尚不失爲重要之商路。天津以北，通州以南，亦通帆船；通惠河即大通河，則不見船影云。

大運河在一九一六年擬改修，中美兩國間成立借款，日本亦參加。借款契約成立以來，本擬將大運河大加改修，美國技師亦來中國測量，不久即行放棄，遂致該事業無所成就。吾人對於隋元明清以來之大運河，果能恢復整理，實渴望之至！

七　結論

吾人既述大運河之沿革，對於隋代運河與現代運河之異同，十分注意，蓋研究地理，欲知一事一物之由來，不可不明瞭古今之異同也。吾人希望讀者讀此毫無聲價之區區論文，再擴而大之，對於褒斜劍閣之創修，五嶺嶠道之開鑿，從事研究，於交通史上必有偉大之貢獻，且能熟悉中國現時交通狀態之所由來也。

14

海錄筆受者之攷證

饒宗頤 1

禹貢六卷八九期南洋專號載馮承鈞先生海錄筆受者究屬何人一文，以海錄筆受者爲楊炳南或吳蘭修，疑惑未明。以予攷之，則當爲楊炳南也。

溫仲和光緒嘉應州志二十三炳南傳云：『炳南，字秋衡，道光己亥科舉人。溫厚和平，一見知爲長者。晚年值髮賊擾亂，總理保安局事務，糾合三十六保鄉民團練守禦，鄉邦賴之。嘗因謝淸高口述，炳南筆而錄之，著海錄若干卷。徐繼畬瀛環志略、魏源海國圖志咸采取之。』

由溫志之言觀之，炳南固一溫厚長者，舉鄉薦，實在道光十九年（一八三九），其平生大略如此。又炳南本書自序云：

『予鄉有謝淸高者，少敏異，從賈人走海南，遇風，覆其舟，拯于番舶，遂隨販焉。每歲徧歷海中諸國，所至，輒習其言語，紀其島嶼、阨塞、風俗、物產，十四年而後反粵，自古浮海者所未有也。後盲于目，不能復治生產，流寓澳門，爲通譯以自給。嘉慶庚辰春，予與秋田李君，遊澳門，遇焉，與傾談西南洋事甚悉。向來志外國者，得之傳聞，證于謝君所見，或合或不合；蓋海外荒遠，無可徵驗，而復佐以文人藻繢，宜其華而尠實矣！謝君言甚樸拙，屬予錄之，以爲平生閱歷得藉以傳，死且不朽，予感其意，遂條記之，名曰「海錄」。』（馮先生引此文多刪節，茲仍其舊。）

序言著作之由及其與淸高結識之始末甚悉。所謂嘉慶庚辰，即二十五年——嘉應末年——秋田李君，即麋膳生光昭，亦嘉慶人，能詩，曾爲溫謙山選粵東詩文者也，溫志二十三有傳。

攷李兆洛海國紀聞序，『淸高生乾隆三十年乙酉（一七六五），死時年五十七』。則當歿于道光元年（一八二一），而炳南以嘉慶末年履澳，則淸高之得結識於炳南適當卒前一年。

據炳南自序，其述淸高言爲海錄，蓋因淸高之屬；則是炳南之前，決未有人筆受淸高言以成書者。

又攷炳南以道光十九年登鄉薦，而與秋田遊澳門，遇淸高，則在嘉慶二十五年，相去凡二十年，則炳南時僅爲諸生耳。予稽秋田事蹟，秋田蓋寓羊城甚久，且終歿于羊城，炳南與遊澳門，必曾偕履羊城。

當阮文達總制兩廣，建學海堂廣州課士，首選吳蘭修爲山長。蘭修在當時品學文章之爲士大夫尊重，據是可以概見（詳續補疇人傳。蘭修事蹟又見温志二十三本傳）。而炳南以諸生遊粵，必因同鄉之誼，趨謁蘭修之門，則其在澳門筆受清高口述之海錄者，諒曾呈教于蘭修，揆於事勢，殊有可能；抑蘭修之得知有海錄一書，及謝清高其人者，必由炳南無疑也。

李兆洛言：『遊廣州，……識吳廣文石華，言其鄉有謝清高者，幼而隨洋商船周歷海國，無所不到；所到，必留意搜訪，目驗心稽，出入十餘年。今以兩目喪明，不復能操舟業賈自活。常自言恨不得一人紀其所見傳之于後。石華憫焉，因受其言，爲海錄一卷』（海國紀聞序）。則以海錄筆受者被之蘭修。予攷蘭修所著：有南漢紀五卷，南漢地理志一卷，南漢金石志二卷，硯譜三卷，方程攷，攷定南漢事略，宋史地理志補正，石華文集，桐華閣詞等書，或刻，或未刻（并見温志二十九藝文著錄），而無所謂「海錄」者。又海錄舊署撰人名姓，或從口述者，題謝清高；或從筆錄者，題楊炳南；或并署之，題謝清高述，楊炳南錄（見温志藝文），皆與蘭修無涉。且蘭修素負文名，嶺南文鈔謂其古文有二種：學六朝者，得其韵；學八家者，得其法，今觀海錄之文，殊不類，當非出自蘭修之手。予謂：炳南自序言之鑿鑿，則筆錄者爲炳南無疑矣，而兆洛獨異衆說，被之蘭修者，或亦有故；意者，當時炳南以稿呈蘭修教正，未曾署名，而兆洛閱其書於蘭修處，故誤以爲蘭修所錄也。

兆洛撰海國紀聞時已不在粵，所爲序，蘭修必未曾見。據高承鈺咸豐二年（一八五二）養一齋文集題識，海國紀聞于咸豐二年仍未付剞劂（詳馮先生文），則其書與序未經蘭修過目决矣。使蘭修覩其序，必貽書正之。蘭修著作等身，自不必冒人著作爲己有也。又炳南海錄，雖道光二十四年已有刊本，其時兆洛已先三年卒（李卒于道光二十四年，一七六九），故未見其書，李序之誤，遂莫得正矣。

或必曰『謂吳、楊并有筆錄，亦未嘗無可能也』。曰：『夫然，則事何巧合如此！皆出于筆述，一疑也；書名同，二疑也；蘭修固名高於炳南萬萬，既有所述，何無傳帙，而讓炳南專美耶？三疑也；炳南述清高語，前人蓋未有爲之筆錄者，使蘭修曾受其言爲記，當在炳南後，是複爲矣，蘭修未必爲此，四疑也；炳南歿在道光元年，炳南筆述在其卒前一年，豈有同一年中而有二人先後爲之筆述耶？五疑也：有此五疑，則此說恐難成立。且兆洛序文之所稱述，蓋由于追憶，云：『石華憫焉，因受其所言，爲海錄』，諒由觀書其處，故以撰著被之其人，語出揣度，亦未可定。總之，李序非盡可信，觀衆本皆題炳南錄，及其序所言之碻鑿，則以筆受者歸之炳南，自至妥也。予未見石華文集，不能得其實證（温志於石華文集題曰「未見」，可見此書清末已極難得；予曾訊梅縣故家，多無藏者，蓋至今日，益難覓矣），世有覽者，請駁正焉！

至海錄之版本，以予所知見者，有道光二十四年（甲辰）刋本，海外番夷錄本，海山仙館叢書本；舟車所至本；呂調陽重刻本；小方壺齋輿地叢鈔第十一帙本；光緒七年謝雲龍重刋本，俟集齊詳校，以覘其同異。今節錄謝雲龍重刻序文於後，以當補叙海錄筆述刋行之原委云：文略曰：

『族兄清高，奇男子也，讀書不成，棄而浮海，凡番舶所至，以及荒陬僻島，靡不周歷。其風俗之異同，道里之遠近，與夫物產所出，一一熟識於心，垂老始歸。盲於目，僑寓澳門，爲人通譯。同里楊秋衡孝廉（按時未爲孝廉），適履其地，詢向所見聞，乃具述之，其未至者，缺焉。性已樸實，語復率眞，非奇談臆說可比，因錄以付梓。厥後徐松龕中丞作瀛寰志畧，魏默深刺史作海國圖志，多採其說。呂君調陽重刋海錄，添補注說，亦書粵東謝清高著，玆並錄其序（按呂序亦見温志二十九藝文）於卷首。張香濤中丞書目答問云：「楊炳南孝廉著」，則從載筆者而言也。顧原本罕覯，辛巳夏，余宰廬陵時，爰從清高姪錫朋明經檢出，郵寄來江。公餘披覽，如讀異書，如經滄海，既畢而喜，既而不能不悲其遇也。』

所言與炳南自序盡合，亦筆受爲炳南之補證也。雲龍，號選門，同治乙丑進士，初署江西新昌知縣，繼補廬陵。温志二十三有傳。

史地書店經售書目（一）

北平西四北小紅羅廠

書名	著者	價目
古史辨		
第一冊	顧頡剛編著	甲二元四角乙一元八角丙一元六角
第二冊	顧頡剛編著	甲二元六角乙二元丙一元四角
第三冊	顧頡剛編著	甲四元乙三元二角丙二元四角
第四冊	羅根澤編著	甲四元二角乙三元四角丙二元六角
第五冊	顧頡剛編著	甲四元三角乙三元五角丙二元七角
辨僞叢刊		
朱熹辨僞書語	白壽彝輯點	四角
四部正譌	明胡應麟著，顧頡剛校點	三角
古今僞書考	清姚際恒著，顧頡剛校點	四角
書序辨	顧頡剛編集	五角
詩辨妄	宋王柏著，顧頡剛校點	四角
詩疑	宋鄭樵著，顧頡剛輯點	二角五分
左氏春秋考證	清劉逢祿著，顧頡剛校點	五角
論語辨	趙貞信編集	四角五分
子略	宋高似孫著，顧頡剛校點	二角五分
諸子辨	明宋濂著，顧頡剛校點	二角五分
古學考	廖平著，張西堂校點	三角
路史	羅　泌撰	四元
中國古代史	夏曾佑著	二元三角
中國古代史問答	丁留餘著	五角
古史新證	王國維著	一元二角
古史甄徵	蒙文通著	五角
古史研究	衛聚賢著	三元
三皇考	顧頡剛，楊向奎著	四元
甲骨學商史篇	朱芳圃著	二元五角
甲骨文字與殷商制度	周傳儒著	四角
尚書研究	顧頡剛著	五冊每冊一元
尚書論略	陳　柱著	二角
周書立政大義考	張元夫著	三角二分
西周史徵	李泰棻著	六元
穆天子傳西征講疏	顧　實著	一元五角
左傳通論	方孝岳著	二角
左傳眞僞考	陸侃如譯	四角

書名	著者	價目
左傳評	王　源著	一元
穀梁眞僞考	張西堂著	七角
國語韋解補正	吳曾祺編	五角
國語校注本三種	汪遠孫著	一元一角
國語集解	徐元誥編	二元四角
春秋時代之世族	孫　曜編	七角
戰國策補注	吳曾祺編	四角
國策勘研	鍾鳳年著	三元
周季編略	黃式三著	一元一角
先秦文化史	孟世傑著	一元
辯士與游俠	陶希聖著	八角
秦代初平南越考	馮承鈞譯	四角
史記白文	顧頡剛，徐文珊點校	二元五角
史記通論	楊起高著	一元
史記探源	崔　適著	八角
史記訂補	李　笠著	四元
史記札記	李慈銘著	五角
史記釋例	靳德峻著	一角五分
史記天官書恒星圖考	朱文鑫著	三角五分
史記貨殖傳新詮	潘吟閣編	三角
史漢研究	鄭鶴聲著	六角
漢書後漢書疏證	沈欽韓著	八元八角
漢書札記	李慈銘著	一元
七略別錄七略佚文	姚宗振輯	一元
漢書藝文志條理	姚宗振著	二元八角
漢書藝文志拾補	姚宗振輯	一元五角
張騫西征考	楊　鍊譯	三角
後漢書札記	李慈銘著	八角
東觀漢紀	劉珍等撰	九角五分
東漢黨錮	周振甫著	一角二分
三國史略	王鍾麒著	三角
三國之鼎峙	王鍾麒著	五角
三國世系表	周明泰著	一元
三國志札記	李慈銘著	八角

記道光福建通志稿被毀事

薩士武 1

一　序言

福建通志清季最後刊於同治十年，通常稱爲同治志，或又稱爲道光志，因此次修志始於道光九年，故有此稱謂。實則同治所刊志，已非道光志原稿，不能混爲一種。道光志共四百卷，總纂爲陳壽祺氏，同治志僅一百七十八卷，總纂爲魏敬中氏，二者不同。陳稿實已被毀，今俗尙推崇同治志作者爲陳氏，蓋不知其中有一段逸事在也。壽祺子喬樅因憤其父所撰志稿被毀，浼周凱作龞峯截筆圖以寫感慨，當時名人題跋殆滿，此圖關係修志史實至鉅，其中尤以謝章鋌一跋叙述最爲詳悉。

謝章鋌跋龞峯截筆圖：

恭甫先生經術文章，人所共知，無庸言矣。其主龞峯講席，扶植士類，衆所爭仰，更無庸言矣。先生先有戀雲校經二圖，題詞殆滿。截筆圖則專爲修福建通志而作，關繫頗鉅，再閱數十年，恐無有知其始末者。志告成矣，方將遂寫校刻，而先生棄賓客。某中丞者素以文學自結於先生，里居相習，因築室微有違言，而芥蒂未能忘也，乃乘隙修怨，倡言新志乖義法，衆紳之不學者聞而和之。時總纂分纂諸君子尙在局，不以所擬議商之局中，竟樓列公贖鳴之官，當路亦有訝其不情者，而中丞方柄用，有權勢，弗敢質也。乃捆載全稿歸之，陽推中丞爲删定，而事體繁重，中丞方營營富貴，實亦無暇及此。遲之又久，委托非其人，以鈔胥爲作者，毀新返舊，新稿全付一炬，令旁觀無從校證，吁可怪也。章鋌雖未及先生門，而其高第弟子多相知，輒以遺事詔我。其中最可惜者，如職官表綜核可參六典，經籍志派別可尋家法，方言考通轉可悟小學，其餘類此者尙多，今則不遺一字矣。亦有分修成帙，感憤自剞劂者，如錢唐陳扶雅之列傳，仙遊王懷珮之地理沿革考，皆足名家，今亦傳本漸稀矣。題圖諸作，則侯官林文忠公七律已定是非大槪，而建寗張亨甫孝廉之七古叙述尤悉，句下夾注詳而確，圖外尙有錄本，讀其詩，考其註，於兹事瞭然矣。其不系題圖文字，則光澤高雨農舍人之與鄭方伯王觀察論通志彙辭總纂書（卬快軒未刻文集）。侯官林香谿廣文之通志條辨（射鷹樓詩話），閩縣何道甫孝廉之記新志經籍（藍水書塾未刻筆記），閩侯劉㶿甫刺史之志稿感賦六首（屺雲樓續集）。最後左文襄公蒞閩設局正誼書院，開雕此志，時侯官林勿村中丞爲院長，或謂近數十年事，志所不及，當補，中丞曰，刻志大府盛舉也，然志已非舊，我輩分謗可乎，林中丞尙不隨人道黑白者，其序可采也。此外未見者想猶不少，章鋌擬輯錄一編，以遺來者，庶幾公論之不泯乎？先生沒後家中落，某中丞則及身數易其居，山邱華屋，過者慨焉。古云國可亡，史不可亡，志史類也，夫豈料河山淸晏之日，文治昌明之會，而含沙射影竟幻爲黎邱之鬼若此哉！今是圖歸於陳伯潛閣學，修志之舉發自閣學曾祖尙書公，今得是圖，毋亦有香火因緣者乎？志雖亡而圖當不朽已。長樂末學謝章鋌跋於致用書院之維半室，時年七十有六，光緒乙未。

謝章鋌於題跋外，又輯鼇峯載筆圖輯錄紀事一編，稿尙未刻，睹棋山莊全書僅存目而已。余既從陳幾士先生處觀鼇峯載筆圖，近復得輯錄紀事原鈔本，遍覽不系圖文字，由是對福建通志稿被毀始末知之始諗。爰作系統說明，書之於左：

二　毀志始末

道光九年，福建省垣修造貢院，餘欵萬餘，紳士發起移辦修志。

高澍然陳䊵甫先生行狀云：「新貢闈……工既竣尙存，萬餘緡，則請故制府孫文靖公移修福建通志」。

張際亮題鼇峯載筆圖七古詩，「是時節度解好文，尙書倡義鄉人呆。」句下夾注云：「先是戊子，師倡修貢院，有餘資，故尙書絜坡陳公自京寄書，屬制府孫文靖修福建通志，鄉之士大夫皆喜」。

時陳壽祺適主講鼇峯書院，當局聘之兼志局總纂，陳曾力辭，改延李申耆，李不至，遂復推陳任之。

張際亮題鼇峯載筆圖七古詩句下夾注云：「先是師力辭總纂，文靖以延毘陵李申耆明府，不至，乃再三强以屬之師」。

開局後，延聘纂修，除有數人因有力者推薦，不能稱選外，餘皆一時才彥，分纂各門，均足名家。

張際亮題鼇峯載筆圖七古詩，「可憐蕪士原碎瑣，況逢當事仍么麽」，句下夾注云：「志局既開，而學使制府各薦士爲纂修，內三四人，實無才學能稱是選」。

又云：「聘外省外郡知名士爲纂修，故余至，而沈夢薌，高雨農，家怡亭，王懷佩，俱在此」。

郭伯蒼竹間十日話云：「以魁輔里劉氏祠爲志局，與其事者，光澤高澍然中翰，江蘇孝廉沈學淵，建寧縣生員張綍」。

歷時六年，志稿告成，總纂陳壽祺忽棄世，乃由高澍然繼代總纂。並將陳氏補入儒林傳。不意是時省中數巨公，條舉通志稿不善五事，嗚之於官。

高澍然與鄭方伯王觀察論通志兼辭總纂書云：「頃聞省中數巨公，條舉通志不善五事，愬於列憲曰：儒林混入，孝義濫收，藝文無志，道學無傳，山川太繁，請發稿公勘者。諸公是舉，因故太史𨻶入儒林傳，托志稿發難，而釋憾於先生也。果諸公留意鄉國之文獻，欲善其書，以垂永久，澍然方接辦總纂事，何不可商榷，必形諸公牘乎？……」

此事發難，有謂係梁章鉅乘隙修怨者，然陳生前不合之人甚多，固不僅梁氏一人。

魏秀仁陔南山館詩話：「福建通志重纂於道光己丑，至甲午書成，……未幾，梁芷隣中丞起而議之」。

2

張際亮題鼇峯戲筆圖七古詩，「苦費搜羅文獻心，轉成攻擊文章禍。烏虖開府富貴人，微時亦是門庭賓；生無一語能匡諫，死有千言恣詆嗔；强將遺稿紛删定，蒼顏夜泣誰堪聽。……」句下夾註云：「先是有同鄉某今任中丞者，時以方伯家居，於甲午歲先生卒後，要同鄉宦七人於督撫學使方伯處具呈詞，力詆師所修通志闕失，其言狠戾，諸憲寢其詞，時制府欲人程祖洛亦與師不合，會奉上查方伯家居何狀，乃助其入奏，言師原稿辨理未善。」

又云：「方伯昔與師無隙，因大起園亭，侈麗入霄漢，師詒書規之，遂成嫌怨。故於師沒後，爲此無賴之舉。其七人者，亦與師無嫌，但素忌師名高，又趨方伯勢，遂復爾爾」。謝章鋌課餘偶錄云：「陳左海修志時，與學政新城陳碩士（用光）侍郎議論相左。蓋侍郎少從其舅魯山木（仕驥）遊，而山木則梅崖弟子也。梅崖又與侍郎之祖凝齊（道）爲進士同年，故梅崖之說頗流衍於江西。侍郎後謁姚惜抱鼐於鍾山，受其學，終身守之，然於梅崖則固淵源所託始也。及入史館，遂欲置朱姚兩公爲專傳，左海公謂不然。及修志，侍郎又欲仍宋史道學舊案，出朱子於儒林，因與左海齟齬，故左海旣歿，陽許而陰詘之，而删志之議起，毀志之禍成矣」。

梁章鉅退菴隨筆云：「吾閩舊省志，中仿立理學一傳，陳恭甫詆斥不遺餘力。近因續修省志，欲遂删之，都人士皆不謂然。余謂道學莫盛於宋，濂洛關閩之統，實朱子集其大成，海濱鄒魯之風，自前代即無異議，故他史可不傳道學，而宋史則應有，他省通志可不傳道學，而閩志不可無。恭甫墨守漢學，其排擠宋儒，是其故智，而不知門戶之見，非可施諸官書」。

爲陳氏辨護者，亦有高澍然及林昌彝二氏，持論振振，從表面觀之，雙方爭點，在於義例。 3

高澍然與鄭方伯王觀察論通志並總纂書云：「澍然義不容默，請得而疏辨之：國朝諸傳，衆以嫌，不敢主筆，仁和陳君扶雅自浙來，孫文靖公特委重焉，以地處無私，可以喑衆口也。而扶雅於恭甫先生之存，已不如初慊，及旣沒，當補傳，向其家索節略，其家匿不肯出，情知也。扶雅顧昌言於衆曰，恭甫先生行實吾不知，其著書如五經異議疏證，左海經辨，發明鄭許之學，爲傳經者圭臬，依法可入儒林傳。夫以不如初慊之人，持論如此，可以見公道之在人心矣。且儒林曰林，猶文苑曰苑，言衆材所萃云爾。董仲舒爲漢醇儒，漢書踵史記作儒林傳，獨不及仲舒，極爲有見。然史記歷次傳經諸儒不及仲舒，則春秋學闕一人，是漢書不入，大其人也；史記之入，專論傳經也。唯專論傳經，故雖仲舒之爲醇儒，在賢良三策，亦不登載，其體例事可知也。先生學在傳經遺書，何爲乎不可儒林。孝義傳並據前後通志，新採訪册，及請旌藩檔，然必指事書實者錄之，空言孝義者不錄，何名濫收。藝文者經籍之別名也，經籍有志，何必藝文，史例藝文志止載書目，未嘗登詩文也，郡縣登之者，以書目無多，附以詩文，方克成卷，乃變例非典要也。閩中自唐以來，作者輩出，今經籍志止載書目，已苦浩博，更益以詩文，當增數百卷，成何體製。至奏議論說，不關閩中政要者，序記有資攷證者，附各門及本傳，未嘗少略，此藝文不必另編也。道學名傳，創於元史臣之撰宋史，由未請史例妄生枝節也。凡史傳標目爲叢傳體，皆就人所偏至者爲言，周程張朱道全德備，宜特傳，顧降與偏至之士同科，是欲加異，反夷諸衆傳，欲尊之而適卑之也。譬諸作孔子傳，名以道學爲大乎，抑不標目爲大乎，可爲加異濂洛關閩者進一解也。且標目而曰道學，辭尤不典，何者？道，統辭也，非如儒林文苑，名目就其偏至，可專名之也，以統辭標目，將不在是傳者，皆道外人乎？不甯惟是，列傳之范文正公，司馬温公，歐陽文忠公，已從祀廟廡者，不皆道外人乎？可乎？不可也。愬者曰，無道學傳，則濂洛關閩無閩，今攷湖南河南陝西通志，皆無道學傳，亦將大聲疾呼言無濂洛關乎？恭讀欽定明史，特削是目，足破元史臣之謬，爲宋以來史傳標準。不欽定是從，而從無識之元史，恐愬者亦不能自終其說矣，此道學不宜標目也。至山川志區十郡二州，山川而二之，各二十四本。每本多者三十餘篇，合之不十本，亦不爲繁。又古方志一名圖經，主輿地，故詳山川，豈好繁哉？是皆好爲譏彈無當於事實也」。

魏秀仁陔南山館詩話：「射鷹樓詩話辨之，且證以十失，閎通博辨，可謂巨觀。」

但經此事變，志局解體，志稿散失。

高澍然與鄭方伯王觀察論通志並辭總纂書云：「澍然向者累辭總纂，正懼諸公撓其間耳，不謂竟形諸公牘，雖汙擿與澍然分修者無干，然彼羽翼已成，豈無從中攙秉筆席者，澍然不去，穆生所謂楚人將鉗我於市也，雖列憲治持大體，明燭細微，決不爲浮言所熒，然澍然以外縣孤生，與省中數巨公角，知必不敵，惟有抽身遠去耳。謹將關書奉繳，並將五月接辦總纂後刪定明列傳經籍志仿水經注重纂川志並發。摒擋數日，即買舟西上。從此遠隔南天，不獲時奉光儀，飫聞明訓，中心耿耿，不能釋然，此外無所留戀也。所可惜者是稿糜貲四萬，僬辇力六年，搜微正舛，差稱完善。一旦爲藉釋忿者提出，分曹校閱，此書一散，不能復聚，半載以後，皆成敗紙耳。尙望二大人加意保護，無遽發外，俟經費已敷，繕有副本，然後付之，庶二大人年來委曲成全盛心，不至委諸草莽，其功德亦當與閩海同流萬古也」。

張際亮題邃峯裁筆圖七古詩註云，「方伯旋起用巡撫，携其稿之半之桂林，半留閩中。……」

謝章鋌稗販雜錄云：「往年修福建通志，陳恭甫山長掌其事，以方言攷屬之何岐海（治運）孝廉，書成未刊，而各家所分著者，亦遂秘不出」。

其後雖經魏敬中搜集殘編，重加修纂。

林鴻年福建通志序云：「至十五年乙未，當軸延魏和齊先生續成之。維時艱於經費，弗克開局采訪，先生一鳳池院長耳，僅得邀親友數人襄其事，心力財力可云兩盡。間有旁參末議者，先生素長厚，不敢盡疑其私也。然則此書之大概可知矣」。

林鴻年努力校刻，幸免再起糾紛。

林鴻年福建通志序：「因相與議曰：此局專爲校刊，非同修纂，時不可失，未宜再誤，至全稿是否義例精詳，考証切實，後有作者，自能討論，我輩切勿謬參筆削之權，先踏文人相傾陋習」。

然新志與舊稿相較，則價值遠遜。

劉存仁志稿感賦詩註云：「恭甫師繪山川圖說最精，昨監修林廣文星炳持示云：遺失數圖，今凡例亦删去」。

何則賢盡水書塾筆記云：「癸卯二月初五日，聞之魏和齊先生云：福建新志經籍，原纂者十六册，今删去僅餘六册耳」。

此不能不認爲福建文獻之一次重大損失也。

三　結論

福建道光通志全稿固已毁矣，然當時錄有副本者，實有數種，或已刻，或未刻。吾人今日對此數種已刻之書，或未刻之稿，似不能以通常單行本書視之，必須搜集合置一帙，作爲道光志殘稿保存。此種書目，就余所知者，有如左之數種：

王捷南閩中沿革考

陳善福建國朝列傳

高澍然福建歷朝宦績錄四十卷

高澍然閩水綱目十二卷圖一卷

高澍然光澤縣志叙略云：「此與福建歷朝宦績錄並爲總纂通志稿也。乙未夏全書告成，以貲不繼繕呈有待，而余遂歸，聞提調王觀察苦書浩繁雞刊不易，授鳳池山長魏和齊太史删之，倘他日删本行，前修諸人，厠名簡端，閱之者孰知其非原本哉？昔歐陽文忠表進新唐書，請宋景文列名，蓋不欲攘其美，亦不肯蒙其惡也。今諸君子各藏稿去，王君懷佩之沿革表，陳君扶雅之國朝列傳已列布，而余所撰惟二種有副本，亦自名書以傳焉，其美其惡，聽天下公論，則猶文忠遺意也夫」。

何治運方言攷

馮登府閩中金石志

陳衍石遺室書錄云：「柳東閩中金石志原稿流落在嘉興沈氏，余曾借鈔」。

張紳怡亭文集二十卷

陳衍石遺室書錄云：「後四卷爲福建通志稿，左海聘充分纂時所作，凡宋代列傳二十六篇，爲楊時羅從彥李侗游酢范如圭魏挨之胡安國胡仁胡寧胡憲謝德輿黄中美朱震何兑莫表深鄒栗黄中鄭應龍上官凝上官恢上官渙西杜穎杜杲杜庶危昭德，今道光通志所載皆非其稿」。

兹特錄之，以待訪求，海內收藏家，其有目見者乎？

史地書店經售書目（二）

北平西四北小紅羅廠

書名	著者	定價
明紀	陳鶴撰	十元
影印明史本紀		三元五角
明史纂修考	李晉華著	二元
明史佛郎機呂宋和蘭意大里亞四傳注釋	張維華著	二元五角
明代勅撰書考附引得	李晉華編	一元五角
晚明史籍考	謝國楨編	七元
明代軼聞	林懋如編	五元
皇明留臺奏議		四角五分
皇明經濟文錄	黃表輯	一元一角
皇明四夷考	鄭曉撰	七角五分
明代倭寇考略	陳懋恒著	二元八角
嘉靖禦倭江浙主客軍考	黎光明著	二元五角
三百年前倭禍考	李晉華著	五角
萬曆武功錄		一元六角
萬曆三大征考	茅瑞徵著	一元
崇禎存實疏鈔		七元五角
荷插叢談	林蘭庵遺著	一元
東林與復社	王耘莊著	一角二分
皇明遺民傳		二元五角
明季潮州史逸傳	溫廷敬著	二元
晚明流寇	王耘莊著	一角二分
南明野史	南沙三餘氏著	一元六角
臺灣鄭氏始末	沈雲撰	六角五分
清代官書記明臺灣鄭氏亡事		三角
明清史料	傅斯年等編	十冊每冊一元
明清通紀	孟森著	四元
明清之際黨社運動考	謝國楨著	六角五分
清代通史	蕭一山著	每冊四元
清朝全史	但燾編	三元六角
清史要略	陳懷著	四角八分
清史纂要	劉法曾編	一元
清史大綱	金兆豐著	二元八角
清史綱要	吳增祺編	一元
清初史料四種	謝國楨編	一元五角
清太祖武皇帝實錄		每冊八角
聖武紀	魏源撰	二元七角
多爾袞攝政日記		三角
清宮室史續編		每部九元
清初三大疑案	孟森著	八角
清三藩史料		每冊一元
中國近代史	陳恭祿著	三元七角
中國近世史	魏野疇著	七角五分
中國近百年史	羅元鯤著	二元
中國近百年史要	陳懷著	一元二角
中國近百年史綱要	高博彥	二元
中國近代政治史	陳安仁著	六角
中國近百年史資料正續編	左舜生編	三元六角
清代文字獄檔		每期五角
清代外交史料		每冊五角
道光咸豐同治三朝夷務始末		七十八元
清光緒朝中法交涉史料		每冊六角
清光緒朝中日交涉史料		每冊六角
清宣統朝中日交涉史料		每冊六角
清季各國照會目錄		每冊五角
雍正不錄奏摺目錄		每冊一角
軍機處檔案目錄		每冊三角
康熙與羅馬使節關係文書		每冊一元二角
鴉片事略	李圭著	一元
鴉片戰爭史	武堉幹著	六角
鴉片戰爭	丁曉先編	一角二分
太平天國史	吳繩海編	六角
太平天國革命史	王鐘麒著	五角
義和團運動史	陳捷著	六角
義和團運動與辛丑和約	陳功甫著	四角
庚子使館被圍記	陳冷汰譯	三角
清代軼聞	裘毓麐著	一元八角
清室外紀	陳冷汰譯	二角
清朝野史大觀	小橫書室主人編	三元

隨鑾紀恩校注

丁謙遺著
夏定域校錄 1

是書清歙縣汪灝著。灝字紫滄，康熙時翰林院編修。時聖祖嘗有木蘭熱河之狩，詞臣隨侍，輒爲紀程之作，此編即其一也。所載道里氣候風物，讀之如親覩塞外風光之優美焉。原書先無通行本，新安張氏擬爲刻入昭代叢書，以未覓得不果，後清河王氏爲列諸小方壺齋輿地叢鈔中，乃得傳流也。此爲鈔本，經嵊縣丁益甫氏手校，並以贈浙江圖書館者。丁氏尚長於外域輿地之學，於此紀則據淵郛二圖，作箋注數十則，夾黏眉端，末系以跋。汪書得是，乃益親切有味矣。茲以其爲鄉賢未刊遺稿，世所不知，爰取錄而布於本刊，並俾讀者益起故國山河之思焉。定域記于杭州。

康熙四十二年夏五月……二十五日，……發暢春園。十二里清河橋，十二里何家堰。

清河橋在圓明園北稍西。何家堰又在北。

五里沙河城。……十里鄭家莊，渡河入昌平州界。

沙河城即沙河屯，在沙河北。鄭家莊又在其北。渡河者渡渝河也。然過清河橋後，已入昌平州界，非此地始隸昌平也，記稍誤。

抵湯山，駐蹕馬。

湯泉行宮在小湯山南。

二十七日，從東北行。三里西流，九里磊山營，二里蓮莊，俱順義縣境。

西流莊，磊山營，蓮莊均在小湯山東北。

五里白狼河。

白狼河即白河，在懷柔縣南。

八里范家莊，……二十里橘子村。

范家莊，橘子村，均懷柔縣境。

四十里過紅螺山。

紅螺山在懷柔西北。

三十日，駕發密雲。東北八里冶山，浮圖直挿雲表。二十里穆家圩，五里張家莊，三里沈莊，十里超渡莊，十里陳家莊，十里石匣城。

冶山，超度莊，陳家山，石匣城，均在密雲縣東北。

六月初一日，駕發腰亭舖，十里新開嶺，十里老王店。

腰亭舖，新開嶺，老王店均在石匣城北，相距各十里。

潮河至牛闌山與白河合。

牛闌山屬順義縣，在懷柔南。

由老王店十里潮河關，有城。又十里，駐於柳林總兵官衙署。

柳林即今直隸提督駐扎處。

初四日，駕發柳林，幸兩間房。

兩間房在古北口外東北。

初九日，駕發兩間房，二十里度新開嶺，又名青石梁。

新開嶺又名青石梁，在兩間房東北。

下嶺至馬圈。……去馬圈三里許，又度一嶺，名黃泥坂。……又十餘里至鞍子嶺。

馬圈，黃泥坂在新開嶺東北。鞍子嶺又在黃泥坂東北。

十六日，駕發鞍子嶺，十三里三道梁，十里蘄家溝，十里黃甲營，三十里至化魚溝。

三道梁，蘄家溝，黃甲莊即王家營，至化魚溝，亦均東北行。

爲第三處避暑之行宮。

此行宮在灤平縣北。

二十四日，上傳明日早幸喀喇河屯。蒙古以黑色爲喀喇，以城爲河屯，蓋言黑城云爾。

喀喇河屯在上都河與伊遜河會合處之西南。二河既合，始名灤河。蓋水合則流盛而色濁，喀喇者，黑也。宋王曾上契丹封事，所云至臥如來館，渡烏灤河，即此地。河屯雖爲城塞之稱，但此處當以喀喇河連讀。記誤。

七月十六日，駕發喀喇河屯，幸熱河上營。

熱河上營：按熱河有二源，東曰茅溝河，西曰固都爾呼河，皆南流合而爲熱河。上營在喀喇河屯北稍東傍西源地。

熱河……源有二：一從正北東，有湯泉甚熱，蒙古呼爲黑茅溝。一從西北來，湯泉稍熱，蒙古呼爲賽音溝，亦名頭溝。

頭溝即湯頭溝，賽音者好也。

諭云，朕所歷湯泉，如遵化馬蘭峪，獨石口，

馬蘭峪在東陵旁，遵化州境。獨石口在赤城縣北。

及塞外近者哈貝，遠者索約兒，凡二十二處。

哈貝未詳。索約兒即索岳爾濟山，在烏珠穆秦旗境東。

二十七日，駕發上營。幸藍旗營。

藍旗營在湯泉西北，伊遜河西。高江村塞北小鈔言辛卯駐蹕藍旗營寨，蓋指藍旗營之行宮，因關北人捲舌音致誤耳。

瓦魯特降將丹濟納亦來朝。

按瓦魯特降將丹濟納即厄魯特準噶爾王噶爾丹之姪丹濟喇也。

二十九日，駕發藍旗營，……度一嶺甚長，……無從詰其名。

攷鄂圖即七老圖嶺。

2

波羅河屯一名皇姑莊，乃今上之姑，太宗文皇帝公主，下嫁巴陵，往來居停地也。

巴陵當作巴林，內蒙古部名，地在圍場東北，錫喇木倫河南。

其地與蒙古四子部落接壤。

按四子部落當由波羅城西北至多倫諾爾廳，再由察哈爾境越蒙古蘇尼特部境，方至其界，相距約一千五六百里。曰接壤者，誤。

八月初一日，頒賜塞外天然鹽，鹽出蒙古阿巴海部落。

按阿巴海即阿巴哈納爾，在圍場西北。

初三日，駕發波羅河屯，……向東北行，見蒙古土城層層，知波羅河屯取名之義。

按波羅青也，猶言青城，此所解非是。

過一嶺，……伊蘇必拉水從興安山下來。

按伊蘇必拉即伊遜河，必拉譯言河也。

又十里爲湯頭溝。

湯頭溝在波羅城東北。

中間村曰河樂屯，又沿河大村曰申家屯，從申家屯過橋，……方入行宮。

按和樂屯，鄂圖今畿輔圖作坡賴村。申家屯西圖作陳家屯，在伊遜河東，故過橋方至唐山營也。

初六日，駕發唐山營，幸汗鐵木耳打把漢。打把漢者，嶺也。

按汗鐵木耳嶺，鄂圖作韓特木兒嶺，在伊遜河東。

初七日，……喀爾喀摩爾根郡王男女多人來朝。

按喀爾喀部分頗多，除外蒙古四部外，在內蒙古地者，一爲左旗，在喜峯口外，一爲右旗，在歸化城北四子部落西，又一旗附於青海游牧。此乃右旗喀爾喀也，曾賜有墨爾根諾顏稱號，作摩爾根，誤。

初八日，……由南折而北發。……其地蒙古名曰木鹿喀爾沁。

按木鹿喀爾沁，鄂圖作穆里喀喇克沁，在汗鐵木耳嶺東北。

初九日，……移營六十里，其名爲擺波喀昂阿。

按擺波喀昂阿，即高士奇塞北小鈔之拜布哈口也。鄂圖作拜布哈嶺，蓋隨汗鐵木耳嶺迤而西北行也。

初十日，駕發擺波喀口子西行，……大路平衍，爲科爾沁、巴林、烏朱穆秦、翁牛特諸部入貢之孔道。

按西鄙諸部入貢大道，即大西溝、西爾哈、五十家子一帶是也。

過嶺……約三十里，駐焉，其地名巴隴桑思太。

按巴隴桑思泰，鄂圖作八龍桑屋蘇太，在西爾哈河東北。

十一日，上賜詞臣六人全麅一。

麅音庖，二歲曰麅。

十二日，駕發巴隴桑思太，……遙見奇峰高矗雲表，中使曰，此烏喇喀大也。

按烏喇喀大，即下烏蘭哈大，亦作烏藍哈達，譯言紅峯。

3

十三日，駕發額勒蘇臺東南行，……賜烏喇柰一盤。……烏喇柰者一名歐李。

按歐李，寧古塔紀畧作歐栗子。亦見龍沙紀畧。

其地爲參即圖火羅昂阿。火羅者，溝也。

參即圖火羅昂阿，猶言參即圖小河口。

二十日，駕發玲瓏山，……乃抵平地。……其地名阿擺那音疏媽爾罕，俗云半節塔也。

蒙古語，塔曰蘇巴爾罕。

二十六日，駕發依馬圖噶海交界北行圍向興安。……西北一高處，積雪常留，曰白岙也。

按湘圖有白岙山，蓋興安嶺自黑龍江南直行不下二千里，至白岙起一大頂，其南遂分三支：一西南行甚短，一正南行略長，一東南行最長。行圍處皆東南一支山脈閒也。

二十八日，幔城在伊遜必拉色勒，……蓋伊遜之發源處也。

按蒙古語，水源曰色禽，或作色欽。此云色勒，當是色勤之訛。

三十日，駕發伊遜河源，……東行二十里，至代因打把漢駐焉。代因亦曰達因。

按達因嶺，即鄂湘二圖之大衍嶺。

九月初二日，駕發伊蘇三汊口。

按自伊遜河源東南有一無名小河，從東北來入之，其交會處，即三汊口也。

度舒庫里打把漢。

按舒庫里打把漢，鄂圖書庫里嶺在伊遜河東。

初三日，上駐蹕烏里雅斯泰。

按烏里雅斯泰，鄂圖作烏里雅蘇太，在書庫里嶺東南。高士奇塞北小鈔作烏里雅蘇泰。

初七日，發烏喇帶。……此間河二道，從山矼中分，其矼即巴陵桑思太。西流者，乃伊蘇水，南入灤河。東流者，流入遼東界入海。

按從巴陵桑思太東流之水，即希爾哈河，東北會英金河入老哈河，再入遼河而至海。

初八日，駕發噶嶮兔，……東行，……其地爲克勒烏里牙思泰。蒙古譯云楊林子也。

按克勒烏里牙思泰，鄂圖作厄勒蘇太嶺。

丁氏手跋曰：按高江村士奇塞北小鈔，紀康熙二十二年隨駕木蘭事，蓋在此紀前二十年。惟江村因遇疾出口即賜還，所紀行圍地名，皆得自傳聞，未如此記之詳。而參互攷証，知兩次行圍，所過之處均不同。此記蓋從伊遜河東，登汗鐵木耳嶺起，以後即沿大山西北行，直過大衍嶺，將至白岙山，遂南返駕，由伊遜河源泛舟回鑾。高紀則由拜布哈嶺起，東至西爾哈河，西北至拜察河，又西過七老圖嶺，迤南至蝦蟆嶺（均在庫爾奇勒河東），後遂沿上都河南向回鑾。此從湘鄂二圖細覈而得，間有小地名無可考者，然大略已可見矣。

回教與阿拉伯文明序目

納忠 1

一 序

「黑暗時代」(Dark age)是史家用來稱呼中古時代的歐洲世界的。自西元五二九年以後，羅馬教皇的權威至高無上，曾通令全國，封閉一切學校，禁止人研究希臘哲學而以基督教神學爲唯一的天經地義。有違抗者，或投火坑、或釘十字架，古代遺下的一點學術生機，至此差不多完全斷送。漫漫長夜，簡直看不見一點光明了。同時北方的蠻族屢屢南下，」戰亂相尋，兵連禍結，盜賊蜂起，流氓蠢動；或強佔堡壘，或盤踞一方，盛衰遞嬗，互爭雄長；年深月久，使封建制度漸漸完備。西人方在此水深火熱中，顛沛流離，生活不安；只尙武功，不講文事。數百年內，經濟、社會、政治相繼破裂死解。人們在「神意裁判」(Ordeals)，武夫專橫，天災人禍的風雨飄搖中，墮落得毫不能自拔了。

在此漫漫的長夜，忽然萬道金光顯現於漆黑的天空，忽然一泓清泉迸湧於迢迢的廣漠。光芒所及，照澈了沉沉的世界，光明了暗淡的人心；流源到處，貫穿了炎熱的沙漠，滋潤了枯燥的人心。這一道金光，這一泓清泉，就是阿拉伯文明，就是上承希臘、羅馬絕學，下啟近代文明端系的阿拉伯文明。阿拉伯人在那天下擾攘，人心惶惶，社會崩潰，教育失墜的時期，崛起於廣袤的沙漠中，他們受了回教的薰陶，接受回教的教訓，奮然而起，馳騁於學術的疆場，沉浸於眞理的大海；他們繼承了古代全盤文化的遺產而發揚光大之；又闡明回教的眞理，遵從古蘭的教訓。數百年內，他們爲歷史創造了一個偉大的時代，爲人羣開闢了一個燦爛的學園。他們眼見西方漆黑一團，蓁莽混沌的世界，便單獨肩起傳播文化的重任，向着歐洲進發；結果凡新月旗飄蕩的地方如西班牙、如西西里、如南意大利……無不光明燦爛，成爲文化中心。阿拉伯文明西漸後，西方社會頓起激變。阿拉伯人對於西方的貢獻非常偉大，溝通歐、亞航路，啟發東、西商業；十五世紀意大利的文藝復興，十五六世紀哥命布新大陸的發現；對於醫學的啟迪，哲學的詮釋，天文數學之發明，化學、物理之功績；與學校，建圖書館，築天文台；……一部西洋中古史中，在西方放一異彩，爲人類造幸福的民族，實在只有阿拉伯民族。

這是阿拉伯的文化，這是回教的光榮史，然而我們且看看，西方人士對於回教與阿拉伯文明的評價究竟是什麼？回教與阿拉伯文明由西方人所獲得的批評是輕視，是抹殺，是誣蔑，……這其中，人人都知道是含着宗教與種族的偏見。

原來當阿拉伯人挾着燦爛的學術文化向着西方推進之時，西方的一般主教牧師看見阿拉伯人奇裝異服，言語特殊，崇奉異教，既恐怖，又忿恨，常常想消滅他們。後來耶路撒冷基督教與回教徒發生細微的齟齬，他們好容易得着這種好機會，便張大其詞的宣傳說回教徒如何壓迫基督教徒；又說回教徒是崇奉多神異教的野蠻民族。恰巧那時的歐西値天災人禍交相爲害之時，西方人正處在水深火熱之中，基督教皇便宣稱：『東方是黃金世界』，以蠱惑人民；叫他們背起十字架，到東方去奪取耶路撒冷。他們這樣一方面以宗教鼓吹，一方面以利祿誘惑；於是西方的諸侯、武士、學者、商人，甚至遊民、囚犯、盜賊、地痞……都起來了；有的固然是固執於宗教的偏見，有的却是迷惑於東方的黃金；亘二百年的十字軍戰爭，便這樣的興起了。然而七次東犯，結果他們在軍事方面却是失敗了。近代法國大社會學家勒朋（Gustave Le Bon）曾云：『十字軍戰爭，是野蠻與文明的決鬥。』

十字軍東犯的本來目的是失敗了，却意外的得到一種偉大的收穫。

他們未到東方前，以爲回教世界是一個蓁莽草昧的世界，以爲回教人都是野蠻蒙昧的民族；迨身臨其境後，目睹回教世界都市之燦爛華美，政治之精明不紊，物質之興盛，學術之發達；社會禮俗之文雅，道德、文化之高尙；……他們有如置身香國，瑰花芝草，目不暇接；又如浴於醴泉，甘液瓊漿，透爽心脯。他們進了這種境地後，不但轉變了以前錯誤的觀念，就是暴躁的性情也改變了。歐人聖西列曾說：『暴戾恣睢的基督教領袖，自到東方與阿拉伯人接觸後，性情都變爲溫存文雅的了』。他們由東方歸去後，把所獲得的文化傳殖西方，孕育了後來歷史上的大變化。

西方人受阿拉伯文化之賜而創造了偉大的時代，但是他們的著作中，對此却永無公正的敘述，他們存着宗教種族的私見，凡提回教或阿拉伯文明，莫不極抹殺誣蔑的能事，他們以爲假使承認一個沙漠中的野蠻民族是學術文化的導師，豈不是歐洲人莫大的恥辱？這種因襲的褊狹的觀念，若出於一般牧師僧侶還則罷了，不幸一般曾代表一時代的權威的學者如服爾泰（Voltaire）、勒南（Renan）、威爾斯（Wells）……之輩都不免囿於黨見私心而信口亂言，這眞是莫大的憾事。

近數十年來，歐人銳意侵略東方，回教民族大都淪爲殖民地。雖然一般有政治野心的人，更從而揑造事實，誣蔑回教，以爲其政治、經濟侵略的藉口。可是另外一部分公正的學者，到東方旅行之後，見回教之優美，回教人之樸實及各地燦爛的阿拉伯文化的遺跡，又目睹大戰後，回教民族奮然覺醒，努力振作的新氣象，歸國後便予以公正的評述，所以數十年來——尤其是大戰後，西方人中研究回教問題與阿拉伯文明者日漸加多，而公正的著作也就不少了。西方人對回教已相當的了解，對阿拉伯文化已稍稍的予它以歷史上應得的評價了。

這是西方人對回教與阿拉伯文明的待遇，我們且回過來看看我國的情形。

回教在中國有千餘年的歷史，有五千萬的信徒，是構成中華民國的主要成分之一。它的歷史不可謂不悠久，它的地位不可謂不重要；它對於中國文化上的功績尤足紀念：如商業之開通，天文曆法之貢獻，便是其犖犖著者。然而且看看中國對於回教的待遇。

我們且不必論以往淸政府如何壓迫回教，如何屠殺回教徒；因爲那是君主專制，人民魚肉的「黑暗時代」，不足爲論的，我們要論帝制推翻後五族一家的時代，尤其要看看主張聯合回教民族之孫中山先生所創的國民政府的時代。近二十年來（五四以後），中國的思想有劃時代的變遷，各種學術都有很大的進步。然而我們儘管看見佛教、基督教，甚至猶太教的汗牛充棟的著作，却看不見關於曾創造一偉大時代的回教與阿拉伯文明的片紙隻字；我們儘管看見整千整萬的報章雜誌天天爲國外的弱小民族作同情的吶喊，而佔中華民國八分之一的五千萬回民却從未博得人們的一句同情話。

我們得不着一般智識階級的同情還則罷了，反之一部分學人對於回教更極其冷酷、嘲笑、譏諷……的能事；對於阿拉伯的歷史是摭拾歐、美人之謬說，故作誅心之論，抹殺史乘，支離事實；對於佔中國五千萬人數的回教則視爲化外人，作苛刻的判斷，輕蔑的譏笑，刻薄的描述，揑造的紀載。我們是回民，我們感到萬分的詫異，感到無限的失望。我們作平心的反省以探求此中原因後，認爲這全是種族的偏見，漢、回的隔膜，由來已久，尤以晚清爲甚。這種隔膜的造成，回教人自身固應負相當之咎，然而回民教育落伍，認識缺乏，處於優越地位的智識階級不起而作同情的幫助，反而作冷酷的誣蔑；他們對於漢、回隔膜之造成，恐怕須負大部分的責任。

有人說中國一部分著作家對於回教與阿拉伯文明的紀載是本之歐西的作家，然而輓近歐西學者對於回教與阿拉伯文明的著作已漸趨公正，如 Gibbon, Sédillot, Gustave Le Bon, Cautier, Carra De vaux, Emile Dermenghan, Dozi, Anassiguon, Laurra Veccia Vagliri …… 諸人的著作都是很公正的，爲什麽國內的學人獨看不見呢？勒朋（Gustave Le Bon，馮承鈞譯爲波渲）在中國並非陌生的學者，他的著作譯爲中文者，據我所見的，已有意見及信仰、羣衆心理、政治心理、革命心理、民族進化的心理定律、紛亂的世界……等十餘種，然而他精心的鉅構：阿拉伯文明（La civilisation des Arabes）一書却始終無人迻譯，這不是很使人詫異的事嗎？

現在的中國，已走上千鈞一髮，生死關頭的階段，非整個的中華民族開誠團結，萬衆一心，不易突破當前的難關。目前五族中懷二心的屈指可數，只有馴服的回民還誠心一志的擁護中樞。在此國家垂亡之秋，我們覺得謀完全解除漢、回的隔膜，乃是當前之急務。消除隔膜的唯一的途徑即在國人澈底了解回教及回教歷史；必須了解回教與回教的歷史之後，才談得到了解中國的回民，才談得到解決中國回民的一切問題。

東鄰日本，近來對於回教民族之頻送秋波，竭力聯絡，這是國人應注意的事。日本爲聯絡回教民族，便用種種方法表示好感。日本政府曾在東京設置三百名公費生招收回教各國的學生，又成立回教會，聘請埃及教師正式翻譯古蘭經，建築回教禮拜堂，今年更正式派遣學生團到埃及愛資哈爾大學研究宗教學。回教國家的報章雜誌上，我們常常看到關於日本政府關心回教的消息。兩年前，謠傳日本天皇已正式改奉回教，大和民族將全體繼之。這種消息，雖稍具常識者斷不致輕信，但是回教世界終因此而歡欣鼓舞了。由往歲起，埃及愛資哈爾大學研究院已開始教授日文，担任教職者皆爲日本人。愛資哈爾大學是回教世界唯一的最高學府，是領導全回教世界的學術中心，外國回教學生負笈於此者數千人，國籍達三十餘。日本政府對於愛資哈爾大學異常重視，回教民族對於日本當然有良好的印象了。吾人身居回教國家，目睹此種狀況，倍加憂戚。我們倒不是替回教世界担憂，而是爲自己的祖國發愁。有人常常對我們說，「日本是最尊重回教的國家，中國回民與其服從中國政府，毋寧受治於日本政府」。我們聽見這種話，萬分的難過，他們不知道現在日本人對回教民族的甘言蜜語，就是大戰前英、法人對北非、近東、印度各回教國所玩的那套把戲，他們對如此重大的歷史教訓健忘，我們非常抱憾，然而回教人認爲「宗教在一切之前」、「宗教高於一切」，這倒是普遍的事實。外面的回教民族吃了人家的「迷魂湯」，難道中國回民獨可以避免嗎？

中國的回民若有二心，那決非中國之福，所以我們要大聲的呼喊，請政府，國人在此國難嚴重，期待全國合心之時，莫忽略了五千萬回民！請政府，國人在此五千萬回民赤心擁護政府抱着與中央政府共存共亡之時莫忽略了他們的一切問題。

本書就在這種信念之下翻譯出來的。著者庫迪阿里是敘利亞的教育總長兼阿拉伯學會會長，是常代最偉大的歷史家。本書對於回教之教義、眞理及阿拉伯之學術文化，條分縷析，闡發無遺；對於回教世界的現勢，回教民族的復興運動，亦詳加敘述。本書爲著者一九三零年出席荷蘭萊頓東方學術大會的講稿，所以材料多取自西方學者的著作。

這是弱小民族的呼聲，這是被壓迫的回教民族的辯訴狀。我希望能引起國內教人的自強；并希望引起國內的學人以冷靜的頭腦，客觀的態度，同情的心懷來研究回教與阿拉伯文明；公正的待遇他，還他一個「廬山眞面目」。

最後請附帶一述翻譯本書的態度。「翻譯難」，這大概不會有人否認的了，凡是曾從事此道的，都知道此中滋味。而譯阿拉伯書尤為困難，阿拉伯書的翻譯，在現在的中國，尚在萌芽時期，草創時期；既沒有詞書字典可供參考；又沒有前人的譯事可資借鑑；字字須自出心裁的創造，句句須自出心裁的推敲。爲了一個難字，或一句難句，或一個名詞，往往構思數日而不能下筆。

本書自一九三五年春起手至翌年春譯竣，歷時一年，易稿四次，翻譯時惟一的信條是：努力譯成淺顯明白的「中國文」而不背原意。然而抄竣後細讀一過，覺得距理想的目標還遠，自己不滿意的地方依然很多，惟我已盡我至善的努力了。所謂「短處惟有寸心知」，只好待海內宏達的賜教了。

翻譯期間，適值埃及皇家學會開會之期，著者出席會議，曾在開羅住了三四個月，使我得常常請教私室，得到許多幫助與鼓勵，這是我要特別感謝的。

二五，三，六，納忠記於開羅。

二　目錄

7

第十七章　蒙古人與韃靼人對於阿拉伯文化之危害

第十八章　西方帝國主義者對於回教國之侵略

第十九章　西方文化對於阿拉伯的影響

9

史地書店經售書目(三)

北平西四北小紅羅廠

書名	編著者	定價
索引和索引法	錢亞新著	五角
中國歷代年號索引	汪宏聲編	三角
中國紀元通檢	陳子彝編	三角
十三經索引	葉紹鈞編	五元五角
周易引得	引得編纂處編	二元五角
尚書通檢	顧頡剛編	一元
毛詩引得	引得編纂處編	三元
儀禮引得	引得編纂處編	二元
禮記引得	仝上	三元五角
春秋經傳引得	仝上	印刷中
左傳人名地名索引	重澤俊郎等編	一元五角
國語索引	鈴木隆一編	二元
二十五史人名索引		三元
兩漢不列傳人名韻編	莊鼎彝纂	一元
遼史索引	若城久治郎編	七元
新唐書宰相世系表引得	周一良等編	三元
八十九種明代傳記綜合引得	引得編纂處編	二十元
三十三種清代傳記綜合引得	杜聯喆	五元
中國地學論文索引	王庸,茅乃文輯	一元
中國地學論文索引續編	仝上	一元
水經注引得	鄭德坤編	十元
白虎通引得	引得編纂處編	八角
世說新語引得	仝上	一元
太平廣記引得	鄧嗣禹編	三元
蘇氏演義引得	侯　毅編	四角
刊誤引得	仝上	伍角
容齋隨筆五集綜合引得	引得編纂處編	二元
考古質疑引得	仝上	六角
藝文志二十種綜合引得	仝上	二十元
四庫全書總目提要索引	陳乃乾編	二元
四庫全書索引	于炳耀編	一元八角
四庫全書總目引得	引得編纂處編	四元
文瀾閣目索引	楊立誠編	一元六角
藏書紀事詩引得	仝上	印刷中
日本期刊三十八種中東方學論文篇目附引得	于式玉編	四元
圖書集成編目	俞　照編	二元
叢書子目備檢	金陵大學圖書館編	一元
叢書子目索引	金步瀛編	二元
叢書子目書名索引	清華大學圖書館編	三元
國學論文索引	北平圖書館編	一元
國學論文索引續編	仝上	八角
國學論文索引三編	劉修業編	一元
國學論文索引四編	仝上	一元二角五分
文學論文索引	陳璧如等編	一元六角
文學論文索引續編	劉修業編	一元六角
文學論文索引三編	仝上	一元六角
全上古三代秦漢三國六朝文作者引得	引得編纂處編	四角
文選注引書引得	仝上	二元五角
全唐詩文作家引得合編	林斯德編	一元
別集索引	金步瀛編	四角
清代文集篇目分類索引	北平圖書館編	八元
唐詩紀事著者引得	引得編纂處編	五角
宋詩紀事著者引得	仝上	三元五角
元詩紀事著者引得	仝上	五角
清代書畫家字號引得	蔡金重編	三元
室名索引	陳乃乾輯	一元四角
道藏子目引得	翁獨健編	六元
佛藏子目引得	引得編纂處編	四十元
太平御覽索引	錢亞新編	四角
太平御覽引得	引得編纂處編	九元
歷代同姓名錄引得	仝上	九角
崔東壁遺書引得	仝上	四角
三字典引得	聶士芬編	一元七角五分
教育論文索引	北平圖書館編	六角
增訂教育論文索引	彭仁山增訂	三元五角
農業論文索引	金陵大學圖書館編	一元六角
書評索引	鄭慧英編	八角

甯海雜記

張公量 1

甯海是浙江東部濱海的一縣，漁鹽之利與農業並爲該縣生產的主要部門。近年公路開闢，交通便利，商務也日有進步。全縣面積計八•六四九里，人口三十餘萬。就地勢說，附郭居民，務農爲業，平疇沃野，所在多膏腴。沿海居民，沒有常產，專恃網罟之利，逢漁汛則出洋張捕。山僻之地，則靠竹木桑麻及畜牧爲生，比較貧苦。這是一縣中分區的社會經濟概况。以下就農業，漁業，商業，家庭手工業等項分述之。

第一，農業。本縣田地山蕩合計八十餘萬畝，据民國十三年統計，自耕農有三〇•六〇四戶，半自耕農一八•七三四戶，佃農一八•八四一戶，以自耕農佔最多數，依地畝佔有的多寡，比較其戶數有如下表：

不滿五畝	四五•〇〇〇
五畝以上	一六•九〇〇
十畝以上	五•一〇〇
五十畝以上	一•一〇〇
一百畝以上	五二〇
二百畝以上	三一〇
三百畝以上	一一〇
四百畝以上	五四
五百畝以上	六

由此可知四萬五千戶農家，只佔田二十二萬五千畝，而一千戶農家（一百畝以上）亦佔二十來萬畝。據聞實際上佔地千畝以上之戶並非沒有，而是歷史上的老例，將田畝拆散，多立糧戶，以便抗捐抗稅。本縣田賦較輕，其中最重之寺田，上期（舊稱地丁）每畝亦不過徵一角九分六厘。下期（舊稱抵補金）爲六分九厘，民田更輕。故一般農戶，即屬佃租，也還可以維持生活。濱海之區，因海水的漲落，隨時可以圍築，「滄海變桑田」，名叫塗田或灶田，如三門灣岳井健跳等處，所在皆是。這一類田，官廳勢不能加以查勘，往往有田無賦；一旦遇海水冲刷，桑田復變滄海，故也有有賦無田。以塗田或灶田的圍築而立致巨富者，不在少數。聞當地人游惰性成，不善利用，前官廳雖有設置農墾自治區之議，終未見諸

實行，殊爲可惜。

至生產技術，生產工具，純守中世紀式，與一般無異。浙江經濟紀略（1929）記其土性，水利，農產，農具等云：

「全邑山多田少。田土較肥，宜於栽種稻麥。而山土多瘠，並乏水利，大都栽植竹木雜糧爲適宜。統計土性，瘠粗者十分之六，精肥者僅十分之四，山角海壖，易爲旱澇，其間爲閘爲塘爲碶，因地制宜，所以爲蓄洩而濟乾溢也。邑中有兩閘五十五碶十二塘。塘分爲二，曰池塘，曰海塘。池塘以供吸取灌民田，海塘以禦鹽潮，蓄淡水溉塗田，及民居聚集之處，併可供吸取也。以上所述閘及碶塘，灌溉附近田疇，約計二十餘畝。

「農民每年清明節後，車水灌地。以牛架犂，翻土耙平，散以稻種，漸成秧田。芒種前後，移秧分種；及其成活，加以肥料，勤耘數次，至白露後次第成熟，名曰旱稻。其晚稻尚須再遲半月，方可收穫。俟田稻刈割完全，接種大小二麥，至山地土性較瘠，僅可栽種蕃儲苞蘿。農具中有犂鈀耜鋤刀斧等物，……皆係本地所製造」。

這是十七八世紀自足經濟時代的生產手段，足以使中國社會停滯不進；同樣，中國的殖民地地位的束縛，也使落後的農業生產方法無法改良。在豐稔之年，還可自給自足；荒歉之年，便要仰賴外地。近年跟着世界經濟恐慌而來的大傾銷政策的實行，加以公路的開闢，農村裏充滿了各式各樣的洋貨，代替土製品，予家庭手工業以致命的打擊。「穀賤傷農」，農村本身，近年來也受夠投降洋米的創痛。寧海農村，自不能例外。記得前年江浙苦旱，寧海的農民隊伍，接二連三地向縣政府示威，幾乎有變成暴動軍之勢。今年「雨暘時若」，可無此種顧慮。但偏僻之地，盜匪出沒無常，報不絕載，海盜尤不易捕獲。新昌之匪，最爲頑強，官廳從未能根除；寧海西鄉即與新昌毗連，本山僻之地，土瘠田少，生計艱難，一般農民只得挺而走險，相率落籍，成爲盜匪淵藪。這是一個不容易解決的問題，假如照現在這樣下去。總之，一般生活，是很惡劣的。

農村中的封建剝削關係，亦仍存在。

「農民佃田，先向業主訂立佃票，議定租額，每畝租穀，普通年納二石，大都按年清繳，抗欠尚少」。二

2

石之租，似比他處輕些。据民國十三年統計，自耕田二〇六・四一九畝，租佃田一六二・六一一畝，可見五分之四的田畝，受了租税的束縛。

至於農村中的副業，也還發達，收入不少。

（1）家禽產值表

	產量（隻）	價值（元）
雞	三四五・〇〇〇	一七二・五〇〇
鴨	六〇・〇〇〇	二四・〇〇〇
鵝	三〇〇	六〇〇
	三九五・三〇〇	一九七・一〇〇

（2）鷄蛋鴨蛋產值表

	產量（千只）	價值（元）
雞蛋	一三・六〇〇	二七二・〇〇〇
鴨蛋	二・四〇〇	四八・〇〇〇
	一六・〇〇〇	三二〇・〇〇〇

（3）家畜產值表

	產量（隻）	總價值（元）
牛	二四・〇〇〇	九六〇・〇〇〇
羊	四・〇〇〇	一〇・〇〇〇
猪	二五・〇〇〇	七五〇・〇〇〇
	五三・〇〇〇	一・七二〇・〇〇〇

總計副業可得二百餘萬元。概括的說，甯海農田沒有近代管理方法，同時又決定於中國農村二種性，所以只有趨向衰落的路，要繁榮是非常困難的。

第二，漁業。甯海東南北三面臨海，水產甚豐。海門設有台屬漁業管理局分駐辦事處，甯海亦隸屬之，每年總收入約計二十餘萬元。水產物爲黃魚，鰳魚，鰕魚，鯧魚，鯔魚，彈塗帶魚，墨魚，蝦蟹，蛤蜊等類。沿海如岳井、健跳、海游、三門灣等處居民，皆以海採捕水產爲生計。其海塗較低之處，更加圍築，養殖魚介等類。或用鹽醃行他處銷售，或隨捕隨賣。確爲甯海經濟的主要的一項。

第三，商業。宋赤城志記甯海僅一市，而現今有二十四處，無日無市。計（一）城中大街三・六・九市（二）東鄉：（1）栢浦七市（2）路下施三・七市（3）東倉賴三・八市（4）長街一・六市（5）胡陳四・九市（6）山頭三・八市（7）伍家嶼五・十市（三）東南鄉：（1）

梅枝五市（2）一市街一市（四）南鄉：（1）沙籆四・九市（2）海游二・七市（3）亭旁三・八市（4）大橫渡四・九市（5）健跳每日早市（五）西南鄉：（1）桑洲五・十市（2）黃洋一・七市（3）朱墺一・六市（六）西北鄉：深甽四市（七）北鄉：（1）梅林一・四・八市（2）五市二・八市（3）西墊三市（八）東北鄉：（1）黃墩二・七市（2）橋頭胡五・十市（3）大置何三・八市。鎮有五：茶院鎮、長街鎮、海游鎮、亭旁鎮、梅林鎮。以海游爲最。入境貨，以南北貨、雜布、拆衣、煤油、藥材、黃白糖、豆油、茶油、菸葉爲大宗。出境貨以食鹽、毛猪、毛竹、柴片、烏柴、桕油、靛青、茶葉、當衣、松板、樹料、麻、蜡、苔條等類爲大宗。此外穀米亦有出境，糯米一項可得二三萬元。

商販道路有四：（一）赴甯波。現鄞奉奉海公路通車，二小時可達。舊時水路由北鄉薛縣過定海鎮海等處，需時一日夜，遂趨衰歇。（二）赴象山。陸路由東鄉岳井至泗洲頭等處。（三）赴新昌，現亦由奉海公路轉運。（四）赴海門至黃巖。水路由東鄉白嶠石橋頭，南鄉海游健跳過石浦等處。團體有縣商會，同業公所，及异地人同鄉會。商業資本，可稱發達。惟公路開闢，不啻替帝國主義者竭盡推銷貨物之任務。城中街道尚整潔，洋貨店甚多，觸目皆海產攤販，往來買賣，無日不盛。數月前，有日人陸續過境考察，諒亦不無某項提携之使命。商會成立於光緒三十四年，一年收入計商捐等項達七百餘元之多，三十年後之今日，已遠飛昔比，可徵其商業之蒸蒸日上也。

岳井健跳附近之三門灣，亦寧海轄境，島嶼星羅棋布，交通便利，意大利曾要求闢爲商埠。塗灶之田，一望千里。爲總理實業計劃東方大港之一，將來之發達，而奪取石浦海門各處之商業，自無疑義。浙江省政府會議析置三門縣，設縣署於健跳，駐紮大兵，飭寧海縣政府徵求當地人士同意，結果該地民智閉塞，俗尚保守，未肯應允。現上海地皮公司聞已收買該地之地皮，以爲該地將來必繁盛也。

第四，家庭手工業。甯海家庭手工業，其重要有三：（一）草帽業：甯海縣城有草帽公司十來家，每家女工數十人。此所謂「公司」，所謂「女工」，並無特定形式與意義，只由經營者將貨料散給各農婦領製，每

4

項工資以前可得三元以上，近受不景氣影響，減至一元以上了。此項出產，總數年可得五六萬元之譜。里巷街坊，隨處隨刻可以看到傍階坐着打草帽的娘兒們。（二）花邊業：農戶繡剌花邊，頗爲精緻，運往外國銷售，每年亦可得二三萬元。（三）柴枝人：此爲利用樹根之雕刻品。先將樹根浸入水坑中醃熟，二年以後取出，刮去外皮，雕成人物鳥獸等類，各式俱全，塗以油漆，工細絕倫，爲陳設珍品。每具小者粗者一二元，大者細者六七元不等。此項收入，亦在二三萬元。以上三項，並非爲自給而生產，乃是一種商品經濟。

其他工藝，如織工鐵工等，爲中世紀式組織。年輕子弟，投師習藝，須先訂契約，以三年爲限，限內聽師指揮，不給工價；但優于手藝者，亦得酌給津貼。限滿出師之後，方可自由營業。

我們覺得甯海爲東南沿海之區，文化低落，人民保守，當軸應加注意。希望省政府的三門灣設縣的議案早日實現，對於岳井健跳等地，施以政治、經濟，教育各項根本的改造！

九月二日於甯海縣署

西貢印象記

華游 1

一九三五年九月九日的早晨，汕頭民國日報副刊上發表我那首去國：

明天，呵，明天我又是踏上征途！
我是這樣悄悄地來悄悄地去。
也想不到我會在此地勾留一月餘；
今後喲，這聽雨樓上又是誰住？

月來我曾在狂浪懸號的海濱獨步，
在朦朧的月色下踏着沉寂的歸路。
如果這就是人生，那末我在這裏——
留下的無非是一幅看不淸的畫圖。

就在這天的午後我離開汕頭，我沒有通知朋友們，因爲我怕他們去送行。這樣悄悄地來悄悄地去，覺得是多們閒適呵。

最苦的是從舢板上輪船梯時，因風浪太大，搖播得幾乎不能上去；如果不是那樣小心翼翼地爬上去，眞免不了掉到海裏和狂浪擁抱。

走到船上，看見船面坐滿着許多兒童婦女，手裏各執着一隻筷子。初時看到這種情形，眞是莫明其土地堂。後來聽說那是預備給醫生檢驗是否已種過牛痘（如果沒有種牛痘，到西貢時，法國政府是不讓上岸的。這是近來才改變的，從前是到了西貢才種痘）。但對於筷子，至今我仍想不出他們的用途。

從前到南洋去，差不多都是一班工人，想不到現在連婦女和小孩子也整批整批地給輪船運到外國去，這不是怪事嗎？我看到這種情形，心裏感到無限的感慨！如果家鄉不是過不了活，她們何必到異邦受人賤視，壓迫呢！

我從來是最怕坐船，因爲我受不了狂波大浪的欺侮！這次眞是好過，海上一點風浪都沒有，這眞給我不少的快慰。因爲暈船所以向來每次乘船，就很少喫過東西，而這次却給我喝了不少的咖啡牛奶。船裏販賣食物的完全是廣東人，價錢並不怎樣昂貴，在津浦車上，每杯咖啡非三毛錢不來，可是在這裏每杯僅賣六分錢，這不能不說格外便宜了。

從汕頭到西貢，在船裏共度過五夜四日，在這幾天之中，讓我認識了船裏好幾位朋友：一位是管理無線電台，一位是三車，和幾個水手。這幾位陌生的朋友，差不多個個都是富有血氣的；他們的言論，多是注重於中國現代的政治；他們個個都不滿意軍閥的內鬨，他們更痛罵×××之出賣東北四省。我每次聽完他們的說話，實在感到一種說不出來的苦悶！眞是想不到在這天空海闊的海面上，漂蕩着這許多愛國的同胞！

當船駛進頭頓（Cap-Saint-Jacqnes）時，那是九月十三日深夜十二點鐘。兩點二十分領港的那位法蘭西先生來了。不消說這位法蘭西先生是神氣十足的。假如你到過安南，你就可以領教法蘭西先生的威風！記不清是那位先生（似乎是孫福熙先生）曾這樣說過：來到法國殖民地的法蘭西人，都是一班大流氓！好的法蘭西人是不會來到安南的。這幾句話說得一點都不會寃在。

從頭頓到西貢（Saigon）要經過九十九灣，需費四小時的時間，沿岸的風景美極了！尤其久居中國北部的我，驟然與這久別重逢的南國風光見面，禁不住呼了一聲：美極了！

「你身上有洋火嗎？」當我站在船欄邊看兩岸的風景時，忽然一位同船的華僑向我這樣問。

「對不起，我沒有抽煙！」我以爲他是要借洋火抽煙，所以這樣回答他。

「不是這個意思，我是告訴你，身上不應該帶洋火，到餉關時給法國人查出來，每小盒要納五塊錢關稅」。他給我解釋。

這時候忽想起媚送給我那套裝在一個精緻的木匣裏的景泰琺瑯茶杯來，遂匆匆走入艙裏，把四個茶杯取出來擱在橡皮袋裏的口壺中，口壺的上面用了一條手巾塞住，預備上岸時混過去。剩下的茶壺，就拿了一些茶渣裝進去，表示是用過的東西（據說用過的東西是不用稅的），依舊存在衣箱裏，以聽其運命。

據一般富有經驗的華僑對我說，假如我不把牠拆開，這幾個茶杯，五十塊或一百塊不一定。因爲他們的關稅抽得大苛，所以海關裏舍棄了許多東西沒有人敢去領取。一位華僑帶了一百把竹爬（是用去爬草的），在中國僅用七塊錢的成本買的，他們竟要他五十塊錢關稅，這眞是駭人聽聞的一件事。其實豈只如此而已，比這更甚

2

的又不知有多多少少呢！

船泊在第五號碼頭（一共十二個碼頭），乘客都空着手（隨身的行李，都給碼頭的工人搬入海關的棧房裏備查），分着男女兩大隊像趕猪趕鴨似的給文明的法蘭西先生和富有奴隸性的安南警察趕到海關裏搜查。我看那兩位 Madame Française 搜查（不，是侮辱！）我們貴國的婦女，摩乳呀，翻着褲筒點數呀（因她們穿了四五條褲子不等，爲的是想避免納稅。據說凡未穿洗過的衣服，都要抽稅。這種咎由自取的婦女，眞是令人生氣），個個都羞得臉子都紅了起來。有幾位老太太手裏持着小竹籃，也給他們搶着往行李堆裏拋進去。乾脆說一句，他們簡直不把你當做人看待。我們這一隊是由兩位法蘭西先生搜查，當他們查到我的橡皮袋時，我眞害怕給他們拉開口壺裏的手巾。幸的是他們看見裏面裝的都是洗臉用具之後，沒有詳細搜查就讓我過去。這也許是看我穿了一套很考究的西裝，所以才那樣另眼相待吧？搜查的手續完畢了，仍須給他們趕入新客衙（俗稱「猪仔牢」）去印指頭模，所以大家仍是站在一邊等候他們的命令。在這時候給我發現了一件令人可笑可氣的事來：有十幾位新客跟着一位「客頭」（這是專帶工人和販賣貨物，往返南洋的一種商人），其中有幾個是十三四歲的小孩子，他們每人都代替那位客頭戴了一架中國式的水晶眼鏡，腰間還帶着一大串廣東銅鎖的鑰匙。這樣一來，自然給那位「客頭」省納許多餉稅（記得從前我跟一位客頭往返安南汕頭間，一次道經香港，曾代替一位姓趙的客頭帶運鴉片的危險物。於今思之，不禁毛骨悚然！這班客頭利用無知的小孩子給他走私，是多麼可惡的一件事呢！）。以一個十三四歲的小孩子，戴起那樣高大笨重的眼鏡，和那串大小一樣的銅鑰匙，是多麼不調和呀！當那兩位法蘭西先生檢查到這些小孩子時，不覺也好笑起來。笑，這是令人多們難堪的一個笑聲！像這樣奇形怪狀的華僑，又何怪外國人要輕視你支那人！我覺得以後要往南洋謀生的華僑，政府應該規定一種制服叫他們穿，因爲衣冠不倫不類，是很容易教人輕視的。

後來到了所謂「新客衙」時，這些同胞一如在國內一般不守秩序爭先恐後地想先擠進去，給安南警察打了一陣，他們才往後退，但不一會又擠將過來，再領受籐條的滋味！沒有受過教育，訓練，自然談不上什麼紀律的。這又何怪人家要鄙視我們支那人！

華僑在南洋羣島備受外人的侮辱，虐待；究其原因，實在咎由自取。我們要避免人家欺侮，自然要從事教育！然而誰有工夫去管這些閒事？唉，大家還是閉起眼睛，硬着頭皮吧；橫豎這些總不會加到那班所謂大人先生們的身上的。

走進「新客衙」的辦公室，擡頭就看見這樣的一張表，要你掏荷包的表！

一九三五年定例新舊入口稅例費用一覽表

男界新客入口年在十八歲以外者列下：

正稅	紅十字會	船頭稅	公所費	建築新衣亭費	總共
春季十五元	六元	五角	一元五角	二角	二十三元二角
夏季十一元一角五分	六元	五角	一元五角	二角	二十九元四角半
秋季七元五角	六元	五角	一元五角	二角	一十五元七角
冬季三元七角五分	六元	五角	一元五角	二角	一十一元九角半

另限一個月內到新客衙門再納稅項列下：

春	夏	秋	冬

西貢	當工五元 水喉電燈加抽十四元二角五分	十元零七角	七元一角三分	三元五角七分
堤岸	當工四元五角 水喉電燈加抽九元	六元二角半	四元五角	二元二角半

（凡年齡在五十六歲以外，無論何季到埠，加納時免去當工銀西貢五元堤岸四元五角，餘俱照納）。

女界無論新舊客入口照納稅費如下：

皇家稅	船頭稅	公所費	衣箱亭	建築新衣箱亭	總共
五元	五角	一元五角	五角	二角	七元七角

小童女無論新舊客年在七歲至十四歲者納稅如下：

公所費	船頭稅	衣箱亭	建築衣箱亭	總共
一元五角	五角	五角	二角	二元七角

小童男不論新舊客入口年在十五歲至十七歲者納稅如下：

皇家稅	公所費	船頭稅	衣箱亭	建築新衣箱亭	總共
二元	一元五角	五角	五角	二角	四元七角

男界舊客入口凡已納本年身稅到埠者納稅如下：

公所費	船頭稅	衣箱亭	建築新衣箱亭	總共
一元五角	五角	五角	二角	二元七角

凡未納本年身稅到埠者

正稅	公所費	船頭稅	衣箱亭	建築新衣亭	總共
十五元	一元五角	五角	五角	二角	十七元七角

另限一個月內到新客衙門再納

西貢紙當工五元	水喉電燈加抽十四元二角五分	總共十九元二角半
堤岸紙當工四元五角	水喉電燈加抽九元	總共十三元五角

（凡舊客到埠時遺失所有日前之出口紙者罰銀五元）

（凡在埠內領有出口紙未及出口而遺失此紙者罰銀五元）

一九三五年（民國廿四年一月）西堤七府公所謹啓

上岸後這筆入口費須納淸，不然就得請人擔保；不能繳納同時又沒有人擔保，那末只好請君嘗試幾天「暗室」（比坐監牢而有鐵窗可以透進光線的要苦得千萬倍）的滋味，等原船離境時原貨（他們根本就不把你當人看待）給裝回來。

因爲人數太多，在「新客衙」裏等着印指模繳納入口稅，整整費了三個鐘頭。早上在船裏沒喫過東西，到這時飢腸已轆轆，遂雇人力車拉往我們貴潮州人所辦的年豐客棧。車夫欺我新來（他眞萬料不到我是本邦生長的人），竟把我拉往堤岸（Cholon）的路上走去，等到我用安南話質問他時，他才肯好好地走他應該走的路，假如當時自己不懂他們的語言，自然免不了要受他敲竹槓的。他的居心是多們可惡呢！

5

踏進客棧的大門，棧夥就引我到樓上開房間。他們的房間僅有一個可容空氣出入的小窗戶，裏面黑漆漆地，沒有桌椅，只有一個舖床，沒有蓆子，更談不到蚊帳和枕頭。我看後就對那個夥計說：

「請開一間光線比較好的」。

「我們的客房大都是如此，你要舒服，到別的地方去！」他說時把眼睛低垂；那副臉孔眞難看到不可言說。

這些人可以說都沒受過教育，而且從來住他們的客棧的一般人，也是像他們一樣沒有受過教育的「苦力」們，他們那種無禮貌的態度，已經鑄成了一個典型，我們當然不能怪他。

因爲客棧太糟了，所以在喫完午餐後就乘電車往堤岸，夜裏就在一個朋友的家裏睡覺。然而三塊錢客棧房租，早已裝在他們的荷包裏了（這裏住客棧的規例：住五天是三塊錢【管飯】，住一天也是三塊錢，不住也要你三塊錢，因爲你上岸時吩他門辦理入口的手續，所以他們非要向你算客棧錢不可）。

第二天上午乘電車回西貢，打算坐夜船回家。因行李尚存在海關裏，所以不得不往海關那邊走一趟。可是太晚了，查行李的兩位 Madame Française 已停止辦公（她們十點鐘就停止辦公）。我知道他們這裏的情形——行李有的等到一個多禮拜才能領出——所以就揑起謊來，拿了那張取衣箱的字條對那位「馬臻」(Machinh) 說：「請你費心幫忙，因爲我家裏來了一通電報，叫我今天夜裏無論如何應該坐夜船回去，現在行李不能拿，今天夜裏怎樣回去呢？」

那位「馬臻」倒也客氣，就在我那張取行李的字條上批了幾個字。

午後兩點鐘到海關取行李，許多熟悉個中情形的人總勸我不要到裏面讓他們糟塌，可叫客棧的夥計去代領。我爲着要到裏頭領略他們的一切虐待，終於自己前往。臨走時，那些人還是對我說：「像先生這樣高尚的人，是犯不着去受他們的氣的」。他們的美意，眞是叫我感激！但他們那裏知道我此來就爲着來嘗試帝國主義的辛辣滋味呢？

到海關門口，已是人山人海，大家都不守秩序，不按照他們手裏所拿的那張取行李的號數進去，結局大家是你擠我，我推你，印度的紅頭阿三拿着木棍攔住了鐵門，誰都不讓他進去。我一到那裏就把那張字條高高舉起，因爲上面有那位「馬臻」批着的幾個紅墨水字，印度的紅頭阿三到底客氣一點，把鐵柵開出一條僅容一人進去的路痕來。到裏頭找了一會，才把自己的東西找到了。兩位 Madame Française 坐在一個角落裏檢查行李，人家的衣服，都得一件一件地搬開來，但你如果賄賂她們一兩塊錢，她們總可以很隨便地讓你拿走；因此也給一般走私的商人佔了不少的便宜。我因要領略她們的苛刻，雖然有錢總不願意掏出荷包來。

等了相當的時候，終於輪到我了。我先把行李打開來，她們有的是走狗，我那兩箱摺得非常齊整的衣服，給他們一件一件地搬出來。一邊還露出媚容叫着：「巴巴（BaBa 意即祖母）」，您看這是多麽好看的像片！」當他翻到我那本生活像簿時這樣說着。那位年紀比較青些的 Madame 接過那像本，翻看像片之後，一邊取下像本裏的像片（她的野蠻的行爲畢露了！），一邊却對我說：「你這本像簿送給我怎樣？」我知道無論如何，這本像簿是逃不脫這類似強盜的 Madame 的手了，所以也就苦笑着答應了她。想不到跟我自西到東，從北到南，從未同我離別過的美麗的像簿，牠的命運如今會淪入帝國主義者的手裏！唉，自今以後，我的心房上又多了一件傷痕！

我看她拿過手後，那樣的玩賞着，知道她是如獲了珍寶，所以也就對她說：

「假如你喜歡這樣的像本，下次給你買一本新的」。

「你幾時要歸去了？」

「大約兩月後」。

「那末，你就給我們買兩本來，一本可送給她」。她說時，眼睛注視那位老 Madame。

不消說當時我是滿口應承她。當她查到那個精緻的木匣時，忽變臉向我質問：「裏面的東西那裏去了？」她好像知道我把它拆開了的樣子，向我嚴重的質問。

「這是安南一位親戚叫我在中國給她定做的」。我撒了謊騙她。

「拿去納餉！」

我以爲她拿了我的像本，可以馬馬虎虎讓我過去，意料不到她會再板起面孔的。幸虧那位老 Madame 轉過頭來看是空匣子，搖頭表示不該叫我納稅，這或者是聽我說下次兩來時給她買像本吧，但是多麼對不起呢，直到如今我還沒有打算再南渡。

她看到我用剩的「如意膏」，會盤問是作什麼用的？看見我那本「北京畫報」裏的巴黎女子裸體像片，竟傳給那位老 Madame 彼此觀摹了一會。苦的是旁邊站着許多人等着查他們的行李。她看見我那盒孔雀牌的撲身香粉，竟在她的手臂上擦得怪香的，同時她還給那位老 Madame 撒得遍臂都白了。像她們那種「誅求無厭」的態度，簡直令人作三日嘔！然而人家還是不住地稱讚法蘭西人是怎樣文明呢！

行李查過後，就用粉筆在皮箱上寫了個暗號，你又得好好地保存這個暗號，才能夠運出第二重關門。因爲當你出關門時，門警還要前來盤查，看看是否漏查。像他們這樣的再三盤詰，眞是令人望之生畏！

當我離開海關門口時，我回過頭去望望那些仍在那裏互相擁擠的僑胞，我深深地慶幸自己的行李已得到自由了。我更感謝文明的法蘭西人給我許多深刻的印象，我將如何珍重把這些深刻的印象帶回祖國去呢！

傍晚冒雨驅車到輪船碼頭，因爲從西貢到我的家裏仍須坐一夜小輪渡。

輪船公司是中國人合股組織的，所以船裏的用人多是中國人。我躺在布床上聽他們談廣州話，覺得我好像仍置身在中國的境界裏似的。

外面細雨濛濛，涼風陣陣，一到深夜，我竟給涼風襲醒了。想到天明時使我看見將近十年沒有見面的父母親和天眞的弟妹們，越覺令人興奮不能再睡。無意中看着對面燈光下瞌眼睡去的幾對安南青年男女，心房不禁爲之震動——他們的顏色竟是那樣蒼白，軀幹又是那樣細弱！像他們這樣類似病態的體格，要靠他們恢復他們底民族的地位，是沒有希望了。他們原來的體格，和我們中國人並沒有什麼差別。然而現在爲什麼這樣的脆弱呢！這不能不歸功於文明的法蘭西人了。法蘭西人既然是那樣縱慾（法殖民地政府對性生活是採取放縱主義的），又兼安南是位於熱帶，性的刺激，自然和其他的民族不同。安南人的體格所以至於如此脆弱，那就要怨他們不該太沉溺於色慾了。

覺得很好笑的是躺在我隔床那位蓄着法國式鬍子的一位安南老頭子，他問我近來照像生意怎樣？這突如其來的說話，眞使我有點摸不清頭緒。原來他看見我那張行軍床，誤認爲是照像的架子。

是舊曆中秋節後一天，這個在外面漂泊多年的我，居然重履家門。

首先走出來的是慈愛的母親，幾年來常在夢鄉看見的母親，如今是站在我的眼前了！這時候我很愉快地從喉嚨裏滑出一聲：

「媽！」

母親帶着微笑問我道：「你回來了！」

「是，我回來了！」這回大概不會在做夢吧？我回答這句話之後，就這樣默默地想着。

晚上小弟妹從學校裏歸來，我們都不認識，眞是大有「笑問客從何處來」之概！後來她們聽母親的告訴，就靜悄悄地向母親的耳邊說道：

「今天哥哥經過我們的學校門口時，我們都走到門外圍看，以爲是省督學來巡查我們的學校呢！」

母親聽完妹妹的說話，帶着埋怨的口氣說道：

「你記得你離家多少年了？」

國內地理界消息

葛啟揚
欒植新　輯　1

電報，電話（民二五，一二，一六——二六，三，二）

長途電話掛號辦法

【南京】交部頃公布國內長途電話受話人姓名住址掛號辦法，即受話人為避免因姓名住址錯誤致碍通話起見，得預先向所在地電局聲請掛號，由指定一號碼，代替其姓名住址，各發話人即以其號碼傳呼，規定一年為期，期滿須再行聲請。並已通令各局，自三月一日起實行。（十四日中央社電）

（二六，一，一五，申報）

交部籌設全國電話網

【南京十四日下午十時發專電】交通部籌設全國電話網，以京為中心，分達於全國各省市。至邊遠省分架線困難，擬以無線電聯接通話，務期遠近俱相聯繫。

（二六，三，一五，大公報）

蘇省府設立淮陰廣播電台

地點勘定即興工

【清江浦通訊】江蘇省政府以淮陰為蘇北中心，人口稠密，地位重要，為繁榮社會傳播政令計，決定在浦設立淮陰廣播電台。機件擬以江蘇廣播電台舊有者運淮應用，俾蘇北各縣人民對省府一切施政方針及計劃能於最短期間完全明瞭。現正積極籌備，日內將派遣工程師來淮，勘察適當地點，俟地點勘定，即招標興工建築，至台長省府正在遴選中云。（二十四日）

（二六，三，一，大公報）

上海牯嶺長途電話

十六日起開放　工程竣事今日試話

交通部所辦之九省十市長途電話，自進行以來，開放者已有多綫。上海至牯嶺間一綫，亦已於今日竣工，先行試話，定十六日開放。外傳十日正式開放之說，實尚過早。價格由市區接往者，每次三分鐘，為二元四角；特區寶山等處接往者，均為二元七角。

（二六，一，一〇，申報）

上海至九江南昌長途電話開放

九省十市長途電話，各綫行將竣工。於上海牯嶺通話後，上海至九江綫，上海至南昌綫，均已開放。滬潯綫每三分鐘，特區為二元九角，市區為二元六角；至滬贛綫特區三元一角，市區二元八角。所有各項手續，及通話範圍，均與其他各綫無異。　（二六，一，二一，申報）

最近之將來上海可與英美通話

曾與紐約試話　結果成績甚佳

字林報云：在最近之將來，上海各處之電話用戶，可以取起聽筒，而於數分鐘內，與倫敦或紐約之友人交談。目下每日與英美由無綫電話作商業通訊之試驗，行將完成，豫料在下月杪至少有兩處之一可以通話。此項新業務，須與中政府無線電機關聯絡，始可開辦。中國交通部與美國電話電報公司現所進行之談判，一旦圓滿告竣，美方一路，即可通話；而能以裴爾制取道太平洋呌通美國任何地點。與倫敦之交通，則將為直流，取道亞洲與歐洲大陸。二月初尚有一重要無線電話業務可告成立，卽上海取道廣州與香港接通。是此路之試驗工作，已告成功。據上海電話公司職員聲稱，美方一路之試驗，已完全滿意，最近數日中曾與紐約談話，成績良佳。某次曾為上海一人於不足一分鐘之時間接通至紐約，厥後談話，清晰而無間斷，並曾由閘北中國電話局試驗數次。此項通話，須於現有之機械設備另加一種復話機，以便談話既畢，有不明處，可用此機復講一遍。

（二六，一，二三，申報）

中德無線電話本年上半年可望通話

連日試話成績良好

【上海十六日下午五時專電】中德無線電話，經交部國際電台逐日與柏林國營無線電公司試行通話，結果良好，本年上半年，可望正式開放。

（二六，二，一七，世界日報）

中英中美中德無線電話

分別試話聲浪均頗清晰

【中央社上海十七日電】滬電話局息：（一）中英無線電話，自十五日起，每逢星期一三五，午後六時至八時，舉行試話。（二）中美無線電話，自十六日起，每晚十時至十二時試話。（三）中德無線電話，亦自十六日起，每逢星期一三五，晚八時至十時試話。聲浪均頗爲清晰。

（二六，二，一八，世界日報）

滬港無線電話明日正式通話

吳鐵城與港督行祝賀禮

【上海航訊】自滬粵無線電話通話後，交通部爲便利滬港交通起見，特與香港電話公司接洽合作通話，業已籌備就緒，定於二月一日上午七時舉行正式通話。屆時除由交通部上海電話局長徐學禹，與香港電話公司當局先行試話外，上午九時由吳市長與香港英總督行祝賀禮後，並免費招待滬港新聞界通話一次，十時後開放營業。嗣後每日營業時間上午七時起至下午十一時。話價規定租界尋常叫號八元，叫人及傳呼九元六角，加急號及傳呼十七元二角，銷號費一元六角；華界尋常叫號七元五角，叫人及傳呼九元，加急十五元，加急叫人及傳呼十六元五角，銷號費一元五角。上海以國幣收費，香港以英鎊收費，每次三分鐘爲限，逾限即照二次計算收費。（二十九）

（二六，一，三一，晨報）

港滬無線電話定今日正式通話

收費辦法計分普通指定特別三種

先期試話聲浪清晰如在左右

【香港航訊】籌備經年之港滬粵長途無線電話，現下各項工程均已佈置就緒，且迭經試驗，成績美滿。茲據確息，本港與上海之電話，已決定二月一日正式通話，一說五日。該線正式通話後，本港人士不特可以與滬上直接談話，更可溝通歐美各國，將來交通上更臻便利矣。茲誌各情如下：

開始通話　港滬無線電交通，已定二月一日起開始正式通話。現本港電話公司，已將該公司現有之港粵長途電話線準備妥當，一俟實現，即可接駁上海。日前本港某西報記者，曾得當局之優先許可，試驗與滬方通話，結果極爲滿意，雙方談話，其清晰如在左右。

溝通歐美　查粵港長途電話，早年已告成功，對於商業經濟方面，雙方利益不少，滬方現亦定本年三月間裝設一强有力之變電器，可與歐美各國直接通話。是以如粵滬互相銜接，則本港可利用普通電話之設備，駁往廣州，轉駁上海，然後由上海直駁往外國，形成一大連環。如是則本港電話用戶，將可與世界三千萬電話用戶直接通話矣。

收費辦法　至通話收費辦法，分爲三種：一，普通通話，港滬以三分鐘爲限，華界收港銀七元五角，公共租界收費八元；二，指定通話，即指定要覓某人者，華界收費九元，公共租界收費九元六角；三，特別通話，即緊急通話，華界收十五元，公共租界收十六元；至於港英通話，亦以三分鐘爲限，約收費五英鎊云。

（二六，二，一，中央日報）

滬港與滬湘間昨日同時通話

吳市長彭次長向港督祝賀

滬港新聞界共慶電路成功

上海與香港暨上海與長沙岳陽間長途無電綫話，均於昨日正式開始通話。上海與蘇州間之長途電話綫，並於昨日起裝置載波機件，茲誌各情如下：

滬港昨通話：上海與香港間長途無綫電話，於昨晨正式通話，先於上午六時，由上海電話局局長徐學禹，總工程師郁秉堅，與香港電話公司方面試話，聲浪甚爲清晰。旋由上海市長吳鐵城，交通部次長彭學沛，中央通訊社上海分社主任馮有眞，路透社遠東分社社長張士樂等，與香港總督賈德傑爵士通話，互致祝詞。

吳市長祝詞：上海市市長吳鐵城，向香港總督賈德傑爵士致祝詞云：香洪與上海有重洋之隔，此次滬港通話，使兩處距離縮短，不但使中英商務上更得密切之聯絡，中英邦交上亦有極大的關係，從此彼此更得互通音問，交誼更可密切，本人謹祝貴總督之健康，並祝中英邦交益臻親善。

彭次長祝詞：交通部彭次長向香港總督賈德傑爵士致祝詞云：今値上海香港間長途電話開放，本次長謹向貴總督致其慶賀之熱忱。上海香港兩大城市間之商務關係，素稱繁要，故各方對於此項新通信利器，期望已久。自上年十二月間，上海廣州無綫電話成立後，因廣州與香港已有長途電話接通，故上海香港直接通話之基礎業已樹立。嗣承貴方惠予合作，吾人遂得於今日共慶此新電路之開幕。鄙人深信此項電路，將來必極發達，並對於滬港兩埠之繁榮，大有補助。鄙人乘此機會，敬祝貴總督之健康及香港市之昌盛。

新聞界互祝：中央通訊社上海分社主任馮有眞，與中央通訊社香港分社主任周對蓀，通話云：今日滬港間通話，上海新聞界與貴處新聞界，共慶此電路之成功。上海與香港均爲遠東重要商埠，兩處之新聞事業，均有迅速之發展，該項電路之成功，使彼此消息上流通，更爲迅速便利，有助於兩處新聞事業者非鮮。本人藉此機緣，復祝貴處新聞界同人之健康　與貴處新聞事業之與日俱進也。旋由路透社遠東分社社長張士樂與香港總督賈德傑爵士互祝此項新電路之成功，並互祝健康。

滬湘亦通話：上海與湘省之長沙岳陽間之長途無線電話，亦於昨晨正式通話。上海電話局局長徐學禹，總工程師郁秉堅，於昨晨六時至閘北無線電台，先與湘省之長沙及岳陽兩處電話局長等試話，成績甚佳，旋卽正式開放。

滬蘇增機件：上海與蘇州間之長途電話，原有直達線二對，但邇來因吳江平望等處通往上海長途電話，均須由蘇州轉接，故上海與蘇州間之話務，更爲繁忙。原有直接綫二對，已不敷所用，爰經上海電話局呈准交通部，在上海與蘇州兩處電話局，裝設載波機件設備。此項設備成本既輕，而效率增加，昨晨起可有四人同時對話。

（二六，二，二，申報）

滬湘間無線電話明日通話

上海與湘省間之長途無線電話，現可通達該省之長沙、及岳陽兩處，卽於明日開放。上海與長沙間之通話費，特區爲四元。

（二六，一，三一，申報）

滬吳載波電話暢通

上海蘇州間載波電話，自上月裝竣試話，并於二月一日正式開放。使用以來，因電波提高關係，音浪非常清晰，民衆殊感便利。茲探得是項載波機件，係德國西門子廠製造，分裝於上海電話局，閘北分局，及蘇州電報局內，爲M K式，專供距離較短之長途明線，如六十至一百公里之用，得由頻率八十至一百四十千周波傳遞話務，在每對明線上，可增加通話回線至五個之多，機件小巧，裝置簡便，調整容易，故經濟業務，兩有裨益。聞交通部對於京滬等繁忙線路，亦將分別加裝相當之載波機件，以使話務暢達，而減少等候時間云。

（二六，二，二，申報）

浙鄂通話聲音甚清晰

【杭州二十日中央社電】浙鄂長途電話，二十日晨起杭州與武漢三鎮間已通話，甚爲清晰，兩省間各大城市亦將陸續開放。

（二五，一二，二一，益世報）

浙省電話局裝用載波電話完成

杭温線一日起開放通話

【杭州通信】浙江省電話局裝用杭温線載波電話，業已工竣。自二月一日起，開放通電，該局特於日昨（一日）下午三時在會客室舉行通話典禮，由浙江省建設廳王廳長主席，來賓到者有浙保安處長宣鐵吾，浙電政管理局長朱重光，浙贛鐵路局副局長吳競清，杭縣縣長葉風虎，立法委員馬寅初，及浙郵務長西密司，報界劉子潤等五十餘人。首由王廳長致開會辭，繼由省電話局局長趙曾珏氏報告工程籌備經過，來賓中宣處長，朱局長，吳副局長，葉縣長等相繼演說後，實行試話，結果異常美滿，各來賓咸稱道不置，至五時許散會。按載波電話之功用，能使一個線路具有兩個以上線路之功用，較添裝線路，不特可以節省費用，而傳音尤爲清晰響亮。該局鑒於杭温線話務繁忙，特裝用是項設備，在國內尚屬創舉，將來杭甬線亦將繼續設置，對於音訊之傳遞，必可裨益匪淺也。

（二六，二，二，申報）

皖長途電話

已完成五十餘縣

【蕪湖十二日中央社電】皖省長途電話已完成五十餘縣，長達一萬二千華里。建廳近復派大批工程人員，分別敷設安慶、合肥、蕪湖、當塗等十二幹線，俾與交部所辦幹線相銜接。並令各縣徵集桿木數千根，期早完成通話。

（二六，一，一三，晨報）

皖省長途電話綫路變更

新改訂六大幹線開始勘測

各綫用雙銅線增通話效率

【蚌埠通訊】皖省建設當局，年來對於交通事業，積極發展，不遺餘力，而於省有長途電話，更加緊建設。其已完成者，已達五十餘縣，線路之長，計達一萬二千餘里。茲悉自二十六年起，建設廳對於長途電話線路設計，較前稍有變更，工程分段，亦經改訂。原定提前架設以安蚌、舒亳、安宿各線，現改爲安合蚌、蚌阜亳、合和蕪三線，以潘學球充安合蚌線工務所主任兼工程師，曾廣俊充蚌阜亳線工務所主任兼工程師，方希武充合和蕪線工務所主任兼工程師。新變更之安合蚌、蚌阜亳、合和蕪三線，已開始勘測線路，建廳並令各縣徵集大批桿木，準備迅速架設，俾與交通部所辦幹線相銜接，期早完成通話。其另訂之安望宿、和全滁、安蕪無三線，亦正籌設工務所。以上六幹線，一律用雙銅線或雙鐵線架設，增進通話效率。至各縣應徵桿木數量，亦因線路變更，略有變動云。（十九日山人）

（二六，一，二二，晨報）

蚌埠勘測長途電話線

皖省建設當局，對於長途電話，自規定六大幹線以來，各線工務所已次第成立。蚌阜亳長途電話工務所，現已在蚌開始工作，所內測量人員，准於一日赴正陽、壽縣、鳳台各地勘測線路，所需桿木等材料，由經過各縣負責籌辦。其線路由亳縣起，經太和、阜陽、潁上、正陽、壽縣、鳳台、懷遠而達蚌埠。

（二六，二，二，中央日報）

皖電話網積極完成

分八大幹線進行架設

【蚌埠通訊】皖省建設廳，爲限期完成全省電話網，便利本省軍事交通商務之需要，特於本年元月份起，將前擬架設各幹線，稍加變更，爲安合蚌、蚌阜亳、和蕪、和全、滁安、望宿、安無、和六八大線路，並將長途電話工程處取銷，改設工務所三所，爲便利工事進行，復在建設廳內設長途電話工務室，以總其成。現各工務所已開始査勘路線，進行架設，爲增進通話效率，各幹線一律用雙銅線，或雙鐵線架設；木桿則

由經過各縣征集。蚌阜亳長途電話工務所，主任兼工程師曾廣俊，率測量人員，前由省抵埠，分兩組由蚌出發測量云。（三十一日聽）

（二六，二，三，晨報）

豫陝通話

聲浪淸晰語音可辨

隔數百里如在目前

【西安通信】豫陝長途電話之鄭潼段，業已完竣。豫陝間定十月一日起正式開始營業，電話局並於三十日招待各界試話。三十日午前西安微雨，淅瀝不止，記者於雨聲中忽接開封友人電話，說話極爲清晰，語音可辨，相隔數百里，如在目前，較以往之長途電話已大有進步。是日試話，開封長安間爲上午七時至十時，下午八時至十三時；鄭州長安間爲上午十時至下午四時；陝州長安間爲下午四時至八時。此後通話價目，業經規定，以三分鐘爲一次，每次由長安至陝州爲一元，至鄭州爲二元，至開封許昌均爲二元二角，至信陽爲二元四角云。（九月三十日）

（二五，一〇，四，大公報）

豫省去年關于電政建設

【鄭州快訊】豫省電政事業，規模粗具，惜創辦伊始，多從簡陋，迄今損壞傾圮，比比皆是，一遇風雨，輒生阻碍，其于消息傳遞，不無妨礙。建設廳對此工作，即將許宛、新安、開淯、新道各線，重加修理，使其臻於完善，開新、開鄭原有電線一道，殊不敷用，現已各架雙線，俾應急需。又固始至三河尖，爲本省要道，鄧縣至孟樓，則與鄂省接壤，對於軍事政治大有關係，其電話路線，亦已架設完竣。其餘重大架設計劃，有未能一一詳述者，即以現在所有者言之，全省消息之傳達，亦可謂四通八達，異常靈敏。

（二六，一，一〇，中央日報）

豫湘贛三省長途電話通話

二月一日開始營業

【開封通訊】交通部九省長途電話開放以來，全國各重要城市均陸續聯絡通話。現又規定開封至長沙通話，三分鐘可到，價目爲三元二角，至九江牯嶺爲二元六角；鄭州至長沙，爲三元二角，至岳陽爲二元六角，至南昌爲三元，至九江爲二元六角，至牯嶺二元八角；許昌至南昌二元八角，至九江牯嶺二元四角；信陽至南昌二元，至九江一元四角，至牯嶺一元五角；洛陽至南昌長沙均爲三元二角，至九江牯嶺均爲二元八角。并定二月一日開放營業。又開封至南昌長途電話，俟鄭縣電報局所裝帮電站完成後，亦將定期開放云。（三十一日星）

（二六，二，三，晨報）

九省長途電話鄭州關設轉遞站

電話局籌備建築電台

豫湘豫贛兩線已通話

【鄭州通訊】交通部九省長途電話，各省重要城市，次第聯絡通話，進行頗爲順利。最近豫湘豫贛兩省際線亦經架設完竣，今日起開始營業，鄭縣至長沙、岳陽、南昌、牯嶺、九江等地通話時間價目均經規定。惟第一月因係初辦，外間多未得悉，營業尚不見佳，日久當有發展。交通部以鄭縣爲各省電路之轉遞站，特在此間建築帮電台一座，現正由鄭縣電話局着手籌備招工建築，不久即可竣工。一俟電台築成，各省通話將更形便利淸晰，其開封至南昌段亦即定期直接通話云。

（二六，二，四，益世報）

豫湯陰各鄉安設電話

限三個月完成

【彰德通訊】本行政區屬湯陰縣府，鑒於該縣各鄉村聯保尙未設置電話，一旦發生匪警，傳遞消息深感困難。茲爲消息靈通計，特令各區署轉飭各聯保，籌備電桿裝設電話。據該縣政府境電話局統計，全縣共須電桿三千七百九十八根，電線（十四號鉛線）二萬二千八百五十五斤，磁頭（二寸磁）五千八百七十七個。全縣電話路線，共長六百五十三里，現各聯保正極積籌備，已定本月十五日開工，限三個月完成云。

（二六，二，四，益世報）

洛陽籌設電話網

需費四千元　電桿由各區購備

【洛陽通訊】本縣府以本縣電話，尙未普遍裝設，傳達消息殊感不便，擬於最近完成全縣電話網。各鄉聯保辦公處，及本縣與鄰縣交界處，一律架設電話。開辦經費，除所需電桿，由各區隨地籌購外，共需洋四千餘元，現已擬定計劃，呈省核示，一俟批准，即行開始架設云。

（二六，一，一四，益世報）

冀積極完成長途電話網

線路有八一九零餘里

分局已設一百十二處

【保定通訊】冀長途電話局長魏桂海，年來對於本省長途電話努力整頓，頗獲成績。魏氏現奉令調任淸苑縣電報局長，遺缺另調二十九軍交通處科長侯福雲繼充，侯氏已於十六日到保視事。按冀省長途電話經近年積極改善之結果，現已完成線路達八千一百九十三里，各縣分局及辦事處已成立者凡一百十二處，全省長途電話網計劃已告完成。玆將年來冀全省長途電話，整頓經過情形分別述之如後：

完成幹線　按照本省需要情勢觀測，以保定爲中心，分期完成任大、保雙、邢南、滄石、平任、平津、保淶、津沽八大幹線。計現在已完成通話者，有任大專線，津沽專線，保石專線新石段，計長八百九十四里。並分期補修本省舊有各電話線路：一，邢石兩區幹支各線路；二，保滄兩區幹支各線路；三，平津兩區幹支各線路；計長二千零三十九里。本省未設有長途電話分局各縣，分別緩急情形分期架設新線路，添設分局，以期普遍全省，而連成通信網。惟原有材料多感不敷應用，並且殘壞不堪，應事實需要，分期購置補充，以便靈通消息，而免貽誤要公。

訓練生工　本局所屬各處局生工現有三百餘名，學識優良者固不乏人，而技能淺薄者殆居多數，程度既參差不一，深恐收發電報，不無錯誤，修理機件，難期明瞭。因規定課程設立司機生訓練班，現已至第五期。並成立工程隊，分期由各處局抽調來省訓練，授以相當學識技能，期滿擇優飭回服務。擬具生工待遇章程，提高待遇，以期各處生工服務狀況較前進益。本局業務，除各機關官電拍傳之外，尙賴商電之收入，以資挹注。本局以前商電每月收入僅二百餘元，現在經過整頓之後，月可增收二千餘元云（十六日一夫寄）

（二六，一，一八，晨報）

冀省滄保間電話專線

即將開始架設

【保定廿九日中央社電】建廳因滄縣以南地方重要，與省方通電線接轉，難免延時誤事。現爲便利交通計，决另設滄保間電話專線，已將計劃擬妥，即日開始架設。

（二六，一，三〇，益世報）

滄州保定間將架設專線

建廳已擬定工程計劃

【保定通訊】河北省長途電話計劃，年來經建設廳隨時督工規劃努力推進之結果，已漸告成功。所有省境各縣均已能通話，因於政令之傳達，軍情之報告極感便利。去年並曾完成平津保之新架專線，平大公路修成後，爲便利冀南各縣通話起見，復架設由保定至大名之保大專線及大名至任邱之任大專線，故冀南各縣及平大公路沿途各縣均能直接與保定及北平天津通話，公私無不稱便。建設廳近以滄州以南各縣與保定省會通話必須由天津接轉，而津保之間素最繁忙，接轉旣遲，又有串音之弊，故决定另架設由滄縣直達保定之保滄專線。頃已由建設廳飭專門技術人

員擬定計劃，即日開始興工。嗣後滄南各縣與保定通話亦能直達，且極便利云。（廿九日）

（二六，一，三一，益世報）

平津長途電話將改設專線

日內即開始測量

欵項撥到後興工

【本市消息】昨據新任河北省長途電話局天津辦事處主任劉德魁對記者談稱：平津線長途電話，頃以年關臨邇，應用頻繁，惟傳話極不清晰，不但影響本處營業收入，且亦有碍交通。刻已由本人呈准省局擬加設專線，以資改善而利通話。該線共長二百四十里，計需電桿一千九百二十根，十二號鉛線一百二十盤，估計工料各費八千餘元。日內將實行測量，一俟欵項撥到，即行籌備購料興工。又津郊原有之紫銅電線，屢被割竊，所有距津七十里以內者，幾完全被竊，現均換設鉛線，並函請保安司令部暨津、靜兩縣政府，飭警注意保護，以利通話云。

（二六，一，二三，益世報）

北平電話局昨開放　平滬短期可通話

前往參觀者達兩千餘人

招待員爲觀衆解釋試驗

【新聞專校本市採訪實習】北平電話局，爲使電話用戶明瞭話務情形，增進電學常識，並徵求批評，以資改進起見，昨日起至二十五日止，每日上午十時至下午四時，特將廠甸總局（即南局）交換室及各種設備開放，並加製電話機械線路之模型並表演動作。其他關於局務各種統計及職工業餘成績，亦一併陳列展覽，該局話務員業餘國樂社並演奏歌曲助興，昨日往局內參觀者不下兩千餘人。

製造耳機線：首先參觀機件修理室，此室在樓上，專司機件之檢查及修理，樓下爲螺絲零件配製室，電話耳機線製造室，電鍍室及磨光室四處。樓東並另有噴漆室，電話耳機線之製作，先將金絲（銅絲之

7

俗稱）經以石綿質之線，再織以外皮，每日可出每條四呎半長之耳機線二十條至三十條，成本甚低。惜所用原料，仍爲舶來品也。電鍍室有小型直流發電機一座，電鍍缸貯有鎳粉溶液，鍍品置內二十分鐘即成。噴漆室現僅噴電話機外殼，因手續繁複，須經磨光泥平等動作十一次，每日平均噴四個，所用漆液係天津永明漆廠出品。

南局交換室：次爲磁石式人工交換機模型及共電式人工交換機模，兩種模型均能表演通話，由招待員詳細講解，參觀者多作通話試驗。用戶要本局之各號碼，司機生接話手續甚簡單，如隔局要號，則須用中繼線再轉他局，較爲費時。招待員並講解各種障碍及誤會。南局交換室，即司機生接線室，參觀者最多，不下二百餘人，室內東西橫列接線交換盤三十四盤，中繼盤五盤，每盤坐司機生一人，每人管號碼一百二十餘個，工作至爲繁忙，白燈一亮，即有一叫號者，每晚九時前後，時有二三十燈同時發亮，司機生須一一接上，故有所遲誤也。司機生每次值班二小時，每日一人值班六小時四十分，南局共有司機生二百餘人。工作者坐於機前，口對話筒，耳掛耳機，兩手不斷接線換線，無時或停。每七人後立班長一人，遇有不動之時，則加督促，工作忙迫，則加調劑。

舊式新電機：發電廠有交流發電機一座，供給電話用之電流，此機之原動力爲一煤氣發動機，均係民國九年時裝者，式樣頗舊，每日用煤半噸。交流發電機電流不能直接應用，須變成直流，再引入蓄電池內。電話用之電壓爲二十二瓦特，每局有電池兩座，十一對蓄電池，以備交換使用。該局除自己發電外，並用電燈公司之電力，每字以一角一分計算，惟晚間自六時至十二時則增至兩角二分，此外尚有長途電話接線機，另設一室。現在最遠之長途，東能通至關外，南至濟南，北至張家口。平滬間長途，僅餘上海至徐州段，尚未設線，現正準備設立，短期內即可通話云。5

（二六，二，一七，世界日報）

百靈廟等地設電信分局

鄭理中等前往主持

【蒙古社訊】綏設總長滿曦，爲便利蒙旗交通，消息敏捷起見，于月初

令行本省電信局，在軍事要衝之百靈廟、大廟子一帶，架設電信工程，刻已完竣，局長王繼會除遵令進行積極督辦外，特請准在二分子、烏蘭不浿、烏蘭花、百靈廟、大廟子設立分局五處，并派鄭理中等五人，爲分局主任。鄭等於日前已分途出發成立云。

（二六，一，一六，綏遠西北日報）

晉陝通話並與京滬聯接

【太原二十三日下午十一時發專電】太原至潼關長途電話線，經交部派趙世烱督修，現已架設完竣。此間電局除連日與滬京等處試話外，二十三日下午七時請閻主任錫山，趙主席戴文與西安顧主任祝同，楊主任虎城，孫主席蔚如試話。音甚清晰，並由即日起開始營業。

（二六、三，二四，大公報）

粵漢無線電話昨日正式通話

省市當局互致敬意

【中央社廣州二十日電】粵漢無線電話，由粵市電話管理處與鄂電政管理局分別籌備，二十日正式通話，晨九時由粵省府秘書長岑學呂代粵主席黃慕松與鄂主席黃紹竑首先通話，互祝健康，代表兩省民衆互致敬意。次粵市長曾養甫與漢市長吳國楨通話，曾吳向未謀面，此次初度接談，彼此互道仰慕之忱，並祝兩市百萬市民健康。繼由中央社主任梁乃賢、李堯卿通話。粵社報告四省特展開幕十四天觀衆達四十萬，鄂館尤擁擠，觀衆對鄂石膏展品極感興趣，英大使令將蒞會參觀；漢社報告武漢三鎮此時舉行防空講評大會，參觀者達五萬人，何主任、黃主席均親臨指導，林主席二十二日可蒞鄂，各界已準備熱烈歡迎，九時二十七分兩社通話畢，隨即開始營業通話。粵漢二十日均徼雨，話音仍極清晰。

（二六、三，二一，大公報）

貴州之電政事業

電報路線均經修整重設

省縣市各話線架設完竣

【貴陽快訊】貴州電政事業，在過去爲地方政府經營，未還部章辦理，以致省局及各分局組織，均不健全，各線路異常零亂，電訊傳達，難收迅速確實之效，故黔人有「郵馬電牛」之譏，蓋因電報之投遞，實不如郵遞之快捷也。去年夏間，始收歸部辦，交部派員來黔負責整理，全省線路均經修整或重設，並修築川黔湘黔長途電話，各縣電話，及市內電話，今春雖經蘿賀竄擾破壞，但隨毁隨即修復。現除人力不可避免之阻碍外，省內省外，均可瞬息達到，玆分誌於後：

電報路線　全區線路除原有巴貴（巴縣至貴陽），貴畢（貴陽至畢節），貴鎮（貴陽至鎮遠達晃縣）各路經加以修整外，又先後加掛貴陽至勝境關（接雲南線）第二線一條，貴陽至關索嶺第三線一條，貴陽至定番縣一條，貴陽至獨山第二線一條。並整理關索嶺至安龍興義線一條。最近正着手架設遵義至茅台線，鎮遠至錦屛線，及都匀至榕江線。至於鎮遠至恩南桿線，亦在籌劃修築中。

長途電話　巴縣至貴陽長途電話線，業於去年十月間完成，開始通話。長沙至貴陽之長途電話，共長二千餘里，自本年九月開工，分六個工程隊進行修築，係用四公厘徑紫銅線架設。湘黔雙方爲求工作迅速完成起見，特派要員分赴工次指揮調度，督促趕修。現黔境各線已於十一月廿四廿五廿六等日先後完工。與湘境芷江沅陵試話，毫無雜音，成績甚爲良好。至湘境因常德渡河飛線工程較難，十二月初方能竣工。最近期內，即可開放貴陽長沙間直達通話，貴陽至漢口與南昌，亦可由長沙接線直達通話。

市內電話　前二十五軍政府原有電話局經辦之機件桿線，年久失修，不堪再用。去歲電局自收歸部辦後，卽商准省府由電局出資贖回。前貴州省府押渝中國銀行之三百門共電式話機，重新裝設桿線，通話以來，成績良好。至省內長途電話，則無專線各縣，均係利用電報線通話，營業亦甚可觀。

新設分局　全省電報局，除原有貴陽、鎮遠、銅仁、獨山、安順、遵義等二十九局外，自歸部辦後，又先後增設定番、清鎮、平壩、安南、普安、息烽、與仁等分局七處，扎佐平越代辦所兩處，現共有三十八局處矣。

（二五，一二，二〇，中央日報）

北寧鐵路簡明行車時刻表

中華民國廿六年七月一日重訂

1次 平瀋特快 膳臥各等	41次 普通客車 中膳各等	71次 平津客貨 三等慢車	305次 平浦特快 膳臥各等	21次 快車 膳車各等	23次 平榆快車 膳車各等	5次 平津特快 膳車各等	301次 平滬特快 膳臥各等	401次 平津客貨 平滬通貨	3次 平瀋特快 膳臥各等	73次 津唐客貨 三等慢車	75次 唐榆客貨 三等慢車	43次 唐榆慢車 各等	下行車	站名
6.00	6.30	6.45	8.00	10.00	13.00	16.00	18.00	20.15	21.00				開	北平前門
	6.48	7.27			13.16			21.36					開	永定門
6.23	7.03	8.40	8.26	10.26	13.32		18.25	23.00	21.26				開	豐台
	7.26	9.46			13.50				21.45				開	黃村
	8.16	12.40	9.20	11.25	14.39			1.35	22.33				開	廊坊
	8.35	13.34			14.55				22.50				開	落垡
	9.03	14.58		12.05	15.23			3.37	23.12				開	楊村
8.02	9.39	16.46	10.24	12.32	15.57	17.53	20.16	4.53	23.38				開	天津總站
8.10	9.48	17.03	10.32	12.40	16.05	18.00	20.25	5.10	23.47				到	天津東站
8.20	10.00	停	11.05	12.55	16.20	停	20.50		24.00	7.10			開	天津東站
9.14	11.03		開	13.58	17.28		開		1.04	10.00			開	塘沽
10.07	12.09		往	15.06	18.34		往		2.09	12.52			開	蘆台
	12.59		浦	15.50	19.26		上		2.57	15.17			開	胥各莊
10.59	13.12		口	16.03	19.40		海		3.10	15.40			到	唐山
11.02	13.17			16.08	19.43				3.15	停	5.30	7.30	開	唐山
11.13	13.31			16.19							6.10	7.45	開	開平
11.37	14.04			16.44	20.19				4.02		7.20	8.14	開	古冶
12.09	14.57			17.18	20.52				4.53		9.45	9.07	開	灤縣
12.50	15.55			18.07	21.41				5.58		12.58	10.10	開	昌黎
	16.21			18.26					6.23		13.51	10.34	開	留守營
13.23	16.41			18.44	22.17				6.46		14.38	10.54	開	北戴河
13.42	17.08			19.07	22.38				7.16		15.48	11.23	開	秦皇島
14.00	17.30			19.25	22.56				7.40		16.25	11.45	到	山海關
14.35									8.20				開	山海關
21.40									15.35				到	瀋陽兩站

站名	上行車	22次 快車 膳臥各等	6次 津平特快 膳車各等	302次 滬平特快 膳臥各等	72次 津平客貨 三等慢車	42次 普通客車 中膳各等	4次 瀋平特快 膳臥各等	24次 榆平快車 膳車各等	306次 浦平特快 膳臥各等	2次 瀋平特快 膳臥各等	402次 津平客貨 滬平通貨	74次 唐津客貨 三等慢車	76次 榆唐客貨 三等慢車	44次 榆唐慢車 各等
北平前門	到	9.50	11.30	13.55	16.46	17.30	18.30	21.50	23.00	23.20	2.40			
永定門	開	9.35			16.13	17.13	18.15				2.13			
豐台	開	9.22		13.31	15.35	17.00	18.00	21.25	22.35	22.58	1.35			
黃村	開	9.03			13.51	16.33	17.41							
廊坊	開	8.16			10.40	15.41	17.06	20.28	21.36		22.40			
落垡	開	8.01			9.36	15.21	16.43							
楊村	開	7.39			8.10	14.53	16.21	19.52			20.04			
天津總站	開	7.12	9.38	11.40	6.15	14.20	15.56	19.25	20.39	21.15	18.10			
天津東站	開	7.00	9.30	11.30	5.40	14.05	15.45	19.15	20.30	21.05	17.10	停		
天津東站	到	6.45		11.00		13.55	15.30	19.00	20.00	20.55		12.17		
塘沽	開	5.44		由		12.52	14.36	18.06	由	20.04		10.35		
蘆台	開	4.41		上		11.42	13.41	17.08	浦	19.09		7.55		
胥各莊	開	3.45		海		10.48	12.57	16.21	口			6.05		
唐山	開	3.30		開		10.30	12.43	16.07	開	18.15		5.00	停	停
唐山	到	3.25		來		10.25	12.38	16.05	來	18.12			22.35	20.50
開平	開					10.12	12.27	15.55		18.02			22.13	20.37
古冶	開	2.49				9.45	12.07	15.38		17.45			21.18	20.11
灤縣	開	1.52				8.45	11.20	14.58		17.04			18.22	19.38
昌黎	開	0.51				7.40	10.30	14.17		16.23			14.54	18.16
留守營	開	0.21				7.12	10.05						13.39	17.48
北戴河	開	0.02				6.54	9.50	13.43		15.53			12.57	17.31
秦皇島	開	23.29				6.25	9.23	13.20		15.30			11.30	17.02
山海關	開	23.00				6.00	9.00	13.00		15.10			10.25	16.35
山海關	到						8.15			14.30				
瀋陽兩站	開						23.10			7.20				

北戴河海濱支綫

85次	87次	89次	91次	93次	95次	97次	99次	下行	站名	上行	86次	88次	90次	92次	94次	96次	98次	100次
7.00	9.50	11.00	13.50	16.00	18.50	22.25	0.05	開	北戴河	到	6.35	9.30	10.45	13.10	15.35	18.35	22.00	23.40
7.20	10.10	11.20	14.10	16.20	19.10	22.45	0.25	到	北戴河海濱	開	6.15	9.10	10.25	12.50	15.15	18.15	21.40	23.20

通縣支綫

51次 客車	501次 輕油車	503次 輕油車	505次 輕油車	81次 客車	輕油車 07次	50[illegible]次 輕油車	53次 客車	511次 輕油車	55次 客車	513次 輕油車	515次 輕油車	下行	站名
6.15	7.30	8.30	9.30	10.30	11.35	12.50	14.00	15.00	16.20	17.15	17.50	開	北平前門
6.21	7.35	8.35	9.35	10.37	11.40	12.55	14.06	15.05	16.26	17.20	17.55	到	東便門
6.22	7.36	8.36	9.36	10.39	11.41	12.57	14.07	15.06	16.28	17.22	17.56	開	東便門
6.39	7.53	8.52	9.52	10.57	11.57	13.14	14.24	15.22	16.45	17.38	18.12	到	雙橋
6.40	7.55	8.53	9.53	10.58	11.58	13.17	14.25	15.23	16.47	17.39	18.13	開	雙橋
6.52	8.05	9.03	10.03	11.11	12.08	13.27	14.37	15.33	16.59	17.50	18.23	到	通縣南
6.54	8.07	9.05	10.05	11.18	12.10	13.29	14.39	15.35	17.01	17.53	18.25	開	通縣南
7.00	8.12	9.10	10.10	11.25	12.15	13.34	14.45	15.40	17.07	17.58	18.30	到	通縣東

站名	上行	52次 客車	502次 輕油車	504次 輕油車	506次 輕油車	54次 客車	508次 輕油車	510次 輕油車	56次 客車	512次 輕油車	82次 客車	514次 輕油車	516次 輕油車
北平前門	到	8.20	9.15	10.15	11.20	12.46	13.40	14.48	15.48	17.10	18.40	19.15	20.10
東便門	開	8.14	9.10	10.10	11.15	12.40	13.35	14.43	15.42	17.05	18.33	19.10	20.05
東便門	到	8.12	9.09	10.09	11.14	12.39	13.33	14.4[illegible]	15.40	17.03	18.31	19.08	20.03
雙橋	開	7.55	8.53	9.53	10.58	12.22	13.17	14.25	15.23	16.47	18.13	18.52	19.41
雙橋	到	7.54	8.51	9.51	10.56	12.21	13.16	14.23	15.21	16.46	18.11	18.51	19.46
通縣南	開	7.42	8.41	9.41	10.46	12.09	13.06	14.12	15.08	16.36	17.58	18.41	19.36
通縣南	到	7.4[illegible]	8.4[illegible]	9.40	10.45	12.06	13.05	14.10	15.06	16.35	17.57	18.4[illegible]	19.35
通縣東	開	7.35	8.35	9.35	10.40	12.00	13.00	14.05	15.00	16.30	17.45	18.35	19.30

郵運 AIR MAIL
客載 PASSENGERS
貨寄 FREIGHT
包頭 PAOTOW
北平 PEIPING
寧夏 NINSHIA
蘭州 LANCHOW
西安 SIAN
鄭州 CHENGCHOW
成都 CHENGTU
南京 NANKING
上海 SHANGHAI
昆明 KUNMING
歐亞航空公司
EURASIA AVIATION CORP.
北平辦事處　王府井大街